A CHAVE PARA ENTENDER A BÍBLIA

O ANTIGO TESTAMENTO

J. David Pawson, M.A., B.Sc

Anchor Recordings

Copyright © 2018 David Pawson

Os direitos autorais referentes a este livro são assegurados a David Pawson, de acordo com a Lei de Direitos Autorais, Desenhos Industriais e Patentes de 1988 (Reino Unido).

Todos os direitos reservados.
Nenhuma parte desta publicação pode ser reproduzida ou distribuída, em qualquer forma ou por quaisquer meios, sejam eles eletrônicos ou mecânicos, incluindo fotocópias e gravações, ou por qualquer sistema de armazenamento e recuperação de informações, sem autorização prévia, por escrito, da Editora.

A menos que indicado de outra forma, todas as referências das Escrituras são da Bíblia Sagrada, Nova Versão Internacional®, NVI® Copyright © 1993, 2000 by Biblica®. Usado com permissão. Todos os direitos reservados.

Outras versões bíblicas utilizadas:

(ARA) Almeida Revista e Atualizada, copyright 2009
Sociedade Bíblica do Brasil. Todos os direitos reservados.

(ARC) Almeida Revista e Corrigida, copyright 1995
Sociedade Bíblica do Brasil. Todos os direitos reservados.

(NTLH) Nova Tradução na Linguagem de Hoje, copyright 2000
Sociedade Bíblica do Brasil. Todos os direitos reservados.

(KJA) Bíblia King James Atualizada, copyright 1999 AbbaPress.
Todos os direitos reservados.

Traduzido por Cláudia Vassão Ruggiero
Revisado por Elisabete da Fonseca

Esta tradução para o português foi publicada
pela primeira vez na Inglaterra, em 2018 por
Anchor Recordings Ltd

Para obter outros materiais de ensino de David Pawson, inclusive
DVDs e CDs, acesse www.davidpawson.com

PARA DOWNLOADS GRATUITOS www.davidpawson.org

Mais informações pelo e-mail info@davidpawsonministry.com

ISBN 978-1-911173-48-9

SUMÁRIO

INTRODUÇÃO	7
I – O ANTIGO TESTAMENTO	**21**
AS INSTRUÇÕES DO CRIADOR	**23**
1. Panorama do Antigo Testamento	25
2. Gênesis	41
3. Êxodo	129
4 Levítico	163
5. Números	187
6. Deuteronômio	213
UMA TERRA E UM REINO	**241**
7. Josué	243
8. Juízes e Rute	275
9. 1 e 2 Samuel	303
10. 1 e 2 Reis	333
POEMAS DE LOUVOR E SABEDORIA	**363**
11. Introdução à poesia hebraica	365
12. Salmos	383
13. Cântico dos cânticos	413
14. Provérbios	425
15. Eclesiastes	449
16. Jó	461

DECLÍNIO E QUEDA DE UM IMPÉRIO — 483
17. Introdução à profecia — 485
18. Jonas — 493
19. Joel — 505
20. Amós e Oseias — 521
21. Isaías — 549
22. Miqueias — 577
23. Naum — 591
24. Sofonias — 599
25. Habacuque — 613
26. Jeremias e Lamentações — 629
27. Obadias — 661

A LUTA PELA SOBREVIVÊNCIA — 673
28. Ezequiel — 675
29. Daniel — 705
30. Ester — 737
31. Esdras e Neemias — 751
32. 1 e 2 Crônicas — 775
33. Ageu — 793
34. Zacarias — 805
35. Malaquias — 833

INTRODUÇÃO

Creio que tudo isso tenha começado na Arábia Saudita, em 1957. Na época, eu era capelão da Força Aérea Real (RAF) e cuidava da saúde espiritual de todos os integrantes da RAF que não pertenciam à Igreja Anglicana (IA) ou à Católica Romana (CR) e, portanto, eram classificados como de "outras denominações" (OD) – incluindo de metodistas a salvacionistas, de budistas a ateus. Sob minha responsabilidade havia uma série de bases militares localizadas em diversas regiões – do mar Vermelho até o Golfo Pérsico. Na maioria desses locais, não havia sequer um grupo de fiéis que se pudesse chamar de "igreja", muito menos um edifício.

Na vida civil, eu havia atuado como pastor metodista e servido em diversas regiões que iam desde as Ilhas Shetland [arquipélago da Escócia] até o vale do rio Tâmisa. Nessa denominação, minha responsabilidade era preparar alguns sermões a cada trimestre, que eram divulgados em um "circuito" de congregações. Meus sermões eram, em sua maioria, do tipo "textual" (sobre um único versículo) ou do tipo "temático" (sobre um único tema e com muitos versículos de diferentes partes da Bíblia). Nas duas categorias de sermão, eu, como qualquer outro pregador, usei textos fora do contexto até o dia em que percebi que a divisão da Bíblia em capítulos e versículos não tinha sido inspirada ou ordenada por Deus. Percebi também o imenso dano que essa divisão causou à interpretação das Escrituras, uma vez que o "texto" passou a ser entendido como uma única frase de um livro e não o livro em sua totalidade. A Bíblia se tornara um compêndio de "textos comprobatórios", escolhidos ao acaso e usados para sustentar praticamente qualquer ponto de vista que um pregador quisesse desenvolver.

Com um punhado de sermões embasados nessa técnica questionável, eu estava agora de uniforme, lidando com congregações muito diferentes – somente homens – contrastando com as reuniões do tipo "bote salva-vidas", com as quais eu estava acostumado: mulheres e crianças primeiro. Meu minguado estoque de mensagens logo se esgotou. Algumas delas se tornaram um fiasco, principalmente quando ministradas em cultos obrigatórios seguidos de desfiles, na Inglaterra, antes que eu fosse enviado para o exterior.

Lá estava eu, portanto, em Áden, começando uma igreja praticamente do zero, com homens que faziam parte da Equipe Permanente e dos Recrutas Nacionais do pelotão mais jovem de Sua Majestade. Como despertar o interesse desses homens pela fé cristã e, posteriormente, conduzi-los a um compromisso de fé?

Algo (hoje eu diria "Alguém") me compeliu a anunciar que, durante alguns meses, eu daria uma série de palestras que nos levaria a percorrer toda a Bíblia ("da Geração à Revolução"!).

Esse período veio a ser uma jornada de descoberta para todos nós. Ao ser vista como um todo, a Bíblia tornou-se um novo livro. Um antigo provérbio alemão afirma que "a altura das árvores impede a visão do bosque" [se vislumbro algumas árvores do bosque, acabo não vendo o bosque como um todo]. Com a abordagem contextualizada, o plano e o propósito de Deus se descortinavam de maneira estimulante diante de nossos olhos. Esse grupo de homens agarrou com unhas e dentes essa oportunidade. A ideia de fazer parte de um resgate cósmico era uma motivação poderosa. As histórias bíblicas foram encaradas não só como reais, mas também relevantes.

É claro que minha "visão global" na época era um tanto simples, quase ingênua. Eu me sentia como aquele turista

INTRODUÇÃO

americano que afirmou ter "conhecido" o Museu Britânico em 20 minutos – e que poderia ter feito isso em dez se estivesse com seu tênis de corrida! Em sua jornada através dos séculos, os homens continuam tratando alguns livros da Bíblia da mesma forma, ou seja, dedicando-lhes pouca atenção.

Os resultados dessa empreitada, contudo, superaram as minhas expectativas e definiram o rumo do restante da minha vida e do meu ministério. Eu havia me tornado "professor de Bíblia", embora em estado embrionário. O desejo de compartilhar o entusiasmo de conhecer toda a Bíblia tornou-se minha paixão.

Quando retornei à vida "normal" da igreja, decidi me dedicar ao ensino de toda a Bíblia à minha congregação, por um período de dez anos (se eles me tolerassem por tanto tempo). Essa decisão implicava ensinar aproximadamente um "capítulo" a cada culto e exigia muito tempo, tanto de preparação (uma hora de estudo para cada dez minutos no púlpito) como de exposição (45-50 minutos). Uma proporção semelhante à proporção de tempo entre preparação e degustação de uma refeição.

O efeito da "exposição" sistemática das Escrituras confirmou a eficácia dessa estratégia. Uma verdadeira fome da palavra de Deus foi revelada. Pessoas começaram a vir de longe "para recarregar as baterias", como explicaram alguns. Pouco tempo depois, esse tráfego se inverteu. Fitas de áudio, a princípio gravadas para os enfermos ou para aqueles com dificuldades de locomoção, começavam agora a alcançar lugares distantes, chegando aos ouvidos de centenas de milhares de pessoas, em 120 países. Ninguém ficou mais surpreso do que eu.

Ao mudar-me de Gold Hill, em Buckinghamshire, para Guildford, em Surrey, eu participei do projeto de construção do Centro Millmead. Esse centro se tornaria o espaço ideal, pois abrigaria um auditório e nos permitiria dar continuidade ao ministério de ensino. No dia da inauguração, decidimos fazer algo simbólico, que iria associá-lo à leitura bíblica contextualizada: a leitura ininterrupta e em voz alta da Bíblia toda – do início ao fim. Foram necessárias 84 horas – da noite de domingo até a manhã de quinta-feira – nas quais os membros alternavam-se na leitura da Bíblia a cada 15 minutos. Usamos a versão da "Bíblia Viva", a mais fácil de ler e de ouvir, com a mente e com o coração.

Não sabíamos o que esperar, mas a natureza criativa do evento parecia atrair o público. Até o prefeito quis participar e, por pura coincidência (ou providência), acabou lendo o trecho sobre "um marido respeitado na porta da cidade, onde toma assento entre as autoridades da sua terra". Ele fez questão de levar uma Bíblia para sua esposa. Outra senhora simplesmente entrou no auditório, quando estava a caminho de uma reunião com seu advogado para tratar de uma separação judicial, e acabou lendo a seguinte porção: "Eu odeio o divórcio, diz o Senhor". Ela desistiu de encontrar-se com o advogado.

Duas mil pessoas compareceram e muitas delas compraram o equivalente a meia tonelada de Bíblias. Alguns vieram para ficar meia hora e, horas depois, ainda estavam lá, justificando-se: "Vou acompanhar a leitura de mais um livro e depois eu vou embora".

Era a primeira vez que muitas pessoas, incluindo os frequentadores mais assíduos de nossa igreja, ouviam um livro da Bíblia ser lido do começo ao fim. Em muitas igrejas, somente algumas frases são lidas a cada semana, nem sempre consecutivamente. Que outro livro lido dessa forma despertaria o interesse ou até o entusiasmo de alguém?

Nos domingos seguintes, começamos a percorrer toda a Bíblia, livro por livro. Isso porque Bíblia não é um livro apenas, mas uma coleção de muitos livros. Na verdade, é

INTRODUÇÃO

uma biblioteca completa (a palavra *biblia* no latim e no grego está no plural: "livros"). E não são apenas muitos livros, mas muitos tipos de livros – históricos, leis, cartas, canções, etc. Percebi que, ao terminar de estudar um livro e iniciar outro, era necessário apresentar uma introdução especial, que cobria perguntas muito básicas: Que tipo de livro é esse? Quando foi escrito? Quem o escreveu? Para quem foi escrito? Acima de tudo, por que foi escrito? A resposta a essa última pergunta oferecia a "chave" para destravarmos sua mensagem. Nenhum aspecto desse livro poderia ser plenamente compreendido a menos que fosse visto como parte do todo. O contexto de cada "texto" não era apenas o parágrafo ou a seção, mas, fundamentalmente, o próprio livro como um todo.

Na ocasião, eu me tornava mais e mais conhecido como professor de Bíblia e era convidado para participar de discussões em universidades, de conferências e de convenções – a princípio em meu país, mas, pouco a pouco, em outros países, onde as fitas com mensagens e estudos gravados haviam aberto portas e preparado o caminho. Gosto de conhecer pessoas e visitar locais diferentes, mas confesso que a empolgação de sentar-se em um Boeing 747 desaparece em dez minutos!

Por onde quer que eu fosse, encontrava pessoas com o mesmo desejo ávido de conhecer a palavra de Deus. Louvei a Deus pela invenção das fitas cassete, pois, diferentemente dos sistemas de vídeo, são padronizadas em todo o mundo. Elas ajudavam a suprir uma carência de ensino bíblico em muitos lugares. É fato que muitas ações evangelísticas bem-sucedidas não são seguidas por um ministério de ensino que vise o fortalecimento, o desenvolvimento e o amadurecimento dos novos convertidos.

Eu poderia ter continuado com essa forma de atuação até o final do meu ministério ativo, mas o Senhor reservara outra surpresa para mim: o último elo na corrente de eventos que precederam a geração e a publicação deste livro.

No início da década de 1990, Bernard Thompson, um amigo que pastoreava uma igreja em Wallingford, cidade próxima a Oxford, pediu que eu liderasse alguns encontros com o objetivo de despertar o interesse pela leitura e pelo conhecimento da Bíblia – o que garantiu minha atenção de imediato!

Respondi que viria uma vez por mês e falaria por três horas sobre um livro específico da Bíblia (com intervalo para um café!). Em troca, pedi a todos os participantes que lessem o respectivo livro antes e depois da minha visita. Durante as semanas seguintes, os pastores deveriam basear seus sermões e promover discussões em grupo sobre o mesmo livro. A expectativa era de que tudo isso resultasse em conhecimento mais aprofundado, pelo menos, daquele livro em especial. Meu objetivo era duplo. Por um lado, era despertar o interesse pela leitura, de modo que as pessoas mal pudessem esperar para ler o livro. Por outro lado, era oferecer-lhes perspectivas e informações suficientes sobre o livro para que, quando de fato o lessem, se empolgassem com sua capacidade de compreendê-lo. Para atingir esses objetivos, usei gravuras, gráficos, mapas e maquetes. Essa abordagem realmente funcionou. Passados apenas quatro meses, fui pressionado a reservar datas para os cinco anos seguintes, a fim de cobrir todos os 66 livros! Em tom de brincadeira, recusei, mencionando a possibilidade de estar no céu muito antes disso (na realidade, raramente programo qualquer compromisso com mais de seis meses de antecedência, pois não desejo hipotecar o futuro ou agir como se o tivesse garantido). O Senhor, no entanto, tinha outros planos e me capacitou para concluir a maratona.

A Anchor Recordings (http://anchor-recordings.com) tem distribuído minhas fitas de áudio nos últimos 20

INTRODUÇÃO

anos, e, quando o diretor, Jim Harris, ouviu as gravações desses encontros, insistiu que eu considerasse a ideia de disponibilizar as mensagens em vídeo. Ele mobilizou uma equipe de técnicos, com câmeras e equipamentos, que transformaram o salão do Centro de Convenções High Leigh [Londres] em um estúdio, onde foram gravados 18 programas com uma plateia convidada, durante três dias. Foram necessários mais cinco anos para a conclusão desse projeto, que foi distribuído com o nome *Unlocking the Bible*.

Hoje, esses vídeos são vistos por pessoas do mundo todo. Estão sendo usados em pequenos grupos nas casas, igrejas, universidades, nas Forças Armadas, em acampamentos ciganos, prisões e transmitidos em canais de TV por assinatura. Durante uma visita prolongada à Malásia, observamos que, em média, estavam sendo consumidos mil vídeos por semana. Esses vídeos se infiltraram em todos os seis continentes, inclusive na Antártida!

Mais de uma pessoa afirmou que essa série é o meu "legado para a igreja". Certamente, é fruto de muitos anos de trabalho. E aqui estou eu, em minha oitava década no planeta Terra, embora não pense que o Senhor já tenha concluído sua obra em minha vida. Pensei, sim, que essa tarefa em particular havia chegado ao fim. Eu estava errado.

A editora HarperCollins me procurou com uma ideia de compilar esse material audiovisual numa série de livros. Por aproximadamente dez anos, eu escrevera livros para outras editoras, portanto já estava convencido de que esse era um bom meio de difundir a palavra de Deus. Mesmo assim, minhas duas gigantescas ressalvas a respeito dessa proposta me deixavam bastante hesitante. Uma delas relacionava-se à forma como o material havia sido preparado e a outra, à forma como havia sido apresentado. Vou explicá-las na ordem inversa.

Em primeiro lugar, nunca redigi sermão, palestra

ou estudo algum em sua totalidade. Quando falo, uso notas, às vezes páginas cheias delas. Em minha opinião, a comunicação é tão importante quanto o conteúdo e, em razão disso, intuitivamente, sempre evitei usar um manuscrito do sermão. Entendo que essa abordagem impede que o orador se conecte com a plateia, pois requer que ele mantenha os olhos fixos no sermão. A espontaneidade do discurso permite ao orador lidar com as reações da plateia e expressar mais emoções.

O resultado é que meus estilos de redação e pregação são muito distintos, cada um adaptado à sua própria função. Gosto de ouvir minhas gravações e posso me sentir profundamente tocado por minhas palavras. Fico entusiasmado quando leio uma de minhas novas publicações e, com frequência, digo à minha esposa: "Isso, de fato, está muito bom!". Mas quando leio a transcrição do que eu disse, sinto-me envergonhado e até chocado. Quantas repetições de palavras e frases! Quantas sentenças desconexas e até incompletas! Que mistura de tempos verbais, especialmente passado e presente! Eu realmente maltrato dessa forma o idioma da rainha? As provas são irrefutáveis.

Deixei bem claro que jamais poderia contemplar a ideia de transcrever todo esse material dos vídeos e fitas. Aliás, ele já demandou a maior parte de uma vida, e eu não tenho outra. É verdade que já foram feitas transcrições das palestras, tendo em vista a tradução e a dublagem dos vídeos para outras línguas, como espanhol e chinês. Entretanto, a ideia de ter uma versão impressa desse conteúdo, da forma como estava, me deixava horrorizado. Talvez fosse uma última luta contra o orgulho, mas o contraste com meus livros publicados, que tanto tempo e esforço exigiram de mim, era mais do que eu poderia suportar.

Asseguraram-me que os aplicativos de edição de texto

INTRODUÇÃO

corrigiriam a maior parte dos desvios gramaticais. A principal solução proposta, entretanto, seria utilizar um *ghost-writer* que conhecesse meu estilo e estivesse em sintonia com meu ministério, de forma a adaptar o material para impressão. Um encontro com o profissional indicado – Andy Peck – me deixou confiante de que ele poderia fazer o trabalho, embora o resultado não fosse o que eu teria escrito – nem, aliás, o que ele próprio teria escrito.

Entreguei a ele todas as anotações, fitas, vídeos e transcrições, de modo que esses volumes são o resultado tanto do trabalho dele quanto do meu. Ele dedicou um incrível esforço e eu lhe sou profundamente grato por me possibilitar alcançar muitos outros com a verdade que os liberta. Se alguém que recebe um profeta na qualidade de profeta recebe a recompensa de profeta, sou grato ao Senhor que recompensará Andy por esse imenso trabalho de amor.

Em segundo lugar, nunca mantive registros detalhados das minhas fontes. Isso se deve, em parte, ao fato de ter sido abençoado por Deus com uma memória razoavelmente boa para citações e ilustrações e talvez também de nunca ter contado com a ajuda de assistentes.

Os livros desempenharam um papel importante no meu trabalho – são três toneladas deles, segundo a última transportadora que contratamos – e ocupam dois quartos de nossa casa e um galpão de jardim. Estão divididos em três categorias: os que li, os que pretendo ler e os que jamais lerei! Os livros têm sido grande bênção para mim e um grande castigo para minha esposa.

A categoria com mais títulos é a de comentários bíblicos. Ao preparar um estudo bíblico, consulto todos os escritores relevantes, mas somente depois de ter preparado o máximo possível por minha própria conta. Então, à luz de textos devocionais e acadêmicos, eu acrescento o que for possível às minhas anotações e faço os ajustes e as correções necessárias.

Seria impossível citar os nomes de todos aqueles aos quais tenho sido devedor. Entre outros, devorei os volumes da série *Daily Bible Readings*, de William Barclay, assim que foram lançados, na década de 1950. Seu conhecimento do contexto e do vocabulário do Novo Testamento foi de inestimável valia e seu estilo simples e claro um modelo a seguir, embora, mais tarde, eu viesse a questionar suas interpretações "liberais". John Stott, Merill Tenney, Gordon Fee e William Hendrickson estão entre os autores que desvendaram o Novo Testamento para mim, enquanto Alex Mortyer, G. T. Wenham e Derek Kidner fizeram o mesmo com relação ao Antigo Testamento. E não haveria tempo suficiente para falar de Denney, Lightfoot, Nygren, Robinson, Adam Smith, Howard, Ellison, Mullen, Ladd, Atkinson, Green, Beasley-Murray, Snaith, Marshall, Morris, Pink e muitos, muitos outros. Também não devo me esquecer de dois livretos de autoria de mulheres: *What the Bible is all about*, de Henrietta Mears, e *Christ in all the Scriptures*, de A. M. Hodgkin. Sentar-me aos seus pés tem sido um privilégio incalculável. Sempre achei que o desejo de aprender fosse um dos requisitos fundamentais para ser um professor.

Como uma esponja, encharquei-me em todas essas fontes. Eu me lembrava muito bem do que lera, mas não podia me recordar com facilidade de onde havia lido. Isso não pareceu ter muita importância quando eu reunia material para as pregações, visto que o objetivo da maioria desses autores era justamente o de ajudar os pregadores, e não de obter reconhecimento. De fato, um sermão repleto de citações e suas referências pode desviar a atenção da plateia; isso se não for interpretado como uma tentativa de impressionar, demonstrando conhecimento e cultura. O leitor pode ter tido essa impressão ao ler o parágrafo anterior!

A publicação, no entanto, diferentemente da pregação, está sujeita às leis de direitos autorais, pois envolve a questão

INTRODUÇÃO

dos *royalties*. E o receio de infringir os direitos de terceiros me levou a impedir que qualquer parte de meu ministério "falado" fosse reproduzida por escrito. Estava fora de questão escarafunchar 40 anos de pilhagem de citações e, mesmo que isso fosse possível, as notas de rodapé e as referências poderiam duplicar o tamanho e o preço deste livro.

A alternativa era negar acesso a esse material àqueles que mais poderiam se beneficiar dele, o que meu editor considerou inapropriado e me convenceu disso. Pelo menos, eu sou o responsável por coletar e comparar todo esse material; e ouso crer que haja contribuição original suficiente que justifique seu lançamento.

Posso apenas oferecer minhas desculpas e minha gratidão a todas as pessoas cujos estudos eu tenho usado em pequenas ou grandes porções, durante anos, na esperança de que possam entender esse ato como um exemplo daquele tipo de reprodução que é a forma mais sincera de reconhecimento. Usando uma frase que li em algum lugar: "Certos autores, quando falam de suas obras, dizem 'meu livro'...Seria melhor que dissessem 'nosso livro'...pois costuma haver nele mais dos outros do que de si próprio" (o original veio de Pascal).

Assim, eis aqui o "nosso" livro! Suponho que eu seja o que os franceses chamam abertamente de um "vulgarizador". Alguém que pega o que foi ensinado por acadêmicos e o torna simples o suficiente para que as pessoas "comuns" compreendam. Fico feliz com isso. Como uma senhora me disse, certa vez, após a minha exposição de uma passagem bastante profunda da Bíblia: "Você a partiu em pedaços suficientemente pequenos para que nós pudéssemos ingeri-la". Na realidade, sempre tive como objetivo ensinar de tal forma que uma criança de 12 anos de idade pudesse entender e lembrar-se da mensagem.

Alguns leitores ficarão desapontados, talvez até frustrados, com a escassez de referências bíblicas, especialmente se quiserem me colocar à prova! Mas a ausência delas é intencional. Deus nos deu sua palavra através de livros, não de capítulos ou versículos. Essa fragmentação foi resultado do trabalho de dois bispos, um francês e um irlandês, séculos depois. Ficou mais fácil encontrar um "texto" e ignorar o contexto. Quantos cristãos que citam João 3.16 conhecem os versículos 15 e 17? Muitos deixaram de "examinar as escrituras"; eles simplesmente as consultam (se lhe forem informados os números). Segui então o hábito dos apóstolos – de se referir apenas aos autores: "como disse Isaías", "como disse Davi" ou "como disse Samuel". Por exemplo, a Bíblia afirma que Deus assobia. Onde será que essa informação está? No livro de Isaías. Em que lugar? Vá e encontre por si mesmo. Então também descobrirá quando e por que ele o fez. Assim, terá a satisfação de ter descoberto tudo isso sozinho.

Uma palavra final. Por trás da minha esperança de que essas introduções aos livros da Bíblia o ajudem a conhecê-los e amá-los mais do que antes, existe um anseio muito maior e mais profundo: que você também venha a conhecer melhor e amar mais o tema de todos os livros: o próprio Deus. Fui profundamente tocado pelo comentário de uma pessoa que havia assistido a todos os vídeos em questão de dias: "Sei muito mais sobre a Bíblia agora, porém, o mais importante foi sentir o coração de Deus como nunca havia sentido".

O que mais um professor de Bíblia poderia pedir? Que você experimente o mesmo ao ler essas páginas e que se una a mim para declarar: Louvado seja o Pai, o Filho e o Espírito Santo.

J. David Pawson
Sherborne St John, 2008

INTRODUÇÃO

Sim, eu pensava conhecer a Bíblia
Lendo-a aos poucos, sem plano ou direção
Hoje um pouquinho de Gênesis
Depois um trecho de Mateus ou João

Alguns capítulos de Isaías
O salmo vinte e três, não posso esquecer
Romanos doze, Provérbios um
A palavra eu pensava assim conhecer

Mas descobri que a leitura cuidadosa
Não era feita bem assim
Foi o que logo percebi
Quando li minha Bíblia do começo ao fim

Os que folgam com leituras
Aqui, acolá, sem ponderação
Pouco antes de ajoelhar-se, cansados
Bocejando uma breve oração

Os que tratam esse tesouro de textos
De forma descontinuada e irregular
Apenas um parágrafo deslocado
Apenas um impaciente olhar

Tentem um processo mais digno
Uma visão ampla e constante enfim
E reconhecerão, com espanto,
A grandeza de ler a Bíblia do começo ao fim

Autor desconhecido [tradução livre]

I.
O ANTIGO TESTAMENTO

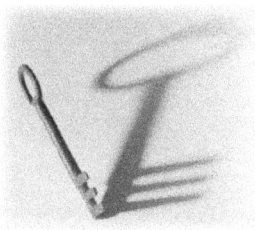

AS INSTRUÇÕES DO CRIADOR

1. Panorama do Antigo Testamento
2. Gênesis
3. Êxodo
4. Levítico
5. Números
6. Deuteronômio

1.
PANORAMA DO ANTIGO TESTAMENTO

Deus nos deu uma biblioteca com 66 livros. A palavra *biblia*, do latim, significa literalmente "livros". Os 39 livros do Antigo Testamento, que compreendem mais de dois mil anos, foram escritos por diversos autores e incluem tipos variados de literatura. Não é de se estranhar, portanto, que muitas pessoas questionem como tudo isso se encaixa.

Deus não organizou a Bíblia por tópicos, para que pudéssemos estudar os temas individualmente: ele a dispôs de maneira que pudéssemos ler um livro de cada vez. A Bíblia é a verdade de Deus a respeito de si mesmo e da forma como devemos nos relacionar com ele – tudo isso inserido no contexto da história. Ela relata como as pessoas, e principalmente a nação de Israel, conheceram a Deus e reagiram à sua palavra. Longe de ser um tedioso livro didático sobre teologia, é a história vibrante da obra redentora de Deus na vida do seu povo.

Muitos não conseguem entender a mensagem geral porque lhes falta conhecimento suficiente do contexto da Bíblia. Esse capítulo tem como objetivo oferecer um panorama do Antigo Testamento, de forma que cada porção específica da Bíblia seja inserida em seu contexto correto.

Geografia

Se nosso objetivo é entender o Antigo Testamento, primeiramente precisamos examinar dois mapas: o da Terra Prometida e o do Oriente Médio.

A área mais importante no mapa do Oriente Médio é a que os geógrafos chamam de "Crescente Fértil" – a porção de terra fértil que se estende do rio Nilo, na extremidade oeste do Egito, seguindo na direção nordeste pela terra de Israel e depois para o sul e sudeste rumo às planícies que margeiam os rios Tigre e Eufrates, região que era chamada de Mesopotâmia (que significa "terra entre rios", *meso* = "meio" e *potamia* = "rios"). Essa região fértil compreendia os centros de poder do Mundo Antigo, com o Egito localizado a oeste e a Assíria, mais tarde Babilônia, a leste. A terra de Israel estava encaixada entre essas duas grandes potências mundiais, e grande parte do Antigo Testamento tem como pano de fundo as batalhas entre elas. Há outros momentos importantes nos quais suas ameaças ou atividades afetam Israel diretamente.

A localização geográfica de Israel lhe trouxe importância como rota de comércio. O deserto sírio, a leste de Israel, era a razão pela qual comerciantes e exércitos do Oriente precisavam cruzar a fronteira de Israel quando se deslocavam entre a Ásia, a África e a Europa. Uma região montanhosa de basalto a sudoeste do mar da Galileia obrigava os viajantes a passar pelo vale de Jezreel em direção ao Megido. Uma grande estrada principal cruzava a Palestina através dos portões sírios, passando por Damasco, cruzando a Ponte das Filhas de Jacó sobre uma barragem de basalto até o lago da Galileia. Seguia então a sudoeste pelas planícies do Megido até a planície costeira de Israel, por Lida e Gaza até o Egito. Israel era um corredor estreito – a leste estava o Rift Valley[1], que corria de norte a sul descendo para o mar Morto, e a oeste, para o mar Mediterrâneo.

Israel, portanto, estava na encruzilhada do mundo, com rotas de comércio vindas de todas as direções, e Megido era o local onde todas elas se encontravam. Com vista para essas "encruzilhadas" estava a vila de Nazaré, de onde, sem dúvida, Jesus, assentado ali na colina, observava o mundo passar.

---

1 Nota de Tradução (NdT): Vale de grande extensão formado a partir de um movimento distensivo na crosta.

AS INSTRUÇÕES DO CRIADOR

Esse local tem uma importância espiritual. Deus estava estabelecendo um povo ali, naquela encruzilhada, local onde poderiam ser um modelo do Reino dos céus na terra. O mundo todo poderia ver a bênção que vem sobre os que vivem segundo os preceitos de Deus – e a maldição que lhes sobrevém quando desobedecem. A posição diferenciada de Israel não é um acidente.

Voltando-nos para a geografia interna da Terra Prometida, a região Norte, onde ficava a encruzilhada do mundo, chamava-se Galileia ou "Galileia das nações" por seu perfil internacional. A Judeia, na região Sul, era mais montanhosa e isolada do restante do mundo, o que propiciava uma cultura distintamente mais judaica, com a capital Jerusalém bem no centro.

A CHAVE PARA ENTENDER A BÍBLIA

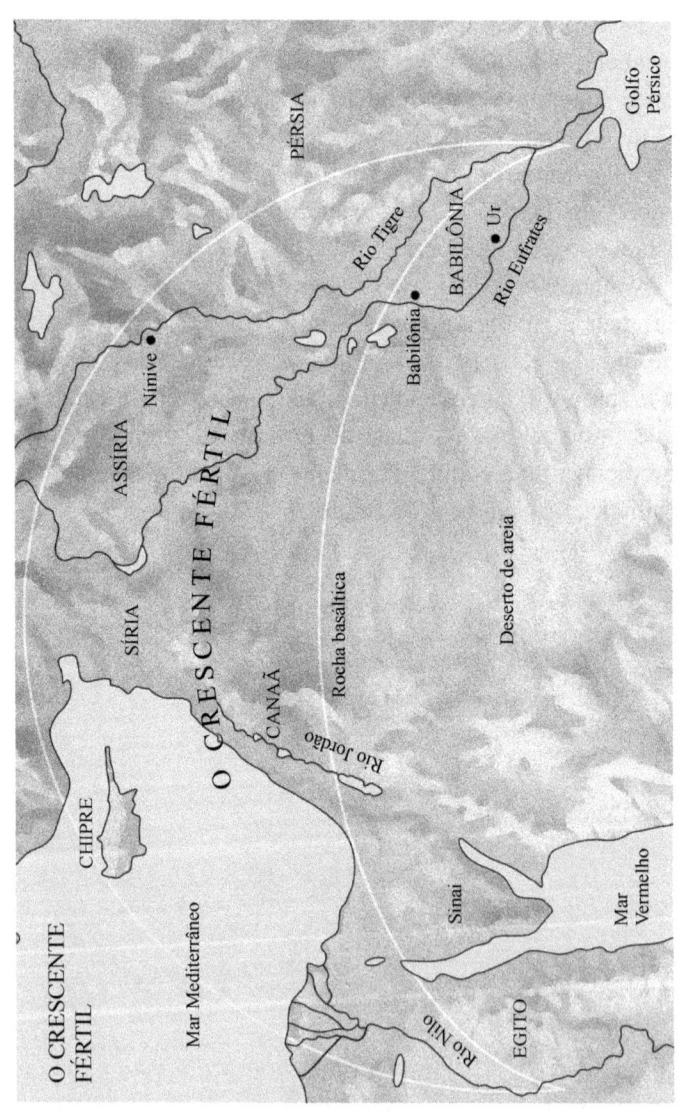

AS INSTRUÇÕES DO CRIADOR

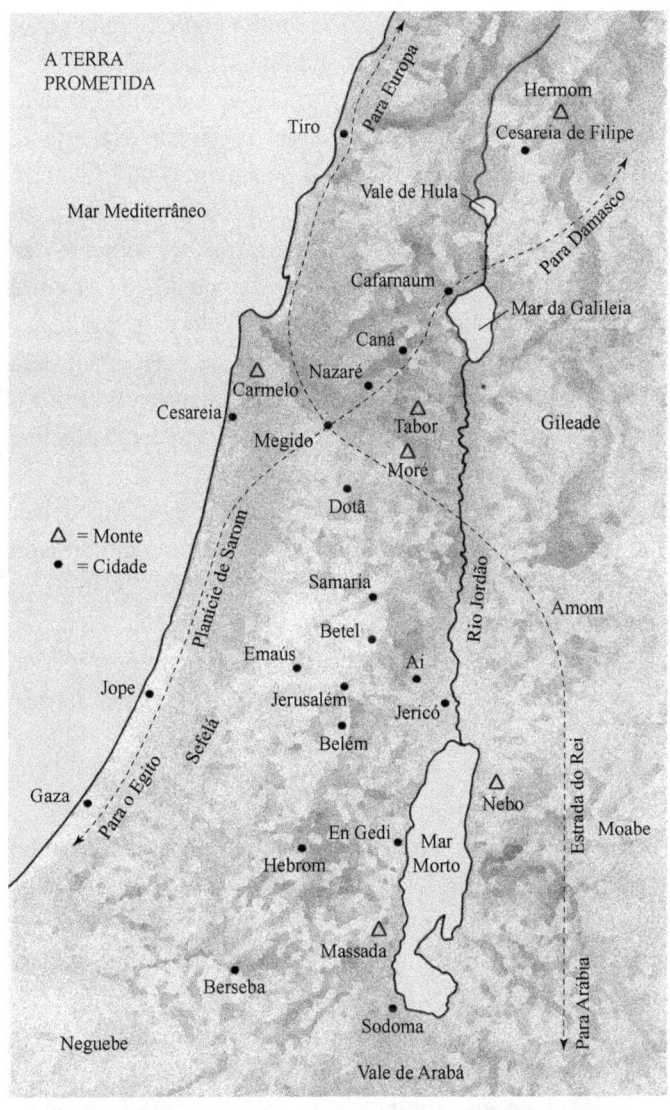

O território da Terra Prometida equivale aproximadamente ao do País de Gales. Contudo, inclui os mais variados tipos de clima e paisagem. Não importa em que lugar do mundo você viva, saiba que há em Israel um lugar exatamente como o seu lar. O local que mais se assemelha à Inglaterra fica logo ao sul de Tel Aviv. A região do Carmelo, ao norte, é conhecida como "Pequena Suíça". A somente dez minutos da região do Carmelo, você pode descansar entre palmeiras. O destaque na região é o rio Jordão, que nasce na encosta do monte Hermom e corre de norte a sul pelo Rift Valley, que mencionamos anteriormente, cruzando o mar da Galileia e descendo para o mar Morto. Uma planície fértil margeia seu curso.

Toda a flora e fauna da Europa, África e Ásia pode ser encontrada em Israel. Pinheiros silvestres crescem ao lado de palmeiras típicas do Saara. Nos tempos bíblicos, entre os animais selvagens que habitavam Israel, havia leões, ursos, crocodilos e camelos. É como se todo o mundo estivesse, de alguma forma, espremido em um único pequeno país.

História

Agora que estamos familiarizados com a geografia geral do universo do Antigo Testamento, vamos avaliar um esboço da sua história. Talvez pareça desanimador ter que percorrer dois mil anos ou mais, mas um gráfico simples nos ajudará a compreender os aspectos fundamentais (veja a página 33).

O Antigo Testamento compreende mais de dois mil anos de história, anteriores à época de Cristo. Os capítulos 1–11 de Gênesis abrangem o período "pré-histórico": a criação do universo, a queda do homem no jardim do Éden, o dilúvio e a torre de Babel. O foco desse período é na humanidade como um todo, embora destaque uma linhagem de pessoas "consagradas" a Deus. Podemos, no entanto, traçar um gráfico da história de Israel a partir de 2000 a.C., quando Deus chama a Abraão (embora séculos passariam antes que a nação fosse formada).

O Antigo Testamento pode ser dividido em quatro períodos de aproximadamente 500 anos cada. Todos os períodos têm um evento-chave, uma pessoa de destaque e um tipo de liderança.

2000	**1500**	**1000**	**500**
Eleição	Êxodo	Império	Exílio
Abraão	Moisés	Davi	Isaías
Patriarcas	Profetas	Príncipes	Sacerdotes

No primeiro período, os patriarcas lideravam Israel: Abraão, Isaque, Jacó e José. No segundo período, Israel foi liderado por profetas: de Moisés a Samuel. No terceiro período, seus líderes foram os príncipes (reis): de Saul a Zedequias. No quarto período, os sacerdotes assumiram a liderança: de Josué (um sacerdote que retornou do exílio babilônico a Judá conduzido por Zorobabel) a Caifás, nos dias de Cristo.

Nenhuma das categorias de liderança era ideal, e cada indivíduo incorporou ao cargo suas próprias imperfeições. A nação precisava de um líder que combinasse as funções de profeta, sacerdote e rei, e o encontrou em Jesus. Cada período, portanto, foi um prenúncio do líder ideal que ainda estava por vir.

Essa linha do tempo é interrompida por dois intervalos de 400 anos. O primeiro deles ocorre entre os patriarcas e os profetas, por volta de 1500 a.C. e o segundo, após os sacerdotes, em 400 a.C. Durante esses dois intervalos de 400 anos, Deus não falou ao povo, por isso não há registro na Bíblia sobre esses dois períodos. Algumas narrativas judaicas, conhecidas comumente como livros apócrifos, foram escritas no segundo período de 400 anos, mas não fazem parte da Bíblia em si porque não abrangem o período no qual Deus falou e agiu. Malaquias é, portanto, o último livro do Antigo Testamento em nossa Bíblia cristã, seguido de um intervalo de 400 anos que precede o Evangelho de Mateus.

É particularmente interessante observar os eventos ocorridos na história do mundo durante esses dois intervalos. As culturas egípcia, indiana e chinesa se desenvolveram durante o primeiro intervalo, já no segundo, foi a filosofia grega que avançou por meio de Sócrates, Platão e Aristóteles. Outras figuras importantes dessa época incluem Buda, Confúcio, Alexandre – o Grande – e Júlio César. Há muitos acontecimentos considerados importantes por historiadores, mas pouco relevantes para Deus. Era a sua história, com o seu povo, o que realmente importava.

Um breve panorama dos livros

Os capítulos 12–50 de Gênesis englobam o primeiro período da história de Israel, quando a nação era comandada pelos patriarcas (veja a página 33). É possível que o livro de Jó tenha sido escrito nessa época, pois há paralelos com o tipo de vida que os patriarcas teriam vivido.

Relativamente poucos livros foram escritos durante o segundo período. Êxodo, Levítico, Números e Deuteronômio foram todos escritos por Moisés. Os livros de Josué, Juízes e Rute dão sequência à história daquele período.

AS INSTRUÇÕES DO CRIADOR

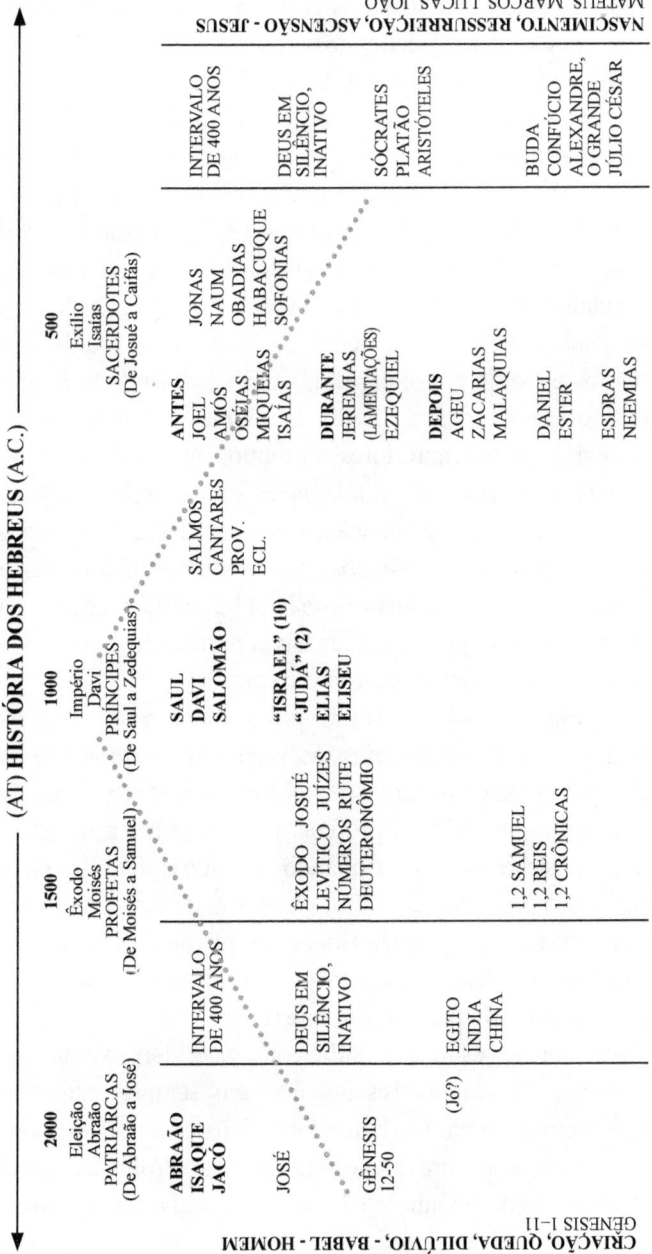

Há mais livros associados ao terceiro período: Samuel, Reis e Crônicas, além dos livros poéticos: Salmos, Provérbios, Eclesiastes e Cântico dos cânticos. Durante esse terceiro período, e após o reinado de Salomão, houve uma guerra civil que dividiu as 12 tribos: as dez tribos do Norte se autodenominaram Israel e as duas no Sul, Judá. É o fim da nação unida. Havia profetas nessa época – Elias e Eliseu – mas eles não escreveram seus próprios livros.

Finalmente, há um grande número de livros proféticos associados ao exílio (o reino do Norte caiu diante dos assírios e, como consequência, as tribos de Judá, reino do Sul, foram levadas ao exílio babilônico). Alguns livros contêm profecias anteriores ao exílio, outros, do período durante o exílio, outros, ainda, falam do pós-exílio e alguns apresentam uma combinação, pois a profecia se aplica a mais de uma fase. Isso nos mostra a importância desse acontecimento para a história de Israel. O exílio representou a perda da terra que Deus lhes havia prometido e um golpe mortal em sua identidade como nação.

Os profetas advertiram o povo sobre a invasão da terra e os próprios profetas (às vezes, os mesmos que os advertiram) os consolaram quando, de fato, ela foi invadida pelos inimigos. Alguns profetas falaram sobre a urgência de reconstruir o templo quando os judeus retornaram a Judá após 70 anos de exílio. Os livros de Daniel e Ester foram escritos na própria Babilônia. Os profetas Esdras e Neemias ajudaram a reconstruir Jerusalém e a restaurar a vida religiosa do povo assim que retornaram.

Esse breve esboço é suficiente para demonstrar que os livros do Antigo Testamento nem sempre estão em ordem cronológica. Os livros Históricos estão organizados relativamente na ordem correta, mas os Proféticos estão ordenados por tamanho e não por cronologia. Dessa forma, fica difícil saber que profeta estava falando em qual período.

Ascensão e queda de uma nação

Há outro aspecto do gráfico apresentado na página 33 que vale destacar. O gráfico mostra uma linha pontilhada que representa os tesouros da nação, que atingiu o seu ápice nos reinados de Davi e Salomão. A suave elevação da linha indica o progresso até esse ponto, com uma queda brusca quando esse pico é atingido. Todo judeu recorda esse período com anseio pelo dia em que o reino será restabelecido. Esse período foi considerado a era de ouro de Israel. Eles aguardam a manifestação de um descendente de Davi que restaurará a prosperidade da nação.

A última pergunta que os discípulos fizeram a Jesus antes que fosse elevado ao céu foi: "Senhor, é neste tempo que vais restaurar o reino a Israel?". A pergunta é a mesma, dois mil anos depois.

A linha continua em declive até o exílio de Israel na Assíria, em 721 a.C., e o de Judá na Babilônia, em 587 a.C.

Terminado o intervalo de 400 anos, surge João Batista – o primeiro profeta depois de um longo período. Em seguida, a narrativa da vida e do ministério de Jesus. O Novo Testamento abrange um período de apenas cem anos, em contraste com os mais de dois mil anos do Antigo Testamento.

A ordem dos livros

Já observamos que a cronologia dos livros Históricos do Antigo Testamento é diferente da ordem na qual os livros aparecem. Há também uma grande diferença na ordem em que os livros do Antigo Testamento são apresentados em nossas Bíblias e na Bíblia hebraica. Os livros da Bíblia cristã estão divididos em Históricos: de Gênesis a Ester; Poéticos: de Jó a Cântico dos cânticos; e Proféticos: de

Isaías a Malaquias. Os profetas também estão subdivididos em Profetas maiores: Isaías, Jeremias, Ezequiel e Daniel; e Profetas menores: de Oseias a Malaquias. Observe, no entanto, que as descrições "maiores" e "menores" são dadas unicamente em função do tamanho do livro e nada mais. Essas divisões costumam aparecer, quando muito, no sumário, portanto, a maioria dos leitores não se dá conta da mudança de categoria ao passar de uma seção para outra.

    A Bíblia hebraica tem três divisões claras. Os primeiros cinco livros não são considerados história, mas sim Lei, e são conhecidos pelas primeiras palavras lidas assim que o rolo era aberto. A seção seguinte intitula-se Profetas, um título surpreendente, pois inclui muitos livros classificados como Históricos na Bíblia cristã. Josué, Juízes, Samuel e Reis são chamados Profetas anteriores, e os Profetas maiores e menores (conforme constam na Bíblia cristã) recebem o nome de Profetas posteriores. Isso acontece porque os judeus consideram os livros Históricos como história profética: a história segundo a perspectiva que Deus tinha dos fatos e de sua relevância. Toda a história está baseada no princípio da seleção e conexão – o que foi incluído e por que foi incluído. A história da Bíblia não foge à regra, com a diferença de que a seleção foi feita por profetas, sob a inspiração de Deus.

AS INSTRUÇÕES DO CRIADOR

ANTIGO TESTAMENTO

BÍBLIA HEBRAICA		BÍBLIA CRISTÃ	
LEI (TORÁ, PENTATEUCO) * No princípio Deus (Gênesis) * Estes são os nomes (Êxodo) * E ele chamou (Levítico) * No deserto (Números) * Estas são as palavras (Deuteronômio) **PROFETAS** **Anteriores** * Josué * Juízes * Samuel * Reis **Posteriores** Isaías Jeremias Ezequiel Oseias Joel Amós Obadias	Jonas Miqueias Naum Habacuque Sofonias Ageu Zacarias Malaquias **ESCRITOS** * Louvores (Salmos) * Jó * Provérbios * Rute * Cântico dos cânticos * O pregador (Eclesiastes) * Como? (Lamentações) * Ester * Daniel * Esdras * Neemias * 1, 2 Notícias da época (Crônicas) 'ascender' (*aliya*) (última palavra) [Lucas 24.27, 44]	**HISTÓRICOS (PASSADO)** * Gênesis * Êxodo * Levítico * Números * Deuteronômio * Josué * Juízes * Rute * 1, 2 Samuel * 1, 2 Reis * 1, 2 Crônicas * Esdras * Neemias * Ester **POÉTICOS (PRESENTE)** * Jó * Salmos * Provérbios * Eclesiastes * Cântico dos cânticos	**PROFÉTICOS (FUTURO)** **Maiores (4)** Isaías Jeremias * Lamentações Ezequiel * Daniel **Menores (12)** Oseias Joel Amós Obadias Jonas Miqueias Naum Habacuque Sofonias Ageu Zacarias Malaquias 'maldição' (última palavra)

(Os asteriscos indicam livros que aparecem em seções diferentes nas Bíblias hebraica e cristã)

Rute e os livros de Crônicas são considerados Históricos na Bíblia cristã, mas não são considerados história profética na Bíblia hebraica [por isso não aparecem entre os Profetas anteriores ou posteriores]. De fato, não há ação direta de Deus mencionada no livro de Rute, embora o povo da história refira-se a ele na forma de bênçãos e coisas do tipo. Esses livros, por sua vez, fazem parte dos Escritos – a terceira e última divisão na Bíblia hebraica. Há outras duas surpresas aqui, pois os livros Poéticos [da Bíblia cristã] estão incluídos nessa categoria, além de Daniel, supostamente um livro Profético, em nosso entendimento.

Essa divisão pode parecer estranha, mas é a divisão a que Jesus se refere quando surge diante dos dois homens no caminho de Emaús, e aos dez discípulos, após a sua morte e ressurreição. A narrativa conta como ele os conduziu pela Lei, pelos Profetas e pelos Salmos, e lhes mostrou tudo o que estava escrito a seu respeito nas Escrituras. Essa era a divisão do Antigo Testamento que Jesus conhecia e aceitava, e acredito que também podemos achá-la útil.

Há outras narrativas históricas judaicas que não fazem parte da Bíblia. Os livros apócrifos são basicamente "história", embora alguns contenham outros tipos de literatura. Eles incluem histórias fascinantes e oferecem informações sobre a vida dos macabeus, quando de sua rebelião contra os gregos que ocuparam a terra de Israel nos séculos que antecederam a primeira vinda Cristo. Essas narrativas não foram consideradas registros inspirados por Deus e, portanto, ficaram de fora quando o cânon do Antigo Testamento foi finalmente reconhecido. Eles foram incorporados às Bíblias católico-romanas. Neste volume, os livros foram reorganizados em ordem mais ou menos cronológica, para que os leitores possam ouvir as palavras de Deus na sequência em que ele as proferiu e, assim, compreender a revelação progressiva que contêm.

Conclusão

O Antigo Testamento pode parecer confuso à primeira vista, mas espero que esse panorama o ajude a navegar com sucesso por suas páginas. A leitura do panorama, é claro, não substitui a leitura e releitura do texto em si, que deve ser conduzida de forma menos especulativa possível. Deus inspirou os textos do Antigo Testamento e nessas páginas ele próprio virá ao seu encontro. Você só precisa lhe pedir.

2. GÊNESIS

Introdução

A Bíblia não é um livro, mas muitos. A palavra "Bíblia" vem do termo em latim *biblia*, que significa "biblioteca". Ela consiste de 66 livros separados e distingue-se de qualquer outro livro de história pelo fato de começar antes da história e terminar depois dela. O primeiro livro, Gênesis, narra o princípio do universo e o último livro, Apocalipse, descreve o fim do mundo e o que acontece após. A Bíblia também é diferente dos demais livros, pois apresenta a história sob a perspectiva de Deus. O foco de um relato político ou físico do universo é determinado pelo interesse humano, mas, na Bíblia, é Deus quem determina o que é importante.

Temas

Há essencialmente dois temas principais na Bíblia: o que deu errado em nosso mundo e como ele pode ser corrigido. Muitos acham que nosso mundo não é um bom lugar para se viver, pois algo deu muito errado. O livro de Gênesis descreve exatamente qual é o problema, enquanto o restante da Bíblia nos conta como Deus vai corrigi-lo, resgatando a humanidade pecaminosa de si mesma. Os 66 livros da Bíblia compõem esse drama – que podemos chamar de "drama da redenção". O livro de Gênesis é vital porque nos apresenta o palco, o elenco e o enredo desse grande drama. Além disso, sem os primeiros capítulos de Gênesis, o restante da Bíblia faria pouco sentido.

ORIGENS
O título em hebraico para esse livro é simplesmente "No princípio Deus". A Bíblia hebraica tinha o formato de rolo e o nome de cada livro era a primeira palavra ou frase

encontrada no início do rolo, de modo que qualquer pessoa pudesse identificá-lo.

Quando o Antigo Testamento hebraico foi traduzido para o grego, em aproximadamente 250 a.C., os tradutores mudaram o nome do primeiro livro para "Gênesis", que, na realidade, significa "origens" ou "inícios". É um título muito apropriado para o livro, pois ele apresenta a origem de muitas coisas: nosso universo, o sol, a lua e as estrelas, o planeta Terra. Nele encontramos a origem de plantas, aves, peixes, animais e seres humanos. Encontramos também a origem do sexo, do casamento e da vida em família, o começo da civilização, do governo e das primeiras manifestações culturais (artes e ciências), bem como do pecado, da morte, do homicídio e da guerra. Também encontramos os primeiros sacrifícios – de animais e de seres humanos. Em síntese, encontramos uma história resumida da humanidade. Os primeiros 11 capítulos de Gênesis podem ser chamados de "o prólogo da Bíblia".

A NECESSIDADE DE REVELAÇÃO

Gênesis não trata apenas de origens. O livro discute também as principais questões da vida. De onde surgiu o universo? Por que estamos aqui? Por que temos de morrer?

É evidente que essas perguntas não podem ser respondidas por um ser humano. Os historiadores registram o que as pessoas viram ou praticaram no passado. Os cientistas observam o que é observável hoje e sugerem como tudo pode ter começado. Contudo, nenhum deles pode nos dizer a razão pela qual tudo começou e se o universo como o conhecemos hoje tem algum significado. Os filósofos podem apenas supor as respostas. Especulam sobre a origem do mal e por que há tanto sofrimento no mundo, mas, na realidade, eles não sabem. A única pessoa que realmente pode responder a essas perguntas é o próprio Deus.

Quem é o autor?

Quando abrimos o livro de Gênesis, portanto, logo nos deparamos com a pergunta: Estamos lendo o fruto da imaginação humana ou um livro de inspiração divina? A pergunta pode ser respondida adotando-se uma abordagem semelhante à usada na indagação científica. A ciência está fundamentada em passos de fé: uma hipótese é primeiramente produzida e então testada para ver se pode se encaixar nos fatos. Dessa forma, a ciência progride com uma série de ações de fé, à medida que teorias são concebidas e passos são dados com base nelas. De forma semelhante, para lermos Gênesis de forma adequada, devemos dar um passo de fé antes mesmo de abrir o livro. Devemos crer que se trata de um livro de inspiração divina e então observar se as respostas que ele traz se ajustam aos fatos relacionados à vida e ao universo.

Há dois fatos claros, em particular, que são perfeitamente explicados pelas respostas que encontramos em Gênesis. O fato número 1 é que vivemos em um mundo maravilhoso, de magnífica beleza e extraordinária variedade. O fato número 2 é que o mundo tem sido destruído por aqueles que nele vivem. Sabemos que cem espécies diferentes entram em extinção a cada dia e estamos cada vez mais conscientes dos impactos ambientais que seguem a produção moderna. Gênesis explica perfeitamente por que esses fatos podem ser verdadeiros, como veremos adiante.

O lugar de Gênesis

Gênesis não é apenas o primeiro livro, é o livro que fundamenta toda a Bíblia. A maior parte das verdades bíblicas, se não todas, são encontradas em Gênesis, pelo menos em estágio embrionário. Esse livro é a chave que destrava o restante da Bíblia. Por meio dele, entendemos que existe um Deus, o Criador do universo. Também lemos que, dentre todas as nações do mundo, Israel foi escolhido para abençoar as demais nações. Os estudiosos chamam isso de "o escândalo da particularidade" – o fato de que, dentre todas as nações, Israel tenha sido especialmente escolhido. Esse tema aparece na Bíblia do início até a última página.

Imagine se o primeiro livro da Bíblia fosse Êxodo: por que deveríamos nos interessar por um grupo de escravos judeus no Egito? Essa percepção reforça a importância de Gênesis, pois, somente se tivéssemos algum interesse acadêmico por esse assunto, daríamos continuidade à leitura. É justamente a leitura de Gênesis que nos permite compreender a importância desses escravos como descendentes de Abraão. Deus havia feito uma aliança com Abraão e prometera que todas as nações da terra seriam abençoadas por sua descendência. Somente com isso em mente é que podemos ver a relevância da preservação desses escravos como parte do cumprimento dos propósitos de Deus.

Que tipo de literatura é Gênesis?
Muitos leitores de Gênesis estão cientes das discussões sobre sua autenticidade – se o livro é, de fato, uma revelação de Deus. Alguns já sugeriram que Gênesis é um livro de mitos, com pouco embasamento histórico. Eu gostaria de fazer três observações preliminares a esse respeito.

Todo o Antigo Testamento está fundamentado no livro de Gênesis, com muitas referências a personagens como Adão, Noé, Abraão e Jacó (mais tarde conhecido como Israel). O Novo Testamento também se baseia em fundamentos encontrados em Gênesis. Além disso, há mais referências ao livro no Novo Testamento do que no Antigo Testamento. Os primeiros capítulos de Gênesis são citados

AS INSTRUÇÕES DO CRIADOR

em detalhes no Novo Testamento, sendo que os principais autores do Novo Testamento (oito, no total) fazem algum tipo de referência ao livro de Gênesis.

O próprio Jesus, quando fazia constantes referências aos personagens de Gênesis como pessoas reais e aos acontecimentos como histórias reais, estava na realidade esclarecendo todas as questões históricas do livro. Jesus, por exemplo, se refere ao relato de Noé e o dilúvio como um evento histórico. Ele também afirmou conhecer Abraão pessoalmente. O Evangelho de João registra as suas palavras aos judeus: "Abraão, pai de vocês, regozijou-se porque veria o meu dia; ele o viu e alegrou-se". Mais adiante, Jesus disse: "...antes de Abraão nascer, Eu Sou". João também nos lembra, em seu Evangelho, que Jesus estava presente quando tudo teve início. Quando os fariseus indagaram de Jesus sobre divórcio e novo casamento, ele fez uma referência a Gênesis 2, indicando a resposta. Se Jesus acreditava que o relato de Gênesis era verdadeiro, não temos razão para crer no contrário.

A compreensão teológica do apóstolo Paulo também presume que o relato de Gênesis seja verdadeiro. Em Romanos 5, ele contrasta a obediência de Cristo à desobediência de Adão, explicando as consequências para os que creem. Essa comparação não teria significado algum se Adão fosse apenas uma figura mítica.

Se o relato de Gênesis não for verdadeiro, o restante da Bíblia também não será

Tais considerações não têm implicações somente para Gênesis. Se não aceitamos que o relato de Gênesis seja verdadeiro, então não podemos confiar no restante da Bíblia. Como já observamos, grande parte da Bíblia é alicerçada sobre a verdade de Gênesis. Se Gênesis não for verdade, então o "acaso" é o nosso criador e as bestas feras, nossos ancestrais. É por essa razão que esse livro tem sido alvo de mais ataques do que qualquer outro livro de toda a Bíblia.

Há duas frentes nesse ataque: uma é científica e a outra, espiritual. Examinaremos os aspectos do ataque científico quando analisarmos o conteúdo de Gênesis em mais detalhes. Por enquanto, precisamos apenas comentar que muitos dos detalhes dos primeiros capítulos – a idade da terra, a origem do homem, a extensão do dilúvio e a idade das pessoas antes e depois do dilúvio – não se alinham com a ciência moderna.

Por trás do ataque científico, no entanto, é possível discernir um ataque satânico. O diabo odeia especialmente os livros da Bíblia que descrevem sua entrada e sua saída humilhante: Gênesis e Apocalipse. Ele, portanto, deseja impedir que as pessoas creiam nos primeiros capítulos de Gênesis e nos últimos capítulos de Apocalipse. Se ele for capaz de convencer as pessoas de que Gênesis é mito e Apocalipse é mistério, então sua tentativa de destruir a fé será bem-sucedida.

Como Gênesis veio a ser escrito?
Gênesis é um dos cinco livros que formam uma unidade das Escrituras judaicas conhecida como Pentateuco (*penta* significa "cinco") ou Torá (que significa "instrução"). Os judeus acreditam que, juntos, esses cinco livros apresentam as "instruções do Criador" para o mundo, por isso eles os leem todos os anos, uma passagem por semana.

Judeus, cristãos e até historiadores pagãos tradicionalmente atribuem a autoria desses cinco livros a Moisés, e parece não haver uma boa razão para duvidar disso. No tempo de Moisés, o alfabeto havia substituído a linguagem pictória [de símbolos] que predominara no Egito e ainda hoje é usada na China e no Japão. Moisés, portanto, com sua formação acadêmica, teria preparo e conhecimento para compilar esses cinco livros.

Há, contudo, dois problemas a considerar caso Moisés seja, de fato, o autor desses cinco livros.

PROBLEMAS QUANTO À AUTORIA DE MOISÉS

O primeiro problema é mínimo. No fim de Deuteronômio, a morte de Moisés é registrada. É pouco plausível que ele tenha escrito esse trecho! Josué provavelmente acrescentou uma nota sobre isso no final dos cinco livros para concluir a história.

O segundo problema, mais significativo, é que o livro de Gênesis termina aproximadamente 300 anos antes de Moisés ter nascido. Ele não teria dificuldade em escrever Êxodo, Levítico, Números e Deuteronômio, pois presenciara os acontecimentos que esses livros registram. Mas de onde tirou as informações para escrever o livro de Gênesis?

Esse problema, no entanto, pode ser facilmente contornado. Estudos feitos com povos de culturas não escritas revelaram que aqueles que não sabem escrever têm memórias fenomenais. Tribos que não possuem a escrita comunicam sua história por meio dos relatos contados ao redor da fogueira. Essa tradição oral é muito forte em comunidades primitivas, e essa teria sido a forma empregada pelos hebreus, especialmente quando eram escravos no Egito, para comunicar a seus filhos sua história: quem eram e de onde vinham.

Dois tipos de história são normalmente transmitidos por essa forma de memorização. Um deles é a genealogia, pois é a árvore genealógica que revela a identidade das pessoas. Há muitas genealogias em Gênesis, dez delas são introduzidas com a frase "Esta é a história da família de" (ou "Estas são as gerações de", em algumas traduções). O

A CHAVE PARA ENTENDER A BÍBLIA

outro tipo é a saga ou história de heroísmo – relatando os grandes feitos dos antepassados. Gênesis é composto quase que inteiramente desses dois aspectos da história: relatos sobre grandes heróis alternados com árvores genealógicas. Com isso em mente, é fácil perceber que o livro foi escrito a partir das lembranças que Moisés havia coletado dos escravos no Egito.

No entanto, isso não resolve todas as questões relacionadas à autoria de Moisés. Há um trecho específico de Gênesis que ele não poderia ter obtido dessa forma, e me refiro ao primeiro capítulo (ou melhor, ao trecho que vai de 1.1 a 2.3, pois a divisão do capítulo está no lugar errado). Como Moisés foi capaz de escrever o capítulo que detalha a criação do mundo?

É nesse ponto que devemos exercitar a fé. O salmo 103 fala sobre Deus manifestar os seus caminhos a Moisés, inclusive a narrativa da criação. Essa narrativa é uma das poucas passagens da Bíblia que deve ter sido ditada diretamente por Deus e registrada pelo homem, assim como Deus, ao descrever o fim do mundo, disse claramente a João o que escrever no livro de Apocalipse. A inspiração divina não eliminava traços de temperamento, memória, percepção e perspectiva dos autores, pois davam forma à palavra de Deus (como aconteceu com Moisés no restante do relato de Gênesis). Estavam tão absorvidos pela inspiração do Espírito que o resultado foi exatamente o que Deus desejava que fosse escrito. A história da criação, no entanto, veio por meio de uma revelação direta.

Um detalhe que reforça essa interpretação é que não há registro algum sobre a guarda do sábado antes do tempo de Moisés. Não encontramos nenhum indício de que o descanso do sábado fosse parte do estilo de vida de qualquer um dos patriarcas. Na realidade, não existe o conceito da semana de sete dias. Em todo o tempo, as referências são a meses e anos. Por uma questão de localização (Gênesis 1 está no início da Bíblia), presumimos erroneamente que Adão tinha conhecimento dessa obrigação e guardava o sábado como um modelo a ser seguido por todos os seus descendentes. No entanto, observamos que Adão, todos os dias, cuidava do jardim do Éden e se encontrava com o Senhor ao entardecer. Da mesma forma, não há indícios de que Abraão, Isaque ou Jacó observassem o sábado – o trabalho de pastor provavelmente lhes impedia de desfrutar de um dia de folga.

Tudo isso não nos surpreende se, conforme sugerido anteriormente, Moisés tivesse recebido a revelação [conteúdo do primeiro capítulo] do próprio Deus – incluindo o conceito do descanso no sábado. Com esse conhecimento, ele pôde, então, introduzir o conceito do descanso semanal na vida do povo de Israel por meio dos Dez Mandamentos.

Resumindo, então, Gênesis é claramente um livro de inspiração divina e deve ser lido a partir dessa premissa. É também um livro escrito por Moisés, que fez uso de sua formação e seu talento para a escrita, obtidos em seu período no Egito, para registrar os atos extraordinários de Deus que, a partir do chamado de Abraão, começa a reverter os efeitos da queda do homem.

O formato de Gênesis
O formato geral do livro deve ser observado. O primeiro dos quatro blocos (capítulos 1–11) forma uma unidade distinta e abrange vários séculos, mostrando o crescimento e a dispersão das nações por todo o "Crescente Fértil" (a terra que se estende do Egito ao Golfo Pérsico, no Oriente Médio). A linha divisória é definida no capítulo 12 com o chamado de Deus a Abraão. Os outros três blocos do livro têm um foco mais restrito, registrando as relações de Deus

com Abraão e seus descendentes: Isaque, Jacó e José.

Há outras divisões dentro desse formato geral. Nos capítulos 1–2, tudo é descrito como bom, inclusive os seres humanos. Nos capítulos 3–11, vemos a origem e as consequências do pecado, quando o homem se afasta do Éden tanto espiritual quanto fisicamente. Vemos o caráter de Deus, sua justiça ao punir o homem e sua provisão misericordiosa mesmo nos limites dessa punição.

Nos capítulos 12–36, seis homens são contrastados: Abraão e Ló; Isaque (filho da promessa) e Ismael (filho da carne); Jacó e Esaú. Encontramos dois tipos de pessoas e devemos determinar com qual deles nos identificamos mais. Deus vincula sua própria reputação à desses três homens – Abraão, Isaque e Jacó – com todas as suas falhas. Finalmente, o texto se concentra em José, um personagem inteiramente diferente. Veremos mais adiante como e por que ele se distingue tanto de seus antepassados.

No princípio Deus

Vamos nos voltar agora para o livro em si e nos concentrar no maravilhoso capítulo com o qual ele inicia. As primeiras palavras são: "No princípio Deus".

Gênesis está repleto de origens, mas é evidente que o próprio Deus não começa aqui. Deus já existia quando a Bíblia inicia, pois ele já estava lá quando o universo veio a existir. As questões filosóficas referentes à origem de Deus, na realidade, são "incompatíveis" ou "pseudoperguntas". Era necessária a existência de algo ou de alguém eterno antes que o universo viesse a existir, e a Bíblia diz claramente que essa pessoa é Deus. A premissa fundamental da Bíblia é que Deus existe eternamente, que sempre existiu e sempre existirá, e que ele é o Deus que é. Seu próprio nome, *Yahweh*, é um particípio do verbo hebraico que significa "ser". Uma palavra que expressa a natureza de Deus contida no nome *Yahweh* é "Sempre": ele sempre foi o que é e sempre será exatamente o mesmo.

Embora não haja necessidade de explicar a existência de Deus [que é invisível], devemos explicar como todas as outras coisas [visíveis] vieram a existir. Esse raciocínio é exatamente contrário ao pensamento moderno, que aceita o que pode ser visto [coisas visíveis] e exige evidências da existência de Deus [que é invisível]. A Bíblia afirma que Deus sempre existiu e apresenta detalhes de como todas as demais coisas vieram a existir.

Certamente, no tempo em que Moisés redigia esses textos, todos os hebreus sabiam que Deus existia. Ele havia resgatado o seu povo do Egito, dividido o mar Vermelho e afogado o exército egípcio, portanto sua experiência pessoal indicava que Deus estava ali. "Provas" adicionais não seriam necessárias.

A necessidade da fé
Na reflexão sobre Deus, o Novo Testamento sugere uma abordagem que nos ajudará em nossa leitura de Gênesis. Em Hebreus 11, lemos duas afirmações a respeito da criação. A primeira é: "Pela fé entendemos que o universo foi formado pela palavra de Deus, de modo que o que se vê não foi feito do que é visível". E, um pouco adiante, no mesmo capítulo: "...quem dele se aproxima precisa crer que ele existe e que recompensa aqueles que o buscam".

No que se refere à Bíblia como um todo – incluindo, portanto, Gênesis – devemos crer que Deus existe e quer que nós o encontremos, que o conheçamos, amemos e sirvamos. Vemos, então, o que acontece com base nessa confiança. Não podemos provar se Deus existe ou não, mas podemos manter a convicção básica de que Deus quer que o conheçamos e tenhamos fé nele.

Uma imagem do Criador
Depois de comentar as primeiras três palavras do livro [No princípio Deus], vamos considerar um aspecto que pode ser surpreendente: o tema de Gênesis 1 não é a criação, mas o Criador. Não se trata primeiramente de como nosso mundo veio a existir, mas de quem o trouxe à existência. Na realidade, em apenas 31 versículos, a palavra "Deus" aparece 30 vezes, reforçando a ideia de que tudo tem origem nele. Não se trata apenas da história da criação, mas de um retrato do Criador. E o que essa fotografia nos diz?

1. DEUS É PESSOAL
Gênesis 1 retrata um Deus pessoal. Ele tem um coração que sente. Tem uma mente que pensa e pode expressar os seus pensamentos. Ele tem uma vontade, toma decisões e as mantém. Tudo isso indica que ele tem uma personalidade. Deus não é uma coisa, Deus é uma pessoa. Uma pessoa completa, com sentimentos, pensamentos e motivações, assim como nós.

2. DEUS É PODEROSO
É bastante evidente que se Deus pode trazer algo à existência por meio da sua palavra, ele deve ser extremamente poderoso. Ao todo, ele profere dez "mandamentos" no primeiro capítulo, e todos eles são cumpridos exatamente como ele deseja.

3. DEUS NÃO FOI CRIADO
Já observamos que Deus existe e sempre existiu. Ele foi sempre o Criador, nunca a criatura.

4. DEUS É CRIATIVO
Que imaginação ele deve ter! Que artista! Seis mil

variedades de besouro. Não há duas folhas de grama que sejam iguais. Nem dois flocos de neve. Nem duas nuvens. Nem dois grãos de areia. Ou duas estrelas. Uma variedade espantosa, mas em harmonia. É um "uni-verso".

5. DEUS É ORGANIZADO
Há uma simetria na obra da sua criação, como veremos. O fato de existir propriedades matemáticas na criação tornou a ciência possível.

6. DEUS É SINGULAR
Os verbos em Gênesis 1, a partir de "criou", estão todos no singular.

7. DEUS É PLURAL
A palavra usada para "Deus" não é o singular *El*, mas o plural *Elohim*, que significa três ou mais "deuses". A primeira frase da Bíblia a usar o substantivo no plural com um verbo no singular está gramaticalmente incorreta, porém teologicamente certa, pois entendemos que Deus é "três em um".

8. DEUS É BOM
Consequentemente, toda a sua obra é "boa" e ele declara que os seres humanos são sua melhor obra, sua obra-prima: "muito bom". De mais a mais, ele quer ser bom para toda a sua criação, quer "abençoá-la". É ele quem define o que é bom.

9. DEUS ESTÁ VIVO
Ele está ativo no domínio do tempo e do espaço.

10. DEUS SE COMUNICA
Ele fala com a criação e com as criaturas. Ele quer, em especial, relacionar-se com os seres humanos.

11. DEUS É COMO NÓS
Somos feitos à sua imagem, portanto devemos ser como ele, em alguns aspectos, e ele deve ser como nós.

12. DEUS É DIFERENTE DE NÓS
Ele pode "criar" a partir do nada (*ex nihilo*), enquanto nós podemos apenas "fazer" algo a partir de outra coisa. Somos "fabricantes"; ele é o único Criador.

13. DEUS É INDEPENDENTE
Deus nunca pode ser igualado com sua criação. Desde o início, há uma distinção entre Criador e criatura. O movimento da Nova Era confunde esse conceito ao sugerir que, de alguma forma, "deus" é parte de nós. Mas o Criador existe independentemente de sua criação. Ele pode tirar um dia de folga e ficar bastante distante de tudo o que criou. Jamais devemos igualá-lo a algo que ele tenha criado. Adorar a criação é idolatria. Os verdadeiros adoradores adoram o Criador.

Filosofias postas à prova
Se aceitarmos a verdade de Gênesis 1, vários pontos de vista alternativos a respeito de Deus são automaticamente descartados. Essas perspectivas também podem ser chamadas de filosofias (a palavra "filosofia" significa "amor à sabedoria"). Cada pessoa tem sua própria maneira de enxergar o mundo, quer pensem a esse respeito de forma consciente ou não.

Se você crê na narrativa de Gênesis, as seguintes filosofias não se sustentarão.

Ateísmo. Os ateus creem que Deus não existe. Gênesis 1 confirma o contrário.

Agnosticismo. Os agnósticos afirmam que não sabem se há um Deus ou não. Gênesis afirma que há.

Animismo. É a crença de que muitos espíritos controlam o mundo – espíritos dos rios, espíritos das montanhas, etc. Gênesis 1 declara que Deus criou o mundo e o controla.

Politeísmo. Os politeístas creem que há muitos deuses. Os hindus se encaixam nessa categoria. Gênesis 1 afirma que há apenas um.

Dualismo. É a crença de que há dois deuses, um bom e outro mau, sendo o deus bom responsável pelas coisas boas que acontecem, e o deus mau, pelas ruins. Gênesis declara que há apenas um Deus, e ele é bom.

Monoteísmo. É o que crê o judaísmo e o islamismo – há um Deus, e apenas uma pessoa, rejeitando assim a trindade de Deus. Ao usar a palavra *Elohim* para descrever Deus, Gênesis 1 nos diz que há um Deus em três pessoas.

Deísmo. Os deístas veem Deus como o Criador, mas sustentam que ele não pode controlar o que criou. Ele é como um relojoeiro que deu corda no mundo e o deixou seguir por suas próprias leis. Como tal, Deus nunca intervém em seu mundo, e os milagres são impossíveis. Muitos cristãos, na prática, são deístas.

Teísmo. Os teístas acreditam que Deus não apenas criou o mundo, mas também está no controle de tudo e de todos que criou. O teísmo é a filosofia que mais se aproxima da filosofia bíblica, mas, de fato, não se sustenta.

Existencialismo. É uma filosofia popular hoje, que acredita que a experiência é Deus. Nossas escolhas e a autoafirmação é a "religião" dos existencialistas. Não há um Criador conforme descrito em Gênesis 1 a quem devemos prestar contas.

Humanismo. Os humanistas rejeitam o conceito de um deus fora do mundo criado. Embora Gênesis 1 relate que o homem é criado por Deus, os humanistas acreditam que o homem é Deus.

Racionalismo. Os racionalistas creem que nossa própria razão é Deus, rejeitando a indicação em Gênesis de que os poderes da razão foram concedidos quando Deus criou o homem à sua imagem.

Materialismo. Os materialistas acreditam que somente a matéria é real e não aceitam nada ou ninguém que não possam ver por si mesmos.

Misticismo. Em contraste com o materialismo, os místicos acreditam que somente o espírito é real.

Monismo. A filosofia sustenta grande parte do movimento Nova Era. Afirma que matéria e espírito constituem essencialmente uma unidade, defende a existência de uma única coisa. A ideia de Deus como um espírito independente criando o mundo está, portanto, fora de questão.

Panteísmo. Essa ideia é semelhante ao monismo, que acredita que todas as coisas são Deus. Uma de suas versões modernas é o panenteísmo – Deus em todas as coisas.

Em contraste com todas essas filosofias, a perspectiva

bíblica pode ser considerada triteísta [ou trinitariana]: Deus é três em um, Criador e controlador do universo. Essa é a base do pensamento bíblico, presente na narrativa de Gênesis 1 até o último capítulo de Apocalipse.

Estilo

Vamos seguir adiante e olhar mais de perto o texto de Gênesis 1, em especial, o estilo empregado no capítulo. O que claramente se percebe é que ele não foi escrito em linguagem científica, apesar de que algumas pessoas esperam encontrar os detalhes de um livro científico. No entanto, ele foi escrito de maneira simples, para que todas as gerações pudessem compreendê-lo, independentemente do nível de conhecimento científico.

O relato usa apenas categorias muito simples. A vegetação está dividida em três grupos: ervas, plantas e árvores. A vida animal também é apresentada em três categorias: animais domésticos, animais caçados para o sustento e animais selvagens. Essas classificações simples podem ser compreendidas por todos, em todos os lugares.

PALAVRAS

Esse estilo simples também está evidenciado nas palavras usadas. Há somente 76 radicais[2] em todo o capítulo 1 de Gênesis. Cada um desses termos pode ser encontrado em todas as línguas da terra, o que significa que Gênesis 1 é o capítulo mais fácil de ser traduzido em toda a Bíblia!

Todo escritor precisa saber para quem está escrevendo, ou seja, quem é seu público-alvo. Deus queria que a história da criação alcançasse todas as pessoas, em qualquer tempo ou lugar. Por isso, ele a tornou muito simples. Até uma criança é capaz de ler e entender a mensagem. Como

---

2 NdT: Radical é a palavra fixa e invariável que serve de base para todas as palavras de uma mesma família.

resultado, a mensagem pode facilmente ser traduzida.

Os verbos também são muito simples. Um dos verbos usados é especialmente importante para que compreendamos o que aconteceu. Gênesis 1 faz distinção entre "criou" e "fez". A palavra hebraica para "criou", *bara*, significa fazer algo do nada e ocorre apenas três vezes em todo o livro de Gênesis: quando descreve a criação da matéria, da vida e do homem. Em outras ocasiões, a palavra "fez" é usada, para indicar algo criado a partir de outra coisa, semelhante à forma como também falamos sobre a fabricação de objetos.

A descrição da obra de Deus nos sete dias da criação também é muito simples. Cada frase tem um sujeito, um verbo e um objeto. A gramática é tão convencional que qualquer um pode entendê-la. Todas as frases estão conectadas por uma palavra – por exemplo: "mas", "e" ou "então". É uma produção extraordinária.

ESTRUTURA

Gênesis 1 é lindamente estruturado. É ordenado, dividido em seis dias, e os seis dias são divididos em dois grupos de três.

Em Gênesis 1.2 lemos: "Era a terra sem forma e vazia". O desenvolvimento começa no versículo 3 e há notável correspondência entre os três primeiros e os três últimos dias. Nos primeiros três dias, Deus cria um ambiente variado, com contrastes nítidos: luz e trevas, céu e oceano, e terra e mar. Ele está criando distinções que enriquecem a variedade. No terceiro dia, ele também começa a cobrir a terra de plantas. A terra agora tem "forma".

Então, no quarto, quinto e sexto dias, ele se ocupa em preencher os ambientes criados nos três primeiros dias. Assim, no dia quatro, o sol, a lua e as estrelas correspondem aos elementos "luz e trevas", criados no primeiro dia; no dia cinco, as aves e os peixes enchem "céus e oceanos", criados no dia dois; e no sexto dia, os animais e Adão são criados para ocupar a terra criada no terceiro dia. Deus, portanto, está criando todas as coisas de uma maneira organizada e precisa. Está, de fato, trazendo ordem ao caos. A terra agora está "cheia" de vida.

PROPRIEDADES MATEMÁTICAS

Também é fascinante observar que Gênesis 1 tem propriedades matemáticas. Os três números que ocorrem repetidamente no relato são 3, 7 e 10, cada um deles com um significado particular em toda a Bíblia. O número 3 fala do que Deus é, 7 é o número da perfeição na Bíblia, e 10 é o número da conclusão. Quando são examinadas as ocasiões em que os números 3, 7 e 10 ocorrem, surgem espantosas conexões.

Deus realmente cria algo a partir do nada em três momentos apenas. Em três ocasiões, ele chama algo pelo nome, três vezes ele faz algo, e três vezes ele abençoa algo.

Há sete ocorrências da frase "Deus viu que ficou bom". Há, obviamente, sete dias – e a primeira frase tem sete palavras no hebraico. Além disso, as três últimas frases desse relato da criação também são formadas por sete palavras no original hebraico.

E há dez mandamentos de Deus.

SIMPLICIDADE

O estilo de Gênesis 1 se diferencia muito de outras "histórias da criação", como, por exemplo, o épico babilônico da criação, que é muito complicado, bizarro e com pouca conexão com a realidade. A simplicidade do relato da criação de Gênesis, entretanto, não é aclamada de forma universal. Alguns já sugeriram que essa abordagem simplista é prova de que a Bíblia não deve ser encarada com tanta seriedade na era moderna. Contudo, há muito mais a ser dito em defesa dessa abordagem simples.

Imagine descrever a construção de uma casa em um livro infantil. Você quer que a descrição seja precisa, porém simplificada, para que os leitores mais novos consigam acompanhar o processo. Talvez você escreva sobre o pedreiro que assentou os tijolos, o carpinteiro que trabalhou nas janelas, na moldura das portas e nas vigas do telhado. É possível que mencione o encanador que instalou o encanamento, o eletricista que passou a fiação, o pintor que rebocou as paredes e o decorador que as finalizou.

Escrita dessa forma, a descrição tem seis estágios básicos, mas, obviamente, construir uma casa é uma tarefa muito mais complicada. Exige sincronia e sobreposição de trabalhadores diferentes por períodos específicos de tempo. Ninguém diria que a descrição encontrada no livro infantil seja incorreta ou enganadora, apenas que a realidade é bem mais complexa. Da mesma forma, não há dúvida de que Gênesis é uma simplificação e que a ciência pode nos suprir muitos outros detalhes. O propósito de Deus, no entanto, não era nos apresentar a precisão de dados científicos, mas sim oferecer uma explicação ordenada que todos pudessem entender e aceitar, e que salientasse que ele sabia o que estava fazendo.

Questões científicas
Compreender a necessidade da simplicidade não é suficiente para responder a todas as perguntas que surgem com o relato da criação em Gênesis. Em especial, devemos considerar a velocidade com a qual a criação acontece e a idade da terra – duas esferas distintas, mas inter-relacionadas. Os geólogos afirmam que a terra deve ter levado cerca de 4 bilhões de anos para se formar, enquanto Gênesis parece afirmar que foram apenas seis dias. Qual deles está correto?

AS INSTRUÇÕES DO CRIADOR

No que se refere à ordem da criação, há um alto grau de consonância entre as descobertas dos cientistas e o relato de Gênesis. A ciência concorda com a ordem de Gênesis 1, com uma exceção: o sol, a lua e as estrelas não aparecem até o quarto dia, depois que as plantas foram criadas. Isso parece contraditório até percebermos que a terra original estava coberta por uma nuvem ou névoa espessa. A investigação científica confirma essa probabilidade. Assim, quando a primeira luz apareceu, foi vista apenas como uma nuvem mais leve. Quando, porém, as plantas surgiram, elas começaram a transformar o dióxido de carbono em oxigênio, dissipando a névoa e tornando visíveis no céu, pela primeira vez, o sol, a lua e as estrelas. O aparecimento do sol, da lua e das estrelas deveu-se, portanto, à dissipação da espessa nuvem que envolvia a terra. Assim sendo, a ciência concorda exatamente com a ordem de Gênesis 1. As criaturas do mar surgiram antes das criaturas da terra. O homem surgiu por último.

Embora os cientistas geralmente concordem com a Bíblia sobre a ordem da criação, ainda há questões conflitantes. Essas questões incluem: a origem dos animais e dos seres humanos e uma infinidade de questões relacionadas, entre elas a idade das pessoas que viveram antes e depois do dilúvio, a duração do dilúvio e todo o debate em torno da "evolução versus criação".

Antes de nos envolvermos profundamente com tais questões, é importante observar que há três maneiras de lidar com o problema "ciência versus Bíblia". Primeiro, você precisa decidir que abordagem usar para lidar com a questão. Você precisa escolher entre repudiar, segregar ou integrar.

REPÚDIO
Essa primeira abordagem oferece uma escolha. Uma das duas está correta – a Bíblia ou a ciência – mas você

deve repudiar uma ou outra: não pode aceitar ambas. Tipicamente, os incrédulos creem na ciência, os cristãos creem na Bíblia e ambos se recusam a reconhecer o outro.

O problema em repudiar a ciência, caso você seja cristão, é que muitas informações científicas estão corretas. Devemos muito de nossa comunicação moderna ao desenvolvimento científico, por exemplo. A ciência não é o inimigo que alguns cristãos parecem acreditar que seja.

Veja a história da descoberta do Homem de Piltdown. Quando o crânio de uma criatura que parecia ser meio-homem meio-macaco foi descoberto em Piltdown, no condado de Sussex, Inglaterra, em 1912, muitos entenderam o fato como prova de alguma forma de evolução. Quando, mais tarde, foi descoberto que o crânio era na realidade uma farsa, os cristãos rapidamente expressaram desprezo pela ciência. Esqueceram-se de que, para começar, foi a própria ciência que descobriu que o crânio era uma farsa!

Escolher entre a ciência e a Bíblia, portanto, traz seus problemas. Não devemos aceitar a verdade científica incondicionalmente, mas também não podemos ingenuamente exigir que as pessoas cometam suicídio intelectual para poder crer na Bíblia. Isso não é necessário.

SEGREGAÇÃO
A segunda abordagem é manter ciência e Bíblia o mais distante possível uma da outra. A ciência trata de um tipo de verdade e a Bíblia, de outro. Essa abordagem alega que o interesse da ciência está na verdade física ou material, enquanto a Bíblia trata da verdade moral e sobrenatural. As duas lidam com questões totalmente distintas. A ciência explica como e quando o mundo veio a existir. A Bíblia relata quem criou o mundo e por quê. Nessa abordagem segregadora, a divisão entre ciência e Bíblia deve ser mantida, pois elas não se sobrepõem, ou seja, não têm nada

em comum. A ciência fala de fatos, a Bíblia fala de valores, e não devemos nos concentrar em uma delas em detrimento da outra.

Essa abordagem parece muito comum até mesmo em igrejas. Ela tem origem em uma postura moldada pelo pensamento grego, em que o físico e o espiritual são mantidos em dois compartimentos separados. Esse tipo de pensamento é contrário ao pensamento hebraico, em que Deus é Criador e Redentor e o físico e o espiritual estão interligados.

Se adotarmos essa abordagem segregada, seremos forçados a tratar a narrativa de Gênesis como mito. Gênesis 3 torna-se uma fábula intitulada "Como a cobra perdeu suas pernas", e Adão torna-se o "homem comum"[3] [cada homem que existe e não um homem específico que existiu]. O livro fica, então, repleto de histórias de ficção que nos ensinam valores a respeito de Deus e de nós mesmos e que nos mostram como pensar em Deus e em nós mesmos, sem, contudo, reconhecê-las como fatos históricos.

Assim como Hans Christian Andersen[4] escreveu livros infantis que ensinavam valores morais, sob essa abordagem, Gênesis tem histórias com valores morais, porém sem verdade histórica. Adão e Eva foram mitos, Noé e o dilúvio também. Essa abordagem certamente vai além das narrativas de Gênesis, pois quando questionamos a autenticidade histórica de uma parte da Bíblia, logo desconfiamos da autenticidade de outros trechos. O efeito dessa abordagem, portanto, é que a Bíblia torna-se um livro sem histórias: muitos valores, e nada de fatos.

Logo, como acontece com o repúdio, a tentativa de

---

3 NdT: O original em inglês é Everyman, romance de Philip Roth, traduzido para o português sob o título Homem Comum, pela Companhia das Letras.

4 NdT: Autor de contos infantis, entre eles: O Patinho Feio, O Soldadinho de Chumbo, A Pequena Sereia.

segregar a ciência e as Escrituras também traz seus problemas. Na realidade, a Bíblia e a ciência são como círculos sobrepostos: apesar de lidar com alguns elementos em comum, as aparentes contradições devem ser confrontadas. Como, então, resolvemos esse problema? A terceira abordagem pode nos ajudar a unir a ciência e a Bíblia?

INTEGRAÇÃO
Ao tentar compreender como integrar a ciência e a Bíblia, precisamos nos lembrar de dois elementos básicos, ambos igualmente importantes: a natureza transicional das investigações científicas e as mudanças em nossa interpretação da Bíblia.

1. As teorias científicas mudam
Os cientistas acreditavam que o átomo fosse a menor partícula do universo. Sabemos hoje que cada átomo é, em si mesmo, um universo completo. Afirmava-se até bem recentemente que os cromossomos X e Y determinavam se um feto seria um ser humano do sexo masculino ou feminino. Essa teoria foi derrubada. A descoberta do DNA revolucionou a nossa maneira de ver a vida, porque agora sabemos que as primeiras formas de vida possuíam o DNA mais complexo. O DNA é uma linguagem que transmite uma mensagem de uma geração a outra – o que evidencia a ação direta de uma pessoa como responsável pela manutenção e perpetuação dessas características nas espécies e nas populações.

Uma geração atrás, muitas pessoas entendiam que a natureza seguia leis invariáveis. A ciência moderna afirma que há muito mais aleatoriedade do que jamais se imaginou. A física "quântica" é muito mais flexível.

A geologia também se transforma e se desenvolve. Há hoje muitas formas diferentes de determinar a idade da terra.

Há também novas alegações de que métodos científicos conseguiram revelar que a terra é muito mais jovem, com 9 mil anos a menos numa extremidade do espectro e 175 mil anos na outra – muito menor do que os 4 bilhões de anos e um quarto calculados anteriormente.

A antropologia, por sua vez, está num estado de desordem. Os homens pré-históricos, considerados nossos ancestrais, hoje são vistos como criaturas que surgiram e desapareceram sem qualquer elo como o *Homo sapiens*. A biologia também mudou, tanto que hoje um número menor de pessoas acredita na teoria da evolução de Darwin.

Tudo isso significa que, embora não devamos ignorar os conflitos entre a descoberta científica e os relatos bíblicos, seria tolice tentar associar uma interpretação bíblica a um período científico específico, visto que esse mesmo conhecimento científico está sempre em expansão.

2. A interpretação da Bíblia muda

Da mesma forma como ocorrem avanços na compreensão científica, também podem mudar as tradicionais interpretações das Escrituras. A Bíblia é inspirada por Deus, mas a interpretação que fazemos dela nem sempre é. Precisamos estabelecer uma distinção muito clara entre o texto bíblico e a forma como o interpretamos. Quando a Bíblia fala sobre os quatro cantos da terra, por exemplo, poucas pessoas hoje interpretam a ideia como se a terra fosse um cubo ou um quadrado. A Bíblia usa o que se chama "linguagem da aparência". Fala sobre o sol que nasce no oriente, põe-se no ocidente e move-se pelo céu. Entretanto, isso não quer dizer que acreditemos que o sol se mova em torno da terra.

Só quando compreendemos que a interpretação científica é flexível e que nossa interpretação da Bíblia pode mudar, podemos então buscar integrar a ciência e a Bíblia e fazer julgamentos equilibrados em relação às possíveis contradições.

O "DIA" EM GÊNESIS 1

Tal julgamento "integrado" se faz muito necessário quando consideramos os argumentos referentes aos dias em Gênesis 1 – um tema controverso que frequentemente surge no debate entre ciência e Bíblia.

O problema dos dias descritos em Gênesis 1 e a idade real da terra agravou-se pelo fato de que algumas Bíblias foram publicadas com uma data ao lado do primeiro capítulo, a saber, 4004 a.C. Essa data foi calculada por James Ussher, um arcebispo irlandês (outro estudioso chegou a alegar que Adão havia nascido às 9 da manhã do dia 24 de outubro!). Ele chegou a essa conclusão apesar de o relato de Gênesis 1-5 não apresentar datas.

Ussher fez os seus cálculos com base nas gerações registradas em Gênesis, desconhecendo o fato de que as genealogias judaicas não incluíam todas as gerações de uma linhagem. As palavras "filho de" talvez signifiquem neto ou bisneto. É fácil descartar a data de Ussher, mas ainda nos deparamos com um conflito entre a afirmação aparentemente bíblica de que a criação levou seis dias e a alegação científica de que levou muito mais tempo.

O que se quis dizer com a palavra "dia" na linguagem original? A palavra em hebraico é *yom*, que, de fato, às vezes, significa um dia de 24 horas. Contudo, também pode significar 12 horas de luz ou uma era no tempo, como na frase "os dias das carroças puxadas por cavalos já passaram".

Com esses diferentes significados em mente, vamos considerar as várias perspectivas sobre o dia em Gênesis 1.

Dias terrestres

Alguns entendem a palavra "dia" literalmente, como um dia terrestre de 24 horas. Essa perspectiva entra em conflito com o cálculo que os cientistas fizeram do tempo geológico necessário para se criar a terra, levando em conta a sua idade aparente.

Uma lacuna no tempo

Alguns sugerem um intervalo de tempo entre os versículos 2 e 3. Eles argumentam que depois da frase "era a terra sem forma e vazia", no versículo 2, há um longo espaço de tempo antes dos seis dias subsequentes nos quais Deus traz todas as coisas à existência. Portanto, a terra já existia antes que a obra de Deus feita nos seis dias tivesse início. É uma teoria muito comum, encontrada na Bíblia Scofield e em outros comentários bíblicos.

Uma segunda maneira de encontrar mais tempo é fazendo uma referência ao dilúvio. Vários autores já publicaram livros a respeito, entre eles Whitcome e Morris, que afirmaram que toda a informação geológica que temos origina-se no dilúvio, sendo a idade "aparente" das rochas o resultado da inundação.

A ilusão do tempo

Outros sugerem que Deus, deliberadamente, fez com que as coisas parecessem velhas. Assim como Adão foi criado como um homem, não como um bebê, alguns acreditam que Deus tenha feito a terra parecer mais antiga do que realmente é. Deus cria antiguidades genuínas! Ele pode fazer uma árvore parecer ter 200 anos de idade, com todos os anéis de seu tronco, e pode criar uma montanha que pareça ter milhares de anos. É uma teoria aceitável – Deus poderia fazer isso.

As perspectivas da "lacuna" e da "ilusão" são baseadas no entendimento de que o "dia" é literal. Assim, consequentemente, precisamos encontrar mais tempo para que o registro geológico faça sentido.

Eras geológicas

Outra abordagem possível é considerarmos um "dia" como uma "era geológica". Nesse caso, não estamos falando de seis dias, mas de aproximadamente seis eras geológicas, ou seja, os dias 1-3 não são dias solares (de qualquer maneira, não havia sol!). Apesar de essa teoria agradar muitas pessoas, ela não leva em conta o refrão "Passaram-se a tarde e a manhã", encontrado no relato do dia 1, ou o fato de que os seis dias não coincidem com as quatro eras geológicas.

Dias míticos
Já observamos que algumas interpretações não consideram que a duração dos dias seja um problema, pois presumem que o texto, de qualquer maneira, seja mitológico. Para eles, os seis dias são apenas a estrutura poética para a história – dias de fábula – e podem ser deixados de lado. O ponto principal é entender a moral da história e esquecer o restante.

Dias educacionais
Uma das abordagens mais intrigantes foi introduzida pelo professor Wiseman da Universidade de Londres. Ele acredita que esses (seis) dias eram dias "didáticos". Deus revelou a sua criação em etapas a Moisés durante um período de sete dias, portanto, o registro que temos é referente ao período de aprendizado de Moisés sobre o processo de criação, no decorrer de uma semana de ensino. Alguns concordam, mas sugerem que as revelações foram dadas por meio de visões, de forma semelhante às visões concedidas a João para serem registradas no livro de Apocalipse.

Dias de Deus
A última interpretação possível é a de que eram "dias de Deus". Para Deus, o tempo é relativo e mil dias são como um. A partir disso, pode-se inferir que Deus estava afirmando que toda a criação foi o "trabalho de uma semana" para ele.

Essa interpretação serve para enfatizar a importância que Deus atribui à humanidade no esquema da criação, uma vez que a vida humana pode perder o significado se você considerar o tempo geológico como a única medida. Imagine, por exemplo, que a altura do obelisco Agulha de Cleópatra, localizado às margens do Tâmisa, em Londres, representa a idade do planeta. Agora imagine uma moeda de dez centavos posicionada no topo do obelisco e acima dela um selo de cartas. A moeda representa a idade da raça humana e o selo, a idade do homem civilizado. O homem é aparentemente insignificante se visto sob uma perspectiva cronológica.

Talvez Deus quisesse que pensássemos na criação como o trabalho de uma semana porque seu desejo era chegar à parte principal: a nossa vida no planeta Terra. De toda a criação, somos o que há de mais importante para ele.

Essa teoria pode ser ampliada. No texto, o sétimo dia não tem fim, pois teve a duração de séculos. Prolongou-se por toda a Bíblia até o domingo de Páscoa, quando Deus levantou seu filho dentre os mortos. Em todo o Antigo Testamento, nada novo é criado; Deus havia concluído a criação. Na realidade, a palavra "novo" quase não aparece no Antigo Testamento e, nas raras vezes em que ocorre, ela é empregada no sentido negativo, como quando lemos em Eclesiastes: "Não há nada novo debaixo do sol". Deus, portanto, descansou durante todo o Antigo Testamento.

Há, consequentemente, um forte argumento para que se entenda os dias de Gênesis 1 como os "dias de Deus" – o próprio Deus quer que pensemos nesses dias como uma semana de trabalho.

O homem no centro
Quando chegamos no capítulo 2, percebemos imediatamente uma grande diferença em relação ao

capítulo 1. Há uma mudança de estilo, de conteúdo e de ponto de vista. No capítulo 1, Deus está no centro, e o relato da criação é oferecido a partir dessa perspectiva. No capítulo 2, o homem recebe o papel de destaque. Os termos genéricos do primeiro capítulo dão espaço aos nomes específicos no capítulo 2. No capítulo 1, a referência à raça humana se limita a "macho" e "fêmea". No capítulo 2, macho e fêmea tornam-se "Adão" e "Eva" – dois indivíduos específicos.

Deus também recebe um nome no capítulo 2. No capítulo 1, ele era simplesmente "Deus" (*Elohim*), mas agora é "o SENHOR Deus". As versões ARA e NTLH [em português] da Bíblia optaram por usar "o SENHOR" em letras maiúsculas para substituir as ocorrências do nome de Deus no original em hebraico. Não há vogais no hebraico, portanto, seu nome é formado por quatro consoantes, J-H-V-H, a partir das quais a palavra "Jeová" foi cunhada. Isso, na realidade, é um erro, porque o J é pronunciado como um Y e o V é pronunciado como um V mesmo ou W. Na pronúncia do português, as letras consequentemente seriam Y-H-W-H, de onde obtemos a palavra *Yahweh*. Na Bíblia de Jerusalém[5], a expressão usada é – "O Iahweh Deus". Vimos anteriormente como a palavra "Sempre" expressa o significado do hebraico (o particípio do verbo "ser") e nos ajuda a entender a natureza de Deus.

O capítulo 2 apresenta os detalhes do relacionamento entre o homem e Deus. No capítulo 1, encontramos a referência a macho e fêmea criados à imagem de Deus, mas, no capítulo 2, vemos Deus interagindo de maneira singular com o homem, distinguindo-o de todos os seres que havia criado. Deus estabelece essa relação de afinidade apenas com os seres humanos; nenhum outro elemento da

---

[5] NdT: A Bíblia de Jerusalém é uma famosa tradução da Bíblia em francês – Bible de Jérusalem.

criação é envolvido. Os animais não têm a habilidade que os seres humanos têm de desenvolver um relacionamento espiritual com Deus. Nesse sentido, os seres humanos são exclusivamente semelhantes ao seu Criador.

Entretanto, a narrativa também relata as diferenças entre Deus e o homem, pois embora o homem seja criado à imagem de Deus, também é diferente dele. É importante que compreendamos essa verdade se vamos nos relacionar com Deus. O fato de sermos semelhantes a Deus nos permite desenvolver um relacionamento íntimo com ele, mas o fato de sermos diferentes dele nos permitirá manter a reverência no relacionamento, de modo que nossa adoração seja equilibrada. O relacionamento pode ir tanto para um extremo, produzindo uma proximidade [liberdade] excessiva, como para o outro, gerando intimidação [amedrontamento].

A importância dos nomes
O nome que Deus deu a Adão significa "da terra" – podemos chamá-lo de "Barroso". Mais adiante no capítulo, a mulher também recebe um nome: Eva, que significa "vivaz".

Era comum que os nomes fossem descritivos ou mesmo onomatopaicos (como "cuco"), por isso, quando Adão dá nome aos animais, ele usa descrições que passam a ser seus nomes. Os nomes na Bíblia não são apenas descritivos, eles também expressam a autoridade em si. Aquele que dá o nome tem autoridade sobre qualquer pessoa ou coisa que o recebe. Adão também dá um nome à sua esposa, um aspecto lembrado ainda hoje, quando, no casamento, a mulher adota o sobrenome do marido.

O capítulo 2 de Gênesis também inclui nomes de locais. A terra não é mais definida apenas como "parte seca": são apresentadas as terras de Havilá, Cuxe, Assur e o jardim do Éden. As porções de água também recebem nomes. Quatro rios são mencionados, sendo que o Tigre e o Eufrates ainda são conhecidos hoje. Isso situa o jardim do Éden em algum local próximo ao nordeste da Turquia, ou Armênia, onde se ergue o monte Ararate e onde alguns acreditam que a arca de Noé esteja enterrada.

Relacionamentos humanos
Em Gênesis 2, vemos o homem no centro de uma rede de relacionamentos. Eles definem o sentido da vida e atingem três dimensões: com o que está abaixo de nós, com o que está acima de nós e com o que está ao nosso lado. Em outras palavras, mantemos um relacionamento vertical com a natureza abaixo, um relacionamento vertical com Deus acima e um relacionamento horizontal com outras pessoas e com nós mesmos. Vamos examinar de perto essas três dimensões.

Nosso relacionamento com a natureza. A primeira dimensão é o relacionamento que temos com as outras criaturas feitas por Deus. Esse relacionamento é de subjugação – os animais foram criados para servir a humanidade. Não quer dizer que tenhamos licença para ser cruéis ou torná-los extintos, mas quer dizer, sim, que os animais estão muito abaixo dos seres humanos na escala de valor.

A compreensão desse aspecto é importante numa época em que mais valor parece ser colocado na proteção dos filhotes de foca do que na preservação da santidade do feto humano. Jesus se dispôs a sacrificar dois mil porcos a fim de salvar a sanidade de um único homem e restaurá-lo à sua família. Em Gênesis 9, lemos que os animais foram criados para servir de alimento para a humanidade após o dilúvio. Em relação à natureza abaixo de nós, portanto, devemos dominá-la, cultivá-la e monitorá-la.

É interessante observar, também, nesse contexto, que os

seres humanos precisam de um meio ambiente que seja ao mesmo tempo funcional e harmonioso, tanto útil quanto belo. Deus não colocou o homem no deserto, mas plantou para ele um jardim, assim como os jardins das casinhas inglesas do passado eram uma mistura de batatas e amores-perfeitos – o útil e o belo, lado a lado.

Nosso relacionamento com Deus. A segunda dimensão envolve o relacionamento que temos com Deus. A natureza desse relacionamento pode ser reconhecida, em parte, pela ordem dada por Deus ao homem a respeito de duas árvores no jardim do Éden: a árvore do conhecimento do bem e do mal e a árvore da vida. Uma tornava a vida mais longa, a outra a tornava mais curta. Não eram árvores mágicas, mas podemos chamá-las de "sacramentais". Na Bíblia, Deus designa canais físicos para nos comunicar maldições ou bênçãos espirituais. Assim, comer o pão e beber o vinho na ceia é para nossa bênção, mas comer o pão e beber o vinho em excesso ou indevidamente pode nos trazer enfermidades ou até causar a morte. Deus designou canais físicos de graça e de juízo. A árvore da vida nos diz que Adão e Eva não eram imortais por natureza, mas estavam habilitados para a imortalidade. Eles não teriam vivido para sempre por alguma qualidade própria e inerente, mas somente por meio do acesso à árvore da vida.

Nenhum cientista jamais descobriu por que morremos. Eles descobriram muitas causas da morte, mas ninguém sabe por que o relógio dentro de nós começa a perder a força. Afinal, o corpo é uma máquina maravilhosa. Se abastecido com alimento, ar fresco e exercícios, pode, teoricamente, renovar-se continuamente. Mas não acontece assim e ninguém sabe o porquê. O segredo está na árvore da vida: ao colocar aquela árvore ali no jardim, Deus estava possibilitando que os seres humanos continuassem vivos para sempre. O homem não era inerentemente imortal, mas foi-lhe concedida a oportunidade de alcançar a imortalidade desde que se alimentasse do constante suprimento de vida de Deus.

A árvore do conhecimento do bem e do mal é muito significativa nesse aspecto. Quando lemos a palavra "conhecimento" devemos entender "experiência". O conceito de conhecimento na Bíblia é, na realidade, "experiência pessoal". Essa ideia está presente nas versões mais antigas da Bíblia que dizem: "Adão conheceu Eva e ela concebeu e deu à luz um filho". Conhecimento, nesse sentido, é uma experiência pessoal com algo ou com alguém. Deus ordenou que não tocassem nessa árvore porque ele não queria que soubessem (experimentassem) o bem e o mal – seu desejo era que conservassem a inocência. O mesmo acontece hoje. Depois que fazemos algo errado, nunca mais podemos voltar a ser como éramos antes. Podemos ser perdoados, mas perdemos a inocência.

Por que, então, Deus colocou tal árvore ao alcance deles? Foi sua maneira de dizer que detinha a autoridade moral sobre eles. Eles não precisavam decidir o que era certo e errado, pois podiam confiar que Deus lhes orientaria. Além disso, isso também evidenciava o fato de que Adão e Eva não eram proprietários da terra, mas inquilinos. O proprietário se reserva o direito de estabelecer as regras.

A passagem também destaca a importância dos relacionamentos horizontais, que vamos examinar em mais detalhes logo mais. O homem precisa relacionar-se não somente com os que estão abaixo dele e com Deus acima, mas também com os que estão ao seu lado. Não somos integralmente humanos se apenas nos relacionarmos com Deus e não com outras pessoas. Precisamos de uma rede de relacionamentos. Tal compreensão reflete-se na palavra hebraica *Shalom*, que significa "harmonia" – harmonia consigo mesmo, com Deus, com outras pessoas e com a natureza.

Em Gênesis 2, encontramos um retrato dessa harmonia e um alerta de Deus a Adão sobre a consequência de destruí-la (teria de morrer). Não seria algo, necessariamente, com efeito imediato, mas seu "relógio" pessoal começaria a perder a força.

Alguns questionam o nível de severidade da pena. A morte parece uma dura punição por um pequeno pecado. Deus, porém, estava dizendo que uma vez que o homem havia experimentado o mal, a duração de sua vida na terra teria que ser limitada, caso contrário, o mal se tornaria eterno. Se Deus permitisse que pessoas rebeldes vivessem eternamente, elas arruinariam para sempre o seu universo. Assim, Deus determinou um tempo limite de vida para o homem, pois este não aceitou sua autoridade moral.

Nosso relacionamento uns com os outros. O homem precisava de uma companheira apropriada. Por mais valioso e querido que seja um animal de estimação, ele jamais poderá substituir uma amizade pessoal com outro ser humano. Deus, portanto, criou Eva para ser a companheira de Adão. Gênesis 1 afirma que macho e fêmea são iguais em dignidade – e mais adiante veremos que também são iguais em devassidão e destino.

Em Gênesis 2 aprendemos que homens e mulheres têm funções distintas. A Bíblia apresenta as responsabilidades do homem (prover e proteger) e as da mulher (auxiliar e aceitar). Podemos destacar três pontos, todos eles encontrados no Novo Testamento.

1. **A mulher foi feita do homem.** Seu ser, portanto, derivou dele. De fato, como vimos, a mulher recebeu um nome que o homem lhe dá, assim como ele fez com os animais.

2. **A mulher foi feita depois do homem.** Sendo assim, ele carrega a responsabilidade de ser o primogênito. A importância disso ficará clara em Gênesis 3, quando Adão, e não Eva, é culpado pelo pecado, pois ela estava sob sua responsabilidade.

3. **A mulher foi feita para o homem.** Adão tinha um emprego antes de ter uma esposa; o homem é criado primeiramente para o serviço, enquanto a mulher é criada primeiramente para os relacionamentos. Isso não significa que um homem não deve ter relacionamentos ou que a mulher não deve trabalhar, mas que Deus criou macho e fêmea com propósitos específicos. O fato de o homem dar o nome à mulher também indica como essa parceria deve funcionar: não como uma democracia, mas com a responsabilidade da liderança recaindo sobre o macho. A ênfase está na cooperação, não na competição.

Gênesis 2 também trata de outras áreas fundamentais às relações humanas. É evidente que sexo é bom – não é sinônimo de pecado. É algo belo; Deus disse, de fato, que era "muito bom". O sexo foi concebido para a parceria e não para a procriação (essa questão é importante pois está relacionada ao uso de contraceptivos, que envolve o planejamento da paternidade sem anular a parceria nas relações sexuais). Dois versículos, um no capítulo 1 e outro no capítulo 2, estão em forma de poesia e falam sobre sexo. Deus torna-se poético quando considera macho e fêmea criados à sua própria imagem. Adão, por sua vez, torna-se poético quando acorda da primeira cirurgia feita com anestesia e vê essa bela garota nua. Nossas Bíblias traduzidas não têm o mesmo impacto do hebraico. Adão literalmente exclama: "Uau! Agora sim!". Os dois breves poemas expressam o deleite de Deus e do homem na sexualidade.

Também fica claro que o padrão para o prazer sexual é a relação monogâmica. O casamento é formado por dois elementos: deixar e unir-se, portanto, o aspecto físico e o social, juntos, consolidam a união. Um sem o outro não é casamento. O ato sexual sem o reconhecimento social não é casamento – é fornicação. O reconhecimento social sem a consumação também não é casamento e, consequentemente, deveria ser anulado.

O texto fala que o casamento tem precedência sobre todos os demais relacionamentos. Não haveria piadas sobre sogras se esse princípio fosse observado! O cônjuge tem prioridade sobre todos os outros relacionamentos, até mesmo sobre os filhos. Marido e esposa devem colocar um ao outro como prioridade absoluta. O ideal retratado em Gênesis 2 é um casal que nada tem a esconder um do outro, sem constrangimentos e com total abertura de um para com o outro. É uma imagem extraordinária, usada por Jesus séculos depois.

Gênesis 2 retrata a harmonia que deveria existir nos três níveis de relacionamento: entre os seres humanos e o mundo criado, com Deus acima e com os nossos semelhantes. Há, entretanto, alguns problemas científicos relacionados à origem do homem que devem ser considerados.

Onde entram os homens pré-históricos?
A teoria da evolução desenvolveu o argumento de que os seres humanos descendem dos macacos. Descobertas geológicas sugerem a existência do homem pré-histórico que, aparentemente, estaria relacionado com o *Homo sapiens* moderno. Vários fósseis foram encontrados, principalmente pela família Leakey, tanto o pai quanto o filho, no desfiladeiro de Olduvai, no Quênia, e em outros locais também. A ciência afirma que a vida humana teve início na África, e não no Oriente Médio, como a Bíblia afirma.

O que devemos fazer com tais evidências? Como devemos entender a relação entre o homem moderno e o homem pré-histórico? É possível harmonizar o que a Bíblia e a ciência afirmam a respeito da origem do homem?

A ORIGEM DO HOMEM

Vejamos primeiramente o que diz a Bíblia. Gênesis afirma que o homem é feito da mesma matéria usada nos animais. Os animais foram criados do pó da terra. Nós também temos exatamente os mesmos minerais encontrados na crosta terrestre. Um cálculo recente revelou que os minerais de um corpo valem aproximadamente 85 centavos de dólar! Em contraste com o mundo animal, no entanto, Gênesis 2 também afirma que Deus soprou nas narinas do homem o fôlego de vida e ele "tornou-se alma vivente".

Alma

"Alma" é uma palavra mal compreendida. O mesmo termo hebraico é usado em Gênesis 1 em referência aos animais. Eles são chamados de "seres ou almas viventes" porque no hebraico, a palavra "alma" significa simplesmente um corpo que respira. Visto que homem e animais são descritos no hebraico como "almas viventes", entende-se que ambos são o mesmo tipo de ser. Quando estamos em perigo no mar, enviamos um SOS (*Save Our Souls* – salve nossas almas) e não um SOB (*Save Our Bodies* – salve nossos corpos), mas o que queremos, de fato, é que nossos corpos que respiram sejam salvos.

Certa vez, o reverendo metodista Donald Soper estava no Speaker's Corner, no Hyde Park,[6] quando lhe perguntaram: "Em que lugar do corpo fica a alma?". Ele respondeu:

---

6 NdT: O Speaker's Corner, ou Recanto do Orador, que fica no maior parque de Londres (Hyde Park), é um local em que qualquer pessoa pode discursar livremente.

"No mesmo lugar onde o órgão abriga a música!". Você pode desmontar completamente um órgão ou piano e não encontrará a música. Ela existe somente quando uma pessoa a transforma em algo vivo – o som.

Uma criação especial

Muitas pessoas concluem, equivocadamente, com base em Gênesis 2, que a singularidade do homem está no fato de ele ter uma "alma". Na realidade, somos singulares por uma razão diferente. Crer que o homem e o macaco antropoide vieram do mesmo ancestral parece estar em oposição direta ao relato bíblico. O homem é, sem dúvida, uma criação especial. Foi criado à imagem de Deus, diretamente do pó e não, indiretamente, a partir de outro animal. A palavra hebraica *bara*, criar algo completamente novo, é usada apenas três vezes – para a matéria, para a vida e para o homem. Isso indica que há algo singular na criação do homem.

O relato de Gênesis enfatiza também a unidade da raça humana. O apóstolo Paulo disse aos atenienses que Deus nos fez de "um só sangue" todas as gerações dos homens [versão ACF]. Todos os acontecimentos históricos do passado apontam para a unidade da raça humana no presente. Estudei um pouco de arqueologia agrícola e acho interessante observar que esse estudo situa o início das origens do cultivo de milho e dos animais domesticados exatamente onde a Bíblia posiciona o jardim do Éden, no nordeste da Turquia ou sul da Armênia.

ESPECULAÇÃO CIENTÍFICA

O que a ciência tem a dizer sobre essa questão? Muitas pessoas acreditam que devemos aceitar uma teoria e rejeitar a outra: ou a ciência usou falsas investigações sobre o homem pré-histórico ou a Bíblia nos deu informações incorretas.

Não há dúvida de que a ciência descobriu fósseis humanos que, certamente, se assemelham a nós de forma surpreendente. Esses fósseis receberam vários nomes: Homem de Neandertal, Homem de Pequim, Homem de Java, Homem australiano. Os Leakey afirmam ter encontrado restos humanos que datam de 4 milhões de anos. Os antropólogos aceitam, praticamente, com unanimidade, que as origens do homem estão na África, e não no Oriente Médio.

Afirma-se que o *Homo sapiens* data de 30 mil anos; o Homem de Neandertal, de 40 a 150 mil anos; o Homem Swanscombe, 200 mil anos; o *Homo erectus* (Homem de Pequim e de Java), 300 mil anos; o Homem australiano, 500 mil anos; e agora o Homem africano, 4 milhões de anos. O que devemos dizer sobre tudo isso?

O primeiro ponto que deve ser esclarecido com firmeza é que, até agora, nada foi encontrado que seja meio-macaco e meio-homem. Há fósseis humanos pré-históricos, mas, até agora, nada meio a meio.

O segundo ponto a se observar é que nem todos esses grupos são nossos ancestrais diretos. Os cientistas hoje reconhecem: a antropologia está em constante mudança.

O terceiro ponto importante é que os fósseis não seguem uma ordem progressiva. Foram elaborados gráficos que supostamente demonstram o desenvolvimento da humanidade, começando com o macaco à esquerda do gráfico, passando por espécies sucessivas até o ser humano moderno – o *Homo sapiens* – à direita. Esses gráficos, porém, são inexatos; alguns dos fósseis mais antigos encontrados têm crânios maiores do que o do homem moderno e andavam de forma mais ereta do que alguns fósseis mais recentes. Hoje, o consenso é que nenhum desses grupos conecta-se ao nosso.

Há três maneiras possíveis de solucionar o conflito. Aqui estão elas, num breve esboço.

O homem pré-histórico era o homem bíblico. O que estamos escavando eram os primeiros homens iguais a Adão, criados à imagem de Deus. Sugeriu-se até que Gênesis 1 retrata o "homem caçador paleolítico" e Gênesis 2, o "homem agricultor neolítico".

O homem pré-histórico transformou-se no homem bíblico em algum momento. Em algum ponto da história, esse homem de semelhança animal ou esse animal de semelhança humana tornou-se a imagem de Deus. Se apenas um deles passou por essa mudança ou se todos foram transformados de uma só vez é uma questão a ser discutida.

O homem pré-histórico não era o homem bíblico. O homem pré-histórico tinha uma aparência física semelhante à do homem bíblico e usava ferramentas, mas não há vestígios de religião ou oração. Uma criatura diferente, que não fora criada à imagem de Deus.

É pouco provável, a essa altura, que devamos escolher uma explicação em detrimento da outra. A antropologia, por si só, está num estado de mudança e desenvolvimento, e é bem provável que o debate produza outras abordagens no futuro. Para nós, basta observar os argumentos e estar cientes de que, quaisquer que sejam as conclusões, elas podem ser provisórias.

Evolução

Vamos avaliar, então, a questão da evolução como um todo. A maioria das pessoas presume que a evolução é uma teoria de Charles Darwin. Não é. Ela foi primeiramente concebida por Aristóteles (384-322 a.C.). Nos tempos modernos, foi Erasmus Darwin, avô de Charles, quem primeiro apresentou a teoria. Charles pegou o fio da meada com seu avô ateu e tornou a teoria popular.

Se quisermos entender os fundamentos da teoria, há

certos termos que precisamos conhecer.

Variação é a crença de que mudanças pequenas e graduais relacionadas à forma são transmitidas adiante a cada geração sucessivamente. Cada geração muda ligeiramente e transmite essa mudança.

A partir dessas variações, há uma **seleção natural**. Isso significa simplesmente a sobrevivência dos mais adaptados ao seu ambiente. Considere o caso da mariposa clara (salpicada), por exemplo. Sobre as pilhas de carvão do nordeste da Inglaterra, a mariposa escura (melânica) se camuflava melhor do que a clara (salpicada). As aves tinham mais facilidade de identificar as mariposas claras, e as mariposas escuras sobreviveram. Agora, com os aterros de entulho na área, as mariposas claras estão retornando, e as escuras, desaparecendo. A seleção natural é o processo pelo qual sobrevivem as espécies que se adaptam melhor ao seu ambiente. Essa seleção é "natural" porque acontece na natureza de forma automática, sem ajuda externa.

Entretanto, a crença de que há somente um lento e gradual processo de variação e seleção se modificou. Um francês chamado Lamarque afirmou que, em vez de mudanças graduais, houve mudanças grandes e repentinas, conhecidas como **mutações**. Nesse caso, a evolução se assemelha mais ao impacto de subir os degraus de uma escada comum do que subir numa escada rolante.

O conceito da **microevolução** sustenta que ocorreram mudanças limitadas em certos grupos animais, como, por exemplo, no grupo dos cavalos ou dos cães. A ciência comprovou que a microevolução de fato acontece.

A teoria da **macroevolução**, por outro lado, afirma que todos os animais compartilham da mesma origem e estão relacionados. A origem de todos eles é a mesma forma de vida simples. Consequentemente, a evolução não é uma mudança no contexto de espécies individuais, mas a crença de que todas as espécies se desenvolvem a partir de outra. O último termo que devemos considerar é **luta**. No contexto da evolução, refere-se à "sobrevivência do mais apto".

Não vou me posicionar a favor ou contra a evolução, exceto para assinalar que a evolução ainda é uma teoria. Não foi comprovada e, na verdade, quanto mais registros fósseis são encontrados, menos adequada parece a teoria para explicar as diferentes formas de vida que surgiram.

1. Nos registros fósseis, grupos classificados de acordo com a teoria evolucionária, na realidade, aparecem simultaneamente no período Cambriano. Não surgem gradualmente durante as diferentes eras, mas praticamente juntos.
2. As formas de vida simples e complexas aparecem lado a lado. Não há uma sequência do simples para o complexo.
3. Há pouquíssimos fósseis "ponte", que estejam no meio do processo entre uma e outra espécie.
4. Todas as formas de vida são muito complexas: sempre tiveram um DNA.
5. As mutações, mudanças repentinas que parecem explicar o desenvolvimento de uma espécie para outra, geralmente levam a deformidades e à extinção das criaturas.
6. O cruzamento de espécies geralmente resulta em esterilidade.
7. Acima de tudo, quando as probabilidades estatísticas são analisadas, desconsiderando-se outras objeções, não há tempo suficiente para que todas as variedades de forma de vida tenham se desenvolvido.

A teoria da evolução não é de interesse meramente acadêmico, é claro. A forma como cada um de nós entende as nossas origens tem efeito na maneira como vemos a humanidade em seu todo. Líderes infectados pela filosofia evolucionista têm causado um impacto considerável.

O conceito da sobrevivência do mais apto e a luta de todas as espécies para sobreviver são fundamentais à teoria evolucionista. Esse conceito é observado em algumas das filosofias que moldaram a sociedade civilizada e tem causado sofrimento indescritível. Capitalistas americanos como John D. Rockefeller afirmaram: "O crescimento dos grandes negócios é apenas a sobrevivência dos mais aptos". Um ponto de vista semelhante é encontrado no fascismo: o livro de Adolf Hitler foi intitulado Mein Kampf (Minha luta). Ele acreditava na sobrevivência do mais apto, sendo "o mais apto", na sua visão, a raça ariana. O conceito também é encontrado no comunismo. Karl Marx escreveu sobre a "luta" entre a burguesia e o proletariado, que, em sua opinião, deve resultar em revolução. A palavra "luta" também pode ser a marca dos primeiros anos do colonialismo, quando povos inteiros foram simplesmente aniquilados em nome do progresso.

Resumindo, a ideia da sobrevivência do mais apto, quando aplicada aos seres humanos, tem causado mais sofrimento do que qualquer outro conceito dos tempos modernos. A ideia, entretanto, também nos confronta com duas imensas escolhas quanto ao que acreditamos.

A ESCOLHA MENTAL

Primeiramente, nos deparamos com uma escolha mental. Se você crê na criação, crê num Deus pai. Se você crê na evolução, tende a optar pela mãe natureza (uma senhora que não existe). Se você crê na criação, acredita que esse universo foi o resultado de uma escolha pessoal. Se você crê na evolução, argumentará que o universo foi uma obra do acaso, impessoal e aleatório. Na criação, havia um propósito deliberado, na evolução, por outro lado, somente um padrão aleatório. Com a criação, o universo é uma produção sobrenatural, na evolução, ele é um processo natural. Com a criação, todo o universo está aberto para a intervenção pessoal tanto de Deus quanto do homem. Na evolução, entendemos a natureza como um sistema fechado que aciona a si mesmo. Na criação, temos o conceito da providência, que Deus se importa com a sua criação, para ela provê e dela cuida. Com a evolução, no entanto, temos apenas a coincidência: se algo de bom acontece, é mera consequência do acaso. Com a criação, há uma fé embasada em fatos, com a evolução, uma fé fundamentada na imaginação (pois é apenas uma teoria). Se aceitarmos a criação, então temos que aceitar que Deus é livre para criar algo e fazer o homem à sua imagem. Se aceitarmos a evolução, ficamos com a perspectiva de que o homem é livre para criar Deus a partir de qualquer imagem, de acordo com a sua imaginação. A aceitação da criação ou da evolução, portanto, é uma questão que tem repercussões em diferentes esferas.

A ESCOLHA MORAL

Existe também uma escolha moral por trás da aceitação da criação ou da evolução. Por que as pessoas se apropriam da teoria da evolução e a ela se agarram com tanta obstinação? A resposta: ela é a única alternativa real se você deseja acreditar que não existe um Deus sobre todos nós. Consoante a criação, Deus é Senhor, consoante a evolução, o homem é Senhor. Segundo a criação, estamos sob a autoridade divina, mas se não há Deus, somos humanos autônomos e podemos decidir por nós mesmos. Se nos submetermos a Deus como Criador, aceitamos que existem padrões absolutos de certo e errado. Contudo, sem Deus, e com a evolução, temos apenas situações relativas. Com o mundo de Deus, falamos de deveres e responsabilidades, com a evolução, falamos de exigências e direitos. Sob a liderança de Deus, dispomos de dependência ilimitada, tornamo-nos como crianças pequeninas que conversam com o Pai celestial. Com a evolução, temos orgulho de nossa independência, falamos de atingir a idade adulta, sem mais "precisar" de Deus. Segundo a Bíblia, o homem é uma criatura caída. Segundo a evolução, ele está em ascensão e evolui todo o tempo. Na Bíblia, a salvação é para os fracos. Na filosofia evolucionária, a sobrevivência do forte.

Nietzsche, o filósofo por trás do pensamento dominante na Alemanha de Hitler, afirmou odiar o cristianismo pois a religião mantinha as pessoas enfraquecidas e incentivava a cuidar dos enfermos e moribundos. A Bíblia ensina que você tem poder quando faz o que é certo, mas a filosofia evolucionária conduz a um enfoque sobre "o direito do mais forte". Uma leva à paz, a outra, à guerra. O evolucionismo diz que você deve satisfazer a si mesmo, buscar o primeiro lugar, a Bíblia afirma que a fé, a esperança e o amor são as três principais virtudes na vida. Em última análise, a Bíblia conduz o homem ao céu, enquanto a evolução se limita ao fatalismo, ao desamparo e à sorte, e conduz o homem ao inferno.

A queda
Quando Deus concluiu a criação do mundo, disse que tudo havia ficado muito bom. Poucos diriam hoje que o mundo como conhecemos é muito bom. Algo deu errado. Gênesis 3 descreve para nós o problema e como ele surgiu.

Há três fatos incontestáveis a respeito da nossa existência hoje:
O nascimento é doloroso.
A vida é difícil.
Todos nós vamos morrer.

Por que isso? Por que o nascimento é doloroso? Por que a vida é difícil? Por que a morte é certa?

A filosofia nos oferece muitas respostas diferentes. Alguns filósofos afirmam que deve existir um Deus mau, assim como existe um bom. Muitas vezes, eles declaram que a incompetência do Deus bom deu origem ao mal, na tentativa de fornecer uma explicação para a origem do mal.

Gênesis 3 apresenta quatro esclarecimentos vitais sobre esse problema.

O mal não esteve sempre presente no mundo.

O mal não teve início com os seres humanos.

O mal não é algo físico, mas moral. Alguns filósofos afirmaram que a parte material do universo é a fonte do mal ou, de modo pessoal, o corpo é a fonte da tentação.

O mal não é algo que existe por conta própria. É um adjetivo e não um substantivo. O mal como tal não existe, somente as pessoas é que podem ser ou tornar-se más.

Então, o que Gênesis 3 tem a nos ensinar sobre o tema? Vale lembrar que se trata de um acontecimento real, na história real: o texto informa a hora e o local. No raiar da história humana, ocorreu uma gigantesca catástrofe moral.

O problema começa com um réptil falante (contrariando a sabedoria popular, era mais parecido com uma lagartixa do que com uma cobra, pois tinha pernas; somente mais tarde Deus fez a serpente arrastar-se sobre o ventre). Como devemos compreender esse episódio extraordinário da história em que uma cobra fala com Eva? São três as possibilidades:

A serpente era o mal disfarçado; ele pode aparecer na forma de um anjo ou de um animal.

Deus capacitou um animal a falar, assim como fez com a mula de Balaão.

O animal foi possuído por um mau espírito. Jesus enviou os demônios que atormentavam um gadareno para os corpos de dois mil porcos, que despencaram precipício abaixo, portanto é perfeitamente possível que Satanás possuísse um animal. Satanás usou a artimanha de se colocar abaixo de Adão e Eva, na tentativa de enganá-los. Na realidade, Satanás é um anjo caído, tão real quanto os seres humanos, e mais inteligente e forte do que nós.

O fato de Satanás ter abordado Eva, e não Adão, é significativo. Em termos muito gerais, as mulheres têm maior tendência a confiar do que os homens, que são notoriamente desconfiados. Tirando proveito dessa característica da mulher, Satanás subverte a ordem de Deus e trata Eva como se ela fosse o cabeça da casa. Embora fique claro que Adão está na cena, ao lado de Eva, ele nada diz. Ele deveria estar protegendo Eva, argumentando com Satanás. Afinal, as palavras de proibição expressas por Deus foram dirigidas a ele.

De modo geral, há três formas de distorcer a palavra de Deus: acrescentando algo, subtraindo algo ou mudando algo. Se você ler o texto com atenção, vai descobrir que Satanás fez as três coisas. Adão, no entanto, que sabia exatamente o que Deus havia dito, manteve-se em silêncio quando deveria ter se manifestado. No Novo Testamento, ele é acusado claramente de ter permitido que o pecado entrasse no mundo.

Convém observar a estratégia adotada por Satanás em sua abordagem a Eva. Primeiro, ele encoraja a dúvida na mente, em seguida, o desejo no coração e, em terceiro lugar, a desobediência na esfera da vontade. Ele sempre usa essa estratégia em todas as suas interações com os seres humanos. Ele começa encorajando o pensamento pecaminoso, geralmente distorcendo a palavra de Deus. Em seguida, nos seduz a desejar o mal em nossos corações. Depois disso, promove as circunstâncias adequadas para que desobedeçamos voluntariamente.

AS INSTRUÇÕES DO CRIADOR

Qual é a consequência do pecado? Quando Deus questiona Adão, ele tenta culpar tanto Eva quanto o próprio Deus. Ele acusa: "a mulher que me deste" ou "a mulher que puseste aqui comigo". Adão deixa de cumprir seu papel como homem quando nega a responsabilidade de cuidar de sua mulher.

Deus responde com juízo. Esse aspecto da sua personalidade é manifestado pela primeira vez: Deus odeia o pecado e precisa lidar com ele. Se ele é de fato um bom Deus, não pode permitir que o homem saia impune de sua maldade. Essa é a mensagem de Gênesis 3. O castigo é aplicado de forma poética. Quando Deus fala em prosa, está comunicando os seus pensamentos, diretamente da sua mente para a nossa, mas quando fala em poesia, comunica os seus sentimentos, do seu coração para o nosso.

Em Gênesis 3, os poemas revelam o sentimento de irritação de Deus (a ira de Deus, em termos teológicos). Deus sente profundamente que o Éden tenha sido destruído – e sabe para onde isso levará. A paráfrase de Gênesis 1–3, apresentada a seguir, traz luz a essa história.

Há muito tempo, quando nada mais havia, o Deus que sempre existiu trouxe o universo inteiro à existência, todo o espaço estelar e esse planeta Terra.

A princípio, a terra era apenas uma massa de matéria fluida, completamente inabitável e, de fato, inabitada. Estava envolta em trevas e submersa em águas; mas o espírito do próprio Deus pairava logo acima das águas.

Deus então ordenou: "Que venha a luz!". E veio a luz. A Deus pareceu boa, mas ele decidiu alternar entre luz e trevas, dando-lhes nomes distintos: "dia" e "noite". A escuridão original e a nova luz constituíram a tarde e a manhã do primeiro dia de trabalho de Deus.

Deus falou novamente: "Que haja dois reservatórios de água, com uma vastidão entre eles". Dessa forma, ele separou a água da superfície e a umidade da atmosfera. Foi assim que o "céu", como Deus o chamou, veio a existir. Com isso, foi concluído o seu segundo dia de trabalho.

O que Deus disse a seguir foi: "Que a água da superfície se concentre em uma área, para que o restante possa ficar seco". Como era de se esperar, aconteceu! Desse momento em diante, Deus passou a se referir ao "mar" e à "terra" separadamente. Ele gostou do que viu e acrescentou: "Agora, que brote da terra vegetação, plantas com sementes e árvores com frutos, todas capazes de se reproduzir". E elas surgiram – todos os tipos de plantas e árvores, cada uma delas capaz de propagar a própria espécie. Tudo se encaixava no plano de Deus. Seu terceiro dia de trabalho havia chegado ao fim.

Deus declarou, então: "Que diferentes fontes de luz surjam no céu. Elas farão distinção entre dias e noites e tornarão possível medir as estações, os dias especiais e os anos, embora o seu principal propósito seja prover iluminação". E assim foi, exatamente como ele havia dito. Os dois luminares mais brilhantes são o grande "sol" que domina o dia, e a "lua", menor, que predomina à noite, cercada de estrelas cintilantes. Deus colocou todos ali, por causa da terra – para iluminá-la, controlá-la e manter o padrão de alternância entre luz e trevas. Deus se agradou do bom resultado desse quarto dia de trabalho.

A próxima ordem expressa por Deus foi: "Que o mar e o céu se encham de seres vivos, com cardumes de peixes a nadar e bandos de aves a voar". Deus, então, trouxe à existência todos os seres viventes que povoam os oceanos, desde os grandes monstros das profundezas até os minúsculos organismos que flutuam nas ondas, e toda a variedade de aves e insetos alados presentes nos ventos acima. Para Deus, a visão era maravilhosa e ele os encorajou a serem férteis e se multiplicarem, para que cada parte do mar e do céu pudesse ter abundância de vida. Assim terminou o seu quinto dia.

A seguir, Deus anunciou: "Agora, que a terra também seja cheia de seres vivos – mamíferos, répteis e animais selvagens de todos os tipos". Como acontecera antes, assim que foi dito, se fez! Ele criou todos os tipos de animais, entre eles mamíferos e répteis, cada um deles com forma distinta. E tudo lhe dava prazer.

Nesse momento, Deus tomou uma decisão importante: "Vamos fazer agora algumas criaturas diferentes de todas as outras, mais semelhantes à nossa espécie – seres assim como nós. Elas podem ser responsáveis por todos os outros – os peixes no mar, as aves no céu e os animais na terra".

Para espelhar a si mesmo, Deus criou a humanidade,
Para que refletisse seu coração, sua mente e sua vontade,
Para que se relacionassem, macho e fêmea, como cara-metade.

Então, com palavras de encorajamento, Deus confirmou a posição singular que ocupavam: "Tenham muitos filhos, pois vocês devem povoar e controlar toda a terra. Os peixes no mar, as aves no céu e os animais na terra são todos seus para que os dominem. Também dou a vocês, como fonte de alimento, as plantas que produzem sementes e as árvores frutíferas. As aves e as feras podem ter a folhagem verde como alimento". E assim se fez.

Deus avaliou tudo o que fizera e ficou muito satisfeito... tudo era tão certo, tão belo... seis dias de trabalho bem feito.

O espaço estelar e o planeta Terra estavam agora completos. Como nada mais era necessário, Deus tirou o dia seguinte de folga. Por isso, determinou que todo o sétimo dia fosse diferente dos outros, separado somente para si mesmo – porque naquele dia, ele não estava ocupado com seu trabalho diário da criação.

Foi assim que nasceu o nosso universo e tudo o que há nele veio a existir; enquanto o Deus cujo nome é "Sempre" criava o espaço estelar e o planeta Terra, houve um tempo em que não existia vegetação alguma no solo. E se houvesse, não havia chuva para irrigá-la ou homem para cultivá-la. Mas fontes das profundezas brotavam na superfície e regavam o solo. E o Deus "Sempre" deu forma ao corpo humano a partir de partículas de barro, soprou nele o fôlego de vida, e o homem uniu-se aos seres viventes. E o Deus "Sempre" já preparara o seu lote no parque, a leste, um local chamado "Éden", que significa "delícias". E levou o primeiro homem para viver ali. Naquele espaço, o Deus "Sempre" havia plantado uma grande variedade de árvores com lindas folhagens e frutos deliciosos. Bem no meio do parque havia duas árvores especiais; o fruto de uma delas poderia perpetuar a vida, indefinidamente, enquanto o fruto da outra proporcionava a quem o comesse a experiência pessoal de fazer o certo e o errado.

Um rio irrigava toda a área, mas dividia-se em quatro braços que saíam do jardim. Um desses braços de rio chamava-se Pisom e percorria toda a extensão de Havilá – terra onde mais tarde foram encontradas pepitas de puro ouro, bem como ônix e resina aromática. O segundo rio tinha o nome de Giom e serpenteava pela terra de Cuxe. O terceiro era o Tigre que conhecemos hoje, que flui pelo lado leste de Assur[7]. O quarto era o rio de nome Eufrates.

Assim, o Deus "Sempre" colocou o homem nesse "Parque das Delícias" para que o cultivasse e protegesse. E o Deus "Sempre" lhe deu ordens explícitas: "Você é perfeitamente livre para comer o fruto de qualquer árvore exceto de uma: a árvore que proporciona a experiência do certo e do errado. Se você provar desse fruto, certamente terá que enfrentar a morte".

---

7 NdT: Capital do império assírio (Assíria), atual Norte do Iraque.

AS INSTRUÇÕES DO CRIADOR

O Deus "Sempre" disse então a si mesmo: "Não é certo que o homem esteja só. Vou lhe dar uma companhia adequada".

Depois de ter criado do solo todo tipo de aves e animais, o Deus "Sempre" os aproximou do homem para ver como ele os descreveria; e a primeira palavra que o homem proferisse a respeito de cada um deles se tornaria o seu nome. Foi o homem, portanto, quem deu nome a todas as outras criaturas, mas, em nenhuma delas, encontrou uma companhia adequada para si mesmo.

Assim, o Deus "Sempre" levou o homem a um coma profundo e, enquanto ele estava inconsciente, tirou tecido da lateral de seu corpo e fechou o espaço com carne. Daquele tecido, Deus produziu um clone feminino e o apresentou ao homem, que explodiu de emoção:

"Finalmente tu atendes meu desejo,
Uma companhia de carne e osso,
'Mulher' será o seu nome para mim,
Cortejada pelo homem de onde ela veio.

Tudo isso explica por que um homem deixa os pais e se une à sua mulher, seus dois corpos, novamente, amalgamando-se em um. O primeiro homem e sua recém-criada esposa perambulavam pelo jardim praticamente nus, sem o menor constrangimento.

Havia por ali, porém, um réptil letal, mais astuto que qualquer um dos animais que o Deus "Sempre" havia criado. Certa vez, quando a serpente papeava com a mulher, lhe perguntou: "Você está realmente me dizendo que Deus os proibiu de comer qualquer fruto de todas essas árvores?". Ela lhe respondeu: "Não, não é bem assim. Podemos comer os frutos das árvores, mas Deus, de fato, nos proibiu de comer da árvore que fica no meio do jardim. Na realidade, ele nos alertou que, se tocarmos nela, morreremos".

"Certamente ele não faria isso com vocês", disse o réptil à mulher, "está apenas tentando assustá-los, pois sabe perfeitamente bem que, quando comerem daquele fruto, verão as coisas de maneira muito diferente. Na realidade, isso os colocaria no mesmo nível dele, capazes de decidir por si mesmos o que é certo e errado".

Ela olhou com atenção para a árvore e percebeu que o fruto parecia nutritivo e apetitoso. Além disso, seria uma vantagem óbvia poder fazer seus próprios julgamentos morais. Assim, ela pegou um fruto, comeu parte dele e deu o restante ao marido, que estava ao seu lado naquele momento e, prontamente, comeu do fruto. Como era de se esperar, eles realmente passaram a ver as coisas de maneira diferente! Pela primeira vez, sentiram-se desconfortáveis com a sua nudez. Tentaram então cobrir-se com roupas toscas, feitas com folhas de figueiras costuradas.

Naquela mesma noite, de repente, perceberam a aproximação do Deus "Sempre" e correram para se esconder na vegetação. Mas o Deus "Sempre" chamou pelo homem: "Onde você se meteu?". O homem respondeu: "Ouvi os seus passos e senti medo porque não tenho roupas decentes. Por isso estou me escondendo na vegetação". Deus então interrogou: "Como descobriu a sensação de estar nu? Você comeu do fruto do qual ordenei que não se aproximasse?". O homem tentou se defender: "Foi tudo culpa daquela mulher que o Senhor me enviou; ela trouxe esse fruto para mim e, naturalmente, eu o comi sem questionar".

Então, o Deus "Sempre" interrogou a mulher: "O que você aprontou?". Ela respondeu: "Foi aquele réptil horrível! Ele deliberadamente me iludiu e eu acreditei".

AS INSTRUÇÕES DO CRIADOR

Assim, o Deus "Sempre" disse ao réptil: "Como castigo por sua participação nisso:

Mais do que a todos os animais eu te amaldiçoarei,
A nenhuma outra fera tal destino imputarei!
Sobre o ventre te arrastarás,
Com a boca rente ao pó te moverás.
De agora em diante,
Haverá terror, hostilidade, conflito beligerante
Entre a mulher e ti por tal incidência,
Que ambas transmitirão à descendência.
Mas o pé dele sentirás sobre tua cabeça,
Até que em temor sob o seu calcanhar desfaleças.
À mulher então ele aumentou o fardo:
Que se intensifique a dor do parto,
A agonia, o trabalho e a tensão;
Tu desejarás ter um homem sob mando,
Mas te acharás sob o seu comando".

E ao homem, Adão, ele disse: "Por ter dado ouvidos à sua mulher e não a mim, e por ter desobedecido à minha ordem, que proibia aquela árvore:

Sobre o solo agora há uma maldição;
Todos os teus dias labutarás em sujeição.
Espinhos e cardos crescerão
Em meio a tudo o que semeares, sem exceção.
Na fronte o suor a escorrer,
Seu castigo será trabalhar para comer;
Então ao pó retornarás finalmente,
Como foste encontrado inicialmente.
Do barro foste criado;
No pó serás deitado".

Adão deu à sua mulher o nome de Eva (que significa "cheia de vida"), pois agora percebia que ela deveria ser a mãe de todos os seres humanos que vivessem.

O Deus "Sempre" fez roupas novas com peles de animais para Adão e para sua companheira e os vestiu adequadamente. Então, o Deus "Sempre" disse a si mesmo: "Agora que esse homem tornou-se consciente do mal e do bem, assim como nós somos, como limitaremos o dano, caso ele venha a comer da outra árvore especial e possa viver tanto quanto nós?". Para evitar que isso acontecesse, o Deus "Sempre" baniu o homem do Parque das Delícias e o enviou para cultivar o mesmo pedaço de terra do qual ele havia sido formado!

Depois de o homem ter sido expulso, anjos celestiais foram posicionados na extremidade leste do Parque das Delícias, para guardar continuamente o acesso à árvore da vida, com armas afiadas e flamejantes.

OS EFEITOS DA QUEDA

O capítulo 3 costuma ser identificado como "A queda", quando o homem decaiu da linda condição descrita no capítulo 2. Tudo poderia ter sido tão diferente. Se Adão não tivesse tentado culpar Eva, e até mesmo Deus, mas respondesse com arrependimento, Deus poderia tê-lo perdoado naquele instante. A história poderia ter sido muito diferente. Em vez disso, temos a patética tentativa de Adão de cobrir-se com folhas de figueira, algo que reflete sua insensatez.

A natureza do castigo é digna de nota. Adão é punido em relação ao seu trabalho e Eva, em relação à família. O réptil torna-se uma cobra (ainda hoje é possível observar vestígios de pequenas pernas na lateral de uma cobra).

O relacionamento que antes desfrutavam com Deus é destruído. O relacionamento entre eles também é afetado.

Passam a se esconder um do outro, e Deus lança uma maldição sobre ambos. No capítulo 4, acontece o primeiro assassinato na família, quando a inveja desencadeia a rebelião contra Deus.

Vamos examinar agora três particularidades da história subsequente, nas quais podemos perceber as reações específicas de Deus à situação.

1. Caim

Alguém observou que o pecado cometido pelo primeiro homem fez com que o segundo homem matasse o terceiro. A situação envolve a própria família de Adão. Seu filho mais velho mata seu filho do meio, e a razão é a mesma pela qual Jesus foi assassinado séculos depois: inveja. A inveja foi responsável tanto pelo primeiro assassinato da história quanto pelo pior assassinato da história.

Caim significa "adquirido" – quando ele nasceu, Eva disse (segundo a versão ARA): "Adquiri um varão com o auxílio do SENHOR". Abel significa "fôlego" ou "vapor". Deus escolheu Abel, o mais jovem dos dois, pois não queria que ninguém jamais pensasse ter um direito natural [de nascimento] aos seus dons e à sua herança. Em várias ocasiões diferentes, a Bíblia relata que Deus não escolheu relacionar-se com o filho primogênito (por exemplo, escolheu Isaque e não Ismael; Jacó e não Esaú).

A causa da divergência foi o fato de Deus ter aceitado o sacrifício de Abel e rejeitado o de Caim. Abel aprendera com seus pais que o único sacrifício digno de Deus era um sacrifício de sangue – uma vida por uma vida. Deus já cobrira o pecado e a vergonha de seus pais, Adão e Eva, matando animais e oferecendo-lhes suas peles para que se cobrissem. Um princípio estava sendo estabelecido: o sangue era derramado para que a vergonha fosse coberta (algo que teve início ali e continuou até o Calvário). Assim, quando Abel veio prestar culto a Deus, trouxe um sacrifício animal. Caim trouxe apenas frutas e vegetais.

Deus agradou-se apenas do sacrifício de Abel e desprezou a oferta de Caim. Caim irou-se com isso. Apesar de ter sido advertido por Deus a não se deixar dominar pelo pecado, Caim, com um falso pretexto, leva Abel para longe de casa e, então, mata, enterra e renega completamente seu irmão ("Sou eu o responsável por meu irmão?", pergunta).

Identificamos um padrão aqui: pessoas más odeiam pessoas boas, e os ímpios sentem inveja dos retos. Trata-se de um conflito que acompanha toda a história humana.

O mundo perfeito de Deus, portanto, é hoje um local onde atos de bondade são repudiados e os maus justificam seus atos perversos. Qualquer pessoa que apele à consciência [noção do que é certo e errado] é odiada. Podemos dizer que Abel foi o primeiro mártir em nome da justiça. O próprio Jesus afirmou que "o sangue justo foi derramado na terra, desde Abel, até Zacarias".

A narrativa prossegue e mapeia a linhagem de Caim, incluindo alguns elementos interessantes. Juntamente com os nomes dos descendentes de Caim, estão listados os seus feitos, mais notavelmente, o desenvolvimento da música e da metalurgia, inclusive as primeiras armas. A urbanização também veio da linhagem de Caim. Foi a descendência de Caim que começou a construir cidades, concentrando os pecadores e, consequentemente, o pecado, em apenas um local. Pode-se dizer que as cidades se tornaram mais pecaminosas do que o campo por causa dessa concentração.

Assim, é possível que aquilo que entendemos como "progresso humano" seja na realidade regresso humano. A "marca de Caim", por assim dizer, é encontrada nesses "avanços", e de acordo com a interpretação bíblica, o progresso sempre envolve atividade pecaminosa. A poligamia também surgiu com a descendência de Caim. Até aquele ponto, um homem e uma mulher permaneciam casados por toda a vida, mas os descendentes de Caim tiveram muitas esposas. Até mesmo Abraão, Jacó e Davi eram polígamos.

Houve, entretanto, outro irmão – Sete – o terceiro filho de Adão e Eva. Com ele observamos o início de outra descendência – uma linhagem consagrada a Deus. A partir da descendência de Sete, os homens começaram a "invocar o nome do Senhor".

Essas duas descendências percorrem toda a história do homem e continuarão a fazê-lo até o final, quando serão separadas para sempre. Vivemos em um mundo onde há uma linhagem de Caim e uma linhagem de Sete, e podemos escolher a qual delas pertencer e que tipo de vida desejamos viver.

2. Noé

O acontecimento mais significativo a seguir é o dilúvio e a construção da arca de Noé. A história é bem conhecida, tanto dentro quanto fora do contexto bíblico. Lendas que retratam uma inundação universal aparecem no folclore de muitos povos. Alguns questionam a veracidade do evento e se literalmente cobriu toda a terra. O texto não indica se o dilúvio aconteceu ao redor do globo ou atingiu apenas o mundo conhecido de então. Certamente, a bacia do Oriente Médio, mais tarde chamada de Mesopotâmia, a imensa planície delineada pelos rios Tigre e Eufrates, é o cenário de todas as primeiras histórias de Gênesis e, com certeza, foi uma área afetada pela inundação.

O foco da Bíblia não está tanto no aspecto físico dessa história, mas sim em seu aspecto moral. Por que aconteceu? A resposta é espantosa. Aconteceu porque Deus se arrependeu de ter criado os seres humanos e "isso lhe cortou o coração". Esse é, certamente, um dos versículos mais tristes da Bíblia. Expressa de forma tão clara os sentimentos de Deus, que o levaram a decidir pela extinção da raça humana.

O que aconteceu para provocar essas emoções em Deus? Para respondermos a essa pergunta, precisamos incorporar à narrativa de Gênesis certos trechos do Novo Testamento e alguns trechos extracanônicos, mencionados em Judas e em Pedro.

Esses trechos extracanônicos relatam que cerca de duzentos anjos enviados à região do monte Hermom para cuidar do povo de Deus se apaixonaram pelas mulheres, as seduziram e as engravidaram. Os filhos que nasceram eram híbridos horríveis, algo entre homens e anjos – seres gerados sem a aprovação de Deus. São os "nefilins" de Gênesis 6 – nascidos da união entre os "filhos de Deus" e as "filhas dos homens". Esse termo, algumas vezes, é traduzido como "gigantes". Não sabemos exatamente o que isso significa – é apenas um novo termo para um tipo novo de criatura. Essa horrível combinação também marca o início do ocultismo, pois esses anjos ensinaram feitiçaria às mulheres. Não há relato de práticas ocultas antes desse evento.

O efeito imediato do sexo pervertido praticado foi a violência que encheu toda a terra: uma coisa leva à outra – quando pessoas são tratadas como objetos e não como pessoas. Gênesis 6 afirma que Deus viu que "toda a inclinação dos pensamentos do seu coração [do homem] era sempre e somente para o mal". Ele achou que bastava; isso tinha que acabar.

Deus, no entanto, não entrou em juízo imediatamente, mas foi muito paciente e primeiro enviou mensagens de alerta. Chamou Enoque para ser profeta e informar à raça humana que Deus viria para julgar e lidar com toda a impiedade. Aos 65 anos de idade, Enoque teve um filho, e Deus lhe disse que seu nome seria Matusalém, que significa "quando morrer, isto virá". Tanto Matusalém quanto Enoque, portanto, sabiam que quando Matusalém morresse, Deus julgaria o mundo.

Sabemos que Deus foi paciente porque Matusalém viveu mais do que qualquer outra pessoa que já existiu: 969 anos. Quando Matusalém morreu, começou a chover fortemente. O neto de Matusalém chamava-se Noé. Ele e seus três filhos haviam passado 12 meses construindo uma imensa balsa coberta segundo as especificações que Deus lhes dera. Uma família apenas: um pregador e seus três filhos, três noras e sua esposa foram salvos.

Após o dilúvio, Deus prometeu jamais repetir tal feito enquanto a terra existisse. Ele fez uma promessa sagrada, uma aliança com toda a raça humana: não somente prometia jamais destruir a raça humana novamente, como os sustentaria provendo alimento suficiente. Ele garantiria que o verão, o inverno, a primavera e o outono ocorressem regularmente. Numa época em que a fome é comum em várias partes do mundo, essa promessa parece ter sido esquecida. Entretanto, a produção global de milho é muito maior do que realmente necessitamos – o alimento apenas não é distribuído igualmente. Todas as pessoas seriam alimentadas se houvesse vontade política.

Deus colocou um arco-íris no céu como símbolo dessa aliança. As duas únicas coisas que precisamos para que haja vida na terra são água e luz solar, e quando esses elementos surgem ao mesmo tempo, o arco-íris aparece no céu.

Quando fez essa promessa, Deus também exigiu algo dos homens. Ele ordenou que tratássemos a vida humana como sagrada e, consequentemente, que o assassinato fosse punido com a execução. Quando uma nação extingue a pena capital, expressa algo a respeito de sua perspectiva da vida humana.

3. Babel

Outro incidente que afetou profundamente os sentimentos de Deus foi a construção da torre de Babel. O povo queria construir uma torre que alcançasse a esfera celestial de Deus. Na prática, sua intenção era "desafiar os céus". O texto afirma que o desejo deles era edificar um nome [famoso] para si mesmos. Podemos ter uma ideia de como seria a aparência dessa torre: era chamada de zigurate – uma grande estrutura de tijolos com escadas que se estendiam na direção do céu. No topo dessas escadas, geralmente havia signos da astrologia. Mas não foi tanto para adorar os astros que Ninrode (rei da Babilônia, ou Babel) construiu aquela torre – sua intenção era mais expressar seu próprio poder e grandeza.

A construção da torre de Babel ofendeu profundamente a Deus. Ele disse que, se permitisse que continuassem, não seria possível prever onde tudo aquilo terminaria. Por isso, pela primeira vez, Deus concedeu o dom de línguas, a fim de confundir as pessoas. Elas não mais podiam entender umas às outras. A partir desse ponto, a humanidade se dividiu, dispersando-se e falando línguas diferentes.

Há um detalhe interessante na história de Babel. Entre os povos que foram dispersos em Babel, um grupo subiu as montanhas ao oriente e acabou se estabelecendo na região litorânea. Tornou-se a grande nação da China. A cultura chinesa remonta a essa data. O grupo deixou a área de Babel antes que o alfabeto cuneiforme substituísse a linguagem pictórica do antigo Egito. Todas as línguas eram pictóricas até o tempo de Babel. A língua que levaram para a China foi registrada na forma pictórica. O aspecto fascinante é que a história de Gênesis 1–11 pode ser reconstruída com os símbolos usados pelos chineses para descrever palavras diversas.

A ideia da palavra "criar", por exemplo, é formada

pelas figuras de barro, vida e uma pessoa que caminha. A palavra "diabo" é formada por um homem, um jardim e a figura para segredo. O diabo, portanto, é a pessoa secreta no jardim. A palavra "tentador" é formada pela palavra "diabo", mais duas árvores e a figura que significa "cobrir". Os pictogramas que formam a palavra "barco" constituem-se de recipiente, boca e oito, portanto um barco na língua chinesa é uma embarcação para oito pessoas, assim como a arca de Noé.

Quando essas pessoas chegaram à China, portanto, elas criam em um Deus – o Criador do céu e da terra. Foi somente após Confúcio e Buda que elas se envolveram em idolatria. A escrita chinesa é uma confirmação, independente e extrabíblica, de que esses eventos aconteceram e permaneceram nas lembranças das pessoas que foram dispersas de Babel e, em seguida, se estabeleceram na China.

JUSTIÇA E MISERICÓRDIA

Dois temas predominam nesses capítulos: a partir da queda de Adão, observamos o orgulho humano e a resposta de justiça e misericórdia vinda de Deus. Ele demonstrou justiça a Adão e Eva ao bani-los do jardim dizendo-lhes que um dia morreriam, mas demonstrou misericórdia ao lhes oferecer algo que os cobrisse. Demonstrou justiça a Caim condenando-o a ser um errante, mas misericórdia ao colocar sobre ele uma marca para que ninguém o matasse. Apesar de Deus ter castigado a geração de Enoque (embora não o próprio Enoque), podemos observar sua misericórdia, ao salvar Noé e sua família, e sua paciência, ao conceder a Matusalém uma vida tão longa. O que o restante de Gênesis nos fala sobre Deus? Vamos olhar adiante e ver que tipo de relacionamento ele manteve com o seu povo por meio das gerações e dos eventos que se seguiram.

O Deus Soberano

Existe uma dualidade em todas as representações de Deus no Antigo Testamento que nem sempre é percebida. Trata-se de uma justaposição que somente torna-se compreensível pela leitura do livro de Gênesis.

O Deus de todo o universo

De um lado, o Antigo Testamento afirma que "o Deus dos judeus é o Deus de todo o universo". Naquele tempo, cada nação tinha o seu próprio deus, quer fosse Baal, Ísis ou Moloque, e a religião tinha uma abrangência estritamente nacional. Todas as guerras da época eram guerras religiosas, travadas entre nações com diferentes deuses. O Deus de Israel (*Yahweh*) era considerado por outras nações apenas o deus da nação israelita. A própria nação de Israel, entretanto, afirmava que seu Deus era "o Deus acima de todos os deuses". De fato, os israelitas ainda foram além e declararam que o seu Deus era o único Deus verdadeiro. Ele havia criado todo o universo. Todos os outros deuses eram criações da imaginação humana. Essas declarações, obviamente, eram extremamente ofensivas às outras nações. Você pode encontrá-las em Isaías 40, no livro de Jó e em muitos dos salmos.

O Deus dos judeus

Por outro lado, as representações de Deus no Antigo Testamento indicam que "o Deus de todo o universo é o Deus dos judeus". Os judeus afirmavam que o Criador de todas as coisas tinha um relacionamento especial com eles – esse pequeno grupo de pessoas na terra. Na realidade, afirmavam que ele se identificara especificamente com uma família: um avô, um pai e um filho. Segundo eles, o Deus de todo o universo se autodenominava "o Deus de Abraão, de Isaque e de Jacó". Era uma afirmação impressionante.

AS INSTRUÇÕES DO CRIADOR

O plano de Deus

A extraordinária justaposição de ideias é duplamente verdadeira: de que o Deus dos judeus é o Deus do universo, e de que o Deus do universo é, particularmente, o Deus dos judeus. E, de fato, sem Gênesis, não teríamos fundamento para crer nisso.

O livro de Gênesis cobre mais períodos de tempo do que todo o restante da Bíblia somado. O período que vai do início do livro de Êxodo ao final de Apocalipse 3 cobre aproximadamente 1.500 anos, ou 1,5 milênio, enquanto somente Gênesis cobre toda a história do mundo: do início até o tempo de José. Assim, quando lemos a Bíblia, devemos nos dar conta de que o tempo foi compactado e de que Gênesis cobre muitos séculos se comparado ao restante da Bíblia.

Essa compactação também ocorre dentro do próprio livro de Gênesis. Já observamos que os capítulos 1–11 constituem um quarto do livro e, ainda assim, cobrem um período muito longo e uma variedade considerável de povos e nações. A segunda "parte" de Gênesis, os capítulos 12–50, é uma seção muito maior, que toma três quartos do livro, mas abrange relativamente poucos anos e poucas pessoas – apenas quatro gerações de uma única família. Parece haver uma enorme desproporção de espaço, se considerarmos que Gênesis conta a história de todo o mundo.

Fica claro, contudo, que a diferença em proporções é deliberada. O foco na generalidade (no mundo como um todo) se desloca em direção a uma família em particular, como se fosse a família mais importante que já existiu. De certa forma, era mesmo, pois seus membros faziam parte da descendência muito especial de Sete – pessoas que invocavam o nome do Senhor. Para Deus, o povo que invocava o seu nome era mais importante do que qualquer outro, pois através desse povo ele poderia cumprir seus planos e propósitos.

Essa perspectiva serve para nos lembrar de que a Bíblia não é a resposta de Deus para os nossos problemas; é a resposta de Deus para o problema de Deus. E o problema de Deus era: "O que fazer com uma raça que não quer conhecê-lo ou obedecê-lo?". Uma solução seria aniquilá-los e começar tudo de novo. Ele bem que tentou isso, mas até o pai (Noé) do remanescente justo salvo do dilúvio embebedou-se e se expôs, demonstrando que a natureza humana não havia mudado. Deus, no entanto, não desistiu. Ele se importava com os seres humanos; ele os havia criado. Já tinha um filho e tanto se alegrava com ele que desejava uma família maior, por isso não estava pronto para desistir do problema da humanidade.

Sua solução começou com Abraão. Os filósofos chamam essa escolha de "o escândalo da particularidade", sugerindo que Deus tenha sido injusto ao escolher se relacionar com o mundo através dos judeus. Por que não salvar os chineses através dos chineses, os americanos através dos americanos, os britânicos através dos britânicos? O programa de resgate elaborado por Deus é uma ofensa a nós – resumida desta forma pelo poeta William Norman Ewer:

Que estranho
Ver que Deus
Escolheu os judeus.
[tradução livre do original em inglês]

Cecil Browne, como resposta, decidiu acrescentar um segundo verso:

Tão estranho e bizarro
É adorar um Deus judeu
E dos judeus, tirar sarro.
[tradução livre do original em inglês]

AS INSTRUÇÕES DO CRIADOR

Podemos explicar a abordagem usada por Deus da seguinte maneira: imagine uma cena familiar em que um pai decide levar doces aos seus três filhos. Ele poderia levar três barras de chocolate e entregar uma a cada filho ou poderia levar um pacote de balas, entregá-lo a um dos filhos e pedir que ele reparta as balas com os outros dois irmãos. A primeira opção é mais pacífica, entretanto, os filhos são abordados como indivíduos sem ligação. Se o objetivo é gerar o senso de família, a segunda abordagem seria mais eficiente.

Assim, a estratégia de Deus foi dar início a um plano por meio do qual seu filho viesse como um judeu. Ele ordenou aos judeus que compartilhassem suas bênçãos com todos os povos, em vez de lidar individualmente com cada nação. Escolheu os judeus, com a intenção de que todos os povos, através deles, pudessem conhecer suas bênçãos.

É por isso que, no Antigo Testamento, ele se autodenomina o Deus de Abraão, de Isaque e de Jacó. Os capítulos 12–50 de Gênesis contam basicamente as histórias de apenas quatro homens. Os três primeiros são referenciados conjuntamente como patriarcas, enquanto o quarto, José, é tratado separadamente, por razões que se tornarão evidentes quando examinarmos esse personagem mais detalhadamente.

O relato de Gênesis também inclui o contraste entre os patriarcas e outros familiares ou parente. Contrastando com Abraão está seu sobrinho Ló; com Isaque, seu meio-irmão Ismael; o contraste com Jacó é seu irmão gêmeo, Esaú. O parentesco torna-se progressivamente mais próximo, de sobrinho, meio-irmão, a irmão gêmeo. Deus nos mostra que ainda há duas linhagens que percorrem a raça humana com forte contraste entre elas. Quando lemos essas histórias precisamos definir com que personalidade nos identificamos mais. Você é um Jacó ou um Esaú? É um Isaque ou um Ismael? Um Abraão ou um Ló?

ESSAS HISTÓRIAS SÃO REAIS?

Alguns argumentam que esses capítulos são lendas ou sagas. Dizem que embora haja nas histórias um núcleo de verdade, elas não podem ser consideradas referências históricas. Essas pessoas se esquecem que "ficção" é uma forma muito recente de literatura. Os romances eram totalmente desconhecidos no tempo de Abraão. Não faria muito sentido escrever histórias inventadas. De fato, se você decidir criar uma história sobre uma figura heroica, sem dúvida atribuirá milagres a ela. Não há praticamente nenhum registro de milagres no livro de Gênesis. Há dezenas deles no livro de Êxodo, mas Gênesis tem muito poucos. A lenda, no entanto, costuma ser cheia de acontecimentos mágicos ou miraculosos.

Além disso, ninguém encontrou nessas histórias um único anacronismo (inclusão de fatos que não poderiam ter ocorrido naquele determinado período). Os detalhes culturais que emergem nessas histórias mostraram-se totalmente verdadeiros pela arqueologia.

O único aspecto que não pode ser esclarecido por meio de uma explicação natural é o papel desempenhado por anjos, que não aparecem exclusivamente no relato de Gênesis, mas estão presentes em toda a Bíblia. Se você tem problemas em acreditar na existência de anjos, tem problemas com a Bíblia como um todo. Fora isso, essas histórias são muito comuns – falam de homens e mulheres comuns, que nascem, apaixonam-se, casam-se, têm filhos e morrem. São criadores de ovelhas, de bodes e de gado, e cultivam lavouras. Discordam, discutem, brigam; erguem tendas, constroem altares e cultuam a Deus. Todas essas coisas pertencem totalmente ao âmbito da experiência humana normal.

POR QUE DEUS ESCOLHEU OS JUDEUS?

O que há de diferente a respeito dessas histórias, no entanto, é o fato de Deus falar com as pessoas descritas e elas falarem com ele. Descobrimos, dessa forma, que o Deus de todo o universo tem um amigo especial chamado Abraão. De fato, Deus se refere a ele como "Abraão, meu amigo". Esse é o escândalo da particularidade. As pessoas não conseguem aceitar um Deus que tem amigos pessoais, pois sentem que, de alguma maneira, essa relação é inapropriada. No entanto, é exatamente dessa forma que Deus se relaciona com as pessoas.

A grande pergunta é: "Por que Deus escolheria identificar-se como o Deus de Abraão, de Isaque e de Jacó? O que há de tão especial neles? Essa pergunta tem sido feita por pessoas de outras nações e de outros povos, ao longo do tempo. O que há de tão especial nos judeus? Por que eles são o povo escolhido e não nós?

A resposta se encontra na escolha soberana de Deus. Esses três homens não tinham mérito natural diante de Deus. Ele iniciou o relacionamento com eles de forma espontânea; eles não podiam argumentar que o relacionamento lhes era devido. De fato, em cada uma das gerações, fica evidente como os direitos característicos de herança são invalidados. O primeiro filho normalmente herdaria do pai a riqueza da família, mas a cada geração Deus não escolheu o primogênito, mas o filho mais novo. Ele escolheu Isaque, e não Ismael, e Jacó, em lugar de Esaú. Assim, Deus está determinando que ninguém tem um direito natural ao seu amor: ele concede esse amor como lhe apraz. Não foi, portanto, uma questão de elo direto de hereditariedade estabelecido com o filho mais velho. Isaque não era o primogênito, Jacó também não. O que eles herdaram foi um dom gratuito.

O fato mais marcante é que nenhum desses três homens tinha qualquer mérito moral diante de Deus, pois não poderiam alegar ser melhores que outros. Na realidade, a Bíblia conta que os três mentiram para escapar de uma situação complicada. Tanto Abraão quanto Isaque mentiram abertamente a respeito das suas esposas para salvar a própria pele, e Jacó foi o pior dos três. Além de serem mentirosos, esses homens também tiveram mais de uma esposa. A Bíblia retrata homens muito comuns, como nós, que tinham fraquezas.

A única coisa que os diferenciava era a sua fé. Esses homens acreditavam em Deus. Deus pode fazer maravilhas quando uma pessoa crê. Deus prefere alguém que crê do que uma boa pessoa – e chegou a dizer a Abraão que a sua fé lhe fora creditada como "justiça". As boas obras sem fé em Deus não têm nenhum valor.

Isaque e Jacó partilhavam dessa fé, embora fossem muito diferentes em personalidade e temperamento. O único elemento em comum entre esses três homens era o fato de terem fé.

A fé dos patriarcas
A fé de Abraão fica particularmente evidente quando ele parte de Ur dos caldeus. A cidade era bastante impressionante e sofisticada, uma das mais avançadas em todo o mundo, mas Deus disse a Abraão que ele deveria morar em uma tenda para o resto de sua vida. Poucos de nós – especialmente aos 75 anos – deixariam uma cidade confortável para morar em uma tenda nas montanhas, onde há frio e neve no inverno. Deus lhe disse para deixar uma terra que jamais voltaria a ver e seguir para outra terra que nunca havia visto. Deveria deixar sua família e amigos, embora, na ocasião, Abraão tenha levado seu pai e outros membros da família até a metade do caminho, Harã, de onde ele e seu sobrinho, Ló, continuaram a jornada. Abraão obedeceu. Creu até mesmo quando Deus lhe disse que ele teria um filho, embora sua mulher estivesse com 90 anos. (Quando o menino nasceu, eles lhe deram o nome de

"Piada". Isaque significa "riso" em hebraico. Quando Sara ouviu pela primeira vez que engravidaria naquela idade, ela simplesmente caiu na gargalhada.)

A fé de Abraão sofreu golpes consideráveis no percurso. Onze anos se passaram desde a promessa de Deus, e nenhum sinal de filho. Abraão, por sugestão de Sara, tentou ter filhos com a serva, Hagar. A Bíblia deixa claro que Ismael não era um "filho da fé", mas um "filho da carne", a quem Deus não escolhera (embora também o abençoasse com uma descendência de muitas gerações que formam os povos árabes hoje).

Quando Isaque chegou, Abraão exercitou a fé ao prepará-lo para o sacrifício, porque acreditava que Deus era poderoso para ressuscitá-lo. Foi uma prova cabal da fé de Abraão, considerando que, naquela época, não havia relato de que Deus podia ressuscitar pessoas! Abraão afirmava que se Deus podia produzir vida (Isaque) de seu velho corpo, certamente poderia trazer Isaque dos mortos se assim desejasse.

A maior parte das representações pictóricas do sacrifício de Isaque o retrata como um menino de 12 anos. Contudo, se examinarmos o texto, vemos que o próximo fato narrado é a morte de Sara, aos 127 anos, o que indica que seu filho teria 37 anos. Isaque, portanto, tinha uns trinta e poucos anos quando subiu o monte com seu pai para ser sacrificado. Poderia ter resistido facilmente, mas, pela fé, submeteu-se ao seu pai, Abraão, um homem idoso. (O local também é significativo, pois a montanha do sacrifício chamava-se Moriá, que, mais tarde, tornou-se Gólgota, ou Calvário.) Isaque também demonstrou fé de outras maneiras, principalmente ao confiar ao servo de Abraão a missão de encontrar uma esposa para si.

Jacó também teve fé, mas, a princípio, apenas fé em si mesmo. A narrativa registra a forma como Jacó – através de intrigas e engano – manipulou seu pai para que lhe concedesse a bênção que pertencia a Esaú. Isso demonstra, no mínimo, que ele desejava a bênção, em contraste com o desprezo de Esaú com relação à sua herança. Em outro momento, Deus precisou "quebrar" Jacó, deixando-lhe manco para o resto da vida, num episódio em que ele luta com Deus durante a noite inteira. Esse foi, no entanto, o momento decisivo para sua fé em Deus. A partir daquele ponto, ele creu nas promessas de Deus de que seus 12 filhos se tornariam as 12 tribos.

Esses três homens, a despeito de todas as suas fraquezas e falhas, se destacam como homens que creram em Deus. Tiveram fé, em nítido contraste com seus familiares, que eram pessoas carnais e não pessoas de fé.

Ló revela-se um materialista, escolhendo viver no fértil vale do Jordão, em vez das áridas colinas. Confiou no que viam seus próprios olhos, enquanto Abraão, com os olhos da fé, sabia que Deus estaria com ele nas colinas. Esaú optou por um prato de "sopa instantânea" em lugar da bênção de seu pai. A carta aos Hebreus nos exorta a não sermos como Esaú, que se arrependeu de sua barganha e, mais tarde, buscou a bênção com lágrimas, mas sem arrependimento genuíno. Há, portanto, um claro contraste entre os homens de fé e seus familiares naturais – uma distinção presente em muitas famílias hoje.

Esse contraste também pode ser visto nas esposas desses homens. Sara, Rebeca e Raquel tinham algo em comum: todas eram belas. As três esposas dos patriarcas tinham a beleza duradoura do caráter e eram submissas aos seus maridos. As esposas dos outros são, novamente, um contraste. A de Ló, por exemplo, olhou para trás, para a vida confortável que estava deixando, sem temer o julgamento de Deus, e, tendo desobedecido à palavra divina, foi transformada num pilar de sal.

Abraão

Vamos avaliar esses três homens em mais detalhes. Deus fez uma promessa a Abraão na qual os cristãos ainda confiam. Deus iniciou a criação com um homem e principiou a redenção através de um homem. Ele estabeleceu uma aliança com Abraão, tema presente em toda a Bíblia, até que a pessoa de Jesus viesse estabelecer uma nova aliança, celebrada na ceia do Senhor.

É importante compreender claramente o significado do termo "aliança". Alguns a confundem com a palavra "contrato", mas uma aliança não é um contrato estabelecido entre duas partes com poder e autoridade equivalentes. Uma aliança é algo feito inteiramente por uma das partes, em benefício da outra. Essa outra parte tem apenas duas opções: aceitar os termos ou rejeitá-los. Não é possível modificá-los. Quando Deus faz alianças, ele as cumpre e por elas jura. Enquanto um ser humano talvez possa dizer "juro por Deus que farei isso ou aquilo", Deus declara "juro por mim mesmo", pois nada existe acima dele pelo que se possa jurar. Assim, ele jura por seu próprio nome e diz a verdade, toda a verdade e nada além da verdade.

Em sua promessa a Abraão, em Gênesis 12, Deus repete o seu propósito usando os verbos no futuro (farei, abençoarei, tornarei), como a promessa que um noivo faz à sua noiva no altar. A verdade é que o Deus do universo casou-se com essa família, em especial, e sua primeira promessa foi prover-lhes um lugar para morar (um pequeno pedaço de terra onde os continentes se encontram – o centro exato é Jerusalém, onde se cruzam as estradas da África para a Ásia, e da Arábia para a Europa, próximas a um pequeno monte chamado em hebraico de Armagedom, na encruzilhada do mundo). De fato, Deus declarou: "Esse é o lugar que será teu para sempre". As escrituras da terra pertencem a eles, independentemente do que digam, pois Deus entregou a Abraão e a seus descendentes os direitos de propriedade eternamente.

Sua segunda promessa foi lhes dar descendentes. Ele afirmou que sempre haveria descendentes de Abraão na terra. Disse isso apesar da idade avançada de Abraão e Sara.

A terceira promessa foi que os usaria para abençoar ou amaldiçoar todas as outras nações da terra. O chamado dos judeus é partilhar Deus com todos os povos. É um chamado que têm duas vertentes, pois Deus disse a Abraão: "Abençoarei os que o abençoarem, e amaldiçoarei os que o amaldiçoarem". Em troca, Deus esperava, primeiramente, que todo judeu do sexo masculino fosse circuncidado, como um sinal de que tinha parte naquela aliança, e, segundo, que Abraão lhe obedecesse e fizesse tudo o que lhe ordenara.

Essa aliança é a essência da Bíblia e a base sobre a qual Deus disse: "Eu serei o seu Deus e vocês serão o meu povo" – afirmação que se repete em toda a Bíblia, do início até a última página de Apocalipse. Essas palavras revelam que Deus quer ficar conosco. No final da Bíblia, o próprio Deus deixa o céu e desce à terra para viver eternamente conosco numa nova terra.

Isaque

Temos menos informações sobre Isaque do que sobre Abraão ou seu filho, Jacó, mas ele é um elo vital entre os dois. Sua demonstração de fé deve ser observada quando aceita se casar com uma mulher escolhida por Deus, quando decide permanecer na terra de Canaã, que é atingida pela fome, e quando transmite a herança da terra a seu filho, embora ele tivesse somente a promessa de possuí-la. Infelizmente, a perda de visão na idade avançada o levou a ser enganado pela própria família.

Jacó

É possível que Jacó seja o mais pitoresco dos três homens. Já, ao nascer, ele segurava o calcanhar de seu irmão gêmeo, Esaú; ganancioso desde o início. Esaú foi viver numa região conhecida em nossos dias como Petra, onde ainda é possível ver templos maravilhosos esculpidos em arenito vermelho. Foi ali que Esaú deu origem à nação de Edom. O ódio entre Ismael e Isaque ainda persiste nas tensões entre árabes e judeus no Oriente Médio, mas o ódio entre Esaú e Jacó desapareceu. Os últimos edomitas eram conhecidos pelo nome de Herodes, sendo que um deles era o rei dos judeus quando Jesus nasceu. Ele mandou matar todos os bebês de Belém na tentativa de livrar-se desse descendente de Jacó que nascera para ser rei.

Herança

Abraão, Isaque e Jacó demonstraram sua fé de uma forma extraordinária e contundente. Cada um deles deixou como herança aos filhos algo que eles próprios não possuíam de fato. Abraão disse a Isaque que lhe deixaria toda a terra ao redor deles. Isaque também disse a Jacó que lhe deixaria toda a terra como herança e Jacó, por sua vez, disse aos seus 12 filhos que lhes deixaria toda a terra de Canaã. Nenhum deles, no entanto, possuía o que deixava de herança aos filhos. Somente Abraão era, de fato, dono de uma porção de terra, que incluía uma caverna em Hebrom, onde Sara foi sepultada. Todos eles creram que Deus daria a herança à próxima geração e que, um dia, toda a terra seria deles.

Quando lemos sobre esses homens bem mais adiante, lá em Hebreus 11, descobrimos que "todos estes ainda viveram pela fé, e morreram sem receber o que tinha sido prometido". Todos foram elogiados por sua fé, "mas morreram sem receber o que tinha sido prometido. Deus havia planejado algo melhor para nós, para que conosco fossem eles aperfeiçoados". Abraão, Isaque e Jacó não estão mortos. Podemos visitar o local de sua sepultura em Hebrom, mas eles não estão mortos. Jesus disse que Deus é o Deus de Abraão, de Isaque e de Jacó – não era, mas é. Ele não é o Deus dos mortos, ele é o Deus dos vivos.

José

A última parte de Gênesis relata uma história bastante conhecida: a história de José. É uma narrativa que atrai tanto crianças quanto adultos, com um enredo do tipo "mocinho derrota bandido". Já foi transformada em musical, embora as referências populares a um casaco multicolorido provavelmente sejam incorretas. É mais provável que fosse uma túnica de mangas longas, e não uma vestimenta multicolorida. O ponto principal é o fato de José atuar como informante de seu pai e trajar roupas que indicavam que ele não fazia trabalho braçal. Esse favoritismo era atípico, visto que José não era o filho mais velho, e resultou em grande ressentimento.

José faz parte da quarta geração de patriarcas (era bisneto de Abraão) e, mais uma vez, Deus não escolhe relacionar-se com o filho mais velho. Há um padrão evidente aqui: o herdeiro natural não recebe a bênção. Em sua graça, Deus escolhe quem a recebe e, de acordo com esse padrão, a bênção recai sobre os filhos mais novos.

De forma significativa, no entanto, esse padrão não se mantém. Observei anteriormente que há uma grande diferença entre José e as três gerações anteriores. Deus nunca se autodenominou "o Deus de José". Os anjos nunca apareceram a José, e seus irmãos não foram rejeitados totalmente como foram os irmãos dos outros três patriarcas. Os irmãos de José aparecem na linhagem consagrada a Deus, por meio de Sete, portanto não se vê o mesmo contraste, sob esse aspecto. Além disso, Deus nunca lhe falou diretamente. Ele recebeu sonhos, e suas interpretações, mas, na realidade, nunca recebeu uma mensagem de Deus como aconteceu com os outros três patriarcas.

Parece então que, de alguma forma, José se destaca isoladamente. Por que ele é diferente e por que essa história nos é contada?

Em parte, a razão é óbvia, pois sua história conecta-se naturalmente ao livro seguinte da Bíblia. Em Êxodo, lemos que todos os descendentes dessa família são escravos no Egito e, de alguma forma, precisamos entender como isso aconteceu. A história de José representa uma conexão importante, pois explica como Jacó e sua família migraram para o Egito, impulsionados pela mesma motivação que levou Abraão e Isaque para lá anos antes: escassez de alimento. (O Egito não depende de chuva, pois o rio Nilo flui das terras altas etíopes, enquanto a colheita da terra de Israel depende totalmente da chuva trazida do Mediterrâneo pelo vento oeste.) No mínimo, portanto, a história de José serve de conexão com a parte seguinte da Bíblia. Fecham-se as cortinas depois de José por aproximadamente 400 anos – período sobre o qual nada sabemos; e, quando as cortinas novamente se abrem, a família passa a constituir um povo de centenas de milhares de pessoas que agora são escravizadas no Egito.

Se essa for a única razão pela qual a história de José está incluída em Gênesis, ela não é suficiente para esclarecer por que tanto espaço lhe é concedido. O nível de detalhes é, praticamente, o mesmo do encontrado no relato sobre Abraão e muito maior em relação ao relato sobre Isaque ou Jacó. Por que a Bíblia nos oferece tantos detalhes sobre José? É simplesmente o exemplo de um bom homem numa história cuja moral é o triunfo do bem no final? Certamente há mais do que isso.

A história de José pode ser lida a partir de, pelo menos, quatro perspectivas.

1. O ÂNGULO HUMANO

A primeira é, simplesmente, a perspectiva humana. É uma história vívida, com personagens muito reais e contada de forma magnífica. É uma grande aventura, mais estranha do que a ficção. Há nela algumas coincidências extraordinárias, sendo que você pode resumir a vida de José em dois capítulos: capítulo 1 – "declínio" e capítulo 2 – "ascensão". Da posição de filho favorito de seu pai, ele desceu ao fundo do poço tornando-se um escravo doméstico; e subiu, da condição de prisioneiro esquecido, até o topo, ao cargo de primeiro-ministro. Nesse intervalo, nos deparamos com a inveja de seus irmãos, que lhe levaram ao fundo do poço, e com a chave para um final feliz – encontrada nos sonhos. A perspectiva humana, portanto, dá origem a um bom musical para ser visto e aplaudido por milhares nos teatros de West End, em Londres.

2. O ÂNGULO DE DEUS

Você também pode ler a história a partir da perspectiva de Deus. Embora Deus não se dirija de fato a José, o Deus invisível está nos bastidores, preparando as circunstâncias para a concretização de seus planos e propósitos e revelando-os através de sonhos. Fica claro, na Bíblia, que, às vezes, Deus fala ao seu povo por meio de sonhos, mas uma interpretação é sempre necessária. José afirmou que esses sonhos vinham de Deus e que a interpretação também viria de Deus. Daniel, mais tarde, se destacaria pelo mesmo dom. José acreditava que as circunstâncias de sua vida foram revertidas por Deus e que ele estava por trás dos eventos que lhe sobrevieram.

O ponto-chave na história de José encontra-se no capítulo

45, versículo 7, quando ele finalmente se dá a conhecer aos irmãos, depois de muito humilhá-los e constrangê-los. Tendo perdoado aos irmãos pelo que lhe haviam feito, José então anuncia: "Mas Deus me enviou à frente de vocês para lhes preservar um remanescente nesta terra e para salvar-lhes as vidas com grande livramento".

Os irmãos de José pensavam que tinham se livrado dele quando o venderam como escravo a comerciantes de camelos e sujaram sua túnica especial com o sangue de um bode. O objetivo era levar o pai a acreditar que seu filho favorito estava morto. José, no entanto, percebeu que a mão de Deus estava sobre isso. Reconheceu que seu trabalho no Egito, e sua promoção a um alto cargo após ter interpretado o sonho de faraó (sete anos de fatura, com boa colheita, seguidos de sete anos de escassez), tinha um propósito maior. Ao aconselhar que o alimento fosse armazenado durante os anos de fartura, ele salvou, de fato, toda a nação do Egito – e sua própria família, quando esta também enfrentava a escassez de alimentos. Tornou-se o salvador deles.

A providência de Deus também pode ser percebida no deslocamento da família de José até o Egito. Embora Deus lhes tivesse prometido a terra, muitos anos antes, ele havia dito a Abraão que precisaria deixar sua família no Egito por 400 anos "até que a maldade dos amorreus atingisse a medida completa". Deus não permitiria à família de Abraão tomar a Terra Prometida dos povos nativos antes que estes se tornassem abomináveis, a ponto de perderem o direito sobre sua terra e suas vidas. Deus é um Deus moral: não expulsaria pessoas de um lugar para acomodar o seu próprio povo. A arqueologia revela que a conduta desses povos era abominável. Doenças venéreas eram frequentes entre os habitantes da terra de Canaã e o resultado de suas práticas sexuais impuras. Somente quando esses povos finalmente atingiram um ponto sem volta, Deus permitiu que seu povo tomasse aquela terra. Os que murmuram que Deus foi injusto ao entregar aquela terra aos judeus estão bastante equivocados.

Mas também houve outras razões. Deus quis que o seu povo escolhido fosse levado cativo. Era parte de seu plano resgatá-los da escravidão a fim de que fossem gratos a ele e andassem em seus caminhos, tornando-se um exemplo, para todo o mundo, de um povo que é abençoado por viver sob o governo do céu. Assim, ele permitiu que enfrentassem os males da escravidão, trabalhando sete dias por semana, sem pagamento, sem sua própria terra, sem seu próprio dinheiro, sem nada que lhes pertencesse. Então, quando clamaram o nome de Deus, ele os alcançou e resgatou com sua poderosa mão. Deus permitiu que isso acontecesse para cumprir seus propósitos. Ele queria ser conhecido como o Deus que lhes havia libertado e dado a terra por possessão.

3. O CARÁTER DE JOSÉ

Também podemos tratar a narrativa como um estudo sobre o caráter de José. O aspecto extraordinário é que nada negativo é dito a respeito de José. Já observamos que a Bíblia fala toda a verdade sobre Abraão, Isaque e Jacó – que certamente tinham suas fraquezas e pecados. Nem uma palavra de crítica é direcionada a José. O pior que ele fez foi ser ligeiramente desprovido de tato ao contar aos seus irmãos os sonhos que tivera, da parte de Deus, sobre sua futura grandeza, mas não há no caráter de José um traço sequer de uma atitude ou reação incorreta. Suas reações ao despencar da escala social são de primeira classe: não há traço de ressentimento, lamúria ou questionamento de Deus, nem senso de injustiça pelo fato de acabar na prisão, no corredor da morte da prisão do faraó. Além disso, embora estivesse longe de casa e fosse totalmente desconhecido,

José preservou sua integridade quando a mulher de Potifar tentou seduzi-lo. Mesmo no fundo do poço, definhando na cadeia, sua prioridade era ajudar outras pessoas, o que pode ser verificado quando ele conforta o copeiro e o padeiro do faraó. José é um homem que parece não ter preocupações consigo mesmo, mas um profundo interesse pelos outros.

Seu caráter também é impecável ao ser promovido a homem de confiança do governo de faraó. Observe sua reação quando se depara com os irmãos que o haviam vendido como escravo. Ele lhes oferece comida e recusa-se a cobrar por ela, devolvendo o dinheiro às suas bolsas. Ele lhes perdoa com lágrimas, intercede por eles junto ao faraó e compra a melhor terra no delta do Nilo para que eles possam fixar residência. Os irmãos o haviam expulsado e traído, e, com base em uma mentira, anunciaram sua morte ao pai. Ainda assim, José aparece suprindo todas as suas necessidades.

José não se deixou corromper nem pela humilhação nem pela honra. É um homem de total integridade e o único personagem que é retratado dessa forma no Antigo Testamento. Todos os personagens do Antigo Testamento são mostrados com suas fraquezas e seus pontos fortes. No caso de José, encontramos apenas pontos fortes. Há somente outra pessoa em toda a Bíblia com essas caraterísticas.

Um capítulo bem no meio da história de José surge como um choque. É sobre seu irmão Judá. No decorrer da história desse bom homem José, surge um nítido contraste com seu próprio irmão Judá. Judá visita uma mulher que ele imagina ser uma prostituta, mas que, na realidade, é sua nora, coberta com um véu. Ele pratica incesto e o sórdido relato está registrado bem no meio da narrativa de José. Por que razão? Esse relato serve para ressaltar o contraste com a integridade de José. Assim como Abraão é contrastado com Ló, Isaque com Ismael e Jacó com Esaú, José contrasta-se com Judá.

4. UM REFLEXO DE JESUS

Até agora, discutimos essa história sob três perspectivas: a história humana de um homem levado ao fundo do poço que, depois de um tempo, foi exaltado e chegou ao topo, tornou-se o salvador de seu povo e o Senhor do Egito; a história da mão de Deus conduzindo a vida desse homem, usando-o para salvar o seu povo; e, finalmente, a história de um homem de total integridade, que entre o declínio e a ascensão permaneceu um homem de sincera bondade e honestidade.

Cada perspectiva dessa história nos faz lembrar de outra: a do próprio Jesus. José torna-se o que chamamos de tipificação de Jesus. "Tipificação", nesse caso, significa "prenúncio". É como se Deus nos mostrasse na vida de José o que aconteceria com seu próprio filho. Como aconteceu com José, seu próprio filho seria rejeitado por seus irmãos, levado à condição de extrema humilhação e, depois, exaltado para ser "Salvador" e "Senhor" de seu povo.

Assim que reconhecemos a "tipificação", as comparações são marcantes. Quanto mais lemos a história de José, mais enxergamos a imagem de Jesus. É como se Deus soubesse todo o tempo o que iria fazer e estivesse oferecendo sinais ao seu povo. O próprio Jesus encorajou os judeus a estudarem "cuidadosamente as Escrituras, pois são elas que testemunham a meu respeito", referindo-se ao Antigo Testamento. Ao lermos o Antigo Testamento, devemos sempre procurar vestígios de Jesus, de semelhanças e de indícios de sua pessoa. O próprio Jesus é a realidade, mas há sombras e vestígios que incidem diretamente sobre as páginas do Antigo Testamento, especialmente em Gênesis.

Jesus em Gênesis

Agora que vimos que José é uma imagem de Jesus, podemos identificar Jesus em muitos outros lugares, por todo o livro de Gênesis. José é um modelo da resposta de Deus à fé que é depositada nele e sua história demonstra como Deus pode usar a vida de um homem para libertar o seu povo de suas dificuldades, exaltando-o como Salvador e Senhor.

GENEALOGIAS

As genealogias apresentadas em Gênesis são, na realidade, a genealogia de nosso Senhor Jesus Cristo. Se você ler a genealogia em Mateus 1 e Lucas 3, encontrará nomes de pessoas que aparecem no livro de Gênesis. Os textos descrevem a genealogia desde a linhagem de Sete até Maria, da qual nasceu Jesus. Assim, qualquer pessoa que esteja em Cristo também encontra nesses trechos a sua própria árvore genealógica. Esses são os antepassados mais importantes que temos, pois, por meio da fé em Cristo, nos tornamos filhos de Abraão.

ISAQUE

Quando examinamos os personagens de Gênesis, podemos encontrar semelhanças com Jesus. Já observamos alguns aspectos da vida de José, mas vamos retomar o episódio em que Abraão recebeu ordens para oferecer Isaque como sacrifício. Ele deveria subir um monte específico chamado Moriá. Anos depois, esse mesmo monte ficou conhecido como Gólgota – o local onde Deus sacrificou o seu único filho. Gênesis 22 afirma que Isaque era o único filho amado de Abraão e, como já ressaltamos anteriormente, tinha trinta e poucos anos na ocasião, com capacidade física para resistir a seu pai. No entanto, ele submeteu-se à vontade do pai e voluntariamente foi amarrado e colocado no altar.

No momento crucial, Deus impediu Abraão de matar o filho e providenciou outro sacrifício – um carneiro preso aos espinhos. Séculos depois, João Batista diria a respeito de Jesus: "Eis o 'carneiro' de Deus que tira o pecado do mundo". A palavra "cordeiro" é frequentemente aplicada a Jesus, mas cordeiros pequenos e bonitinhos nunca foram ofertados em sacrifício – os sacrifícios eram feitos com carneiros de um ano de idade, com chifres. Jesus é retratado no livro do Apocalipse como o carneiro de sete chifres, que representam força – "um carneiro de Deus". Deus proveu um carneiro para que Abraão oferecesse no altar em lugar de seu filho, um carneiro que estava preso, pela cabeça, nos espinhos, e também anunciou um nome para si mesmo: "Eu sou sempre o seu provedor". No mesmo lugar, tempos depois, outro homem em seus trinta e poucos anos foi sacrificado com espinhos em sua cabeça. Você consegue ver a imagem de Jesus?

MELQUISEDEQUE

Também vale a pena examinar com atenção o estranho encontro que Abraão teve com um homem que era tanto rei quanto sacerdote. Ele era o rei da cidade de Salém (que mais tarde tornou-se Jerusalém). Quando Abraão regressava da matança dos reis, após ter resgatado sua família que fora raptada, aproximou-se da cidade de Salém, com os despojos do inimigo. Era uma cidade pagã na ocasião, sem qualquer relação com a linhagem consagrada de Abraão. Ali, foi recebido pela figura enigmática de Melquisedeque, que reunia as atribuições de sacerdote e rei – uma combinação bastante incomum, nunca encontrada em Israel. Esse "rei-sacerdote" trouxe pão e vinho para servir a Abraão e suas tropas, e Abraão lhe deu um décimo de todos os despojos da batalha – um dízimo do tesouro. No Novo Testamento, lemos que Jesus é o sacerdote eternamente, segundo a ordem de Melquisedeque.

A ESCADA DE JACÓ

E o que dizer sobre a escada de Jacó? Quando Jacó fugia de casa, dormiu ao relento, certa noite, com a cabeça sobre uma pedra e sonhou com uma escada (na realidade, algo semelhante a escadas rolantes). O hebraico deixa implícito que a escada estava em movimento e que havia uma que subia e outra que descia, com anjos nelas. Jacó sabia que no topo das escadas estava o céu, o lugar da habitação de Deus.

Quando ele acordou, prometeu dar a Deus um décimo de tudo o que ganhasse. Essa ação foi voluntária, pois a entrega de dízimos só passou a ser obrigatória com a lei de Moisés. (A oferta de um décimo de suas posses feita por Jacó parece mais uma barganha com Deus: você me leva para casa em segurança e eu lhe dou o dízimo. No entanto, não é possível barganhar com Deus – é Deus quem faz uma aliança com você e não o contrário – e, mais tarde, Jacó precisou aprender isso da maneira mais difícil.)

Séculos depois, quando Jesus conheceu um homem chamado Nataniel, disse-lhe: "Eu o vi quando você ainda estava debaixo da figueira. Percebi que é um verdadeiro israelita, em quem não há falsidade". Nataniel perguntou como Jesus sabia disso e recebeu a seguinte resposta: "Você se maravilha porque sei detalhes da sua vida. O que pensará se vir anjos de Deus subindo e descendo sobre o Filho do homem?". Com isso, Jesus está afirmando: "Eu sou a escada de Jacó, sou a ligação entre o céu e a terra. Eu sou a nova escada".

ADÃO E EVA

Lá atrás, em Gênesis 3, Deus fez uma promessa quando puniu Adão e Eva. Ele disse que a semente – ou o descendente – da mulher (em hebraico, "semente" é substantivo masculino) feriria a cabeça da serpente, enquanto a serpente feriria o calcanhar do descendente. Um ferimento no calcanhar não é fatal, mas um ferimento na cabeça, sim! Essa é a primeira promessa de que, um dia, Deus desferiria sobre Satanás um golpe fatal. Agora sabemos quem foi que amarrou o homem forte e levou os seus bens.

Em Romanos 5, Paulo nos diz que a desobediência de um só homem trouxe morte, mas a obediência de um só homem trouxe vida, indicando que Jesus é um segundo Adão. No jardim do Éden, Adão desafiou: "Não vou obedecer" e no jardim do Getsêmani Jesus disse: "Não seja feita a minha vontade, mas a sua". Que contraste! Ambos são os precursores da raça humana: Adão foi o primeiro homem da espécie *Homo sapiens*; Jesus foi o primeiro da espécie *Homo novus*.

Nascemos todos *Homo sapiens*, mas Deus nos oferece a oportunidade de nos tornar *Homo novus*. O Novo Testamento fala do novo homem, da nova humanidade. Há duas raças humanas na terra hoje: ou você está em Adão ou está em Cristo. Essa nova raça humana vai habitar um planeta Terra totalmente novo, na realidade, um universo todo novo.

CRIAÇÃO

Uma das afirmações mais notáveis feitas a respeito de Jesus no Novo Testamento é que ele foi responsável pela criação do universo. Os primeiros discípulos perceberam que Jesus estava presente nos acontecimentos relatados em Gênesis 1. João afirma no início de seu Evangelho: "e sem ele nada do que existe teria sido feito".

Quando lemos Gênesis 1, portanto, descobrimos que Jesus estava lá. Deus disse: "Façamos o homem à nossa imagem". Jesus era parte da pluralidade da Divindade.

Sabemos há muitas décadas que a superfície da terra está apoiada sobre placas planas de rocha que flutuam sobre rocha derretida e que essas placas estão em constante movimento, friccionando-se umas contra as outras e causando terremotos. Quando descobriram que essas placas haviam se movido para formar as massas de terra como conhecemos hoje, os cientistas cunharam um novo termo para as placas. Eles as chamaram de "placas tectônicas". Em grego, a palavra tectone significa "carpinteiro". Todo o planeta Terra sobre o qual vivemos é obra de um carpinteiro de Nazaré – e seu nome é Senhor Jesus Cristo.

Concluímos, então, nossos estudos sobre Gênesis exatamente onde o começamos: com a criação. Deus, de fato, tem a resposta para o seu problema do que fazer quando os seres humanos se rebelam. A solução é Jesus Cristo, por meio de quem o mundo veio a existir, por quem ele foi feito, e em quem descobrimos as respostas a todas as nossas perguntas.

3.
ÊXODO

Introdução

Êxodo é o relato da maior fuga da história. Mais de 2 milhões de escravos escaparam do Egito – a nação que contava com um dos exércitos mais poderosos de todo o mundo. É um fato humanamente impossível, é uma história extraordinária que descreve uma série de milagres, entre eles, os mais conhecidos de toda a Bíblia. O líder dos israelitas, na época, era um homem chamado Moisés. Ele presenciou mais milagres do que Abraão, Isaque e Jacó juntos. Em certos momentos, milagres sucessivos, à medida que Deus intervinha em favor de seu povo. Alguns dos milagres se parecem com mágica, por exemplo, quando a vara de Moisés é transformada em uma cobra, mas, em sua maioria, são claras manipulações da natureza, pelas quais Deus mostra que tem o controle sobre toda a criação e assim o faz para favorecer seu povo.

O título original em hebraico para o livro de Êxodo é "Estes são os nomes", pois essas eram as primeiras palavras encontradas no rolo quando o sacerdote vinha lê-lo. O nome que usamos "Êxodo" vem do grego *ex-hodos* – literalmente *ex* = "fora", *hoddos* = "caminho" (semelhante à palavra latina que indica "saída"), "o caminho para fora", "a saída".

O evento do êxodo teve um profundo significado sobre dois aspectos.

1. Nacional
Em primeiro lugar, teve um significado especial para o povo de Israel. Marcou o início da história da nação. Eles receberam sua liberdade política e tornaram-se uma nação

soberana por direito próprio. Embora ainda não tivessem um território, formavam uma nação com um nome próprio: "Israel". O êxodo foi um acontecimento tão importante na história de Israel, que, desde então, faz parte do calendário nacional. Assim como os americanos comemoram sua independência em 4 de julho, os judeus também celebram o êxodo nos meses de março/abril. Como parte da celebração, eles comem a refeição da Páscoa e recordam os atos poderosos de Deus.

2. Espiritual

Em segundo lugar, o evento teve um significado espiritual. Os israelitas descobriram que o seu Deus era o mesmo Deus que criara todo o universo e que, em favor deles, poderia controlar o que havia criado. Passaram a crer que o seu Deus era mais poderoso do que todos os deuses do Egito juntos. Mais tarde, perceberiam que o seu Deus era o único Deus que existia (veja as profecias de Isaías, em especial).

A verdade de que Deus era mais poderoso do que qualquer outro deus evidenciou-se no nome pelo qual Deus se fez conhecido. Seu título "formal" era *El Shaddai*, Deus Todo-poderoso, mas, no livro de Êxodo, o seu nome pessoal é revelado àquela nação. Quando nós conhecemos o nome de uma pessoa, o relacionamento se torna mais íntimo e pessoal. Da mesma forma, ao descobrir o nome de Deus, Israel pôde iniciar um relacionamento mais profundo com ele.

Em inglês, traduzimos seu nome por *Yahweh*, embora não exista vogais no hebraico. A rigor, o nome deveria ser simplesmente Y-H-W-H. É um particípio do verbo "ser". Vimos, em nosso estudo de Gênesis, que "Sempre" é uma palavra que expressa a percepção dos judeus a respeito de Deus. Deus é o eterno, sem início ou fim – é "Sempre". Esse é o seu primeiro nome, mas ele tem muitos sobrenomes:

"Sempre" meu provedor, "Sempre" meu ajudador, "Sempre" meu protetor, "Sempre" aquele que me cura.

No livro de Êxodo, também encontramos a verdade extraordinária de que o Criador de todas as coisas torna-se o Redentor de algumas pessoas. A palavra "redenção" compreende a ideia de libertar o refém após o pagamento do preço do resgate. Essa é a forma pela qual Israel deveria entender o seu Deus. Ele era o Criador do universo e, também, o Redentor de seu povo. É importante assimilar esses dois aspectos se quisermos aprender a conhecer a Deus da forma como ele é revelado na Bíblia.

O livro
Êxodo é um dos cinco livros que Moisés escreveu. Gênesis trata dos eventos anteriores ao período que Moisés viveu, enquanto Êxodo, Levítico, Números e Deuteronômio falam dos eventos no decorrer de sua vida. Esses livros são cruciais à vida de Israel, pois registram os fundamentos da nação. Também são fundamentais para todo o Antigo Testamento. Esse grupo de escravos precisava saber quem era e como veio a ser uma nação.

Vimos, em nosso estudo de Gênesis, como Moisés reuniu dois tipos de lembranças do povo: genealogias e histórias sobre seus ancestrais. O livro de Gênesis é totalmente constituído de tais memórias. Êxodo, Levítico, Números e Deuteronômio são diferentes, pois constituem uma combinação entre narrativa e legislação. A narrativa descreve a movimentação dos israelitas desde o Egito, pelo deserto, até a terra de Canaã. A lei reflete as palavras de Deus sobre como deveriam viver. É essa combinação singular entre narrativa e legislação que caracteriza esses outros quatro livros de Moisés.

O próprio Êxodo é parte narrativa e parte legislação. A primeira metade detalha o que Deus fez em favor dos israelitas para livrá-los da escravidão. A segunda metade descreve o que Deus disse sobre a maneira como deveriam viver agora que estavam livres. A primeira metade demonstra a graça de Deus para com eles ao afastá-los de seus problemas. A segunda metade revela que Deus espera que demonstrem gratidão por essa graça, andando em seu caminho. Essa ênfase é importante. Muitas pessoas entendem que cumprir a lei de Moisés é o meio de alcançar a aceitação de Deus. É exatamente o contrário. O povo de Israel foi redimido por Deus e, então, recebeu a lei para que a cumprisse como uma expressão de gratidão. Esse princípio é o mesmo no Novo Testamento: os cristãos são redimidos e somente então lhes é dito como viver vidas santas. Usando um jargão teológico, a justificação precede a santificação. Não nos tornamos cristãos vivendo primeiramente de forma correta, mas, tendo sido redimidos e libertos, passamos a viver de forma correta. A libertação vem antes da legislação.

Em Êxodo, a libertação dos israelitas acontece no Egito e a lei é entregue no monte Sinai, durante a jornada do povo à terra de Canaã. É o relato da resposta do povo ao compromisso de aliança que Deus estabeleceu com eles. A aliança assume a forma de uma cerimônia de casamento. Deus diz "Sim, aceito" (ser o seu Deus se vocês me obedecerem) e o povo, por sua vez, precisa dizer "Sim, aceitamos" (ser o seu povo e obedecer-lhe).

ESTRUTURA

Além das duas partes do livro de Êxodo, há outras dez divisões diferentes encontradas: seis seções nos capítulos 1–18 e quatro nos capítulos 19–40. Elas podem ser dispostas conforme a tabela a seguir:

AS INSTRUÇÕES DO CRIADOR

Capítulos 1–18	Capítulos 19–40
(povo em movimento)	(povo estacionário)
Temas-chave	Temas-chave
FEITOS DIVINOS	PALAVRAS DIVINAS
GRAÇA	GRATIDÃO
LIBERTAÇÃO	LEGISLAÇÃO
DO EGITO	AO SINAI
ESCRAVIDÃO (homens)	SERVIÇO (Deus)
REDENÇÃO	JUSTIÇA
As seções	As seções
1. 1 Multiplicação e assassinato	7. 19–24 Mandamentos e aliança
(ISRAEL)	(SINAI)
2. 2–4 Juncos e sarça ardente	8. 25–31 Especificações e especialistas
(MOISÉS)	(TABERNÁCULO)
3. 5–11 Pragas e pestilências	9. 32–34 Fraqueza e intercessão
(FARAÓ)	(BEZERRO DE OURO)
4. 12–13.16 Festa e primogênito	10. 35–40 Construção e consagração
(PÁSCOA)	(TABERNÁCULO)
5. 13.17–15.21 Liberdade e afogamento	
(MAR VERMELHO)	
6. 15.22–18.27 Providência e proteção	
(DESERTO)	

A primeira parte (capítulos 1–18) detalha os eventos que precederam e sucederam a fuga do Egito. Ela inclui muitos milagres, entre eles, os mais conhecidos: a proteção aos israelitas quando os primogênitos do Egito foram mortos e a forma como o povo conseguiu atravessar o mar Vermelho. Também inclui a não tão conhecida, porém igualmente extraordinária, provisão de Deus na jornada do povo desde o Egito até o Sinai. Durante a Guerra de Yom Kippur, em 1973, o exército egípcio não conseguiu resistir mais de três dias no deserto; em Êxodo, porém, 2,5 milhões de pessoas sobreviveram no deserto durante 40 anos.

Na segunda parte, o foco está na legislação. Os Dez Mandamentos aparecem primeiro, mas também há outras leis que indicam o propósito de Deus de viver entre o seu povo. Da mesma forma como o povo vivia em tendas, Deus também se uniria a eles em seu acampamento. Mas sua própria tenda seria diferente e separada das outras. Até aquele ponto, essas pessoas jamais haviam feito qualquer coisa além de tijolos de barro, mas Deus lhes deu a habilidade de trabalhar com ouro, prata e madeira.

A segunda parte também inclui alguma narrativa. Talvez o episódio mais triste de todo o livro seja o trecho em que a fraqueza do povo fica evidente: eles pedem a estátua de um deus para adorar, no caso, um bezerro de ouro. O livro termina com a construção do tabernáculo. Deus agora tem uma morada entre eles e a glória desce sobre a sua tenda.

Capítulos 1–18

Muitos consideram a primeira parte de Êxodo problemática por ser uma história bastante incomum. Há tantos acontecimentos extraordinários, que muitos sugerem que o relato não é verdadeiro, mas uma série de lendas. Os acontecimentos descritos, então, constituem um mito ou um milagre?

Mito ou milagre?

1. NENHUM REGISTRO EXTRABÍBLICO

A natureza dos eventos em si não é o único problema,

pois nos deparamos também com a ausência de registros históricos extrabíblicos que validem esses eventos. Tudo o que temos é apenas uma menção aos "habirus" em Gósen – numa possível referência aos "hebreus", como eram conhecidos os "filhos de Israel". Essa escassez de documentação, no entanto, não deveria nos surpreender. O êxodo dos judeus foi um dos eventos mais humilhantes para o Egito. Aos egípcios sobrevieram castigos severos, entre eles, a morte dos primogênitos. Seus melhores cavaleiros afogaram-se no mar Vermelho. Isso dificilmente se tornaria uma lembrança reconfortante.

2. OS NÚMEROS

Para muitos, a história é inverossímil por causa dos elevados números apresentados. O relato afirma que 2,5 milhões de escravos deixaram o Egito. Sob qualquer perspectiva, é um número gigantesco. Se marchassem em fileiras de cinco, a coluna teria aproximadamente 180 quilômetros de extensão, sem incluir os animais. Seriam necessários meses para que se deslocassem a qualquer lugar. Também seria uma população imensa para manter suprida de alimento e água em um deserto, durante 40 anos.

3. A DATA

Existe também a questão das datas dos acontecimentos. Por não termos qualquer registro extrabíblico, não conseguimos datar os eventos com segurança. Não sabemos ao certo, portanto, qual faraó governava o Egito quando tudo isso sucedeu. Os possíveis candidatos são: Ramsés II, que dispôs de poderosa força militar, erigiu imensas estátuas de si mesmo e cujas tumbas dos filhos foram descobertas apenas recentemente, e Dedumés, segundo a "nova cronologia" de David M. Rohl.[8]

---

[8] Os livros *A Test of Time* (BCA, 1996) e *Legend* (BCA, 1988) apresentam notáveis alegações (em inglês) do egiptólogo David M. Rohl, que afirma ter descoberto evidências que remontam ao tempo de José no Egito e à libertação de Moisés e outras ainda mais remotas, como a localização do jardim do Éden!

4. O TRAJETO

Também há controvérsia a respeito do trajeto percorrido pelos israelitas quando deixaram o Egito. São três as possibilidades a se considerar: uma rota para o norte, uma rota para o sul, ou uma pelo meio. Retomaremos essa questão na página 144.

5. O NOME DIVINO

Outros estudiosos encontram problemas nas palavras ditas por Deus a Moisés em Êxodo 6.2-3, onde lemos: "Eu sou o Senhor. Apareci a Abraão, a Isaque e a Jacó como o Deus Todo-poderoso, mas pelo meu nome, o Senhor, não me revelei a eles".

A última frase pode ser uma declaração ("...não me revelei..."), nesse caso Abraão o teria conhecido como "Deus", porém sem um nome pessoal que o distinguisse de outros deuses, ou uma pergunta ("...não me revelei?..."), então Abraão, assim como Moisés, teria conhecido a Deus pelo nome. A segunda opção é a menos provável.

OS FATOS

Todas essas questões levaram os estudiosos a duvidar se o que liam era fato, ficção ou, quem sabe, "facção". Aqueles que não creem nos acontecimentos precisam analisar por que razão não creem neles. É preconceito ou a chamada visão científica do universo os impede de acreditar? Ao mesmo tempo, também podemos tentar buscar a explicação mais compreensível para os fatos que são incontestáveis.

Ninguém pode contestar que exista hoje no mundo uma nação chamada Israel. Assim, de onde ela veio? Como começou? Como se tornou uma nação se, originalmente, era um grupo de escravos? Sabemos, a partir de registros extrabíblicos, que, de fato, era um grupo de escravos. A existência de Israel só pode ser compreendida mediante uma explicação dramática.

Uma vez ao ano, todas as famílias judias celebram a Páscoa. Por que fazem isso? É um ritual que sobrevive há muitos milhares de anos e também requer alguma explicação.

Esses dois fatos conhecidos, pelo menos, precisam de explicação, e é no livro de Êxodo que encontramos as respostas. Assim, vamos examinar cada seção, seguindo a estrutura apresentada na tabela da página 133, e considerar algumas questões que aparecem no texto.

1. Multiplicação e assassinato
Nessa seção de abertura, descobrimos que o número de escravos hebreus era de aproximadamente 2,5 milhões no início da narrativa de Êxodo. Pode parecer um número alto considerando que, originalmente, eram apenas os 12 filhos de Jacó, sua descendência e parentela. Mas se considerarmos que cada família teve quatro filhos (número não muito alto para a época), no espaço de 30 gerações, esse número poderia ser alcançado.

Mas por que permaneceram no Egito durante 400 anos quando, a princípio, ficariam por sete anos apenas? Eles foram para lá nos dias de José e Jacó, por causa da fome que assolou a terra de Canaã (o Egito foi o provedor de alimento para o Oriente Médio graças ao sensato armazenamento de grãos promovido por José durante os sete anos de fartura). Eles foram voluntariamente, foram aceitos como convidados do governo e receberam uma área fértil do delta do Nilo chamada Gósen para morar. Permaneceram, portanto, como uma nação, durante os sete anos de fome. Mas ao final desse tempo, por que não voltaram à sua própria terra? É uma pergunta pertinente, considerando que acabaram sendo forçados a se tornar escravos no Egito.

A razão humana é que estavam em uma situação confortável. Era muito mais fácil sobreviver no delta do Nilo do que nas colinas da Judeia. A terra era fértil, o clima era mais quente, sem neve no inverno, como acontecia nas colinas da Judeia. A comida era boa, eles podiam se alimentar dos peixes do Nilo e desfrutar de melhores condições de vida. Optaram por permanecer no Egito, portanto, porque estavam em uma situação confortável. Foi somente quando foram forçados a se tornar escravos que se lembraram de Deus e começaram a clamar a ele.

Há também uma razão divina. Durante 400 anos, Deus nada fez para encorajá-los a voltar à própria terra. Se tivessem retornado ao final daquele período de fome, seriam apenas umas poucas pessoas, número pequeno demais para realizar o que Deus planejara. Era propósito de Deus remover o povo de Canaã daquela terra. Ele explicou a Abraão que seus descendentes permaneceriam no Egito até que a perversidade dos cananeus se completasse. Deus precisou esperar até que os cananeus se tornassem tão corrompidos, que seria um ato de justiça e juízo expulsá-los da Terra Prometida e deixar que os escravos hebreus entrassem. Lemos em Deuteronômio que a escolha de Deus não foi baseada em qualquer virtude da parte dos israelitas. Na realidade, se o seu comportamento na terra fosse semelhante ao daqueles que haviam sido expulsos, eles também teriam de partir. Para que fossem instrumentos de justiça, eles mesmos deveriam ser justos.

Mas tudo isso aconteceu mais tarde. Quando eram escravos no Egito, o povo de Israel enfrentou três decretos opressores:

1. Trabalho forçado: o faraó decidiu usar os hebreus como mão de obra para seus projetos de construção.

2. Condições de trabalho mais difíceis: eles tinham que

fazer tijolos sem palha (o que significa que os tijolos eram muito mais pesados para carregar). Escavações arqueológicas no Egito descobriram edificações feitas de três diferentes tipos de tijolos: as fundações, com palha, a parte do meio, com detritos, pois os hebreus tentaram continuar a fazer tijolos leves mesmo quando a palha lhes foi negada, e, na parte superior, tijolos feitos de argila pura. A ideia por trás desse decreto severo era que o peso extra dos tijolos deixaria os hebreus cansados demais para o sexo ou para causar problemas e, assim, a população diminuiria. Era uma forma bruta de controle populacional e não funcionou, por isso os egípcios tiveram que introduzir um terceiro decreto.

3. Morte: todos os meninos das famílias escravas hebreias deveriam ser lançados aos crocodilos do rio Nilo.

2. Juncos e sarça ardente

A maioria das pessoas conhece bem essa história. O rio Nilo era cheio de crocodilos, e os egípcios entenderam que era necessário utilizar essa forma de genocídio se quisessem reduzir, de forma eficaz, o número de israelitas. O bebê Moisés deveria ter morrido dessa forma. Mas observamos que, sob a providência de Deus, Moisés, assim como José, foi conduzido ao palácio e recebeu a melhor educação possível na universidade do Egito. Obviamente, isso o tornou muito mais preparado do que qualquer escravo hebreu, e o capacitou a escrever os primeiros cinco livros da Bíblia. Para os judeus, Moisés foi o segundo maior homem do Antigo Testamento, depois de Abraão. Entretanto, quando perdeu o controle com um dos feitores egípcios e o matou, o período como príncipe egípcio chegou repentinamente ao fim, e ele precisou fugir para salvar a sua vida.

Os números da vida de Moisés oferecem uma leitura interessante. Com a idade de 40 anos, ele passa 40 anos cuidando de ovelhas no mesmo deserto para onde retornaria com o povo de Israel para viver durante 40 anos! Era claramente a mão de Deus em ação.

O encontro entre Moisés e o Senhor por meio da sarça ardente também é intrigante, nem tanto pela sarça mas pelas desculpas de Moisés. Deus primeiro lhe ordenou que tirasse as sandálias porque o solo era santo. Em seguida, disse a Moisés que ele era o homem que tiraria o povo de Deus do Egito. Moisés apresentou cinco razões pelas quais não deveria fazê-lo.

Primeiro, afirmou ser insignificante. Deus assegurou que estaria ao seu lado – e era isso que importava. Depois, Moisés alegou ser ignorante e não saber o que dizer. Deus garantiu que diria a Moisés o que falar. Sua terceira desculpa foi ser impotente para convencer o povo de que Deus se encontrara com ele e ordenara que os liderasse. Deus respondeu que o seu poder estaria com Moisés para realizar milagres. Então, Moisés declarou ser incompetente para falar, pois tinha uma gagueira que o impedia de organizar as palavras. Assim, Deus designou Arão, irmão de Moisés, como porta-voz. Deus falaria a Moisés o que dizer e este transmitiria a mensagem a Arão. Finalmente, Moisés afirmou ser irrelevante: "Deus, poderia, por favor, enviar outra pessoa?". Mas Deus havia designado Arão como parceiro; eles trabalhariam juntos. Todas as vezes, o questionamento de Moisés destaca as fraquezas, e para todas elas Deus tem uma resposta.

3. Pragas e pestilências

Dez pragas são mencionadas nessa seção: o Nilo transformado em sangue, a praga das rãs, a praga dos piolhos e mosquitos, a praga das moscas, a peste nos animais, as feridas purulentas, a tempestade de granizo, a praga dos gafanhotos, as trevas sobre a terra e, finalmente, a morte dos primogênitos.

Há vários aspectos a observar, e o primeiro deles é que Deus está no total controle do mundo dos insetos. Deus pode ordenar aos mosquitos e aos gafanhotos o que fazer o aonde ir, bem como dizer às rãs o que fazer. As pragas demonstram um tremendo controle de Deus sobre aquilo que criou.

Também é interessante observar como as pragas aumentam em intensidade. Existe aqui uma progressão: do desconforto à enfermidade, ao perigo e à morte. Percebe-se também um movimento das pragas que afetam a natureza para as pragas que afetam as pessoas. As aflições agravam-se gradualmente conforme o faraó e o povo egípcio se recusam a responder aos alertas. Alguns consideram que a última praga tenha sido injusta – a morte dos primogênitos não é demasiadamente dura e excessiva? Mas os egípcios haviam feito pior aos israelitas quando mataram todos os bebês do sexo masculino. Esse castigo, portanto, foi completamente apropriado.

Outro ponto que facilmente passa despercebido é a competição religiosa que ocorre durante as pragas. Cada uma das pragas foi um ataque a um deus específico, cultuado pelos egípcios.

Khnum: o guardião do Nilo
Hapi: o espírito do Nilo
Osíris: acreditava-se que o Nilo fosse a corrente sanguínea de Osíris
Heket: a deusa da ressurreição, que se assemelhava a uma rã
Hator: uma deusa-mãe com características de uma vaca
Ápis: um touro do deus Ptah, um símbolo da fertilidade
Mnévis: também um touro, o touro sagrado de Heliópolis
Imhotep: o deus da medicina

Nut: a deusa do céu
Seth: o protetor das colheitas
Rá, Áton, Atum e Hórus: todos deuses-sol

Também se afirmava que o faraó era divino. As pragas foram especificamente direcionadas contra os deuses egípcios. A mensagem era muito simples: o Deus dos escravos hebreus era muito mais poderoso do que todos os deuses do Egito juntos.

Algumas pessoas consideram problemática a narrativa sobre o coração do faraó, na qual lemos que Deus endureceu o coração do faraó. Outros chegaram até a construir uma doutrina de predestinação com base nessa passagem e nos versículos de Romanos 9, quando Paulo fala sobre Deus endurecer o coração de faraó. Sugerem que essas passagens ensinam que é Deus quem decide se quebranta ou endurece o coração de alguém. Defensores dessa ideia argumentam que não sabemos por que Deus faz essas escolhas, mas seja qual for a razão, no caso do faraó, ele decidiu que endureceria o seu coração. É como se Deus tirasse nomes da cartola aleatoriamente e assim decidisse salvar alguns e enviar outros ao inferno, endurecer uns e quebrantar outros.

No entanto, não é isso que a Bíblia ensina. Se estudar o texto com atenção, você perceberá que o coração do faraó foi endurecido dez vezes. Nas primeiras sete ocasiões, faraó endureceu o próprio coração, e nas três outras, Deus endureceu o coração do faraó. Portanto, Deus somente endureceu o coração de faraó depois que ele mesmo, deliberada e repetidamente, endurecera o próprio coração. Ele confirmou a escolha feita por faraó. É assim que Deus pune: ele ajuda as pessoas a trilhar o caminho que escolheram seguir [ele inclina o coração das pessoas conforme a predisposição delas]. Em Apocalipse, Deus afirma: "Continue o imundo na imundícia". Desse modo, Deus não trata faraó com arbitrariedade – faraó primeiramente endureceu o seu próprio coração e, então, Deus o ajudou a endurecer ainda mais. Deus reage conforme as nossas escolhas. Se persistirmos em escolher o caminho errado, Deus nos ajudará a seguir essa vereda. Ele manifestará o seu juízo, se nos recusarmos a ser uma manifestação de sua misericórdia.

4. Festa e primogênito
A décima praga envolveu a morte de todo primogênito do sexo masculino de cada família egípcia. Essa foi a praga central de todo o drama. A tragédia também afetaria os judeus se não seguissem as instruções de Deus. Deveriam pintar os umbrais de suas portas com o sangue de um cordeiro. O anjo da morte visitaria o Egito naquela noite e passaria longe das casas marcadas com o sangue. Nas outras casas, a morte chegaria à meia-noite. Curiosamente, o sangue tem uma cor castanho-avermelhada, a mais difícil de identificar no escuro.

O sangue tem um significado adicional: os judeus deveriam imolar um carneiro de um ano e meio, plenamente adulto, e, assim que tivessem passado o sangue do animal nos umbrais de suas portas, deveriam levá-lo para dentro de casa a fim de que fosse assado. Desse modo, o carneiro lhes serviria de cobertura e alimento. A referência a Jesus como o "Cordeiro de Deus" pode sugerir uma imagem branda e dócil, contrastando com a imagem que o texto bíblico realmente objetiva transmitir: Jesus é, na realidade, o "Carneiro de Deus", o que nos remete a uma figura mais robusta. Os judeus deveriam comer a carne em pé, vestidos, e prontos para partir a qualquer momento. Foram orientados a levar provisões de pães sem fermento. Deveriam deixar o Egito naquela mesma noite.

Até os dias de hoje, os judeus continuam a observar a

celebração da Páscoa, ou *Pessach*. Em um determinado momento da noite, o membro mais jovem da família deve perguntar: "O que significa tudo isso?". O membro mais idoso da família responde: "Foi isso que Deus fez na noite em que todo menino primogênito morreu e nós fomos salvos pelo sangue do carneiro". Lembram-se, dessa forma, que o primogênito de cada geração precisa ser redimido.

5. Liberdade e afogamento

Há três possibilidades de rota seguida pelos israelitas quando deixaram o Egito, indicadas no mapa na próxima página.

A primeira possibilidade é conhecida como rota do norte. Ela sugere que o povo tenha cruzado uma fileira de bancos de areia em uma parte rasa do Mediterrâneo. Mapas do Egito mostram bancos de areia em um local chamado lago Sirbonis. Sua rota os leva então a Cades-Barneia. Contudo, as carruagens egípcias não teriam passado pelos bancos de areia existentes, portanto, é pouco provável que tenham seguido essa rota.

A segunda teoria é que cruzaram diretamente a passagem Mitler até Cades. Mas havia uma linha de fortalezas (onde hoje fica o canal de Suez) construída contra qualquer invasão do leste. Os israelitas, portanto, teriam que ter atravessado essa linha de fortalezas. Não estavam armados nem eram capazes de guerrear, o que torna essa rota pouco provável também.

A terceira possibilidade era a rota do sul, em direção ao monte Sinai, onde Moisés pastoreara rebanhos durante 40 anos. Essa é a mais provável, pois Moisés conhecia a região. A localização do monte Sinai é incerta, mas toda a tradição no Oriente Médio situa Sinai ao sul. Os israelitas partiram de Gósen e vieram para o sul. Faraó somente permitiria que fossem para o deserto, pois considerava que seria possível trazê-los de volta. Quando acamparam, uma nuvem enviada por Deus ocultou os israelitas da visão dos egípcios.

AS INSTRUÇÕES DO CRIADOR

No que se refere à travessia do mar em si, a Bíblia não diz que Deus dividiu o mar Vermelho, mas que enviou um forte vento oriental que dividiu as águas. Mas como um vento oriental poderia dividir o mar?

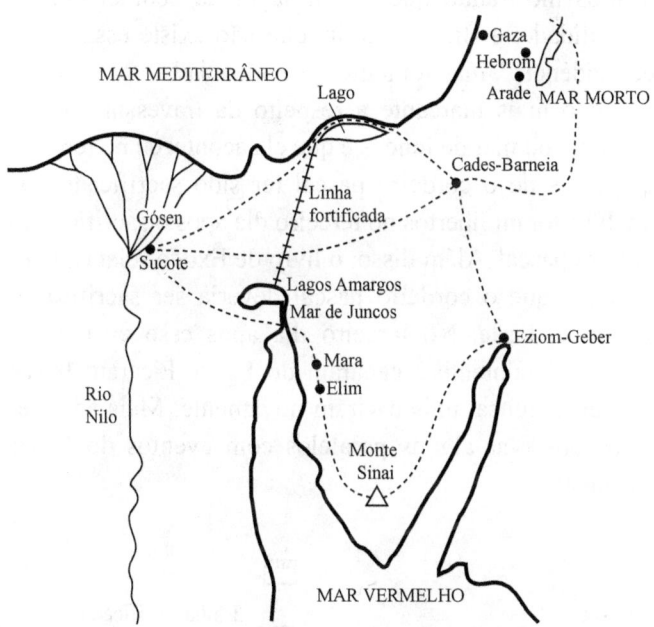

Se examinarmos a área com cuidado veremos que, há muitos anos, os Grandes Lagos Amargos eram conectados ao que chamamos de mar Vermelho (veja o diagrama na próxima página). Eles eram unidos por um canal raso e pantanoso de nome "mar de juncos", e o hebraico, de fato, sugere que "mar de juncos" [Reed Sea] seja um nome mais provável do que "mar Vermelho" [Red Sea]. A linha fortificada desce até os Lagos Amargos.

Se foi ali que os hebreus atravessaram, duas forças naturais podem ter dividido o mar. Um forte vento oriental poderia levar as águas à extremidade oeste dos Grandes Lagos Amargos, uma maré-baixa puxando-as também para o sul.

Isso, de forma alguma, explica o milagre. Como o vento oriental simplesmente soprou na hora certa? Ao analisarmos o milagre de forma tão realista, não estamos tentando encontrar uma explicação para ele. Pelo contrário, estamos mostrando que é o milagre da "coincidência". Na realidade, a Bíblia nos diz que não existe essa tal de "coincidência", mas somente "providência".

O fato mais marcante a respeito da travessia do mar Vermelho ou mar de juncos é que ela aconteceu no terceiro dia depois de o cordeiro pascal ter sido sacrificado. Os israelitas foram libertos no terceiro dia após o sacrifício do cordeiro pascal. Além disso, o livro de Êxodo relata a hora exata em que o cordeiro pascal deveria ser sacrificado: às três da tarde. No terceiro dia após esse evento, os israelitas finalmente escaparam do Egito. Ficaram livres do faraó e nunca mais o viram novamente. Mais adiante, vamos observar alguns paralelos com eventos do Novo Testamento.

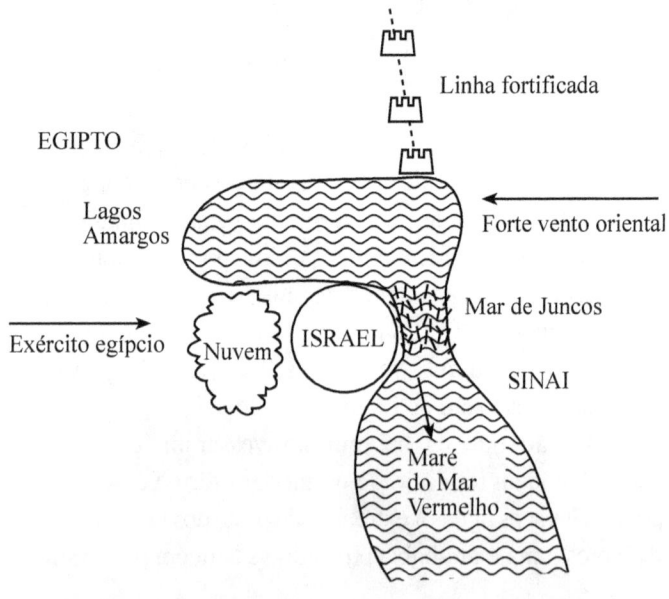

6. Providência e proteção

A região desértica por onde os israelitas viajavam não oferecia condições de sustentar a vida humana. Não era o local ideal para levar 2,5 milhões de pessoas, sem contar os animais.

Moisés enfrentou, portanto, problemas tanto externos quanto internos, sendo o principal deles a necessidade física de alimento e água. Todas as manhãs, Deus lhes provia alimento. Eles o encontravam ali, no chão, ao acordar. Era conhecido como "O que é isto?", em hebraico, manna. Todos os dias, havia 900 toneladas de maná. Era, literalmente, o pão dos céus, um tema que aparecerá novamente em outras partes da Bíblia.

Apesar de viverem confortavelmente com o maná, os israelitas queixavam-se de não comer carne. Haviam se acostumado com a alimentação no Egito, rica em proteína. Deus, então, enviou um grande número de codornizes ao acampamento, as quais, de tantas que eram, amontoadas, atingiam a altura de 1,5 metro sobre a areia do deserto. O povo comeu codornizes até não aguentar mais.

Eles também tiveram problemas com água. O primeiro oásis que encontraram foi em Mara. Embora o local oferecesse água, ela não era potável – até tornar-se fresca por meio de um milagre. A próxima parada foi em Elim, onde encontraram água fresca. As quantidades exigidas eram consideráveis – pelo menos 2 milhões de galões de água por dia seriam necessários para saciar a sede daquele número de pessoas e animais. Mais tarde, eles obteriam água de reservatórios nas rochas. Talvez um dos maiores milagres ocorridos nessa jornada da provisão do povo de Israel foi o fato de suas sandálias jamais se desgastarem. Mesmo nos dias de hoje, as pedras destroem os pneus de borracha de veículos, mas aquelas sandálias resistiram 40 anos!

Moisés também enfrentou dificuldades internas. Considerando os números impressionantes, não é de surpreender que um dos maiores problemas que Moisés tenha encontrado fosse o julgamento das contendas entre as pessoas. Êxodo relata que essa tarefa podia tomar o dia todo, a ponto de exaurir Moisés. Foi necessário que seu sogro Jetro sugerisse a estratégia de delegar responsabilidade, por meio da qual Moisés designou 70 anciãos para ajudar no trabalho.

Capítulos 19–40

Depois da narrativa da fuga do Egito, a segunda parte de Êxodo volta-se mais para a legislação, os mandamentos que Deus dá ao seu povo, dizendo-lhes como deveriam viver, e a aliança que fez com eles.

7. Mandamentos e aliança
Há três compilações "legais" na segunda metade de Êxodo. A mais conhecida são os "Dez Mandamentos" (ou decálogo, que significa "dez palavras"), escritos pela mão de Deus sobre duas tábuas de pedra. (Imagens mais modernas do evento retratam Moisés retornando do monte Sinai com os Dez Mandamentos divididos em duas tábuas, cinco em uma e cinco na outra, mas, na realidade, todos os dez estavam em cada tábua.) Era um contrato legal, conforme os tratados semelhantes acordados na época. Um rei vitorioso, por exemplo, podia fazer um pacto com uma nação derrotada. Cada parte teria uma cópia. No caso dos Dez Mandamentos, uma cópia era de Deus e a outra, do povo. Esse tratado era especial, conhecido na Bíblia como uma "aliança". Uma aliança não era uma barganha entre duas partes, mas um contrato escrito por Deus, que poderia ser aceito ou rejeitado pelo povo.

AS INSTRUÇÕES DO CRIADOR

Os Dez Mandamentos constituíram a primeira compilação legal e foram complementados pelo que é conhecido como o "Livro da Aliança", encontrado em Êxodo 20.23 a 23.33. Esse trecho trata das leis relacionadas à vida em comunidade. A terceira compilação é o Livro da Lei, encontrado nos capítulos 25–31, cujo foco é a vida de adoração de Israel, incluindo informações sobre o local de culto e os responsáveis por conduzir a adoração. Essas leis se repetem em Deuteronômio, onde são apresentadas em mais detalhes. Assim, não são apenas Dez Mandamentos, mas um total de 613 regras e ordenanças sobre a maneira de viver retamente diante de Deus.

É crucial enfatizar a importância do contexto das leis em Êxodo. Os Dez Mandamentos e o Livro da Aliança são intercalados por duas conexões que fazem referência ao passado e ao futuro.

1. Em 20.2, Deus diz: "Eu sou o Senhor, o teu Deus, que te tirou do Egito, da terra da escravidão".
2. Em 23.20-33, Deus garante ao povo a sua presença no futuro e a provisão de terra, contanto que guardem os seus caminhos.

O primeiro texto refere-se ao passado no Egito e o segundo destaca a entrada em Canaã no futuro. O contexto nos diz que essas leis vindas de Deus são para aqueles que vivenciaram o passado de Deus e têm expectativas quanto ao futuro de Deus e que, portanto, serão capazes de viver em seu presente.

Apesar de o rei Alfred ter baseado o sistema legal britânico nos Dez Mandamentos, é improvável que as pessoas vivam de acordo sem que tenham passado pela experiência da redenção. Os Dez Mandamentos devem ser vistos no contexto apropriado.

OS DEZ MANDAMENTOS

Um olhar mais atento aos Dez Mandamentos e à legislação que o acompanha revela três princípios básicos intrínsecos. O primeiro é o princípio do **respeito**. Todos os Dez Mandamentos baseiam-se nisto: respeito por Deus, respeito pelo seu nome, respeito pelo seu dia, respeito pelas pessoas, respeito pela vida familiar, respeito pela vida em si, respeito pelo casamento, respeito pela propriedade das pessoas, respeito pela reputação das pessoas.

A mensagem é clara: uma sociedade saudável e santa é construída sobre a base do respeito. Grande parte da sociedade de nossos dias, influenciada especialmente pelos meios de comunicação, se propõe a destruir o respeito. As comédias na televisão apresentam uma visão irreverente da vida, com o objetivo de corromper tudo o que for considerado sagrado. Qualquer coisa e qualquer pessoa é pretexto em potencial para a diversão. Sabemos, entretanto, que a perda de respeito por Deus conduz à idolatria e que a perda de respeito pelo outro resulta em imoralidade e injustiça.

A maior parte dos Dez Mandamentos tem a ver com nossos atos e nossas palavras, mas o último deles trata de nossos sentimentos – é o único que diz respeito ao coração. Talvez seja por isso que o apóstolo Paulo tenha afirmado, em Romanos 7, que guardara os primeiros nove, mas não conseguia lidar com o décimo, o mandamento a respeito da cobiça. Quando desejamos algo que não temos, o problema é com nossa motivação interior. Se você infringiu uma lei, infringiu todas elas. Elas devem estar juntas, como as contas de um colar; se o colar se rompe uma única vez, todas as contas são perdidas. Na realidade, não há Dez Mandamentos separados. São todos uma única lei.

O segundo princípio é **responsabilidade**. Ouvimos, com frequência cada vez maior, que não somos responsáveis por nossas ações, sob o pretexto de que a perversidade é uma questão genética! Sabemos que o pecado original é transmitido pelos genes, mas a ideia de que algumas pessoas são mais perversas do que outras porque têm um gene falho leva à conclusão de que elas não são responsáveis pelo que fazem. O relato de Êxodo se coloca em oposição direta a essa perspectiva. O Senhor Deus diz que somos responsáveis diante dele pela forma como vivemos no que diz respeito à sua lei.

O terceiro princípio é **retribuição**. Há três razões para o castigo pela desobediência à lei. A primeira é a restauração: o castigo tem como objetivo restaurar o transgressor. A segunda é dissuasão: a ideia de que assistir à punição a outros funciona como um alerta a possíveis malfeitores. A terceira é retribuição: o castigo ocorre simplesmente porque a pessoa merece ser castigada, sem a preocupação de que outros prestem atenção no alerta ou que a parte culpada aprenda com os erros cometidos. Esse terceiro princípio de retribuição está intrínseco nas leis de Êxodo.

A pena de morte se aplica a 15 pecados distintos contra Deus (relacionados no livro de Êxodo), desde o assassinato até a falta de observância do sábado. Eles também incluem sequestro, maledicência e agressão aos pais, e ocasiões em que, por negligência do dono, um animal causar a morte de uma pessoa.

Há uma distinção muito clara na lei de Deus entre morte intencional e morte acidental. Há dois tipos de assassinato: homicídio doloso e homicídio culposo ou involuntário. Um implica a pena de morte, o outro, uma punição menos severa. Em cada um dos casos, sabemos que não há sacrifício na lei mosaica para o pecado contínuo, intencional e deliberado. De fato, se você ler Hebreus, encontrará a mesma informação no Novo Testamento.

Vale observar que a privação da liberdade pessoal por meio da detenção não é uma opção prevista na lei. Não há na Bíblia discussão sobre essa forma de punição. Havia, no entanto, um sistema claro de restituição, um sistema de compensação para aqueles que haviam sido prejudicados. Essa é a *lex talionis* [lei de talião], conhecida hoje pela expressão correspondente "olho por olho, dente por dente". Se, por exemplo, uma mulher grávida fosse atacada e seu bebê nascesse com uma deformidade resultante do ataque, o culpado receberia a mesma punição que infligiu à vítima. Em outros casos, havia um sistema de recompensa em espécie ou em dinheiro quando a propriedade fosse danificada ou roubada.

8. Especificações e especialistas

ESPECIFICAÇÕES

A seguir, chegamos ao fato extraordinário de que Deus desejava viver em Israel. Ele já havia tornado muito evidente a sua santidade. Quando a lei foi entregue no monte Sinai, Deus quis que os israelitas não tivessem dúvidas a respeito do que essa santidade significava. Ele disse que ninguém viveria se tocasse no seu monte santo. Moisés construiu uma cerca ao redor da base do monte. A entrega da lei foi acompanhada por trovões, raios e fogo, indicando o poder de Deus e o distanciamento do homem.

Mas tendo enfatizado seu distanciamento, Deus disse a Moisés que desejava habitar no meio deles, no acampamento. Onde quer que eles acampem, ele deseja estar ali, no meio do seu povo. Uma tenda no meio do acampamento deverá expressar a sua santidade, a fim de que todo o povo possa cultuá-lo respeitosamente.

Essa tenda foi chamada de "tabernáculo", e as especificações da construção que Deus mesmo havia dado são registradas em Êxodo, juntamente com as leis referentes à vida religiosa de Israel (capítulos 25–31). Todos os detalhes do tabernáculo deveriam apontar para Deus e para a forma correta de aproximar-se dele. Deveria estar localizado no centro do acampamento, com as 12 tribos dispostas em sequência ao redor.

ESPECIALISTAS
Como usá-lo

Acima de tudo, o tabernáculo não era facilmente acessível, apesar de estar no meio do acampamento. Para começar, havia uma cerca de 100 cúbitos[9] de comprimento por 50 cúbitos de largura e 5 cúbitos de altura (um cúbito tem aproximadamente 45 centímetros ou 18 polegadas), alta o suficiente para evitar que um estrangeiro espiasse o lado de dentro. A cerca tinha apenas uma abertura situada no lado oposto das tendas da tribo de Judá. Do lado de dentro da cerca havia um pátio com um altar e uma pia.

O Tabernáculo

[Diagrama do Tabernáculo: retângulo de 100 × 50, com áreas marcadas — Arca, Altar, Mesa com os pães da Presença, Véu, Pia, Altar, Véu, Candelabro, Cortina; dimensões internas 10, 10, 20; laterais 15, 20, 15; Lugar Santíssimo e Lugar Santo.]

Para aproximar-se de Deus, portanto, o adorador deveria fazer um sacrifício: o animal seria morto e depois queimado sobre o altar, como oferta ao Senhor. Em seguida, lavaria as mãos na pia de cobre, entre o altar e o Lugar Santo. Somente então era possível aproximar-se da tenda de Deus. A tenda tinha dois ambientes: Deus habitava o espaço menor da

---
9 NdT: "Cúbito" ou "côvado" é uma unidade de medida utilizada no velho Egito, definida pelo comprimento do braço medido do cotovelo à extremidade do dedo médio distendido.

tenda maior – lugar fora do alcance da visão humana e visitado somente uma vez ao ano pelo sumo sacerdote.

O espaço maior tinha 10 por 20 cúbitos e era conhecido como Lugar Santo. Somente os sacerdotes tinham permissão de entrar ali e somente se tivessem sacrificado um animal e lavado as mãos na pia. O local tinha três peças de mobília. Havia uma mesa com os pães da Presença – 12 pães representando as 12 tribos de Israel. Havia também um candelabro de sete braços, aceso com óleo santo, que queimava continuamente, e um altar do incenso, em frente a um véu.

O véu ocultava uma área de 9 por 9 metros aproximadamente – o Santo dos santos [Lugar Santíssimo]: o local da habitação de Deus. No Lugar Santíssimo, ficava a arca e sobre a arca, dois querubins. Na Bíblia, os querubins são sempre anjos de juízo. Eles são descritos com suas faces voltadas para a parte superior do propiciatório de ouro. Uma vez por ano, o sumo sacerdote entrava no Lugar Santíssimo e sacrificava um carneiro sem mancha, de um ano de idade, como expiação pelo povo. Também ficava no Lugar Santíssimo a arca da aliança e, dentro dela, um pouco de maná e as tábuas da lei. Não havia luz natural dentro do Lugar Santíssimo, no entanto, o local brilhava constantemente, de forma fulgurante. Deus habitava ali e sua glória iluminava o lugar.

A beleza do tabernáculo certamente deve ter sido de tirar o fôlego, mas a maior parte ficava escondida. Havia cortinas e coberturas lindamente bordadas, mas tudo era coberto por pele de texugo, ocultando do povo a sua beleza. Dentro, havia utensílios de ouro e cortinas bordadas em azul (a cor do céu), vermelho (a cor do sangue), prata e ouro.

A estrutura como um todo indicava que se você quisesse aproximar-se de Deus, deveria fazer um sacrifício para purificar-se. Deus afirmou que o tabernáculo era uma cópia de sua habitação no céu.

Mesmo quando a tenda era desmontada e removida, todos os elementos eram mantidos cobertos. Ela tinha de ser carregada por pessoas específicas, e as pessoas "comuns" precisavam guardar uma distância de mil passos até que ela fosse erigida novamente.

A santidade de Deus também é enfatizada nas roupas dos sacerdotes. O sumo sacerdote recebia instruções específicas quanto ao que vestir. Ele usava 12 pedras preciosas sobre o peito, representando as 12 tribos de Israel. Essas pedras são mencionadas novamente na última página da Bíblia, que descreve a nova Jerusalém. O sumo sacerdote vestia também cinturão, turbante, túnica, colete sacerdotal [éfode] e manto especiais.

Os sacerdotes comuns também tinham "vestes litúrgicas", mas suas exigências incluíam somente mantos, cinturões, calças e quepes específicos. Podemos discernir nessas vestes diferentes uma imagem daquele que viria a ser o sumo sacerdote eternamente em favor de seu povo.

Como construí-lo
Até aquele ponto, as habilidades do povo consistiam somente em fabricar e transportar tijolos, assim, a tarefa de construir uma tenda tão elaborada estaria provavelmente além de sua capacidade. Êxodo relata que Bezalel, Aoliabe e outros receberam de Deus talentos especiais para realizar a obra. Trata-se da primeira menção a "dons espirituais" na Bíblia e é interessante que esteja associada a tarefas manuais como essas.

9. Fraqueza e intercessão
FRAQUEZA
Moisés permaneceu no monte Sinai por um longo tempo, recebendo a lei. Sem saber o que acontecera a ele, o povo perguntou a Arão se poderiam adorar um "deus" que

pudessem ver. Assim, com a ajuda de Arão, derreteram o ouro disponível a fim de fazer um bezerro que pudessem cultuar. A escolha do animal foi significativa. Como já observamos, esses animais estavam relacionados aos muitos ídolos dos egípcios. Touros e bezerros eram símbolos de fertilidade e têm sido usados como tais no decorrer da história. Um princípio claro na Bíblia é que a idolatria resulta em imoralidade: a perda de respeito por Deus leva à perda de respeito pelas pessoas. Uma orgia selvagem sucedeu à idolatria. Quando Moisés desceu e viu o que acontecia, destruiu as duas tábuas da lei. Com essa atitude, ele simbolizava ao povo que a aliança estava sendo quebrada por causa do seu comportamento reprovável.

INTERCESSÃO

Moisés subiu novamente o monte e disse a Deus que estava cansado do povo e ficou surpreso ao descobrir que Deus se sentia da mesma forma. Chegamos a um ponto-chave na história de Israel e um momento crucial da liderança de Moisés. Ele disse que se Deus planejasse riscar Israel de seu livro, seu nome deveria ser riscado também, pois não iria se apartar do povo. O que ele estava dizendo, na verdade, era: "Tome a minha vida em expiação por eles". Deus explicou que somente riscaria de seu livro os nomes daqueles que pecaram contra ele – um tema que aparece em outras partes da Bíblia. O mais importante na vida é manter o seu nome no Livro da Vida. Deus disse a Moisés: "Riscarei do meu livro todo aquele que pecar contra mim".

Moisés insistiu que o povo fosse punido e Deus lhe disse para tratar com os líderes. Três mil morreram. Esse número exato talvez tenha pouca relevância para nós, mas os detalhes da narrativa de Êxodo têm algumas correlações surpreendentes com eventos no Novo Testamento. A lei foi entregue no Sinai no quinquagésimo dia após o cordeiro ter sido sacrificado. O cordeiro foi sacrificado às três horas da tarde e, três dias depois, os escravos foram libertos. No quinquagésimo dia após a Páscoa, a lei foi entregue – um dia que os judeus chamaram então de Pentecoste. Três mil pessoas morreram por infringir a lei. Também no quinquagésimo dia após a Páscoa, séculos depois, quando os judeus celebravam a entrega da lei, Deus derramou o seu Espírito e, dessa vez, três mil pessoas foram salvas (veja Atos 2).

10. Construção e consagração
Onde os israelitas conseguiram todos os materiais que precisavam para construir o tabernáculo? Pelo menos uma tonelada de ouro foi utilizada, sem falar de tecidos, linho, joias, cobre e madeira. Cada israelita fez uma doação média de um quinto de uma onça de ouro (cerca de seis gramas).

Deus havia dito a Abraão, muitos séculos antes, que seus descendentes não apenas seriam escravos, mas, também, sairiam da terra de seu cativeiro com muitas posses. O material utilizado na construção do tabernáculo e na confecção das vestes dos sacerdotes, na realidade, veio dos egípcios, que estavam tão felizes com a saída dos israelitas que lhes entregaram todas as suas joias. Sabemos, então, como os materiais foram obtidos. E vieram a ser usados no tabernáculo porque o povo os entregou, em ofertas específicas para esse propósito. Quatro palavras descrevem a natureza de sua doação: foi espontânea, generosa, regular e sacrificial. Não foi uma coleta obrigatória com penalidade para os não doassem, mas puramente o fruto da livre decisão do povo ("e todos os que estavam dispostos...").

No final de Êxodo, lemos como Deus fixou residência na tenda e a consagrou. O povo assistiu a glória descer e a fumaça ou nuvem sobre a Tenda do Encontro. O tabernáculo se encheu de luz conforme a glória do Senhor descia. Deus estava acampando com o seu povo. A partir daquele ponto, quando vissem a nuvem e a luz se mover, eles sabiam que era hora de seguir em frente.

O uso cristão do livro de Êxodo

A história de Êxodo é cativante e os detalhes do culto dos israelitas, fascinantes, mas devemos perguntar: Como os cristãos devem lê-lo hoje?

A primeira coisa a dizer é que Deus não mudou. Ele lida com os cristãos da mesma forma como lidava com os filhos de Israel. É por isso que tantas palavras presentes em Êxodo, como lei, aliança, sangue, cordeiro, Páscoa, êxodo, fermento, aparecem também no Novo Testamento. São usadas no Novo Testamento, mas derivam seu significado do livro de Êxodo.

Ao mesmo tempo, há algumas diferenças significativas. Não estamos sob a lei de Moisés, mas sob a lei de Cristo. Como veremos, sob alguns aspectos, a subordinação à lei de Cristo torna as coisas mais difíceis e, sob outros, as torna mais fáceis. O tabernáculo não é mais necessário, pois sabemos que Cristo nos oferece acesso direto ao Lugar Santíssimo. Também não dependemos de Deus para nos suprir o alimento do céu e a água da rocha. Há duas formas essenciais por meio das quais os cristãos precisam aplicar Êxodo hoje.

Cristo
Os cristãos devem buscar enxergar Cristo no livro de Êxodo. Jesus disse: "Examinai as Escrituras, pois são elas que dão testemunho de mim". O livro de Êxodo é parte essencial do Antigo Testamento, e todos os livros que o sucedem usam-no como referência da redenção que sustenta todo o restante. Da mesma forma, a cruz é um tema fundamental no Novo Testamento.

Não se trata de uma conexão fantasiosa. Seis meses antes de sua morte na cruz, Jesus estava a mais de 1.200 metros de altura, no topo do monte Hermom, na região Norte de Israel, conversando com Moisés e Elias. O Evangelho de Lucas nos diz que eles falaram sobre "o êxodo", ou a partida, que Jesus estava prestes a cumprir em Jerusalém.

Além disso, Jesus morreu às três da tarde, à mesma hora em que milhares de cordeiros da Páscoa foram sacrificados. Cristo, portanto, é chamado de "nosso Cordeiro pascal", o único que foi sacrificado por nós para que o anjo da morte passasse por alto daqueles que nele confiam. Ele ressuscitou dos mortos no terceiro dia, e sua ressurreição nos liberta da morte, assim como os hebreus foram libertos da escravidão no terceiro dia após a Páscoa.

Há outras conexões também. Lemos no Evangelho de João que Jesus é o pão do céu. Paulo afirma que Jesus é a rocha da qual Moisés retirou a água para os filhos de Israel. João também afirma em seu Evangelho que "o Verbo se fez carne e habitou (tabernaculou) entre nós" [ARA]. Ele literalmente armou a sua tenda, Deus em Cristo, habitando no meio do seu povo.

Com tudo isso em mente, podemos entender as palavras de Cristo em Mateus: "Não vim para abolir a lei, mas para cumpri-la". Resumindo, não podemos compreender o Novo Testamento sem o Antigo.

Cristãos
O livro de Êxodo também pode ser aplicado aos cristãos. Paulo, refletindo a respeito de alguns eventos em Êxodo, escreve à igreja em Corinto: "Essas coisas ocorreram como exemplos para nós, para que não cobicemos coisas más, como eles fizeram".

A travessia do mar Vermelho prefigura o batismo. Paulo afirma que os filhos de Israel foram batizados em Moisés no mar Vermelho e seus leitores haviam sido batizados em Cristo.

Os cristãos também têm uma refeição de Páscoa a ser ingerida regularmente, pois a ceia do Senhor é uma refeição de Páscoa, que celebra a libertação em Cristo.

Paulo fala em celebrar a festa e livrar-se do fermento velho, pois "Cristo, nosso Cordeiro pascal, foi sacrificado". Parece uma exortação estranha até entendermos o contexto. Ele estava escrevendo a uma igreja a respeito do comportamento imoral de um "irmão" que dormia com sua madrasta. Nesse contexto, o fermento significa o mal que ganhava espaço e que precisava ser lançado fora se eles realmente desejavam "celebrar a festa". O relato de Êxodo mostra as coisas por uma perspectiva material, enquanto o Novo Testamento as contextualiza moralmente.

Muitos demonstram interesse especial pela forma como os cristãos devem encarar as leis entregues a Moisés. É verdade que não precisamos guardar a lei, mas, de muitas maneiras, a "lei de Cristo" é muito mais severa do que a "lei de Moisés". A lei de Moisés diz: "não matem ninguém" e "não cometam adultério". Muitas pessoas cumprem esses dois mandamentos, mas a lei de Cristo afirma: "nem sequer pensem a respeito". É muito mais difícil obedecer a lei de Cristo do que obedecer a lei de Moisés.

Por outro lado, de certa forma, é muito mais fácil, pois agora não precisamos de um grande número de sacerdotes, rituais e construções especiais. O apóstolo João escreveu: "Pois a Lei foi dada por intermédio de Moisés; a graça e a verdade vieram por intermédio de Jesus Cristo". Sempre que oramos, podemos entrar no lugar mais santo de todos, sem qualquer obstáculo, em nome de Jesus.

Há uma grande diferença, também, entre a Nova e a Antiga Aliança. Quando a lei foi entregue no Pentecoste, três mil morreram, mas quando o Espírito foi derramado no dia de Pentecoste, três mil se converteram. Prefiro ter o Espírito, que escreve a lei no coração, a guardar a antiga lei.

O tema da glória também tem um novo significado para os cristãos. Paulo compara a glória desvanecente de Moisés com a obra de Espírito na Nova Aliança. Os cristãos agora podem conhecer a mesma glória refletida no rosto de Moisés, ao descer da montanha. Essa glória, no entanto, não está relacionada a altares, incenso e vestes, mas ao Espírito que habita naquele que crê. Essa glória aumenta dia a dia.

Finalmente, devemos observar a forma poderosa pela qual o tabernáculo nos ensina como nos aproximar de Deus hoje. Chegamos primeiramente pelo sacrifício (o altar), justificados pela fé em Cristo, e então precisamos ser purificados pelo Espírito (a pia). As cores do tabernáculo são significativas: a cor púrpura fala da realeza, o azul fala do céu e o branco, da pureza. Hoje temos o sumo sacerdote que nos representa diante de Deus, alguém que não precisa oferecer sacrifícios por seus próprios pecados. Ele ofereceu-se como sacrifício único e suficiente para o qual apontam todos os sacrifícios feitos sob a antiga aliança.

Os cristãos ainda serão libertos futuramente – uma libertação equivalente àquela ocorrida no êxodo. Em Apocalipse, descobrimos que mais da metade das pragas que atingiram o Egito se repetirão. Há uma correlação assombrosa entre as pragas no fim da história e aquelas que visitaram faraó. Os que permanecerem fiéis a Jesus as enfrentarão e sairão vitoriosos. O capítulo 15 do livro do Apocalipse afirma que os mártires, e aqueles que vencerem todas as pressões das perseguições externas e das tentações internas, entoarão o cântico de Moisés. Em Êxodo 15, temos o primeiro cântico registrado na Bíblia – uma canção composta por Miriam para celebrar o afogamento dos egípcios no mar Vermelho. Esse cântico será entoado quando todas as aflições deste mundo terminarem e estivermos seguros em glória. Teremos um duplo êxodo a celebrar: o êxodo do Egito e o êxodo da cruz.

4.
LEVÍTICO

Introdução

Muitas pessoas que decidem ler a Bíblia do começo ao fim empacam em Levítico. É fácil entender o porquê. É um livro muito difícil de ler, por três razões principais.

A primeira razão é, simplesmente, por ser um livro chato – é como tentar ler a lista telefônica. Ele é muito diferente, em conteúdo, de outros livros da Bíblia, especialmente dos dois primeiros, que são repletos de histórias. Nesses livros, há um enredo, há drama, as coisas acontecem. Quando você se depara com Levítico, praticamente não encontra narrativa alguma e, uma vez que muitos consideram a Bíblia uma coletânea de histórias, é bastante frustrante ler um livro que não traz nenhum tipo de enredo.

A segunda razão é por ser tão pouco familiar. Levítico fala de uma cultura diferente, além de ter um conteúdo diferente. Está há três mil anos e a mais de três mil quilômetros de distância de nosso contexto atual. É um mundo totalmente diferente, e as coisas que lemos nos parecem estranhas. Considere, por exemplo, a forma como lidam com uma doença infecciosa em Levítico. A pessoa pobre precisava rasgar suas roupas, deixar o cabelo longo e despenteado, cobrir a parte inferior do rosto e sair gritando: "Impuro! Impuro!". Em nossa sociedade, lidamos com doenças infecciosas de forma bastante diferente! O livro também inclui outras práticas estranhas – hoje, não vamos à igreja levando um cordeirinho ou um pombo e o entregamos ao pastor para ser sacrificado diante de toda a congregação.

A terceira razão é por parecer tão irrelevante. O que Levítico tem a me ensinar, nos dias de hoje? Em que afeta meu dia a dia? Lá no fundo, sabemos instintivamente que não estamos sob a lei de Moisés e, uma vez que esse livro é parte da sua lei, não sabemos ao certo sob qual aspecto – se é que existe algum – ele tem a ver conosco.

Contexto

Vamos, portanto, considerar o livro sob uma perspectiva que nos permitirá anular alguns desses receios. Levítico é um dos cinco livros que formam o que é chamado de Pentateuco (*penta* significa "cinco"). Esses livros compreendem a lei de Moisés. Os judeus a chamam de Torá, os "Livros da Instrução", e a leem do começo ao fim, todos os anos. Começam com Gênesis 1 no oitavo dia da Festa dos Tabernáculos, entre setembro e outubro, e continuam a leitura durante o ano concluindo-a na próxima Festa dos Tabernáculos, no outono seguinte.

O fato interessante a respeito dos cinco livros de Moisés é que eles têm um formato característico e marcante. Observar esse aspecto nos ajudará a situar Levítico em seu contexto. O diagrama tornará isso mais claro.

	Quem?	Onde?	Quando?
GÊNESIS Origens	Universal	Caldeia Canaã	SÉCULOS (Passado)
ÊXODO Partida	Nacional	Egito	ANOS (300)
LEVÍTICO Levitas	Tribal	Sinai	MÊS (Um)
NÚMEROS Estatísticas	Nacional		ANOS (40)
DEUTERONÔMIO Segunda lei	Universal	Neguebe Edom Moabe	SÉCULOS (Futuro)

AS INSTRUÇÕES DO CRIADOR

SEU LUGAR NO PENTATEUCO

Gênesis é o livro das origens – é o que a palavra "gênesis" significa – e nos conta como tudo começou, desde a criação do nosso universo até a instituição de Israel como povo de Deus. Êxodo concentra-se na saída dos israelitas do Egito. Levítico deriva seu nome da tribo dos levitas – uma das tribos de Israel. O livro de Números é exatamente o que diz ser: um livro de estatísticas (600 mil homens saíram do Egito, além de mulheres e crianças, provavelmente 2,5 milhões ao todo). Finalmente, Deuteronômio (*deutero* significa "segundo" e *nomos* significa "lei") tem seu foco na segunda vez em que a lei é entregue (Deus deu a sua lei duas vezes: a primeira, no Sinai e a outra, pouco antes de atravessarem o Jordão para a Terra Prometida. Portanto, os Dez Mandamentos foram entregues duas vezes – uma em Êxodo e outra em Deuteronômio, como um lembrete da lei, pouco antes de entrarem na Terra Prometida).

Quando analisamos a extensão dos livros, percebemos um formato emergente. Gênesis é um livro universal – fala sobre todos, a raça humana e todo o universo. Êxodo é um livro nacional – traz o foco sobre um povo, a nação de Israel. Em Levítico, o foco se restringe ainda mais, limitando-se a uma tribo de toda a nação. Logo após Levítico, o foco se abre novamente, e Números fala de toda a nação mais uma vez. Deuteronômio coloca Israel outra vez no contexto do mundo todo, retomando uma perspectiva universal.

Esse formato ajuda a explicar por que tantas pessoas empacam em Levítico. Embora estejam interessados nas questões universais e até nacionais, os leitores sentem-se menos atraídos quando o foco se mantém sobre uma tribo específica, que não é a sua própria.

SEU LUGAR NA GEOGRAFIA

O relato de Gênesis começa com toda a terra, depois passa a focar a região dos Caldeus, onde Abraão viveu, em seguida, a terra de Canaã, para onde ele viajou, e então o

Egito, aonde chegaram seus descendentes. Na terra do Egito, eles viveram como escravos por 400 anos. Em Levítico, o foco se restringe, mais uma vez, a apenas um lugar: o monte Sinai, onde as leis e as ordenanças foram entregues. O foco então se expande com as jornadas pelo Neguebe, pelas terras de Edom e Moabe, e de volta a Canaã.

SEU LUGAR NO TEMPO
Gênesis cobre séculos, toda a história da criação da terra. Êxodo cobre anos, aproximadamente 300 anos. Levítico cobre apenas um mês, Números cobre 40 anos e Deuteronômio aponta para os séculos à frente, para a história futura de Israel. Mais uma vez, é possível identificar o formato de cada um dos cinco livros de Moisés. Levítico é a articulação do todo, trazendo o foco para o mês mais importante, no lugar mais importante, com a mais importante das tribos de Israel. O conjunto da lei de Moisés depende disso.

Quando os judeus leem todo o Pentateuco, a cada 12 meses, dedicam de uma quinzena a três semanas à leitura de Levítico.

A relação com Êxodo
Agora que entendemos o livro de Levítico no contexto do Pentateuco, devemos também relacioná-lo com Êxodo. É muito importante reconhecer como cada livro se forma a partir do livro anterior, se pretendemos entendê-lo por completo. Na segunda metade de Êxodo, é construído o tabernáculo – a tenda onde Deus habita entre o seu povo. Se você imaginar o acampamento em Êxodo, a tenda de Deus ficaria no meio de outras centenas de tendas ao seu redor – a tenda divina e as tendas humanas unidas. Levítico fala sobre tudo o

que acontecia na tenda de Deus e tudo o que deveria ter acontecido nas tendas do povo. Está dividido, portanto, em duas partes: a tenda de Deus e as tendas do povo, com regras e ordenanças para ambas.

Além disso, ao falar sobre o tabernáculo, Êxodo trata de como Deus se aproxima do homem, e Levítico trata de como o homem se aproxima de Deus. Êxodo fala da libertação que Deus trouxe ao seu povo, e Levítico fala da consagração do povo a Deus. Êxodo trata da graça de Deus ao libertar o seu povo, e Levítico começa com ofertas de gratidão, explicando como o povo pode demonstrar sua gratidão a Deus por ter sido liberto.

Precisamos dos dois livros e de suas mensagens complementares. Apesar de não ser tão emocionante quanto Êxodo, a mensagem de Levítico revela que Deus espera algo de nós, em retribuição pelo que fez por nós. Mais uma vez, a mensagem nos lembra de que fomos salvos a fim de servir. Êxodo conta como Deus salvou o seu povo, e Levítico explica como o povo deve servi-lo.

"Sejam santos"
Quando lemos o Antigo Testamento, pode ser útil imaginar que somos judeus. Um judeu lê o livro de Levítico pela seguinte razão: é quase literalmente uma questão de vida e morte. Os judeus entendem que há somente um Deus – o Deus de Israel. Todos os outros supostos deuses são criações da imaginação humana. Era essa a percepção dos israelitas retratados em Êxodo e Levítico. Visto que um único Deus existia e eles eram o seu povo na terra, havia um relacionamento especial entre eles. No que se refere a Deus, ele prometeu fazer muitas coisas pelo povo: ser o seu governo; ser o seu ministro da defesa e protegê-los; ser o seu ministro das finanças, para que não houvesse pobres entre eles; ser o seu ministro da saúde, para que

nenhuma das enfermidades do Egito os atingisse. Deus seria a fonte de tudo o que precisavam, o seu Rei. Em troca, ele esperava que vivessem corretamente e fizessem o que é certo. A palavra bíblica que expressa isso é "justo" – "justiça", e significa viver uma vida correta. O texto-chave de todo o livro de Levítico é aquele que o Novo Testamento menciona com frequência: "Sejam santos porque eu sou santo".

Deus esperava que o povo liberto por ele fosse como ele, e não como os povos que estavam à sua volta. Muitas das questões que parecem enigmáticas em Levítico podem ser explicadas a partir dessa perspectiva. É a chave que destrava todo o livro. Quando Deus lhes diz que não devem fazer algo é porque as pessoas à sua volta o fazem, mas eles devem ser diferentes, devem ser santos porque ele é santo. Se Deus o salva, ele espera que você seja como ele; espera que você viva em seu caminho e seja santo como ele é santo.

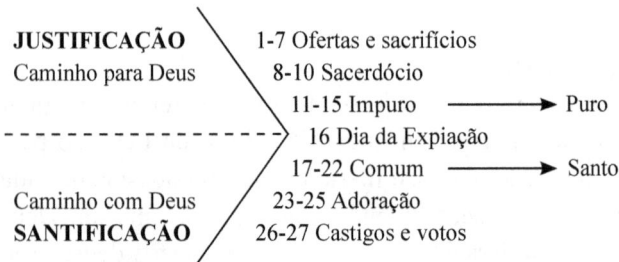

O formato do livro

Já observamos que o livro está dividido em duas partes. A primeira parte gradativamente se aproxima do clímax e a segunda, se distancia dele. O livro também é um sanduíche de muitas camadas. O gráfico mostra que a primeira seção corresponde à sexta, a segunda à quinta, e a terceira corresponde à quarta, deixando uma seção bem ao meio. Há equivalências claras entre essas seções, maravilhosamente conectadas e planejadas.

Lembre-se de que é Deus, e não Moisés, o responsável por esse padrão. Na realidade, há mais palavras de Deus no livro de Levítico do que em qualquer outro livro da Bíblia! Aproximadamente 90% de Levítico traz o discurso direto de Deus – "E disse o Senhor a Moisés...". Não há outro livro na Bíblia que tenha tantas palavras proferidas diretamente por Deus. Portanto, se você deseja ler a palavra de Deus, Levítico é um bom livro para começar. Você estará lendo as próprias palavras de Deus.

As ofertas e os sacrifícios dos primeiros sete capítulos são reforçados pelos castigos e pelos votos do povo na última seção. Os detalhes sobre o sacerdócio correspondem aos detalhes sobre como a adoração deveria ser conduzida.

O clímax do livro é o Dia da Expiação, quando dois animais eram usados para simbolizar os pecados do povo. Sacrificavam um animal, uma ovelha, dentro do acampamento. Em seguida, cada pessoa, ordenadamente, impunha as mãos sobre o outro animal – um bode – e confessava seus pecados. Expulsavam, então, o bode do acampamento, para o deserto onde ele morreria carregando todos os pecados. Era o "bode expiatório", termo que ainda hoje é conhecido e utilizado.

As duas seções do livro giram em torno do Dia da Expiação. A primeira metade descreve nosso caminho para Deus – o que chamamos de justificação – e a segunda metade descreve a nossa caminhada com Deus – o que se conhece como santificação.

Ofertas e adoração

Vamos olhar primeiramente os sete capítulos iniciais, que falam das regras para as ofertas. São cinco ofertas, de dois tipos diferentes.

Ofertas de gratidão

As primeiras três ofertas indicam a maneira correta de dizer "obrigado" a Deus pelas bênçãos. Não eram ofertas pelo pecado, mas ofertas de gratidão. Se nos sentimos gratos a Deus, ele deseja ouvir um "obrigado" da nossa parte.

Para a **oferta queimada** [holocausto], um animal era trazido, sacrificado e então queimado, para que Deus pudesse sentir o aroma – o sacrifício era um doce perfume para Deus.

No caso de uma oferta queimada, tudo era queimado, mas, no caso de uma **oferta de manjares**, parte deveria ser preservada, a fim de que o adorador pudesse fazer uma refeição com Deus. Parte da oferta seria entregue a Deus e parte seria ingerida pelo ofertante.

A terceira oferta de gratidão era uma **oferta de paz**, na qual toda a gordura era queimada.

Ofertas de culpa

O objetivo das outras duas ofertas não era expressar gratidão, mas lidar com a culpa. Havia a oferta pelo pecado e a **oferta pela culpa**, e elas tinham duas funções.

Em primeiro lugar, expiavam o pecado. Ofereciam a Deus compensação pelo que a pessoa havia feito de errado. A palavra "expiação" significa "compensação", portanto se você expia algo, está oferecendo algo como compensação. Tanto a oferta pelo pecado quanto a oferta pela culpa são ofertas de compensação a Deus que envolvem sangue: como compensação pela vida perversa que o ofertante tem vivido, ele oferece a Deus uma vida pura, que não cometeu pecado.

Em segundo lugar, essas ofertas funcionam apenas com pecados não intencionais: não servem para pecados voluntários. Em outras palavras, ninguém é perfeito, todos cometemos erros, todos caímos em pecado involuntariamente. Mesmo que não tenhamos a intenção de errar, erramos. Deus provê ofertas para o pecado involuntário, mas, nessa lista, não há oferta para o pecado deliberado.

Esse é um ponto importante que é retomado no Novo Testamento. O Novo Testamento faz distinção entre pecado acidental e pecado intencional, cometido deliberadamente pelo cristão. Assim como o Antigo Testamento, o Novo Testamento afirma que, se pecarmos deliberadamente após termos sido perdoados, não há mais sacrifício pelo pecado. O pecado intencional daqueles que foram perdoados é muito sério e, por essa razão, Jesus disse à mulher flagrada em adultério: "Agora vá e abandone sua vida de pecado". Para o pecado acidental, no entanto, há total provisão, porque Deus sabe que somos fracos, sabe que caímos e que nem sempre temos a intenção de fazer o que fazemos. Como Paulo afirma em Romanos: "mas o mal que não quero fazer, esse eu continuo fazendo". Essa distinção entre o pecado intencional e o pecado acidental do povo de Deus está presente no Novo e no Antigo Testamento.

O calendário da adoração
Além de trazer ofertas a Deus, os judeus deviam seguir um calendário de adoração. Não há calendário cristão correspondente no Novo Testamento, nenhuma orientação sobre guardar o Natal ou a Páscoa, mas para o povo judeu, um calendário era parte vital de sua caminhada com Deus. Eles estavam sendo tratados como crianças: adultos não precisam de um calendário, mas crianças, sim, para lembrá-las das coisas importantes. Vários tipos de festa são mencionados em Levítico, e todos eles precisavam ser guardados.

FESTAS ANUAIS
O calendário começava no primeiro mês do ano, por volta de março/abril, com a **Páscoa** – a festa dos pães sem fermento. Ela acontecia no décimo quinto dia do primeiro

mês, para relembrar como Deus havia libertado os israelitas da escravidão no Egito. Um dia antes do início da Páscoa, às três horas da tarde, um cordeiro devia ser morto.

Três dias depois (ou seja, três dias após o sacrifício do cordeiro), eles deviam oferecer a Deus os **Primeiros Frutos** da colheita. Não é difícil perceber um padrão semelhante à morte e ressurreição de Jesus.

Cinquenta dias depois, eles deveriam celebrar a **Festa de Pentecoste** (pente significa "50"), ou festa das semanas. Era o dia em que receberam a lei, no monte Sinai. Eles deveriam recordar o fato e dar graças por ele. Quando a lei foi entregue no Sinai, no primeiro Pentecoste, três mil pessoas morreram por causa de seu pecado. Séculos depois, quando o Espírito foi enviado no Pentecoste, três mil foram salvas.

A seguir, vêm as festas próximas ao final do ano (o "sétimo mês", ou setembro/outubro). Na **Festa das Trombetas**, tocava-se o *shofar* – o chifre do carneiro adulto. Essa festa introduzia uma nova série de festas.

Chegava então o **Dia da Expiação**, data crucial, quando o bode expiatório era levado para fora do acampamento com todos os pecados do povo sobre a cabeça.

A **Festa dos Tabernáculos** (também conhecida como festa das cabanas – do hebraico *sucot*) vinha logo depois e tinha a duração de oito dias. Para essa festa, eles deixavam as suas casas e mudavam-se para cabanas. As cabanas deveriam ser cobertas com ramos de palmeiras, permitindo-lhes ver as estrelas, para que se lembrassem de seus 40 anos de tola peregrinação no deserto, uma vez que poderiam ter alcançado a Terra Prometida em apenas 11 dias.

Todas essas festas têm seu cumprimento em Cristo Jesus. As primeiras três já se cumpriram na primeira vinda de Jesus. As outras três serão cumpridas em sua segunda vinda. Não podemos determinar o ano em que Jesus voltará, mas sabemos que será por volta de setembro/ outubro, porque Deus faz todas as coisas a seu tempo. De fato, foi essa a época em que Jesus nasceu: as evidências no Evangelho de Lucas apontam para o sétimo mês do ano, que corresponde à Festa dos Tabernáculos. É nessa época que os judeus entendem que se dará a vinda do Messias. Sempre que a trombeta é mencionada no Novo Testamento, é para anunciar a sua vinda. Quando isso acontecer, as últimas três festas se cumprirão, e, no Dia da Expiação, a redenção virá a toda a nação de Israel.

DIA SANTO SEMANAL
Além das festas anuais, também deveria ser observado um descanso semanal, uma bênção especial para aqueles que haviam sido escravos no Egito. Não há vestígios do *shabat* (sábado) na Bíblia, antes de Moisés. Adão e Abraão, por exemplo, não guardavam o sábado: trabalhavam os sete dias da semana. Moisés introduziu esse dia de descanso semanal. Não deveria ser um feriado ou um dia para a família, mas um dia para Deus, um dia santo, que fazia parte do calendário do povo.

O JUBILEU
Não havia, contudo, somente festividades anuais ou semanais – também deveria ser celebrada uma festa a cada 50 anos, conhecida como **jubileu**. A cada 50 anos, o saldo bancário de todos era nivelado, as dívidas perdoadas e toda propriedade era devolvida à família que a possuía originalmente. Assim, os aluguéis ficavam mais baratos conforme se aproximava o quinquagésimo ano. Os escravos também eram libertos no ano do jubileu. O povo, portanto, esperava ansiosamente o jubileu, também conhecido como "o ano aceitável do Senhor" [ARA]. Uma boa notícia para os pobres, pois ficariam ricos novamente, e um tempo em que os cativos eram postos em liberdade.

Jesus proclamou em Nazaré: "O Espírito do Senhor está sobre mim...para pregar boas novas aos pobres...proclamar liberdade aos presos...proclamar o ano da graça do Senhor". Em outras palavras, Jesus deu início ao verdadeiro jubileu pelo qual cada uma daquelas pessoas estivera esperando. Mais uma vez, precisamos do Antigo Testamento para entender o Novo.

Regras de vida

Puro e impuro

Um ponto fundamental de Levítico é a distinção entre santo e comum, puro e impuro. A maioria das pessoas pensa em termos de bem e mal, mas a Bíblia apresenta três categorias, conforme vemos no gráfico.[10]

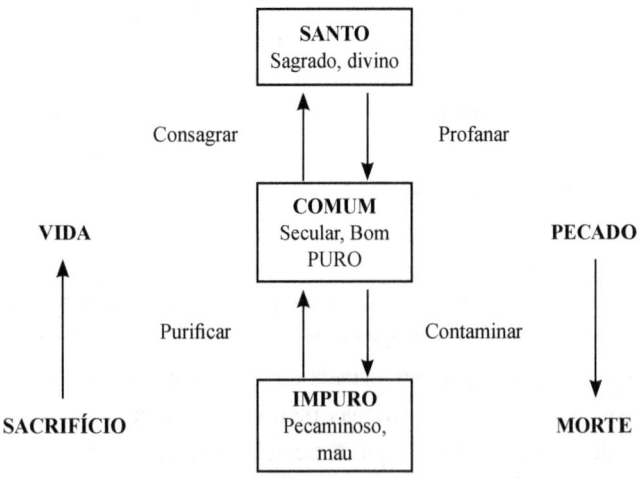

Há dois processos em ação. O primeiro é quando as coisas santas, divinas e sagradas são profanadas e

---

10 A distinção esclarecedora entre santo, puro e impuro é encontrada na obra de G. J. Wenham – *New International Commentary on Leviticus* (Wm. B. Eerdmans, Grand Rapids, Michigan, 1979).

tornam-se comuns. Você pode contaminar algo santo tornando-o comum. Quando a Sociedade Bíblica enviou, clandestinamente, Bíblias à Romênia, o governo comunista descobriu e ordenou que as páginas fossem usadas como papel higiênico. Isso provocou uma revolução iniciada pelos cristãos, que ficaram escandalizados com a ação. O que havia acontecido naquela situação segundo os critérios de Levítico? Ao usar a Bíblia para um propósito tão mundano, embora necessário, um objeto santo foi transformado em comum. O segundo processo é quando algo comum e puro é feito impuro e pecaminoso.

As três palavras – sagrado, secular e pecaminoso – correspondem, grosso modo, a essas categorias: (a) santo, (b) puro e comum, e (c) impuro. Assim como existe um processo de profanar o santo para torná-lo comum, e de contaminar o comum e puro para torná-lo impuro, há também um processo de redenção dessa situação. Você pode purificar o impuro, tornando-o puro e, em seguida, pode consagrá-lo e torná-lo santo.

As coisas santas e as impuras jamais devem estar em contato. Devem ser mantidas rigorosamente afastadas, pois não têm nada em comum. Qualquer mistura de impuro e puro tornará impuras ambas as coisas. Da mesma maneira, se você mistura coisas santas e coisas comuns, torna todas elas comuns – não as torna todas santas.

Consequentemente, o processo descendente, demonstrado no gráfico, conduz quase que literalmente à morte, enquanto o processo ascendente conduz à vida – mas isso depende de um sacrifício. Somente por meio do sacrifício você pode purificar o que é impuro e conduzi-lo à vida.

Essas implicações se refletem em nossa perspectiva de vida. Segundo a Bíblia, nosso trabalho pode ser consagrado a Deus. O trabalho pode ser classificado em uma destas categorias: santo, puro ou impuro. Algumas atividades são ilegais e imorais e, consequentemente, impuras. Um cristão não deve estar envolvido com elas. Há outras atividades que são puras, porém comuns. Mas você pode consagrar seu trabalho e fazê-lo para o Senhor, de modo que ele deixa de ser comum – torna-se uma vocação santa no Senhor. Portanto, é possível que um tipógrafo faça um trabalho santo, assim como é possível que um missionário faça apenas um trabalho comum. Seu dinheiro pode ser impuro se for gasto em coisas ruins, puro se for gasto em coisas boas, ou santo se for consagrado ao Senhor. O sexo, também, pode estar em qualquer uma dessas categorias.

Há um grande número de pessoas que levam vidas decentes, comuns, puras, mas não são pessoas santas. Deus não quer que vivamos apenas vidas corretas, ele quer que nossas vidas sejam santas. Essa é a ênfase de Levítico.

Algumas pessoas de fora da igreja chegam a afirmar que são capazes de ter uma vida tão reta quanto à de alguém que está na igreja, mas Deus, de fato, procura pessoas que desejam ter uma conduta santa.

Conduta santa
Uma conduta santa envolve diversos aspectos muito práticos.
- No que diz respeito à santidade, a saúde do corpo é tão importante quanto a **saúde** do espírito. O cuidado com o corpo é uma premissa para quem deseja ser santo ao Senhor. Levítico contém instruções sobre cortes de cabelo, tatuagens e homens que usam brincos, assim como regras referentes ao parto e aos fluxos corporais de homens e mulheres.
- O livro está repleto de regras referentes à **alimentação** – os alimentos puros e impuros, especialmente.
- Em Levítico, há orientação para evitar o envolvimento com o **ocultismo** ou com médiuns espíritas.
- São dadas instruções sobre o que fazer quando

aparecer mancha de mofo (corrosivo) na casa. A casa deve ser demolida por amor ao seu vizinho.
- Também há instruções sobre as **vestimentas**: os judeus não deveriam vestir roupas feitas misturando-se dois ou mais tipos de tecido.
- Levítico fala da **vida social**: santidade significa estar especialmente atento às necessidades do pobre, do surdo, do cego e do idoso. Se você é um jovem santo, se levantará quando uma pessoa de mais idade adentrar o aposento.
- Fala também de **sexo**. Levítico tem algo a dizer sobre incesto, sodomia e homossexualidade.

Levítico afirma que uma vida santa é a maneira como você vive de segunda a sábado, e não apenas o que faz aos domingos. Deus procura pessoas que não sejam apenas puras, mas santas. A diferença entre puro e santo é grande, e até que se torne um cristão, você nem sequer pensa em tornar-se santo, pensa apenas em ser bom – e isso não é suficiente.

Regras e ordenanças
Precisamos de uma compreensão clara do significado da lei de Moisés. Trata-se de "lei" e não de "leis", pois tudo está interligado. Santidade significa plenitude, e todas essas regras e ordenanças se encaixam e formam um todo. Se você infringir qualquer uma delas, infringiu toda a lei. (No capítulo sobre Êxodo, comparei a desobediência a um dos mandamentos a um colar que se quebra e faz com que todas as contas se espalhem.) Esse fato transcende a visão que muitos têm dos Dez Mandamentos. Costuma-se pensar que se seguirmos uma boa porcentagem de leis estamos bem! Isso não é suficiente.

RAZÕES
Deus não ofereceu a razão para cada uma das regras. Ele não explicou por que não devemos nos vestir com tecidos mistos,

por exemplo, ou por que não devemos cruzar diferentes espécies de animais ou plantar dois tipos de semente numa vinha. É possível, no entanto, perceber uma motivação para isso no fato de que Deus é um Deus de pureza – e não aprova o uso de materiais mistos para a confecção de roupas e de sementes mistas na lavoura, bem como desaprova o cruzamento de raças mistas. Embora ele nem sempre ofereça as razões para uma proibição, podemos, em alguns casos, supor uma explicação. E, nesses casos, a explicação está, indiscutivelmente, relacionada a questões de higiene. Algumas leis sanitárias são óbvias, por exemplo: os princípios de higiene permeiam o que Deus ordenou que fizessem. É possível também que parte do alimento considerado "impuro" fosse proibido por questões de saúde. A carne do porco, por exemplo, naquele clima, era especialmente suscetível a parasitas que causavam enfermidades.

Para algumas regras não havia razões evidentes e, nesses casos, o povo deveria simplesmente obedecer, com base na confiança de que o legislador conhecia as razões pelas quais ordenara. Da mesma forma, em alguns momentos, os pais precisam dizer aos filhos que façam algo "porque o papai ou a mamãe mandou". Às vezes, expor o motivo seria inapropriado ou mesmo impossível de explicar.

Existe uma questão de confiança que permeia muitas dessas leis. É como se Deus estivesse perguntando: Vocês confiam em mim? Acreditam que se eu ordenar que façam algo, é porque tenho uma boa razão para isso?

Muitas vezes, nos propomos a fazer algo somente depois de nos certificarmos de que tal ação não nos causará nenhum mal. Queremos ser Deus. Assim como Adão e Eva, que comeram do fruto da árvore do conhecimento do bem e do mal, queremos ter o controle para decidir, experimentar e resolver por si mesmos. Mas Deus não tem obrigação de nos dar explicações.

Punições

Talvez Deus não ofereça razões, mas ele aplica punições. Encontramos um chamado para a obediência, mas não podemos ignorar que há um custo pela desobediência também. E as punições são bastante severas. Levítico 26, portanto, apresenta uma lista de recompensas pela obediência e, de forma análoga, uma série de maldições sobre aqueles que desobedecem. Se um judeu lê o livro de Levítico, descobre várias coisas que podem acontecer se ele desobedecer à lei de Deus.

Ele pode perder sua casa, pode perder sua cidadania e até sua vida. Há 15 pecados mencionados em Levítico para os quais a consequência é a pena de morte. Talvez agora podemos entender a importância desse livro para os israelitas – é literalmente uma questão de vida e morte.

Além disso, Levítico deixa claro que a nação como um todo pode perder duas coisas: sua liberdade, ao ser invadida por inimigos de fora (vemos isso no livro de Juízes), e sua terra, culminando na deportação ou escravização em outro lugar. Com o passar do tempo, a nação de Israel perdeu ambas. Não eram promessas ou ameaças vazias. Há recompensas pela confiança e obediência a Deus, mas há também punições para os que desconfiam dele e lhe desobedecem.

FELICIDADE E SANTIDADE

O que Deus, na realidade, está dizendo por meio da combinação de recompensas e punições é que a única maneira de ser realmente feliz é sendo realmente santo. Felicidade e santidade estão inter-relacionadas, e a falta de santidade traz infelicidade. A maioria das pessoas entende o contrário. A vontade de Deus para nós é que sejamos santos neste mundo e felizes no próximo, mas muitos querem ser felizes neste mundo e santos na eternidade.

Deus está disposto a permitir que nos sobrevenham coisas que podem ser dolorosas, mas que, no final, nos tornarão mais santos. Nosso caráter tende a progredir mais em tempos difíceis do que em tempos bons.

Lendo Levítico como cristãos
O que Levítico tem a dizer a nós, que vivemos como cristãos no mundo moderno? Precisamos nos livrar de todas as roupas com tecidos mistos? Se aparecerem manchas de mofo corrosivo em casa, precisamos demoli-la?

Um princípio que podemos usar como guia encontra-se na segunda carta de Paulo a Timóteo. Paulo escreve: "Desde criança você conhece as sagradas letras, que são capazes de torná-lo sábio para a salvação mediante a fé em Cristo Jesus. Toda a Escritura é inspirada por Deus e útil para o ensino, para a repreensão, para a correção e para a instrução na justiça, para que o homem de Deus seja apto e plenamente preparado para toda boa obra".

Paulo está citando o Antigo Testamento a Timóteo. O Novo Testamento não existia na época em que a carta foi escrita, portanto "a Escritura" em questão deve ser o Antigo Testamento. Quando Jesus disse: "Examinais as Escrituras, porque são elas que de mim testificam", ele se referia ao Antigo Testamento. O Antigo Testamento nos fala sobre: salvação e justiça. Isso também serve para Levítico. Esse livro também pode nos ajudar a entender como ser salvos, e abrirá os nossos olhos para uma vida de retidão. Esses dois propósitos simplesmente se destacam.

Levítico no Novo Testamento
É sempre muito esclarecedor ver o que o Novo Testamento faz com um livro do Antigo Testamento. Alguém afirmou: "No Antigo o Novo está escondido, no Novo revela-se o Antigo". Os dois se completam e cada Testamento referencia o outro.

Há várias citações diretas de Levítico no Novo Testamento, mas duas em particular aparecem com frequência: "Sejam santos, porque eu sou santo" e "Ame ao seu próximo como a si mesmo". Em muitas outras passagens, trechos de Levítico são claramente identificados, como na carta aos Hebreus, especificamente, que não pode ser totalmente compreendida a menos que tenhamos lido o livro de Levítico. Os dois se completam. A carta aos Hebreus não poderia ter sido escrita sem que Levítico tivesse sido escrito primeiro.

Há mais de 90 referências a Levítico no Novo Testamento, portanto é muito importante que os cristãos se familiarizem com o livro.

O CUMPRIMENTO DA LEI

O que devemos concluir, então, a respeito da lei de Moisés hoje, tendo em mente que não são apenas dez, mas 613 leis no total? Talvez possamos perceber que não estamos debaixo de todas elas, mas a quais delas estamos sujeitos? Algumas igrejas, por exemplo, ensinam seus membros a dizimar. Outras comunidades impõem regras rígidas a respeito do sábado, que é uma prática judaica, apesar de a igreja primitiva ter o costume de se reunir no primeiro dia da semana. Todo cristão precisa lidar com essas questões. Isso se complica pelo fato de Jesus ter dito: "Não vim para abolir a lei, mas para cumpri-la".

Devemos, portanto, procurar entender como cada lei foi cumprida. É óbvio que algumas foram cumpridas em Cristo e descontinuadas. É por isso que você não precisará levar um pombo ou um cordeiro à igreja quando for ao culto no próximo domingo. As leis referentes aos sacrifícios de sangue foram cumpridas.

De forma semelhante, a lei do *shabat* é cumprida por nós, todos os dias da semana, quando fazemos o nosso trabalho como para o Senhor, passando a desfrutar do descanso reservado para o povo de Deus. Ainda somos livres para guardar um dia especial se assim desejarmos, mas também somos livres para considerar iguais todos os dias. Portanto, não podemos sequer impor aos outros fiéis, muito menos aos incrédulos, a observância do domingo, pois todos somos livres em Cristo.

É muito importante reconhecer exatamente quais leis foram cumpridas. Dos Dez Mandamentos, nove se repetem no Novo Testamento, exatamente da mesma forma, por exemplo, "Não furtarás", "Não adulterarás". O mandamento do *shabat* não se repete, sendo cumprido de maneira muito diferente.

Outras leis de Moisés são cumpridas de formas diferentes. Uma lei de Deuteronômio, por exemplo, afirma que quando o boi estiver debulhando o milho, movendo a roda do moinho, com seus cascos separando o trigo do joio, você não deverá amordaçá-lo, pois o boi tem todo o direito de comer o alimento que está preparando para outros. Isso se cumpre na nova aliança. Paulo cita essa lei e aplica um cumprimento totalmente diferente, explicando que, da mesma forma, aqueles que vivem para o Evangelho têm o direito de esperar sustento financeiro de outros. É necessário avaliar cada lei e ver a forma como ela é cumprida e recebe um sentido mais profundo no Novo Testamento.

Há, entretanto, quatro lições cruciais que aprendemos no livro de Levítico e que permanecem inalteradas no Novo Testamento.

1. A SANTIDADE DE DEUS

Não há livro na Bíblia que reforce mais a santidade de Deus do que Levítico, e corremos o risco de negligenciar esse aspecto, especialmente num tempo em que as pessoas questionam: "Como um Deus de amor pode mandar alguém ao inferno?". Jesus nos ensinou que Deus é um Deus de amor e falou abertamente sobre o inferno. Não é uma questão de escolher um aspecto em detrimento do outro: se Jesus falou a verdade a respeito de Deus ser um Deus de amor, devemos também aceitar que tenha falado a verdade sobre o inferno.

Na realidade, a forma como Deus entende o amor é um pouco diferente da nossa. Nosso amor é sentimental, o amor dele é santo. Seu amor é tão grande que ele odeia o mal. Não são muitos os que amam a ponto de odiar o mal. No livro de Levítico, aprendemos sobre a santidade de Deus. Aprendemos a amar a Deus com reverência, com temor santo. Hebreus diz: "Adoremos a Deus com reverência e temor, pois o nosso Deus é fogo consumidor!". O autor foi buscar esse sentimento diretamente em Levítico. É vital que os cristãos hoje leiam Levítico, para assimilar esse aspecto da santidade de Deus.

2. O PECADO DO HOMEM

Levítico acentua fortemente tanto o pecado do homem quanto a santidade de Deus. É muito realista e objetivo diante da realidade da natureza humana, tão sujeita a bestialidade, incesto, superstições e muitas outras coisas que são abominações para Deus. "Abominação" é algo que o enoja, tal a repugnância que sente. O termo em hebraico expressa uma ideia muito, muito forte, e as traduções – abominação, odioso, vil, asqueroso – são todas pobres substitutas.

A Bíblia relata as emoções de Deus. Deus reage emocionalmente ao pecado porque ele é santo. O pecado do homem não está apenas contaminando o que é puro, mas também profanando o que é santo. A prática do xingamento constitui-se na profanação das palavras sagradas. Há apenas dois relacionamentos sagrados em nossas vidas – entre Deus e nós, e entre o homem e a mulher. Noventa por cento dos palavrões decorrem de um desses relacionamentos. A humanidade profana o que é santo e contamina o que é puro. Ambas as práticas ocorrem neste mundo em que vivemos, e os homens pecam não apenas quando tornam sujas as coisas limpas, mas quando tornam comuns as santas e tratam as coisas como comuns, quando não são.

3. A PLENITUDE DE CRISTO

Levítico aponta para a plenitude de Cristo e de seu sacrifício perfeito. Deus providenciou uma forma de purificar o pecado da humanidade. Seu problema era como reconciliar a justiça e a misericórdia. Ele lidaria com o pecado em justiça e nos puniria, ou deveria encará-lo com misericórdia e nos perdoar? Visto que Deus é justo e misericordioso, ele precisava encontrar uma forma de ser justo e misericordioso simultaneamente. Nós nunca poderíamos ter encontrado um meio, mas ele encontrou – por meio da substituição de uma vida culpada por uma vida inocente. Somente quando isso acontece, tanto a justiça quanto a misericórdia são satisfeitas. As leis sacrificiais de Levítico começam a nos mostrar esse processo.

Há palavras específicas associadas a esse processo que ocorrem muitas vezes. "Expiação" e "sangue" são mencionadas com frequência, pois a vida está no sangue. Se uma pessoa perder muito sangue, ela morre. "Ofertas" também é uma palavra mencionada com frequência. A oferta queimada fala da necessidade de rendição total. A oferta de manjares simboliza nosso serviço. A oferta pacífica representa a comunhão entre Deus e o homem. São esses os três aspectos que deveriam caracterizar uma vida grata, uma vida que foi salva.

Em contrapartida, vemos também o lado de Deus – seu sacrifício. Hoje, os únicos sacrifícios que devemos apresentar ao Senhor são os sacrifícios de louvor e gratidão, e esses devem ser preparados e trazidos perante ele de forma apropriada. Mas os sacrifícios em Levítico simbolizam também o sacrifício feito por Jesus. A oferta pelo pecado prenuncia a substituição de uma vida culpada por uma vida inocente, e a oferta pela culpa indica que esse sacrifício satisfaz a justiça divina, em cumprimento a uma lei específica. Todo esse conjunto de sacrifícios aponta diretamente ao Novo Testamento.

4. SANTIDADE DE VIDA

Levítico nos orienta a sermos santos em todas as áreas de nossas vidas, até no que se refere à arrumação do banheiro! Santidade é totalidade, e podemos perceber isso ao observar os incríveis detalhes da santidade aplicada a cada área da vida do povo de Deus. O livro afirma que não se pode ser 99% santo: ou uma pessoa é totalmente santa ou ela simplesmente não é santa.

É importante observar, no entanto, que há duas mudanças importantes na forma como entendemos a santidade da Antiga Aliança na Nova Aliança. Em Levítico, há uma divisão tríplice entre santo, puro e impuro. Ela ainda se aplica ao Novo Testamento, mas com duas alterações significativas.

A primeira é que a santidade é transferida dos elementos materiais para as questões morais. Os filhos de Israel eram crianças e tinham de ser tratados como tais. Precisavam aprender a diferença entre puro e impuro nas questões relacionadas à alimentação, por exemplo. Entretanto, essas regras não se aplicam aos cristãos. Deus precisou falar com o apóstolo Pedro por meio de uma visão para que ele pudesse entender essa questão. Jesus disse que, agora, não é o que entra pela sua boca que o torna impuro, mas o que sai dela. Estar puro ou impuro não se trata mais de roupas e de alimento, mas de moralidade pura ou impura. Ocorre um deslocamento das questões materiais para as morais.

Agora não temos de seguir todas aquelas regras a respeito das roupas e dos alimentos, mas encontramos muitas exortações sobre como ser santos nas questões morais.

Em segundo lugar, as recompensas e as punições passaram da esfera desta vida para a próxima. Neste mundo, é possível que pessoas santas sofram e não sejam recompensadas, mas a mudança aconteceu porque, no Novo Testamento, temos uma perspectiva de longo prazo. Esta vida não é a única que existe – ela é somente a preparação para uma existência muito mais duradoura, em outro lugar. Assim, no Novo Testamento, lemos: "grande é a recompensa de vocês nos céus", não na terra.

Considerando essas duas grandes mudanças, a leitura de Levítico pode ser muito proveitosa para os cristãos. Acima de tudo, o livro nos oferece percepções sobre esses quatro elementos vitais: a santidade de Deus, o pecado do homem, a plenitude de Cristo e a santidade de vida.

5.
NÚMEROS

Introdução

Números não é um livro muito conhecido, nem é amplamente citado. É possível que apenas duas ou três passagens sejam bem conhecidas. Samuel Morse citou uma delas após ter enviado a Washington, DC a sua primeira mensagem por telégrafo em código Morse, em 24 de maio de 1844. Ele expressou seu assombro diante do acontecido citando o versículo: "Vê tudo quanto Deus tem realizado!" [KJA], traduzido na NVI como: "Vejam o que Deus tem feito!". A descoberta da comunicação eletrônica foi atribuída a Deus, que havia concedido tal capacidade aos homens.

O segundo versículo é conhecido pela maioria: "Sabeis que o vosso pecado vos há de achar" [ARA]. A frase foi dita originalmente por Moisés, como um alerta ao povo, quando lhes informava que teriam de cruzar o Jordão e enfrentar os inimigos.

Não é de conhecimento de todos, no entanto, que esses dois versículos estejam no livro de Números. Descobri que poucas pessoas conseguem citar algum versículo desse livro e somente algumas conhecem o conteúdo de algum capítulo específico. Precisamos reparar essa situação, pois Números também é uma parte importante da Bíblia.

"Números" é um estranho título para um livro. No hebraico, o título é definido pelas primeiras palavras encontradas no rolo: "O Senhor falou". Quando a Bíblia hebraica foi traduzida para o grego, os tradutores lhe deram um novo título: *Arithmoi* (de onde obtemos a palavra "aritmética"). A versão em latim (Vulgata) traduziu o título como *Numeri*. Nós, portanto, o conhecemos como "Números".

Dois censos marcam o início e o fim do livro. O primeiro foi realizado quando Israel partiu do Sinai, um mês após o tabernáculo ter sido erguido. O número total de pessoas recenseadas foi de 603.550. O segundo foi realizado quando chegaram a Moabe, quase 40 anos depois, antes de entrar na terra de Canaã. Dessa vez, o número total foi de 601.730 – indicando uma diferença não muito grande de 1.820. Eram censos do sexo masculino apenas, usados para fins de recrutamento militar.

O livro de Números deixa claro que não há nada de errado em realizar censos. Deus não puniu o rei Davi por contar os homens de seu exército, mas por causa de sua motivação – o orgulho. Outras passagens da Bíblia incluem exemplos de contagem e balanço. O relato de Atos, por exemplo, indica que três mil pessoas foram acrescentadas à igreja no dia de Pentecoste. Jesus também encorajou seus seguidores a calcular os custos de segui-lo, usando a figura de um rei que, antes de sair à guerra, calcula suas chances conforme o poder de ataque de seu exército.

Três considerações podem ser traçadas a respeito da contagem apresentada no livro de Números.

1. Um número alto!

Muitos comentaristas bíblicos questionam os altos números. Na realidade, esses números estão relacionados com o recrutamento militar – homens acima de 20 anos de idade que estavam aptos para ir à guerra. Nosso estudo de Êxodo mostrou que havia mais de 2 milhões de pessoas no total. Portanto, o número "alto" de 603.550 é, de fato, uma fração de toda a população. Podemos considerar vários pontos que indicam que os números apresentados são, na realidade, viáveis e razoáveis.

- A leitura de 2Samuel revela que o exército de Davi tinha 1.300.000 homens. Desse modo, o número aproximado de 600.000 é, comparativamente, baixo.

- O número também é baixo em comparação aos cananeus. Os israelitas precisariam ter uma força razoável para que pudessem travar batalhas (lembrando, contudo, que Deus estava ao seu lado).
- Aqueles que argumentam ser impossível que as 70 famílias que chegaram ao Egito produzissem tantas pessoas, se esquecem de que o povo ficou no Egito por 400 anos. Se cada geração teve quatro filhos (pouco para a época), é possível chegar a esse número.
- Alguns afirmam que não haveria espaço para esse número de pessoas no deserto do Sinai. No entanto, é possível, pois havia espaço suficiente. Se viajassem em fileiras de cinco, a caravana ocuparia quase 180 quilômetros de extensão e levaria dez dias para atravessar o deserto!
- Outros dizem que esses números indicam que havia pessoas demais para que fossem devidamente alimentadas no deserto. De fato era impossível, mas o povo contou com a provisão sobrenatural de Deus.

2. Um número compatível!

Levando em conta as grandezas envolvidas, uma diferença de 1.820 pessoas entre o primeiro e o segundo censo representa uma mudança percentual muito pequena. A tribo de Simeão havia perdido 37.100 pessoas e Manassés ganhara 20.500, mas a maioria permaneceu a mesma, aproximadamente. Visto que o crescimento numérico indica a bênção de Deus, podemos logo observar que esse não foi um período em que Deus se agradou de seu povo. Se considerarmos o ambiente hostil e a duração de tempo, no entanto, preservar tal número é algo notável.

3. Um número diferente!

Foram mais de 38 anos entre os dois censos, portanto toda

uma geração pereceu no deserto. (Os homens raramente chegavam aos 60; Moisés foi uma exceção e viveu até os 120.) Assim, embora o número fosse compatível, o povo não era. Entre os que partiram do Egito, somente Josué e Calebe (2 entre 2 milhões) sobreviveram para entrar na Terra Prometida. Sob alguns aspectos, essa é a maior tragédia de toda a Bíblia. Números é um livro muito triste. Dois terços do livro não precisavam jamais ter sido escritos. A viagem do Egito à Terra Prometida deveria ter levado 11 dias, mas, na realidade, eles precisaram de 13.780 dias! Somente duas pessoas entre aquelas que iniciaram a jornada realmente chegaram em casa. Os demais ficaram presos a uma existência sem propósito, "matando o tempo", até que o juízo de Deus se completasse. Com o passar dos anos, todos eles morreram no deserto, e uma nova geração prosseguiu na jornada.

A maioria das lições que aprendemos em Números é negativa. Elas mostram como não ser o povo de Deus! Em 1Coríntios 10, Paulo explica como devemos entender o livro: "Essas coisas ocorreram como exemplos para nós, para que não cobicemos coisas más, como eles fizeram" e "Essas coisas aconteceram a eles como exemplos e foram escritas como advertência para nós, sobre quem tem chegado o fim dos tempos". Números está cheio de "maus exemplos".

Contexto

Qual é, então, o contexto desse livro? Para percorrer a pé a distância do monte Sinai até Cades-Barneia (o último oásis no deserto do Neguebe) e o início da Terra Prometida de Canaã são necessários 11 dias. A rota seguida pelos israelitas foi na direção contrária a Cades, atravessando o Rift Valley, até as montanhas de Edom. Acabaram chegando a Moabe, às margens do rio Jordão. Levaram 38 anos e alguns meses, não porque esse trecho fosse notadamente difícil, mas porque Deus se movia apenas um pouco de cada vez. Ele se detinha um longo tempo em cada lugar e lhes disse que aguardaria até que todos os homens do povo, exceto Josué e Calebe, estivessem mortos.

O que desencadeou o juízo de Deus sobre o povo? Em Cades, apesar de terem recebido a ordem de Deus para entrar na terra, eles se recusaram a fazê-lo. Hoje, muitos cristãos, apesar de terem sido libertos do pecado, não desfrutam da bênção que Deus lhes preparou. Também terminam num triste deserto.

Dois terços do livro de Números são dedicados a essa jornada prolongada. A Bíblia é um livro muito honesto que nos fala tanto de fracassos e defeitos quanto de sucessos e virtudes. Paulo, ao afirmar aos coríntios que Números havia sido escrito como exemplo e alerta para nós, tinha a intenção de afirmar claramente o propósito do livro. Pode não ser um livro popular, mas se você não estudar a história, está condenado a repeti-la.

Nem mesmo Moisés teve permissão para entrar na Terra Prometida, embora aparecesse ali séculos depois, quando falou com Jesus [na transfiguração]. Como veremos, ele também falhou tristemente em um ponto crucial.

Conteúdo e estrutura
Números – um dos cinco livros escritos por Moisés – é uma combinação entre lei e narrativa. O autor das leis não é Moisés, e sim Deus. Nesse livro, há 80 ocorrências da expressão "O Senhor disse a Moisés...". Deus entrega a Moisés as leis e a legislação geral, assim como as regras para os rituais e para as cerimônias religiosas.

No que se refere à narrativa do livro, sabemos que Moisés mantinha um diário das viagens que fazia sob o comando do Senhor. Ele também mantinha outro livro –

chamado "o Livro das Guerras do Senhor" – com os relatos das batalhas. Números foi escrito por Moisés com base nesses registros, mas faz referência ao próprio Moisés na terceira pessoa.

A combinação entre narrativa e lei o torna bastante semelhante a Êxodo. Entretanto, em Êxodo, a narrativa aparece na primeira metade e a lei, na segunda, ao passo que em Números ambos os gêneros se misturam. Consequentemente, é muito mais difícil encontrar um tema adjacente em Números.

É possível identificar um padrão mais facilmente quando consideramos a narrativa e a lei aplicadas ao contexto. A estrutura do livro é cronológica, e não por tópicos. Identificamos isso com maior clareza quando comparamos o conteúdo de Números com o de Êxodo, de Levítico e de Deuteronômio.

Contexto cronológico	Conteúdo	Duração
Êxodo 1–18 do Egito ao Sinai	Narrativa	50 dias
Êxodo 19–40 *no Sinai*	Lei	?
Levítico 1–27 no Sinai	Lei	30 dias
Números 1.1–10.10 *no Sinai*	Lei	19 dias
Números 10.11–12.16 *do Sinai a Cades*	Narrativa	11 dias
Números 13.1–20.21 *Cades*	Lei	?
Números 20.22–21.35 *de Cades a Moabe*	Narrativa	38 anos
Números 22.1–36.13 *Moabe*	Lei	3 meses, 10 dias
Deuteronômio 1–34 *Moabe*	Lei	5 meses

É fascinante observar que todas as leis foram dadas aos israelitas enquanto estavam acampados. As histórias de suas viagens mostram como eles infringiram essas leis. Enquanto estavam acampados e estacionários, Deus lhes dizia o que deveriam fazer, mas quando estavam em movimento, ouvimos a história do que fizeram de fato. Eles aprendiam lições das duas formas, por meio dos ensinamentos de Moisés e por meio da experiência de viajar (bem semelhante à forma como Jesus ensinou seus discípulos: tanto por "mensagens" – o Sermão do Monte, por exemplo – como enquanto viajavam "no caminho").

A tabela apresentada anteriormente é como um sanduíche de muitas camadas. Assim, em Êxodo 1–11, os israelitas estão presos no Egito, e, então, nos capítulos 12–18, rumam para o Sinai. Tudo isso é narrativa. No entanto, em Êxodo 19–40, Levítico 1–27 e Números 1–10, eles ainda estão no Sinai. Essas três seções consecutivas estão repletas de leis.

Em Números 10–12, eles estão em movimento novamente, do Sinai a Cades – uma jornada de 11 dias. Em Cades, ocorre o episódio em que o povo se rebela contra Deus. Deus lhes fala em Cades nos capítulos 13–20, novamente com a lei.

Números 20–21 narra o trajeto de Cades a Moabe, sendo que toda a jornada de 38 anos é narrada em apenas dois capítulos. Números 22–36 relata o que Deus disse aos israelitas enquanto aguardavam para entrar na Terra Prometida. Todo o trecho de Deuteronômio 1–34 narra o mesmo período de tempo em que o povo estava acampado.

Em Números há muito movimento, em Deuteronômio não há nenhum e em Êxodo há movimento apenas na primeira metade.

Lei

Conforme observado anteriormente, Números registra 80 ocasiões nas quais Deus fala "face a face" com Moisés. Era algo singular: outros recebiam a palavra de Deus por meio de visões, quando estavam acordados, ou por meio de sonhos, enquanto dormiam. O povo consultava o Urim dos sacerdotes (equivalente a "lançar sorte") quando desejava discernir a mente de Deus em determinada situação.

O primeiro encontro de Moisés com Deus aconteceu no monte Sinai, a certa distância do restante de Israel, mas agora que o tabernáculo estava construído, Deus habitava com o povo. No entanto, o grande perigo, agora que Deus estava "com eles", era a possibilidade de ficar demasiadamente familiarizados, de perder o senso de temor e respeito e se esquecer da santidade de Deus. No livro de Números, as leis não são morais ou sociais, mas são concedidas a fim de evitar que o povo perca a reverência diante de Deus. As leis podem ser classificadas em três categorias: cautela, cuidado e custo.

1. Cautela
ACAMPADOS
Os israelitas deveriam ser muito cautelosos com a distribuição correta (capítulo 2) do acampamento. A cada tribo era designado um lugar específico em relação às outras tribos, e ao tabernáculo era reservado o lugar central. Visto de cima, o acampamento tinha a aparência de um retângulo vazio (veja o gráfico a seguir). A única outra nação conhecida por acampar dessa forma eram os egípcios – a disposição preferida de Ramsés II (o faraó que possivelmente estava no poder na época).

O tabernáculo ficava no centro, com uma cerca em volta e somente uma entrada. Duas pessoas acampavam do lado de fora da entrada: Moisés e Arão. Os levitas acampavam nos outros três lados, e seus três clãs – Merari, Gérson e Coate – tinham responsabilidades especiais. Ninguém mais poderia sequer tocar a cerca, e havia ordens para matar qualquer um que se aproximasse. Deus era santo e não era possível aproximar-se dele levianamente.

AS INSTRUÇÕES DO CRIADOR

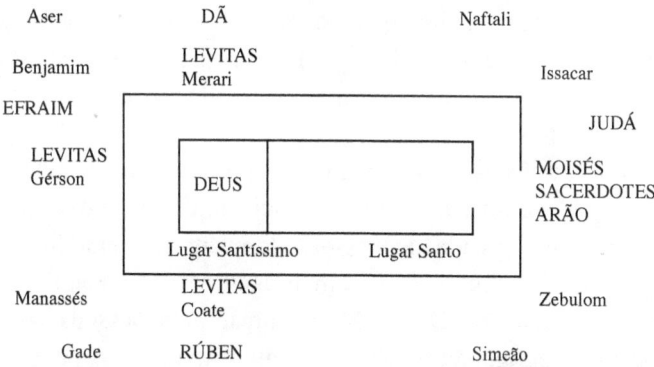

As outras tribos eram dispostas ao redor do tabernáculo. A cada tribo era designado um local específico em relação à tenda de Deus e à entrada da tenda. A tribo de Judá era a mais bem posicionada: ficava bem de frente para a entrada do tabernáculo. É da tribo de Judá que Jesus, séculos mais tarde, viria.

EM MOVIMENTO

Quando levantavam acampamento e saíam em viagem, todos se moviam segundo um fascinante padrão. Havia instruções específicas para desmontar e transportar o tabernáculo. Os sacerdotes embalavam o mobiliário santo, e os levitas, então, o transportavam. Todos sabiam quem deveria carregar qual peça do mobiliário do tabernáculo, quem deveria levar as cortinas e em que ordem os itens deveriam ser transportados. Algumas tribos precisavam partir antes que as peças do tabernáculo fossem levadas. Quando as outras tribos se colocavam em movimento, eram como uma laranja sendo descascada. Marchavam na mesma ordem todas as vezes, para que, quando chegassem ao acampamento seguinte, fosse fácil para cada tribo encontrar seu lugar e armar suas tendas. Tudo era cuidadosamente detalhado. As trombetas de prata soavam para anunciar a partida do acampamento, e a tribo de Judá liderava a caminhada com louvores.

Eles sempre sabiam quando era hora de mudar porque a coluna de nuvem (ou de fogo à noite) movia-se acima do tabernáculo. A imagem é clara: quando Deus se move, seu povo se move.

Por que Deus é tão exigente com todos esses detalhes? Além de ser uma forma muito eficiente de locomover um número tão grande de pessoas, também era uma forma eficiente de acampar. Sua mensagem é: "Atenção!". O acampamento de Deus não era lugar para pessoas com postura negligente; o descuido é algo perigoso. A palavra moderna para isso seria "displicência" – a atitude do tipo "qualquer coisa velha serve para Deus".

Com essas instruções detalhadas, Deus está comunicando uma mensagem de cautela ao seu povo, pois ele está no acampamento com eles. Deus também elenca outras áreas com as quais eles precisariam ser cautelosos. Certos pecados mencionados em Números são pecados de "negligência". O descuido com o *shabat* era um pecado passível de morte. Eles deveriam ter borlas em suas roupas para lembrá-los de orar. Os votos precisavam ser encarados com muita seriedade. Se um juramento fosse feito a Deus, deveria ser cumprido. (Em Juízes, lemos a história de um homem que jurou sacrificar o primeiro ser vivo que encontrasse ao retornar da batalha, e sua única filha saiu ao seu encontro!) Se uma mulher fizesse um voto a Deus, o marido, então, teria 24 horas para concordar com o voto ou discordar dele.

2. Cuidado

Além de ser cuidadosamente organizado, o acampamento deveria estar imaculadamente limpo, pois era a habitação do "povo de Deus". Até mesmo os cuidados com o esgoto foram cuidadosamente detalhados. Quando fossem evacuar, deveriam levar uma pá para que pudessem manter o acampamento limpo para o Senhor. Deus não se preocupava com os germes apenas. Ele estava interessado em um acampamento "limpo" porque ele é um Deus "limpo". O princípio ainda é válido hoje. Uma igreja com instalações sujas e malcuidadas é um insulto a Deus.

Não era apenas o acampamento que deveria estar limpo; lemos também a respeito da purificação do povo antes que partisse do Sinai.

Há outros detalhes de ritos de purificação no capítulo 19. A morte é algo impuro. Deus é um Deus de vida, portanto, no acampamento, não deveria haver qualquer contaminação resultante do contato com um cadáver. Havia até um "teste de ciúmes", disponível para maridos que suspeitavam de esposas adúlteras. Mesmo que não houvesse testemunhas, Deus via tudo o que acontecia e castigaria o malfeitor. O acampamento pertencia a ele.

A expressão "o asseio é vizinho da divindade" tem amparo considerável no livro de Números!

3. Custo

SACRIFÍCIOS E OFERTAS
É custoso para um pecador aproximar-se de um Deus santo. Sacrifícios diários, semanais e mensais eram ofertados em favor do povo. Havia, literalmente, centenas deles. Cada sacrifício deveria ser custoso – somente os melhores animais eram ofertados.

O sacrifício diário, o sacrifício semanal e o sacrifício especial mensal deixavam claro que receber o perdão de Deus era algo custoso. O derramamento de sangue era necessário.

SACERDÓCIO
Além disso, o sacerdócio deveria ser sustentado por meio de ofertas. Os levitas foram consagrados ao serviço antes de sua partida do Sinai. Eram 8.580 os que serviam (entre

os 22 mil da tribo) e tanto os sacerdotes quanto os levitas eram sustentados financeiramente pelas outras tribos.

O sustento do sacerdócio, além dos sacrifícios regulares, portanto, representava um "custo" considerável para o povo.

Isso nos ensina que ainda precisamos ser muito cautelosos hoje a respeito da forma como nos aproximamos de Deus. Quando me aproximo de Deus, eu não preciso sacrificar um carneiro, pombos ou rolinhas, mas isso não significa que não deva trazer sacrifício algum. Tanto o Novo Testamento quanto o Antigo falam de sacrifício: sacrifício de louvor e sacrifício de ação de graças, por exemplo. Precisamos perguntar a nós mesmos se, de fato, trazemos sacrifícios a Deus. Também devemos nos preparar para a adoração.

Números também introduz o voto de nazireu – voto voluntário de dedicação e devoção a Deus – embora não fosse parte do sacerdócio. Os nazireus juravam jamais cortar os cabelos, não beber vinho (ambos contrários aos costumes sociais da época) e não tocar em cadáveres. Alguns desses votos eram temporários, outros eram para toda a vida. Sansão e Samuel são os nazireus mais conhecidos da Bíblia. Na época de Amós, a prática foi ridicularizada.

O QUE PODEMOS APRENDER COM ISSO?

A adoração nos dias de hoje segue uma tendência ao casual, contrária a qualquer tipo de ritual, desconsiderando o fato de que o Deus de hoje é exatamente o mesmo Deus daquela época. Nós também devemos nos aproximar dele com reverência e dignidade. Hebreus nos recorda que ele é fogo consumidor.

De acordo com o Novo Testamento, quando nos reunimos, cada um de nós tem um salmo, uma palavra de instrução, uma revelação, uma palavra em língua ou uma interpretação. Esse é o equivalente no Novo Testamento a preparar-se, a aproximar-se de Deus com a postura adequada.

Números também nos ensina que devemos adorar a Deus conforme o gosto dele e não o nosso. O louvor moderno tende a enfatizar as preferências individuais no que diz respeito a entoar hinos ou cânticos, por exemplo. Não devemos nos esquecer de que é mais importante oferecer uma adoração condizente com os padrões de Deus do que impor nossas preferências.

Nossos sacrifícios de louvor e ofertas também são mencionados no Novo Testamento: "Elas [as doações] são uma oferta de aroma suave, um sacrifício aceitável e agradável a Deus". Em Levítico e Números, Deus se agrada do perfume do cordeiro assado. Da mesma forma, nosso sacrifício de louvor hoje também pode ser agradável a Deus.

Narrativa

Quando examinamos os trechos de narrativa no livro de Números, passamos da palavra divina para os feitos humanos – de "o que o povo deveria fazer" para "o que, de fato, fez". É uma triste e sórdida história. O deserto torna-se o campo experimental. Estão fora do Egito, mas não estão na Terra Prometida, e, para eles, esse período de indefinição é muito difícil de enfrentar.

Precisamos nos lembrar de que o povo agora desfruta de um relacionamento pactual com Deus. Sob juramento, ele confirmou sua aliança com o povo. E jurou abençoá-los quando fossem obedientes e castigá-los quando fossem desobedientes. Os mesmos atos de pecado cometidos em Êxodo 16–19 repetem-se em Números 10–14, mas somente em Números a lei é violada. Portanto, somente em Números os castigos são aplicados.

A lei de Deus pode ajudá-lo a enxergar o que é certo

(e errado), mas não pode ajudá-lo a fazer o que é certo. A lei não mudou o comportamento do povo: ela trouxe culpa, condenação e castigo. Por essa razão, a lei entregue no primeiro Pentecoste foi considerada insuficiente, de modo que, séculos depois, também no dia de Pentecoste, o Espírito foi enviado. Sem ajuda sobrenatural, jamais seríamos capazes de guardar a lei.

Líderes

Vamos avaliar primeiramente os líderes da nação e ver como tentaram viver conforme a lei e falharam. Eram todos de uma mesma família, dois irmãos e uma irmã: Moisés, Arão e Miriã (versão hebraica do nome Maria). São listadas as qualidades e os pontos fortes de seu caráter, assim como suas fraquezas.

PONTOS FORTES

Moisés

Moisés é a figura dominante em todo o livro. Sob muitos aspectos, ele foi um profeta, um sacerdote e um rei.

Já vimos como outros profetas receberam visões e sonhos, mas Moisés falava face a face com Deus no tabernáculo. Foi-lhe permitido até ver parte de Deus – ele viu as suas "costas".

Moisés também desempenhou o papel de sacerdote. Há cinco ocasiões nas quais ele intercede junto a Deus. De fato, em algumas delas, foi bastante ousado na forma como orou, dizendo-lhe que Deus não poderia negar-se a si mesmo.

Nunca foi chamado de "rei", é claro, e alguns séculos se passariam antes que a monarquia fosse estabelecida, mas liderou o povo na batalha e governou sobre eles, desempenhando, portanto, as funções de um rei, mesmo que essa designação nunca lhe tenha sido atribuída.

Uma das características mais notáveis a respeito de Moisés é nunca ter tentado se defender nas vezes em que foi criticado, insultado ou traído. Escrevendo sobre si mesmo, ele declara ser o mais manso de todos os homens da terra – uma afirmação improvável para quem deseja que isso se confirme! Moisés, na realidade, estava usando as palavras que Jesus, séculos depois, usaria sobre si mesmo, afirmando que deveríamos aprender com ele pois era manso e humilde. Moisés deixava que o Senhor o defendesse. Mansidão não é uma fraqueza, mas, certamente, significa não tentar defender-se a si mesmo.

Arão

Arão era irmão de Moisés, nomeado seu "porta-voz" quando Moisés precisou enfrentar o faraó no Egito. Era também profeta. E foi designado para ser sacerdote, o sumo sacerdote. O sacerdócio aarônico tornou-se a parte central do culto e do ritual do povo de Deus.

Miriã

Miriã era irmã de Moisés e Arão. Era conhecida como profetiza. Cantou e dançou com alegria quando os egípcios se afogaram no mar.

Assim, Moisés era profeta, sacerdote e rei, Arão era profeta e sacerdote, e Miriã, profetiza. Observe que os dons são partilhados e que a profecia é um ministério tanto para mulheres como para homens. O dom profético de Miriã expressava-se particularmente na forma de cânticos. Há um vínculo direto entre profecia e música. Anos depois, essa prática foi confirmada pelo rei Davi, que escolheu mestres de música que também eram profetas, e por Eliseu, que costumava solicitar música como preparação para suas profecias. Parece que um ambiente de adoração adequado favorece a liberação do espírito profético.

Apesar de seus dons e pontos fortes, todos os três falharam de alguma forma. Para fins de instrução, vamos examinar suas falhas em detalhes.

PONTOS FRACOS

Miriã

O problema de Miriã era a inveja: ela desejava ser honrada. Queria falar com Deus como Moisés falava. Além disso, criticava a esposa que Moisés escolhera. Miriã foi punida com "lepra" por sete dias até que se arrependesse. Ela estava entre os que morreram em Cades.

Arão

A próxima baixa na cena da liderança do povo de Israel foi Arão. Ele também sentiu inveja do irmão e desejou ser honrado. Juntos, Miriã e Arão criticaram Moisés. A desculpa que deram foi a de que Moisés havia se casado com alguém que eles não aprovavam (uma mulher cuxita que viera com eles do Egito, que nem mesmo era hebreia). Deus não o criticou por fazê-lo, mas Miriã e Arão, sim.

Arão morreu no monte Hor, que se localizava um pouco adiante de Cades, aos cem anos de idade. Pouco depois de expressarem inveja e desejo de honra, tanto Arão quanto Miriã morreram.

Moisés

Até Moisés falhou. Ele se tornou muito impaciente com o povo. O Novo Testamento afirma que ele tolerou o povo por 40 anos no deserto. Era uma assombrosa tarefa de liderança lidar com mais de 2 milhões de pessoas que estavam sempre murmurando, queixando-se e envolvendo-se em contendas que precisavam ser resolvidas.

Seu grande erro foi desobedecer às instruções de Deus no que se refere à provisão de água. Moisés havia providenciado água para o povo ferindo a rocha com a vara. A pedra calcária do deserto do Sinai tem a propriedade de reter água. Há imensas reservas de água no deserto do Sinai, que estão dentro dessas rochas. Moisés havia liberado essas reservas de água na rocha apenas com o toque da vara.

Na segunda ocasião, quando lhes faltava água, Deus disse a Moisés para não bater na rocha, mas apenas falar a ela. Uma palavra seria suficiente para liberar a água de dentro da rocha. Moisés, no entanto, estava tão irritado com o povo que não ouviu a Deus com atenção e feriu a rocha duas vezes. Deus disse a Moisés que, por ter sido desobediente, ele não colocaria os pés na Terra Prometida. Esse é um lembrete doloroso de como é importante para um líder ouvir atentamente a Deus. Moisés morreu no monte Nebo, vislumbrando a Terra Prometida, mas sem poder entrar nela.

Números relata a grande responsabilidade que é liderar o povo de Deus. É algo que deve ser feito corretamente e à maneira de Deus.

Indivíduos

Por todo o livro de Números, há o relato de vários indivíduos que desapontaram a Deus. O que se destaca é um homem chamado Corá, que, por não concordar com o sacerdócio exclusivo de Arão e de sua família, iniciou uma rebelião. Outros indivíduos seguiram Corá nessa rebelião e, em pouco tempo, 250 israelitas estavam reunidos, desafiando a autoridade de Moisés e o sacerdócio de Arão. Os rebeldes duvidavam que Deus havia escolhido Moisés e Arão e os criticavam, apontando suas falhas em conduzir os israelitas à Terra Prometida.

Então, com grande drama, Moisés disse ao povo que

se afastasse das tendas dos rebeldes. Fogo desceu do céu, atingiu suas tendas e as destruiu. Corá viu o que estava para acontecer e fugiu com alguns de seus seguidores, mas foram engolidos por crateras abertas na terra. (No deserto do Sinai há placas de lama endurecida com uma crosta muito dura, mas sem resistência por baixo, como o gelo fino em um lago congelado. São traiçoeiras como os pântanos ou a areia movediça.)

Apesar de tudo isso, alguns dos salmos são escritos pelos filhos de Corá. A família desse homem não participou da rebelião, e seus filhos mais tarde tornaram-se cantores no templo. Não precisamos seguir nossos pais quando eles praticam o mal.

Corá é mencionado no livro de Judas, no Novo Testamento, como um alerta aos cristãos para que não questionem a vontade de Deus e não se tornem invejosos.

Moisés anunciou então que seria feito um teste para comprovar que Deus os escolhera (a ele e a seu irmão) para essas posições. Disse aos líderes das 12 tribos que pegassem galhos dos arbustos do deserto. Eles deveriam deixá-los no Lugar Santo, diante do Senhor, durante toda a noite. De manhã, o galho de Arão havia florescido com folhas, flores e frutos. Os outros galhos estavam mortos. Daquele momento em diante, eles colocaram a vara de Arão dentro da arca da aliança como uma prova de que o sacerdócio de Arão era uma escolha de Deus e não fruto de autopromoção.

Povo

Assim como alguns indivíduos, o povo como um todo era problemático. Atos nos diz que Deus os aturou no deserto por cerca de 40 anos. Números afirma que todo o povo errou, exceto duas pessoas: 2 em mais de 2 milhões não é uma grande proporção. Além de manifestar uma anomalia geral, o povo falhou em três ocasiões específicas que merecem destaque.

MURMURAÇÃO

O problema do povo em geral era a "murmuração". Você não precisa ter talento para murmurar, não precisa ter inteligência para murmurar, não precisa ter caráter para murmurar, nem precisa de grandes esforços de abnegação para entrar no campo da murmuração. É uma das coisas mais fáceis de fazer.

As pessoas pensavam que, como Deus estava no tabernáculo, ele não sabia o que elas diziam quando estavam em suas próprias tendas. Que grande erro! O povo reclamava da falta de água, reclamava da comida repetitiva. Conta-se que resmungavam porque não podiam comer alho, cebolas, peixe, pepinos, melões e alho-poró, como comiam no Egito. Deus ouviu suas queixas e respondeu de acordo. Logo enviou codornizes para suplementar a dieta do maná – tantas que amontoadas chegavam a 1,5 metro de altura, cobrindo quase 32 quilômetros de extensão! O povo saiu para recolher as codornizes, mas enquanto ainda comiam a carne, Deus os castigou com uma severa praga porque eles o haviam rejeitado.

É provável que a murmuração tenha causado mais dano ao povo de Deus do que qualquer outro pecado.

OÁSIS DE CADES

A primeira situação de crise enfrentada pelo povo foi quando chegaram ao último oásis, a mais de cem quilômetros a sudoeste do mar Morto (hoje Ain el Qudeis) no deserto do Neguebe. Foram instruídos a enviar 12 espias, um de cada tribo, para que espionassem a terra e voltassem para descrevê-la a todo o acampamento. Passaram 40 dias ao sul, próximos a Hebrom e também viajaram até o extremo norte, onde encontraram uma terra muito fértil. A conclusão de seu relatório, entretanto, foi negativa. Os espias espalharam rumores de que aquela terra os devoraria. Seria melhor voltar ao Egito.

Dois espias, Josué e Calebe, afirmaram que Deus estava com eles e não havia nada a temer. Eles concordavam que a terra era bem fortificada e habitada por homens de grande estatura. A arqueologia comprova que a estatura média dos escravos hebreus era baixa se comparada à dos cananeus. Os espias também concordavam que os muros que cercavam a cidade seriam um obstáculo. Argumentavam, no entanto, que Deus não os trouxera de tão longe para deixá-los morrer no deserto. Disseram ao povo que Deus os levaria nos ombros (da mesma forma como um garotinho pode sentir-se um gigante nos ombros de seu pai).

Entretanto, os relatos negativos dos outros dez espias foram mais persuasivos. A multidão, na realidade, quis apedrejar Moisés e Arão por tê-los trazidos até tão longe. Três meses haviam se passado desde sua saída do Egito, e eles já estavam propensos a matar Moisés e Arão por livrá-los da escravidão! Preferiram confiar no relato dos dez espias. Aceitaram o veredito da maioria que, nesse caso, era contrário aos propósitos de Deus.

O contraste entre os dois relatórios é notável. Os dez homens disseram que o povo não seria capaz de tomar a terra e ponto final; Josué e Calebe disseram: "Subamos e tomamos posse da terra. É certo que venceremos". Não se tratava apenas de pensamento positivo, mas de disposição de encarar os problemas como oportunidades para Deus mostrar o seu poder.

Como resultado da perspectiva descrente da maioria, Deus jurou que, exceto por Josué e Calebe, nenhuma pessoa daquela geração entraria na Terra Prometida. Lemos que ele jurou por si mesmo, pois não há outro maior por quem pudesse jurar.

AS INSTRUÇÕES DO CRIADOR

Eles haviam espiado a terra por 40 dias, por isso Deus lhes disse que, para cada dia que espiaram a terra e chegaram a conclusões erradas, eles passariam um ano no deserto. Deus aplicou a punição de acordo com o crime. Esse evento, ainda no primeiro terço do livro de Números, determina o que acontece nos outros dois. Se tivessem obedecido a Deus, alguns eventos relatados jamais teriam ocorrido.

O VALE DOS "ESCORPIÕES"!

O próximo episódio em que o povo se rebela contra Deus aconteceu depois de alcançarem uma esplêndida vitória contra o rei cananeu de Arade.

Os israelitas partiram do monte Hor, a caminho do mar, e atravessaram o profundo vale de Aravá, também conhecido como "vale dos escorpiões" – uma região infestada de serpentes e escorpiões. Mais uma vez, os israelitas murmuraram contra Deus, manifestando seu descontentamento com a alimentação e afirmando que prefeririam retornar ao Egito a permanecer no deserto.

Dessa vez, Deus os castigou enviando serpentes para que muitos fossem picados e morressem. Percebendo o seu pecado, o povo pediu a Moisés que intercedesse por eles. Deus não eliminou as serpentes, mas enviou uma cura para suas picadas. Moisés fez uma serpente de bronze e a colocou num poste, na parte mais alta do monte, de frente para o vale. Se alguém fosse picado por uma cobra, deveria olhar para a serpente no alto do poste para que não morresse. Era um ato de fé.

PLANÍCIE DE MOABE

A terceira e última crise ocorreu quando chegaram às planícies de Moabe. Haviam alcançado inúmeras vitórias pelo caminho. Queriam utilizar a rota principal que passava por Edom. O pedido foi negado, apesar de seus vínculos históricos (os edomitas eram descendentes de Esaú, o irmão gêmeo de Jacó). Uma batalha seguiu-se, e Deus lhes deu a vitória sobre Edom e Moabe, portanto estavam se sentindo confiantes. Acamparam num local próximo ao Jordão defronte a Terra Prometida.

Contudo, encontraram oposição ao seu avanço sobre a terra de Canaã. Os povos de Amom e Moabe, possuindo terras que faziam fronteira com a Terra Prometida, decidiram atrapalhar os planos dos israelitas e contrataram um adivinho da Síria para amaldiçoar o povo de Israel.

Esse adivinho de Damasco chamava-se Balaão. Ele havia ganhado a reputação de testemunhar a derrota dos exércitos que amaldiçoava. Entretanto, nunca haviam lhe pedido que amaldiçoasse Israel, pois, como de fato Balaão explicou aos que o contrataram, ele só poderia dizer o que Deus lhe falava! Era comum que um adivinho amaldiçoasse o inimigo antes da batalha e, assim, pediram a Balaão que lançasse maldições sobre os israelitas. Ele foi motivado simplesmente pela recompensa financeira. Entretanto, ele mostrou-se incapaz de lançar uma única maldição contra Israel e, em vez disso, acabou abençoando o inimigo. Era algo maior do que ele!

Balaão anunciou que Deus abençoaria e multiplicaria Israel – uma profecia a respeito do rei Davi e do filho [descendente] de Davi. Trata-se, portanto, de um relato surpreendente de um incrédulo que profetizou uma bênção sobre Israel.

O texto também narra a história extraordinária da jumenta falante, que empaca quando vê um anjo em seu caminho. Depois de Balaão bater na jumenta, o animal finalmente revela o motivo de não estar se movendo! (Aqueles que questionam se isso de fato aconteceu se esquecem de que os animais podem ser possuídos por espíritos tanto maus quanto bons. A serpente no jardim do Éden e os espíritos que Jesus direciona aos porcos são dois exemplos.) A mensagem é clara: o animal tem mais bom senso do que Balaão!

É uma história triste pelo seu desfecho. Balaão finalmente percebeu como obter dinheiro dos reis de Amom e de Moabe. Disse a eles que se esquecessem da maldição e, em vez disso, enviassem belas moças moabitas ao acampamento dos israelitas para seduzi-los. Por ser proibida pela lei, a imoralidade sexual era praticada fora do acampamento. Mas um homem, Zinri, teve a afronta de trazer uma jovem até a porta do tabernáculo.

Presenciando esse terrível ato, um homem chamado Finéias atravessou o casal com uma lança, prendendo-os ao chão. A partir desse momento, Finéias recebeu um sacerdócio perpétuo para si mesmo e para sua família. Foi o único homem que defendeu a casa de Deus dessas afrontas. O julgamento talvez pareça severo, mas lembre-se de que os israelitas estavam a caminho da Terra Prometida. Um dos piores traços dos povos que encontrariam em Canaã era a imoralidade. Havia deusas da fertilidade, esculturas misteriosas, símbolos fálicos e todo tipo de comportamento indecente. Eles precisavam entender que tais coisas eram abominação diante de Deus.

O que podemos aprender com Números?

O livro de Números foi escrito e dirigido aos judeus, a fim de que as gerações posteriores pudessem aprender a temer a Deus. Portanto, também foi escrito aos cristãos, para que pudéssemos aprender com os erros do povo. Paulo disse aos coríntios que esses eventos foram registrados como "exemplos" e nos alertam a não viver como viveram os israelitas. Talvez também não consigamos entrar na Terra Prometida, como aconteceu com eles. Segundo Tiago, a Bíblia é um espelho que reflete a nós mesmos. Podemos viver e morrer no deserto; podemos olhar para os "prazeres do pecado" que ficaram para trás e ser incapazes de olhar adiante, para o "descanso de Deus" na Terra Prometida.

O livro de Números nos revela detalhes do caráter de Deus, e os temas paralelos de sua bondade e severidade são retomados várias vezes no Novo Testamento, em Romanos, Hebreus, Judas e 2Pedro.

Judas também menciona Corá e Balaão. A murmuração era um problema tão significativo na igreja primitiva quanto havia sido entre o povo de Israel. Quando as pessoas murmuram e se queixam, algo chamado "raiz de amargura" pode crescer dentro de uma comunidade e trazer problemas.

O Novo Testamento nos lembra de que somos nomes e não números. Até os cabelos de nossa cabeça estão contados. Nossos nomes estão escritos no Livro da Vida, mas, segundo a palavra de Deus, eles podem ser apagados.

O que Números diz a respeito de Deus

Em Números, encontramos evidências de que o caráter de Deus tem dois lados. O apóstolo Paulo os descreve da seguinte forma: "Considere a bondade e a severidade de Deus...".

1. De um lado, observamos sua provisão de alimento, água, roupas e calçados. Assistimos a Deus provendo ao seu povo a proteção contra os seus inimigos, maiores do que eles em tamanho e número. Vemos como ele preservou a nação apesar do pecado praticado.

2. De outro lado, vemos sua justiça. Ele foi fiel às promessas de sua aliança, punindo o povo quando havia pecado. Isso envolveu disciplina e, em última análise, a perda da herança caso eles continuassem a desobedecer. Servimos a esse mesmo Deus. Ele é santo e devemos temê-lo.

O que Números diz sobre Jesus

1. Assim como Israel atravessou o deserto, Jesus também passou 40 dias sendo tentado no deserto.

2. João 3.16 é bem conhecido, mas o trecho anterior nem tanto: "Da mesma forma como Moisés levantou a serpente no deserto, assim também é necessário que o Filho do homem seja levantado".
3. João também afirma que Jesus é o "maná", o "pão do céu".
4. Surpreendentemente, o apóstolo Paulo fala sobre a água que saiu da rocha no deserto, afirmando que a rocha era Cristo, e nenhum outro.
5. O autor de Hebreus afirma que se as cinzas de uma novilha podiam purificar e trazer perdão, quanto mais o sangue de Cristo poderia purificar nossa consciência de atos pecaminosos.
6. Talvez o mais incrível seja que Balaão, o falso profeta, na realidade, tenha feito uma profecia verdadeira a respeito de Jesus! Ele disse: "Eu o vejo, mas não agora; eu o avisto, mas não de perto. Uma estrela surgirá de Jacó; um cetro se levantará de Israel". Essa profecia gerou uma expectativa nos judeus devotos, que passaram a procurar a estrela que sinalizaria a presença do rei, e foi justamente esse entendimento que conduziu os homens sábios a Belém.

Bênçãos da comunhão com Deus

Talvez os versículos mais conhecidos de Números sejam 6.24-26: "O Senhor te abençoe e te guarde; o Senhor faça resplandecer o seu rosto sobre ti e te conceda graça; o Senhor volte para ti o seu rosto e te dê paz".

Com essas palavras, Arão deveria abençoar os israelitas sempre que estivessem saindo do acampamento e movendo-se em direção ao próximo trecho de sua jornada. A bênção tem todas as características da inspiração direta de Deus porque é matematicamente perfeita. Sempre que Deus fala, sua linguagem é matematicamente perfeita. No hebraico,

essa bênção tem três linhas:
O Senhor te abençoe e te guarde
O Senhor faça resplandecer o seu rosto sobre ti e te conceda graça
O Senhor volte para ti o seu rosto e te dê paz

No hebraico, há 3 palavras na primeira frase, 5 na segunda, e 7 na terceira. Há 15 letras na primeira, 20 na segunda e 25 na terceira. Há 12 sílabas na primeira, 14 na segunda e 16 na terceira. Se você eliminar a palavra "Senhor", ficará com 12 palavras em hebraico. A bênção evidencia-se no Senhor e nas 12 tribos de Israel! É matematicamente perfeita. Até mesmo quando traduzida para outros idiomas ela mantém essa característica – as linhas progressivamente se intensificam. Cada linha tem dois verbos, e o segundo expande o primeiro.

A bênção se aplica aos cristãos hoje, pois oferece graça e paz. A bênção cristã expressa nas epístolas do Novo Testamento é justamente esta: "Graça e paz da parte de Deus nosso Pai e do Senhor Jesus Cristo". Podemos também receber as bênçãos da comunhão que Israel desfrutava com Deus – se prestarmos atenção aos ensinamentos do livro de Números.

6.
DEUTERONÔMIO

Introdução

Toda sinagoga tem um grande armário, geralmente coberto por uma cortina ou por um véu [arca sagrada ou *aron kodesh*]. Dentro do armário, há alguns rolos envoltos em tecido lindamente bordado. Esses rolos são a lei de Moisés. São chamados de Torá, que significa "instrução", e considerados fundamentais a todo o Antigo Testamento. São lidos em sua totalidade em voz alta uma vez por ano.

Quando um rolo era retirado do armário, a primeira parte era desenrolada revelando as palavras de abertura. O livro tornava-se conhecido por essas palavras. O livro de Deuteronômio é chamado simplesmente de "As palavras", porque a primeira frase em hebraico é: "Estas são as palavras". Quando o Antigo Testamento em hebraico foi traduzido para o grego, foi preciso pensar em um nome mais apropriado. "Deuteronômio" vem de duas palavras no grego: *deutero*, que significa "segundo", e *nomos*, que significa "lei".

Pelo nome, já é possível identificar o conteúdo do livro, pois, em Deuteronômio, os Dez Mandamentos aparecem novamente, exatamente como no livro de Êxodo.

Uma segunda leitura

Por que razão os Dez Mandamentos precisavam ser repetidos? Além disso, há 613 leis de Moisés no total e muitas delas também se repetem aqui. Por quê?

A dica é encontrada no livro de Números. Deuteronômio foi escrito 40 anos depois do livro de Êxodo. Durante esses 40 anos, toda uma geração havia morrido. Essa geração incluiu todos os adultos que saíram do Egito, cruzaram o mar Vermelho, acamparam no Sinai e ouviram os Dez Mandamentos da primeira vez. Na época de Deuteronômio, já estavam todos mortos (com exceção de Moisés, Josué e Calebe). Haviam infringido a lei tão rapidamente, que Deus determinou que jamais entrariam na Terra Prometida. Seu castigo foi vaguear pelo deserto por 40 anos, até que todas as pessoas dessa geração tivessem desaparecido.

A nova geração era formada por aqueles que eram apenas crianças quando atravessaram o mar Vermelho e acamparam no Sinai. A maioria deles, portanto, mal se lembrava do que havia acontecido quando seus pais saíram do Egito e, certamente, não se recordaria da leitura da lei no Sinai. Por isso, Moisés leu e explicou a lei uma segunda vez. Isso indica que cada geração deve confirmar a aliança com Deus.

Há outra razão para a segunda leitura. Está relacionada com o momento. Eles estavam prestes a entrar na Terra Prometida. Haviam ficado sozinhos no deserto e viam-se agora diante de uma terra ocupada por inimigos. Por isso, a lei foi lida e explicada quando o povo ainda estava na margem leste do rio Jordão, a fim de que pudessem saber o que Deus exigia deles.

Além disso, Moisés, o líder, não entraria na terra com eles. Havia perdido o direito de entrar porque desobedecera à palavra de Deus quanto à provisão de água da rocha. Deus havia mostrado a Moisés que ele morreria em apenas sete dias. Moisés, portanto, quis garantir que essa nova geração conhecesse o passado e estivesse pronta para enfrentar o futuro. De fato, eles testemunhariam o milagre da divisão de águas novamente, só que, dessa vez, no rio Jordão. Deus quis que conhecessem seu miraculoso poder, assim como a geração anterior havia conhecido.

É importante que sejamos claros a respeito do contexto no qual a lei foi apresentada pela segunda vez. Deus primeiramente conduziu os israelitas na travessia do mar Vermelho e, só então, fez aliança com eles no Sinai. Ele não lhes deu um novo padrão de conduta sem antes os salvar. Esse é um padrão observado em toda a Bíblia: em primeiro lugar, Deus mostra a sua graça nos salvando e depois explica como devemos viver.

Essa nova geração presenciaria a manifestação de Deus, resgatando-a e conduzindo-a na travessia do Jordão, que, naquela época do ano, era intransponível por causa da cheia. Tendo assistido a esse milagre, eles teriam até o seu próprio momento equivalente ao monte Sinai (monte Ebal e Gerizim) e ouviriam uma repetição das bênçãos e maldições do Senhor. Depois de 40 anos, Deus se apresenta para uma geração completamente nova.

Deuteronômio, portanto, o último livro de Moisés, é escrito e lido no acampamento israelita que estava à margem leste do rio Jordão, enquanto Moisés ainda estava vivo e os liderava.

Terra
Há algumas frases-chave no livro de Deuteronômio. Uma delas ocorre aproximadamente 40 vezes: **"a terra que o Senhor, o seu Deus, lhes dá"**. Os israelitas são lembrados de que essa terra é um presente, um presente imerecido. O salmo 24 declara "Do Senhor é a terra e tudo o que nela existe". Quando discutimos sobre quem tem a posse da terra, devemos nos lembrar de que, no fim das contas, Deus é dono de tudo. Ele a dá a quem desejar. Em Atos 17, Paulo, dirigindo-se aos atenienses no Areópago, explicou que é Deus quem decide quanto espaço e quanto tempo uma nação tem na terra.

A segunda frase que também se repete 40 vezes é: **"entrem e tomem posse da terra"**. Tudo o que recebemos de Deus é um presente e precisamos nos apropriar dele.

A salvação é um presente gratuito de Deus, mas devemos "entrar e tomar posse dela" para que seja de fato nossa. Deus não a impõe a nós. Tomar posse da terra seria algo muito custoso para os israelitas: eles teriam de lutar por ela; teriam de guerrear por ela. Muito embora Deus nos dê todas as coisas, temos de nos esforçar para tomar posse delas.

Uma pergunta importante que surge em Deuteronômio envolve a posse da terra. Eles teriam a possessão perpétua da terra ou poderiam perdê-la? Podemos chegar a duas conclusões.

1. POSSE INCONDICIONAL
A Bíblia afirma que Deus estava lhes dando a terra para sempre. Isso não significava, necessariamente, que poderiam ocupá-la para sempre.

2. OCUPAÇÃO CONDICIONAL
A ocupação da terra era condicional. Sua conduta determinaria como viveriam e desfrutariam da terra.

A mensagem de Deuteronômio é muito simples: vocês podem ficar com a terra contanto que guardem a minha lei. Se não guardarem a minha lei, embora possuam a terra e eu a tenha concedido, vocês serão impedidos de viver nela e de desfrutar dela.

Há uma diferença entre "posse incondicional" e "ocupação condicional". É uma distinção que os profetas do Antigo Testamento precisaram trazer à lembrança do povo. Os profetas conseguiam perceber que, dependendo do comportamento do povo, eles poderiam perder seu direito de possuir a terra.

Até o dia de hoje, as promessas de Deus são condicionais. São dádivas, mas a forma como vivemos nessas promessas determina se podemos ou não desfrutar delas.

O contexto da aliança

O contexto da aliança descrita em Deuteronômio é observado em todo o Antigo Oriente Próximo. Sempre que um rei expandia seu império e conquistava outros países, ele fazia o que era conhecido como um "tratado de suserania". Esse acordo, em termos básicos, afirmava que, se os derrotados se comportassem bem, o rei os protegeria e supriria suas necessidades, mas caso se portassem mal, ele os puniria. Diversos exemplos de tais tratados do Mundo Antigo foram descobertos por arqueólogos, especialmente no Egito. O padrão dos tratados, em linhas gerais, é exatamente o mesmo do livro de Deuteronômio.

Presume-se que Moisés tenha tido acesso e, consequentemente, estudado esses tratados como parte de sua educação no Egito. Moisés apresentou a aliança ao povo de Israel na forma de um tratado, uma vez que o Senhor era o rei, e eles eram seus súditos. Um tratado de suserania incluía o seguinte:

- Abertura: "Este é um tratado entre o faraó e os hititas..."
- Prólogo histórico resumindo a forma como o rei e seus novos súditos vieram a se relacionar uns com os outros.
- Declaração dos princípios básicos sobre os quais todo o tratado estaria fundamentado.
- Leis detalhadas sobre a forma como os súditos deveriam proceder.
- Sanções (recompensas ou punições): o que o rei faria se eles agissem adequadamente e o que faria caso fossem desobedientes.
- Assinatura reconhecida, geralmente invocando "os deuses" como testemunhas do tratado.
- Condição para continuidade: o que aconteceria se o rei morresse, e a nomeação de um sucessor a quem o povo ainda estaria sujeito.

Tudo era determinado em uma cerimônia, na qual o tratado seria redigido, assinado e acordado pelo rei e seus novos súditos.

É fácil perceber os paralelos entre essa forma de tratado e a forma e o conteúdo da lei apresentada em Deuteronômio:
- **Abertura** 1.1-5
- **Prólogo histórico** 1.6–4.49
- **Declaração dos princípios básicos** 5–11
- **Leis detalhadas** 12–26
- **Sanções** 27–28
- **Invocação da testemunha divina** 30.19; 31.19; 32
- **Condição para continuidade** 31–34

As sanções ou punições constituem uma parte importante do livro e dizem respeito à nossa compreensão de eventos posteriores na história bíblica. Duas sanções seriam impostas por Deus caso os israelitas não vivessem da forma como ele lhes ordenara.

PUNIÇÕES NATURAIS

A punição natural que Deus poderia impor era a ausência de chuva. A terra onde estavam entrando ficava entre o mar Mediterrâneo e o deserto árabe. Quando o vento soprava do oeste, trazia chuva do Mediterrâneo para a região da Terra Prometida. Se, contudo, soprasse do leste, o vento desértico seco ressecaria todas as coisas e tornaria a terra um lugar de desolação. Nos dias de Elias, portanto, Deus puniu a idolatria do povo com uma seca que durou três anos e meio. Era uma forma simples usada por Deus para recompensar ou castigar o povo.

PUNIÇÕES MILITARES

Se as punições naturais não surtissem efeito, Deus seria mais drástico e usaria agentes humanos para atacá-los.

Amós 9 relata algo muito significativo a esse respeito. Lemos que quando Israel estava cruzando o Jordão, Deus trouxe do oeste outro povo, na mesma época, para a mesma terra. Eram os filisteus. Desse modo, Deus trouxe para a mesma região, no mesmo momento, um povo que acabou se tornando o maior inimigo de Israel. Os israelitas se estabeleceram nas colinas e os filisteus na planície costeira (hoje Faixa de Gaza). Se Israel fosse fiel em guardar as leis, desfrutariam da paz. Caso agissem mal, Deus enviaria os filisteus para lidar com eles. Simples assim.

Corrupção
Os povos que habitavam a terra de Canaã eram os amorreus e os cananeus. Deus ordenou aos israelitas que expulsassem essas nações e tomassem posse da terra. Esse ponto da história de Israel tem desencadeado uma série de objeções à Bíblia. Tal aparente genocídio parece bárbaro à mente moderna. Como podemos conciliar um Deus de amor com um Deus que ordena aos judeus que massacrem todos os povos que viviam na Terra Prometida? Parece imoral e injusto.

A resposta é encontrada novamente em Gênesis. Deus disse a Abraão que preservaria sua família e seus descendentes em uma terra estranha durante 400 anos, até que se atingisse a medida da maldade dos amorreus. Na realidade, Deus aguardou por 400 anos que esse povo se tornasse vil a ponto de não merecer mais viver em Canaã – pois não mereciam viver em lugar algum da terra. Deus não permite que as pessoas continuem ocupando a terra independentemente do que façam. Apesar de ser muito paciente, Deus, no final, agirá em juízo. A arqueologia tem evidências do nível de degeneração dos amorreus. As enfermidades sexualmente transmissíveis, por exemplo, eram comuns entre eles. Se os israelitas tivessem se misturado com esses povos, teria sido como viver em uma terra onde todos tivessem AIDS, sem contar a influência geralmente pouco salutar de seu estilo de vida corrupto.

Em Deuteronômio, Deus afirma: "Não é por causa de sua justiça ou de sua retidão que você conquistará a terra deles. Mas é por causa da maldade destas nações que o Senhor, o seu Deus, as expulsará de diante de você, para cumprir a palavra que o Senhor prometeu, sob juramento, aos seus antepassados, Abraão, Isaque e Jacó".

Alguns indagam por que foi necessário que os israelitas os aniquilassem. Deus não poderia tê-los destruído ele mesmo? A resposta é muito clara. Ele precisava ensinar aos israelitas a importância de viver da forma como ele ordenara. Se agissem como os amorreus, os israelitas teriam exatamente o mesmo fim.

Quando lemos Deuteronômio, devemos perceber que estamos diante de uma imagem que reflete a vida em Canaã. Todas as proibições que Deus impôs aos israelitas eram práticas comuns entre o povo que vivia em Canaã. Podemos montar um retrato do que acontecia na Terra Prometida antes que os israelitas entrassem nela. Esse retrato pode ser resumido em três palavras.

1. IMORALIDADE
Já comentamos que havia doenças sexualmente transmissíveis entre o povo que habitava a terra. Havia fornicação, adultério, incesto, homossexualidade, travestismo e sodomia. O divórcio e o novo casamento também eram práticas bastante difundidas. Deuteronômio demonstra como todo esse comportamento era estritamente proibido.

2. INJUSTIÇA
Deuteronômio também trata da injustiça. "Os ricos ficavam mais ricos e os pobres cada vez mais pobres". Os tradicionais pecados do orgulho, da ganância e do egoísmo eram

evidentes, levando à exploração do pobre. Os que tinham deficiências, os cegos e os surdos não recebiam o devido cuidado. Não havia quem rompesse os grilhões da pobreza causada pela ganância de alguns. Deus disse aos israelitas que deveriam ser altruístas. Deveriam cuidar do surdo, do cego, da viúva e do órfão. As pessoas tinham valor.

3. IDOLATRIA
Canaã estava repleta de idolatria. Havia ocultismo, superstição, astrologia, espiritismo, necromancia e rituais de fertilidade. Eles adoravam a "Mãe Terra" e acreditavam que o ato sexual tinha conexões com a fertilidade da terra. Nos templos pagãos, havia a prática da prostituição (de ambos os sexos) e o culto incluía a prática de relações sexuais. Essas práticas refletiam-se nos monumentos espalhados por toda a terra: postes-ídolos (símbolos fálicos) eram vistos com frequência sobre os montes evidenciando a predominância dos rituais pagãos.

Deuteronômio revela a percepção de Deus em relação à situação. A terra era sua e agora estava totalmente corrompida, contaminada, aviltada. Fora desonrada e Deus não permitiria que isso prosseguisse. As coisas estão muito diferentes hoje?

A última obra de Moisés
Deuteronômio é o último dos cinco livros de Moisés - o Pentateuco. Vimos que foi escrito em um momento crítico para o povo de Israel. Estavam prestes a entrar na Terra Prometida, mas Moisés não iria conduzi-los. Já era um homem idoso de 120 anos e entrava na última semana de sua vida (o livro termina com a sua morte). Tendo presenciado a fraqueza dos pais da geração atual, ele temia que os filhos seguissem o mesmo caminho. Antevia as batalhas futuras – tanto físicas quanto espirituais – que precisariam travar.

Em sua última semana de vida, Moisés falou três vezes ao povo. O conjunto de Deuteronômio é formado por três longos discursos, sendo que cada um deles deve ter tomado boa parte do dia. Esse estilo discursivo faz sentido. É um livro muito pessoal e sentimental. Moisés faz um pedido ao povo, como um pai, à beira da morte, fala pela última vez com seus filhos.

É bem provável que durante esses últimos seis dias de sua última semana de vida, Moisés tenha falado e escrito em dias alternados. Nos dias 1, 3 e 5 ele discursou e, então, nos dias 2, 4 e 6, registrou o que havia dito no dia anterior. Entregou aos sacerdotes o que havia escrito, e os sacerdotes colocaram os textos junto à arca da aliança, para que o povo jamais esquecesse. Esse era "o seu último desejo e testamento". Ele apresentou a palavra do Senhor ao povo e se tornou o maior profeta do Antigo Testamento.

O livro pode ser ordenadamente dividido em três partes.

1. Passado: Recordações (1.1–4.43)
a. A falta de fé é condenada (1.6–3.29)
b. A fé é recomendada (4.1-43)

2. Presente: Ordenanças (4.44–26.19)
a. O amor é revelado (4.44–11.32)
b. A lei é expandida (12.1–26.19)

3. Futuro: Retribuição (27.1–34.12)
a. A aliança é ratificada (27.1–30.20)
b. A continuidade é assegurada (31.1–34.12)

Primeiro discurso (1.1–4.43): Passado

No primeiro discurso, Moisés relembra os dias subsequentes ao Sinai, quando Deus fizera a aliança com os pais daqueles que o ouviam naquele momento. Ele os faz lembrar que embora fossem necessários apenas 11 dias para caminhar do Sinai até a Terra Prometida, seus pais haviam levado 13.780 dias. Quando chegaram a Cades-Barneia, na fronteira, pararam e, por instrução de Deus, enviaram um representante de cada tribo para espiar a terra. Os espias voltaram confiantes quanto à qualidade da comida na terra, mas não quanto às suas chances de conquistá-la. Os habitantes eram grandes demais e as cidades, inconquistáveis, disseram os espias. Somente dois deles, Josué e Calebe, instavam o povo a confiar em Deus e a seguir adiante.

Apesar do futuro brilhante, Israel viveu momentos de decadência moral. Embora Deus tivesse sido fiel, eles foram infiéis. A mensagem do capítulo 4 é simplesmente esta: "Não sejam como seus pais. Eles perderam a fé e perderam a terra. Se preservarem a sua fé, podem ficar com a terra".

Segundo discurso (4.44–26.19): Presente

A lei da segunda parte não é fácil de ler. É, sem dúvida alguma, a seção mais longa, apresentada ao povo provavelmente no terceiro dia da última semana da vida de Moisés. Descreve a forma como os israelitas deveriam viver se desejassem permanecer na terra que Deus estava lhes dando.

Resumo
Capítulo 5 – Moisés começa reforçando os princípios básicos, determinados por Deus, de uma conduta justa e íntegra, a saber, os Dez Mandamentos. Eles têm, basicamente, um tema em comum: respeito. Respeite a Deus, respeite o nome de Deus, respeite seus pais, respeite a

vida, respeite o casamento, respeite a propriedade, respeite a reputação dos outros. A maneira mais rápida de destruir a sociedade é destruindo o respeito.

É interessante traçar um contraste entre a lei de Moisés e as leis da sociedade pagã. Se você contrastar os padrões da lei de Moisés com as piores práticas da sociedade pagã, como já fizemos com a prática dos amorreus em Canaã, ficam evidentes a pureza e a santidade da lei apresentada nos Dez Mandamentos.

Capítulo 6 – A lei da aliança é apresentada e expandida. Conhecemos o propósito da lei: a fim de que o amor possa ser comunicado de uma geração à outra.

Capítulo 7 – Recebem ordens para abolir toda a idolatria (ou seja, o primeiro mandamento) e para exterminar os cananeus, para que não sirvam de tropeço.

Capítulo 8 – São encorajados a se lembrar com gratidão dos feitos de Deus para com seu povo. São alertados a não esquecê-los, principalmente em tempos de prosperidade.

9.1–10.11 – Moisés relembra o pecado e a rebeldia do povo. Eles são alertados a não se tornar hipócritas.

10.12–11.33 – O tema nesta seção é a obediência. Se forem obedientes, serão abençoados; se forem desobedientes, serão amaldiçoados – a escolha é deles. Essa ênfase está presente em todo o livro. A tradução do verbo "ouvir" [e suas variações] ocorre cerca de 50 vezes e o correspondente aos verbos "fazer", "guardar" e "observar", cerca de 170 vezes.

Paralelamente, é importante observar outro verbo frequentemente usado na exposição de Moisés: "amar".

Ele é usado cerca de 30 vezes. Se você ama o Senhor, guarda as suas leis. No Novo Testamento, Paulo afirma que o amor é o cumprimento da lei. Não se trata de legalismo, mas de amor. Amar é obedecer, pois, aos olhos de Deus, amor é sinônimo de lealdade. Amar significa ser fiel a alguém. Amor e lei não são opostos um ao outro – existe uma correlação entre eles.

Capítulos 12–26 – Uma quantidade enorme de instruções é exposta nesses capítulos, às vezes, em detalhes surpreendentes. Nessa seção, Moisés redireciona o foco do discurso: das generalidades para o específico, do vertical (nosso relacionamento com Deus) para o horizontal (nosso relacionamento com outros).

Padrões contrastantes
É possível observar melhor essas leis contrastando-as com diferentes panos de fundo. O que havia de tão diferente, tão especial, na lei de Moisés quando comparada à lei vigente em outras sociedades da região?

1. PADRÕES NA TERRA PROMETIDA
Vimos como as leis em Deuteronômio são uma imagem que reflete o que acontecia na terra naquela época. Algumas das leis mais enigmáticas estão relacionadas às práticas daqueles que já ocupavam a terra.

2. PADRÕES NAS TERRAS VIZINHAS
Há outra interessante comparação a ser feita entre a lei de Moisés e outra lei do Mundo Antigo – o código de Hamurabi, um rei amorreu da Babilônia (ou Babel). Essas leis foram escritas 300 anos antes de Moisés. Incluem proibições de assassinato, adultério, roubo e falso testemunho. Além disso, a conhecida lei de *lex talionis*,

ou a lei de vingança ("olho por olho e dente por dente"), também faz parte. Tudo isso não deveria nos surpreender. Em Romanos, o apóstolo Paulo afirma que os pagãos "mostram que as exigências da lei estão gravadas em seus corações". Ele não apenas a escreveu sobre a pedra – mas registrou-a nos corações das pessoas a fim de que todos soubessem que algumas práticas são erradas. Um exemplo: todas as sociedades do mundo sempre condenaram a prática do incesto.

Há, no entanto, algumas grandes diferenças entre a lei de Hamurabi e a lei de Moisés. Na primeira, havia apenas uma punição para qualquer mal causado, e essa punição era a morte. Na lei de Moisés, a pena de morte é bastante rara. Somente 15 violações são merecedoras da pena de morte. Comparada à lei de Hamurabi, a lei de Moisés está longe de ser tão rigorosa.

Outra imensa diferença é que, na lei de Moisés, escravos e mulheres são tratados como pessoas, enquanto na lei de Hamurabi, são considerados propriedade de alguém. Outra diferença em relação à lei de Moisés é que a lei de Hamurabi não confere qualquer direito ou respeito às mulheres.

A lei de Hamurabi também inclui distinções de classe. Existem os nobres e as pessoas comuns, e leis diferentes se aplicam conforme a classe. A lei de Moisés não faz diferenciação entre classes. A mesma lei se aplica a todos.

Um último ponto a observar é que as leis de Hamurabi são leis casuísticas – apresentadas na forma de condições. Exemplo: "Se você fizer isto, então terá que morrer". As leis de Moisés são apresentadas no estilo apodítico – não como condições, mas como ordens. "Você não deve fazer isto". A lei de Moisés reflete o direito de Deus, como rei, de ditar como as coisas devem ser feitas. Deus dá ordens porque ele próprio define o padrão.

As ordens e a legislação se encaixam em diferentes

AS INSTRUÇÕES DO CRIADOR

categorias, detalhadas nas seções a seguir.[11]

1. Prática religiosa/cerimonial

IDOLATRIA/PAGANISMO

- A nação de Israel estava proibida de seguir outros deuses ou de edificar imagens. O texto afirma que o Senhor é um Deus zeloso. Dessa forma, podemos afirmar que o zelo ou ciúmes é um sentimento pertinente a Deus, ainda que com alguma relutância. Sentimos ciúmes de algo que nos pertence. É diferente da inveja, que é quando desejamos algo que não nos pertence. Assim como é aceitável que um homem sinta ciúmes se outro homem cortejar sua esposa, não é de se estranhar que Deus sinta ciúmes de seu povo quando este segue outros deuses.
- Como um desdobramento do primeiro mandamento, os postes-ídolos foram especificamente proibidos.
- Havia leis sobre cortar o corpo e raspar a cabeça durante o luto.
- Se um parente instigasse a família a adorar outros deuses, ele deveria ser condenado à morte – não deveria haver misericórdia.
- No ataque a cidades idólatras, os israelitas deveriam matar todo o povo e incendiar a cidade para que jamais pudesse ser reconstruída.
- Os idólatras deveriam ser apedrejados pela palavra de duas ou três testemunhas, sendo uma delas responsável por atirar a primeira pedra.
- Deveria haver um lugar de adoração. Todos os "altares idólatras" onde os cananeus cultuam deveriam ser destruídos.

---

[11] Devo a classificação das leis mosaicas ao meu amigo F. LaGard Smith, ex-professor de direito na Pepperdine University, Malibu, Califórnia, que produziu a Nova Versão Internacional sem números de capítulo e versículos, com os livros em ordem cronológica e as leis ordenadas em convenientes categorias, como visto aqui. A versão de capa dura tem o título de *The Narrated Bible* e a edição de bolso *The Daily Bible* (ambas da Harvest House, 1978).

Os israelitas não deveriam se interessar por outras religiões ou mesmo informar-se a respeito delas. Deveriam rejeitar o sacrifício infantil, que era abominável.

FALSA ESPIRITUALIDADE
- Todos os falsos profetas, os sonhadores e aqueles que "seguem outros deuses" deveriam ser condenados à morte.
- Todas as formas de espiritismo são punidas com a morte: consulta aos mortos, bruxaria, presságios, encantamento, médiuns.
- Um verdadeiro profeta, como Moisés, surgiria (uma referência a Jesus).
- Quando falsos profetas falassem em nome de outros deuses ou quando falassem e a profecia não se cumprisse, eles deveriam ser condenados à morte.

BLASFÊMIA
- Se o nome de Deus fosse usado indevidamente, o herético deveria ser condenado à morte.

CONSAGRAÇÕES
- As primeiras crias dos animais deveriam ser consagradas ao Senhor.

DÍZIMO
- Um décimo de toda a produção deveria ser separado. A cada três anos, a produção era entregue aos levitas, aos estrangeiros, aos órfãos e às viúvas.

CONQUISTA
- Deveriam ser oferecidos cestos das primícias de todas as porções de terra conquistadas pelos israelitas.
- Os israelitas deveriam proclamar sua história ao

chegar na terra, relembrando seu resgate do Egito.
- Orações de gratidão também deveriam ser feitas.

SHABAT
- Antes do tempo de Moisés, ninguém guardava o sábado. Trata-se de uma nova cláusula para escravos que antes trabalhavam sete dias por semana, mas que agora teriam um dia livre.

FESTAS (TODOS OS EVENTOS DE PEREGRINAÇÃO)
- Páscoa
- Semanas (Pentecoste)
- Tabernáculos

SACRIFÍCIOS E OFERTAS
- Se houvesse um homicídio e o autor não pudesse ser encontrado, uma novilha deveria ser sacrificada para declarar a inocência da comunidade.

EXCLUSÕES DA ASSEMBLEIA
- Aqueles com genitais castrados ou mutilados eram excluídos da assembleia do Senhor.
- Filhos de uniões proibidas (até a décima geração) também eram proibidos de entrar.
- A entrada de amonitas e moabitas era explicitamente proibida.
- Edomitas (da terceira geração em diante) tinham permissão para entrar.

JURAMENTOS
- Os israelitas deveriam cumprir seus votos a Deus. Os juramentos eram feitos espontaneamente, portanto deveriam ser cumpridos. Igualmente, hoje, se você faz um voto a Deus, deve cumpri-lo.

SEPARAÇÃO
- Nenhuma mistura de espécies de sementes era permitida.
- Um jumento e um boi não deveriam ser emparelhados.
- Roupas de lã e linho não deveriam ser misturadas.

Essas leis de separação podem parecer muito estranhas, mas estavam relacionadas ao antigo culto da fertilidade difundido na terra. Os pagãos acreditavam que, ao misturar tais coisas, estavam produzindo fertilidade. Deus estava ressaltando que é ele quem concede fertilidade; o povo não precisava se apoiar em tal superstição.

2. Governo

REI
Nessa seção, encontramos leis para um rei, embora a nação só viesse a ter um rei séculos depois.
- Deus seria o seu rei – a realeza é uma concessão, não é parte de seu plano.
- Quando um rei subia ao trono, precisava copiar as leis de Moisés de próprio punho e lê-las regularmente.
- O rei era orientado a não ter muitas esposas, muitos cavalos ou muita riqueza.

JUÍZES
- Foram apresentadas as regras para a condução dos tribunais, incluindo uma cláusula sobre um tribunal de recurso. Curiosamente, a punição por desacato era a morte.
- Havia também regras relacionadas à justiça: nada de suborno ou favoritismo. Um estrangeiro, um órfão e uma viúva deveriam receber exatamente o mesmo tratamento que o mais rico comerciante.
- Era necessário que pelo menos duas ou três testemunhas

concordassem totalmente quanto ao que viram ou ouviram. Se dessem falso testemunho, deveriam sofrer exatamente o que o acusado teria sofrido caso fosse achado culpado. Se meu falso testemunho no tribunal resultasse na aplicação de uma multa de valor alto, então, quando meu falso testemunho fosse descoberto, deveria pagar uma multa do mesmo valor. "Olho por olho, dente por dente".
- Havia regras para a aplicação das punições. O açoitamento deveria ser limitado a 40 golpes (costumavam aplicar 39 açoites, para garantir que não infringiriam a lei). O açoitamento excessivo era desumanizante – o criminoso era tratado como um pedaço de carne. Quando uma pessoa fosse executada, o corpo não deveria ser deixado pendurado na árvore após o pôr do sol. (Em Gálatas, o apóstolo Paulo faz essa referência a Jesus na cruz). Não havia encarceramento.

3. Crimes especiais

CONTRA PESSOAS
- O homicídio sempre implicava a pena de morte, a menos que fosse homicídio involuntário e não intencional. Seis cidades de refúgio, três de cada lado do Jordão, deveriam ser estabelecidas para onde um homem que acidentalmente tivesse cometido um assassinato pudesse fugir, a fim de escapar da pena de morte.
- O rapto também implicava a pena de morte.
- A morte era a pena para estupradores caso o ataque tivesse ocorrido no campo, mas tanto estuprador como vítima eram condenados à morte se o ataque tivesse acontecido na cidade, pois a vítima poderia ter gritado por socorro.

CONTRA A PROPRIEDADE
- Havia leis contra o roubo e contra a remoção de marcos de divisa da propriedade de um vizinho.

4. Direitos e responsabilidades pessoais
- Lesões e danos.
- Mestres e servos: escravos tinham direitos; trabalhadores deveriam ser pagos em dia.
- Crédito, juros e penhor. Após sete anos, as dívidas deveriam ser canceladas pelo credor através do cancelamento de empréstimos feitos aos concidadãos israelitas. Não se deveria cobrar juros.
- Pesos e medidas. Balanças propriamente aferidas deveriam ser usadas todo o tempo.
- Herança. Era responsabilidade do parente mais próximo dar continuidade à linhagem da família.

5. Relações sexuais
- Casamento. Havia instruções rigorosas referentes ao vínculo do casamento, aos casados, aos prometidos em casamento e aos que foram violentados.
- Divórcio. O divórcio motivado pelo "descontentamento" do marido com sua esposa era permitido (por encontrar nela algo que reprovasse). No caso de múltiplos divórcios, a lei apenas proibia um homem de casar-se novamente com a primeira esposa.
- Adultério. As duas partes deveriam ser condenadas à morte.
- Travestismo. Vestir-se como o sexo oposto era detestável para Deus.

6. Saúde
- Em caso de suspeita de lepra, havia um procedimento cuidadoso a ser seguido, que envolvia a inspeção do sacerdote.

AS INSTRUÇÕES DO CRIADOR

- Havia leis que proibiam comer animais encontrados mortos.
- Regras rigorosas controlavam os alimentos "puros e impuros". Camelos, coelhos, porcos e certas aves não deveriam aparecer no menu.
- Carne e leite não deveriam ser cozidos juntos.

Esse último ponto é uma lei que é mal interpretada por praticamente todo judeu: "Não cozinhem o cabrito no leite da própria mãe". Com base nesse único versículo, os judeus construíram um sistema de dieta *kasher* por meio do qual eles equipam suas casas com duas cozinhas: dois conjuntos de panelas e travessas totalmente diferentes e duas pias para lavá-las, a fim de que os laticínios sejam mantidos separados dos produtos com carne – algo que Abraão nunca fez, pois ofereceu um novilho com coalhada aos seus visitantes. Eles interpretaram de forma totalmente equivocada o propósito da lei, que, mais uma vez, estava vinculada a um rito do culto pagão da fertilidade. Os cananeus acreditavam que comer a carne de um filhote cozido no leite da mãe os levava a praticar o incesto com sua mãe, algo que, consequentemente, promovia a fertilidade.

7. Prosperidade

- A generosidade não é apenas encorajada, ela é ordenada. Feixes de milho deveriam ser deixados nas extremidades do campo para serem colhidos pelos pobres.
- Os pais deveriam esperar respeito e apoio da parte de seus filhos: um filho teimoso e rebelde deveria ser condenado à morte.
- Vizinhos que perdessem seus animais deveriam receber assistência.

- Os animais deveriam ser bem tratados: não se devia amordaçar um boi quando ele estivesse pisando grãos; era permitido recolher ovos de pássaros do ninho, mas a mãe não deveria ser removida – deveria ser deixada ali para que pudesse colocar mais ovos.

8. Guerra
- Preparar-se para a guerra era vital. A guerra não era para os covardes. Os medrosos podiam ir para casa.
- Durante um cerco, os soldados não deviam cortar as árvores ao redor da cidade.
- Era necessário manter um local para evacuar fora do acampamento e toda a sujeira deveria ser coberta.
- Um soldado recém-casado podia ficar em casa durante um ano antes que tivesse de voltar à guerra. Ninguém deveria ir à guerra e comprometer seu primeiro ano de casamento.

O que fazemos com tudo isso?

1. ESCOPO
Deus está interessado em nossas vidas como um todo. Viver retamente não é apenas o que você faz na igreja aos domingos, mas envolve todos os aspectos da vida. Há uma maneira certa de fazer todas as coisas. Deus quer que as pessoas sejam corretas em todas as áreas de suas vidas.

2. INTEGRAÇÃO
Essas leis mostram uma admirável integração. Passamos, por exemplo, de uma lei que proibia que se comesse a carne de camelos para uma lei sobre a observância de uma data festiva. Isso não agrada a mente ocidental moderna. Sentimos que, de alguma forma, devemos classificar todas essas leis. Mas Deus está dizendo que não há divisão na

vida – não há separação entre sacro/secular; toda a vida é para Deus.

3. PROPÓSITO

Há um propósito claro em todas essas leis. A intenção não era estragar o prazer das pessoas ou cerceá-las com restrições. Uma frase recorrente em todo o livro é **"para que tenhas longa vida e tudo te vá bem na terra"**. Deus deseja que nossas vidas sejam saudáveis e felizes, por isso nos deu leis. Algumas pessoas imaginam Deus assentado lá no céu, dizendo "não" e "não farás". Mas o seu propósito com a proibição é sempre promover o nosso bem. Ele se preocupa com o nosso "bem-estar".

Terceiro discurso (27.1–34.12): Futuro

O terceiro e último discurso de Moisés tem duas partes.

1. A aliança é ratificada (27.1–30.20)

Na primeira parte, ele disse que os próprios israelitas deveriam confirmar a lei. Após cruzar o Jordão, deveriam se posicionar aos pés dos montes Ebal e Gerizim, que estão lado a lado e, com o vale entre eles, formam um anfiteatro. Os líderes deveriam recitar em voz alta as bênçãos no monte Gerizim e as maldições, no monte Ebal. Após cada frase, o povo deveria responder com um "amém" – ou seja, "com certeza!". Essas maldições e bênçãos estão listadas em Deuteronômio 28 (e, a propósito, o trecho foi incluído no Livro de Orações da Igreja Anglicana, para ser recitado na quaresma).

As palavras são contundentes. O restante do Antigo Testamento se dedica a relatar a resposta de Israel a essas bênçãos e maldições. Quando lemos Deuteronômio 28, é como se lêssemos toda a história de Israel nos últimos quatro mil anos.

2. A continuidade é assegurada (31.1–34.12)

Aos 80 anos, Josué foi indicado como sucessor de Moisés. Moisés então entregou o Livro da Lei aos sacerdotes e ordenou que o colocassem ao lado da arca. Ele ordenou que toda a lei fosse recitada a cada sete anos.

Moisés encerrou sua mensagem com um cântico. Assim como muitos profetas, ele também era músico. Miriã, sua irmã, cantou após a travessia do mar de juncos, e agora, Moisés recita as palavras de um cântico antes de sua morte. O cântico detalha a fidelidade de Deus e seus atos de justiça para com Israel. Ele é uma rocha, absolutamente segura, imutável, totalmente confiável. Ao final do cântico, Moisés abençoou as 12 tribos e incluiu vislumbres proféticos do futuro.

Finalmente o trecho relata a morte e o sepultamento de Moisés – o único trecho dos cinco livros de Moisés que não foi escrito por ele! Presume-se que Josué tenha acrescentado os detalhes. Moisés morre só, com as costas apoiadas contra a rocha no topo do monte Nebo, olhando além do Jordão para a terra que havia sido prometida, mas na qual ele jamais colocaria os pés.

Séculos depois, lemos nos Evangelhos que Moisés falou com Jesus no cume de uma das montanhas, mas ele nunca entrou em Canaã em sua vida terrena. Foi sepultado no mesmo monte Nebo, mas não por seu povo. No Novo Testamento, Judas relata que um anjo veio sepultá-lo. Quando o anjo se aproximou de Moisés, o diabo estava lá para reivindicá-lo, pois Moisés havia assassinado um egípcio. Mas o arcanjo Miguel respondeu: "O Senhor o repreenda!" e assim Moisés foi sepultado pelo anjo. Um final extraordinário para uma vida extraordinária. O povo pranteou sua morte durante um mês antes de preparar-se para cruzar o rio Jordão.

A importância de Deuteronômio

Deuteronômio é a chave para toda a história de Israel. Quando finalmente chegaram à terra, ficaram relutantes e foram incapazes de expulsar os cananeus da terra. Logo começaram a desposar as mulheres cananeias e a se envolver nas mesmas práticas pecaminosas dos pagãos. Na realidade, levaram mil anos, desde o tempo de Abraão até os dias de Davi, para finalmente habitar a terra que lhes fora prometida. Nos 500 anos seguintes perderam-na por completo, como veremos no livro de Reis. Toda a história de Israel pode ser resumida em apenas duas frases: Obediência e justiça lhes trouxeram bênçãos. Desobediência e perversidade lhes trouxeram maldições. Tudo isso se torna extremamente claro no livro de Deuteronômio.

Deuteronômio também desempenha um papel de imensa importância no Novo Testamento. É citado 80 vezes em apenas 27 livros.

Jesus
- Jesus era o profeta anunciado por Moisés em Deuteronômio.
- Jesus conhecia Deuteronômio muito bem. Quando foi tentado no deserto, usou as Escrituras para se defender e, todas as vezes, citou Deuteronômio.
- No Sermão do Monte, Jesus diz que "nem um i ou um til" jamais passará da lei.
- Quando pediram a Jesus que resumisse a lei de Moisés, ele a resumiu nas palavras de Deuteronômio: "Ame o Senhor, o seu Deus, de todo o seu coração, de toda a sua alma e de todas as suas forças" e de Levítico: "Ame cada um o seu próximo como a si mesmo".

Paulo
- Paulo usou Deuteronômio quando escreveu sobre a importância da transformação em nossos corações.
- Ele usou a morte de Jesus como um exemplo de alguém que foi amaldiçoado.
- Ele citou a lei sobre amordaçar o boi como um princípio a ser aplicado no sustento de pregadores.

Os cristãos e a lei de Moisés
Como, então, os cristãos de hoje devem ler a lei de Moisés?

Preceitos específicos
Não estamos sob a lei de Moisés, mas sob a lei de Cristo. Precisamos descobrir, portanto, se determinada lei do Antigo Testamento se repete ou é reinterpretada no Novo Testamento.

Por exemplo, entre os Dez Mandamentos, somente o quarto, que se refere ao sábado, não se repete no Novo Testamento. E os dízimos também não são obrigatórios no Novo Testamento, embora sejamos encorajados a ofertar generosamente, liberalmente e com alegria. As leis referentes ao alimento puro ou impuro são abolidas.

Princípios gerais
Somos salvos para viver uma vida de justiça, não por viver uma vida de justiça. Esse é um conceito importante a ser assimilado. A necessidade do "fazer" aparece tanto no Novo quanto no Antigo Testamento, mas a motivação agora também tem muita importância. Nossa justiça deve ser "superior à dos fariseus e mestres da lei", mas, agora, a nossa justiça é tanto interior quanto exterior. Agora temos o Espírito para nos capacitar. Assim, somos justificados pela fé, mas julgados pelas obras [ações].

Vale observar, também, que Deuteronômio é um alerta

contra o sincretismo. Podemos facilmente, sem perceber, incorporar práticas pagãs às nossas vidas. O Dia das Bruxas [Halloween] e o Natal, por exemplo, eram ambas festas pagãs, que a igreja procurou "tornar cristãs", quando deveria tê-las descartado por completo.

Conclusão

Deuteronômio é um livro crucial na história de Israel, não apenas por ser um dos cinco livros de Moisés. Ele leva as pessoas a recordar o passado, ensina-as a viver no presente e as persuade a olhar à frente, para o futuro. O livro reflete a preocupação de Moisés de que seu povo não se extraviasse. Ao mesmo tempo, expressa o desejo de Deus de que o seu povo, honrando-o e respeitando-o, seja digno da terra que ele estava lhes concedendo.

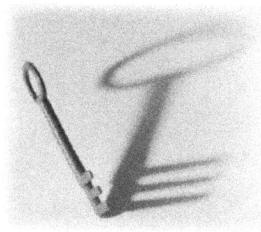

UMA TERRA E UM REINO

7. Josué

8. Juízes e Rute

9. 1 e 2 Samuel

10. 1 e 2 Reis

7.
JOSUÉ

Introdução

Um professor primário perguntou aos alunos: "Quem derrubou os muros de Jericó?" Houve um longo silêncio até que um garoto respondeu: "Eu juro que não fui eu, professor!".

Mais tarde, naquele mesmo dia, na sala da diretoria, o professor relatou o incidente ao diretor. "Sabe o que aconteceu na minha sala hoje? Perguntei quem havia derrubado os muros de Jericó e Joãozinho disse: 'Eu juro que não fui eu, professor'".

O diretor respondeu: "Bem, conheço Joãozinho há alguns anos e a família dele também – são boa gente. Se ele diz que não foi ele, tenho certeza de que é verdade".

Pouco depois, o diretor contou a resposta do menino a um inspetor que visitava a escola, cuja reação foi: "Talvez seja tarde demais para descobrir quem foi; mande consertar e envie a conta para nós".

A piada, obviamente, é que todos deveriam saber quem derrubou os muros de Jericó. É uma das histórias bíblicas mais conhecidas. E, se por acaso não conhecem a história pela Bíblia, deveriam ao menos ter ouvido o popular *negro spiritual* "Vem com Josué lutar em Jericó". No entanto, esse é o único trecho do livro que as pessoas conhecem de fato. Josué não é um livro muito popular, e conhecer a história da batalha não significa, necessariamente, acreditar que ela realmente tenha acontecido. Até mesmo a história em si desperta dúvidas: Como os muros foram derrubados? Será que foram, de fato, derrubados?

Fica evidente que há uma série de questões preliminares a considerar quando analisamos o livro de Josué. Em primeiro lugar, precisamos indagar que tipo de livro é e como devemos ler suas histórias extraordinárias. Em seguida, devemos examinar o conteúdo e a estrutura do livro e ver como os cristãos podem tirar o máximo proveito de sua leitura.

Que tipo de livro é Josué?

Josué é o sexto livro do Antigo Testamento. Em nossa Bíblia, vem depois de Deuteronômio, indicando uma sequência aparentemente lógica do relato da morte de Moisés, no final de Deuteronômio, ao comissionamento de Josué – o sucessor de Moisés – no início do livro seguinte. Para os judeus, a localização do livro tem outro significado. O fim de Deuteronômio marca o fim da Torá, a lei de Moisés. Esses cinco livros são lidos anualmente na sinagoga, iniciando com Gênesis 1.1, no Ano Novo, e terminando com a leitura de Deuteronômio 34.12. O nome de cada um dos cinco livros deriva de suas primeiras palavras, visto que essas seriam as palavras encontradas no início do rolo quando os livros eram escolhidos para a leitura. Josué é o primeiro livro a ser conhecido pelo nome de seu autor.

Josué também é um tipo completamente novo de literatura. Os primeiros cinco livros da Bíblia descrevem as origens do povo de Israel e servem de base para todo o restante. Em contrapartida, não há uma única lei em Josué ou nos livros seguintes. Em Josué começamos a ver como a lei funcionava na prática.

Josué tende a ser visto como um livro histórico, pois, na nossa Bíblia, encontra-se na seção considerada histórica. Entretanto, é mais que apenas um livro histórico. Como vimos no Panorama do Antigo Testamento (pág. 25-39), os judeus dividem o Antigo Testamento em três seções – como em uma biblioteca – com os livros reunidos sob três categorias (veja a página 37). Os primeiros cinco são os livros da Lei, também chamados de Torá ou Pentateuco. Os livros dos Profetas vêm a seguir. Josué é o primeiro livro dos Profetas anteriores, seguido por Juízes, 1 e 2 Samuel e 1 e 2 Reis. Os livros entre Isaías e Malaquias compreendem os Profetas posteriores, com algumas exceções. A terceira seção é formada pelos Escritos, que incluem Salmos, Jó, Provérbios, Rute, Cantares, Eclesiastes, Lamentações, Ester, Daniel, Esdras, Neemias e 1 e 2 Crônicas. Dois livros, portanto, classificados como Proféticos na Bíblia cristã – Daniel e Lamentações – são parte dos Escritos, na divisão judaica do Antigo Testamento. Crônicas é o último livro dos Escritos, embora a Bíblia cristã o inclua na seção de livros Históricos.

Muitos se surpreendem com a inclusão de Josué como livro profético na divisão judaica, pois a maior parte de seu conteúdo está na forma narrativa e assemelha-se mais à história pura e simples do que à profecia poética dos livros posteriores. Há, no entanto, várias razões pelas quais devemos concordar com o rótulo de "profético".

Em primeiro lugar, nem todos sabem que Josué era profeta. Na realidade, ele é mais conhecido como comandante militar, mas, assim como Moisés, Josué também era profeta, pois ouvia de Deus e falava por ele. De fato, o último capítulo do livro registra Josué, na primeira pessoa do singular, entregando uma mensagem de Deus para o povo.

Em segundo lugar, as narrativas bíblicas são, de certa forma, um tipo especial de história. Dois princípios devem ser seguidos quando se registra uma história:

Seleção: é impossível incluir tudo, mesmo quando se cobre um curto período de tempo. A história bíblica é altamente seletiva, concentrando-se predominantemente em uma nação e apenas em eventos específicos da vida daquela nação.

Conexão: um bom historiador seleciona eventos aparentemente discrepantes e mostra como eles se interconectam, para que um tema comum seja desenvolvido.

Usando esses dois princípios, podemos perceber por que a história em Josué e nos outros livros Históricos é, na realidade, profética. O autor seleciona os eventos que são significativos para Deus ou que são explicados pela ação de Deus. Somente um profeta pode escrever esse tipo de história, pois somente um profeta tem a percepção do que e do por que incluir determinados eventos. Ler o livro como profecia nos faz lembrar de que o verdadeiro herói do livro não é Josué, mas sim Deus (e isso se aplica a qualquer livro da Bíblia). Vemos a ação de Deus neste mundo, o que ele diz e o que faz. Portanto, embora seja história pura, pois descreve o que ocorreu, devemos vê-la como história profética, pois declara a realidade a partir da perspectiva de Deus e de sua obra no mundo.

A tabela a seguir revela o contraste entre os livros dos Profetas anteriores e os livros da Lei.

PRIMEIROS CINCO LIVROS	SEIS LIVROS SEGUINTES
Gênesis	Josué
Êxodo	Juízes
Levítico	1 e 2 Samuel
Números	1 e 2 Reis
Deuteronômio	
LEI (TORÁ)	PROFETAS (ANTERIORES)
PROMESSA	CUMPRIMENTO
GRAÇA	GRATIDÃO
REDENÇÃO	JUSTIÇA
LEGISLAÇÃO	APLICAÇÃO
BÊNÇÃOS	OBEDIÊNCIA (A TERRA É CONCEDIDA)
MALDIÇÕES	DESOBEDIÊNCIA (A TERRA É TOMADA)
ALIANÇA ESTABELECIDA	ALIANÇA EXPRESSA
CAUSA	EFEITO

Há vários pontos a serem observados nessa tabela.

1. A Lei inclui **as promessas de Deus a Israel**. Os Profetas anteriores descrevem **como essas promessas foram cumpridas**.
2. A Lei é a expressão da **graça de Deus** ao povo. Os Profetas anteriores contam **como o povo respondeu com gratidão** ao que ouviu (embora, como veremos, essa gratidão, infelizmente, estivesse ausente muitas vezes).
3. Os livros da Lei descrevem **Deus libertando seu povo** do Egito (Êxodo). Os Profetas anteriores explicam **como o povo deveria responder** à iniciativa de Deus por meio de uma vida de justiça.
4. Os livros da Lei contam como **Deus abençoava seu povo quando eram obedientes e os punia quando eram desobedientes**. Em Josué, vemos que **a obediência conduzia o povo à vitória**, como na batalha de Jericó. Por outro lado, vemos as consequências da desobediência à lei, como na derrota em Ai. A desobediência continuada fez com que a terra reivindicada no livro de Josué fosse tomada em 2Reis.

Os Profetas anteriores contam a trágica história de como o povo recebeu a Terra Prometida, por meio da obediência à lei, e de como a perdeu, em decorrência de sua desobediência. Em outras palavras: os primeiros cinco livros são a causa e os seis livros seguintes, o efeito.

Como devemos ler Josué?
Antes de nos concentrarmos no livro de Josué em si, precisamos lidar com o debate acadêmico que pode prejudicar a nossa leitura das histórias bíblicas. Muitos

acadêmicos argumentam que a verdade bíblica não é histórica ou científica, mas moral e religiosa. Eles não têm problemas em aceitar que os acontecimentos milagrosos sejam parte da Bíblia, desde que não sejam encarados como verídicos! Eles sugerem que a história bíblica seja "mito" ou "lenda"; ensina verdades ou valores espirituais, cujos eventos relacionados não aconteceram de fato.

Não negamos que alguns trechos da Bíblia sejam fictícios. Tecnicamente, as parábolas de Jesus são "mitos". Não importa se um filho pródigo de fato existiu, uma vez que o propósito da história era comunicar aos ouvintes uma verdade importante. No entanto, admitir que a Bíblia contém histórias fictícias é algo bem diferente de concordar que os eventos nela descritos sejam ficção.

A Bíblia começou a ser questionada no século 19, quando acadêmicos afirmaram que Adão e Eva não eram pessoas reais, mas figuras mitológicas, cujas ações retratavam verdades universais. Eles disseram que a queda – quando Adão e Eva, ambos de carne e osso, comeram um fruto que fora proibido por Deus – não foi o momento em que o pecado entrou no mundo, mas uma história que expressa uma verdade universal: se você proibir alguém de tocar em algo, o seu desejo será fazer justamente o contrário!

Essa abordagem não foi aplicada apenas à história de Adão e Eva. A arca de Noé também foi considerada fictícia e, no final, poucos eventos bíblicos escaparam desse tipo de consideração. Como resultado, aparentemente, restou-nos um tipo de versão bíblica das *Fábulas de Esopo*, que transmite verdades espirituais, mas sem o mínimo de fundamentação histórica.

O processo de leitura da Bíblia a partir dessa perspectiva recebeu um nome longo: *desmitologização*. Em outras palavras, isso significa que, a fim de obter a verdade, deve-se descartar o relato (mito) e qualquer sugestão de que esteja baseado em fatos históricos. Os elementos milagrosos e sobrenaturais podem, consequentemente, ser descartados, pois são considerados parte do mito.

Essa desmitologização não se limitou ao Antigo Testamento; o Novo Testamento também foi atacado. O nascimento virginal, os milagres e a ressurreição se tornaram alvos fáceis. Esse debate acadêmico afetou o treinamento teológico e, em pouco tempo, líderes cristãos estavam ensinando que não importava se a ressurreição havia acontecido de fato, contanto que as pessoas acreditassem que tivesse acontecido. Eles diziam que se os ossos de Jesus ainda estivessem apodrecendo em Israel, isso não faria diferença alguma para a nossa "fé".

Com esse pano de fundo, não surpreende descobrir que surgiram algumas inquietações referentes a elementos do livro de Josué, entre elas, a história da queda de Jericó. Os acadêmicos argumentaram que, numa era de sofisticação científica, os leitores não poderiam aceitar como fato os milagres relatados na história. Em vez disso, eles entendiam a história apenas como uma lenda, cuja lição era que Deus quer que vençamos nossas batalhas.

No entanto, a desmitologização do livro de Josué requer a eliminação de grande parte do texto, pois há nele muitos mitos aparentes: o rio Jordão seca, os muros de Jericó desabam, pedras de granizo caem do céu e ajudam a vencer uma batalha, e o sol e a lua ficam imóveis durante um dia inteiro.

Como respondemos a essa tentativa de minar o valor histórico de Josué?

1. Se aceitássemos que milagres não existem, só nos restaria a história puramente humana, com pouco ou nenhum benefício espiritual. **A parte de Deus seria totalmente excluída.** Os "valores" ou as "verdades" não teriam mais importância do que os ensinamentos, por exemplo, encontrados na história secular da China.

2. Nos registros míticos, lugares e povos são inventados – uma distinção entre o mito e a história factual. A história bíblica é completamente diferente. **Josué inclui lugares reais**, que podemos visitar hoje: o rio Jordão, as cidades de Jericó e Jerusalém. **Ele também inclui grupos de pessoas de verdade**, cuja existência na época é reconhecida por historiadores seculares: os cananeus e os israelitas.

3. O livro de Josué apresenta a afirmação de ter sido **escrito por testemunhas oculare**s. A primeira pessoa do plural – "nós"– é usada, pois os autores estavam refletindo sobre os eventos que haviam presenciado. Além disso, uma frase comum no texto é "até hoje". Contemporâneos dos escritores poderiam conferir os detalhes. Não se trata de uma fábula sobre personagens míticos, mas de uma sequência de eventos históricos descritos por pessoas que os presenciaram.

4. **Arqueólogos confirmam grande parte das informações apresentadas em Josué**. Eles descobriram que, num período de 50 anos, toda a cultura de algumas das cidades incluídas no livro havia sido transformada. Há evidências de que cidades como Hazor, Betel e Láquis tenham sido destruídas entre 1250 e 1200 a.C. e de que os habitantes retrocederam a um estilo de vida muito mais simples. A data dessa mudança é compatível com o relato de Josué sobre a forma como essas cidades foram conquistadas.

5. Aqueles que questionam os eventos milagrosos em Josué ignoram o fato de que os eventos por si não são, necessariamente, milagrosos. Não temos dificuldade de aceitar o fator milagroso, mas é interessante observar

que tais fenômenos podem ser explicados. Um trecho do leito do rio Jordão, por exemplo, ficou seco em plena época de cheia (durante o degelo da neve do monte Hermom); e isso acontece ainda nos dias de hoje. O rio serpenteia pelo Vale do Jordão e, devido às condições de cheia, escava as margens na curva. Essas margens podem ficar tão escavadas por baixo que desmoronam, levando o rio a represar a si mesmo, por períodos de até 5 horas. De modo semelhante, sabemos que grandes edifícios desmoronam nos tempos modernos. Catedrais e arranha-céus ruíram da mesma forma como os muros descritos em Josué. **Os acontecimentos não são tão milagrosos quanto o momento em que ocorreram.** O rio abre trechos secos e os muros desabam exatamente quando Deus havia dito que aconteceria.

6. Já observamos que a Bíblia não é a história de Israel como nação, pois grande parte dela não foi incluída. O livro de Josué cobre 40 anos, mas a maior parte do que aconteceu nesses 40 anos não está registrada. A queda de Jericó é descrita em aproximadamente 3 capítulos, algo totalmente fora de proporção se o livro se propusesse a cobrir a história de Israel. **A Bíblia é, de fato, a história dos feitos do Deus de Israel.** O autor registra os períodos em que Deus estava em ação, pois ele é um Deus vivo, ativo no tempo e na história, que fala e faz. Sem a intervenção de Deus em seu favor, os israelitas jamais teriam conquistado a Terra Prometida. Invadir e dominar uma terra bem fortificada e substituir uma cultura muito superior a sua era uma tarefa impossível, em termos humanistas, para um grupo de ex-escravos, sem qualquer treinamento militar. O tema do livro é a ação de Deus, portanto não devemos nos surpreender quando a sua obra ultrapassa os limites da compreensão humana. Quando

tentamos remover partes da história, ou "desmitologizá-las", minamos a natureza e o propósito do livro.

As questões que surgem do debate sobre a Bíblia ser mito ou história são sintetizadas em uma pergunta pessoal: Cremos num Deus vivo? Se a resposta for sim, então podemos continuar a ver a Bíblia como um registro do que ele disse e fez e indagar por que ele disse ou fez tais coisas.

A Bíblia não fala exclusivamente sobre Deus, ou mesmo sobre o Deus de Israel. Ela narra a história de Deus e Israel – a história desse relacionamento – e é assim que devemos ler cada um dos livros do Antigo Testamento; Josué inclusive. Devemos entender o relacionamento de Deus com Israel como um casamento. O noivado aconteceu com Abraão, quando Deus promete ser o Deus de Abraão e de seus descendentes. A cerimônia se deu no Sinai, quando o povo ouve as obrigações e promessas associadas à lei e concorda em desempenhar seu papel no acordo vinculativo que Deus lhes propõe. A lua de mel deveria ter durado três meses, durante a jornada do povo rumo à Terra Prometida. A noiva, no entanto, não estava pronta ou propensa a confiar em seu marido, e, assim, foram necessários 40 anos para que finalmente pudessem entrar na terra. Em Josué, encontramos o relato de sua vida inicial conjunta, num lugar preparado, o seu novo lar. Receberam os títulos de propriedade, mas ainda teriam de entrar na terra e tomá-la. Infelizmente, o casamento não deu certo e houve até uma separação temporária, motivada pela esposa – a parte culpada. Contudo, como Deus odeia o divórcio, ele nunca os deixou.

O conteúdo de Josué

É importante que tenhamos uma visão geral do conteúdo de Josué antes de nos determos nos detalhes. Isso nos impedirá de tirar conclusões inapropriadas ou injustificáveis a respeito do significado do livro, da mesma forma como nos recusaríamos a avaliar um romance lendo páginas aleatórias, sem a visão o todo. O significado de cada frase de um livro é determinado pelo contexto, portanto devemos ver o livro primeiramente como um todo.

O livro cobre a vida de Josué entre os 80 e os 110 anos de idade. A liderança de Moisés, entre os 80 e 120 anos, está registrada em Êxodo, Levítico, Números e Deuteronômio. A diferença entre os dois é que Moisés era legislador e líder, enquanto Josué era apenas líder, pois o período de outorga da lei já havia se encerrado.

Estrutura
O livro se divide como um sanduíche. Há três partes: duas fatias finas de pão e bastante recheio entre elas.

- A "fatia" de cima é o **capítulo 1**, o prólogo que descreve o **comissionamento de Josué** como líder.

- A "fatia" de baixo são os **capítulos 23 e 24**, o **último sermão** de Josué, e sua morte e sepultamento.

A seção principal entre essas duas "fatias" externas é o relato de como Israel tomou posse da terra que lhe havia sido prometida, apesar de a terra já estar ocupada. Essa seção do meio ainda pode ser subdividida:

- **Os capítulos 2–5** cobrem a **entrada** na terra de Canaã por meio da travessia do rio Jordão.

- **Os capítulos 6–12** detalham como **conquistaram** a terra, com uma lista dos 24 reis derrotados por Josué apresentada no capítulo 12.

- **Os capítulos 13–22** cobrem a **divisão** – entre as tribos – da terra que haviam conquistado.

O comissionamento de Josué

Josué tinha 80 anos de idade quando recebeu seu chamado para servir como líder. É possível identificar dois elementos nesse chamado: o encorajamento divino e o entusiasmo humano.

ENCORAJAMENTO DIVINO

Deus disse a Josué que o escolhera para liderar o povo, após a morte de Moisés. Moisés havia comandado a saída de Israel do Egito, e, agora, Josué os conduziria à Terra Prometida. Deus prometeu que assim como estivera com Moisés, também estaria com Josué. Ordenou a Josué que fosse forte, corajoso e diligente na obediência à lei. Se fizesse isso, prosperaria.

É um início encorajador, até desafiante, para a sua liderança. A palavra "prosperar" tem sido compreendida de forma equivocada. Ela não significa "riqueza", e aqueles que afirmam que a Bíblia promete recompensa financeira estão enganados. O termo "prosperar" significa que Josué seria bem-sucedido no que se propusesse a fazer em nome de Deus.

Essas palavras de encorajamento não serviram apenas para confortar Josué. Deus sabia que a sua liderança afetaria o moral de todo o povo de Israel. E visto que era importante que a liderança de Josué contribuísse para elevar o moral do povo, Josué, por sua vez, também precisava garantir para si mesmo o mais alto padrão de moralidade. Josué não estava apenas comandando um grupo de indivíduos armados que precisava de palavras de ânimo para sair à batalha; ele estava liderando o povo de Deus. O padrão de moralidade do povo também determinaria o sucesso na batalha, e Josué precisava dar o exemplo.

ENTUSIASMO HUMANO

Quando Josué falou ao povo sobre a decisão de Deus, eles ficaram entusiasmados – de fato, a resposta exata do povo ecoa as ordens dadas por Deus a Josué em particular, que também o incentivavam a ser "forte e corajoso". O povo também prometeu obedecer-lhe integralmente, como havia obedecido a Moisés. Talvez isso pareça estranho, pois a atitude dos israelitas sob a liderança de Moisés dificilmente poderia ser descrita como obediente. A desobediência foi uma das razões pelas quais o povo levou 40 anos para chegar à Terra Prometida. Essa geração havia obedecido a Moisés enquanto ele estava vivo, quando conquistaram desde Moabe a Amom, e agora sentiam-se confortáveis em reafirmar seu apoio ao novo líder. Prometeram, especificamente, fazer o que Josué lhes ordenasse e ir aonde ele os enviasse. Pediram a Deus que estivesse com Josué como estivera com Moisés.

Esse aspecto duplo do chamado de Josué serve de ilustração para os cristãos chamados à liderança nos dias de hoje. O chamado envolve dois aspectos: um senso concedido por Deus de que um indivíduo é chamado ao trabalho e uma resposta sincera do povo de Deus confirmando isso.

A liderança de Josué

A parte central do livro relata a entrada do povo na terra de Canaã, sob a liderança de Josué. Há três seções, todas tratando basicamente da terra.

1. A ENTRADA

(i) Antes
Antes de entrar na terra, Josué enviou dois espias. Quando os 12 espias foram enviados, 40 anos antes, o relatório negativo apresentado por dez deles reforçou a atitude incrédula de Israel em relação à entrada na terra. Dessa vez, somente dois espias foram enviados, refletindo o número dos homens que trouxeram um relatório positivo naquela primeira ocasião.

Enviar espias pode parecer falta de fé – afinal, Deus não havia prometido dar-lhes a terra? Contudo, eles colocaram em prática um princípio que o próprio Jesus, quando estava na terra, usou em uma história: é importante sentar e calcular o custo antes de sair à batalha. Teria sido imprudente da parte dos israelitas entrar em Canaã sem primeiramente obter o máximo de informações a respeito do que poderiam enfrentar.

O local onde os espias se abrigaram nos diz muito sobre a condição moral de Canaã. Acabaram alojados em um bordel, com uma prostituta chamada Raabe. Fica claro em sua conversa com Raabe que as notícias das vitórias de Israel contra o Egito e as nações vizinhas haviam deixado os moradores locais temerosos quanto à possibilidade de terem de expulsar invasores. De fato, Raabe estava tão convencida de que Deus entregaria a terra de Canaã aos israelitas que quis unir-se a eles. O Novo Testamento elogia essa extraordinária demonstração de fé, pois Raabe é incluída entre os grandes heróis da fé mencionados em Hebreus.

O meio usado para salvar Raabe evoca a forma pela qual os primogênitos judeus escaparam com vida quando o anjo da morte visitou o Egito. Eles haviam pintado os umbrais das portas de suas casas com o sangue do cordeiro da Páscoa. Pediram a Raabe que pendurasse na janela um fio escarlate, para que ela e seus familiares fossem poupados da destruição que viria sobre a cidade de Jericó. Era como se ela marcasse sua janela com sangue, a fim de que a morte não entrasse em sua casa. Raabe não somente foi louvada por sua fé, como também o Evangelho de Mateus registra a inclusão dessa prostituta na linhagem real do próprio Jesus. É uma história tocante e extraordinária.

(ii) Durante

O rio Jordão rodeava como um fosso a extremidade oriental de Canaã, especialmente em tempos de colheita, quando as cheias podiam alcançar profundidades de 6 metros, sem pontes ou vaus que possibilitassem a travessia. Já observamos a probabilidade de que a formação de uma barragem natural temporária rio acima tenha impedido o fluxo do rio para permitir a travessia do povo. A sincronização foi perfeita: o rio ficou seco no exato momento em que os pés do sacerdote que liderava o comboio tocaram o leito do rio.

Além de permitir a travessia, o milagre também serviu outro propósito. A nova geração de israelitas que entrou na terra com Josué não tinha presenciado o milagre da travessia do mar Vermelho, registrado no livro de Êxodo. Deus quis que seu povo testemunhasse seu grande poder e tivesse confiança na liderança de Josué, que os liderava contra os cananeus na conquista da Terra Prometida. Deus estava com ele como estivera com Moisés.

(iii) Depois
Seu primeiro acampamento na Terra Prometida foi em Gilgal – um espaço aberto na fronteira leste da cidade fortificada de Jericó que, por sua vez, havia sido construída para barrar o acesso oriental às montanhas. Quando chegaram, os israelitas fizeram três coisas:

1. **Pegaram 12 pedras do leito do rio Jordão e construíram um marco** como um memorial para gerações futuras de como Deus havia secado o rio. O memorial era uma parte importante da devoção no Antigo Testamento. Israel, como parte de sua cultura, tinha muitos memoriais do que Deus havia feito por eles no passado. Um monumento feito com pedras era a forma preferida de marcar um local significativo, com as 12 pedras representando as 12 tribos.
2. **Circuncidaram todos os homen**s. As novas gerações não haviam passado por esse rito da aliança,

introduzido primeiramente por Abraão. Josué queria seguir literalmente a lei – a condição espiritual do povo era importante.
3. Batizaram o local de **Gilgal, que significa "rolar"**, porque Deus havia "rolado para longe" a vergonha ou a desgraça do Egito.

Deus agiu mais uma vez e, assim que entraram na terra e comeram do seu fruto, o maná cessou. Durante 40 anos, os israelitas se alimentaram dessa provisão diária, mas agora chegavam à terra fértil de Canaã, "uma terra que mana leite e mel", e o maná se tornara supérfluo. Até o dia de hoje, é possível encontrar deliciosas toranjas e laranjas em Jericó.

(iv) O comandante do exército do Senhor
Jericó foi a primeira cidade que atacaram, mas antes da batalha, Josué teve uma experiência extraordinária. Ao se aproximar da cidade, à noite, para ver por si mesmo as fortificações, foi recebido por um homem armado.

Josué desconfiou que esse homem fosse um inimigo e lhe perguntou se era amigo ou não. Ficou surpreso ao ouvir "Nenhum dos dois"; uma resposta incoerente! O homem então acrescentou que não fazia parte do povo cananeu ou hebraico, mas pertencia ao exército de Deus e lidava com tropas celestiais, não terrenas. Com essas palavras, o homem praticamente estava perguntando a Josué de que lado ele estava! Essa pessoa era nada menos que o comandante do exército do Senhor, ou seja, um anjo maior, um arcanjo ou até mesmo o próprio Filho de Deus pré-encarnado. Essa experiência serviu para lembrar Josué que ele não era o mais alto oficial do exército do Senhor, mas um oficial inferior, e que ele não lutava só, nem era o verdadeiro comandante de Israel – era um servo de Deus e do povo.

2. A CONQUISTA

A estratégia militar para tomar a terra é clara: dividir e conquistar. Josué traçou um limite bem no meio de Canaã e, então, tendo dividido o inimigo em duas partes, conquistou o Sul e o Norte. Essa estratégia evitou que as forças de Canaã se unissem e demonstrou que Israel podia enfrentar grupos menores, lidando com uma região de cada vez.

O entendimento de que o livro de Josué seja história profética é enfatizado pelo destaque concedido às duas primeiras cidades atacadas. Jericó e Ai foram consideradas as mais importantes. As lições morais – tanto o positivo sucesso quanto o negativo fracasso – aprendidas nesses dois primeiros ataques seriam confirmadas em confrontos posteriores; mas a interpretação profética não se repetiria.

(i) O centro

Jericó

A antiga Jericó fica a pouco mais de um quilômetro de distância da Jericó moderna. Suas ruínas hoje estão em Tell es-Sultan e revelam que Jericó é a cidade mais antiga do mundo, datando de 8000 a.C., e contêm o edifício mais antigo do mundo: uma torre circular com uma escada em espiral em seu interior. Esse sítio foi escavado e, é claro, a principal indagação era se encontrariam evidência dos muros que ruíram nos dias de Josué. Na década de 1920, o arqueólogo John Garstang pensou ter encontrado tal evidência, mas foi desmentido por Kathleen Kenyon, que declarou que Jericó nem mesmo estava ocupada no tempo de Josué! O egiptólogo David Rohl, no entanto, revisou as datas e descobriu, em outro nível das escavações, ruínas de muros e construções queimadas (confira o seu extraordinário livro *The Test of Time*, Century, 1995, e a série de TV de mesmo nome, que inclui sua descoberta das relíquias do tempo de José no Egito, e também seu ainda mais extraordinário livro Legend: The Genesis of Civilization, 1998, em que apresenta a localização do jardim do Éden, ainda cheio de árvores frutíferas – e ele nem mesmo é cristão!).

Quando Jericó finalmente caiu, Josué amaldiçoou quem tentasse reconstruí-la. Declarou que o primogênito do homem que tentasse reconstruí-la morreria quando as fundações fossem lançadas e o caçula morreria ao serem colocados os portões. O livro de Reis registra uma tentativa de reconstruir a cidade 500 anos depois, quando a maldição se realizou exatamente conforme havia sido previsto. Como era de se esperar, houve tentativas de reconstruir a cidade sobre as ruínas, mas as maldições foram um impedimento real. As ruínas de Jericó foram deixadas expostas e acessíveis a qualquer um que desejasse remover peças de cantaria [entalhe em pedra] para outras construções. A ausência de muros, portanto, ajuda a comprovar o registro bíblico.

Arqueólogos confirmaram o tamanho dos muros a partir de construções semelhantes. Eles sugerem que os muros de Jericó tinham 9 metros de altura, uma parede externa com espessura de 1 metro e 80 cm e um vão de 3-4 metros entre esta e a parede interna, que tinha 3,5 metros de espessura. Os muros tornaram-se uma barreira à medida que a cidade crescia e, assim, as casas ficavam empoleiradas no seu topo, muito próximas umas das outras. É fácil perceber como um abalo sísmico poderia fazer ruir todo o conjunto. O texto nos conta que o som continuado das trombetas de 40 mil homens foi o gatilho. É possível, portanto, que esse som tenha sido suficiente – como acontece com um cantor de ópera que pode quebrar uma lâmpada se atingir certa nota a determinada intensidade. A única casa que permaneceu intacta foi aquela com um fio escarlate pendurado na janela

– a casa da prostituta Raabe, preservada graças à sua fé no Deus de Israel.

A destruição foi tão grande que nenhuma batalha se fez necessária – os israelitas simplesmente entraram e tomaram a cidade. Entretanto, as comemorações de vitória eram condicionais. Deus lhes disse que a cidade pertencia a ele, assim como as "primícias" da colheita. Eles deveriam reconhecer que a vitória era atribuída a Deus e não a Israel. As cidades conquistadas posteriormente poderiam ser saqueadas, mas Jericó, não. Um homem, no entanto, desobedeceu a ordem, e esse fato tem conexão com a história seguinte.

Ai

A próspera cidade de Ai ficava na parte superior do vale. Dessa vez, entretanto, a batalha foi perdida. Israel cometeu dois erros. O primeiro foi o excesso de confiança: Josué usou um número menor de soldados, pois pensava que a conquista de Ai seria tão fácil como fora a conquista de Jericó. Eles aprenderam a valiosa lição de que pode ser fatal presumir que se Deus o abençoou uma vez, ele o abençoará novamente da mesma maneira.

O homem que tomou para si parte do espólio de Jericó cometeu o segundo erro. Acã havia se apossado de uma capa da Babilônia, de 200 siclos de prata e de uma barra de ouro que pesava 50 siclos, imaginando que o desaparecimento desses itens não seria percebido. Quando os homens de Josué atacaram Ai pela primeira vez, foram derrotados e fugiram. Josué perturbou-se e perguntou a Deus por que permitira que isso acontecesse, especialmente agora que crescia a reputação de Israel. Deus respondeu que Israel havia pecado; um deles havia se apossado de algo consagrado ao Senhor. Então, tiraram sortes para identificar a tribo e o clã e finalmente chegaram à família de Acã.

A sorte parece ser uma forma estranha de decidir sobre uma questão dessa magnitude, mas os israelitas acreditavam que Deus estava no controle de todas as situações e faria com que a pessoa fosse identificada através do sorteio, e assim foi. Um método semelhante foi usado em toda a história de Israel. O sacerdote carregava em seu peitoral duas pedras – uma preta e uma branca – chamadas Urim e Tumim. O povo adotou essa prática para discernir o que deveria fazer. Quando a pedra branca era sorteada, a resposta era positiva, e quando a pedra preta era tirada, a resposta era negativa. Essa prática foi adotada de forma contínua entre o povo de Deus até a vinda do Espírito Santo, no dia de Pentecoste. A partir daquele momento, o Espírito Santo passou a guiar o seu povo e tais métodos nunca mais foram usados.

Acã sabia que era culpado. Se tivesse admitido antes, talvez fosse perdoado, mas ele se recusou a se apresentar voluntariamente. Seus familiares foram coniventes no crime porque tiveram a chance e não o expuseram e, dessa forma, todos foram apedrejados até a morte. É assustador o fato de o pecado de uma única pessoa causar o sofrimento e a desgraça de toda uma comunidade.

Assim que o pecado foi tratado, os israelitas saíram à batalha novamente contra Ai e, dessa vez, foram vitoriosos.

Monte Ebal e monte Gerizim

Após a destruição de Ai, Josué conduziu o povo de Israel a dois montes no centro da Terra Prometida. Moisés havia deixado instruções claras quanto à renovação da aliança que Deus havia feito com eles no Sinai. Eles deveriam escrever sobre pedras não lavradas as leis que receberam de Deus e, então, se dividir em dois grupos – um ficaria sobre o monte Gerizim anunciando em voz alta as bênçãos da aliança e o outro sobre o monte Ebal, anunciando as maldições. Os dois montes formavam um anfiteatro natural, portanto cada grupo podia ouvir o outro e responder com "amém" ao que era anunciado.

(ii) O Sul

Apesar da renovação da aliança, o povo ainda era falho e imediatamente cometeu um grande erro ao negociar com os gibeonitas. Os gibeonitas – grupo tribal da terra de Canaã – perceberam que dificilmente resistiriam contra a investida israelita. Optaram então por usar uma tática ardilosa. Visitaram Israel vestidos em roupas e sapatos desgastados, carregando vasilhas velhas de couro, sacos remendados e pão murcho e embolorado. Afirmaram ter vindo de um país distante, e de ter ouvido sobre Israel; logo, queriam proteção.

O texto diz que os homens de Israel os julgaram pela aparência e não consultaram a Deus. Só perceberam o erro depois, mas já era tarde demais – os israelitas não puderam tomar as quatro cidades gibeonitas por causa do juramento de lhes preservar a vida. Os gibeonitas foram beneficiados por um acordo baseado na trapaça e serviram o povo de Israel como lenhadores e servos. Desse modo, Israel não conseguiu expulsar esse povo da terra.

Gibeom continuou a ser parte da cena. O rei de Jerusalém, Adoni-Zedeque, ouviu sobre o acordo que os gibeonitas haviam feito com Israel e convocou quatro reis amorreus para se unirem a ele e, juntos, atacarem Gibeom. Os gibeonitas pediram ajuda a Israel e a batalha teve início. Deus garantiu a vitória aos israelitas, enviando pedras de granizo tão grandes que mais pessoas morreram por consequência da tempestade do que pela espada. Foi nesse momento que Josué pediu um milagre extraordinário. Ele sabia que não conseguiria continuar derrotando o inimigo quando caísse a noite – ao pôr-do-sol, a batalha cessava, qualquer que fosse o seu estágio, pois era impossível distinguir amigos de inimigos. Josué, então, orou pedindo algo sem precedentes: que o sol parasse a fim de que a batalha pudesse continuar! Essa espantosa demonstração de fé foi recompensada, pois lemos que durante um dia inteiro o sol ficou imóvel no céu. A vitória estava completa.

A campanha no Sul continuou com vitórias sobre Betel e Láquis (a arqueologia registra que essas cidades foram destruídas entre 1250 e 1200 a.C.). Toda a região foi ocupada.

(iii) O Norte
Tendo derrotado o Sul, o povo voltou sua atenção para o Norte. Àquela altura, os reis do Norte sabiam que os israelitas tinham sido bem-sucedidos em sua empreitada e, assim, uniram suas forças para guerrear contra Israel. Mais uma vez, no entanto, Deus assegurou a vitória aos israelitas; os carros de seus inimigos foram queimados e seus cavalos, aleijados.

As cidades construídas nas colinas foram as únicas a não ser destruídas por completo, com exceção de Hazor, que Josué incendiou. Os arqueólogos confirmam que essa cidade foi destruída pelo fogo nessa época, entre 1250 e 1200 a.C.

Com o fim das conquistas, o texto nos oferece um resumo interessante da atuação dos israelitas, incluindo a declaração de que o próprio Senhor havia endurecido os corações das nações para que saíssem à batalha contra Israel. Evidentemente, o pecado dessas nações era tão grande que a exterminação completa era a única solução.

3. A DIVISÃO
Antes de prosseguir, devemos fazer uma distinção entre ocupação e subjugação. Ocupação refere-se a lugares; subjugação refere-se a pessoas. Embora a terra fosse deles,

uma vez que o povo havia sido subjugado, os israelitas ainda tinham muita terra para ocupar. Boa parte do restante do livro de Josué é dedicada a narrar esse processo.

A distribuição de terra foi decidida por loteria nacional, o que pode levar algumas pessoas a acreditar que Deus aprova o tipo de loteria conduzido em muitos países atualmente, inclusive na Inglaterra e no Brasil. Há, no entanto, uma diferença importante a ser compreendida. As loterias são feitas para que não haja influência humana no resultado. Israel escolheu a loteria especificamente a fim de que Deus pudesse influenciar o resultado. Afinal, se ele podia controlar o sol, controlar a loteria seria uma atividade demasiadamente simples.

(i) A margem leste
A terra por si é fascinante, e Josué registra como ela foi sondada. Tem praticamente a mesma extensão do País de Gales e é a única área verde no Oriente Médio. O deserto árabe está a leste, o deserto do Neguebe ao sul. A chuva vem do Mediterrâneo.

Moisés havia prometido que os rubenitas, os gaditas e a meia tribo de Manassés receberiam porções da terra fértil a leste do Jordão, contanto que ajudassem na batalha pela conquista de Canaã. Josué honrou esse compromisso.

Durante todo o processo de divisão da terra, a palavra-chave foi "herança". A terra era uma herança para Israel, não apenas durante algum tempo, não apenas enquanto vivessem os vitoriosos, mas um lar permanente que deveria ser transferido aos seus descendentes.

(ii) A margem oeste
Em Gilgal: duas tribos e meia
Calebe foi um dos espias a apresentar um relatório positivo a respeito da terra, quando os 12 espias foram enviados, 45

anos antes. Agora, aos 85 anos de idade, lemos que ele era tão forte quanto fora aos 40. Ele se aproximou de Josué e pediu permissão para tomar a região das montanhas que lhe havia sido prometida muitos anos antes. Josué o abençoou e lhe deu a cidade de Hebrom.

As filhas de Manassés lembraram a Josué que Moisés lhes prometera porções de terra também. Os descendentes de José alegaram ser numerosos demais para viver na terra que haviam recebido e, assim, também lhes foram designadas áreas florestais para que as limpassem.

O livro descreve com uma quantidade considerável de detalhes as cidades e os povoados atribuídos a cada tribo e, ocasionalmente, faz referência a outras questões. Lemos, por exemplo, sobre o fracasso dos israelitas em relação a derrotar o inimigo, quando os descendentes de Judá não conseguiram expulsar os jebuseus que viviam em Jerusalém.

Em Siló: oito tribos e meia
Várias tribos permaneceram sem terras designadas, assim, cada tribo escolheu homens para que sondassem o território a fim de subdividi-lo ainda mais.

(iii) Cidades especiais
Refúgio
Havia seis cidades especiais de refúgio, três de cada lado do Jordão, para onde os acusados de homicídio involuntário poderiam fugir quando fossem perseguidos pelos que intencionavam vingança. Na lei judaica, havia uma distinção entre assassinato acidental, não intencional e assassinato premeditado. Essas cidades possibilitavam que a lei fosse aplicada.

Levitas
Quando a terra foi dividida, o texto deixa claro que os

levitas não receberiam uma porção de terra ou um território específico. O Senhor era a sua herança – servir a Deus era suficiente para eles. Obviamente, os levitas precisavam viver em algum lugar e, assim, as cidades com áreas de pastagem lhes foram designadas, espalhadas entre as outras tribos.

(iv) O altar na margem leste

Quase no final do livro de Josué, encontramos o relato de como uma tragédia em potencial foi evitada. Quando as duas tribos e meia cruzaram de volta o Jordão para ocupar seus territórios na margem leste, Josué os exortou a amar a Deus com diligência, andar em seus caminhos e obedecer aos seus mandamentos. No entanto, assim que chegaram em casa, eles construíram um altar em Peor, às margens do Jordão. As outras tribos entenderam esse ato como idolatria e imediatamente declararam guerra. Felizmente, decidiram conversar antes que o primeiro golpe fosse desferido. As tribos "culpadas" alegaram que o novo altar era sua maneira de lembrar que ainda faziam parte do povo de Deus que estava do outro lado do rio. Isso apaziguou os aflitos líderes das demais tribos e a guerra foi evitada.

O compromisso de Josué

Os últimos dois capítulos culminam em um final tocante para o livro. Josué estava ciente de sua idade avançada. Sabia que morreria em breve e, por isso, queria garantir o futuro da nação.

É importante observar que, embora Moisés tivesse designado Josué como seu sucessor, Josué não havia preparado um sucessor para liderar o povo. Isso pode parecer estranho, mas, a partir daquele momento, a liderança da nação não ficaria mais a cargo de um homem apenas. As necessidades do povo em relação à liderança eram distintas, o povo estava espalhado pela terra, e um único homem não poderia liderar de forma apropriada uma área tão ampla. Josué, portanto, outorgou seu comissionamento a todos eles.

A mensagem de Josué foi muito firme: Deus prometera não apenas abençoá-los quando obedecessem, mas também amaldiçoá-los quando desobedecessem. Deus cumpriu sua promessa de trazê-los à terra, mas eles deveriam obedecer à lei se desejassem experimentar seu favor contínuo.

Josué conferiu a Deus todo o crédito pela conquista da terra por Israel. Apesar de ter guiado o povo, ele reconheceu que Deus havia lutado por eles e que deveriam ser gratos a ele pelo seu sucesso. Concluiu seu discurso pedindo aos israelitas que fizessem um juramento de lealdade a Deus.

O capítulo final tem um estilo totalmente diferente. Aqui, Josué fala na primeira pessoa do singular, como faz no capítulo anterior, mas, dessa vez, "eu" significa Deus. Sua última mensagem é profética e compreendida dessa forma pelo povo.

(i) Graça
Em primeiro lugar, Deus lembra ao povo tudo o que fez por eles. Não há menção do papel de Josué.

(ii) Gratidão
Agora, Josué fala, exortando o povo a temer a Deus, servi-lo, ser fiel a ele e lançar fora todos os outros deuses. A seguir, fala por si mesmo e por sua casa, dizendo: "Serviremos ao Senhor".

O povo concorda em seguir a Deus com Josué, que ergue uma pedra de testemunho. Três vezes o povo declara: "Serviremos ao Senhor".

Os últimos versículos do livro registram três sepultamentos: o sepultamento de Josué, o sepultamento dos ossos de José e o sepultamento de Eleazar. Durante 40 anos, eles levaram consigo um ataúde contendo os ossos de José, pois seu último desejo era ser sepultado na Terra Prometida. Agora, finalmente, os ossos poderiam descansar na terra que José havia almejado encontrar.

Assim, um funeral triplo encerra esse livro. Lemos que, enquanto Josué e sua geração de líderes viveram, o povo foi fiel a Deus. Quando a geração seguinte cresceu, no entanto, o padrão decaiu.

É possível resumir as lições do livro de Josué em duas frases simples:

- Sem Deus, eles não poderiam ter feito o que fizeram.
- Sem eles, Deus não teria feito o que fez.

São duas lições muito importantes. É fácil atribuir toda a responsabilidade a Deus ou a nós mesmos. A Bíblia possui um equilíbrio: sem Deus não é possível alcançar nada, mas, sem nós, ele não fará nada. A escolha de verbo é significativa – não quer dizer que sem nós ele não seja capaz, mas que sem nós ele não fará. Se Josué e o povo de Israel não tivessem cooperado com Deus, sua entrada na Terra Prometida não teria acontecido, e, no entanto, sem Deus e sem a sua intervenção, eles jamais teriam conseguido.

Intervenção divina

1. AS PALAVRAS DE DEUS

As palavras de Deus se destacam no livro de Josué ao ouvirmos de sua solene aliança com Israel; aliança que ele jamais poderia quebrar. Deus havia jurado por si mesmo que estaria com o povo, e a terra era seu presente prometido. Deus sempre mantém a sua palavra – ele não pode mentir. Assim, Josué declara que Deus deu a Israel toda a terra que, sob juramento, prometera aos seus antepassados.

2. OS FEITOS DE DEUS

Os feitos de Deus estão vinculados às suas palavras. Sabemos que Deus batalharia por Israel e expulsaria da terra as outras nações.

O livro de Josué está repleto de milagres físicos: a abertura do rio Jordão, a interrupção repentina da provisão do maná, o colapso dos muros de Jericó, as pedras de granizo que contribuíram para a derrota dos cinco reis, o prolongamento do dia, quando o sol "parou no meio do céu", e as sortes tiradas para decidir como a terra deveria ser dividida.

O livro de Josué atribui a devida glória a Deus por esses acontecimentos assombrosos. Verdadeiramente, Deus estava com Israel. O nome *Emanuel* tem quatro significados ou ênfases possíveis:

1. *Deus* está entre nós!
2. Deus *está* entre nós!
3. Deus está *entre* nós!
4. Deus está entre *nós*!

A quarta versão expressa o significado do texto bíblico. Emanuel significa "Deus está ao nosso lado" – a ênfase é que ele batalhará por nós, e não por eles. O livro de Josué é um testemunho dessa verdade.

Cooperação humana – Positiva

Deus age por meio da cooperação humana. Ele não guerreou sozinho: os israelitas tiveram de ir ao campo de batalha e enfrentar o inimigo por si mesmos. Sem eles, Deus não o teria feito – eles tinham de entrar na terra, tinham de tomar a iniciativa. Deus disse que lhes daria cada pedaço da terra onde pisassem.

1. SUA ATITUDE
Não tenha medo (atitude negativa)

Ao tomar a iniciativa de entrar na terra, os israelitas não

deveriam ter medo. Essa ordem foi dada a Josué logo no início. O medo havia conduzido o povo ao erro 40 anos antes, quando se recusaram a entrar em Canaã.

Mas tenha fé (atitude positiva)
Se o povo desejasse vencer todas as batalhas, sua atitude deveria ser de confiança e obediência. Essa fé mostrou-se em ação em sua obediência à ordem do Senhor de marchar ao redor de Jericó sete vezes, em silêncio, quando, sem dúvida, teriam preferido ir diretamente para a batalha. Eles também precisavam estar preparados para assumir riscos. Josué arriscou-se ao pedir publicamente a Deus que parasse o sol.

2. SUA AÇÃO
A confiança do povo deveria levar à obediência. Eles tinham de agir pela palavra de Deus – fazer o que ele havia dito. Isso serve para nos lembrar que os dons de Deus precisam ser recebidos. Aos israelitas foi concedido cada pedaço da terra onde colocassem os pés, mas isso significava que deveriam fazer algo para apropriar-se de sua herança; não era algo automático.

Há um equilíbrio delicado entre fé e ação a ser alcançado, resumido de forma brilhante por Oliver Cromwell, que, certa vez, falou aos soldados: "Confie em Deus e mantenha seca a sua pólvora", ou conforme expressou C. H. Spurgeon: "Ore como se tudo dependesse de Deus e trabalhe como se tudo dependesse de você".

No entanto, se os israelitas adotassem uma postura autoconfiante e fossem desobedientes, eles perderiam todas as batalhas. É por isso que os dois trechos principais de Josué relatam a história de Jericó e a história de Ai, a primeira, um ataque bem-sucedido e a segunda, um fracasso (inicialmente). Se aprendemos as lições dessas duas cidades, estamos prontos para a conquista da terra.

Cooperação humana – Negativa

A Bíblia é um livro muito honesto. Fala tanto de fraquezas quanto de pontos fortes. O livro de Josué nos fala de três erros cometidos pelos israelitas quando tomaram a terra.

O primeiro erro foi em Ai. Foram derrotados por exércitos superiores porque tiveram excesso de autoconfiança. A geração anterior havia demonstrado pouca confiança e, por isso, foi culpada de ter medo, mas essa geração era confiante demais e foi, portanto, culpada de insensatez. As duas atitudes eram igualmente prejudiciais.

O segundo erro foi quando se deixaram enganar e estabeleceram uma aliança de proteção com os gibeonitas. A recusa do povo em consultar primeiramente ao Senhor sobre o que fazer é considerada a razão para sua insensatez nesse episódio.

O terceiro erro foi quando as duas tribos e meia ergueram um altar na margem leste do Jordão e as tribos do outro lado do rio as acusaram de traição e de se desviarem do Senhor. O mal-entendido decorrente quase os levou à guerra civil.

Aplicação cristã

Lemos em 1Coríntios 10 e Romanos 15 que todas as coisas do passado foram escritas para o nosso aprendizado. Como o livro de Josué é usado no Novo Testamento e como podemos colocar em prática hoje o que aprendemos com ele?

Fé

Em Hebreus 11, Josué e Raabe, a prostituta, são citados como exemplos de fé. Fazem parte da "nuvem de testemunhas" da qual estamos cercados.

Tiago afirma que a fé sem obras é morta; não pode nos salvar. Mais uma vez, Raabe é usada como exemplo pela forma como escondeu os espias e se despediu do passado para abraçar a fé de Israel.

Pecado

O livro também nos oferece um lembrete claro dos problemas que o pecado pode causar no meio do povo. No Novo Testamento, o incidente com Ananias e Safira corresponde exatamente ao pecado de Acã. Atos nos conta a história desse casal, que mentiu a respeito do dinheiro retido da coleta da igreja. Acã enganou o povo e não assumiu ter roubado o espólio de Jericó. O resultado em ambos os casos é o mesmo: o juízo de Deus. Ananias e Safira caem mortos imediatamente, enquanto Acã é apedrejado pelo povo até a morte.

Salvação

O livro também é um retrato glorioso da salvação. O nome de Josué era originalmente *Oseias*, que significa "salvação", mas Moisés mudou-o para Yeshua, cujo significado é "Deus salva". A versão grega do Antigo Testamento traduz esse nome como "Jesus".

O nome de Moisés significa "tirado das águas", portanto os nomes de Moisés e Josué juntos descrevem o progresso de Israel rumo à Terra Prometida. Moisés os tirou do Egito, mas Josué foi o salvador que os trouxe à Terra Prometida. A saída do Egito não consistia em salvação, mas a entrada em Canaã, sim.

Isso ilustra uma verdade importante: os cristãos não são apenas salvos de algo, eles também são salvos para algo. É possível sair do Egito e continuar no deserto; deixar de ter o estilo de vida de um incrédulo, mas não desfrutar da glória da vida cristã.

Como aplicar o conceito

Finalmente, devemos perguntar: Como um cristão deve aplicar o conceito da Terra Prometida?

CÉU

Alguns imaginam que a Terra Prometida retrata o "céu". Certo hino, por exemplo, contém o verso: "Ao andar às margens do Jordão, ficam para trás meus temores e aflição" como se a imagem do rio retratasse a morte, e Canaã (céu) estivesse do outro lado.

SANTIDADE

A Terra Prometida, entretanto, não é o céu, mas a santidade. O autor de Hebreus, quando relembra a conquista da terra por Josué, afirma que os israelitas nunca entraram "nesse descanso" sob o comando de Josué, apesar de terem entrado em Canaã. O autor continua dizendo que ainda há um "descanso" para o povo de Deus. Esse "descanso" significa descanso da batalha – e a Terra Prometida é alcançada quando usufruímos do que Deus tem para nós. Assim, sempre que vencemos a tentação, desfrutamos, antecipadamente, de um pouco do descanso que Deus prometeu. As vitórias em Josué devem ser replicadas na vida de todo cristão ou cristã que vive em Cristo e batalha contra o pecado. O "descanso" é aquele alívio que sentimos quando nossas lutas contra as forças do inimigo são bem-sucedidas e nossos esforços são recompensados.

8.
JUÍZES E RUTE

Introdução

Os livros de Juízes e Rute estão inter-relacionados, por isso vamos refletir sobre eles conjuntamente. Entre os muitos textos sagrados, a Bíblia é singular pelo fato de conter narrativas históricas em sua maior parte. O Corão, por exemplo, contém pouca ou nenhuma história, enquanto a Bíblia possui uma dimensão histórica do início ao fim. Ela também inclui o tipo de história que nenhum ser humano poderia ter escrito, pois apresenta o início de nosso universo em Gênesis e descreve seu fim no livro de Apocalipse. Assim, ou essas histórias são fruto da imaginação humana ou são revelação do próprio Deus – não há outra explicação.

Quando analisamos o livro de Josué, vimos que a história profética é um tipo especial de história, pois registra eventos com base no que Deus disse e fez em relação a Israel, seu povo. A Bíblia não é um livro comum de história, que simplesmente registra o que uma nação fez e vivenciou – é a história contada por Deus sobre seu relacionamento com seu povo.

O estudo da história envolve quatro níveis possíveis:

1. **O estudo das personalidades:** essa abordagem envolve a análise detalhada dos indivíduos que fizeram história – monarcas, líderes militares, filósofos, pensadores. Suas vidas determinam o que é incluído; são o ponto de referência para tudo o que acontece.
2. **O estudo dos povos:** aqui, o foco está em nações inteiras ou em grupos de pessoas. Descobrimos como as nações se fortaleceram ou enfraqueceram e como isso afeta o equilíbrio de poder no mundo.
3. **O estudo dos padrões:** além das personalidades e dos

povos, essa abordagem busca os padrões presentes nas estruturas de tempo, por exemplo, os fatores que determinam a ascensão e o declínio de civilizações. Preocupa-se menos com os detalhes e mais com os temas.

4. **O estudo do propósito:** os historiadores também indagam para onde caminha a história. Procuram o sentido e o propósito. Os historiadores marxistas acreditam no materialismo dialético, ou seja, que a história dos povos inclui conflitos, especialmente entre trabalhadores e classe dominante. A teoria do otimismo evolucionista postula a ascensão do homem: a humanidade progredindo rumo a um mundo melhor. Outros observam a guerra em toda a história e preveem tristeza e destruição.

O estudo do propósito pode ser dividido em duas linhas: de um lado, há os que veem a história como uma progressão linear – as coisas movem-se adiante, com o presente sendo construído sobre o passado; do outro lado, há aqueles que veem a história como uma série de ciclos nos quais as coisas tendem a completar um círculo – para eles, há pouca progressão adiante, apenas atividades fúteis e sem objetivo, desprovidas de qualquer significado.

Não surpreende que uma visão divina da história inclua um senso de propósito. Não é o otimismo dos evolucionistas, pois nem tudo "melhora", mas a história bíblica tem, sim, um propósito, pois Deus está no controle e cumprirá todo seu bom propósito. A história é, de fato, o "relato dele".

Esses dois aspectos da história – as visões linear e cíclica – nos ajudarão a entender Juízes e Rute. A história em Juízes é um caso clássico de uma série de ciclos: o mesmo ciclo é identificado em sete ocasiões e, embora a linha do tempo esteja presente, ela está, predominantemente, como pano de fundo. A história de Rute, por contraste, é construída sob uma perspectiva linear do tempo: início, meio e fim, com um claro senso de progressão.

O padrão da história no livro de Juízes reflete, de forma precisa, o tipo de vida de pessoas que não conhecem a Deus. Elas acordam, vão para o trabalho, voltam para casa, assistem à TV e vão dormir novamente, prontos para repetir o mesmo ciclo no dia seguinte. É como se a vida fosse um grande carrossel! Não se chega a lugar algum e nada se alcança. O padrão observado em Rute é mais condizente com a maneira como Deus intenciona que seu povo proceda durante a vida. Em Rute, há propósito e sentido, um movimento rumo a um alvo.

O elemento mais importante a ser definido a respeito de qualquer livro da Bíblia é a razão pela qual ele foi escrito. Alguns livros revelam seu propósito muito facilmente, mas Juízes e Rute exigem maior investigação. Precisaremos examinar cada livro em detalhe antes que possamos chegar a quaisquer conclusões a respeito do propósito por trás deles.

Juízes

A maioria das pessoas tem um conhecimento do livro de Juízes do tipo Escola Dominical – a versão "com censura" ou *bowdlerizada*. O substantivo *bowdlerização* tem origem em Thomas Bowdler (1724-1825), médico inglês que ficou conhecido por ter editado certos trechos das peças de William Shakespeare, omitindo o que classificava como "partes impróprias". Da mesma forma, as histórias de Juízes ensinadas na Escola Dominical omitem alguns elementos menos agradáveis – concubinas, prostitutas esquartejadas, estupros, assassinatos, símbolos fálicos e assim por diante. Como consequência, muitas pessoas estão familiarizadas com personagens específicos presentes no livro como Sansão, Dalila, Débora e Gideão, mas não têm conhecimento de todo o resto, muito menos de seu tema e propósito geral.

Histórias individuais

As histórias contadas são, certamente, eletrizantes. Há uma economia de palavras, mas detalhes interessantes sobre os personagens são oferecidos em descrições vívidas para o leitor.

A quantidade de espaço cedida a cada personagem é surpreendentemente variada. Sansão tem quatro capítulos só para si, Gideão têm três, Débora e Baraque têm dois, mas alguns têm apenas um pequeno parágrafo. Temos a impressão de que quanto mais sensacionais eles foram, mais espaço receberam na narrativa. Fica claro que o objetivo do autor não é oferecer um relato equilibrado de cada herói. É fácil, no entanto, perceber que o livro apresenta uma série de heróis populares que foram bem-sucedidos em determinadas situações (e o livro contém uma seleção e tanto de eventos dramáticos), mais ou menos como Nelson e Wellington[12] na história da Inglaterra.

Logo no início do livro lemos sobre **Otoniel**, o sobrinho mais novo de Calebe. Tudo o que sabemos é que sob sua liderança, o povo desfrutou de paz durante 40 anos.

Lemos sobre **Eúde**, o líder canhoto que escondeu sua espada de quase 50 centímetros, amarrando-a à perna direita. Como a maioria das pessoas era destra, era comum revistar a perna esquerda em busca de armas. Assim, ele conseguiu levar a sua arma a um encontro particular com o rei de Moabe e trespassar sua barriga!

Lemos sobre **Sangar**, que matou 600 filisteus com uma aguilhada de bois.

---
12 NdT: Nelson e Wellington são considerados heróis ingleses pois derrotaram Napoleão nas batalhas de Trafalgar e Waterloo, respectivamente.

Lemos sobre **Débora** e **Baraque**. Débora era profetiza, casada com Lapidote. Seu nome significa "abelha trabalhadora" e Lapidote significa "clarão" em hebraico! Débora buscava a resposta do Senhor às contendas apresentadas pelo povo e, em certa ocasião, registrada em Juízes, ordenou a Baraque que conduzisse o povo à batalha. Baraque recusou-se a ir à guerra sem ela. Os comandantes de Israel, naquela época assim como hoje, sempre lideravam os soldados na guerra. Deus ficou irado com a recusa de Baraque e lhe disse que, como humilhação, o inimigo Sísera seria morto pelas mãos de uma mulher. E assim aconteceu.

A história seguinte refere-se a **Gideão**, um dos mais temíveis homens da Bíblia. Ele colocou carne sobre um altar e fogo do céu consumiu o sacrifício. Então ele pediu ao Senhor um sinal dos céus, como se o fogo não bastasse! Graciosamente, Deus lhe concedeu mais um sinal por meio de um pedaço de lã, que estava seco um dia e molhado de orvalho no dia seguinte. Gideão precisava aprender que as batalhas são vencidas pela força e estratégia de Deus. Deus reduziu o exército de Israel de 30 mil para 300 homens a fim de que Gideão aprendesse a não depositar sua confiança em recursos humanos.

O próximo personagem é **Abimeleque** (mais detalhes sobre ele serão dados adiante); em seguida, **Tolá**, que recebe apenas um breve comentário sobre ter liderado Israel por 23 anos. Depois dele, **Jair** comandou Israel por 22 anos e teve 30 filhos que, conforme relatado no livro, montavam 30 jumentos e tinham autoridade sobre 30 cidades. Um detalhe interessante, mas nada mais!

Há um trecho mais longo que conta novamente a história de **Jefté**, o líder de Gileade. Ele fez o juramento imprudente de sacrificar ao Senhor qualquer um que viesse ao seu encontro quando ele retornasse da batalha, e acabou sacrificando sua única filha.

Ibsã, de Belém, teve 30 filhas e 30 filhos, e todos se casaram fora do clã de Judá. **Elom** liderou Israel por 20 anos. **Abdom**, que veio depois dele, teve 40 filhos, 30 netos e 70 jumentos! Mais uma vez, não se oferecem mais detalhes.

Quando chegamos a **Sansão**, no entanto, há muito mais detalhes. Seu nome, literalmente, significa "luz do sol". Ele foi criado como nazireu, o que significa que não tinha permissão de ingerir álcool ou cortar os cabelos. É uma história extraordinária de um homem que teve problemas com mulheres. Casou-se, mas seu casamento terminou antes da lua de mel. Sansão passou, então, a relacionar-se com uma prostituta sem nome antes de finalmente unir-se a uma amante chamada Dalila. Embora tivesse grande força física, Sansão, na realidade, era um homem fraco. Sua fraqueza não estava essencialmente em seus relacionamentos, mas originava-se de uma falha de caráter. Sua unção carismática o capacitava a realizar diversas e assombrosas demonstrações de força, mas, certo dia, o Espírito do Senhor o deixou. Ele foi capturado pelos filisteus, que o deixaram cego e o obrigaram a girar um moinho, tornando-se motivo de riso para os filisteus.

Há muitos anos, preguei um sermão intitulado "O cabelo de Sansão está crescendo novamente". O sermão ficou bem conhecido, e uma jovem que o ouviu escreveu um poema sobre o cego Sansão, que foi conduzido por um garoto aos pilares do templo para destruí-lo.

O garoto que segurou a mão do homem

Eles os furaram,
A princípio
Eu não suportava olhar:
　Vagos, brutos e cruéis.

UMA TERRA E UM REINO

Eu não suportaria olhar:
    O choque do vazio,
    Consciente de que não voltaria a enxergar.
Vi sua cabeça raspada curvada
    Movendo-se ao ritmo da pedra de amolar
    Girando. Girando. Girando.
Vi as correntes desnecessárias:
    Pesadas e resistentes,
    Ferindo a carne que não precisava de contenção.

Agora
Não importa que seus olhos não tenham mais visão:
    Eu sou os seus olhos,
    Ele vê através de mim.
Ele precisa ver através de mim, não há outra forma.
E eu derramei as lágrimas que ele não pôde derramar,
    Por todos aqueles anos negligentes.
E aprendi a amar este homem quebrantado,
Quando finalmente aprendeu a temer o seu Deus.

Por isso
Não tenho medo de morrer:
Feliz por ser seus olhos esta última vez.
Tomando-o pela mão,
Conduzindo-o com cuidado apurado,
A cada passo norteado
Ao local onde ele pode orar:
"Senhor
Ó Soberano Senhor".
E quando os pilares caíram, clamei
"Assim seja".

Em seus últimos cinco minutos, Sansão fez mais por seu povo do que havia feito em todos os anos de sua vida.

FRAQUEZA HUMANA

A Bíblia é sempre sincera a respeito das imperfeições e fraquezas dos indivíduos que descreve, e Juízes não é uma exceção. Os personagens do livro revelam uma diversidade de falhas: Baraque não era viril; Gideão era inseguro, constantemente pedindo sinais, e, próximo do final de sua vida, fez um éfode de ouro – um "colete" sacerdotal – que mais tarde provou ser uma "armadilha" para Israel, uma relíquia que se transformou em objeto de devoção. Jefté, filho de uma prostituta, fez um juramento imprudente; Sansão tratou sua esposa de forma inadequada, dormiu com uma prostituta e teve uma amante. Não tinham caráter forte, nem eram indivíduos santos, no entanto, Deus os usou!

FORÇA DIVINA

Como essas pessoas tão distantes da perfeição conseguiram realizar tanto? Não foi através de sua própria força. O segredo foi a manifestação do Espírito Santo em sua vida – foram todos indivíduos "carismáticos".

Juízes nos dá exemplos vívidos da força divina agindo através de pessoas vulneráveis, à medida que lemos sobre a forma pela qual esses indivíduos conseguiram realizar feitos sobrenaturais. Sansão talvez tenha sido o exemplo mais evidente, mas há muitas histórias fascinantes. Esse é um ponto especialmente importante de ser observado, pois, no Antigo Testamento, a unção do Espírito Santo veio somente sobre alguns. Em Juízes, tal unção veio sobre apenas 12 indivíduos, dentre uma população de 2 milhões de pessoas que habitavam a terra de Israel na época. Notamos também que o Espírito Santo veio sobre eles temporariamente, e não de forma permanente: o texto, por exemplo, afirma que o Espírito Santo deixou Sansão. No Antigo Testamento, era um Espírito de unção que os tocava durante certo tempo e não o Espírito que faria morada [habitaria] e permaneceria com eles.

QUAL O PAPEL DOS JUÍZES?

Nossa análise de algumas das histórias individuais dos juízes não contemplou uma pergunta importante. O que eram exatamente os juízes? Quem eram eles e o que fizeram?

O termo em português ("juízes") não contempla de fato a essência da palavra usada originalmente para descrevê-los. Quando lemos que Sansão "julgou" Israel, ou que Gideão "julgou" Israel, a ideia por trás da expressão hebraica é a de "solucionadores de problemas", que protegiam o povo de Deus de questões que envolviam a si mesmos e aos outros. Nunca receberam um título por assim dizer, mas são descritos pelo que fizeram. De fato, a única pessoa a quem o substantivo é aplicado no livro de Juízes é Deus. Ele era o Juiz, lidando com os problemas do povo. Seria, portanto, mais correto afirmar que Deus foi o resgatador ou o solucionador de problemas que agiu nesses heróis, por meio de seu Espírito, em benefício do povo.

Os "juízes" se ocupavam com a aplicação da justiça nos limites da nação, mas especialmente com os problemas externos, pois o povo estava cercado de nações hostis que os atacaram em vários momentos: os amonitas (três vezes), os amalequitas (duas vezes), os moabitas (uma vez), os midianitas (uma vez) e os filisteus (três vezes). Há também uma menção específica aos reis de Jericó, de Moabe e de Hazor.

O povo de Deus havia chegado a uma área densamente povoada, habitada por povos extremamente hostis à sua presença. Eram vistos como invasores. A única justificativa que tinham para estar ali era que Deus lhes havia dado aquela terra, e eles deveriam trazer juízo à população residente, aniquilando-a. Assim, o livro não trata apenas de heróis individuais, ou do estudo de personalidades, o primeiro nível da história, descrita no início deste capítulo, mas também do estudo dos povos – o segundo nível da história.

História nacional

Se você somar todos os anos em que as 12 pessoas citadas anteriormente julgaram Israel chegará a um total de 400 anos; mas o livro de Juízes na realidade cobre apenas 200. Como se explica isso?

GEOGRÁFICA

Essa questão é facilmente esclarecida quando entendemos o que os juízes estavam fazendo de fato. Quando lemos sobre Gideão e Sansão, tendemos a pensar que estavam libertando toda a nação, mas Israel agora estava dividido em grupos de tribos, espalhados por uma extensa área, de dimensões aproximadas às do País de Gales. Assim, quando lemos que um juiz governou por 40 anos, isso talvez se aplique apenas às tribos do Norte. É possível que, ao mesmo tempo, outro juiz estivesse ajudando as tribos do Sul. Sansão, por exemplo, libertou as tribos do Sul e Gideão, as do Norte.

POLÍTICA

Nessa época, houve um vácuo de liderança em Israel. Moisés havia tirado o povo do Egito, Josué os conduzira à Terra Prometida, mas, com a morte desses dois grandes homens, não havia a figura de um líder para a nação – levando em consideração que esse período antecedeu o período de reinado. Assim, os juízes eram líderes locais, comandando a lealdade de grupos de tribos, sem, contudo, unificar toda a nação.

MORAL

Havia uma razão moral pela qual as tribos enfrentavam oposição contínua de outras nações e grupos de povos, e essa é a mensagem central do livro. A estrutura do livro deixa isso claro, como veremos ao analisar um breve esboço. Ele está claramente dividido em três partes.

1. Concessões injustificáveis (1–2)
(i) Permissões
(ii) Pactos

2. Conduta incorrigível (3–16)
(i) Conspiração do povo
(ii) Subjugação a um inimigo
(iii) Súplica ao Senhor
(iv) Salvação por um libertador

3. Corrupção inevitável (17–21)
(i) Idolatria no Norte – Dã
(ii) Imoralidade no Sul – Benjamim

Os quatro estágios do ciclo, apresentados no item 2 "Conduta incorrigível", se repetem sete vezes. O livro conclui com uma afirmação que, na realidade, é um refrão reberverante: "Naquela época não havia rei em Israel; cada um fazia o que lhe parecia certo".

1. Concessões injustificáveis
(I) PERMISSÕES – VALES da VULNERABILIDADE
Deus enviou Israel à terra de Canaã para destruir totalmente seus habitantes. Evidências arqueológicas confirmam as práticas imorais do povo cananeu – doenças sexuais eram comuns entre eles. Aqueles que afirmam que esse extermínio foi injusto se esquecem da palavra de Deus proferida a Abraão a respeito do futuro de seus descendentes. A ele foi dito que os judeus permaneceriam no Egito por séculos até que a maldade dos amorreus atingisse a "medida completa". Deus foi tolerante com o povo de Canaã, apesar de suas iniquidades, mas eles acabaram ultrapassando os limites. Deus usou Israel como instrumento de seu juízo sobre uma sociedade extremamente pervertida.

Em vez de obedecer cabalmente às ordens de Deus, no entanto, Israel foi seletivo em sua punição. Tomaram as colinas e as montanhas, mas permitiram que muitos dos povos permanecessem, especialmente os que viviam nos vales. Israel, dessa forma, dividiu-se em três grupos: ao norte, ao centro e ao sul. A comunicação entre as tribos era difícil e eles estavam impossibilitados de reagir de forma rápida e unida diante de ameaças externas. Além disso, os vales ofereciam caminhos de entrada para os invasores, os quais se mostraram bastante ávidos para explorar tal fraqueza interna.

(II) PACTOS – CASAMENTOS MISTOS
Os padrões permissivos dos povos que permaneceram nos vales eram uma tentação forte demais para muitos homens israelitas e, em pouco tempo, eles se casaram com mulheres estrangeiras e pagãs, em clara provocação à lei de Deus que proibia "casamentos mistos". Isso afetou a vida espiritual de Israel. Se você se casa com um filho do diabo está fadado a ter problemas com o sogro! Todos os planos de um viver santo foram frustrados e muitos israelitas envolvidos em casamentos desiguais acabaram servindo deuses cananeus. A influência espiritual de um cônjuge incrédulo tende a ser mais forte em um casamento misto, mesmo nos dias de hoje. O culto aos deuses cananeus conduzia inevitavelmente à imoralidade, pois uma convicção enganosa sempre conduz a um comportamento errado.

2. Conduta incorrigível
A maior parte do livro de Juízes consiste em uma série de ciclos. Com uma regularidade quase monótona, o povo de Deus repete o mesmo padrão.

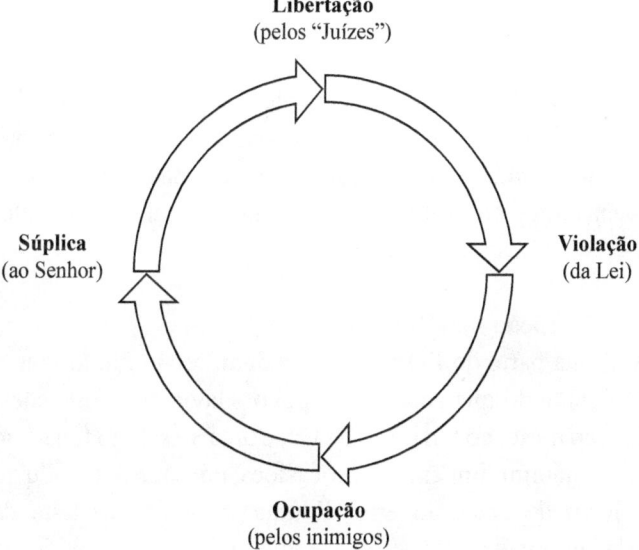

- **Súplica:** começava com o clamor dos israelitas ao Senhor porque estavam enfrentando algum tipo de opressão.
- **Libertação:** Deus enviava um libertador (por exemplo, Gideão, Sansão) para resgatar o povo.
- **Violação:** apesar de serem libertos, o povo voltava a pecar.
- **Ocupação:** Deus, por esse motivo, enviava um povo hostil (midianitas, filisteus...) para subjugar Israel, cuja terra que lhes havia sido dada como possessão passava a ser ocupada pelos seus inimigos.
- **Súplica:** em vista da dificuldade da situação, eles clamavam ao Senhor novamente e, assim, o ciclo se repetia. Parece que oravam somente quando estavam enfrentando dificuldades. É difícil afirmar se havia arrependimento genuíno ou se era mero remorso das consequências de seu comportamento. Fica claro

que muitos israelitas não estavam cientes de que eles mesmos traziam a opressão sobre si.

O ciclo não se aplicava somente à nação como um todo: os indivíduos também viviam em uma rotina semelhante de: pecado, perdão e mais pecado. Também não se tratava de apenas um ciclo infinito, mas de uma espiral descendente. As coisas ficam cada vez piores.

3. Corrupção inevitável

A última parte do livro de Juízes é um relato muito pouco edificante do que sucedeu ao povo. Havia duas situações: uma ao norte, no território de Dã, e uma ao sul, no território de Benjamim. Em ambas as ocasiões, um sacerdote induziu o povo de Deus ao erro. É uma ilustração perfeita da máxima citada anteriormente, que a idolatria (convicção enganosa) conduz à imoralidade (comportamento errado).

(I) IDOLATRIA NO NORTE – DÃ

A história começa com Mica, da tribo de Efraim, que rouba 1.100 moedas de sua própria mãe. Ela fica tão feliz quando ele lhe devolve o dinheiro, que o usa para fazer um ídolo. A mãe dá o ídolo a Mica para que ele o coloque em seu santuário particular de sua casa.

Um jovem levita vem à casa de Mica à procura de um lugar para morar. Mica lhe oferece a oportunidade de recebê-lo para exercer as funções de pai e sacerdote em troca de salário, roupas e alimento. O levita aceita. Mais tarde, as tribos de Dã, que não conquistaram as terras designadas por Deus ao sul, migram para o norte. Hospedados na casa de Mica, com ídolos e sacerdote, os líderes de Dã oferecem ao levita a chance de se tornar o sacerdote de toda a tribo, por mais dinheiro, e ele aceita o convite.

Numa clara violação à lei de Deus, portanto, a tribo de

Dã cai no pecado da idolatria. Assim como Judas Iscariotes – um dos 12 discípulos – desapareceu após o seu grande pecado, a tribo de Dã não é mencionada no livro de Apocalipse. O pecado começa com um homem que rouba dinheiro de sua mãe e depois prossegue com um levita que se torna capelão particular, primeiro de uma família, depois de toda uma tribo – sem qualquer nomeação ou autorização apropriada [totalmente independente].

(II) IMORALIDADE NO SUL – BENJAMIM
Essa história é ainda pior. Outro levita da tribo de Efraim toma uma concubina de Belém de Judá. Ela o deixa e retorna para a casa de sua família. Após quatro meses, o levita chega a Belém para buscá-la. O pai insiste que o levita fique em sua casa antes de finalmente deixá-la ir. Em sua viagem de volta, eles partem muito tarde do dia e chegam somente até Jerusalém, uma cidade pagã na época. O levita se recusa a ficar com "pagãos", então eles viajam rumo ao norte, para a tribo de Benjamim, chegando a Gibeá, ao cair da noite. Aceitam a hospitalidade de um homem idoso, que os recebe em sua casa. No entanto, enquanto estão comendo, são interrompidos por "vadios da cidade", que exigem que o recém-chegado fosse entregue para que tivessem relações sexuais com ele. O homem idoso se recusa a entregá-lo, mas, em lugar do homem, oferece sua filha. Mais tarde, o levita lhes entrega sua concubina. Na manhã seguinte, a concubina é encontrada morta, à entrada da casa, depois de ter sido violentada por uma gangue durante toda a noite.

O levita corta sua concubina em 12 pedaços e os envia às outras tribos de Israel. Quando os israelitas descobrem que homens da tribo de Benjamim cometeram o crime, buscam vingança contra os agressores. Os benjamitas ficam ofendidos com a acusação e se recusam a entregar os acusados.

O resultado é uma guerra civil que quase aniquila a tribo – somente 600 homens sobrevivem. Suas cidades são destruídas e todas as mulheres e crianças são assassinadas. As outras tribos haviam feito um juramento de não entregar suas filhas em casamento aos homens da tribo de Benjamim, mas, como os benjamitas estavam à beira da extinção, os israelitas sentem compaixão e tomam uma atitude para evitar que isso aconteça. Selecionam 400 virgens de Jabes-Gileade como esposas para os benjamitas, mas isso não é suficiente. Arquitetam, então, um plano inteligente. Realizam um festival em Siló e permitem que os benjamitas raptem suas filhas – tecnicamente, portanto, não seria o mesmo que "entregá-las", e assim eles não renegariam seu juramento, pelo menos não literalmente.

É uma narrativa terrível em todos os aspectos e, somada à história da tribo de Dã, um final deprimente para o livro de Juízes.

Propósito eterno ou teológico
Depois de uma história tão sombria, vamos nos voltar para um assunto mais animador: uma reflexão sobre o propósito teológico do livro. Em última análise, a história bíblica não é um registro humano, mas um registro do que Deus disse e fez, e que nos mostra quem ele é.

Já observamos que Deus é o juiz ou libertador do povo, uma vez que é a única pessoa a quem o substantivo "juiz" se aplica nesse livro. Ele é o verdadeiro herói, e o sucesso é alcançado quando os líderes humanos cooperam com ele.

No entanto, quando perguntamos: "Quem expulsou os cananeus da terra: Israel ou Deus?", devemos responder: "Ambos!". Podemos resumir a situação da seguinte forma: Sem ele, eles não poderiam ter feito o que fizeram, sem eles, ele não teria feito o que fez. Por um lado, Deus declarou que lhes daria a terra e expulsaria os habitantes, mas, por outro lado, ele precisava que Israel respondesse à sua direção.

Lemos também que, em alguns casos, Deus não removeu a oposição, mas deixou os inimigos na terra para testar os israelitas e para ensiná-los a lutar. Aprendemos, em Amós, que assim como Deus tirou Israel do Egito, ele também trouxe os filisteus de Creta e os estabeleceu como vizinhos, para ferir Israel.

No livro de Juízes, portanto, descobrimos que Deus disciplina seu povo. Ele os liberta do mal, revelando a sua misericórdia, e para o mal, demonstrando a sua justiça.

Esse princípio também é encontrado no Novo Testamento. Há, é claro, a frase da oração do "Pai nosso": "E não nos deixes cair em tentação, mas livra-nos do mal". O poder do Espírito Santo pode curar o enfermo, mas também pode trazer enfermidades; pode dar vista ao cego, mas também pode evitar que olhos saudáveis enxerguem; pode ressuscitar mortos, mas também pode trazer a morte, como aconteceu com Ananias e Safira. O castigo mais grave no que diz respeito à disciplina da igreja é entregar a Satanás os membros que estão vivendo no engano, cujo poder destrutivo sobre o corpo pode trazê-los à sã consciência e salvar suas almas no Dia do Juízo.

Ao mesmo tempo, no entanto, Deus ouviu as orações de Israel e as respondeu. Ele se afligiu com seu sofrimento, foi paciente e fiel, apesar da desobediência recorrente do povo. Lemos, então, como Deus respondeu à oração, enviando líderes ungidos e conduzindo manobras com Gideão e Baraque, por exemplo. Vemos um relacionamento dinâmico entre Deus e o homem, em que um influencia o outro.

Perceber essa dinâmica importante, no entanto, ainda não explica o propósito do livro, que somente se tornará verdadeiramente claro quando estudarmos Rute. A essa altura, vemos Israel envolvido num ciclo improdutivo no qual a nação traz para si problemas e se livra deles. Ainda não sabemos em que direção a nação caminha. As razões para esses problemas em Israel podem ser explicadas de duas maneiras.

1. MEMBROS DA SEGUNDA GERAÇÃO

No tempo dos juízes, o povo de Israel que ocupava a Terra Prometida não tinha o mesmo conhecimento de Deus e do que ele havia feito por eles nas gerações anteriores. Eles não queriam conhecer a Deus. Em vez disso, faziam o que era certo aos seus próprios olhos, mas errado aos olhos de Deus. Cada um vivia segundo suas próprias leis.

2. LÍDERES DA SEGUNDA GERAÇÃO

Não houve sucessão de liderança sem dificuldades. Quando um juiz morria, havia uma lacuna antes que outro juiz aparecesse e, durante esse período sem liderança, o povo voltava a comportar-se de forma pecaminosa, o que levava à punição da parte de Deus. O padrão do ciclo é indicado por frases como "enquanto o juiz vivia... mas quando o juiz morria...". Essa transição diferenciava-se grandemente da sucessão dinástica que prevalecia em outras nações, garantindo continuidade e estabilidade. Os juízes somente governavam sobre um grupo restrito, não sobre uma nação unificada.

Essa questão do reinado em Israel surge algumas vezes.

1. Após a vitória de Gideão sobre os midianitas, seus seguidores lhe ofereceram o trono. O povo lhe pediu que iniciasse uma dinastia. Alguns argumentam que ele deveria ter aceitado, mas, nitidamente, não era o tempo de Deus para o estabelecimento de um reinado em Israel. Gideão revelou ao povo que o problema deles era que não reconheciam a Deus como seu rei.
2. Depois de Gideão, a liderança passou por várias pessoas. Abimeleque perguntou ao povo se preferiam ser liderados por ele individualmente ou pelo grupo

dos 70 filhos de Gideão. Ele se preparou devidamente e começou a assassinar os seus irmãos. As coisas ficaram cada vez piores, à medida que sua sede de poder revelava seu pouco interesse pelo bem-estar do povo. Ele acabou sendo morto na batalha.
3. Em todo o livro de Juízes lemos o refrão: "Naquela época não havia rei...", o que sugere que as coisas estariam bem melhores se houvesse um. Retornaremos ao tema mais adiante. Por enquanto, o ponto importante a observar é que Juízes nos revela haver uma desesperada necessidade por um rei. Quando lemos o livro de Rute, somos confrontados com a mensagem mais positiva de que um rei será concedido. Rute começa a abordar a questão: "Quem será?".

Rute

Apesar de o livro de Rute ter sido escrito simultaneamente a Juízes, há alguns contrastes entre os dois.
- Juízes inclui as histórias de muitas pessoas, Rute, de apenas algumas.
- Juízes é relativamente longo, enquanto Rute é um dos menores livros do Antigo Testamento.
- Juízes cobre toda a nação de Israel, Rute, apenas uma cidadezinha.
- Juízes cobre 200 anos, Rute, apenas uma geração.

Ler o livro de Rute é como ler um livro de Thomas Hardy[13] – um tipo de pessimismo radical característico de seus romances e que cairia bem em um conto de revista. É um sopro de ar fresco depois de Juízes. Em Juízes,

---

13 NdT: Thomas Hardy foi um novelista e poeta inglês cujas obras que se tornaram clássicos da literatura inglesa. Suas obras abordam temas relacionados ao casamento, à educação e à religião.

lemos sobre assassinato em massa, estupro, uma prostituta esquartejada, guerra civil, sacerdotes maus. Apenas 1,5 quilômetro de distância separa o território benjamita da terra de Judá, onde a história de Rute se desenrola, mas sua atmosfera é totalmente diferente.

O livro de Rute tem apenas quatro longos capítulos. Os dois primeiros falam sobre duas mulheres inseparáveis e os outros dois, sobre dois homens influentes. Essas quatro pessoas constituem os personagens centrais do drama.

1. As perdas da sogra
2. A lealdade da nora
3. O amor do parente redentor
4. A linhagem real

1. As perdas da sogra

A história começa com um período de fome em Israel, o que levou dois homens a partir para a terra de Moabe. Podemos supor que a fome tenha sido um efeito da repreensão de Deus sobre o povo, uma vez que costumava reter a chuva para manifestar seu descontentamento com o povo. Além disso, a situação de escassez representa um contraste com o palco do drama principal – a cidade de Belém, que em hebraico significa "casa do pão".

Se essa família tivesse aprendido as lições ensinadas pela história de Israel saberia que procurar alimento fora de Israel sempre resultava em problemas, como testemunham as histórias de Abraão, de Isaque e de Jacó. Não há, contudo, registro de que tenham orado a Deus pedindo provisão de alimento. Noemi e seu marido, então, viajaram na direção leste do mar Morto rumo à terra montanhosa de Moabe. Com o passar do tempo, seus dois filhos casaram-se com mulheres moabitas. As coisas foram de mal a pior. O marido de Noemi morreu, assim como seus dois filhos. As três viúvas ficaram sós. Naqueles dias, o futuro de uma viúva era desolador. Todo o drama começou quando os homens da família escolheram não confiar em Deus. Eles optaram por uma solução humana à sua situação, em vez de buscar a Deus para saber o que estava acontecendo e o que deveriam fazer.

Deus lhes teria dito que a fome era parte do castigo e se eles somente se voltassem para ele teriam recebido provisão de alimento outra vez. Eles, por sua vez, não buscaram a Deus, muito menos ouviram uma resposta.

Como resultado dessa crise, Noemi amargurou-se. Seu nome, na realidade, significa "prazer", mas quando retornou a Israel, ela estava irreconhecível para os seus antigos familiares e pediu para ser chamada "Mara", que significa "amarga". Noemi encorajou suas duas noras a ficar em Moabe, sabendo que elas teriam poucas chances de um novo casamento em Judá. Os homens de Judá não costumavam casar-se fora de seu clã.

Orfa concordou e retornou a Moabe, e nunca mais se ouviu falar dela. Com base em sua própria escolha, não houve lugar para ela no propósito divino. Rute, no entanto, acompanhou Noemi e seu nome entrou para a história como um dos antepassados de nosso Senhor Jesus Cristo.

A história é um lembrete de que uma única decisão pode desencadear uma série de resultados. São as escolhas que fazemos que formam nosso caráter, e Rute fez a escolha certa, na hora certa.

Finalmente, vemos alguém cujas ações interrompem um ciclo prolongado. Rute tornou-se parte da linhagem de Deus. Seu nome é mencionado na genealogia de Jesus em Mateus, apesar de ser mulher e gentia.

2. A lealdade da nora
Rute era uma pessoa bela, por dentro e por fora. Era cheia de humildade e, no entanto, tinha o tipo de ousadia que os

homens consideram atraente. Era leal, com um espírito de serviço, mas, de forma alguma, passiva ou oprimida.

Ela não apenas escolheu ficar com Noemi, como também escolheu o povo e o Deus de Noemi. É evidente que Deus era real para ela, mesmo sabendo que ele havia castigado seu povo. Em quatro ocasiões, ela afirmou a Noemi "aceito". Rute demonstrou seu amor por Noemi ao ser fiel a ela. "Lealdade" e "amor" são praticamente a mesma palavra em hebraico. Amor que não é leal não é amor verdadeiro. Da mesma forma, a aliança de amor de Deus com seu povo significa que ele estará ao lado deles em bons e maus momentos.

Além disso, lemos que Rute encontrou "favor" aos olhos do Senhor. Em hebraico, a palavra "favor" é a mesma que "favorito" – ela tornou-se uma das pessoas favoritas de Deus. Na história, fica nítido que o testemunho de Rute tornou-se o assunto do momento na cidade de Belém, pois o Senhor não cessou de lhe demonstrar a sua bondade.

3. O amor do parente redentor
A segunda metade do livro inclui dois homens influentes – Boás e o homem que se tornaria rei.

Boás era um homem de grande prestígio e generosidade. Os pobres tinham permissão para recolher os grãos que sobravam no campo após a colheita, mas Boás deu instruções específicas a seus trabalhadores para garantir que Rute recolhesse uma grande provisão de grãos.

Há duas práticas no livro de Rute que devemos examinar a fim de compreender o desenrolar da história. O primeiro é o casamento pelo levirato. No ano do jubileu, a cada 50 anos, toda propriedade era devolvida à família que a possuía no jubileu anterior. Assim sendo, era imperativo que houvesse um representante do sexo masculino para reivindicar a propriedade após esse período de 50 anos. A lei do levirato afirmava que, caso o marido morresse antes que a esposa tivesse um filho a quem passar adiante a sua herança, o irmão do marido deveria casar-se com ela e lhe dar um filho, mantendo assim a propriedade na família. Rute, é claro, havia sido casada com alguém que tinha direito à propriedade, mas agora não tinha marido ou filho, por isso um parente era obrigado a casar-se com ela, para preservar o nome e a linhagem do marido e recuperar a propriedade quando se tornasse disponível no ano do jubileu.

A segunda lei que devemos entender era um costume social. Uma jovem não poderia propor casamento a um homem naquela época, mas tinha a liberdade de indicar que gostaria de se casar com alguém, e poderia fazer isso de várias formas. Uma delas era aquecendo os pés do homem! Assim, quando Rute deita-se aos pés de Boás e os cobre com seu manto, estava indicando que não se importaria de casar-se com ele. Esses dois costumes explicam como Boás se casou com Rute.

Quando Rute se deita aos pés de Boás, expressa um sinal evidente de que estava interessada. Ele ficou lisonjeado com essa escolha, pois não era o parente mais velho ou o mais jovem que ela poderia ter escolhido. No entanto, era seu irmão mais velho quem deveria cumprir o dever legal, portanto Boás teria que lhe dar a preferência! Seu irmão mais velho expressou seu consentimento da forma costumeira: tirando as sandálias e entregando-as a Boás – o equivalente ao aperto de mãos numa negociação. Rute e Boás estavam livres para se casar.

4. A linhagem real
É uma linda história – um adorável romance campestre. Devemos, contudo, perguntar o que Deus estava fazendo em tudo isso, pois é pouco provável que a história tenha sido incluída nas Escrituras apenas como um interlúdio

suave. Fica evidente que Deus estava preparando uma linhagem real para um rei de Israel. A escolha de Rute em unir-se a Noemi e com ela retornar a Israel estava alinhada com o propósito de Deus, pois ele a havia escolhido para fazer parte da linhagem real.

De fato, embora o envolvimento de Deus no drama não seja imediatamente identificado, ele é mencionado com frequência no livro. Isso é evidenciado quando os personagens pedem a Deus em favor de outros. Noemi pediu ao Senhor que abençoasse Rute por acompanhá-la. Os ceifeiros pediram a Deus que abençoasse Boás, que, por sua vez, abençoou os ceifeiros. Boás pediu ao Senhor que abençoasse Rute por tê-lo escolhido. Quando falavam sobre Deus, usavam o seu nome *Yahweh*, termo semelhante à palavra "Sempre" em nossa língua – Deus é "Sempre" meu provedor, está "Sempre" ao meu lado, "Sempre" aquele que me cura.

É interessante observar que Boás era um descendente direto de Judá – um dos 12 filhos de Jacó. Também descendia de Tamar, que gerou um filho de seu sogro, prova de que Deus pode usar as situações mais improváveis como parte de seu plano. Jacó, em seu leito de morte, profetizou a Judá: "O cetro não se apartará de Judá, nem o bastão de comando de seus descendentes, até que venha aquele a quem ele pertence". Isso ocorreu vários séculos antes de a nação cogitar ter um rei, e, ainda assim, Jacó prometeu a Judá que uma linhagem real viria de sua casa.

Sabemos também que a avó de Boás não era judia. Raabe, a prostituta, foi a primeira pessoa gentia na terra de Canaã a abraçar a fé no Deus de Israel. Temos, portanto, uma árvore genealógica mista: Tamar teve um filho de seu sogro, Raabe era gentia e prostituta, Rute era moabita. E, no entanto, todas estão entre os antepassados de Jesus Cristo.

Quem escreveu Juízes e Rute?

É hora de examinar por que Juízes e Rute estão relacionados e de responder à pergunta: Quem os escreveu e por quê?

Normalmente, o propósito de um livro da Bíblia é revelado no final. A frase "Naqueles dias não havia rei em Israel" indica que o livro de Juízes e, consequentemente, o de Rute foram escritos no período em que o povo era liderado por um rei. Também fica evidente no final de Rute que Davi não era rei na época em que o livro foi escrito, pois lemos "Jessé era o pai de Davi", e não "Jesse era o pai do rei Davi".

Esses dois fatores sugerem fortemente que o livro tenha sido escrito quando havia um rei, porém, antes do tempo de Davi. O único período em que isso se deu foi durante o reinado de Saul, visto que Davi foi coroado rei imediatamente após Saul. Assim, o livro foi escrito quando Saul, o primeiro rei de Israel, estava no trono por escolha do povo. Ele foi escolhido por sua altura e aparência física – não por seu caráter ou habilidade.

Além de saber quando o livro foi escrito, precisamos saber também quem o escreveu. A linguagem usada nos discursos do profeta Samuel em seu primeiro livro é a mesma linguagem encontrada nos textos de Juízes e Rute. Além disso, fazia parte do estilo de Samuel ensinar a história de seu povo. É muito provável, portanto, que Samuel tenha escrito Juízes e Rute como um único livro, quando Saul era rei em Israel.

É possível discernir mais do propósito do livro quando descobrimos de qual tribo se originava o rei Saul. A resposta é Benjamim. A mensagem geral dos dois livros é que nada de bom vem da tribo de Benjamim – um claro contraste com Judá e com aqueles que viriam de Belém. Em outras palavras, a obra em dois volumes foi escrita para preparar o povo para a transição do reinado de Saul para o de Davi. Samuel havia ungido Davi secretamente, mas precisava preparar o povo para aceitá-lo como rei em lugar de Saul, que eles mesmos haviam escolhido.

Ele pede aos seus leitores que comparem os homens degradantes de Benjamim com o povo encantador de Belém. No final, Samuel menciona que Jessé era o pai de Davi, reconhecendo que Deus havia escolhido Davi como o rei que transformaria toda a situação.

Essa teoria é amparada por um detalhe incluído no primeiro capítulo de Juízes. Quando a tribo de Judá entrou na Terra Prometida, a cidade de Jerusalém foi designada à tribo de Benjamim. Entretanto, o trecho inicial de Juízes relata que a cidade estava nas mãos dos jebuseus "até o dia de hoje", indicando que a tribo de Benjamim nunca a conquistara. Um dos primeiros atos de Davi como rei, registrado em 1 Samuel, foi tomar a cidade. Isso esclarece a época em que o livro foi escrito e confirma a probabilidade de que seu propósito era encorajar o povo a aceitar Davi como rei. A justaposição dos livros de Rute e Juízes traz as duas cidades ao foco central: Belém, a casa do pão, cidade natal de Davi, e Jerusalém, ocupada pelos jebuseus, porém, prestes a se tornar a capital da nação.

Como podemos aplicar Juízes e Rute aos nossos dias?

No Novo Testamento, o apóstolo Paulo diz a Timóteo que toda a Escritura é inspirada por Deus e capaz de nos tornar "sábios para a salvação". Jesus afirma que as Escrituras testificam a seu respeito, portanto devemos perguntar que tipo de leitura um cristão deve fazer de Juízes e Rute.

Juízes

Os cristãos, individualmente, podem aprender muito com os personagens do livro de Juízes. É possível aprender com os erros cometidos pelos juízes, bem como com suas escolhas acertadas. Há valor nas histórias para todos os cristãos. Contudo, não devemos esperar que os juízes nos ofereçam modelos de comportamento. Na realidade, o Novo Testamento nos adverte a respeito. Em Hebreus 12, lemos que estamos rodeados por uma nuvem de testemunhas (os heróis da fé descritos no capítulo 11, entre eles alguns desses juízes) que estão nos vigiando para ver como percorremos a corrida, olhando para Jesus como nosso único verdadeiro modelo, o autor e consumador da nossa fé, cuja obra de libertação permanece para todo o sempre.

A igreja precisa estudar Juízes, pois corre o risco de cair hoje na mesma espiral de anarquia, fazendo o que considera correto aos próprios olhos. Pode cair no erro de buscar uma "monarquia" visível, um ser humano cuja perspectiva ou liderança tenha mais valor do que a de Cristo. O governo democrático, a oligarquia ou a autocracia depende de líderes humanos, mas a Bíblia ensina que devemos ser conduzidos pela teocracia. Nosso líder é tanto humano quanto divino; esteve na terra e agora está no céu.

Também devemos nos lembrar de que o caráter de Deus não muda – é o mesmo hoje, assim como era no tempo dos eventos descritos em Juízes e Rute. Ele ama seu povo e demonstra isso disciplinando os que se desviam de seu caminho. Ao mesmo tempo, ele cumpre seus propósitos para o nosso bem. Não precisamos entrar num ciclo de desespero. Podemos conhecer a verdadeira direção e seguir os propósitos de Deus.

Rute

Entre os povos gentios, Rute foi uma das primeiras a abraçar a fé no Deus de Israel. Ela é um retrato de todos os crentes presentes na linhagem real, irmãos de Jesus por meio da fé depositada nele.

O livro nos faz lembrar de Jesus, pois se a igreja é representada por Rute, Boás é como Cristo – o parente redentor. A igreja foi incluída na linhagem do povo de Deus. Somos a noiva e ele é o noivo. Rute não é um livro isolado do Antigo Testamento; ele cobre um tema que percorre a Bíblia do começo ao fim. Toda a Bíblia é um romance, que se encerra com as bodas do Cordeiro no livro de Apocalipse. O romance de Rute e Boás é uma imagem perfeita de Cristo e sua noiva gentia.

9.
1 e 2 SAMUEL

Introdução

Os livros 1 e 2 Samuel da Bíblia cristã constituem um único livro nas Escrituras judaicas e estão incluídos na seção dos Profetas anteriores. Abrangem 150 anos de história, relatados sob uma perspectiva profética, a fim de registrar como Deus vê os fatos e o que ele considera importante. O livro recebe o nome do profeta que rege a história e que provavelmente tenha redigido sua maior parte. Engloba grandes mudanças na história de Israel e o surgimento do grande rei Davi, cuja fama se perpetua até os dias de hoje.

Contexto

Abraão, o pai dos judeus, viveu por volta de 2000 a.C.; o rei Davi subiu ao trono aproximadamente 1000 a.C. A promessa da terra e dos descendentes feita por Deus a Abraão completa, portanto, mil anos com a sucessão de eventos descritos no livro de Samuel, incluindo o surgimento de Davi. Segundo o gráfico de tempo apresentado no panorama bíblico (página 11) do Antigo Testamento, o livro de Samuel registra uma terceira alteração no tipo de liderança no decorrer da história do povo de Israel.

- **De 2000 a 1500 a.C.,** o povo de Israel foi liderado por patriarcas: Abraão, Isaque, Jacó e José (embora o povo não constituísse uma nação a essa altura).
- **De 1500 a 1000 a.C.,** o povo foi liderado por profetas: de Moisés até Samuel.
- **De 1000 a 500 a.C.,** foi liderado por príncipes (ou reis): de Saul até Zedequias.

- **De 500 a.C. até o tempo de Cristo**, foi liderado por sacerdotes: de Josué até Anás e Caifás.

Apesar de as datas serem aproximadas, elas oferecem um contexto válido. Samuel descreve o período de substituição de profetas por príncipes (ou reis) – cobrindo os 150 anos da ascensão até o império de Davi.

É um período extremamente significativo da história de Israel. Os judeus se referem ao reino de Davi como a era dourada – um período de paz e prosperidade –, quando conquistaram a maior parte da terra que Deus lhes havia prometido. Até hoje, os judeus anseiam por um retorno dos dias em que um rei governava uma nação unida e vitoriosa. No entanto, nem tudo são boas novas nos registros de Samuel, pois vemos o início de um declínio que permanece em 1 e 2 Reis e prossegue até quando Israel perde tudo que havia alcançado ao longo de mil anos.

Antes de refletirmos sobre a melhor forma de interpretá-los, vamos observar os pormenores das principais histórias dos livros de Samuel, começando com uma visão geral de seu conteúdo e sua estrutura.

Estrutura

1. Samuel – O último juiz
(i) Ana – Esposa ansiosa
(ii) Eli – Sacerdote enfermo
(iii) Israel – Exército arrogante
(iv) Saul – Rei ungido

2. Saul – O primeiro rei
(i) Jônatas – Filho corajoso
(ii) Samuel – Profeta irado
(iii) Davi – Suposto rival
    INÍCIO
    (a) Simples pastor

(b) Músico talentoso
   (c) Esplêndido guerreiro
   FIM
   (a) Cortesão suspeito
   (b) Proscrito procurado
   (c) Soldado exilado
(iv) Filisteus – Inimigo agressivo

3. Davi – O melhor rei
(i) Ascensão triunfal
ASCENSÃO
   (a) Tribo unificada
   (b) Nação estabelecida
   (c) Império colossal
(ii) Declínio trágico
QUEDA
   (a) Homem desonrado
   (b) Família desintegrada
   (c) Povo descontente

4. Epílogo

Nessa tabela estrutural, as vidas de Samuel e Saul são descritas no que se refere a seus relacionamentos com três indivíduos e um povo: Samuel com Ana, Eli, Saul e Israel; Saul com Jônatas, Samuel, Davi e os filisteus.

A vida de Davi pode ser resumida, de maneira bastante simples, em quatro palavras, conforme a tabela: início, fim, ascensão e queda. O "início" e o "fim" referem-se à benevolência com o rei Saul, a "ascensão" refere-se ao período em que atinge o auge de seu poder como rei, e a "queda" faz referência à sua jornada às profundezas do desespero.

Conteúdo

1. Samuel – O último juiz

(I) ANA – ESPOSA ANSIOSA
O livro começa com a história de Ana, mãe de Samuel. Seu marido, Elcana, tinha duas esposas. Ana, que era estéril, precisava tolerar as provocações da outra esposa, Penina, que tinha filhos. Os anos passaram e o sofrimento de Ana só aumentava por causa de sua condição. Ela visitou o templo de Siló (onde ficava abrigada a arca da aliança) e disse em oração que se Deus lhe concedesse um filho, ela o dedicaria ao seu serviço. Eli, o sacerdote, observou que ela balbuciava algumas palavras e suspeitou que estivesse embriagada. Ana explicou que estava profundamente aflita, e Eli a despediu com a bênção de Deus. Algum tempo depois, Ana engravidou e deu à luz um filho, a quem chamou de Samuel.

Em um gesto de gratidão, ela cumpriu sua promessa ao Senhor e apresentou Samuel a Eli para que servisse no templo. Ana orou novamente, expressando sua confiança e alegria em Deus. Essa oração é inequivocamente evocada por Maria, mil anos depois, quando o anjo lhe anunciou que ela daria à luz Jesus. Sua alegria e seu louvor, no que hoje chamamos de "Magnificat" (cântico de Maria), contém ecos da oração de Ana.

(II) ELI – SACERDOTE ENFERMO
Samuel ministrava sob a supervisão do sacerdote Eli. Certa noite, ele ouviu uma voz e correu para atender Eli, presumindo que *o chamava*, mas Eli disse que não havia chamado. O chamado se repetiu três vezes, até que o sacerdote percebeu que era Deus quem queria falar com Samuel. Foi um momento significativo, pois revelações proféticas, tanto verbais quanto visuais, eram raras naqueles dias.

Assim, Samuel recebeu, aos 12 anos de idade, a responsabilidade de contar a Eli que Deus julgaria sua família, uma vez que seus dois filhos estavam agindo mal e Eli estava ignorando o fato. Os filhos negligenciavam suas responsabilidades, comendo carne consagrada e dormindo com algumas das mulheres que serviam na entrada da Tenda do Encontro. Disse o Senhor que, a partir daquele momento, nenhum membro da linhagem de Eli chegaria à velhice.

Esse encontro marcou o início do ministério profético de Samuel e não seria a última vez em que ele receberia uma mensagem difícil de ser transmitida.

(III) ISRAEL – EXÉRCITO ARROGANTE
A história seguinte narra a derrota de Israel pelas mãos dos filisteus – a nação guerreira que vivia na costa oeste. Os israelitas presumiram que haviam perdido a batalha por terem deixado a arca da aliança no templo. Na batalha seguinte, portanto, eles a levaram consigo, mas outra vez foram duramente derrotados. Trinta mil soldados de infantaria foram mortos, entre eles os filhos de Eli (cumpria-se, assim, a profecia sobre suas mortes prematuras). A arca foi capturada pelos filisteus e levada ao templo de Dagom, seu deus.

Ao ouvir a notícia, Eli, que estava envelhecido e fragilizado, caiu para trás de sua cadeira e quebrou o pescoço. A presença da arca, no entanto, trouxe problemas para os filisteus. Deus lhes enviou enfermidades terríveis, e a arca foi devolvida, afinal, aos israelitas num carro puxado por duas vacas. Os filisteus acompanharam o carro para ver que direção ele tomaria e observaram que ele seguiu morro acima, rumo a Jerusalém.

Samuel reuniu os israelitas em Mispá e lhes disse que as derrotas anteriores não tinham conexão alguma com a arca, mas estavam, sem dúvida, relacionadas à adoração aos deuses pagãos. Israel queimou os ídolos e dessa vez alcançou vitória na batalha contra os filisteus. Encontramos aqui um princípio descrito em Juízes: sempre que os israelitas desobedeciam a Deus, um inimigo os vencia, mas toda vez que se arrependiam e retificavam suas ações, eles derrotavam seus inimigos.

Cresceu a fama de Samuel a partir desse momento, e seu trabalho como juiz e profeta tornou-se muito valorizado.

(IV) SAUL – REI UNGIDO
O último ato público de Samuel como profeta foi ungir Saul como rei. O povo perguntou a Samuel se, como as nações a sua volta, Israel poderia ter um rei. Eles sabiam que Deus era o seu rei, mas queriam um rei que pudessem ver. A princípio, Samuel se ofendeu com esse pedido, até que Deus o relembrou de que ele não tinha o direito de se ofender, pois era a Deus que eles estavam rejeitando.

Deus disse a Samuel que se o povo tivesse um rei, deveria estar preparado para as consequências. Um rei demandaria um palácio e um exército, por isso, a fixação de impostos e o recrutamento de soldados se sucederiam rapidamente à coroação. Apesar desses alertas, os israelitas ainda insistiram em ter um rei e escolheram Saul, um homem de estatura e beleza inigualáveis.

2. Saul – O primeiro rei
A escolha de Saul foi inusitada. Deus informou a Samuel que o escolhido para ser ungido rei seria um homem que estava à procura de jumentas! Assim, quando Saul chegou à casa de Samuel pedindo ajuda, ele sabia exatamente o que fazer. Saul recebeu o dom da profecia como um sinal de que era o herdeiro, embora tenhamos poucos detalhes

de como isso aconteceu. O povo legitimou Saul – aos 30 anos – como rei, e Samuel, o último juiz, lhe entregou a liderança.

Saul começou bem. O povo estava feliz com sua indicação e logo ele alcançou sucesso na batalha contra os amonitas. Porém, é no âmbito de seus relacionamentos que as coisas começaram a dar errado.

(I) JÔNATAS – FILHO CORAJOSO

Jônatas, filho de Saul, havia sido um elemento-chave na derrota dos filisteus, e Saul, a princípio, ficou muito orgulhoso de seu desempenho. Jônatas, no entanto, cometeu o erro de ir à batalha seguinte sem *informar o* pai. Ele venceu, mas Saul sentiu inveja de seu sucesso e o relacionamento entre pai e filho ficou estremecido.

Na história seguinte, Israel estava novamente em guerra e Saul, impulsivamente, jurou condenar à morte qualquer um que se alimentasse antes que o rei tivesse se vingado de seus inimigos. Jônatas, sem saber do juramento, comeu um pouco de mel. Assim, nos deparamos com a situação absurda em que Saul ameaçou matar seu próprio filho por desobedecer, involuntariamente, a uma ordem sua. Se os homens sob seu comando não tivessem intervindo, Jônatas teria perdido a vida.

(II) SAMUEL – PROFETA IRADO

O relacionamento entre Saul e Samuel se deteriorava. Como profeta, a incumbência de Samuel era transmitir a Saul as palavras de Deus. Certa vez, Saul foi instruído a aguardar a chegada de Samuel antes de oferecer o sacrifício pós-batalha. Como Samuel demorava a chegar ao campo de batalha, o próprio Saul ofereceu o sacrifício. Enfurecido com esse ato arrogante, Samuel declarou que o reinado de Saul estava prestes a ser entregue a outro.

O segundo grande erro de Saul também incluiu a desobediência à palavra de Deus. Dessa vez, Saul recebeu ordens para exterminar os amalequitas e todo o seu rebanho, mas ele poupou a vida do rei Agague e seus melhores animais. Novamente, Samuel entrou em cena e descobriu a desobediência de Saul a todas as ordens de Deus. Muito irado, Samuel executou Agague diante do altar do Senhor e advertiu Saul de que obedecer era melhor do que sacrificar. Samuel também *informou a Saul* que, por ter rejeitado a palavra do Senhor, Deus o rejeitaria como rei. Daquele dia em diante, até a morte de Samuel, Saul nunca mais teve notícias dele. Essa história é um lembrete exemplar de que o ritual não substitui prática da justiça. Ela, com certeza, marca o início da queda do primeiro rei de Israel.

Sem os conselhos de Samuel, Saul não sabia como descobrir a vontade do Senhor e, portanto, não faz ideia se as batalhas de Israel seriam bem-sucedidas ou não. Embora tenha agradado a Deus no início de seu reinado, ao banir da terra de Israel todos os médiuns, quase no fim de seu reinado, algum tempo após a morte de Samuel, Saul conseguiu encontrar em Endor uma médium ainda em atividade. Ele a procurou e invocou o espírito de Samuel para uma última conversa. Foi-lhe dito que a iminente batalha com os filisteus seria a sua última.

(III) DAVI – SUPOSTO RIVAL
A história de Saul foi relegada a um segundo plano com a chegada de Davi. O jovem Davi começou a servir Saul e o relato diz que Saul gostava muito dele. Porém, depois de um início promissor, a convivência entre Saul e Davi seguiu o mesmo padrão de seus relacionamentos com Jônatas e Samuel.

INÍCIO

(a) Simples pastor

Quando Davi entrou em cena, Deus já havia rejeitado Saul como rei – embora ele ainda permanecesse no trono durante algum tempo. Samuel foi enviado à casa da família de Jessé para ungir como rei um de seus filhos. Entretanto, descobriu que nenhum deles tinha a aprovação de Deus. Somente quando o oitavo filho, o caçula, que estava trabalhando no campo, foi chamado para a reunião, Deus indicou que ele seria o futuro sei. Davi foi ungido secretamente, uma vez que ele seria coroado rei muitos anos depois.

(b) Músico talentoso

A essa altura, Saul já se encontrava em um estágio de degradação mental e moral. Lemos que o Espírito Santo se retirou e um espírito maligno o dominava. Saul tornou-se imprevisível, um homem capaz de perder o controle de um momento para outro, por qualquer motivo. Seus conselheiros acreditavam que a única coisa que poderia acalmá-lo era a música e, assim, Davi, conhecido como um talentoso harpista, foi trazido ao palácio para tranquilizar o espírito de Saul com sua música.

(c) Esplêndido guerreiro

A história de Davi e Golias é uma das mais conhecidas da Bíblia. Representa a disparidade do século e o tipo de história que os judeus amam: Golias, de Gate, tinha 2,90 metros de altura e Davi era apenas um jovem pastor. Era costume que os exércitos rivais escolhessem seus heróis, que se enfrentariam. Quem vencesse conquistaria a vitória. Esse costume evitava muito derramamento de sangue.

Nesse ponto da história, Saul havia abdicado de seu papel como "herói" da nação e, assim, após algumas deliberações, ele permitiu que Davi enfrentasse Golias em nome de Israel. Apesar das adversidades, Davi estava convencido de que

Deus lhe daria a vitória. Ele acreditava que a batalha era do Senhor e que sua vitória mostraria a todo o mundo o poder de Deus. Davi usou uma funda, como fazia em seu trabalho como pastor, e, com apenas uma pedra, das cinco que havia coletado, matou Golias e alcançou a vitória contra os filisteus.

FIM
(a) Cortesão suspeito
Se Saul sentiu inveja do próprio filho, quais seriam seus sentimentos com relação a esse novo herói? Saul ouviu canções populares que exaltavam como ele havia matado milhares, mas Davi, dezenas de milhares. Davi tornou-se o grande herói nacional e Saul passou a odiá-lo. A partir daquele momento, a vida de Davi passou a correr perigo. Sua música continuou a tranquilizar a mente perturbada de Saul, mas houve momentos em que Saul estava tão enfurecido que *arremessou* uma lança contra Davi.

Mais tarde, Saul tramou matar Davi. Em sua primeira tentativa, ele ofereceu a Davi a mão de sua filha Merabe em casamento como recompensa por sair à batalha contra os filisteus. Davi se recusou a aceitar a filha de Saul como esposa e os planos do rei foram frustrados quando Davi derrotou os filisteus e saiu ileso da batalha. Davi acabou se casando com Mical, outra filha de Saul.

Saul, então, pediu a Jônatas que se envolvesse numa trama arquitetada para matar Davi, mas Jônatas e Mical apoiavam Davi, e no curso de diversas conspirações, o alertaram sobre as intenções do pai.

(b) Proscrito procurado
Fica evidente que Davi precisava deixar o palácio. Assim, ele fugiu e se escondeu na casa de Samuel, em Ramá. Logo depois, algo surpreendente aconteceu: quando Saul e seus homens tentavam capturar Davi, o Espírito do Senhor

desceu sobre eles. Eles profetizaram e não conseguiram levar o plano adiante.

Jônatas continuou ajudando Davi e os dois fizeram um pacto no qual Jônatas, apesar de ser filho de Saul, prometia ser um súdito de Davi. Um príncipe que abdicou em favor de um jovem pastor. A Bíblia retrata uma amizade extraordinária entre os dois. Compreendemos que nunca houve amor igual entre dois homens como o que sentiram Davi e Jônatas.

Em Nobe, o sacerdote Abimeleque alimentou Davi com pão consagrado e lhe entregou a espada de Golias. Davi fugiu para Gate, onde foi reconhecido pelo rei filisteu como o suposto herdeiro ao trono e precisou simular insanidade para escapar com vida.

Em Adulão, um grupo de 400 homens descontentes se uniu a Davi. Como medida de proteção, ele enviou seus *pais* a Moabe, o lar de sua bisavó, onde um profeta lhe disse para retornar a Judá.

Enquanto perseguia Davi no deserto de Ein Gedi, Saul entrou em uma caverna para aliviar-se, sem saber que Davi estava em seu interior. Davi cortou a ponta do manto de Saul e gritou seu nome assim que ele saiu. Saul ficou tão abalado ao se dar conta de que Davi poderia tê-lo matado na caverna, que se arrependeu temporariamente. Pouco depois, no entanto, ele retomou a perseguição.

No deserto de Maom, Davi conheceu uma mulher com quem veio a se casar. Nabal se recusou a hospedar Davi e seus homens. Sua esposa Abigail, no entanto, lhes ofereceu comida e salvou sua família da retaliação de Davi. Nabal morreu pouco tempo depois e Davi tomou Abigail como esposa.

(c) Soldado exilado
O trecho mais extraordinário da história de Davi nem sempre é retratado. Davi temia que Saul o alcançasse, e,

assim, ele e seus homens se entregaram como mercenários aos filisteus – os maiores inimigos de Israel. Em pouco tempo, eles se tornaram aliados de confiança.

(IV) FILISTEUS – INIMIGO AGRESSIVO
O reinado de Saul chegou ao fim quando Israel enfrentou os filisteus. Embora Davi e seus homens tivessem se juntado aos filisteus como mercenários, os líderes filisteus os deixaram de fora dessa batalha específica. Eles temiam que Davi e seus homens não permanecessem leais se fossem enviados a uma batalha contra seu próprio povo. De qualquer maneira, naquele cenário, eles não eram necessários. Os israelitas foram duramente derrotados e Saul e Jônatas foram mortos, assim como o *profeta* havia predito. Saul, ferido, caiu sobre a própria espada quando percebeu que sua vida estava se esvaindo. Desse modo, o livro de 1Samuel termina com a morte de um dos personagens mais enigmáticos de toda a Bíblia.

3. Davi – O melhor rei

(I) ASCENSÃO TRIUNFAL

ASCENSÃO
(a) Tribo unificada
Os primeiros nove capítulos de 2Samuel descrevem a ascensão triunfante de Davi. A passagem começa com um lamento pelas mortes de Saul e Jônatas, com algumas palavras tocantes em memória da amizade afetuosa que existiu entre Davi e Jônatas.

Seguiu-se, no entanto, uma guerra contínua entre a casa de Davi e a de Saul, repleta de episódios de assassinato e vingança. Abner, o comandante-chefe de Saul, mudou de lado e levou consigo Benjamim. Mesmo assim, a nação ficou dividida.

UMA TERRA E UM REINO

(b) Nação estabelecida
A tribo de Judá coroou Davi rei em Hebrom, no Sul, onde ele permaneceu por sete anos. Davi conseguiu unificar a nação, auxiliado em parte pela retomada de Jerusalém das mãos dos jebuseus. Os jebuseus tinham certeza de que Jerusalém estava segura contra ataques, mas Davi a invadiu por uma escadaria que conectava seu interior a uma fonte do lado externo dos muros.

Vale observar que a capital, Jerusalém, além de contar com excelentes fortificações, com penhascos em três de seus quatro lados, também era um território "neutro" entre Judá (a tribo que apoiava Davi) e Benjamim (a tribo de Saul). Era, portanto, uma capital politicamente conveniente, pois nem Judá nem Benjamim poderiam reivindicá-la como sua.

(c) Império colossal
O livro continua com o registro das bem-sucedidas campanhas de Davi contra os filisteus, os amonitas e os edomitas, cujas terras se tornaram parte de um vasto império. Pela primeira (e última) vez, Israel detinha a maior parte da terra que Deus havia prometido. Israel chegava ao auge de sua história.

No entanto, mesmo alcançando o sucesso pessoal, Davi não se esqueceu da casa de Saul e honrou Mefibosete, o filho coxo de Jônatas, aleijado de ambos os pés.

(II) DECLÍNIO TRÁGICO

QUEDA
(a) Homem desonrado
O declínio de Davi teve início em uma tarde fatídica. O exército estava distante, em batalha contra os amonitas, e Davi, que deveria estar no comando, decidiu ficar em casa. Da janela do palácio, ele viu Bate-Seba, a esposa

de seu vizinho, banhando-se no terraço e gostou do que via. Passou então a infringir cinco dos Dez Mandamentos. Davi cobiçou a mulher do próximo, deu falso testemunho contra o marido, roubou sua esposa, cometeu adultério e, finalmente, tramou o assassinato do marido. É uma história terrível, pois naquela tarde teve início o declínio da nação. Nos 500 anos seguintes, eles perderam tudo o que Deus lhes havia dado.

Bate-Seba engravidou. Davi tentou encobrir o fato e tomou providências para que Urias, marido de Bate-Seba, fosse morto em combate. O bebê morreu e Davi levou Bate-Seba para o palácio como sua esposa. Ela engravidou novamente, seu bebê sobreviveu e recebeu o nome de Salomão (que significa "paz"). Porém, Davi não tinha paz. Um ano depois, Deus enviou o profeta Natã para dizer a Davi, por meio de uma parábola, que ele havia cometido pecado e Davi, então, reconheceu a gravidade de suas ações. O Salmo 51 é sua oração de confissão após receber essa revelação.

(b) Família desintegrada
É como se o comportamento imoral de Davi se tornasse uma fonte de dissabores para toda a família. Seu filho mais velho, Amom, estuprou Tamar, uma de suas irmãs. Absalão, o segundo filho de Davi, ficou sabendo do acontecido e, dois anos depois, buscou sua própria vingança.

Absalão alcançou tanta popularidade entre o povo, que Davi foi forçado a deixar Jerusalém. Mais uma vez, ele se tornou um exilado.

Em cumprimento à profecia de Natã, Absalão exibiu as esposas de Davi no terraço do palácio e teve relações sexuais com elas em público. Uma batalha subsequente causou a morte de Absalão. Davi ficou perturbado e desejou ter morrido no lugar de Absalão.

(c) Povo descontente
O rancor instaurado na família de Davi afetou o povo como um todo. Apesar do vasto império que controlavam, eles não estavam satisfeitos com a liderança de Davi. A capital ficava no Sul e o povo do Norte se sentia negligenciado. As inquietações eram trazidas à tona por Seba, um benjamita que se recusou a reconhecer Davi como rei e iniciou uma revolta. Davi conseguiu reprimir o levante, mas os sentimentos de ódio persistiram.

4. Epílogo

Os últimos capítulos são elaborados utilizando-se de um artifício literário, com os conteúdos do epílogo divididos segundo temas correspondentes. A estrutura pode ser subdividida em seis seções: A1, B1, C1, C2, B2, A2, sendo que as seções A1 e A2, B1 e B2, e C1 e C2 compreendem temas semelhantes.

A1 – UM LEGADO DO PASSADO

Toda a nação de Israel enfrentou a fome por três anos. Deus disse a Davi que a fome era um castigo lançado sobre Israel, uma vez que Saul havia aniquilado os gibeonitas, um grupo que os israelitas haviam jurado não tocar. Os gibeonitas pediram a morte de sete dos descendentes de Saul como reparação a esse ultraje e Davi os entregou.

B1 – OS VALENTES DE DAVI

Há um breve relato sobre os "matadores de gigantes" – os homens que lutaram ao lado de Davi e lhe proporcionaram a vitória sobre os filisteus em uma série de batalhas.

C1 – O SALMO DE DAVI

Um dos mais belos salmos de Davi registra como Deus o libertou de todos os seus inimigos. Davi se refere a Deus como sua rocha, sua fortaleza e seu libertador – palavras de um homem que não se esqueceu de tudo o que Deus lhe deu durante toda a sua vida e que dá graças por isso.

C2 – AS ÚLTIMAS PALAVRAS DE DAVI
Essas palavras assemelham-se a um salmo em que Davi reflete sobre o Espírito de Deus, que *o inspirou* na composição de canções que, desde então, têm sido entoadas através dos tempos e que talvez sejam o maior legado de Davi.

B2 – OUTROS ATOS DE CORAGEM
Davi reconheceu, registrou e honrou os homens que lutaram a seu lado, entre *eles* os três que retornaram secretamente a Belém para levar-lhe água quando ele estava em fuga.

A2 – O JUÍZO DIVINO NOVAMENTE SOBRE ISRAEL
No final de sua vida, Davi foi tentado por Satanás a realizar o censo dos soldados de Israel. Sua motivação foi o orgulho e Deus *puniu sua decisão*. Gade, o profeta, foi enviado para transmitir o desagrado de Deus e ofereceu a Davi três opções: sete anos de fome, três meses fugindo dos inimigos ou três dias de peste. Ele escolheu a terceira opção e 70 mil pessoas morreram em decorrência da peste.

Davi clamou ao Senhor para que interrompesse a peste e recebeu instruções para erguer um altar na eira de Araúna, o jebuseu – uma área plana bem acima da cidade de Jerusalém. Davi ofereceu o sacrifício e a peste foi interrompida. Ele vislumbrou a eira como um local ideal para construir um templo para Deus. A terra lhe foi oferecida gratuitamente, mas Davi respondeu que sua oferta ao Senhor seria indigna se não lhe custasse nada e insistiu em comprá-la. Os livros de Reis descrevem a construção do templo nesse exato local.

Não foi permitido a Davi construir o templo, pois

Deus havia dito que ele tinha "as mãos sujas de sangue". O templo deveria ser construído por um homem de paz. Assim, o templo em Jerusalém, que significa "cidade de paz", foi construído por Salomão (cujo nome significa "paz"), filho de Davi. Embora Davi tivesse elaborado o projeto, contratado os trabalhadores e reunido os materiais, foi seu filho Salomão quem levou a cabo o projeto.

Como devemos ler Samuel?

Nosso esboço do livro de Samuel, até esse ponto, omitiu qualquer menção à maneira como devemos lê-lo. Todos os leitores iniciam a leitura com certa expectativa, mas é importante que leiamos a Bíblia da forma como ela deve ser lida se quisermos interpretá-la corretamente. Samuel não é exceção. As histórias bíblicas podem ser lidas a partir de seis perspectivas distintas; o importante é escolher a mais apropriada.

1. Anedótica (histórias interessantes)
(i) Crianças
(ii) Adultos

2. Existencial (mensagens pessoais)
(i) Direção
(ii) Consolo

3. Biográfica (estudo dos personagens)
(i) Individual
(ii) Social

4. Histórica (desenvolvimento nacional)
(i) Liderança
(ii) Estrutura

5. Crítica (possíveis erros)
(i) "Baixa" crítica
(ii) "Alta" crítica

6. Teológica (soberania providencial)
(i) Justiça – Retaliação
(ii) Misericórdia – Redenção

1. Anedótica
(I) CRIANÇAS
A maneira mais simples de desenvolver a leitura é destacar as histórias mais interessantes. Os professores da Escola Dominical selecionam os acontecimentos que melhor interagem com as crianças. A história de Davi e Golias, por exemplo, é uma das preferidas.

Maria Matilda Penstone expõe essa concepção da seguinte forma:

> Deus nos deu um livro repleto de
> histórias criadas para sua nação de outrora
> Começa falando de um jardim
> e termina na cidade da aurora.
> Há relatos para pais e filhos,
> para idosos que almejam descanso,
> para olhos e ouvidos atentos
> a de Jesus é sereno remanso.
> *[tradução livre do original em inglês]*

Há certo mérito em usar as histórias dessa forma, mas trata-se de um uso seletivo. Os professores podem facilmente distorcer o verdadeiro significado de um acontecimento e usar um chavão que julgam ser importante e que pode ser apresentado em um nível de fácil compreensão pelas crianças.

(II) ADULTOS

As histórias em Samuel são contadas de forma excepcional, com vocabulário conciso e um belo estilo. Visto que os adultos também apreciam uma boa história, muitos leem a Bíblia puramente por seu valor anedótico. Diretores de filmes se realizam adaptando histórias como a de Davi e Bate-Seba para o cinema.

Embora seja positivo o fato de que as histórias ao menos são lidas, essa perspectiva ignora um ponto fundamental. Na qualidade de anedota, pouca diferença faz se as histórias são verídicas ou não. As histórias podem ser classificadas como fato, ficção ou fábula – independentemente de sua categoria, elas podem ser apreciadas e suas mensagens morais podem ser assimiladas. O grande problema, no entanto, é que faz diferença sim o entendimento de que se trata de histórias verídicas, pois essas breves narrativas fazem parte do grande enredo do livro de Samuel, que, por sua vez, tem um papel fundamental na história de redenção apresentada em toda a Bíblia. Se duvidarmos do relato do que os homens fizeram, como poderemos confiar no relato do que Deus fez? Os atos humanos e divinos perduram ou sucumbem concomitantemente.

2. Existencial
(I) DIREÇÃO

Fico tentado a apelidar de "consulta de horóscopo" a leitura das histórias da Bíblia em busca de direção, pois alguns leem a Bíblia todos os dias ansiando que algo salte de suas páginas e caia como uma luva em suas vidas! Em algumas raras ocasiões, alguns afirmam que um versículo ou uma passagem em particular desempenhou um papel significativo em suas vidas. Entretanto, isso demonstra, principalmente, a habilidade de Deus em usar, segundo a sua vontade, meios para nos orientar, mas não valida o método em si. Esse método de leitura ignora completamente o fato de que a maioria dos versículos não tem qualquer significado para uma situação pessoal específica. Existe uma anedota clássica que conta que um homem, ao folhear a Bíblia à procura de um versículo, leu: "Então Judas saindo, foi e enforcou-se". Não satisfeito, o homem procurou outro versículo e encontrou: "Vá e faça o mesmo"!

Quando lemos a Bíblia em busca de uma mensagem pessoal, como devemos interpretar o versículo em 1Samuel, quando o profeta declara a Eli: "Na sua família ninguém alcançará idade avançada"? Séculos depois, essas palavras serviram para um dos descendentes de Eli, o profeta Jeremias, que iniciou seu ministério profético aos 17 anos, pois não chegaria a uma idade avançada. Para nós, no entanto, não há aplicação. Ou, ainda, outro exemplo: "E Samuel despedaçou Agague perante o Senhor". Como isso seria aplicado?

Estou ridicularizando esse método de leitura por estar certo de que essa não deveria ser a principal razão para ler as histórias bíblicas. Os livros de Samuel revelam relativamente pouco quando lidos dessa forma. Devemos ler o texto no contexto em que foi escrito se desejamos extrair o seu sentido correto. Se procurarmos somente por textos relevantes à nossa própria situação, perderemos muito.

(II) CONSOLO

No passado, as "caixinhas de promessas" eram usadas pelos cristãos em busca de encorajamento diante dos desafios da vida. Cada "promessa" bíblica era impressa em um pequeno pedaço de papel e retirada aleatoriamente, com uma pinça, todos os dias. É desnecessário dizer que todas elas também eram extraídas de seu contexto bíblico e, portanto, desassociadas das condições que as acompanhavam. As palavras "E eu estarei sempre com vocês", por exemplo, estão inseridas no contexto de "Vão e façam discípulos", assim, não deveríamos reivindicar a promessa se não estivermos cumprindo a ordem. Mesmo sem a tal caixinha, podemos ler a Bíblia de forma semelhante, procurando um versículo que possa ser retirado do contexto para comprovar um ponto de vista. Encontraremos poucos versículos que podem ser lidos dessa maneira nos livros Históricos da Bíblia, como Samuel e Reis. Os livros revelam seus tesouros aos que os leem como um todo, buscando saber como Deus é e como ele se sente a nosso respeito, e não como nos sentimos a respeito de nós mesmos ou a respeito dele.

3. Biográfica
(I) INDIVIDUAL

O terceiro método é mais comum entre os pregadores. Uma das características mais incríveis da Bíblia é a maneira sincera como ela registra os fracassos e sucessos de seus personagens principais. Tiago afirma no Novo Testamento que a Bíblia é como um espelho, capaz de revelar a imagem de quem somos por meio da identificação com pessoas sobre as quais lemos. Podemos nos comparar com personagens bíblicos e com o que fizeram, e ponderar se teríamos agido da mesma forma que eles.

Com isso em mente, observamos que os dois primeiros reis de Israel começaram bem e terminaram mal. No entanto, Saul foi considerado o pior rei e Davi, o melhor.

Lemos sobre o caráter de Saul, um homem literalmente acima de todos os outros, com muitas vantagens pessoais. Lemos como o Espírito do Senhor veio sobre ele e o tornou um homem diferente. Entretanto, também lemos sobre as falhas fatais em seu caráter e como suas inseguranças o levaram a manter relacionamentos medíocres e ter inveja das pessoas talentosas à sua volta.

Podemos contrastar Saul com Davi, a quem a Bíblia chama de "homem segundo o coração de Deus". Quando Samuel escolheu Davi, lemos: "O Senhor não vê como o homem: o homem vê a aparência, mas o Senhor vê o coração".

As Escrituras descrevem Davi como um homem atraente e corajoso, que exercia seu ofício ao ar livre, desempenhando trabalhos braçais. Ele aprofundou seu relacionamento com Deus ao longo dos dias e das noites de trabalho solitário como pastor, nos quais lia a lei, orava e louvava a Deus pela criação e pela redenção. Esses anos foram uma preparação para que ele se tornasse a pessoa mais importante naquela terra.

Podemos observar sua habilidade como líder, quando buscava a direção de Deus antes de tomar qualquer decisão. Embora fosse ungido rei, recusou-se a ocupar o trono precipitadamente e esperou pelo tempo de Deus. Era um homem que reagia com generosidade, inclusive nas vitórias sobre seus inimigos, e que se entristecia com sua morte. Certa ocasião, se enfureceu quando um dos filhos sobreviventes de Saul foi assassinado, embora Saul fosse seu inimigo. Davi era um homem misericordioso e também respeitoso, capaz de honrar os corajosos – no livro de Samuel, há uma lista daqueles que foram homenageados por Davi.

Davi, portanto, era o oposto de Saul: tinha um coração voltado para Deus e amava honrar as pessoas. Saul não tinha um coração voltado para Deus e não conseguia apreciar o sucesso de outras pessoas.

Há outras comparações: Samuel e Eli tinham em comum a falta de habilidade em disciplinar os filhos. Jônatas e Absalão eram filhos de reis, mas portavam-se de formas bastante distintas. Jônatas era um filho altruísta de um rei impiedoso (Saul) e estava propenso a se submeter à liderança de Davi. Absalão era o filho egoísta de um rei piedoso (Davi) e desejava tomar o trono de seu pai.

As mulheres retratadas no livro de Samuel também possibilitam fazer um belo estudo de caráter. Tanto Ana quanto Abigail revelam traços interessantes. Lemos sobre a devoção de Ana a Deus e de sua emoção quando engravidou. Abigail, corajosamente, evitou uma crise alimentando os homens de Davi depois de seu marido lhes ter recusado hospitalidade. Abigail impressionou tanto Davi que ele se casou com ela pouco após a morte de seu marido.

(II) SOCIAL

Também podemos estudar os relacionamentos entre indivíduos. A amizade entre Jônatas e Davi é uma das passagens mais puras e virtuosas das páginas da Bíblia.

A interação frustrante, até mesmo hostil, entre Saul e Davi é um exemplo clássico de como podem ser difíceis os relacionamentos entre pessoas de temperamentos instáveis, que alternam entre atitudes de aceitação e rejeição, especialmente quando existe o fator complicador da influência de maus espíritos.

Toda a saga de Davi, permeada da influência das várias mulheres presentes em sua vida, está repleta de perspectivas interessantes sobre as relações de gênero. Sua habilidade em conquistar a afeição e a devoção dos vários homens que passaram por sua vida também não é irrelevante à sociedade contemporânea.

A insistência do povo e suas motivações em escolher seu primeiro rei revela algo sobre a influência da aparência nas eleições contemporâneas.

Essas histórias, portanto, têm implicações tanto sociais quanto individuais, das quais podemos extrair lições valiosas. Porém, isso ainda está aquém do que se pretende transmitir com a mensagem original do texto.

4. Histórica
(I) LIDERANÇA

A quarta perspectiva do livro de Samuel é o estudo da história de Israel. O desenvolvimento de Israel engloba vários estágios de evolução: de família para tribo, em seguida para nação e, finalmente, para império. Esse desenvolvimento até o estágio de império se deu ao longo de 150 anos, que foram retratados nos livros de Samuel.

O clamor por um rei veio do povo – motivado pela inveja das nações à sua volta, que eram lideradas de forma concreta e unificada por monarcas – e foi alimentado pela aliança federativa de 12 tribos independentes daquela época.

Samuel alertou o povo sobre o alto preço associado a qualquer passo na direção de um governo centralizado na figura de um rei. O povo seguiu adiante com sua demanda e o curso da história foi determinado. Deus atendeu à solicitação, mas insistiu que o rei de Israel não deveria ser como os reis de outras nações. O rei de Israel deveria escrever a lei e lê-la diariamente e oferecer liderança espiritual ao povo (essa condição em Deuteronômio demonstra que Deus havia antevisto esse desdobramento). A partir daquele ponto, a condição da nação estaria vinculada à condição do rei.

(II) ESTRUTURA

A transição de uma estrutura nacional federativa para uma estrutura centralizada não foi indolor. Podemos estudar o livro sob essa perspectiva, observando as lutas enfrentadas por Davi e sua capacidade de superá-las. Podemos observar como o seu talento organizacional e sua habilidade como comandante submisso a Deus levaram a nação a alcançar um auge de paz e prosperidade sob sua liderança. A escolha de Jerusalém como capital foi um dos seus inúmeros golpes de mestre. A cidade havia sido retomada dos jebuseus e, portanto, não era considerada domínio exclusivo de nenhuma tribo em particular.

O império cresceu sob a liderança de Davi; inimigos do passado tornaram-se estados-satélites e toda a terra que havia sido prometida foi conquistada pela primeira e última vez. Os filisteus não mais os perturbavam. O governo centralizado, no entanto, também provou ser a ruína dos israelitas, pois quando o poder é confiado às mãos de um número cada vez menor de indivíduos, o caráter desses indivíduos inevitavelmente determina o que acontece.

5. Crítica
(I) BAIXA CRÍTICA

A baixa crítica é uma modalidade de estudo da Bíblia adotada por acadêmicos com o objetivo de verificar se há qualquer incorreção no texto. Eles analisam e comparam os manuscritos em seus idiomas originais e apontam quaisquer discrepâncias que possam ter sido causadas por erros de transmissão pelos copistas. Esse trabalho nos proporciona a enorme confiança de que os manuscritos que os tradutores usam estão muito próximos dos originais e acredita-se que o Novo Testamento tenha uma exatidão de 98%.

O mais antigo manuscrito do Antigo Testamento é o texto massorético datado de 900 a.C. Há uma cópia completa de Isaías, uma cópia dos manuscritos do mar Morto, de 100 a.C., que é mil anos mais antiga do que todas as outras cópias disponíveis. Essa descoberta foi feita quando a Revised Standard Version (RSV)[14] estava sendo traduzida e, por isso, sua publicação foi adiada até que o texto fosse comparado ao manuscrito mais antigo. Na realidade, o texto em que trabalhavam originalmente

---

14 NdT: A Revised Standard Version (RSV), como o próprio nome diz, foi uma revisão da American Standard Version, feita por um grupo de igrejas protestantes, entre 1930 e 1950.

era bastante preciso e somente poucas alterações precisaram ser feitas.

Embora o texto do Antigo Testamento não apresente a mesma exatidão do Novo Testamento, podemos garantir que ele difere muito pouco do texto original. Além disso, vale notar que quaisquer dilemas referentes à tradução residem nos pequenos detalhes e não nas verdades essenciais da fé. Em Samuel, por exemplo, há dois relatos da morte de Golias, mas somente um deles aponta Davi como o responsável. Essa discrepância pode ser resolvida com a alteração de uma letra apenas. Trata-se claramente de um erro de um copista no processo de produzir cópias manuscritas.

(II) ALTA CRÍTICA

A baixa crítica é uma disciplina necessária e bem-vinda, mas a alta crítica gera bastante dano. Ela surgiu originalmente na Alemanha do século 19 e infiltrou-se em muitas faculdades teológicas durante o século 20.

O argumento básico da alta crítica é o de que, mesmo que o texto original transmita de forma precisa o que o autor tinha em mente, ainda podemos estar errados a respeito do que devemos acreditar. Os críticos tratam o texto segundo suas próprias pressuposições, com base no que consideram aceitável. Aqueles que defendem que a ciência refuta milagres omitem do texto quaisquer eventos milagrosos, enquanto os que não creem na presciência sobrenatural omitem qualquer profecia que preveja o futuro com exatidão.

Esses estudiosos trabalham em um nível puramente acadêmico e intelectual, com pouco interesse ou entendimento da fé pessoal. Sua abordagem, inevitavelmente, desconstrói o texto das Escrituras, deixando-o discrepante do original.

6. Teológica

A adoção de uma abordagem teológica na leitura dos livros da Bíblia valoriza cada página e cada frase. Os níveis de leitura que analisamos até agora levam em consideração somente o lado humano do estudo bíblico, mas a Bíblia é, primeiramente, um livro sobre Deus, com um foco apenas secundário no povo de Deus. Esse tipo de estudo verifica como podemos ler o texto com o objetivo de vir a conhecer a Deus.

Já vimos que Samuel é um livro profético. A história registrada é contada sob a perspectiva de Deus e registra o que Deus considerou importante.

Com a abordagem teológica, no entanto, podemos ler uma história e verificar como o evento está relacionado com Deus. Como Deus se sentiu a esse respeito? Por que o fato teve importância para ele a ponto de ser incluído nas Sagradas Escrituras? Começamos a ler o livro a partir da perspectiva de Deus e começamos a entender quem ele é e como ele age. Confiantes de que Deus não muda, podemos, então, aplicar essas verdades eternas à nossa época e à nossa geração.

JUSTIÇA E MISERICÓRDIA

Essa é a melhor forma de ler Samuel e também a mais emocionante. O livro descreve a intervenção de Deus na vida de Israel, pois é Deus – e não Saul, Davi ou Samuel – o verdadeiro protagonista dessas histórias. Deus dá início aos acontecimentos históricos e reage a eles. Observe, por exemplo, que Ana era estéril e, por isso, ela orou e Deus lhe deu um filho. Davi, em nome de Deus, matou Golias com sua primeira pedra. Também Davi, com o auxílio de Deus, escapou das garras de milhares de homens do exército de Saul. Deus auxiliou alguns indivíduos e levantou obstáculos para outros. Ele foi justo ao punir o mal e, às vezes, misericordioso em não castigar quando a punição era merecida.

Deus deu a terra a Israel, mas quando eles desobedeceram, ele enviou opressores. Quando Israel se arrependeu, ele enviou libertadores. Deus permitiu que o povo escolhesse um rei, mas quando o rei falhou, ele lhes designou outro rei, um homem segundo o seu coração.

Podemos estudar os eventos da vida de Samuel, aprender as lições das histórias e nos comparar a Saul ou a Davi, mas a verdadeira razão para ler o livro é conhecer o caráter de Deus.

A ação de Deus pode ser observada principalmente na essência do livro, quando ele faz uma aliança com Davi, confirmando seu compromisso com Israel, expresso primeiramente nas alianças com Abraão e Moisés, séculos antes. Esse é o momento mais importante de 1 e 2 Samuel e ocorre quando Davi pergunta se poderia construir uma casa para Deus. Davi estava constrangido por ter construído um palácio tão grande para si mesmo enquanto Deus morava numa tenda logo ao lado.

Assim que Davi disse a Deus que construiria uma casa para ele, chegaram três mensagens do profeta Natã. A primeira dizia: "Faça". A segunda mensagem dizia: "Não faça". Deus explicou que uma tenda era suficiente, pois ele nunca pediu um palácio de pedra. A terceira mensagem dizia que Davi não deveria construir o templo porque ele havia derramado "muito sangue em abundância", mas seu filho poderia construí-lo.

Ao estabelecer a aliança com Davi, Deus lhe disse que disciplinaria seu filho, mas nunca deixaria de amá-lo. A casa e o reino de Davi perdurariam para sempre diante dele. Seu trono permaneceria estabelecido eternamente e sempre seria ocupado por um de seus descendentes.

Desde então, os descendentes de Davi passaram a manter registros cuidadosos de sua árvore genealógica, na esperança de que um de seus descendentes talvez pudesse ser "o Filho de Davi" mencionado na aliança. Essa promessa tornou-se a esperança da nação ao longo dos três mil anos seguintes, enquanto os judeus aguardam o Messias.

Essa aliança é um ponto-chave para entender o restante da Bíblia. Mil anos depois, a promessa foi cumprida com o nascimento de Jesus, filho de um humilde casal, ambos descendentes da linhagem real. Jesus era legalmente filho de Davi por parte de José, seu pai, mas também um filho biológico de Davi por parte de sua mãe, Maria. Duas vezes filho de Davi. Ao longo de sua vida, ele foi conhecido como o "filho de Davi". Os discípulos reconheceram o seu direito de ser conhecido como "Messias" (o ungido), e esse tema continua nos textos posteriores que se referem a Jesus e à sua igreja. Os textos de Atos, Romanos, 2Timóteo e Apocalipse usam esse título em referência a Jesus. Eles proclamam que toda a autoridade no céu e na terra foi concedida ao filho de Davi e sempre estará em suas mãos. E manifestam sua alegria pelo fato de Deus ter cumprido a aliança com Davi por meio de seu filho, Jesus.

Na consolidação da aliança, vemos que a promessa de Deus tem implicações mais amplas, pois o rei no trono de Davi governa os judeus e os gentios que constituem a sua igreja.

Somente quando lemos Samuel sob a perspectiva teológica é que podemos apreciar a riqueza do livro quanto à sua mensagem e ao papel que ele desempenha nos temas desenvolvidos na Bíblia como um todo.

Conclusão

Samuel é um livro de relatos, mas com um diferencial. É uma história profética repleta de narrativas interessantes, originais, românticas e cruéis que, quando reunidas, revelam o propósito permanente de Deus para seu povo. Deus quis que fôssemos governados por um homem – não o rei Davi I, mas o rei Davi II. Os livros de 1 e 2 Samuel fazem parte da história cristã. Jesus foi o Rei dos judeus no passado, é o Rei da igreja hoje e será Rei de todo o mundo no futuro, quando reinará com justiça e retidão, e o reino será finalmente restituído a Israel.

Desse modo, a real importância do livro torna-se evidente à medida que entendemos a ação de Deus nos bastidores, moldando a história e assegurando a seu povo que seu Reino se ampliará e, um dia, seu próprio filho, o descendente de Davi, será Rei.

10.
1 e 2 Reis

Introdução

As aulas de meu professor de história eram muito maçantes. A matéria consistia em datas, batalhas, reis e rainhas; tudo parecia complicado e irrelevante. Meu interesse foi despertado com a leitura de *1066 and All That* [1066 e tudo mais], uma paródia que certamente era mais interessante que minhas aulas e que classificava qualquer acontecimento histórico como "algo bom" ou "algo ruim" – não havia meio-termo.

O livro de Reis é um pouco semelhante ao livro *1066 and All That* (embora careça do mesmo humor). Descreve os reis de Israel ou de Judá como bons ou maus, dependendo da forma como reinaram. No entanto, diferentemente das aulas de história de que muitos de nós nos lembramos, a história bíblica é extremamente cativante. Não enfatiza datas e batalhas irrelevantes, mas é um registro do povo de Deus, relatado sob a perspectiva de Deus. Também não é de interesse meramente acadêmico: é inquestionavelmente vital para toda a humanidade.

Contexto

O livro de Reis destaca a terceira e a quarta fase do desenvolvimento nacional da liderança de Israel. Conforme explica o Panorama do Antigo Testamento (página 25), os primeiros líderes nacionais foram os patriarcas, de Abraão a José, e depois vieram os profetas, de Moisés a Samuel. Em seguida, surgiram os reis, de Saul a Zedequias, e finalmente, os sacerdotes, de Josué a Caifás.

O período dos reis é relatado em quatro livros de nossa Bíblia cristã:

1Samuel: de Samuel a Saul
2Samuel: Davi
1Reis: de Salomão a Acabe
2Reis: de Acabe a Zedequias

Na Bíblia hebraica, essa fase de liderança é retratada em apenas dois livros, Samuel e Reis, com o desmembramento entre 1 e 2 Reis, marcando o fim do reinado de Acabe e separando a vida e a morte do profeta Elias. Quando o Antigo Testamento foi traduzido para o grego em 200 a.C., os livros ficaram longos demais para um único rolo. As palavras hebraicas têm apenas consoantes e, portanto, a adição de vogais no grego dobrou o tamanho dos livros. Desse modo, as divisões de 1 e 2 Samuel e 1 e 2 Reis não foram intencionais, mas motivadas, sobretudo, por aspectos relacionados à tradução.

Reinos

Em hebraico, o livro não se chama Reis, mas Reinos de Israel. A palavra reino tem um sentido diferente em hebraico. Em português, refere-se a uma região sobre a qual reina um soberano. Assim, a Inglaterra é parte do Reino Unido, que é regido por uma rainha. Em hebraico, no entanto, a palavra reino refere-se ao reinado de um monarca, portanto é definida em termos de autoridade e não de área, em termos de governo e não de domínio.

O conceito de reino na Bíblia também é muito diferente do conceito empregado no contexto do Reino Unido, onde, sob uma monarquia constitucional, a rainha reina, porém não governa, e o poder reside no governo eleito. A grande vantagem é que as Forças Armadas e os tribunais de justiça não são subordinados ao governo diretamente, mas são responsabilidade da rainha. O valor da monarquia não reside tanto no poder que ela exerce, mas sim no poder que impede que outros exerçam.

Os reis de Israel, pelo contrário, tinham poder absoluto. Formulavam as leis e comandavam as Forças Armadas. Não havia parlamento, votações ou partidos de oposição. O rei governava por decreto e não por consenso. Sua influência sobre os súditos era total, portanto seu caráter e sua conduta moldavam a sociedade durante seu reinado. Atuava como representante da nação perante Deus e também como representante de Deus perante a nação.

Essa forma de governar significou uma grande mudança na maneira como a nação era avaliada. No período descrito em Josué, Juízes e Rute, havia uma federação inócua e o povo era julgado conforme seus atos. Em Samuel e Reis, no entanto, o caráter e a conduta do rei decidiam o destino da nação.

História seletiva
Embora narre as histórias dos reis de Israel, o livro não concede a mesma atenção ou o mesmo tratamento a todos eles. Onri, por exemplo, foi um rei do Norte que, segundo outras fontes históricas, exerceu um reinado excepcional, proporcionando à nação uma extraordinária recuperação econômica. O livro de Reis, entretanto, dedica a Onri oito versículos, pois ele falhou na única área que importava: fez o que era mal aos olhos do Senhor. De modo semelhante, Jeroboão II desfrutou de uma breve era dourada no Norte, mas, pela mesma razão, ganha apenas sete versículos. Por outro lado, Ezequias, que foi um bom rei na maior parte do tempo, tem direito a três capítulos; uma única oração de Salomão toma 38 versículos e as histórias de Elias e Eliseu, que nem sequer foram reis, ocupam um terço dos dois livros de Reis.

Esse tratamento aparentemente desigual se dá porque

o autor não é influenciado por uma abordagem histórica convencional. Observamos em nosso estudo de Josué que todo historiador precisa selecionar o que é importante, fazer conexões entre os fatos ou as pessoas selecionadas e, assim, oferecer uma explicação do motivo pelo qual os acontecimentos ocorreram dessa forma. O autor de Reis não tem interesse em destacar a história política, econômica ou militar, embora possa mencionar, por alto, todos esses aspectos. Ele está, sim, interessado em dois aspectos do governo ou do reinado de cada rei:

1. Suas qualidades espirituais – O culto ao Deus de Israel ou a ídolos
2. Suas qualidades morais – A justiça e a moralidade ou seus opostos

História profética

Reis é o último de uma série de livros da Bíblia hebraica conhecidos como Profetas anteriores, a saber: Josué, Juízes e Samuel. É a história sob o ponto de vista de Deus. Indivíduos e eventos são mencionados porque Deus os considera importantes e necessários às futuras gerações. Um homem pode ser um político ou um economista brilhante, mas Deus está essencialmente interessado no que ele crê e na sua forma de agir.

Poderíamos, sem dúvida, intitular esses livros de "história santa", pois são registros com uma mensagem duradoura e uma história com moral eterna. Eles não nos oferecem apenas uma lição baseada na história, mas uma lição de história. Aqueles que não aprendem com ela, estão condenados a repeti-la.

Verdade universal

Há padrões na história de Israel que podem ser aplicados

de forma universal. Considere, por exemplo, a duração do reinado de cada rei mencionado no livro. Um bom rei reinava por 33 anos, em média, e um mau rei, por aproximadamente 11 anos. Dessa informação, podemos extrair o princípio geral de que bons governantes permanecem mais tempo que os maus em seus postos, pois Deus tem total controle da história e pode manter no trono os bons reis.

Há exceções – nem todo bom rei teve um longo reinado e nem todo rei mau teve um reinado curto – mas o princípio é verdadeiro de forma genérica e pode, de fato, ainda hoje ser constatado com base na duração dos mandatos dos líderes modernos.

A ascensão e a queda da nação

Reis retrata alguns acontecimentos na história do povo de Deus que são essenciais e que devem ser observados para que possamos assimilar sua mensagem e entender os livros que o sucedem. O livro de 2Samuel e a primeira parte de 1Reis descrevem a posição de poder que Israel ocupava no cenário mundial, mas a maior parte do livro de Reis descreve o declínio da nação. Sob o reinado de Davi e Salomão, a nação foi unificada e o império se estendeu do Egito ao Eufrates. Os israelitas, finalmente, passaram a habitar a maior parte da Terra Prometida a Abraão, mil anos antes, e a controlar territórios além dos seus limites. A partir do reinado de Salomão, no entanto, tomaram uma rota descendente, com uma guerra civil e um reino dividido, até o exílio em uma terra estranha.

A cisão nacional significava que o nome Israel não mais se referia à nação como um todo, mas somente às dez tribos do Norte. As tribos do Sul – Judá e Benjamim – ficaram conhecidas pelo nome da maior delas: Judá. Essa distinção é adotada no restante do Antigo Testamento.

Os povos das tribos do Sul, Judá e Benjamim, ficaram

conhecidos como "judeus", denominação derivada do nome tribal Judá. Antes disso, todo o povo era conhecido coletivamente como "hebreus" ou "israelitas". É importante ter em mente essa distinção. O Evangelho de João, no Novo Testamento, distingue entre os judeus do Sul e os galileus do Norte. Foram os judeus do Sul – e não todo o povo de Israel propriamente dito – os grandes responsáveis pela crucificação de Jesus.

UM CONTO DE DUAS NAÇÕES
Reis compreende as histórias dessas duas "nações". Os padrões moral e espiritual das dez tribos do Norte se deterioravam acentuadamente, até a Assíria enviá-las ao exílio. No Sul, o declínio progressivo era menos evidente. Houve bons reis, como Ezequias e Josias, mas eles acabaram seguindo o exemplo das tribos do Norte e foram levados para a Babilônia. Seu pai, Abraão, recebera uma ordem para sair de Ur – agora eles voltavam para onde Abraão havia começado, mas, dessa vez, como exilados.

É uma boa lição de como é fácil perder o que foi ganho. O processo da queda costuma ser muito mais rápido que o tempo necessário para alcançar o topo.

O reino de Israel
O reino de Israel passou por três estágios, resumidos na tabela abaixo.

1. Reino unificado
Saul   40 anos
Davi   40 anos
Salomão   40 anos

2. Reino dividido
Dez tribos do Norte – "Israel"

UMA TERRA E UM REINO

Duas tribos do Sul – "Judá"
Guerra   80 anos   Elias
Paz   80 anos   Eliseu
Guerra   50 anos   Israel para a Assíria, 721 a.C.

3. Reino unificado
    140 anos   Judá para a Babilônia, 587 a.C.

UNIDADE

No primeiro estágio, de "reino unificado", três reis governaram sucessivamente toda a nação de Israel. O primeiro deles foi Saul, um rei basicamente mau; o segundo foi Davi, um rei consideravelmente bom; e o terceiro foi Salomão, um rei tão bom quanto mau.

Cada reinado teve a duração exata de 40 anos. O número 40 costuma ser um indicativo do tempo em que Deus testa as pessoas. Jesus foi tentado por 40 dias no deserto; os filhos de Israel vaguearam no deserto por 40 anos. Aos olhos de Deus, é um período experimental, e todos os três reis falharam no teste. Começaram bem, mas terminaram mal. Davi recebeu crédito por ser "um homem segundo o coração de Deus", mas até mesmo ele teve um final decepcionante.

O livro de 1Samuel engloba os 40 anos de Saul, 2Samuel compreende os 40 anos de Davi e os primeiros 11 capítulos de 1Reis abrangem os 40 anos do reinado de Salomão.

GUERRA

Logo após a morte de Salomão, o Norte e o Sul ficaram imersos em uma guerra civil que arruinou o "reino unificado". Salomão plantou as sementes da inquietação quando impôs uma tributação pesada à nação e concedeu os benefícios às tribos do Sul somente, provocando um descontentamento crescente no Norte. A morte de Salomão foi o estímulo final para que essa inquietação se transformasse em conflito armado.

As duas tribos do Sul ficaram com a capital, Jerusalém, e a linhagem real de Davi. As dez tribos do Norte perderam os dois vínculos e estabeleceram em Betel e Dã seus próprios centros de culto, equipados com dois bezerros de ouro como alvo de sua adoração. Visto que a linhagem real permaneceu no Sul, eles também elegeram seu próprio rei: Jeroboão.

A sucessão no Norte se mostrou pouco pacífica. Houve assassinatos, golpes de estado, ocupações. Os reis, com frequência, eram autoeleitos.

Ao longo dos 80 anos seguintes à separação, a guerra entre o Norte e o Sul se desenrolou em meio a uma hostilidade crescente, culminando com o tratado das tribos do Norte com a Síria e Damasco, na tentativa de aniquilar as duas tribos do Sul. A profecia de Isaías nos oferece os detalhes.

PAZ
Os 80 anos de guerra entre o Norte e o Sul foram seguidos de 80 anos de paz, durante os quais Deus enviou dois profetas, que desempenharam um papel muito importante no livro de Reis. O ministério de Elias está registrado em 1Reis e nos dois primeiros capítulos de 2Reis, e Eliseu, que o sucedeu, é uma figura-chave no trecho inicial de 2Reis.

A pausa, no entanto, não deteve o declínio, e, em 721 a.C., os assírios derrotaram as tribos do Norte de Israel e as deportaram. Elas se tornaram as "dez tribos perdidas", e jamais retornariam à sua terra como uma nação.

Após o exílio do reino do Norte, o livro concentra-se exclusivamente em Judá e Benjamim, do Sul. Era um reino muito pequeno, tendo Jerusalém como capital e uma pequena extensão de terra ao redor, mas seus reis descendiam da linhagem real e sabiam da promessa feita por Deus a Davi de que o trono sempre pertenceria a um de seus descendentes.

Quando as tribos do Norte foram deportadas, Deus enviou alertas proféticos, por meio de Isaías e Miqueias, de que o mesmo aconteceria às tribos do Sul, mas esses avisos causaram pouco ou nenhum efeito. O último evento registrado no livro de Reis é a condução de Judá ao exílio pelos babilônios, apenas 140 anos depois.

Propósito

Voltamos nossa atenção agora às perguntas básicas que devem guiar a leitura de qualquer livro da Bíblia. Quem escreveu o livro? Como foi escrito? Quando foi escrito? Por que foi escrito?

Quem é o autor de Reis?
Não se sabe ao certo quem é o autor. Muitos judeus acreditam ter sido Jeremias e várias razões fundamentam essa suposição.

1. Há trechos de Reis idênticos à profecia de Jeremias – até o vocabulário é o mesmo.
2. Jeremias não é mencionado no livro, apesar de ser contemporâneo de Josias e de estar no centro de muitos dos eventos descritos. Parece impossível que alguém pudesse retratar esse período sem mencionar Jeremias, mas se ele fosse o autor, não seria incomum permanecer no anonimato, assim como outros autores da Bíblia.
3. Sabemos que os profetas costumavam escrever sobre os reis. Isaías escreveu sobre Uzias e Ezequias, e Deus instruiu Jeremias especificamente a escrever

sobre Israel em sua profecia.
4. Além disso, houve um tempo no ministério de Jeremias em que a evocação da história da nação teria sido particularmente pertinente. Sua profecia fala do tempo em que o povo de Deus rejeitou suas exortações para que permanecessem obedientes à aliança, e Jeremias teve que lançar maldições sobre a nação. Essa teria sido a conjuntura apropriada para escrever o livro de Reis.

O único problema com essa hipótese é que Jeremias foi levado ao Egito em 586 a.C. e ali morreu. No entanto, a última parte de 2Reis exibe um conhecimento notável dos eventos ocorridos na Babilônia. É difícil compreender como esses detalhes poderiam ser conciliados com a autoria de todo o livro. Talvez a melhor explicação seja que Jeremias tenha escrito alguns trechos de Reis e que outra pessoa tenha concluído o livro. Isso possivelmente explicaria a não inclusão de Jeremias na narrativa.

Alguns sugerem Ezequiel como um dos possíveis autores. Sabe-se que ele seguia Jeremias e tinha um estilo semelhante ao seu. No entanto, a data de sua última profecia é 571 a.C., o que se constitui um argumento contra sua autoria. Jeremias é o candidato mais forte, mas, sem provas adicionais, devemos deixar a questão em aberto.

Como o livro de Reis foi escrito?
O livro de Reis inclui referências ao fato de que informações adicionais podem ser encontradas em outras fontes: em Atos de Salomão, nos Livros das Crônicas dos Reis de Israel (citados 17 vezes) e nos Livros das Crônicas dos Reis de Judá (citados 15 vezes). Esses não são os livros de Crônicas incluídos na Bíblia. O autor está entrelaçando registros nacionais para nos transmitir uma lição sobre história.

Alguns trechos de Isaías têm enunciados idênticos aos de Reis, sugerindo que os autores usavam uma fonte em comum ou que tomavam emprestadas uns dos outros algumas passagens.

O autor descreve os acontecimentos nos reinos de Judá e Israel simultaneamente. Pode ser confuso ler um trecho sobre o rei de Judá e, imediatamente após, uma passagem sobre o rei de Israel, mas a ordem é intencional. O autor quer que entendamos como cada reino progredia em relação ao outro. Essa compreensão é fundamental para contextualizar a narrativa do período em que os dois reinos estavam em guerra ou de quando os casamentos mistos garantiam tempos de paz.

O autor, portanto, fez uso dos mesmos métodos históricos usados hoje, obtendo material de outras fontes, reunindo informações de bibliotecas, e assim por diante. A diferença é que sua obra foi divinamente inspirada, para que tivéssemos em Reis não apenas história, mas a palavra de Deus.

Quando o livro de Reis foi escrito?

Um importante indício do período em que o livro foi escrito pode ser encontrado nas frases que sugerem que o templo em Jerusalém ainda estava em pé: "e estão lá até hoje". Isso indica, portanto, um período anterior ao exílio babilônico, em 586 a.C., quando ocorreu a destruição do templo.

No entanto, outro trecho do livro sugere um período posterior. Os babilônios mataram Zedequias, o último rei de Judá, depois de acorrentá-lo e forçá-lo a assistir à execução de seus filhos antes que seus olhos fossem arrancados. O rei anterior, Joaquim, havia se rendido aos babilônios e era mantido prisioneiro. A última informação no livro de Reis diz que Nabucodonosor, rei da Babilônia, libertou Joaquim da prisão e o convidou para comer da sua mesa. Isso sugere que o livro tenha sido concluído durante o exílio, especialmente por não haver menção ao retorno do povo. Também indica que algum descendente do rei Davi sentou-se à mesa do rei da Babilônia. Desse modo, Nabucodonosor, inconscientemente, contribuiu para a preservação da linhagem real.

Considerando esses dois detalhes, portanto, parece que boa parte do livro foi escrita antes da queda de Jerusalém, mas ele foi concluído durante o exílio.

Por que o livro de Reis foi escrito?
A motivação do autor decorre naturalmente da resposta à pergunta sobre o período em que o livro foi escrito.

Trata-se de uma nação que perdeu seu território e sua capital e foi exilada para outra terra. Uma geração inteira jamais tornaria a ver seu lar. Tornaram-se escravos mais uma vez, seu templo ficou em ruínas e, por isso, inevitavelmente, surgem dúvidas sobre seu relacionamento com Deus. Onde ele está? Por que permitiu que tudo isso acontecesse? E suas promessas?

O livro de Reis traz as respostas a essas perguntas. Ele explica que a culpa pelo exílio repousa inquestionavelmente sobre o povo. Deus cumpriu suas promessas. Ele prometeu que se o povo agisse mal perderia a terra, mas, apesar dos frequentes alertas, o povo não lhe deu ouvidos. A história de Reis é, portanto, uma profunda lição aos que estão no exílio.

Há esperança, contudo, mesmo nesse livro sombrio, pois Deus promete jamais descumprir sua parte no trato. Deus afirma que, embora o povo possa quebrar a aliança, ele jamais o fará. Também promete trazer seus filhos de volta do exílio. O castigo seria por um tempo limitado somente.

Na realidade, o povo permaneceu 70 anos em território babilônico. A determinação do número de anos não foi aleatória. Deus lhes havia dito que deixassem a terra descansar a cada sete anos, mas a partir do reinado de Salomão, por 500 anos, eles ignoraram essa lei. Durante esse período, portanto, a terra ficou impedida de descansar por 70 anos, e, de certa forma, o exílio de 70 anos oferecia à terra a oportunidade de compensar as férias perdidas!

O livro de Reis está afirmando que o exílio foi um tempo desastroso, mas não de desalento. Deus havia prometido preservar a linhagem de Davi e assim o faria.

Conteúdo

Salomão

Examinando o livro mais detalhadamente, começamos com o rei que domina os primeiros capítulos. O nome de Salomão significa "paz". É um nome bastante apropriado, visto que seu reinado se beneficiou da paz que Davi garantiu com a construção do império. Salomão era um bom homem e começou bem.

No início de seu reinado, Deus apareceu em sonho e disse-lhe que daria qualquer coisa que pedisse. Salomão, ciente de sua falta de experiência, pediu sabedoria. Deus prometeu a Salomão não somente sabedoria, mas muitos outros privilégios que ele não havia pedido: riqueza, fama e poder.

O dom da sabedoria de Salomão foi demonstrado na conhecida história das duas prostitutas que discutiam a respeito de um bebê. Ambas deram à luz, mas, durante a noite, um dos bebês morreu, e sua mãe roubou o filho da outra mulher e colocou o bebê morto em seu lugar. Salomão precisava tomar uma decisão sobre essa situação tão difícil. A quem pertencia o bebê vivo? Salomão pediu sabedoria a Deus e então ordenou às mulheres que partissem o bebê ao meio para que cada uma tivesse sua metade. Assim que

Salomão proferiu essas palavras, a mãe biológica implorou que o bebê pudesse viver e que fosse entregue à outra mulher. Assim, Salomão soube quem era a verdadeira mãe.

É possível que o ato mais memorável de Salomão tenha sido a construção do templo, de acordo com os materiais e planos definidos por seu pai, Davi. Deus havia prometido a Davi que seu filho teria permissão para construir o primeiro local permanente para o culto centralizado, profetizado, no livro de Deuteronômio, séculos antes. Era um templo magnífico, e foram necessários sete anos para construí-lo (12 anos, porém, para construir o palácio do próprio Salomão).

Lemos que, embora o templo tivesse sido construído com pedra lavrada, nunca se ouviu som de martelo e cinzel. Esse episódio foi um mistério durante muitos anos até que alguém descobriu uma gigantesca caverna, do tamanho de um teatro, localizada no monte Moriá, próximo ao Calvário, nas redondezas de Jerusalém. Seu piso, onde a pedra era trabalhada, está coberto de milhões de pequenas marcas. O material é tão maleável, que pode ser cortado com um canivete, mas quando é trazido para fora, oxida-se e endurece rapidamente. Toda a pedra usada no templo veio dessa caverna, onde eles cortavam os blocos no formato exato para que se encaixassem no templo acima da superfície.

Salomão também foi responsável pela consagração do templo. Sua oração de dedicação, baseada em Levítico 26 e Deuteronômio 28, está registrada na íntegra no livro de Reis. Ela cita a promessa de Deus de trazer seu povo do exílio se eles voltassem para o Senhor, uma promessa que se tornou particularmente significativa aos que estavam na Babilônia quando o livro tornou-se conhecido.

Seu reinado trouxe grande prosperidade ao povo de Israel. O império se estendia do Egito ao Eufrates e incluía a maior parte do território que lhes fora prometido. A fama de Salomão se espalhou por todos os cantos, chegando à rainha de Sabá, que, durante uma visita, ficou impressionada com o esplendor de seu palácio.

O período de paz representou uma época favorável para o lazer e para o aprendizado. Salomão reuniu três mil provérbios e compôs 1.005 cânticos. Deus escolheu publicar apenas seis deles na Bíblia. Minha teoria é de que Salomão compôs uma canção para cada uma de suas 700 esposas e 300 concubinas, mas Deus escolheu apenas algumas, entre elas a canção que se encontra em Cantares de Salomão. A propósito, é nesse momento que devemos questionar se foi sábio da parte de Salomão ter tantas esposas. São 700 sogras! Como a maioria das pessoas, ele demonstrava sua sabedoria com todos, mas não muita consigo mesmo.

Cantares de Salomão foi escrito quando ele era jovem e estava tão apaixonado que nem menciona Deus diretamente. O livro de Provérbios é, em grande parte, obra de Salomão, escrito quando ele estava na meia-idade. Eclesiastes é um livro escrito no final de sua vida e nele Salomão divide com os jovens a filosofia de um homem idoso. Vemos nesse livro toda a vida de Salomão, com momentos dedicados a filosofia, música, agricultura e arquitetura. Embora tivesse muitos interesses, nenhum deles o satisfazia, o que faz com que Eclesiastes seja um dos livros mais tristes da Bíblia.

MAU

Já é possível adivinhar qual era a principal fraqueza de Salomão: ele tinha esposas demais. Não era apenas pelo prazer sensual, mas revelava também um desejo de poder. Muitos dos casamentos tiveram motivação política, como seu casamento com a filha do faraó, por exemplo. Como egípcia, ela não poderia viver na cidade santa de Jerusalém, por isso Salomão construiu para ela um palácio ao norte do templo, fora dos muros da cidade. Escavações feitas recentemente naquele local revelaram os únicos artefatos egípcios em toda a terra de Israel.

Assim, estamos diante de uma justaposição interessante: de um lado, um templo magnífico, construído para auxiliar na adoração de Israel ao único e verdadeiro Deus; do outro lado, o rei Salomão com suas muitas esposas estrangeiras, que traziam consigo seus próprios deuses e afastavam as pessoas da adoração ao Deus de Israel. Salomão não foi o único rei a se casar com mulheres estrangeiras, mas nenhum outro rei pode equiparar-se a ele em números.

A construção do templo também demandou um custo elevado. Salomão usou trabalho forçado e uma tributação pesada, que enfureceu as tribos do Norte, já ressentidas por serem obrigadas a financiar uma edificação no Sul, tão distante de seus próprios territórios. Contudo, apesar do sucesso do templo, Salomão estava lançando os alicerces para uma catástrofe nacional. Ele foi um rei com um coração dividido, que deixou o legado de um reino dividido. Em breve, o império se dividiria. Ainda nos dias de Salomão, o edomita Hadade se rebelaria, e outros fariam o mesmo.

Reino dividido

Os reinados dos reis de Judá e Israel são registrados de formas distintas.

NORTE	SUL
Data da ascensão	Data da ascensão
Duração do reinado	Idade na ascensão
Formalmente condenado	Duração do reinado
Nome do pai	Nome da mãe
	Resumo do caráter
Referência às fontes	Referência às fontes
Morte	Morte e sepultamento
Filho ou usurpador	Filho como sucessor

UMA TERRA E UM REINO

Todos os reis do Norte são comparados a Jeroboão, o primeiro rei do Norte, que foi um rei mau. Assim, lemos repetidas vezes a respeito dos reis subsequentes: "Fez o que o Senhor reprova, andando nos caminhos de Jeroboão...".

No relato sobre os reis do Sul, o autor usa registros diferentes e alterna a ordem e os detalhes. Começa com a data em que começaram a reinar, mas informa em seguida a idade do rei – Josias tinha apenas oito anos, por exemplo. A duração do reinado é informada, mas, em seguida, temos o nome da mãe e não do pai, por razões que não estão claras. (Hoje, para um indivíduo ser considerado judeu, sua mãe deve ser judia, mas na Bíblia, era o pai quem determinava a nacionalidade.) Em seguida, lemos a avaliação de caráter do rei: se era justo ou cruel. Embora todos os reis do Norte tenham sido impiedosos, no Sul houve uma combinação de reis justos e reis impiedosos, com Davi como referência.

Os reis
Tanto o Norte quanto o Sul tiveram 20 reis, mas o reino do Sul resistiu 140 anos a mais do que o reino do Norte porque, como observamos anteriormente, reis generosos reinavam por mais tempo. Alguns reis tirânicos sobreviveram apenas alguns meses antes de serem mortos.

Como mencionamos anteriormente, os reis do Norte foram todos maus, embora alguns não fossem tão maus quanto outros.

A CHAVE PARA ENTENDER A BÍBLIA

NORTE		SUL	
"ISRAEL" (dez) (tribos)		"JUDÁ" (duas) (tribos)	
Profetas	Reis	Reis	Profetas
AÍAS	**Jeroboão**	**Roboão**	SEMAÍAS
	Nadabe	**Abías**	
JEÚ	**Baasa**	Asa	
	Elá		
	Zinri		
	Onri		
ELIAS	**Acabe**	Josafá	OBADIAS
MICAÍAS	**Acazias**	**Jeorão**	
	Jeorão	**Acazias**	
ELISEU	Jeú	ATALIA	
	Joacaz	Joás	JOEL
	Joás	Amazias	
JONAS	**Jeroboão II**	Uzias	
AMÓS	**Zacarias**		
	Salum	Jotão	
	Menaém		ISAÍAS
OSEIAS	**Pecaías**		MIQUEIAS
	Peca	**Acaz**	
	Oseias	**Ezequias**	
	721 a.C.	**Manassés**	
		Amom	NAUM
		Josias	JEREMIAS
Muito bom		**Jeoacaz**	SOFONIAS
Bom		**Joaquim**	HABACUQUE
Mau		**Jeoiaquim**	DANIEL
Muito mau		**Zedequias**	
RAINHA		587 a.C.	EZEQUIEL

O Sul teve seis reis bons e dois muito bons (Ezequias e Josias), mas teve também aquele que foi o pior de todos – a exceção à regra sobre reis maus com reinados curtos, pois Manassés reinou por 55 anos.

O Sul teve apenas uma dinastia, enquanto o Norte teve nove, sendo que seis reis foram assassinados.

Houve uma rainha. Deus disse a Davi que sempre haveria

um homem no trono – mulheres não estavam autorizadas a governar como monarcas. Atalia pensava diferente. Era filha de Jezabel e esposa do rei de Judá, no Sul. Queria ser a primeira rainha de Israel e, com esse intuito, matou sistematicamente todos os filhos da linhagem real de Davi, abrindo assim o caminho para se tornar rainha. No entanto, uma tia escondeu Joás, o menino mais novo, para que ele assumisse o trono quando Atalia morresse e, dessa forma, a linhagem real foi poupada.

Os dois reis muito bons de Judá foram Ezequias e Josias. Ezequias foi contemporâneo de Isaías e sua história está registrada no livro do profeta. Ezequias foi um bom rei sob muitos aspectos. Foi ele quem ordenou a escavação do túnel para trazer água a Jerusalém e torná-la segura contra os inimigos. Seu grande erro ocorreu quando adoeceu e recebeu em seu palácio homens da (então) pequena e desconhecida cidade da Babilônia. Eles trouxeram um "cartão de pronta recuperação" e Ezequias ficou lisonjeado com o fato de que alguém viesse de tão longe e se importasse com sua enfermidade. Ezequias mostrou aos homens o palácio e o templo. Foi Isaías quem apontou o erro. Disse a Ezequias que os babilônios tomariam tudo que ele lhes havia mostrado. Alguns anos depois, eles fizeram exatamente isso.

Outro rei que se destacou positivamente subiu ao trono de Judá com a idade de oito anos. Josias nasceu no mesmo ano que Jeremias, o profeta. Enquanto limpavam o templo, seus homens encontraram o rolo de Deuteronômio, que não fora lido durante muitos anos. Quando o rei Josias leu as maldições que Deus havia prometido caso seu povo se afastasse de suas leis, assustou-se e imediatamente começou a colocar tudo em ordem. Ordenou uma reforma nacional, destruindo todos os altares idólatras e colocando um basta à idolatria que havia contaminado a terra, na esperança de que essas medidas trouxessem renovação. O coração do povo, no entanto, continuou distante de Deus. Instituir boas leis não é suficiente para tornar o povo bom.

Josias também cometeu um grande erro: entrou em guerra com o Egito desnecessariamente e foi morto em Megido. Com sua morte, a nação retomou as más práticas que ele havia extinguido.

Ezequias foi sucedido por Manassés, um rei muito perverso que levou a maldade a níveis mais profundos. Cultuava o deus Moloque, que exigia o sacrifício de bebês no vale de Hinom ou Geena. Também executou Isaías, o profeta, por causa de sua pregação, ordenando que ele fosse amarrado e colocado dentro de um tronco oco e que dois carpinteiros, munidos de uma grande serra, cortassem a árvore ao meio.

Após ser levado à Babilônia como prisioneiro, com um gancho no nariz e algemas de bronze nos braços e nas pernas, Manassés se humilhou e se arrependeu de sua maldade. Teve permissão para voltar a Israel, onde destruiu os ídolos e seus respectivos templos, que ele próprio havia construído. O povo deixou de adorar ídolos e voltou-se para o Senhor, mas não conseguiu deixar o hábito de cultuar nos "altares idólatras" que Manassés havia constituído. Assim, embora Manassés tenha se arrependido, sua influência negativa não pôde ser erradicada.

Um dos piores reis foi Acabe, que se casou com Jezabel, uma princesa fenícia de Tiro. Em fenício, Jezabel significa "prímula", mas em hebraico, seu nome quer dizer "lixo", e foi assim que ela acabou sendo conhecida. Percebe-se claramente que Jezabel usou Acabe, um homem que era facilmente persuadido, para alcançar seus próprios desejos malignos. Foram as maquinações de Jezabel, por exemplo, que provocaram a morte de um vizinho – Nabote – para que Acabe pudesse se apossar de sua vinha.

Elias

Foi esse acontecimento que marcou o início do ministério do profeta Elias. Ele era um tisbita de Gileade, região a leste do Jordão, e foi considerado um dos melhores profetas de Israel. Embora não haja um livro escrito em nome de Elias, Reis conta mais detalhes de sua vida do que da vida dos próprios reis.

Elias é mais conhecido por seu confronto com os profetas de Baal no monte Carmelo. A região do Carmelo tem 19 quilômetros de extensão em direção ao oceano, na região Norte de Israel. Na sua extremidade leste (interior), há uma grande depressão pouco abaixo do cume, que comporta 30 mil pessoas. Esse deve ter sido o local onde Elias desafiou os profetas de Baal, que frequentavam o palácio a pedido de Jezabel. Existe naquela área uma fonte que nunca seca, mesmo em tempos de estiagem. O texto relata que Elias encharcou o sacrifício com água, muito embora não chovesse havia três anos e meio.

A história é bem conhecida. Elias edificou um altar e desafiou os profetas de Baal a construírem seu próprio altar ao lado e a invocarem os seus deuses para que enviassem fogo para queimar o holocausto.

Foi um desafio bastante inteligente. Hoje sabemos que os altares de Baal dispunham de um túnel subterrâneo onde um sacerdote se escondia para acender a madeira do holocausto quando o povo invocasse o seu deus. Astuciosamente, Elias pediu que edificassem o altar ao ar livre e prometeu construir exatamente da mesma forma o seu próprio altar, só que acrescentaria água a fim de tornar o desafio mais difícil. Sua ousadia o levou a zombar dos sacerdotes de tal forma que, caso seu experimento falhasse, ele certamente seria morto. Elias os encorajou a gritar mais alto e sugeriu que o deus deles estava de férias ou se aliviando. Foi um momento-chave na história das tribos do Norte. Deus enviou o fogo, o sacrifício de Elias foi queimado, e Israel soube quem era poderoso de fato. Os profetas de Baal foram derrotados.

Essa maravilhosa história se desenrola de maneira inesperada. Quando Jezabel soube da vitória de Elias e da morte de seus profetas, fez ameaças a Elias. Apesar de ter derrotado 400 profetas de Baal, Elias fugiu para Horebe, para salvar a própria pele. Estava emocionalmente e espiritualmente exausto, por isso Deus, graciosamente, enviou um anjo para preparar-lhe uma refeição e, em seguida, assegurou-lhe de sua presença e da continuidade de Israel no futuro. Deus já havia separado um companheiro de Elias que daria continuidade à obra.

Eliseu

Eliseu, o lavrador, sucedeu Elias na função de profeta. Pediu a Elias uma "porção dobrada" do seu espírito – uma frase que costuma ser mal interpretada. As palavras não significam que ele quisesse ser duas vezes o que o profeta Elias havia sido. Na realidade, essa é uma frase extraída dos costumes relativos à herança. Se um homem tinha quatro filhos, seus bens eram divididos em cinco partes na ocasião da sua morte e a porção em dobro destinava-se ao filho mais velho, que se tornava herdeiro dos negócios da família – o dinheiro extra viria a auxiliá-lo nessa responsabilidade. Ao pedir porção dobrada do espírito de Elias, Eliseu estava pedindo para ser seu herdeiro e sucessor, permissão para "assumir o negócio".

Elias disse a Eliseu que se ele o visse deixar a terra, poderia ser seu herdeiro. Elias foi uma das poucas pessoas da Bíblia que nunca morreram (Enoque foi outro). O texto nos diz que ele subiu ao céu em um redemoinho e que Eliseu o viu partir. O manto de Elias caiu no chão, Eliseu o recolheu e caminhou até o rio Jordão. Eliseu foi agraciado com um excelente começo de ministério: Deus dividiu diante dele o rio, garantindo a Eliseu que estaria com ele assim como estivera com Elias.

A obra de Elias e Eliseu

Os dois profetas eram muito diferentes. Elias era o guerreiro, o pregador, aquele que desafiava o povo. O ministério de Eliseu tinha uma natureza mais pastoral. Certa ocasião, ele ressuscitou o filho de uma viúva, na cidade de Suném, a menos de um quilômetro de Naim, onde Jesus, anos mais tarde, faria o mesmo. Eliseu também alimentou quatro mil pessoas com alguns pães de cevada. O ministério de Elias assemelha-se ao de João Batista, e o de Eliseu, ao de Jesus.

Elias e Eliseu foram dois entre os vários profetas enviados por Deus às tribos do Norte. Jonas foi profeta em Israel antes de ir para Nínive e aparece no livro de Reis. Amós e, finalmente, Oseias também foram enviados. A profecia de Oseias contém algumas das histórias mais comoventes entre todos os profetas, quando sua própria experiência pessoal serve de representação do amor que Deus sente por seu povo.

O espaço cedido a Elias e Eliseu no livro de Reis é um lembrete dos frequentes alertas de Deus a respeito do que aconteceria ao povo se não agissem segundo a lei.

Alertas de Deus

PALAVRAS
Ao longo de todo o processo de declínio espiritual da nação, os sacerdotes deveriam ter lembrado o povo de suas responsabilidades. Entretanto, eles estavam demasiadamente envolvidos e não tinham como expressar-se de forma imparcial, por isso Deus enviou os profetas em seu lugar.

Seis profetas foram enviados às tribos do Norte: Aías, Jeú, Elias, Eliseu, Amós e Oseias. Vários profetas também ministraram às tribos do Sul, antes e durante o exílio: Semaías, Obadias, Joel, Jonas, Isaías, Miqueias, Naum, Jeremias, Sofonias, Habacuque, Daniel e Ezequiel.

É importante observar que Deus sempre alertou seu povo do castigo iminente caso continuassem na prática do pecado. O princípio básico da Bíblia é este: Deus julga as pessoas por fazerem conscientemente o que é errado. Aqueles que não ouviram a respeito de Jesus não serão mandados para o inferno por não terem ouvido sobre Jesus, mas porque fizeram o que é errado, agindo contra a própria consciência.

Israel e Judá ignoraram as mensagens recebidas, preferindo os falsos profetas, que lhes diziam que tudo estava bem e ofereciam razões falsas para as tragédias que lhes sobrevinham. Os verdadeiros profetas, contudo, estavam prontos para falar a verdade e pagar o preço da exposição ao ridículo, dos espancamentos, da punição e, às vezes, até da morte.

AÇÕES

Os alertas enviados por Deus não foram somente verbais, mas também visuais. O povo deveria ter percebido que as bênçãos divinas estavam sendo retiradas do meio deles. Observe que o nível de gravidade das advertências cresceu:

Perderam território quando Hadade conduziu a retirada de Edom da "comunidade".

Perderam a independência quando as tribos a leste do Jordão caíram sob o controle da Síria e uma tribo, Naftali, foi totalmente absorvida pela Assíria.

Judá assistiu à deportação de outras nove tribos para a Assíria.

No final, também enfrentaram a deportação para a Babilônia, em três estágios.

Contudo, além das mensagens proféticas proferidas, foram enviados vários sinais de alerta de eventos que claramente caminhavam para um desastre, mas o povo os ignorou também e não mudou seus hábitos.

Por que ler Reis?

Os cristãos podem estar certos de que todo o Antigo Testamento foi escrito para eles também. Lemos em 1Coríntios que os eventos do Antigo Testamento "ocorreram como exemplos para nós, para que não cobicemos coisas más, como eles fizeram". Em 2Timóteo, lemos que "toda a Escritura é inspirada por Deus e útil para o ensino, para a repreensão, para a correção e para a instrução na justiça".

Aplicação individual

O PRESENTE
Podemos não ser reis, mas, como eles, somos exemplo para os outros, no trabalho, na família e na comunidade. Assim como os reis, precisamos determinar o padrão espiritual para os grupos com os quais nos envolvemos, especialmente se ocupamos um papel de liderança.

Podemos ser tentados a ter vínculos com pessoas que têm deuses "estranhos". Devemos tomar cuidado com os perigos do casamento fora da família de Deus.

O livro de Reis nos apresenta o exemplo negativo da rainha Atalia, que cobiçou a liderança contra a vontade de Deus. Qualquer cristão pode ser tentado a almejar a liderança pelas razões erradas ou inapropriadas.

O reinado de Josias nos lembra de que devemos ser leitores regulares da Bíblia. Se formos negligentes ou ignorantes de sua verdade, vamos enfrentar consequências semelhantes.

O livro também oferece lições importantes aos líderes cristãos, pois o rei tinha um papel pastoral a desempenhar com relação a seu povo, papel do qual ele, muitas vezes, abusou.

O FUTURO

No futuro nos tornaremos reis: também somos parte da família real, que se prepara para reinar com Cristo. Podemos antever com expectativa um futuro de esperança. Mesmo que nossas vidas hoje ofereçam poucas oportunidades de liderança, virá o dia em que isso mudará.

Aplicação coletiva

A IGREJA

Assim como Israel erigiu altares idólatras em sua terra, a Inglaterra tem uma tradição de cultuar santuários pagãos construídos nos montes. Hoje, igrejas cristãs se erguem em muitos locais como esses, mas o perigo do envolvimento com o paganismo ainda persiste. O sincretismo – a união entre religiões – ainda nos cerca e é popular.

Quando Elias desafiou o povo de Israel, perguntou-lhes quanto tempo oscilariam entre duas opiniões. A mesma pergunta poderia ser feita à igreja hoje, pois na Inglaterra, assim como em outros países, há cristãos professos que não veem nada de errado em misturar sua fé com uma religião pagã e com filosofias contemporâneas materialistas e da Nova Era. O príncipe Charles afirmou que preferia ser o Defensor de Fé, em vez de Defensor da Fé. Na era em que vivemos, está em voga afirmar que todas as religiões conduzem a Deus.

A igreja, geralmente sem se dar conta, também tem

consagrado festas pagãs. O Natal é o exemplo mais óbvio: era originalmente um festival de inverno totalmente pagão, que celebrava o "renascimento" do sol. As pessoas queimavam pedaços de teixo, entoavam cânticos e comiam e bebiam demais. Quando Agostinho, o primeiro missionário, chegou à Inglaterra, enviou uma mensagem a Roma afirmando ser incapaz de afastar as pessoas dessa festa pagã. O papa Gregório respondeu então que a melhor política seria transformá-la numa festa cristã; e foi o que aconteceu, com resultados questionáveis. Hoje, a igreja celebra universalmente essa festa pagã, embora não haja nenhuma ordem ou qualquer incentivo expresso na Bíblia para comemorar o nascimento de Jesus.

O livro de Reis também apresenta o princípio de que a divisão conduz ao declínio. Muitas comunidades cristãs podem testemunhar essa triste verdade. A nação atingiu o auge durante a unificação que desfrutou sob os reinados de Davi e Salomão. Entretanto, quando a nação se dividiu, rapidamente perdeu tudo o que havia conquistado – em metade do tempo demandado para conquistar a terra. Devemos estar vigilantes para que o mesmo não aconteça conosco, na igreja.

O MUNDO
O livro oferece uma mensagem poderosa a respeito da soberania de Deus na história do homem. Israel está no centro de suas atenções e ações, e ele intervém na vida dos reis concedendo-lhes bênçãos e castigos, sempre pronto para ouvir seu clamor por auxílio. Vemos, de maneira geral, como os bons reis resistiram mais tempo do que os maus. Deus, da mesma forma, governa todas as nações. Ele escolhe líderes e governantes, e decide quanto tempo e espaço cada um deles terá. Ele pode agir com justiça, concedendo ao povo o governante que merece, ou com

misericórdia, dando-lhes o governante de que precisam. Ele ainda tem o voto decisivo, mesmo em eleições democráticas.

Sua competência em dar o veredito não minimiza, de forma alguma, a responsabilidade humana. Ele pode até usar os que não o conhecem, como usou Nabucodonosor, um mau rei, para levar seu povo ao exílio babilônico, e Ciro, o bom rei da Pérsia, para restituir ao povo sua própria terra.

As agências de notícias veem somente o lado humano da história. Os profetas vão além e discernem a ação divina. É por isso que a Bíblia, como um todo, e os livros de 1 e 2 Reis, especificamente, são tão diferentes de outros registros históricos. Eles nos trazem a história completa, relatando toda a verdade sobre os acontecimentos da saga de Israel.

CRISTO

Acima de tudo, precisamos ler o livro de Reis por tudo o que nos fala a respeito de Jesus. Vários indivíduos presentes em Reis nos remetem a Jesus.

- **Salomão:** Mateus afirma em seu Evangelho que Jesus é maior que Salomão. Paulo escreve que Cristo é nossa sabedoria. O Evangelho de João relata que Jesus comparou o seu corpo ao templo. Quando Jesus morreu, o véu do templo se partiu de cima a baixo.
- **Jonas:** o profeta é mencionado em Reis. Assim como Jonas esteve no ventre do grande peixe por três dias e três noites, também Jesus ressuscitaria após ter ficado três dias e três noites no coração da terra – em ambos os casos, uma ressurreição da morte.
- **Elias:** Jesus se encontrou e conversou com ele no monte da Transfiguração. Elias foi comparado a João Batista, primo de Jesus, que se alimentava e se vestia da mesma forma.

- **Eliseu:** indiretamente, Jesus se comparou a Eliseu pela natureza dos milagres que realizou. Jesus ressuscitou um menino na cidade de Naim, que fica próxima a Suném, onde Eliseu havia realizado um milagre semelhante. Alimentou cinco mil pessoas com pão e peixe, repetindo o milagre de Eliseu ao alimentar quatro mil com alguns pães. Quando Jesus morreu, pessoas saíram de suas tumbas, assim como um homem morto reviveu após ter contato com os ossos de Eliseu.

Também existem maneiras pelas quais a vida e o ministério de Jesus cumprem as expectativas da realeza. Ele é o rei pelo qual os personagens do Antigo Testamento ansiavam. Ele integra a linhagem real de Davi e um dia restituirá o reino a Israel. É ele quem cumpre todas as promessas relativas aos descendentes de Davi. Eis aqui um Rei que não nos decepcionará, alguém ainda maior que Davi.

Conclusão

O livro de Reis oferece uma mensagem vital para o mundo. Deus é Senhor acima de tudo, e seu povo deve aprender a mensagem desse livro se espera não repetir o declínio nele registrado: a desintegração do povo de Israel, que deixou de ouvir a Deus e de seguir suas leis. Podemos, no entanto, ser impelidos pelo poder e pela habilidade de Deus em lidar com seu povo de maneira tanto justa quanto misericordiosa. Ninguém pode frustrar os planos de Deus. Seu Reino permanecerá para sempre, e o livro de Reis (ou Reinos) oferece aos cristãos uma razão para ansiar pelo dia em que Jesus será visto por todos como o Rei eterno.

POEMAS DE LOUVOR E SABEDORIA

11. Introdução à poesia hebraica

12. Salmos

13. Cântico dos cânticos

14. Provérbios

15. Eclesiastes

16. Jó

11.
INTRODUÇÃO À POESIA HEBRAICA

A poesia está entre as várias formas literárias usadas no Antigo Testamento. Ela é encontrada nos registros dos Profetas e nos Escritos ou na "literatura de sabedoria", particularmente em Salmos, no livro de Jó, e em Cantares. No entanto, uma vez que a poesia hebraica se difere bastante da poesia inglesa, por exemplo, precisamos analisá-la um pouco mais a fundo, se o nosso objetivo é obter o máximo proveito dessas porções da palavra de Deus.

É relativamente fácil identificar a poesia nas Bíblias modernas, pois o texto está disposto de forma diferente dos trechos em prosa. A prosa usa frases longas e colunas completas, a poesia é elaborada em frases curtas (versos), separadas por espaços maiores. Basta percorrer algumas páginas da Bíblia para perceber que há consideravelmente mais poesia no Antigo Testamento do que no Novo.

A prosa é a forma mais natural e espontânea de comunicação. As pessoas falam e escrevem em prosa, fazendo uso de frases de tamanhos variados para expressar uma ideia. A poesia é uma forma não usual e artificial de escrita. Precisa ser previamente preparada; exige considerável reflexão, e as palavras usadas precisam seguir as regras do estilo poético. A questão é: por que usar a poesia quando a prosa é tão mais fácil?

Imagine, por exemplo, se eu chegasse em casa e dissesse à minha esposa, Enid:

Pode servir o jantar, querida.
Vejo que preparaste minha refeição preferida.
Poderias trocar o talher?
Este está sujo, ó mulher!
E já que não há segundo prato,
Vou comer mais um pouco desse extrato!

Se eu falasse dessa maneira, ficaria evidente que todas as palavras usadas foram previamente pensadas. Contudo, a artificialidade do discurso poético aplicado em tal contexto prejudicaria a clareza na comunicação!

Um efeito mais profundo

Por que se dar ao trabalho de compor poesia?

A poesia tem um efeito muito mais profundo sobre as pessoas do que a prosa. A poesia pode penetrar níveis da personalidade não alcançados pela prosa.

No mais profundo da mente

A poesia é lembrada com mais facilidade do que a prosa, especialmente quando inserida na música. Ela toca as áreas intuitiva e artística do cérebro, que podem não se sensibilizar com os argumentos ordenados da prosa.

Assim, os poemas que aprendemos na época de escola podem ser lembrados décadas depois, enquanto as aulas expositivas são esquecidas na semana seguinte. Por essa razão, geralmente aprendemos nossa teologia a partir de hinos e cânticos, o que ressalta a importância de nos certificarmos de que o conteúdo dos cânticos usados no louvor seja fundamentado na Bíblia.

No mais profundo do coração

A poesia é usada nos cartões de felicitações por ser a forma mais eficaz de tocar o coração de quem os recebe. Ela pode evocar emoções cálidas enquanto os mesmos sentimentos expressos em prosa deixariam o leitor indiferente. Considere o seguinte poema:

Desceram juntos a estrada
Sob o céu carregado de estrelas
Juntos chegaram ao destino

E o menino lhe abriu a porteira
Ela não sorriu, sequer agradeceu
Na verdade, não sabia como fazê-lo
Pois ele era só um garoto do campo
E ela, uma vaca leiteira!

Sempre que recito esse poema em uma palestra, a plateia acha engraçado. A expectativa é de romance, mas deparam-se com o ridículo, que mexe com seu senso de humor. Se o mesmo conteúdo fosse expresso em prosa, duvido que provocasse sequer um sorriso.

No mais profundo da vontade
A poesia também afeta a nossa capacidade voluntária. Ela nos leva ao ponto onde decidimos agir de determinada maneira. Na escola, os poemas são usados para inculcar valores nos alunos. Os hinos de guerra têm sido usados no decorrer da história para encorajar os soldados a agirem.

Veja esse poema intitulado Indifference [Indiferença], de autoria de Studdert Kennedy, capelão do exército durante a Primeira Guerra Mundial.

Quando Jesus chegou ao Gólgota, foi pendurado no madeiro,
   Em suas mãos e pés, grandes pregos cravaram,
      eis o Cordeiro;
   Sua cabeça foi coroada com espinhos,
      das feridas abertas, seu sangue esvaía.
Pois eram tempos cruéis e bárbaros
   e o ser humano nada valia.

Quando Jesus chegou à Birmingham,
    ninguém lhe deu valia,
Nenhum fio de cabelo tocaram, porventura morreria.

Os homens agora eram mais sensíveis,
  e não o fariam sofrer,
Somente o ignoraram na rua,
  deixando-o ali, quando estava a chover.

"Perdoa-lhes", Jesus clamou mesmo assim,
  a ignorância não lhes permite ver"
Que ainda caía a chuva fria,
  deixando-o prestes a morrer.
As multidões foram para casa, deixando as ruas
  sem uma alma para testemunhar
Jesus, curvado, apoiando-se em um muro,
  pelo Calvário ansiar.
[tradução livre do original em inglês]

Há algo no ritmo e na escolha cuidadosa das palavras desse poema que nos leva a examinar nossas próprias vidas.

Beleza
A poesia toca o coração, a mente e a vontade tornando as palavras belas, além de relevantes. Somos atraídos aos poemas porque as palavras estão dispostas de tal forma que mexem com o nosso senso de beleza, de equilíbrio, de simetria e de proporção.

Assim como uma pessoa bela tem traços bem harmônicos, é essa harmonia e combinação que nos atraem à poesia.

Três elementos básicos da poesia tornam as palavras belas para nós: rima, ritmo e repetição.

Rima
A rima é um elemento comum na poesia inglesa, mas nem sempre é encontrada na poesia hebraica. Essa clássica cantiga de roda é um exemplo de uma boa combinação de palavras com rima:

Fui no Itororó
Beber água e não achei.
Achei linda morena
Que no Itororó deixei.
Aproveite minha gente
Que uma noite não é nada.
Se não dormir agora
Dormirá de madrugada.
[cantiga popular brasileira]

Essa cantiga tem uma estrutura simples de rima, uma característica comum das cantigas de roda, que faz com que as crianças aprendam rapidamente.

Ritmo
O segundo elemento da poesia que embeleza as palavras é o ritmo ou a métrica, que usa a tônica das sílabas para enfatizar as palavras desejadas. Por exemplo, um trecho da poesia de Felícia Hemans:

O menino permaneceu no convés inflamado
Todos, menos ele, foram refugiados.
[tradução livre do original em inglês]

O poema tem um ritmo 4/3, um favorito tanto para a poesia hebraica quanto para a inglesa, e usado com frequência nos salmos métricos da Escócia. Veja outro exemplo extraído de um poema de Francis Rous baseado no salmo 23:

O Senhor é o meu pastor, de nada terei falta (4)
Ele me faz repousar (3)
aos pastos verdejantes, ele me guia (4)
a tranquilas águas chegar (3)
[tradução livre do original em inglês]

O bom ritmo depende da ênfase sobre a sílaba correta. Quando um hino ou refrão não segue essa regra, o efeito é desagradável. Veja, por exemplo, este verso:

POR TODO O BEM QUE NOSSO PAI FAZ,
DEUS E REI DE TODOS NÓS.

A tônica está sobre as sílabas erradas, portanto o tempo ou a ênfase está nas palavras erradas. A beleza do hino se perde.

O ritmo também pode ser usado para chocar o leitor:
Trinta dias tem setembro,
abril, junho e novembro;
Vinte e oito tem um só,
É justo?!

A última linha é desconcertante pois quebra o ritmo e nos desperta com uma sacudida.

Repetição
O terceiro aspecto da poesia que embeleza as palavras é a repetição. A repetição de uma palavra ou frase a torna poética. O famoso discurso de Marco Antônio, na obra Júlio César, de Shakespeare, repete a frase: "E Brutus é um homem honrado". Esta outra tradicional cantiga infantil usa a repetição.

Nesta rua, nesta rua tem um bosque
 Que se chama, que se chama solidão
 Dentro dele, dentro dele mora um anjo
 Que roubou, que roubou meu coração
 [cantiga popular]

A repetição pode aparecer nos versos, nas frases ou até nas letras. Na versão original da poesia "Indiferença", que avaliamos há pouco, Studdert Kennedy faz uso de várias palavras iniciadas com "c": "Calvário", "coroada", "cruel" e "cravaram". Elas servem para enfatizar as duas letras "C" que são a chave para o tema da poesia: cruz e crucificar.

Muitas vezes, um refrão é usado para destacar uma mensagem. O salmo 136, por exemplo, repete a frase: "Porque a sua benignidade dura para sempre".

Outros poemas empregam a aliteração. Em *The Siege of Belgrade* [O cerco de Belgrado], de Alaric Alexander Watts, a primeira linha de cada verso é consecutivamente iniciada por uma letra do alfabeto, e essa mesma letra é empregada nas palavras principais de cada linha. O salmo 119 tem características semelhantes.

CONTEMPLAÇÃO

Visto que a poesia é, em parte, a comunicação de sons agradáveis, seu efeito pode passar despercebido ou ser atenuado se ela for lida silenciosamente. Poemas existem para serem lidos em voz alta. A sonoridade da poesia é um tanto quanto agradável. Ela traz um senso de fascínio que não costuma ser encontrado na prosa. Não surpreende, portanto, que os poemas sejam usados na adoração a Deus. Os Salmos (o hinário dos judeus) estão todos na forma de poesia. A prosa, na maioria das vezes, é muito difícil de ser cantada, enquanto os poemas enquadram-se mais facilmente com o acompanhamento musical.

A poesia também nos ajuda a apreciar e expressar o senso de contemplação que sentimos quando adoramos. Usando um conhecido poema de Jane Taylor, vou lhes mostrar o que quero dizer:

Brilha, brilha estrelinha,
Pena que tu não és minha.
Lá no alto brilhas tu
Dando luz ao céu azul
[tradutor desconhecido]

A ingenuidade desse poema perde o fascínio quando nos limitamos a usar termos científicos:

Brilha, brilha, estrelinha,
Eu já sei que não és minha.
És poeira e muitos gases
Juntos em pequenas massas

Vamos dar um passo adiante:

Cintilante meteorito
Insondável fusão de nêutrons
Etereamente semelhante
A um carbonáceo flutuante

Observe o contraste entre as linguagens científica e poética. A primeira é exata e fria enquanto a última, embora menos precisa, evoca surpresa e assombro. É essa característica que faz da poesia um bom canal para a adoração. Hinos, canções, salmos e cânticos nos ajudam a expressar algo da maravilha e da glória de Deus de uma maneira que os formatos científicos de expressão não conseguem fazê-lo.

A poesia é tanto visual quanto verbal. Ela pinta imagens na mente. A ideia imaginativa é indispensável para se fazer poesia. Metáforas, analogias e imagens são usadas. 'Brilha, brilha estrelinha …Dando luz ao céu azul' ajuda a formar a ideia de uma estrela reluzente.

Vamos usar o salmo 42 como outro exemplo:

Como a corça anseia por águas correntes,
a minha alma anseia por ti, ó Deus.

Imaginamos um animal sedento, ofegante e com a língua para fora, e essa imagem nos leva a refletir sobre a nossa própria sede de Deus.

Som e sentido

A poesia inglesa baseia-se nas poesias grega e romana, cuja ênfase está no som. Embora assuma diferentes formas e estilos, a poesia inglesa costuma ter rimas, enquanto na poesia hebraica, a ênfase está no sentido.

Essa distinção fica particularmente clara na tradição inglesa do "verso sem sentido", arte da qual Edward Lear e Lewis Carroll foram os mestres. O poema *Jaberwocky* [Jaguadarte], de Carroll, é um exemplo perfeito desse tipo de poesia. Aqui, na tradução de Augusto de Campos:

Era briluz. As lesmolisas touvas
roldavam e reviam nos gramilvos.
Estavam mimsicais as pintalouvas,
E os momirratos davam grilvos.

Ler tal poesia é como ouvir Pavarotti entoando uma ópera italiana sem conhecermos a língua, ou uma música pop quando as palavras são inaudíveis ou sem significado. Não fazemos ideia do que se trata, mas, mesmo assim, ela nos agrada.

Tais poemas podem nos "tocar", mas não nos levam a lugar algum. Lê-los talvez nos ajude a relaxar e a apreciar a vida, mas eles não afetam a forma como vivemos.

A poesia hebraica tem um estilo muito distinto da poesia inglesa. A ênfase está no sentido das palavras e não no som, razão pela qual há pouca rima na poesia hebraica.

Paralelismo
Embora o ritmo não seja um elemento totalmente ignorado na poesia hebraica (especialmente nas estruturas 4/3 e 3/3), ela se baseia principalmente em uma forma de repetição denominada paralelismo. A palavra refere-se à correspondência que ocorre entre as frases de uma linha poética. O paralelismo é o "elemento fundamental" da poesia hebraica. Ele é usado para:

- Ênfase. Se uma ideia é repetida, entendemos que é importante.
- Resposta. Um conjunto de dois versos é usado no canto "antifonal" – em que dois corais se alternam para cantar um para o outro. Um coral canta a primeira frase e o outro a repete.
- Equilíbrio. Assim como há equilíbrio e harmonia no corpo humano – duas mãos, dois olhos, duas orelhas, dois braços, duas pernas – o conjunto de dois versos nos ajuda a entender a beleza de um pensamento.

A repetição costuma estar na forma de dois versos (dístico), mas os salmos também contêm alguns tercetos e quartetos. Eis aqui o exemplo de um dístico, do salmo 6 [ARA]:

Senhor, não me repreendas na tua ira,
nem me castigues no teu furor.

"Repreender" é dizer a uma pessoa que ela está agindo de forma errada, enquanto que "castigar" indica punição, assim, a segunda linha estende um pouco mais o pensamento da primeira. Vejamos também o versículo seguinte desse salmo:

> Tem misericórdia de mim, Senhor, porque sou fraco;
> sara-me, Senhor, porque os meus ossos estão perturbados.

Na primeira linha, o salmista se sente fraco, mas na segunda, ele está em agonia e precisa de cura. Mais uma vez, portanto, a segunda linha amplia a ideia da primeira. Observe, contudo, que é o sentido que se repete e não o som.

Estou ciente de que analisar poesia é como partir uma flor em pedaços e contemplar suas partes. A análise destrói a beleza. Quero, contudo, ajudá-lo a entender o que acontece quando você lê a poesia bíblica – por que ela foi escrita dessa forma.

Há três formas distintas de paralelismo:

Sinônimo
No paralelismo sinônimo, a mesma ideia é expressa duas vezes com palavras diferentes. Vamos usar o salmo 2 como exemplo:

> Por que se *amotinam* as nações
> e os povos *tramam* em vão?
> Os *reis* da terra tomam posição
> e os *governantes* conspiram unidos
> contra o *Senhor*
> e contra o *seu ungido*, e dizem:
> "Façamos em pedaços as suas *correntes*,
> lancemos de nós as suas *algemas!*"
> Do seu trono nos céus o Senhor *põe-se a rir*
> e *caçoa* deles.
> Em sua *ira* os repreende
> e em seu *furor* os aterroriza

Observe como as palavras em itálico de cada verso têm o mesmo significado, mas geralmente, a segunda é "mais forte" ou "mais intensa" do que a primeira.

Antitético
O paralelismo antitético funciona como o paralelismo sinônimo, mas a segunda linha contrasta com a primeira. Assim, neste exemplo do salmo 126:

Aqueles que *semeiam* com lágrimas,
com cantos de alegria *colherão*.

Dois pares são contrastados: "semear" e "colher", "lágrimas" e "alegria". No versículo seguinte, o tema é expandido:

Aquele que sai *chorando*
enquanto lança a *semente*,
voltará com cantos de *alegria*,
trazendo os seus *feixes*.

Essas duas outras linhas agregam mais detalhes ao contraste. Temos agora "sair com sementes" e "voltar com feixes".

Sintético
No paralelismo sintético, a segunda frase complementa ou reforça a primeira. Não expressam a mesma ideia ou ideias opostas, mas algo que vem depois da primeira frase. Por exemplo:

Quando o Senhor trouxe os cativos de volta a Sião,
foi como um sonho
do salmo 126

O Senhor é o meu pastor, nada me faltará.
do salmo 23

Nesses exemplos, a segunda frase é o resultado da primeira. A estrutura usada no salmo 23 [ARA] é o paralelismo sintático:

Deitar-me faz em verdes pastos,
guia-me mansamente a águas tranquilas.

O pastor precisa saber onde há verdes pastos e águas tranquilas. Esses dois elementos juntos criam a imagem de um pastor que realmente conhece a sua profissão e se importa com as suas ovelhas.

Desse modo, há três formas de poesia hebraica, porém, com muitas variações. O paralelismo não ocorre apenas em ideia e palavra, mas também na gramática. Nessas linhas do salmo 2, por exemplo, a ordem das palavras no hebraico é:

Então ele os repreende em sua *ira*
e em seu *furor* os aterroriza

A ordem do verbo, do objeto e da locução prepositiva é diferente na segunda linha.

Ternário
Esses três tipos de paralelismo costumam ser interrompidos por irregularidades. Às vezes, o ritmo e o padrão são quebrados e, em lugar de duas, há três linhas unidas, configurando um ternário ou terceto.
Veja essas três linhas do salmo 29 [ARA]:

Tributai ao Senhor, filhos de Deus,
Tributai ao Senhor glória e força.
Tributai ao Senhor a glória devida ao seu nome.

As linhas seguem um padrão crescente – "Tributai ao Senhor" é o refrão – e, então, são acrescentadas palavras diferentes em três linhas.

Ou considere o salmo 3:

Senhor, muitos são os meus adversários!
Muitos se rebelam contra mim!
São muitos os que dizem a meu respeito: "Deus nunca o salvará!"

Observamos a repetição de "muitos", e cada linha sustenta-se na anterior: de quem o salmista se queixa, o que fazem e, em seguida, o que dizem. Às vezes, há uma omissão e uma palavra não é incluída ou uma frase subitamente termina.

Outras características da poesia hebraica

Símile

A poesia hebraica está repleta de símiles, ou seja, imagens que nos mostram como certo elemento lembra outro. Por exemplo:

Como um pai tem compaixão de seus filhos,
assim o Senhor tem compaixão dos que o temem
do salmo 103

O cuidado de um pai amoroso por seus filhos é comparado ao cuidado de Deus por seu povo.

Quiasmo

Ocorre quando a segunda parte da primeira linha torna-se a primeira parte da segunda. Por exemplo:

Porque o Senhor conhece o caminho dos justos;

porém o caminho dos ímpios perecerá.
do salmo 1 [ARA]

A segunda linha reverte a primeira – a posição de "o caminho" está invertida.

Omissão
Na omissão (ou elipse), parte da segunda linha é omitida. Por exemplo:

Puseste-me na cova mais profunda,
na escuridão das profundezas.
do salmo 88

Deveríamos ler esses versos como se o verbo "puseste-me" se repetisse na segunda linha.

Escada
Os versos de um salmo às vezes lembram os degraus de uma escada:
A voz do Senhor quebra os cedros;
o Senhor despedaça os cedros do Líbano.
do salmo 29

A segunda linha expande a informação dada pela primeira. Já sabíamos que "o Senhor quebra os cedros", agora descobrimos que ele os "despedaça", e que são cedros "do Líbano".

Acróstico
Nessa composição, a poesia baseia-se no alfabeto. No salmo 119 – o mais longo de todos os salmos, com 176 versos – cada seção (e cada verso daquela seção) começa com uma letra diferente do alfabeto hebraico.

Refrão
O refrão aparece na segunda linha que se repete em todo o poema. No salmo 136 [ARA], por exemplo, as palavras "A sua misericórdia dura para sempre" formam uma segunda linha em cada verso.

Poesia na palavra de Deus

Nosso estudo revela a pertinência de a poesia hebraica ter sido incluída na palavra de Deus.

Os autores dos cânticos modernos já descobriram que o livro de Salmos é uma fonte de inspiração. No entanto, eles acabam usando partes de um salmo; raramente usam o salmo completo. Dessa forma, perde-se o contexto e, consequentemente, a harmonia do salmo e, em alguns casos, até o sentido é comprometido.

É fácil traduzir a poesia hebraica para outras línguas porque sua ênfase está no conteúdo e não no som. Uma tradução literal de um trecho de um poema em inglês para o português, por exemplo, mata o poema, porque a poesia inglesa costuma basear-se no som, e esses sons da língua inglesa não sobreviverão ao processo de tradução. A poesia hebraica, no entanto, pode ser traduzida para qualquer língua. Desse modo, é fácil perceber por que Deus escolheu o hebraico como meio de comunicação.

A poesia na adoração

Muitos argumentam que devemos ser espontâneos quando nos dirigimos a Deus, e que é pouco natural planejar o que vamos dizer. Há alguma verdade nisso, mas há também um imenso valor em primeiro refletir sobre o que desejamos expressar. Os salmos nos oferecem um modelo de como podemos nos dirigir a Deus sem sermos exageradamente íntimos e nos revelam de forma poderosa a grandeza e a majestade de Deus. Por outro lado, eles também descrevem um relacionamento íntimo com Deus, o que pode motivar algumas pessoas a buscar experimentar a bondade de Deus de forma mais profunda.

As expressões planejadas que encontramos na poesia bíblica constituem-se um elemento necessário do nosso culto coletivo. Se, quando nos reunimos para adorar, simplesmente cantássemos o que fosse de nossa vontade, o caos se instalaria – sem falar do som terrível que produziríamos! O louvor coletivo torna-se possível porque há cânticos e hinos próprios para serem entoados por uma congregação. Aqueles que argumentam que devemos cantar apenas o que "sentimos" se esquecem de que há valor em expressar reações que podem não refletir a realidade do nosso coração, como um encorajamento não somente a respondermos de forma genuína, mas também a vislumbrarmos a possibilidade de colocar em prática a verdade.

Tínhamos uma tradição em nossa casa. Nossos três filhos costumavam me acordar antes da hora usual, em certo dia do ano, e então enfileiravam-se ao pé da minha cama e declamavam, de forma muito teatral, um poema. Ao final, me entregavam um saco com os seus doces favoritos. O poema (ou canção) era "Parabéns a você"!

De certa forma, não era espontâneo, é claro: três crianças alinhadas, todas dizendo a mesma coisa. Não seria melhor se cada uma delas viesse individualmente e me dissesse o que realmente sentia? Não, pois, dessa forma, não estariam agindo como família – minha família. O fato de virem juntas e cantarem juntas – em harmonia umas com as outras – tornava ainda mais especial a pequena tradição.

De modo semelhante, o Senhor se agrada quando afirmamos algo em conjunto, muito embora tenhamos que usar palavras escritas por outra pessoa. Deus tem prazer em nos ver juntos. Podemos estar em pé, lado a lado, cantando a Deus de forma um tanto artificial, mas estamos expressando o nosso amor por ele de forma coletiva. A poesia permite que façamos isso.

Observamos anteriormente que os salmos podem ser usados no canto antifonal, com grupos cantando alternadamente em resposta um ao outro. Além de cantar os salmos, também é possível declamá-los. O salmo 147 é um exemplo.

Os salmos também podem contribuir com nosso senso de identidade coletiva. Os salmos que usam as palavras "eu" e "meu" são ideais para o louvor pessoal, mas os que usam "nós" e "nosso" nos lembram de que estamos louvando juntos, como família de Deus.

Assim como a poesia sensibiliza o coração do homem, ela chega ao coração de Deus. Já comentamos que a poesia está presente em todo o livro de Salmos bem como em muitos livros proféticos. O Espírito Santo escolheu esse formato como meio para comunicar a mente de Deus e como uma forma de respondermos a ele. Os que são céticos quanto à ideia de que a poesia toca o coração de Deus devem lembrar-se da linguagem ousada utilizada pelas Escrituras quando se referem aos sentimentos de Deus.

O salmo 2, por exemplo, afirma que Deus "põe-se a rir" ao ver as inúteis tentativas da humanidade de desafiá-lo. Sofonias 3 nos diz que Deus se "regozija" em nós "com brados de alegria". Deus, portanto, é musical! A música não é algo inventado pelos povos modernos, mas é parte do que significa ser criado à imagem de Deus.

Assim, quando Deus se dirige a nós por meio da poesia, sabemos que está expressando os sentimentos de seu coração para o nosso e, por isso, podemos inferir os sentimentos de Deus a partir de tais passagens bíblicas. Compreender a poesia hebraica pode ser a chave para entendermos o coração do próprio Deus.

12.
Salmos

Introdução

O livro de Salmos é a parte mais amada e conhecida da Bíblia. Alguns salmos são populares tanto entre pessoas que não costumam ler a Bíblia regularmente quanto entre os que desejam adorar o Deus a quem conhecem e amam. Os salmos têm um apelo universal e são facilmente compreendidos na cultura atual, apesar de terem sido escritos há tanto tempo. Embora a maior parte do Antigo Testamento deva ser lida à luz do Novo Testamento, a maioria dos salmos pode ser usada imediatamente. Há uma qualidade atemporal neles, que permite sua aplicação à vida cristã. Não é de admirar que, no decorrer da história, compositores de hinos tenham se inspirado neles.

A importância dos salmos tem sido reconhecida em toda a história da igreja. Martinho Lutero certa vez afirmou: "Nos salmos desvendamos o coração de cada santo". João Calvino disse que nos salmos "Olhamos para um espelho e vemos o nosso próprio coração". Um comentarista moderno expressa desta forma: "Cada salmo parece ter meu nome e endereço ali escritos". É o trecho mais humano do Antigo Testamento, com o qual todos podem prontamente se identificar.

Salmos é o hinário e o livro de orações de Israel no Antigo Testamento. É o livro mais longo da Bíblia e levou aproximadamente mil anos para ser escrito. Embora a maioria dos salmos tenha sido escrita na época de Davi (por volta de 1000 a.C.), alguns deles remontam à época de Moisés (aproximadamente 1300 a.C.) e outros, ao período do exílio (500 a.C.).

O sentido literal da palavra "salmo" é "vibrar" ou

"dedilhar", em referência aos instrumentos de cordas usados para acompanhar o canto de salmos. Na Bíblia hebraica, o livro de Salmos está no início dos Escritos – o terceiro bloco da Bíblia –, logo após os livros da Lei e dos Profetas. Em hebraico, o livro chama-se *Tenillim*, que significa "Canções de Louvor", um nome provavelmente muito melhor (considerando especialmente que a palavra "judeu" vem de "Judá", que significa "louvor"). Os salmos costumam ser falados ou cantados, mas também podem ser declamados – o que pode não se encaixar bem em algumas culturas!

Há vários tipos de salmos, conforme veremos adiante. A divisão mais simples está entre os salmos pessoais, que fazem uso do pronome "eu", e os salmos coletivos, que usam "nós". Assim, alguns salmos são mais adequados à adoração individual e outros ao culto comunitário. No entanto, essa divisão não deve ser tão rígida, pois Jesus encorajava seus discípulos a usar as palavras "Pai nosso", indicando que deveriam ter uma responsabilidade coletiva mesmo quando orassem em particular.

Emoções

Alguns salmos expressam profunda dor. Sinto-me particularmente tocado pelo salmo 56, quando afirma que Deus "recolhe as nossas lágrimas em seu odre". Quando os judeus desejavam expressar seus sentimentos diante da morte de alguém que amavam, não enviavam flores ou coroas ao funeral, em vez disso, usavam garrafas de vidro, com aproximadamente 10 centímetros de altura, que mantinham sob os olhos enquanto choravam. Enviavam então os recipientes com lágrimas aos familiares enlutados como uma expressão de seus sentimentos. O salmo nos diz que Deus pode fazer o mesmo por nós, mesmo quando nossas lágrimas emanam de outros sentimentos que não sejam a perda de alguém.

Os salmos retratam uma vasta gama de emoções. Eles incluem o que poderíamos chamar de emoções "negativas": ira, frustração, ciúme, desespero, medo e inveja. O salmista expressa exatamente o que pensa e sente, chegando a amaldiçoar os homens e queixar-se contra Deus. Eles também refletem emoções mais "positivas": alegria, entusiasmo, esperança e paz.

Davi escreveu a maioria dos salmos pessoais. Esses salmos contêm muitas expressões que as pessoas desejam dizer a Deus. Mais adiante, veremos três tipos específicos de salmos, que chamamos de "salmos de petição", "salmos de gratidão", e "salmos de perdão".

Apesar de ter um forte foco na adoração, o livro de Salmos não foi direcionado exclusivamente aos sacerdotes. Há quase uma ausência total de altares, sacerdotes, vestimentas e incenso. Os salmos foram feitos para serem usados por pessoas comuns que desejam adorar e cultuar a Deus.

Temas bíblicos

Os salmos não expressam somente todas as emoções humanas; sua abordagem também inclui temas bíblicos. Lutero disse que o livro de Salmos é "a Bíblia dentro da Bíblia" – a Bíblia em miniatura. Eles relatam a história de Israel, a criação, os patriarcas, o êxodo, a monarquia, o exílio e o retorno a Jerusalém.

Salmos é o livro do Antigo Testamento com mais citações no Novo Testamento. O versículo mais citado no Novo Testamento é Salmo 110:1: "O Senhor disse ao meu Senhor: 'Senta-te à minha direita até que eu faça dos teus inimigos um estrado para os teus pés'".

Nem todos os salmos do Antigo Testamento estão no livro de Salmos. Moisés e Miriã compuseram um deles (veja Êxodo 15). Débora e Ana também compuseram salmos (veja Juízes 5 e 1Samuel 2). Considerando que a maioria dos autores da Bíblia eram do sexo masculino, é interessante observar que as mulheres também compusessem salmos, possivelmente um reflexo do aspecto tipicamente intuitivo da natureza feminina. Jó escreveu três salmos; Isaías e o rei Ezequias escreveram um cada.

Outros personagens do Antigo Testamento também usaram a linguagem poética dos salmos. A oração de Jonas no interior do peixe é um clássico exemplo. Ele afirma estar orando do *Sheol* – o mundo dos espíritos que partiram – e faz referência a cinco salmos diferentes naquela oração. Habacuque cita salmos três vezes em sua profecia.

Todos os salmos empregam a poesia como a única forma de expressão. O mesmo acontece nos livros de Cântico dos cânticos, Provérbios e Lamentações. Outros livros do Antigo Testamento (Eclesiastes e os Profetas) apresentam uma combinação entre poesia e prosa. Alguns trechos dos livros Históricos também estão em formato de poesia (Gênesis 49; Êxodo 15; Juízes 5; 2Samuel 22).

Cinco livros em um

O livro de Salmos, na realidade, é formado por cinco hinários. Alguns comentaristas identificam paralelos com os cinco livros da Lei, mas é possível que a razão de existirem cinco livros seja ainda mais trivial – talvez os salmos tenham sido escritos originalmente em cinco rolos por causa da limitação de espaço de um único rolo.

Há uma enorme variedade de tamanhos entre os salmos. O mais curto deles, o salmo 117, tem apenas três versos, enquanto o mais longo, salmo 119, tem 176.

Visto que todos os salmos foram compostos em poesia hebraica, eles têm mais efeito quando lidos em voz alta. Os salmos não podem ser analisados como são analisadas as cartas de Paulo, versículo a versículo. Na realidade, o excesso de análise dos salmos anula sua beleza. É muito melhor ler o salmo por completo, meditar nele, assimilá-lo e, se necessário, repetir o processo.

Cada um dos cinco livros encerra com uma doxologia (veja os salmos 41, 72, 89, 106). A conclusão do último livro é o salmo 150, uma doxologia que arremata todos os cinco livros. O tamanho dos livros varia em função dos diferentes tamanhos dos salmos, mas o primeiro e o último livro são os maiores.

Nomes divinos

Muitos comentaristas têm procurado características distintivas em cada livro. Há um padrão interessante na forma como o salmista se dirige a Deus nos cinco livros. Dois nomes são usados – *Yahweh* e *Elohim* – nomes que aparecem em todo o Antigo Testamento.

Elohim significa simplesmente "Deus", ainda que, por ser plural, contenha em si a ideia da natureza triúna de Deus. *Yahweh* era o nome pessoal pelo qual Deus deveria ser chamado por Israel e deriva-se do verbo "ser". O advérbio "Sempre" expressa muito bem esse sentido.

Yahweh é o nome de Deus usado principalmente no agrupamento chamado Livro 1. Ocorre em 272 ocasiões, enquanto *Elohim* é usado em somente 15. Já no Livro 2, acontece o oposto: *Elohim* é usado 207 vezes, enquanto *Yahweh*, apenas 74. O Livro 3 também favorece *Elohim* (36 ocorrências) em lugar de *Yahweh* (13). Nos Livros 4 e 5 encontramos 339 ocorrências de *Yahweh*, e somente 7 de *Elohim*.

Não é difícil descobrir por que isso acontece. Os salmos do rei Davi estão principalmente nos Livros 1 e 2 e alguns no Livro 5. Veremos mais adiante que os seus salmos são mais pessoais e, por isso, usam o nome pessoal de Deus.

O nome *Elohim* nos comunica a transcendência [superioridade e soberania] de Deus. Ele habita nas alturas, completamente incomum para nós; ele é o Deus Altíssimo. O nome *Yahweh* expressa uma ideia de maior intimidade com Deus. Deus é tanto transcendente quanto imanente [pessoalidade], e precisamos considerar esses dois aspectos contrastantes de sua natureza.

Os salmos refletem esse aspecto nos nomes que atribuem a Deus. Começam e terminam com um nome íntimo, revelado por Deus ao seu povo.

Grupos de salmos

Com exceção dos nomes divinos, os acadêmicos têm procurado em vão por qualquer sistema de classificação no livro de Salmos. Há grupos de salmos que parecem se complementar, mas não há uma ordem lógica ou qualquer razão aparente para que determinados salmos estejam dispostos como estão em determinado livro.

Os grupos de salmos são:

- Salmos 22–24: Salvador, Pastor e Soberano
- Salmos 42–49: dos filhos de Corá
- Salmos 73–83: dos filhos de Asafe
- Salmos 96–99: Deus é rei
- Salmos 113–118: os "salmos de *hallel*" (cantados na Páscoa)
- Salmos 120–134: os "cânticos dos degraus" (quando os peregrinos "subiam" a Jerusalém)
- Salmos 146–150: os "salmos de aleluia"

Alguns salmos contêm trechos que são repetidos em outros salmos (veja, por exemplo, Salmo 108 e Salmo 57.7-11).

Quem é o autor de Salmos?

Davi compôs mais da metade dos salmos: 73 deles levam sua assinatura, e o Novo Testamento também lhe atribui os salmos 2 e 95. Ele é provavelmente autor de outros salmos também.

Ele desempenhou muitos papéis – pastor, guerreiro, rei e músico – mas foi este último que Davi considerou de maior importância, pois quando morreu, agradeceu a Deus por ter sido o "cantor dos cânticos de Israel". Escrever e entoar os salmos era sua paixão. No início de sua vida, esse ministério foi usado para tranquilizar a mente aflita de Saul. O profeta Amós, escrevendo séculos depois, escolhe a imagem de Davi dedilhando a lira para fundamentar seu argumento sobre a complacência [tolerância com o pecado] de Israel (veja Amós 6.5).

Salomão também escreveu salmos: o salmo 72 e o salmo 127. O primeiro foi escrito quando o templo estava sendo construído. Ele reconhece que a menos que o Senhor construa a casa, em vão trabalham os que a edificam. Sem a glória de Deus, o templo não é nada.

Os filhos de Corá compuseram dez salmos. A história de um homem chamado Corá está registrada em Números. Deus o puniu com a morte por ter liderado uma rebelião contra Moisés e Arão. Gerações depois, no entanto, encontramos seus descendentes adorando a Deus no templo. Seus salmos aparecem no Livro 2.

Os filhos de Asafe compuseram 12 salmos, encontrados no Livro 3. Assim como os filhos de Corá, eles também faziam parte do coral que servia no templo. Uma vez que os mestres de música eram vistos como videntes ou profetas, é de se esperar que sejam autores de alguns dos salmos.

Há vários salmos de autoria desconhecida, mas todos eles estão nos Livros 4 e 5. Acredita-se que Esdras, o sacerdote, tenha escrito os salmos 49 e 50.

Uma experiência pessoal

Muitos dos salmos foram inspirados por experiências pessoais, assim como acontece com cânticos e canções compostas atualmente. Davi aprendera a cantar e a tocar instrumentos musicais enquanto trabalhava como pastor no campo e, portanto, estava habituado a transformar em música suas experiências diárias.

Na realidade, os episódios mais importantes da vida de Davi estão retratados no livro de Salmos. O salmo 3, por exemplo, foi escrito após sua humilhante fuga de Absalão, seu filho, que havia tomado o trono, forçando-o a fugir do palácio. O salmo 7 fala de um benjamita chamado Cuxe. O salmo 18 foi escrito quando Davi foi liberto "das mãos de todos os seus inimigos e das mãos de Saul".

Davi compôs dois salmos de penitência após ter cometido pecados específicos. Um deles é o salmo 51, que escreveu depois de ter seduzido Bate-Seba – a mulher de outro homem – desobedecendo, nesse processo, cinco dos Dez Mandamentos. O outro foi escrito depois do censo de seus soldados, um ato planejado unicamente para massagear seu ego. Ao perceber o pecado que havia cometido, Davi compôs o comovente salmo 30.

Outros salmos estão associados a locais específicos. Muitos, por exemplo, foram escritos por Davi quando ele fugia de Saul no deserto de Ein Gedi. Com frequência, ele descreve Deus como sua "rocha" e "fortaleza", talvez por ter se escondido na imensa estrutura de rocha conhecida como Massada.

Quatorze salmos têm títulos históricos que correspondem a eventos na vida de Davi:

- Salmo 3: quando Davi fugiu do exército de seu filho Absalão

- Salmo 30: o pecado de Davi antes da consagração da área do templo
- Salmo 51: depois de Natã ter exposto o pecado de Davi com Bate-Seba
- Salmo 56: o temor de Davi em Gate
- Salmo 57: em Ein Gedi, quando Saul é encurralado
- Salmo 59: os companheiros invejosos [espiões] de Davi
- Salmo 60: a perigosa campanha em Edom
- Salmo 63: a fuga de Davi para o leste
- Salmo 142: Davi na caverna de Adulão

Além disso, vários salmos, embora não incluam qualquer detalhe em especial, resultam claramente das muitas experiências de Davi como músico, pastor, guerreiro, refugiado e rei. O salmo 23, por exemplo, baseia-se em sua rotina diária como pastor. O salmo 29 foi obviamente inspirado por uma violenta tempestade, que fez com que Davi se lembrasse da voz de Deus.

A composição de Davi é reconfortantemente sincera. Ele amaldiçoa os homens, queixa-se de Deus e pede vingança contra seus inimigos. Todo comentário negativo, entretanto, é dirigido a Deus. Davi expressa a Deus exatamente como se sente, o que pensa, por mais inapropriado que seu sentimento possa ser. É por essa razão que seus salmos têm um apelo tão universal e que pessoas de todas as nações e gerações se identificam com suas palavras.

Para todo o povo de Deus

Nem todos os salmos são pessoais; alguns são para todo o povo de Deus. Davi escreveu o salmo 2 para a coroação de Salomão. O salmo expressa as esperanças de Davi para seu filho e o cumprimento da promessa que Deus fizera a Davi: "Tu és meu Filho, eu hoje te gerei".

Outros salmos expressam o sentimento coletivo de um grupo ou de uma nação. Os "cânticos dos degraus" (salmos 120–134) são apropriados para aqueles que estão em peregrinação a Jerusalém.

Muitos dos salmos foram escritos para ajudar o povo em sua caminhada pessoal com Deus. O salmo 119, por exemplo, tem como objetivo nos encorajar a ler a Bíblia. Cada versículo do salmo tem um sinônimo para as Escrituras. Falam da "lei do Senhor", dos "mandamentos do Senhor", dos "preceitos do Senhor", dos "decretos do Senhor", dos "estatutos do Senhor".

O salmo 92 encoraja a observância do *shabat*. Orienta os adoradores a anunciarem o "amor de Deus pela manhã" e "à noite, a sua fidelidade", algo que deu origem aos cultos matutinos e vespertinos aos domingos. (Esse costume praticamente desapareceu – hoje dedicamos uma hora e meia pela manhã, e o restante do dia para nós mesmos!)

É claro que, na realidade, não estamos mais sob a lei do *shabat* – ela faz parte da lei de Moisés. Para nós, todo dia é dia do Senhor, embora tenhamos a liberdade de guardar um dia "especial", se esse for nosso desejo (veja Romanos 14).

Um "sanduíche de salmos"

Os salmos 22–24 formam um grupo muito importante. Eles são como um sanduíche, embora as pessoas tenham a tendência de lamber a geleia e desprezar o pão! Vou explicar. Esses salmos de fato precisam estar juntos – eu os chamo de cruz, cajado e coroa. Eles nos apresentam um Senhor que, em primeiro lugar, é Salvador, depois Pastor e, então, Soberano. Se extrairmos apenas o conhecido salmo 23 do recheio do "sanduíche" e afirmarmos que Jesus é nosso Pastor, perderemos as lições dos dois salmos que o envolvem.

O salmo 22 começa com o clamor que Jesus, no futuro, lançaria da cruz: "Meu Deus, meu Deus, por que me abandonaste?". O início do salmo 23, por sua vez, diz: "O Senhor é meu pastor". Está implícito na ordem dos dois salmos que, enquanto não nos aproximamos da cruz e reconhecemos o Senhor como nosso Salvador, não somos capazes de considerá-lo nosso Pastor.

O salmo 24 [ARC] então diz: "Quem é este Rei da Glória? O Senhor forte e poderoso, o Senhor poderoso na guerra. Levantai, ó portas, as vossas cabeças, levantai-vos, ó entradas eternas, e entrará o Rei da Glória" (versos 8-9). Alternadamente, numa paráfrase: "Abram os portões – O Senhor está vindo como nosso Soberano, nosso Rei dos reis, nosso Senhor dos senhores". Somente podemos ter Jesus como o Bom Pastor porque ele foi primeiro nosso Salvador, e ele é o Rei Soberano que reinará sobre nós.

Esses três salmos se conectam lindamente. No livro *Loose Leaves from the Bible* [Folhas soltas da Bíblia] que produzi, eu os versionei para a linguagem moderna:

Meu Deus, meu Deus, por quê?
Por que me deixaste aqui tão só – justo eu, entre tantos?
Por que pareces tão distante
    longe demais para me ajudar
    ou até mesmo para ouvir o meu gemido?
Ó meu Deus, eu clamo à luz do dia,
    mas tu não me respondes;
Grito na escuridão
    mas não recebo alívio.
Não faz sentido,
    porque tu és inteiramente bom,
    exaltado nos céus por esta nação.
Nossos antepassados depositaram em ti toda a confiança;
    e quando assim fizeram,

tu os livraste das dificuldades.
A ti eles recorreram –
e alcançaram segurança;
quando descansaram em ti
nunca foram desapontados.
Mas sou tratado mais como um verme do que um ser humano,
sem consideração alguma da parte dos homens
e somente desprezo da multidão.
Todos os que me olham zombam de mim;
mostram a língua
encolhem os ombros e escarnecem:
"Ele disse que o Senhor confirmaria suas palavras;
vejamos se Ele o livra dessa provação!
Se o Senhor o ama tanto,
então que o livre".
Ah, se eles soubessem!
tu me fizeste nascer em segurança
e me protegeste quando eu ainda era criança de peito.
Tenho dependido de ti
desde o início da minha vida;
e tu tens sido o meu Deus
desde que minha mãe me trouxe ao mundo.
Não me deixes agora que estou em perigo,
pois não há ninguém que possa me ajudar.
Estou em uma arena de touros,
cercado pelas feras mais brutais de todo país;
seus dentes estão à mostra, como um leão, feroz e faminto.
Minhas forças estão se esvaindo,
minhas juntas estão sendo deslocadas,
meu coração bate inconsistentemente em meu peito
meu corpo está ressequido como argila seca,
minha língua se adere ao céu da minha boca.

Estás permitindo que eu me desintegre até o pó.
Um bando de malfeitores me rodeia como uma
matilha de cães
    já feriram minhas mãos e meus pés.
Meus ossos estão à mostra, é possível contá-los,
    mas eles apenas me fitam e me devoram com os olhos.
Já pegaram as minhas roupas
    e fazem apostas entre si para ficar com minha túnica.
O que pensas estar fazendo, Senhor?
    Não fiques indiferente!
    Tu és o meu único auxílio!
    Vem ficar ao meu lado!
Salva minha estimada vida desse fim violento –
    das presas dos cães,
    das mandíbulas desses leões,
    dos chifres desses touros...
Deste-me tua resposta!

Contarei aos meus irmãos que novamente fazes jus
ao teu nome;
Estarei entre eles quando se reunirem e darei o
meu testemunho.
Cada um de vocês que teme a esse Deus Jeová,
    diga-lhe o que pensa dele.
Todo aquele que afirmar ser descendente de Jacó,
    a ele dê todo o crédito.
Todos os que pertencem à nação de Israel,
    dediquem-lhe profundo respeito.
Pois ele não ficou altivo ou aterrorizado demais
    ao envolver-se com o sofrimento do oprimido;
ele não lhe deu as costas,
    mas ouviu seu clamor por ajuda.
Você dará seus louvores a mim
    na grande congregação;

e eu cumprirei as promessas que lhe fiz,
    como verão os olhos reverentes.
Os que sofreram serão satisfeitos;
    aqueles que buscaram, cantarão.
Que esta experiência emocionante dure para sempre.
Em todos os cantos do mundo,
    as pessoas pensarão em Deus outra vez
    e a ele voltarão.
Raças e nações distintas
    realmente se unirão
    em louvores a ele.
Pois o Senhor controla o mundo
    e cuida de todas as questões internacionais.
Sim, mesmo os mais importantes se curvarão diante da sua superioridade,
    pois nada são além de mortais a caminho da sepultura
    e ninguém pode agarrar-se à vida indefinidamente.
As gerações futuras darão sequência à obra dele,
    pois os homens falarão aos filhos que virão depois
    sobre esse Deus que de fato existe.
Sua libertação será anunciada àqueles
    cujas vidas nem sequer começaram ainda;
eles ouvirão sobre os atos diligentes de Deus
    e sua ação é perfeita!
    Salmo 22

Jesus, ao morrer na cruz, nitidamente tinha esse salmo em mente.

O único Deus que realmente existe,
    o Deus dos judeus
se importa comigo com um indivíduo, como
    um pastor cuida de suas ovelhas;
por isso, nunca terei falta de nada

de que realmente precisar.
Ele me faz descansar,
  onde há alimento em abundância;
e então, me conduz,
  certificando-se de que eu sempre tenha o que beber.
Ele coloca em mim um novo ânimo
  quando estou exausto.
E me mantém no caminho certo,
  para preservar sua boa reputação.
Mesmo que eu passe por um desfiladeiro escuro e profundo,
  onde o perigo espreita nas sombras,
não tenho medo de que algo de mal me aconteça,
  porque tu estás bem ao meu lado.
Com tua vara como proteção e teu cajado para guiar,
  eu me sinto muito seguro.
Tu preparas uma mesa para mim,
  à vista de meus vulneráveis inimigos;
tu me tratas como um convidado de honra
  e serves uma farta mesa.
No restante dos meus dias nada me atingirá –
  exceto a tua generosa e imerecida bondade
e eu estarei no meu lar, com esse Deus,
  enquanto eu viver.
  Salmo 23

O Deus dos judeus é o dono deste planeta,
  com tudo o que nele há
  e todos que nele estão;
porque ele construiu a terra a partir do leito do oceano
  e enviou as águas que correm em seus rios.
Mas quem pode medir a sua santidade?
    E quem poderia permanecer em sua perfeita presença?
Somente aquele cuja conduta fosse sem falhas

e cujo caráter fosse sem mácula;
que não tenha baseado a vida em coisas que não soam verdadeiras
e que jamais tenha faltado com sua palavra.
Tal homem receberia atenção e aprovação
do Deus que o salvou.
Pois pessoas assim realmente querem encontrar Deus
e vê-lo face a face, como fez Jacó.

(Pare por um momento e pense em si mesmo.)

Escancarem os portões da cidade!
Abram as portas da antiga fortaleza!
Sua grandiosa Majestade está prestes a entrar!
Quem é esse maravilhoso monarca?
O poderoso Deus dos judeus,
o invencível Deus de Israel!
Escancarem os portões da cidade!
Abram as portas da antiga fortaleza!
Sua grandiosa Majestade está prestes a entrar!
Quem é esse maravilhoso monarca?
O Deus que comanda todas as forças do universo –
ele é este grandioso monarca!

(Fique em silêncio por algum tempo, e pense nele.)
Salmo 24

Deus é Rei

Podemos falar brevemente sobre os outros grupos de salmos.

Os salmos 96–99 têm um tema em comum: Deus é Rei. No Antigo Testamento, essa expressão é a que mais se aproxima do conceito de Reino de Deus.

Os salmos 113–118 são conhecidos em hebraico como os "salmos de *hallel*", e são entoados juntos durante a Páscoa.

O salmo 118 serviu de inspiração para vários cânticos modernos conhecidos: "Este é o dia que fez o Senhor, regozijemo-nos e alegremo-nos nele". "O dia" ao qual o salmo se refere, no entanto, é, na realidade, o dia da Páscoa no Antigo Testamento, não o *shabat*, e muito menos o domingo.

No salmo 118 também encontramos o clamor "Salva-nos, Senhor!", ou literalmente, "Liberta-nos". O hebraico para "liberta-nos" é Ho Shanah, de onde temos a palavra "hosana".

Infelizmente, hoje usamos essa palavra como um tipo de "saudação" celestial [hosana nas alturas]! Ela é, no entanto, um brado de liberdade. Quando Jesus entrou em Jerusalém, montado sobre um jumento, o povo que bradava "hosana!" estava, na realidade, rogando que ele os libertasse do domínio romano. A multidão silenciou porque, em vez de atacar os romanos, Jesus tomou um chicote e expulsou do templo os negociantes judeus.

Os salmos 120–134 são chamados de "salmos dos degraus" ou "cânticos de subida". Jerusalém fica bem no topo das colinas (na realidade, fica num pequeno vale, no topo), sendo assim, todos os peregrinos precisavam subir para Jerusalém.

O salmo 121 tem um profundo significado para minha esposa e para mim porque há alguns anos ela foi diagnosticada com câncer no olho e corria o risco de perder a vida. Os cirurgiões lutavam por sua vida, e eu refletia sobre o que pregar naquele domingo, enquanto ela estava no hospital. O Senhor me conduziu ao salmo 121, e descobri que todos os versículos fazem referência aos olhos. A primeira frase é: "Levantarei os meus olhos para os montes". Durante a subida para Jerusalém, é arriscado não manter os olhos nos pés, mas o salmista afirma: "Levantarei os meus olhos para os montes". Preguei então sobre esse salmo e levei a gravação para minha esposa no hospital. Uma jovem enfermeira, no entanto, convertida havia apenas dois meses, foi mais rápida que eu. Ela já havia visitado minha esposa e entregado a ela a palavra do Senhor: "Você levantará os seus olhos para os montes", disse. Algumas semanas depois, minha esposa e eu estávamos no Canadá, escalando juntos as Montanhas Rochosas. Desde então, não há qualquer vestígio do câncer em seu corpo.

O grupo final é formado pelos salmos 146–150. São chamados de cânticos de "aleluia!". Aleluia é uma palavra que deriva do hebraico e significa "Louve ao Senhor" (*hallel* significa "louvor" e *yah* é uma forma abreviada de *Yahweh*).

Tipos de salmos

Embora não seja possível classificar o livro de Salmos, há vários tipos de salmos que podemos identificar.

Salmos de lamento

Primeiramente, temos os salmos de lamento ou "salmos de petição". São cânticos tristes compostos a partir do sofrimento pessoal do salmista. Em alguns, ele está enfermo; em outros, foi tratado de forma injusta; em outros, ainda, sente a própria culpa. Muitos se surpreendem ao descobrir que essa categoria, com 42 salmos de lamento, é a mais extensa de todas.

Há uma boa dose de autocomiseração nesses salmos, mas quando os sentimentos são apresentados a Deus encontra-se a cura.

Todos eles têm a mesma forma e teriam sido cantados

com lentas melodias fúnebres. Cada um deles divide-se em cinco pontos:

- Um clamor a Deus
- Uma queixa sobre algo que está errado
- Uma confissão de confiança no livramento de Deus
- Uma petição invocando a intervenção de Deus
- Uma promessa de louvar a Deus quando vier o livramento

Todo salmo de lamento segue esse padrão de cinco pontos. Por isso, é necessário ler o salmo completo – ler apenas alguns versos de um salmo não revela toda a sua estrutura.

Se você pegasse apenas o primeiro trecho, mergulharia em autocomiseração. O salmista, entretanto, sempre termina prometendo louvar a Deus quando receber o livramento.

Embora a maioria deles seja formada por salmos pessoais, alguns foram escritos em nome da nação (veja os salmos 44, 74, 79, 80, 83, 85 e 90). Curiosamente, nenhum desses foi escrito por Davi.

Salmos de gratidão
Em segundo lugar, estão os salmos de gratidão. Esses salmos de ação de graças formam o maior grupo depois dos salmos de lamento. Têm uma forma particular e são quase todos anônimos. Quatro elementos estão presentes em cada um deles:
1. Uma proclamação: "Louvarei..."
2. Uma declaração da razão pela qual o autor vai louvar a Deus
3. Um testemunho do livramento
4. Um voto de louvor: o autor continua a louvar a Deus pelo que aconteceu

Esses salmos dizem muito sobre os atributos e sobre a ação de Deus. Demonstram gratidão pelo governo régio de Deus, pela criação, pelo êxodo, por Jerusalém, pelo templo e pela oportunidade de fazer parte da peregrinação. Há também gratidão pela palavra de Deus, observada especialmente nos 176 versículos do salmo 119.

Salmos de penitência
Em terceiro lugar, há os salmos de penitência ou salmos de arrependimento. São poucos em número, mas refletem a contrição profunda que o salmista sente ao tomar ciência de seu pecado. Observe especialmente os salmos 6, 32, 38, 51, 130 e 143.

Salmos especiais

Há também outras categorias especiais de salmos.

Salmos da realeza
Além de ter escrito sobre suas experiências como pastor, Davi também registrou suas experiências como rei. Os salmos 2, 18, 20, 21, 45, 72, 89, 101, 110, 132 e 144 se encaixam nessa categoria.

O hino nacional britânico baseia-se em alguns desses salmos. O salmo 68 fala da vitória do rei na batalha, pano de fundo para a frase "Send her victorious" [Faça-a vitoriosa] encontrada no hino. A grande diferença, obviamente, é que um monarca britânico não é soberano sobre o povo do Senhor, portanto muitas dessas afirmações são inapropriadas. Há somente uma nação escolhida por Deus para ser a sua nação: Israel. Jamais devemos nos esquecer de que qualquer outra nação, além de Israel, é uma nação gentia e, por isso, não pode ser especial como Israel.

Há, no entanto, uma menção maravilhosa a uma rainha. O salmo 45 retrata quão indigna a rainha se sentiu por ser a esposa do rei. Trata-se de uma boa imagem da noiva de Cristo e da forma como deveríamos nos sentir como tal. Vamos nos assentar no trono com Jesus e viver como a realeza.

Muitas nações já acreditaram ser a nação escolhida e, consequentemente, usaram os salmos de forma equivocada. O leão e o unicórnio presentes no brasão de armas inglês vêm do salmo 22. Uma das mais antigas traduções da Bíblia menciona o unicórnio [no salmo 22], embora a palavra não seja encontrada no original.

O Canadá é a única nação no mundo que tem em seu nome a palavra "Domínio". O nome "Domínio do Canadá" baseia-se no salmo 72: "Dominará de mar a mar[15]...". O Canadá se estende do Pacífico ao Atlântico e, por isso, foi chamado de Domínio do Canadá por seus fundadores.

Salmos messiânicos

Alguns salmos da realeza são também salmos proféticos ou messiânicos. Davi foi um exemplo do rei ideal, e esses salmos expressam o anseio por um rei que fosse verdadeiramente digno da honra de Deus.

A palavra "Messias" significa "Ungido" em hebraico e "Cristo" em grego. Todo rei de Israel era ungido com óleo em sua coroação como um símbolo do Espírito Santo. Os reis e as rainhas da Inglaterra passam pela "unção" com um tipo especial de azeite feito com 24 tipos de ervas e óleos.

A palavra "Messias" ocorre somente uma vez em todo o Antigo Testamento – no salmo 2. Entretanto, se analisarmos os salmos por seu conteúdo profético, descobrimos que 20

---

15 NdT: Tradução literal da Bíblia King James em inglês: "He shall have dominion... from sea to sea".

deles são citados no Novo Testamento. É espantoso observar as profecias sobre Jesus, o Filho de Davi, nesses salmos:

- Deus confirmará que ele é seu filho.
- Deus colocará todas as coisas sob os seus pés.
- Deus não permitirá que ele veja corrupção na sepultura.
- Ele será abandonado por Deus, desprezado e escarnecido pelos homens; suas mãos e pés serão perfurados; lançarão sortes sobre suas roupas, mas nenhum de seus ossos será quebrado.
- Testemunhas falsas o acusarão.
- Ele será odiado sem motivo.
- Um amigo o trairá.
- A ele serão oferecidos vinagre e fel para beber.
- Ele orará por seus inimigos.
- O ofício de seu traidor será entregue a outro.
- Seus inimigos servirão de estrado para seus pés.
- Ele será um sacerdote segundo a ordem de Melquisedeque.
- Ele será a pedra angular e virá em nome do Senhor.

Davi se autodenominou profeta porque foi capaz de escrever sobre a chegada (vinda) de outra pessoa. É incrível como Davi conseguiu expor o sofrimento de Jesus na cruz, sem ter passado por ele.

O salmo 22 começa: "Meu Deus! Meu Deus! Por que me abandonaste?" (as palavras do clamor de Jesus na cruz).

E fala de mãos e pés perfurados séculos antes que os romanos usassem a crucificação como método de execução. Uma das extraordinárias afirmações "Eu sou", feitas por Jesus, ocorre neste salmo e é bastante inesperada: "Eu sou verme, e não homem".

Salmos de sabedoria

Os "salmos de sabedoria" são o resultado de reflexão e meditação silenciosas. Eles se assemelham ao livro de Provérbios e estão repletos de sabedoria prática para a vida. A sabedoria na Bíblia refere-se principalmente à conduta de vida e às contradições da vida.

O livro de Salmos inicia com um salmo de sabedoria a respeito da conduta de vida. Há dois caminhos que podemos seguir: "o caminho dos ímpios" ou "o caminho dos justos". No final do relato de Mateus sobre o Sermão do Monte, Jesus usa palavras semelhantes: "...pois larga é a porta, e amplo o caminho que leva à perdição, e são muitos os que entram por ela. E estreita é a porta, e apertado o caminho que leva à vida, e poucos há que a encontrem". Está implícito no salmo 1, portanto, que o livro de Salmos é para aqueles que estão no caminho certo. Não é para os que andam, se detém ou se assentam no caminho dos malfeitores. Se andamos com uma pessoa, absorvemos algo dela. Se com ela nos detemos, o relacionamento vai se aprofundando. Se nos assentamos juntos, nos tornamos amigos. Lemos que não devemos andar, nos deter ou nos assentar no caminho dos pecadores, porque aquele que for nossa companhia, será, provavelmente, a maior influência em nossa vida.

Os salmos de sabedoria também falam das contradições da vida. A maior delas é que pessoas más costumam livrar-se da punição por seu comportamento vil, enquanto pessoas boas sofrem.

O salmo 73 encara esse problema de frente. O salmista sente como se tivesse purificado o seu coração em vão, que tentar levar uma vida correta é perda de tempo, pois os ímpios morrem em paz em seus leitos depois de terem adquirido fortunas.

O salmista confessa que se sente aflito durante o dia e não consegue dormir à noite. A solução é ir ao templo e refletir sobre a glória de Deus e sobre o destino dos ímpios. É um dos poucos salmos que mencionam a vida após a morte. O tema da vida após a morte não é explicado de forma tão minuciosa no Antigo como é no Novo Testamento.

Salmos imprecatórios
Nesses salmos, os salmistas pedem a Deus que traga juízo sobre os seus inimigos.
Por exemplo:

Quanto à cabeça dos que me cercam,
cubra-os a maldade dos seus lábios.
    Caiam sobre eles brasas vivas;
sejam lançados no fogo, em covas profundas,
para que se não tornem a levantar.
do salmo 140 [ARC]

Um dos mais conhecidos salmos imprecatórios é o salmo 137 [ARC], composto na Babilônia:

Junto aos rios da Babilônia,
ali nos assentamos e choramos,
quando nos lembramos de Sião.
Sobre os salgueiros que há no meio dela,
penduramos as nossas harpas.
Pois lá aqueles que nos levaram cativos
nos pediam uma canção;
e os que nos destruíram,
que os alegrássemos, dizendo:
'Cantai-nos uma das canções de Sião'.
Como cantaremos a canção do Senhor
em terra estranha?
Se eu me esquecer de ti, ó Jerusalém,
esqueça-se a minha direita da sua destreza.

Se me não lembrar de ti,
apegue-se-me a língua ao meu paladar;
se não preferir Jerusalém à minha maior alegria.
Lembra-te, Senhor, dos filhos de Edom
no dia de Jerusalém, que diziam:
'Descobri-a, descobri-a até aos seus alicerces'.
Ah! filha de babilônia, que vais ser assolada;
feliz aquele que te retribuir o pago que tu nos pagaste a nós.
Feliz aquele que pegar em teus filhos
e der com eles nas pedras.

Não se trata de algo agradável. Não há perdão para o inimigo e, certamente, não há o senso de inconveniência na colocação das palavras. É compreensível que algumas pessoas questionem se os cristãos deveriam sequer ler esses salmos.

Os cristãos podem usar os salmos imprecatórios?

Primeiramente, devemos nos lembrar que os judeus tinham apenas o Antigo Testamento. Consequentemente, não devemos esperar que o Antigo Testamento pareça totalmente cristão. Eles não tinham conhecimento de Jesus, que afirmou: "Pai, perdoa-lhes, pois não sabem o que estão fazendo".

Em segundo lugar, esses salmos são bons exemplos da sinceridade na oração. Devemos expressar nossos sentimentos a Deus e dizer-lhe como nos sentimos. Sentir-se como o salmista e não admiti-lo é tão ruim quanto dizê-lo. Na realidade, é ainda pior, pois estamos tentando ocultar de Deus o sentimento.

Lembro-me de uma senhora cristã que se envolveu em um grave acidente automobilístico. Ela convivia há 20 anos com terríveis limitações decorrentes do acidente; podia mover-se apenas lentamente com muletas e sofria com constantes dores. Certa noite, quando se movia para o quarto, ela amaldiçoou a Deus por sua agonia. Logo em seguida, seu pé prendeu-se no carpete e ela caiu, perdendo os sentidos. Ficou inconsciente por muitas horas e, quando despertou, já havia amanhecido, e a luz do sol entrava pela janela ofuscando seus olhos. Ela teve certeza de que havia morrido e agora estava diante do Senhor e, com horror, lembrou-se de que seu último ato em vida havia sido amaldiçoar a Deus. Presumiu que deveria ir para o inferno por isso. Percebeu, então, que o brilho intenso, na realidade, era apenas a luz do sol, e que ela ainda estava em seu quarto. O alívio foi imenso. De repente, ela se deu conta de que não sentia dor alguma. Levantou-se e descobriu que estava totalmente curada. Podia mover os membros! Correu para a rua e começou a contar para as pessoas que passavam que, apesar de ter amaldiçoado a Deus, ele a havia curado! Obviamente, esse não é um exemplo a ser seguido, mas o ponto é que, por ter sido honesta com Deus, essa senhora recebeu dele a cura. Quão gracioso ele é!

Em terceiro lugar, os inimigos de Israel também eram inimigos de Deus. Os salmos imprecatórios não pediam o juízo de Deus apenas por vingança contra os inimigos pessoais dos salmistas; eles também lembram a Deus que os inimigos dos salmistas são inimigos do próprio Deus. Para os cristãos de hoje, os inimigos de Deus não são feitos de carne e sangue, mas são os principados e as potestades. Se realmente amamos a Deus, odiaremos o diabo e todo o mal. Os santos do Antigo Testamento não tinham o conhecimento que temos sobre o Dia do Juízo e sobre o céu e o inferno, por isso precisavam orar para que o ímpio fosse punido neste mundo presente. Acreditavam que, após a morte, todos iam a um lugar chamado *Sheol* – um tipo de sala de espera de uma estação onde não passa trem algum. Eles precisavam orar para que Deus fosse vingado nesta vida. Clamavam por justiça a um Deus benigno.

Quarto, em todos os casos, os salmistas se negaram a fazer justiça com as próprias mãos, mas a deixaram para Deus. Paulo ensina esse princípio em Romanos 12: "Amados, nunca procurem vingar-se, mas deixem com Deus a ira". Ele executará a vingança contra os ímpios.

Finalmente, é importante observar que, nessa questão, o Novo Testamento não é diferente do Antigo. Também encontramos preces imprecatórias no Novo Testamento. Em Apocalipse 6, as almas dos mártires lá no céu estão orando: "Até quando, ó Soberano santo e verdadeiro, esperarás para julgar os habitantes da terra e vingar o nosso sangue?". Essas orações não são diferentes dos salmos imprecatórios, embora tenham sido feitas "no céu". Os mártires cristãos estão pedindo a Deus que vingue a si mesmo e faça justiça.

Desse modo, se o fizermos com a atitude correta, não há problema em usar esses salmos hoje. Um dia, todo pecado será punido, os justos serão vingados e os mártires se assentarão nos mesmos tronos em que se assentaram aqueles que os condenaram à morte.

Deus, na perspectiva de Salmos

O livro de Salmos é extraordinariamente equilibrado em sua visão de Deus. Já vimos como a transcendência de Deus (*Elohim*) é contrabalançada pela sua imanência ou pessoalidade (*Yahweh*).

Salmos nos encoraja a engrandecer a Deus, não porque podemos torná-lo maior, mas para que a visão que temos dele possa ser ampliada.

Salmos nos fala sobre os atributos de Deus – ou seja, o que ele é. Os salmos 8, 9, 29, 103, 104, 139, 148 e 150 são bons exemplos. O salmo 130 descreve sua onipotência (ele pode todas as coisas), sua onisciência (ele sabe de todas as coisas) e sua onipresença (ele está em todos os lugares).

Salmos também nos fala dos atos de Deus – ou seja, o que ele faz. Os salmos 33, 36, 105, 111, 113, 117, 136, 146 e 147 são bons exemplos. Aprendemos, particularmente, sobre suas duas maiores obras:

- a criação (salmos 8 e 19, por exemplo) e
- a redenção (salmo 78, que conta a história do êxodo).

Salmos nos diz que Deus é Pastor, Guerreiro, Juiz, Pai e, acima de tudo, Rei.

Considerando os atributos e atos de Deus, não é de estranhar que, em Salmos, a teologia logo se transforme em doxologia. A verdade conduz inevitavelmente ao louvor.

Usando salmos hoje

O uso de salmos no Novo Testamento evidencia que é permitido e desejável que os cristãos desfrutem deles. Os cânticos presentes no Novo Testamento têm os salmos como modelo (os capítulos 1 e 2 de Lucas). Observamos que os apóstolos voltaram-se para os salmos quando estavam sob pressão (Atos 4) e costumavam usá-los em suas pregações (Atos 13).

O autor da carta aos Hebreus cita os salmos extensivamente. Os cinco primeiros capítulos de Hebreus incluem uma referência a um ou mais salmos.

Jesus citou o livro de Salmos quando ensinou publicamente (o Sermão do Monte), ao responder aos judeus, na purificação do templo e na última ceia.

Assim sendo, como os salmos devem ser usados hoje?

É melhor que sejam lidos ou cantados em voz alta. Alguns deles encorajam explicitamente os altos brados! Seu impacto e valor ficam bastante limitados se forem lidos em voz baixa. Muitos salmos também encorajam movimentos do corpo como erguer as mãos, bater palmas, dançar e olhar para o alto.

No Novo Testamento, ordena-se que usemos salmos no louvor coletivo (Efésios 5). Eles podem ser entoados ou lidos em voz alta para a congregação por cantores ou leitores, ou a própria congregação pode lê-los, cantá-los (e até exclamá-los!) em conjunto.

Os salmos foram claramente feitos para serem declamados com acompanhamento musical. Como já vimos, a palavra hebraica que traduzimos como "salmo" significa literalmente "dedilhar", deixando implícito que instrumentos de cordas costumavam acompanhar o cântico dos salmos (embora outros instrumentos também sejam mencionados no livro de Salmos). Em muitos salmos, encontramos a palavra *Selá*. É provável que esta seja a instrução musical ao condutor do coral, indicando "pausa" ou "mudança de tom", ou "toque mais alto", ou até "ergam as vozes nesse momento".

Como deveríamos cantar os salmos hoje? Penso que eles deveriam ser cantados "do início ao fim". Muitas músicas, cânticos e hinos usam apenas trechos de um salmo e, ao fazê-lo, comprometem seu sentido e contexto originais.

Alguns salmos podem ser cantados em verso métrico (como costuma ser feito nas igrejas da Escócia). Alguns salmos são bem adequados para serem cantados por um coral. Os salmos também são apropriados para o uso particular. Aqui estão algumas orientações:

- Ler um salmo por dia é um bom hábito.
- Alguns salmos são ideais como leitura antes de dormir. Eles podem ajudar a lidar com emoções destrutivas e sonhos ruins.
- Leia salmos mesmo que eles não pareçam relevantes às suas circunstâncias, pois virá o tempo em que serão relevantes.

- Tente atribuir um título para o salmo – isso o ajudará a se concentrar em seu conteúdo.
- Interprete o salmo com as suas próprias palavras. (Veja meus exemplos neste mesmo capítulo)
- Alguns salmos trazem grande conforto para quem está enfermo – ou mesmo à beira da morte.

Embora haja grande valor no estudo dos salmos, obtemos deles o maior benefício quando os usamos em nossas vidas. Descobrimos sua real beleza e seu verdadeiro poder quando os lemos em voz alta, quando os entoamos e os declamamos. Os salmos foram feitos para nos conduzir a um louvor ardente que glorifique a Deus.

13.
CÂNTICO DOS CÂNTICOS

Introdução

Muitas pessoas ficam surpresas quando descobrem que Cântico dos cânticos (ou Cantares de Salomão) é um dos livros que compõem a Bíblia. É um dos dois únicos livros da Bíblia que não mencionam Deus sequer uma vez (o outro é Ester). Em toda sua narrativa, não encontramos qualquer referência a algo que seja notoriamente espiritual; pelo contrário, há uma descrição detalhada da sexualidade humana. Por essas razões, ele se torna um dos livros da Bíblia menos usados na Escola Dominical!

O próprio título – Cântico dos cânticos – parece estranho. O superlativo no texto hebraico é marcado com construções baseadas na repetição. Por exemplo, usa-se "Rei dos reis" (e não Rei Altíssimo), "Senhor dos senhores" (e não Grandíssimo Senhor) e "Santo dos santos" (e não Santíssimo). Dessa forma, encontramos a expressão "Cântico dos cânticos" e não "O mais lindo cântico".

Entretanto, o fato de se tratar de um lindo cântico não nos permite ter uma compreensão clara da razão pela qual o livro está incluído na Bíblia, uma vez que seu conteúdo, além de ser pouco espiritual, é bastante sensual. Mexe com os cinco sentidos – olfato, visão, tato, paladar e audição – e oferece uma descrição erótica dos corpos do rapaz e da moça presentes no drama. Consequentemente, embora não seja ensinado na Escola Dominical, esse livro está entre os favoritos do público jovem!

Durante muitos anos, deixei de pregar sobre esse livro porque não sabia exatamente como lidar com ele. Aprendi, no entanto, que os rabinos judeus o tratavam como um livro muito sagrado. Eles o chamavam de o "Santo dos santos" e chegavam a tirar os sapatos, em sinal de respeito, durante sua leitura. Observei também que o livro exerce um certo fascínio sobre alguns autores cristãos de devocionais. Decidi enfrentá-lo por mim mesmo e comprei comentários e livros devocionais na tentativa de entendê-lo melhor. Isso, no entanto, apenas aumentou meu sentimento de culpa. Descobri que o livro havia sido escrito em um código secreto e que nenhuma palavra tinha o significado que eu imaginava que tivesse. Cheguei a um impasse quando li num desses comentários uma explicação para o versículo em que a jovem da história faz referência ao seu amante, que descansa entre os seus seios – segundo o autor do comentário os seios representam o Antigo e o Novo Testamento! Confesso que essa era a última coisa que passaria na minha mente ao ler esse versículo e, dessa forma, concluí que Deus devia ter incluído esse livro na Bíblia como um tipo de "pegadinha", para descobrir se você era espiritual ou carnal. Foram necessários muitos anos até que eu conseguisse explorar o livro com maior profundidade.

De que tipo de literatura se trata?

Alegoria?

Uma alegoria é uma história fictícia, cuja intenção é expressar uma mensagem oculta. O Peregrino, de John Bunyan, por exemplo, um clássico do século 17, é uma alegoria na qual cada trecho da história busca retratar uma verdade espiritual. Muitos interpretam Cântico dos cânticos como uma alegoria, mas com uma variedade de códigos próprios, dependendo do comentarista, geralmente com pouca referência ao texto em si. Temos a impressão de que os comentaristas enxergam o que querem enxergar e relutam em aceitar o texto em sua acepção mais simples, por não acreditarem que o livro, com suas descrições detalhadas da sexualidade humana, seja aceitável da forma como se apresenta.

Uma razão para isso está no fato de os cristãos serem geralmente mais influenciados pelo pensamento grego do que pelo pensamento hebraico. Os gregos acreditam que a vida está dividida entre o que chamavam de "físico" e o "espiritual", sendo o último considerado de maior importância. Os hebreus, por sua vez, acreditam em um Deus que criou tanto o físico quanto o espiritual e, dessa forma, não fazem distinção de valor, nem colocam uma ordem de importância entre os dois. Se um bom Deus criou o mundo material e físico, então as coisas materiais são boas; e se esse mesmo Deus nos criou homem e mulher, com a capacidade de nos apaixonar e nos tornar marido e mulher, isso também é bom.

Validação

O pensamento hebraico pode nos ajudar a interpretar Cântico dos cânticos, pois, em vez de entendermos o livro como uma alegoria, devemos vê-lo como uma validação. Aqui, bem no meio da Bíblia, Deus está validando o amor entre um homem e uma mulher. A incorporação de Cântico dos cânticos à Bíblia nos faz lembrar que a sexualidade é ideia de Deus. Ele a inventou. Na realidade, uma das maiores mentiras que o diabo espalhou por todo o mundo é que Deus desaprova o sexo e Satanás aprova. A verdade é exatamente o oposto. Deus está afirmando que o sexo é a expressão pura e autêntica do amor recíproco entre um homem e uma mulher, dentro do casamento. De fato, quando conduzo uma cerimônia de casamento, sempre leio um trecho de Cântico dos cânticos e sugiro ao casal que leia o restante em sua lua de mel.

Analogia

Indo mais além, o livro de Cântico dos cânticos é mais do que validação – ele é também uma analogia. Algo completamente diferente das elaboradas interpretações alegóricas que descartamos. Uma alegoria é uma obra de ficção com um significado oculto, enquanto uma analogia é um fato que se assemelha a outro fato. Jesus usou analogias ao ensinar. Quando descreveu o Reino dos céus, por exemplo, ele usou palavras que seus ouvintes seriam capazes de compreender. Cântico dos cânticos funciona de forma parecida. O amor entre um homem e uma mulher é como o amor entre Deus e os seres humanos. Ambos são reais, e o primeiro ajuda a explicar o segundo. Cântico dos cânticos está dizendo que o nosso relacionamento com Deus pode ser assim. Devemos ser capazes de afirmar: "O meu amado é meu e eu sou dele", da mesma forma que os amantes declaram um para o outro.

O autor do livro

O livro foi escrito pelo rei Salomão, que tinha um talento para compor músicas. De acordo com 1Reis, ele compôs 1.005 músicas ao todo, embora somente seis delas apareçam na Bíblia. Minha teoria é que Salomão compôs uma música para cada uma de suas 700 esposas e 300 concubinas, mas entre todas essas mil mulheres, somente uma havia sido escolhida por Deus, assim sendo, a música que ele compôs para ela foi a única canção de amor publicada como parte da Bíblia. Quando Salomão compôs Cântico dos cânticos, ele já tinha 60 esposas.

Três pessoas ou duas?

Não há concordância entre os estudiosos a respeito do enredo. Alguns defendem que ele envolve três pessoas – como em um cabo de guerra triangular entre um pastor de ovelhas, um rei e uma jovem, cuja afeição está dividida entre os dois. Esse enredo é interessante e dá um bom sermão, pois é possível concluir com um apelo tocante: "Você é a jovem! Escolherá o príncipe deste mundo ou o Bom Pastor?". Mas, infelizmente, esse enredo não se encaixa no texto – por que razão Salomão comporia uma canção retratando o rei (ele mesmo) como vilão? Além disso, a atmosfera é de inocência, não de culpa. Não se trata de um rei impiedoso que seduz uma jovem humilde. Do início ao fim, trata-se de uma canção sobre um amor puro.

É mais provável, portanto, que o enredo traga apenas dois personagens, o que significa que o rei e o pastor são a mesma pessoa. Essa possibilidade parece remota até que nos lembramos de que alguns reis de Israel também haviam sido pastores no passado – sendo Davi o exemplo mais conhecido. Moisés também foi pastor de ovelhas antes de tornar-se um líder do povo de Deus. Dessa forma, não se trata de uma combinação incomum.

Entretanto, mesmo presumindo que o rei e o pastor sejam a mesma pessoa, ainda não é fácil entender exatamente como a história se encaixa. Seria um pouco como abrir a caixa de um quebra-cabeças e ver todas as peças coloridas misturadas ali. Imaginamos, aflitos, que jamais conseguiremos montá-lo a menos que tenhamos a ilustração na tampa da caixa para nos orientar.

Por isso, permita-me lhe oferecer a ilustração na tampa da caixa para que, quando você ler a história sozinho, todas as peças se encaixem.

A história

Salomão tinha uma propriedade rural, nas encostas do monte Hermom. Ele a usava como um local de retiro, onde se refugiava das pressões que sofria como rei de Jerusalém. Ali ele podia descansar, caçar e se esquecer durante algum tempo de que era o rei. Certas ocasiões, ele conduzia ovelhas pelos terrenos pedregosos em busca de água e pastos verdejantes. É possível que percorresse por volta de 24 quilômetros em um único dia.

Nessa propriedade de Salomão, um arrendatário havia morrido. A fazenda foi herdada por seus filhos, embora não saibamos ao certo quantos eram. É provável que tivesse três ou quatro filhos e duas filhas. Uma das filhas ainda era criança; a outra era adulta e inspirou o cântico. Faltava emoção em sua vida. Seu pai havia dividido a propriedade, deixando as vinhas para os filhos e para as filhas. Seus irmãos a forçavam a fazer todo o trabalho da casa e boa parte do trabalho no campo. Ela se queixava de ter se dedicado de tal forma ao cuidado das vinhas de seus irmãos que acabara negligenciando sua própria vinha. Além disso, por ter sido obrigada a trabalhar ao ar livre, sua pele havia escurecido. Embora algumas culturas considerem a pele bronzeada uma característica atraente, isso não se aplicava a ela – na realidade, uma noiva era mantida longe do sol por 12 meses antes de seu casamento. Ela estava ciente, portanto, de que como resultado de sua pele morena, provavelmente continuaria escrava de seus irmãos para o resto de sua vida.

Certo dia, enquanto trabalhava no campo, ela conheceu um jovem rapaz. Eles tiveram uma conversa agradável e combinaram de se encontrar no dia seguinte. Após alguns encontros ocasionais, eles decidiram se ver todos os dias. Seus encontros passaram a ser cada vez mais esperados e, depois de duas semanas, os dois estavam profundamente apaixonados. A única inquietação da jovem era não saber quem ele era. Ela continuou a questioná-lo sobre sua origem e para onde levava suas ovelhas para descansar no meio do dia. As respostas dele, no entanto, eram evasivas e ele não lhe revelou quem era.

Eles estavam profundamente apaixonados um pelo outro e, finalmente, ele a pediu em casamento. Há anos ela aguardava por isso! Extremamente feliz, ela respondeu "sim" imediatamente. O jovem lhe disse que precisava partir no dia seguinte para trabalhar no Sul, na cidade grande. Ele a deixou com a incumbência de preparar-se para o casamento e prometeu voltar.

Os meses seguintes foram os mais emocionantes de sua vida. Ela nunca pensou que aconteceria, mas, agora, finalmente, iria se casar. No entanto, a jovem começou a ter pesadelos. Não é preciso ter um profundo conhecimento de psicologia para interpretar seus sonhos. Todos eles tratavam do mesmo tema: "Eu o perdi e estou à sua procura".

Certa noite, ela sonhou que estava correndo pelas ruas, procurando seu amor. Deparou-se com a sentinela e perguntou se ele o havia visto. A sentinela disse que não. Ela percorreu as ruas, procurando freneticamente por ele. Quando o encontrou, segurou-o, arrastou-o de volta ao quarto de sua mãe e lhe disse que nunca mais o deixaria partir. Ao acordar, descobriu que estava abraçada ao travesseiro.

Em outra ocasião, ela sonhou que seu amante estava à porta e colocava a mão pela abertura da tranca. No entanto, ele não conseguiu abri-la porque a tranca da porta ficava um pouco mais abaixo. Ela ficou paralisada, incapaz de se mover. Não conseguiu levantar-se da cama, ele estava tentando abrir a porta, e ela se sentiu frustrada. Então, não conseguiu mais ver a mão do jovem e ela percebeu que podia se mover. Correu até a porta...mas ele tinha ido embora!

Os pesadelos tinham uma explicação simples: ela temia que o jovem não voltasse para casar-se com ela. Imaginava ter sido apenas um romance de verão e que seu amante não cumpriria sua promessa.

Então, certo dia, quando a jovem estava no campo, observou que cavalos e carruagens se aproximavam em uma grande nuvem de poeira. Ela perguntou aos irmãos quem estava chegando.

Os irmãos responderam que era o senhorio, o rei Salomão de Jerusalém, que tinha vindo visitar suas propriedades. Prepararam-se todos para se curvar diante do rei. Ela nunca havia visto o rei e, por isso, decidiu dar uma olhada – quando então descobriu que o rei, na grande carruagem, era o seu jovem!

Como era do conhecimento de todos que ele já tinha 60 esposas, ela entendeu que deveria ser a esposa de número 61!

Deixou então a fazenda e viajou ao Sul para morar no palácio. Eles se casaram e ela apareceu no primeiro banquete, promovido em sua homenagem. Assentou-se à mesa maior, ao lado do rei, e se sentiu muito inferior às outras 60 lindas rainhas que estavam à sua volta, com seus mantos e suas peles claras.

Quando um homem tem mais de uma mulher, elas começam a se sentir inseguras e temem perder a afeição do esposo. Por isso, ela perguntou a Salomão se eles poderiam retornar para o Norte. "Não podemos apenas deitar na relva sob as árvores? Não podemos viver na sua propriedade ali?". Ele explicou que, pelo fato de ser rei, precisava viver e reinar em Jerusalém. Finalmente, ela perguntou sobre as belas mulheres à sua volta. E disse com um tom de sincera inferioridade: "Eu sou apenas uma rosa de Sarom, um lírio dos vales".

Presumimos que essas flores são lindas, mas, em Israel, são flores minúsculas sobre as quais você caminha, como pequenas margaridas em um gramado. Os lírios dos vales crescem à sombra, e a rosa de Sarom é um pequenino arbusto que cresce sobre terreno plano, próximo ao mar Mediterrâneo.

A resposta do rei, de que ela era um lírio entre espinhos, a agrada porque os lírios entre espinhos, por sua vez, são as mais belas flores em Israel. Esse lírio é branco, com um formato gracioso, e era assim que seu amado a via. Ela entoou, então, um cântico de alegria, que dizia: "Ele me levou ao salão de banquetes, e o seu estandarte sobre mim é o amor". Esse é, portanto, o esboço da história – a ilustração na tampa da caixa do quebra-cabeças.

Por que devemos ler esse livro?

Há duas razões pelas quais devemos ler e estudar Cântico dos cânticos. Em primeiro lugar, a essência do cristianismo é o relacionamento pessoal. Ser cristão não é ir à igreja, ler a Bíblia e sustentar a obra missionária; ser cristão é estar apaixonado pelo Senhor. A única explicação para cantarmos hinos é a oportunidade de expressarmos nosso amor por meio de canções. Se não entendermos isso, então tudo está perdido.

Bem no meio da Bíblia, portanto, encontramos o relacionamento amoroso e muito íntimo entre Salomão e uma jovem.

O livro acrescenta uma dimensão mais ampla à descrição do relacionamento entre Deus e seu povo. A Bíblia, algumas vezes, refere-se a Deus como o marido e a Israel, a esposa. Ele a corteja e casa-se com ela no Sinai, onde a aliança é estabelecida. Quando Israel sai em busca de outros deuses, ela é descrita como adúltera.

Esse relacionamento está implícito na profecia de Oseias. O Senhor pede ao profeta que encontre uma prostituta nas ruas. Ele protesta e pergunta a Deus a razão. Oseias é instruído a casar-se com essa prostituta, que terá três filhos. Amará o primeiro filho, mas não o segundo, nem o terceiro, que sequer será filho de Oseias, e deverá ser chamado de "Não meu povo". Deus diz a Oseias que ela voltará a viver nas ruas, retomando sua antiga profissão e deixando com ele os três filhos. Ele deve encontrá-la, comprá-la de volta do prostíbulo que a controla e trazê-la de volta para casa e então deve amá-la novamente. Finalmente, Deus ordena que ele diga a Israel que é assim que Deus se sente a respeito deles.

Na realidade, todo o relacionamento entre Deus e Israel encontrado no Antigo Testamento é o de um marido cuja esposa comporta-se de forma deplorável. Ele a atrai, conquista, perde, ainda a ama, e quer levá-la para casa outra vez.

Quando passamos para o Novo Testamento, o tema não muda. Jesus é retratado como o noivo à procura de uma noiva. Na última página da Bíblia, a noiva está ansiosa pelo casamento e diz: "Vem!". Ela se preparou com linho branco, que são os atos justos. Toda a Bíblia, portanto, do início ao fim, é uma história de amor.

Cântico dos cânticos expressa esse relacionamento. As palavras do jovem à noiva são as palavras proferidas por Deus a nós. As respostas dela são o tipo de resposta que podemos dar. O livro não é uma alegoria, portanto, não precisamos buscar significados ocultos. "Romã" significa "romã" e "seios" significa "seios". Deus sabe exatamente o que deseja comunicar aos homens e sua escolha cuidadosa das palavras nos revela que devemos entender o livro como uma analogia do relacionamento que podemos ter com ele.

Precisamos ser cautelosos em nossa interpretação. Nosso relacionamento com o Senhor não é erótico, e sim emocional. Embora o cântico inclua linguagem sexualmente explícita, há um limite bem estabelecido. O livro não apresenta detalhes físicos como acontece na literatura moderna.

Mesmo assim, é um relacionamento emocional. A história nos lembra do diálogo entre Jesus e Pedro na Galileia, após a ressurreição de Jesus. Pedro havia negado o Senhor próximo a uma fogueira, em um pátio, e a única vez em que outra fogueira é mencionada no Novo Testamento ocorre algumas semanas depois, na Galileia. Pedro vê o fogo e lembra-se daqueles terríveis momentos. Jesus, no entanto, não lhe diz que está desapontado com ele, nem o exclui de sua obra no futuro. Ele prefere dizer a Pedro que pode retomar o relacionamento com ele, mas somente após certificar-se de uma coisa – que Pedro o ama.

Da mesma forma, o Senhor não nos pergunta quantas vezes fomos à igreja ou quantos capítulos da Bíblia lemos durante a semana. Ele nos pergunta: "Você me ama?". Jesus afirmou que a lei poderia ser resumida desta forma: "Ame o Senhor, o seu Deus de todo o seu coração, de toda a sua alma, de todas as suas forças e de todo o seu entendimento e ame o seu próximo como a si mesmo". O amor, de fato, tem essa importância.

Em segundo lugar, o seu relacionamento com o Senhor não é apenas muito pessoal; ele também é muito público. A maioria das pessoas se apaixona pelo Senhor porque enxerga nele o seu Pastor, aquele que estará ao seu lado no vale da sombra da morte, aquele que o conduzirá às águas tranquilas e aos pastos verdejantes. No entanto, a certa altura depois de nos apaixonarmos por Jesus como nosso Pastor, descobrimos que ele também é Rei! Ele é o Rei dos reis, e nós somos a sua noiva. Reinaremos ao seu lado como sua rainha. Estamos, portanto, à vista de todos, o que coloca sobre nós uma responsabilidade ainda maior. Seria bom se pudéssemos guardá-lo em particular e retornar às florestas do Hermom, mantendo nosso relacionamento com o Senhor em segredo. Isso evitaria muito desgosto, muita crítica e exposição. Contudo, ele quer nos manter em destaque, sempre apontando para ele como a fonte de nossa vida e compartilhando com ele a responsabilidade de reinar sobre a terra.

14.
PROVÉRBIOS

Introdução[16]

Provérbios, a princípio, não parece ser um livro apropriado para a Bíblia. Ele contém observações bem-humoradas e ditados concisos que, aparentemente, não vão muito além de bom senso.

O livro não parece muito espiritual. Fala pouco sobre consagrações públicas ou pessoais, e alguns de seus temas soam distintamente mundanos.

Alguns provérbios fazem afirmações que são óbvias a qualquer pessoa. Veja alguns exemplos: "A pobreza é a ruína dos pobres"; "Um coração alegre aformoseia o rosto" [ARA]; "Melhor é viver num canto sob o telhado do que repartir a casa com uma mulher briguenta"; "Como alguém que pega pelas orelhas um cão qualquer, assim é quem se mete em discussão alheia".

Outros parecem servir mais para entretenimento do que para edificação e alguns soam simplesmente imorais. Um exemplo: "O presente [suborno] abre o caminho para aquele que o entrega e o conduz à presença dos grandes".

Muitos provérbios encontraram lugar na linguagem do dia a dia:

"Quem ama, castiga"
"A esperança que se retarda deixa o coração doente"
"A soberba precede a ruína" [ARA]
"A água roubada é doce"
"Ferro afia ferro"

---

16 Para o estudo de Provérbios (e Eclesiastes), devo muito aos excelentes comentários de Derek Kidner, da série "Tyndale", publicada pela IVP. Recomendo firmemente aos leitores que adquiram esses exemplares se desejam estudar esses livros detalhadamente.

O livro de Provérbios descreve a vida como ela realmente é – não a vida na igreja, mas a vida nas ruas, no trabalho, no comércio, em casa. O livro cobre todos os aspectos da vida – não apenas o que você faz aos domingos. Ele pondera sobre a forma como você deveria viver durante a semana, em todas as situações.

Assim, os personagens encontrados no livro de Provérbios podem ser facilmente reconhecidos em todas as culturas: a mulher que fala demais, a esposa que está sempre reclamando, o jovem sem objetivo perambulando pelas ruas, o vizinho que faz visitas constantes e fica tempo demais, o amigo que é insuportavelmente alegre logo pela manhã.

Os 900 provérbios, de fato, cobrem a maior parte dos temas importantes da vida e geralmente são apresentados na forma de contraste: sabedoria e insensatez, orgulho e humildade, amor e luxúria, riqueza e pobreza, trabalho e lazer, mestres e servos, maridos e esposas, amigos e parentes, vida e morte. Há, no entanto, omissões significativas e surpreendentes. Encontra-se muito pouco material "religioso", nenhuma menção a sacerdotes e profetas, e muito pouco sobre reis – figuras que aparecem de forma marcante no restante do Antigo Testamento.

É importante que entendamos claramente, desde o início, a forma pela qual devemos interpretar os temas apresentados. Algumas pessoas cometem o erro de afirmar que o foco de Provérbios está na vida "secular", mas a chamada "separação entre secular e sagrado" não é endossada pela Bíblia. Na realidade, no que se refere a Deus, a única coisa que pode ser descrita como "secular" é o próprio pecado.

A ideia de que somente o "religioso" é "sagrado" teve origem na filosofia grega e infiltrou-se em boa parte do pensamento moderno, mesmo entre os cristãos. A Bíblia não faz essa separação. Qualquer atividade pode ser sagrada [ou santa] se for dedicada a Deus. Ele prefere um bom taxista a um missionário ruim. Todas as atividades profissionais legítimas estão no mesmo nível.

Provérbios, portanto, focaliza o local onde vivemos a maior parte de nossa vida desperta. Esse livro nos diz como podemos tirar o máximo proveito da vida e nos faz atentar para o fato de que muitas pessoas a desperdiçam. Ele fala sobre a "boa vida". Sua sabedoria nos capacita a chegar ao fim dos nossos dias contentes com o que realizamos.

Como o livro de Provérbios se conecta com o restante da Bíblia? O apóstolo Paulo, em sua segunda carta a Timóteo, afirmou que "as sagradas letras são capazes de torná-lo sábio para a salvação mediante a fé em Cristo Jesus". Quando lemos Provérbios, no entanto, não encontramos a "salvação", uma vez que esse e outros temas relacionados à redenção, tão comuns em outros livros da Bíblia, aparentemente não aparecem.

Contudo, esses temas podem, sim, ser encontrados em Provérbios. O significado da palavra "salvação" se assemelha ao de palavras como "salvamento" e "reciclagem". Deus executa o trabalho de reciclar as pessoas a fim de que se tornem úteis. Pecadores são transformados em santos; tolos passam a ser sábios. A mensagem da Bíblia revela que a verdadeira causa da poluição do planeta são as pessoas. O próprio Jesus comparou o inferno ao depósito de lixo no vale de Hinom ou Geena, nas proximidades de Jerusalém, onde os detritos eram descartados. Ele falou sobre pessoas sendo "lançadas" no inferno como se não prestassem para mais nada. Deus recicla pessoas que estão a caminho do inferno, transformando tolos em sábios.

Nesse sentido, portanto, o livro de Provérbios está repleto de "salvação", pois nos revela o tipo de vida para o qual somos salvos e nos faz lembrar do tipo de vida do qual fomos salvos. Corrige, desse modo, um desequilíbrio bastante comum na pregação de muitas igrejas. Atualmente, percebemos que há um enfoque excessivo naquilo de quê somos salvos e um enfoque insuficiente naquilo para o quê somos salvos.

E a sabedoria que não provém da Bíblia? Muitos argumentariam que há muita sabedoria que não faz parte da Bíblia. O que dizer sobre a sabedoria de Platão, Sócrates, Aristóteles e Confúcio? Não precisamos nos surpreender com o fato de encontrarmos sabedoria fora do contexto da Bíblia, pois todos os homens e mulheres foram criados à imagem de Deus e, portanto, são capazes de compreender a vida. Entretanto, isso não é o mesmo que afirmar que tenham compreensão suficiente para viver da melhor maneira possível. Somente quando Cristo nos redime, é que compreendemos o verdadeiro sentido da vida e vivemos conforme o plano de Deus. Assim, sob esse aspecto, a "sabedoria" do mundo será sempre insensatez, pois é desprovida da perspectiva eterna.

Provérbios, portanto, está ratificando a verdade de que Deus é "o Onisciente Deus", a fonte de toda sabedoria, e que foi a sua sabedoria que criou todo o universo, com toda a sua complexidade.

Por que o livro de Provérbios foi escrito?

Provérbios é diferente dos demais livros da Bíblia pelo fato de nos revelar a razão pela qual foi escrito. O prólogo afirma que quem aprende com provérbios é conduzido à sabedoria e que o primeiro passo para se tornar sábio é "temer a Deus" (*Yahweh*, o Deus dos judeus). Se entendermos que ele odeia o mal e que, por ser o Juiz que tudo vê, nada lhe passa despercebido, então perceberemos a nossa insensatez e o quanto necessitamos de ajuda para viver da maneira como ele deseja. A sabedoria emana de temer a Deus, pedir-lhe sabedoria e aprender a lidar com as questões deste mundo de forma sã e sensata.

O livro também afirma que a sabedoria vem de Deus por meio de outras pessoas. Deus escolheu transmitir sua sabedoria principalmente por meio dos pais, avós e outras pessoas mais experientes que nós. Provérbios, portanto, contém muitas referências aos relacionamentos familiares que formam o contexto no qual a sabedoria é partilhada.

O autor

Na Bíblia, o homem mais associado à sabedoria é aquele que escreveu o livro de Provérbios – o rei Salomão. Por ocasião de sua ascensão ao trono, Deus lhe ofereceu qualquer coisa que pedisse, e Salomão pediu sabedoria para governar. Deus lhe deu sabedoria, juntamente com outras coisas que ele não havia pedido: fama, poder e riqueza. Suas palavras sábias são lendárias, embora, aparentemente, ele tivesse mais sabedoria para lidar com questões relacionadas aos outros do que com aquelas relacionadas a si mesmo. Afinal, colecionar 700 esposas (e provavelmente 700 sogras!), sem falar nas 300 concubinas, está longe de ser algo sábio.

Havia, entretanto, uma condição importante atrelada à promessa de sabedoria que Deus lhe fizera. Em 1Reis, Deus disse a Salomão: "Eu lhe darei um coração sábio e capaz de discernir...se você andar nos meus caminhos e obedecer aos meus decretos e aos meus mandamentos". Devemos concluir, portanto, que a insensatez patente de seus anos posteriores foi resultado da negligência a essas condições.

Em seu auge, Salomão tornou-se tão famoso por sua sabedoria que a rainha de Sabá fez uma longa jornada não apenas para ver suas riquezas, mas também para ouvir sua sabedoria. Os filósofos modernos baseiam-se nos sábios gregos como Platão, Sócrates e Aristóteles, que viveram 400 anos antes de Cristo, mas se esquecem de que, antes deles, na Idade do Bronze, aproximadamente mil anos antes de Cristo, um homem alcançou igual fama. Salomão escreveu boa parte dos provérbios do livro de Provérbios e reuniu muitos outros. Ele também escreveu Cântico dos cânticos e Eclesiastes.

Salomão escreveu Cântico dos cânticos quando era jovem e estava tão apaixonado que se esqueceu completamente de Deus. É um livro do coração. Quando estava na meia-idade, escreveu Provérbios. É um livro da vontade. Seu último livro, Eclesiastes, foi escrito na velhice. É um livro da mente, no qual ele reflete sobre sua própria vida e questiona a si mesmo se teria alcançado alguma coisa com ela. Temos, portanto, Salomão como um jovem amante, um pai de meia-idade, e um filósofo idoso, escrevendo esses três livros de sabedoria.

Um dos aspectos mais intrigantes de Provérbios é o fato de que alguns ditados incluídos não têm origem em Israel. Há provérbios de filósofos árabes e um capítulo inteiro sobre o Egito, provavelmente obtido por meio de uma de suas esposas, filha do faraó. Salomão reconhecia que Deus havia concedido sabedoria a pessoas que não pertenciam a Israel e se alegrava por incluí-la em sua obra. Esses ditados foram adaptados ao contexto de uma vida consagrada a Deus.

Isso não significa, no entanto, que o livro de Provérbios não faça, de forma evidente, referências a Deus. *Yahweh* é mencionado 90 vezes como o Deus de Israel – não há menção a outro deus das nações vizinhas. Não há, com certeza, qualquer indicação de que os deuses árabes ou egípcios teriam alguma relevância.

Parte da coleção foi compilada pelo rei Ezequias, que, quase 250 anos mais tarde, conseguiu reunir e incluir no livro diversos provérbios de Salomão que não haviam sido registrados. Sendo assim, o livro de Provérbios conforme se apresenta hoje não foi concluído até aproximadamente 550 a.C.

O estilo do livro

Antes de examinarmos o conteúdo do livro, precisamos considerar algumas questões relacionadas a estilo e propósito.

Provérbios, não promessas
Em primeiro lugar, é fundamental observar que se trata de um livro de provérbios, não de promessas. Jamais devemos citar um provérbio como se fosse uma promessa divina.

A palavra "provérbio" vem do latim *proverbum*. *Pro* significa "à frente, antes" e *verbum* significa "palavra". A combinação dos dois elementos expressa "uma palavra para uma situação". Um provérbio é uma palavra apropriada, que se ajusta à situação. É, portanto, uma verdade eterna que pode ser usada em diferentes momentos da vida.

A palavra hebraica traduzida como "provérbio" é *mashal*, que significa "assemelhar-se ou ser como algo". Jesus começou várias parábolas com a frase: "O Reino dos céus é como...". Assim, um provérbio é uma observação geral da vida, ao passo que uma promessa é uma obrigação específica.

Observe a seguinte ilustração de um provérbio: "Pawson tem grande apreço pela pontualidade". Como se aplica esse provérbio? Significa que Pawson gosta de chegar na hora, o que não é o mesmo de afirmar que Pawson promete estar em certo local, a uma hora determinada. Não devo ser considerado moralmente culpado se o provérbio não se cumprir, mas devo ser responsabilizado se uma promessa não for cumprida. Assim, um provérbio é apenas uma verdade geral. Não devemos aplicar um provérbio a todas as situações e esperar que ele funcione. Não devemos presumir que os provérbios sejam promessas de Deus.

Pensar que um provérbio é uma promessa tem trazido

problemas a muitas pessoas. Por exemplo: "a honestidade é a melhor política". Essa afirmação é geralmente verdadeira, mas nem sempre. Conheço pessoas que perderam fortunas por serem honestas!

Além disso, os ditados populares podem ser contraditórios – por exemplo: "devagar se vai ao longe" e "quem demora muito bebe água suja".

No livro de Provérbios, também encontramos elementos contraditórios. No capítulo 26 lemos "Não responda ao insensato com igual insensatez, do contrário você se igualará a ele", mas o versículo seguinte afirma: "Responda ao insensato como a sua insensatez merece"!

Há dois provérbios que costumam ser usados como promessas e têm provocado grande consternação aos cristãos. Um deles é: "Consagre ao Senhor tudo o que você faz, e os seus planos serão bem-sucedidos". Muitos cristãos deram início a vários tipos de empreendimento fundamentados nesse versículo. Embora seja uma verdade geral, não quer dizer que todos os empreendimentos consagrados ao Senhor serão obrigatoriamente bem-sucedidos.

O segundo provérbio que tem causado problemas é este: "Ensina a criança no caminho em que deve andar, e, ainda quando for velho, não se desviará dele".

Muitos pais cristãos cujos filhos não são cristãos têm dificuldades com esse versículo. Eles afirmam que ensinaram seus filhos no caminho em que deveriam andar, mas sentem-se frustrados porque eles parecem ter se desviado dele.

Repetindo, um provérbio não é uma promessa – é apenas uma verdade geral. Os filhos não são marionetes, e não podemos forçá-los a seguir o mesmo caminho que nós seguimos. Eles atingirão uma idade em que tomarão suas próprias decisões e têm liberdade para isso. Esses dois provérbios são orientações, não garantias. Se as pessoas que usam os provérbios tivessem percebido isso, muito sofrimento teria sido evitado.

Poesia
O segundo elemento do qual precisamos estar cientes é que os provérbios são poéticos. São apresentados num formato fácil de ser memorizado.

Deixe-me traduzir um provérbio que você conhece:

Antes de adotar uma linha de ação, considere cuidadosamente as circunstâncias e opções.

Ou, reformulando:

Há certas medidas corretivas para problemas menores, que, quando tomadas antes de se adotar determinada linha de ação, previnem o surgimento de problemas maiores.

Ambas são traduções de "Pense bem antes de agir"! Qual delas é mais fácil de lembrar?!

Observamos na Parte I, que a poesia hebraica tem um formato especial. Ela não se baseia na rima, como a poesia inglesa, por exemplo, mas no ritmo. Não se trata apenas de uma questão de métrica ou tempo, mas do ritmo de pensamento. Assim, a poesia hebraica geralmente se constitui de pares de linhas (paralelismo) nos quais uma linha conecta-se à outra por uma de três formas distintas. No paralelismo sinônimo, o pensamento na primeira linha se repete na segunda. Por exemplo:

A soberba precede a ruína,

e a altivez do espírito precede a queda.

No paralelismo antitético, a segunda linha contrasta com a primeira:

Aquele que oprime o pobre com isso despreza o seu Criador,
mas quem ao necessitado trata com bondade honra a Deus.

No paralelismo sintético, o pensamento na primeira linha é expandido pela segunda:

Mantenha-se longe do tolo,
pois você não achará conhecimento no que ele falar.

Nos exemplos acima, as conjunções *e*, *mas* e *pois* nos dão uma pista do tipo de paralelismo que está sendo usado.

Todos os provérbios se encaixam nesse tipo de padrão, mas não são tão fáceis de ser lembrados em outras línguas, porque, na tradução, o ritmo se perde. Em Israel, os pais e as mães transmitiam valores a seus filhos dessa forma e, ainda hoje, fazemos o mesmo.

Há outros artifícios usados em Provérbios. O capítulo 31 está apresentado como um acróstico: cada linha começa com a letra seguinte do alfabeto hebraico. Em outras ocasiões, a estrutura é numérica: "Há três coisas... e quatro..." ou "Há seis coisas que o Senhor odeia..." e assim por diante. Essas formas permitem que o leitor/ouvinte memorize o provérbio.

Patriarcalismo

A terceira coisa que precisamos ter em mente é que o livro de Provérbios é patriarcal. Ele é apresentado como o conselho de um pai a um jovem filho. Não oferece conselho algum às mulheres! Tal abordagem é comum em toda a Bíblia. As cartas do Novo Testamento, por exemplo, não são endereçadas a "irmãos e irmãs", mas somente a "irmãos". Esse suposto machismo é o resultado de uma das premissas fundamentais das Escrituras: se os homens forem corretos, as mulheres e os filhos e as filhas também o serão. A Bíblia é deliberadamente dirigida aos homens – precisamente por ser responsabilidade deles a liderança de suas famílias, através do ensino e do exemplo.

Sabedoria e insensatez

Em Provérbios, portanto, temos Salomão, um pai de meia-idade, tentando desesperadamente evitar que um jovem cometa os mesmos erros cometidos por ele. Salomão expõe aos seus filhos e aos leitores a escolha que devem fazer quanto à maneira de conduzir suas vidas. Eles desejam a Sabedoria ou a Insensatez como companheira para a vida? Simbolicamente, Salomão retrata como mulheres essas duas opções.

A sabedoria personificada
Os capítulos 8 e 9 descrevem a Sabedoria como uma mulher maravilhosa. O filho é aconselhado a amá-la como a uma namorada, a torná-la um membro amado de sua família, a buscá-la, cortejá-la. Ela diz: "Amo os que me amam, e quem me procura me encontra".

A sabedoria personalizada
No capítulo 31 (o capítulo acróstico), uma mãe aconselha seu filho sobre as qualidades desejáveis a buscar em uma boa mulher. Ela deve ser uma boa esposa, mãe e vizinha e deve saber negociar. Tal mulher é vital para se obter uma vida familiar boa e estável. Ela é "mais preciosa do que rubis".

A insensatez personificada
O mesmo padrão é usado com a Insensatez, que está personificada no capítulo 9. A Insensatez seduz os homens com sua voz suave, aliciando sua presa com ofertas tentadoras. No entanto, para todos os que cedem a seus encantos o fim é a morte: ela o destruirá, roubará a sua virilidade.

A insensatez personalizada
No capítulo 6, a Insensatez é retratada como uma prostituta que reduz a sua vítima a um "pedaço de pão". Para ela, ele nada mais é que um vale-refeição.

Um tema bíblico
Usar figuras femininas como símbolos não é um recurso exclusivo de Provérbios. No livro de Apocalipse, encontramos duas mulheres: uma prostituta obscena e uma noiva pura. A prostituta se chama Babilônia e o nome da noiva é Jerusalém. Esse tema, portanto, está presente em toda a Bíblia. Que mulher será a sua companheira e parceira: a Insensatez ou a Sabedoria?

Assim como ocorre em outras partes da Bíblia, em Provérbios nos deparamos com escolhas a serem feitas: vida ou morte, luz ou trevas, céu ou inferno?

Moral ou mental?

Provérbios também retrata a sabedoria e a insensatez de outra forma: o livro nos diz que são escolhas morais, e não mentais. Quando o mundo fala de tolos, refere-se a pessoas com um QI não muito alto. Na Bíblia, no entanto, alguém muito inteligente pode ser extremamente tolo e insensato. É possível ser mentalmente inteligente e moralmente tolo.

Há muito tempo, ouvi falar de um camponês que tinha uma estranha reputação. Se você lhe oferecesse uma nota de valor e uma moeda de alguns centavos, ele sempre escolhia a moeda. Milhares de turistas ouviram sobre esse homem e tentaram testá-lo. O pobre e tolo homem sempre escolhia a moeda, nunca a nota. Na realidade, porém, ele não era nada tolo – e acabou ficando rico com isso!

Insensatez e sabedoria não têm relação alguma com capacitação. No salmo 14, o salmista afirma: "Diz o tolo em seu coração: 'Deus não existe'". O diabo disse a Eva que provar do fruto conduziria à sabedoria, mas, na realidade, conduziu apenas à independência de Deus, que é a fonte de toda sabedoria. A sabedoria do mundo se resume em encontrar a opção mais vantajosa, mas a sabedoria bíblica procura o que é melhor para o seu caráter. Ela não se baseia no conhecimento do mundo, mas no conhecimento de Deus.

Essa ideia é sustentada por um versículo do capítulo 29 que costuma ser mal interpretado: "Não havendo profecia, o povo perece". Esse versículo é usado por líderes que desejam convencer a congregação a respeito de algum projeto específico. Em traduções mais modernas, no entanto, a palavra hebraica para "profecia", é traduzida mais corretamente por "revelação", e a palavra "perece", por "desvia-se", ou torna-se tolo. Assim, o versículo, na realidade, está dizendo: "Sem as revelações de Deus, você se tornará um tolo". Sabedoria, portanto, é estender a presença de Deus a todas as áreas da vida. Precisaremos da ajuda do seu Espírito se desejamos compreender a sua mente.

A estrutura do livro

Passaremos agora a considerar a estrutura do livro de Provérbios, que apresenta uma simetria impressionante. Na realidade, a única passagem que realmente não se encaixa é o prólogo no início da sabedoria árabe, no capítulo 30. A seguir, um esboço da estrutura de Provérbios:

PRÓLOGO (**1.1-7**)
CONSELHO AOS JOVENS (**1.8–9.18**)
PROVÉRBIOS DE SALOMÃO (**10.1–22.16**)
PALAVRAS SÁBIAS (**22.17–23.14**)
CONSELHO AOS JOVENS (**23.15–24.22**)

PALAVRAS SÁBIAS (**24.23-34**)
PROVÉRBIOS DE SALOMÃO (**25.1–29.27**)
(AGUR [**30.1-33**])
CONSELHO AOS JOVENS (**31.1-31**)

O livro é apresentado como um sanduíche de muitas camadas. Assim, a seção "Conselho aos jovens" oferece as camadas de cima e de baixo, e "Provérbios de Salomão" constituem as duas camadas seguintes, e, no meio, temos mais um sanduíche com duas camadas de "Palavras sábias" com "Conselho aos jovens" entre elas.

Agora que vimos a estrutura do livro, vamos acrescentar alguns detalhes:

PRÓLOGO
Por que os provérbios foram reunidos
CONSELHO AOS JOVENS (**1.8–9.18**)
De um pai, sobre mulheres más
1. O QUE FAZER:
    Obedecer aos pais
    Buscar e alcançar a sabedoria
    Guardar o coração
    Ser fiel ao cônjuge

2. O QUE NÃO FAZER:
    Andar em má companhia
    Cometer adultério
    Obter empréstimos
    Ser preguiçoso
    Favorecer mulheres tolas

PROVÉRBIOS DE SALOMÃO (**10.1–22.16**)
Reunidos por ele mesmo
1. CONTRASTE: condutas retas e imorais

2. CONTEÚDO: conduta reta
PALAVRAS SÁBIAS (22.17–23.14)
Dos egípcios (princesa?)
CONSELHO AOS JOVENS (23.15–24.22)
Mais conselhos do que FAZER ("buscar a sabedoria")
e NÃO FAZER ("embriagar-se")
PALAVRAS SÁBIAS (24.23-34)
Dos árabes (numéricas)
PROVÉRBIOS DE SALOMÃO (25.1–29.27)
Copiados por Ezequias

1. RELACIONAMENTOS
com reis das nações vizinhas
com inimigos
consigo mesmo
com tolos
com preguiçosos
com fofoqueiros

2. JUSTIÇA (27.1–29.27)
humildade de caráter
justiça para outros
temor do Senhor

CONSELHO AOS JOVENS (31.1-31)
De uma mãe, sobre uma boa mulher

1. REI DE UMA NAÇÃO
2. RAINHA DE UM LAR (31.10-31)

A estrutura e o conteúdo do livro esclarecem algumas questões.

É um dos poucos livros da Bíblia que expressam claramente seu propósito – veja o prólogo.

1. Esses provérbios são especialmente direcionados à família real. Há dez exortações dirigidas a "meu filho". Elas são aplicáveis particularmente ao filho do próprio Salomão e o instruem quanto ao tipo de pessoa com quem ele deveria andar e com que tipo de mulher deveria se casar.
2. A maioria dos provérbios dos capítulos 10–15 usa o paralelismo antitético, enquanto os capítulos 16–22 usam o paralelismo sinônimo.
3. Embora possamos identificar uma estrutura para o livro como um todo, os provérbios em si não são apresentados em tópicos. Parecem ser conselhos que os pais dariam a um filho que está de partida. São desconectados e desordenados, mas abrangem as principais áreas. Nenhum pai ou mãe organizaria seus conselhos em blocos e acrescentaria ainda uma bela conclusão!
4. Assim, para fins de análise, vamos reordenar os provérbios e refletir sobre os temas específicos.

O homem sábio

Em Provérbios, vários sinônimos são usados para descrever o homem sábio: "prudente", "sensato", "inteligente" "ponderado e ajuizado". Um homem sábio é contrastado com o tolo, que é imprudente, precipitado, relapso e imoral.

Um homem sábio é capaz de discernir entre o bem e o mal, sabe como reagir diante de determinada situação e como lidar com ela. É discreto e realista, com competência para traçar planos. Tira o máximo proveito da vida.

Os sábios são pessoas abertas à correção e à repreensão, prontas para abrir mão de sua própria independência e autoconfiança em direção à luz da verdade divina. Em vez de temerem homens, eles temem a Deus. O homem sábio valoriza a verdade a qualquer preço, seja a respeito de si mesmo, de outros, ou de Deus.

O tolo

Mais de 70 provérbios descrevem o tolo. Um tolo (geralmente do sexo masculino) é descrito como ignorante, obstinado, arrogante, pervertido, maçante, sem objetivo na vida, insolente, irreverente, rabugento, grosseiro, irascível. Ele quer tudo de bandeja; não pensa por si mesmo; prefere a fantasia ao fato, as ilusões à verdade. Na melhor das hipóteses, ele é problemático, na pior, é perigoso. É um pesar para seus pais, mas os menospreza e considera antiquados.

Há dois tolos, em especial, na galeria de tolos. Um deles é o escarnecedor – o cético que é cínico e crítico com todos, exceto consigo mesmo. O outro, é o vadio – o homem preguiçoso que está atado à sua cama. É descrito como aquele que deixa a vida escoar pelo ralo.

Palavras

Outro tema-chave em Provérbios é a língua. O capítulo 6 registra sete coisas que são abominação para o Senhor: arrogância, mentira, assassinato, conspiração, ofensa, injúria e mexerico. A língua figura em quatro desses. Desse modo, os pecados relacionados ao falar são um tópico importante em todo o livro, pois a boca fala do que está cheio o coração.

As palavras têm poder
As palavras ferem profundamente. Elas podem ser cruéis, indelicadas e negligentes. A autoestima pode ser destruída pelas palavras – que podem torná-la excessiva ou insuficiente. Até a saúde física pode ser afetada. Nossas

crenças e convicções são formadas por palavras. Uma palavra oportuna pode ter um enorme efeito.

As palavras podem se espalhar como fogo em mato seco, causando contenda, discórdia e divisão. Elas podem conter dicas sutis, sugestões e insinuações. As boas palavras, no entanto, podem alcançar muitas pessoas à medida que seus benefícios se difundem pelas comunidades.

As palavras têm abrangência limitada
As palavras não substituem os atos. A língua não pode alterar fatos. A insistência descarada de permanecer no engano e a desculpa mais esfarrapada não resistirão.

As palavras não podem compelir as pessoas a reagir. O melhor professor não consegue transformar um aluno apático, e o pior mexerico não atingirá o inocente. Somente os maliciosos darão ouvidos.

Discurso saudável
Há quatro categorias de palavras que devem estar em nossos lábios:

- Palavras honestas: o franco "sim" ou "não".
- Poucas palavras: quanto menos for dito, melhor. A reserva no falar é uma virtude.
- Palavras tranquilas: as palavras devem vir de um espírito sereno. Um temperamento inflamado raramente traz benefícios.
- Palavras apropriadas: uma palavra adequada à situação, moldada para abençoar o ouvinte ou o leitor, pode trazer imensa alegria.

Tal discurso requer um período anterior de reflexão. Antes de falar, precisamos saber o que falar e pensar com cuidado nas implicações.

Esse discurso também flui do caráter de um homem, pois o que ele afirma tem origem naquilo que ele é. As palavras de uma pessoa valem tanto quanto a própria pessoa.

No Novo Testamento, Tiago afirma que aquele que não peca no falar é um homem perfeito.

Família

Provérbios está repleto de conselhos sobre relacionamentos – tanto de parentesco quanto de amizade. A unidade da família é a base da sociedade. Três dos dez mandamentos entregues por Deus a Moisés são relacionados à família, entre eles, o único mandamento com promessa: "Honra teu pai e tua mãe, a fim de que tenhas vida longa na terra que o Senhor teu Deus te dá". Provérbios coloca diante do leitor os seguintes ideais a respeito da família:

Marido e mulher: pais unidos e felizes
Provérbios ensina a monogamia, apesar de o livro ter sido escrito por Salomão! Os pais devem compartilhar a educação dos filhos e falar a uma só voz [deve haver concordância]. O homem tem o dever de ser fiel, mas a mulher tem o poder de edificar ou arruinar o marido, trazendo bênção ou podridão aos ossos dele.

O livro nos oferece uma perspectiva muito elevada do casamento e encara de forma séria qualquer pecado que possa causar a separação, especialmente a infidelidade sexual. Uma pessoa que se desvia [aparta] do leito conjugal perde honra e liberdade, joga fora a sua vida, atrai a desgraça social e o perigo físico. Em resumo, comete suicídio moral.

Pais e filhos: filhos educados fielmente
O livro de Provérbios afirma que os pais que não disciplinam seus filhos são insensatos. "Quem se nega a

castigar seu filho não o ama" é um dos provérbios mais conhecidos. O livro também afirma que disciplinar é um ato de amor. O livro não sugere aos pais que a disciplina seja a cura para todos os males. Aprendemos também que a insensatez está ligada ao coração da criança. Elas são livres para aceitar ou desprezar a instrução que recebem. Provérbios ensina que as crianças são tolas por natureza e precisam de encorajamento para que sejam sábias. Essa ideia se opõe totalmente à filosofia humanista de hoje que afirma que a criança é inerentemente boa e florescerá se for exposta ao ambiente adequado. A Bíblia é categórica a ponto de afirmar que se você não castiga seu filho quando ele erra, você não o ama.

Há ensinamentos sobre a necessidade de educar a criança na justiça desde a tenra idade, buscando incutir nela hábitos saudáveis, a fim de que seus pensamentos e ações tragam alegria e orgulho, e não vergonha e desgraça. O melhor dos ensinamentos não pode forçar a obediência; pode apenas encorajar escolhas sábias. Filhos dos melhores pais ainda podem ser rebeldes, preguiçosos, indulgentes ou orgulhosos demais para aceitar conselhos. Podem esbanjar a fortuna da família e negligenciar pai ou mãe idosos e necessitados.

Irmãos (incluindo primos e outros parentes)
Não há muitos provérbios que tratem diretamente dos relacionamentos horizontais no contexto da família. O livro descreve o tipo de relacionamento com um irmão prestativo e fiel e também com aquele que traz discórdia, injúria e amargura.

Amizades

A palavra hebraica traduzida por "amigo" também significa "vizinho". Ela se refere a todos os que se encontram no círculo imediato dos relacionamentos de uma pessoa, que não têm laços de parentesco. Os conselhos do livro contrastam com o mundo de hoje em que tudo é generalizado e uma amizade verdadeira é difícil de encontrar.

Bons vizinhos
Bons vizinhos promovem a paz e a harmonia, evitam entrar em conflito e são conciliatoriamente amáveis. São generosos em seus julgamentos e sentenças e estão sempre dispostos a oferecer ajuda quando necessário. Apreciam a importância do silêncio e da privacidade. Dizem "Não" a acordos imprudentes.

Bons amigos
Provérbios ensina que é melhor ter alguns bons amigos do que uma multidão de conhecidos. Um bom amigo pode ser mais próximo que uma pessoa da família.

Um bom amigo tem quatro qualidades:

- Lealdade. Estará ao seu lado, aconteça o que acontecer.
- Sinceridade. Será franco e lhe dirá a verdade.
- Aconselhamento. Oferecerá conselhos. Talvez o que você precisa seja apenas de outro ponto de vista.
- Cortesia. Sempre respeitará os seus sentimentos e se recusará a explorar sua afeição.

Conclusão

O que devemos concluir sobre Provérbios? Primeiramente, devemos verificar se o livro atingiu seu objetivo. Israel vivia tempos de paz com seus vizinhos e de prosperidade. Salomão percebeu que poderiam perder tudo isso muito facilmente (embora ele não tenha percebido que ele próprio causaria essa perda).

No capítulo 14, lemos que "a justiça engrandece a nação, mas o pecado é uma vergonha para qualquer povo". Salomão reuniu os provérbios em um livro porque sabia que, sem sabedoria, Israel jamais permaneceria em paz e prosperidade. Israel, no entanto, ignorou abertamente a sabedoria que recebeu; e afastou-se ainda mais de Deus. Na realidade, até mesmo Salomão não aplicava a sabedoria à sua própria conduta.

Há uma boa parte do Novo Testamento que se baseia no livro de Provérbios e cujo foco principal é o tema da sabedoria. O livro é citado diretamente 14 vezes, e em muitas outras ocorrências há alusões ao seu texto.

Em Lucas 1 lemos que João Batista veio "para fazer voltar o coração dos pais a seus filhos e os desobedientes à sabedoria dos justos". Jesus falava com tanta sabedoria que seus ouvintes questionavam de onde ele a obtinha.

A maioria das pessoas conhece os sábios do Oriente que seguiram a estrela até Belém. Embora eles geralmente sejam classificados como gentios, é mais provável que fossem descendentes dos judeus que permaneceram na Babilônia após o exílio. Eles se lembraram da profecia de Balaão, sobre uma estrela que surgiria de Israel para se tornar o rei das nações (Números 24). Assim, quando viram a estrela, passaram a segui-la. A presença desses homens na narrativa do nascimento feita por Mateus revela a importância da encarnação de Cristo.

A Bíblia afirma que Jesus era "cheio de sabedoria" quando criança (Lucas 2). Em seu ministério público, Jesus revelou que a rainha de Sabá havia vindo dos confins da terra para ouvir a sabedoria de Salomão, mas surgia alguém maior que Salomão (Lucas 11). Quando Jesus foi criticado por comer e beber, ele replicou que "a sabedoria é comprovada por todos os seus discípulos" (Lucas 7).

Refletindo sobre a vida de Jesus, o apóstolo Paulo

escreveu em 1Coríntios 1: "Cristo se tornou sabedoria de Deus para nós".

A sabedoria de Deus é vista de forma suprema na cruz. O mundo afirma que morrer numa cruz é pura loucura. Paulo, no entanto, diz que o que é considerado loucura para o mundo é sabedoria de Deus.

Nas cartas do Novo Testamento, há muitas citações diretas do livro de Provérbios. Paulo escreve em Romanos 12: "Se o seu inimigo tiver fome, dê-lhe de comer; se tiver sede, dê-lhe de beber. Fazendo isso, você amontoará brasas vivas sobre a cabeça dele".

Pedro cita Provérbios várias vezes. Em 2Pedro 2, por exemplo, ele cita Provérbios 26: "Como o cão volta ao seu vômito, assim o insensato repete a sua insensatez". A exortação de Pedro aos seus leitores para que "temam a Deus e honrem o rei" vem diretamente de Provérbios 24.

Em Hebreus 12, o autor cita Provérbios 3 quando fala da disciplina de Deus aos seus filhos: "Meu filho, não despreze a disciplina do Senhor nem se magoe com a sua repreensão, pois o Senhor disciplina a quem ama, e castiga todo aquele a quem aceita como filho".

Em Provérbios 30, Agur indaga: "Quem subiu aos céus e desceu?". Jesus responde a essa mesma pergunta em João 3, quando fala de sua própria jornada do céu à terra.

É na carta de Tiago, contudo, que encontramos mais citações de Provérbios. Pela semelhança de estilo, essa epístola é considerada a versão de Provérbios no Novo Testamento. A epístola passa rapidamente de um tópico a outro com pouco senso de ordenação, exatamente como o seu equivalente no Antigo Testamento. Alguns dos temas em Tiago vêm de Provérbios, em especial, uma análise devastadora dos males da língua e uma descrição dos benefícios da sabedoria.

A princípio, Provérbios não parece ser apropriado para

a Bíblia, mas uma análise mais cuidadosa mostra que sua inclusão é perfeitamente justificada. O livro aborda alguns dos principais temas das Escrituras, é citado e referenciado em outras partes da Bíblia, além de ser uma parte importante do arsenal do cristão em sua batalha contra a vida insensata. Não é uma leitura fácil, no entanto. Devemos fazer uma leitura cuidadosa, pois muitas de suas lições revelarão como realmente somos.

15.
ECLESIASTES

Introdução

O livro de Eclesiastes inclui algumas afirmações que muitos considerariam discutíveis. Avalie com qual das frases seguintes você concordaria:

- Gerações vêm e gerações vão, mas a terra permanece exatamente a mesma.
- Um homem não tem vantagem sobre um animal, porque a vida não tem sentido algum para nenhum dos dois.
- É melhor ficar satisfeito com o que você tem do que sempre desejar algo mais.
- Um trabalhador pode ter alimento suficiente ou não, mas, pelo menos o seu sono é reparador. Um rico tem tanto que não consegue dormir de preocupação!
- Não seja bom ou sábio demais. Por que destruir a si mesmo? Mas também não seja ímpio ou tolo demais. Por que morrer antes do tempo?
- Entre mil homens, descobri apenas um que julgo digno, mas nenhuma mulher!
- Os velozes nem sempre vencem a corrida; os fortes nem sempre triunfam na guerra.
- Invista seu dinheiro em vários lugares – em muitos lugares, até – porque você nunca saberá que tipo de azar terá neste mundo!

Há um dito popular que é verdadeiro, particularmente para o nosso estudo desse livro: "Texto sem contexto torna-se pretexto". Em outras palavras, antes de citar o texto de um livro, devemos verificar sua aplicação no contexto.

As frases acima são parte das reflexões do autor, mas não podem ser extraídas do contexto do livro como um todo.

É provável que Eclesiastes seja o livro mais estranho da Bíblia. Embora seja de fácil compreensão, encontramos nele afirmações absurdas. Alguns trechos parecem as mensagens em tirinhas de papel encontradas nos biscoitos da sorte. Outros são apresentados sob um viés poético. Estes versos, do poeta inglês Alfred Lord Tennyson, poderiam facilmente ter sido escritos pelo autor do livro de Eclesiastes:

É melhor ter amado e perdido
Do que nunca ter amado.
[tradução literal de um trecho de In Memoriam]

Os homens, no máximo, se distinguem como céu e terra,
Mas as mulheres, no melhor e no pior, como céu e inferno.
[tradução literal de um trecho de Merlin and Vivien]

A autoridade abandona um rei moribundo.
[tradução literal de um trecho de Morte'd'Arthur]

Nossos pequenos sistemas têm o seu dia,
Chega o seu dia e eles deixam de ser.
[tradução literal de um trecho de In Memoriam]

E, porque o certo é certo, seguir o certo
É sabedoria com desprezo pela consequência.
[tradução literal de um trecho de Oenone]

No entanto, apesar de sua excentricidade, Eclesiastes tem um tom muito contemporâneo e expressa muitas ideias filosóficas de nosso próprio tempo:
- Fatalismo: o que será, será

- Existencialismo: viva o presente – quem sabe o que futuro trará?
- Machismo: os homens são melhores do que as mulheres
- Hedonismo: viver pelo prazer
- Cinismo: até mesmo as coisas boas não são o que parecem ser
- Pessimismo: a tendência de tudo é piorar

O autor do livro

Esse livro de especulação filosófica foi escrito pelo rei Salomão, quando se aproximava do final de sua vida e estava desapontado, desiludido e desanimado. Quando lemos os três livros de Salomão, identificamos facilmente sua idade ao escrevê-los. Cântico dos cânticos foi escrito por um jovem profundamente apaixonado. Provérbios é o livro de um homem na meia-idade, que tenta impedir que seu filho incorra nos mesmos erros que ele cometeu. Em Eclesiastes, no entanto, encontramos o texto de um homem de mais idade. A confirmação disso encontra-se num versículo do capítulo 12 – o último do livro: "Lembre-se do seu Criador nos dias da sua juventude, antes que venham os dias difíceis e antes que se aproximem os anos em que você dirá: 'Não tenho satisfação neles'".

Como um homem idoso, ele reflete profundamente a respeito da vida. Aprecia particularmente a frase: "Eu vi...". As ideias expressas nesse livro resultam de suas observações.

O estilo do livro

Salomão concede a si mesmo o título hebraico de *Qohelet*, palavra que é traduzida de várias formas: "pregador", "sábio" ou "mestre". A melhor tradução para o inglês, no entanto, é *speaker* (orador), principalmente por ser esse o título da pessoa que preside os debates da Câmara dos Comuns do Reino Unido [correspondente à Câmara dos Deputados no Brasil] e por expressar muito bem a forma como o livro está escrito. O texto segue o estilo de um homem de idade que preside um debate – debate esse que se dá em sua mente. Como um bom orador, ele permite que os que se posicionam contra ou a favor tenham oportunidades iguais. Assim, a proposta de que a vida não vale a pena ser vivida é seguida por outra proposta que proclama o contrário.

O livro, portanto, é contemporâneo de todos os séculos, pois as pessoas sempre se envolveram em debates semelhantes, especialmente quando se aproximam dos 40 anos e passam a questionar: "Qual o sentido de tudo isso?". Nessa fase, alguns mudam radicalmente seu estilo de vida, porque sentem que estão desperdiçando suas vidas.

Em Eclesiastes, Salomão expõe algumas questões existenciais. O que é a vida? Vale a pena vivê-la? Ele faz as perguntas certas, mesmo que não tenha encontrado as respostas corretas. Suas inquietações e respostas oscilam em todo o livro. Sua mensagem, às vezes, é otimista, outras vezes, pessimista. Seu humor é, em certo momento, inspirador e, em seguida, depressivo. O mérito do livro se alterna entre o profundo e superficial.

Afirmações negativas

A declaração de abertura feita por Salomão é profundamente negativa: "Que grande inutilidade! Que grande inutilidade! Nada faz sentido!". A palavra para "inutilidade" também pode ser traduzida por "vazio". Eis aqui um homem que chega ao fim de sua vida e afirma que tudo é inútil e sem sentido.

POEMAS DE LOUVOR E SABEDORIA

É importante lembrar que Salomão era um rei com poder para fazer qualquer coisa que desejasse e fortuna para satisfazer qualquer capricho. O livro menciona a imensa variedade de atividades nas quais Salomão se envolveu na tentativa de encontrar a felicidade que lhe escapava.

Experimentou a ciência e a agricultura, chegou a criar o próprio gado. Passou em seguida para as artes. Salomão, sem dúvida alguma, herdou do pai o amor pela música. Ergueu grandes edificações. Reuniu quadros de todo o mundo e os colocou em uma galeria. Voltou-se, então, para o entretenimento e trouxe comediantes da corte para seu palácio. Porém, nada disso o satisfazia. Envolveu-se em negócios e acumulou uma fortuna no ambiente comercial. Buscou o prazer na comida, no vinho e com as mulheres. Ainda desgostoso, buscou a filosofia e adquiriu muitos livros, entre eles, alguns do Egito. Eles o estimulavam, mas não conseguiam satisfazer suas necessidades mais profundas.

Nada havia de errado com esses interesses em si, mas nenhum deles oferecia o que ele procurava. Sua vida estava preenchida, porém não era plena, tanto que, algumas vezes, ele desejou ser apenas um homem comum.

Podemos explicar o fracasso de Salomão em suas tentativas de encontrar o sentido da vida. O ponto central de seu problema era que ele observava muito, mas percebia muito pouco. Tinha uma "visão em túnel": enxergava a vida através de um olho apenas, como num telescópio, mas sem profundidade ou perspectiva.

Havia duas limitações em especial:

1. Espaço
Em 28 ocasiões, ele usa a frase "debaixo do sol" para descrever a localização de tudo o que via; essa frase não ocorre em nenhum outro lugar em toda a Bíblia. Se nossa visão está limitada a esta terra e a esta vida, jamais

compreenderemos o sentido da vida e o que faz com que ela valha a pena. Dependeríamos da realização encontrada nos prazeres fugazes que o mundo pode oferecer.

2. Tempo
Salomão também usa a frase "enquanto vive". Ele pressupõe que a morte é o fim da existência consciente e relevante. Não pensa na vida após a morte, que pode trazer perspectiva e significado aos anos de vida que nos são concedidos.

Nossa era moderna evidencia a mesma "visão em túnel" [desprovida de perspectiva] de Salomão. Considera-se o mundo a partir de conceitos científicos que pressupõem que não há Deus ou que não existe vida no porvir. A ciência pode explicar como o mundo veio a existir, mas não por quê. Salomão precisa encarar a vida de um ângulo diferente, mas isso só acontecerá se ele a observar a partir da perspectiva de Deus.

Afirmações positivas

Às vezes, as questões não resolvidas do livro abrem espaço para o otimismo. Nossa ignorância não precisa ser motivo de desespero; a ignorância pode ser resultado tão somente de desconhecimento ou de não compreendemos ainda as obras de Deus. Sempre que inclui a perspectiva de Deus à sua reflexão, Salomão se torna mais positivo. Há duas passagens em Eclesiastes que confirmam isso.

A primeira está no capítulo 3. É o trecho mais conhecido e citado do livro. Seus versículos foram muitas vezes usados em títulos de romances e filmes. É um poema com um ritmo encantador, que nos faz lembrar que há tempo e lugar para todas as coisas.

Deus é soberano,
Determina as estações:
Data do nascimento,
Dia da morte.
Tempo de plantar,
Tempo de ceifar;
Tempo de matar,
Tempo de curar.

Tempo de destruir,
Tempo de construir;
Tempo de chorar,
Tempo de rir.
Tempo de prantear,
Tempo de dançar;
Tempo de beijar,
Tempo de se conter!

Tempo de encontrar,
Tempo de perder;
Tempo de guardar,
Tempo de lançar fora,
Tempo de rasgar,
Tempo de coser;
Tempo de calar,
Tempo de falar.

Tempo de amar,
Tempo de odiar;
Tempo de guerra,
Tempo de paz.
Então, divirta-se
Mas lembre-se...
Deus é soberano;
É ELE quem determina.[17]

---

[17] Esse trecho pode ser cantado com a música "Sailing", de Gavin Sutherland, popularizada na voz de Rod Stewart, na década de 1970.

A maioria dos leitores não percebe o versículo-chave ao final da poesia, quando o texto retorna à prosa. Lemos que o próprio Deus "tudo fez formoso em seu tempo". Sendo assim, a ênfase geral não está na decisão humana, mas no decreto divino. A tradução para o português da versão da New English Bible é a seguinte: "Tudo que acontece neste mundo, acontece no tempo que Deus determinar".

É essa perspectiva que traz luz ao nosso pessimismo a respeito da vida. Quando acreditamos que nossas vidas estão nas mãos de Deus e que ele sabe o tempo certo para dançarmos ou chorarmos, então vemos que tudo o que acontece conosco não é obra do acaso, mas parte da escolha de Deus para nós. Nossas vidas são como uma peça de tapeçaria que Ele mesmo está tecendo.

Alguns acreditam que essa perspectiva é fatalista, que sugere um destino impessoal que ninguém pode alterar. Isso, no entanto, é bem diferente de Deus escolher livremente o que ele permite que aconteça conosco. Nosso livre arbítrio nunca se sobrepõe ao de Deus. Ele agirá em todas as coisas para alcançar os seus propósitos. Ele nos convida a escolher o seu caminho, render os nossos desejos ao seu controle soberano. A responsabilidade pelas escolhas que fazemos e pela forma como vivemos é nossa.

Essa abordagem à vida reflete-se em outros pontos da Bíblia. Somos encorajados a avaliar todos os nossos planos à luz da vontade soberana de Deus. Todos os planos são feitos "se Deus quiser". Meu pai tinha um ditado favorito: "A vida é longa o bastante para viver o propósito de Deus, mas curta demais para desperdiçar um momento sequer". Essa é a mensagem do capítulo 3. Nosso tempo está nas mãos do Pai, e ele decidirá o que é melhor para nós no futuro.

A outra passagem com um forte senso da presença de Deus está nos capítulos 11 e 12. Na versão da Bíblia viva:

> Se uma pessoa chegar à velhice, deve se alegrar em todos os dias de sua vida. Mas deve lembrar também que a eternidade é muito mais comprida; quando se compara a vida com a eternidade, o que fazemos aqui não vale nada!
>
> Rapaz, como é maravilhoso ser jovem! Aproveite a sua mocidade, mas aproveite mesmo! Faça tudo o que tiver vontade de fazer e conhecer. Experimente tudo, mas lembre de uma coisa: você vai ter de dar conta a Deus de tudo o que fez.
>
> Deixe de lado a dor e a tristeza, mas lembre de que o jovem, com toda a vida pela frente, comete muitos erros graves. Não deixe o entusiasmo da mocidade fazer com que você esqueça o seu Criador.
>
> Honre a Deus enquanto você é jovem, antes que os dias maus cheguem, quando você não vai mais ter alegria de viver.
>
> Quando seus olhos estiverem tão fracos que não poderão perceber a luz do sol, da lua e das estrelas, vai ser tarde demais para uma vida ativa de serviço e se lembrar de Deus.
>
> Vai chegar um dia em que os seus braços tremerão de velhice e as suas pernas que hoje são firmes e fortes ficarão fracas. Os dentes vão cair e você não poderá mastigar direito. Os seus olhos ficarão cansados e fracos.
>
> Os seus lábios, murchos, ficarão bem fechados enquanto você tenta mastigar sua comida! Você vai acordar com o barulho dos pássaros mas não ouvirá direito e mal conseguirá falar, com voz tremida.

Você vai ter medo de lugares altos, medo de cair. Vai ser um velho de cabelos brancos, de rosto murcho, que anda se arrastando; já não vai ter o vigor físico, e verá a morte de perto, aproximando-se cada vez mais de sua casa eterna. Depois atrás do seu caixão, muita gente vai seguir, chorando.

Sim, lembre-se do seu Criador agora, enquanto você é jovem, antes que o fio de prata da vida seja cortado; antes que o copo de ouro se quebre; antes que o vaso se quebre junto à fonte e a roda se parta junto ao poço; antes que o pó volte à terra de onde veio e o espírito volte a Deus que o deu.

Tudo é uma ilusão, diz o Professor; uma grande tolice.

Mas, porque era sábio, o Professor continuou ensinando aquilo que sabia a outras pessoas; ele reuniu muitos provérbios e ditados. Além de ser sábio, o Professor sabia ensinar, e além de ensinar o que sabia, ele fazia isso de um modo agradável e interessante.

As palavras do homem sábio nos forçam a tomar uma atitude. Elas explicam claramente verdades muito importantes. Os alunos que aprendem bem o que os professores ensinaram serão sábios.

Mas meu filho, saiba logo: há tantas opiniões diferentes que é impossível contar. Você poderia estudar essas opiniões por toda a sua vida, ficar cansado de estudar, sem chegar ao fim!

Esta é minha conclusão final: respeite a Deus e obedeça os Seus mandamentos. Isso é o resumo do que o homem deve fazer. Porque Deus vai julgar todos nós por tudo o que fazemos, até por aquelas coisas que ninguém conhece, sejam elas boas ou ruins.

Nessa passagem final há alguns pontos que merecem atenção especial.

Lembre-se!
Salomão pediu aos seus ouvintes, especialmente os jovens, que se lembrassem de Deus. É provável que esse conselho tenha se originado de sua própria experiência – Cântico dos cânticos, por exemplo, não faz menção a Deus. Ele estava dizendo que não teria passado pelo trauma de buscar o sentido da vida se tão somente tivesse se lembrado de Deus mais cedo em sua vida.

Tema!
Ele pediu aos ouvintes que temessem a Deus. A literatura de sabedoria bíblica nos diz com frequência que o temor do Senhor é o princípio da sabedoria. Se de fato tememos a Deus, não temos medo de nada, nem de ninguém. Devemos temer a Deus, porque prestaremos conta da vida que ele nos concedeu.

Jesus disse aos seus seguidores para não temerem aqueles que podem matar o corpo; mas, em vez disso, que temessem "aquele que, depois de matar o corpo, tem poder para lançar no inferno" (Lucas 12). Se as pessoas fora da igreja não temem a Deus, é porque as que estão dentro também não o temem.

Obedeça!
Salomão sabia que não tinha obedecido a Deus como deveria. Contudo, ele instruiu os leitores a cuidarem de obedecer a Deus. Agora ele entendeu que Deus estabelecera as leis para o nosso bem, não como "estraga-prazeres" da vida, mas para nos ajudar a aproveitá-la ao máximo. Ele se referiu a isso como "o dever de todo homem" (capítulo 12). Nossas responsabilidades são mais importantes que nossos direitos.

Conclusão

Salomão coletou e colecionou provérbios, mas também se envolveu com muitas outras filosofias. Nesse processo, ele dedicou-se exageradamente à leitura, o que eventualmente se tornou uma decepção. Grande parte da futilidade encontrada no livro de Eclesiastes se deve a essas outras filosofias. O livro mostra os limites da sabedoria humana e serve como um lembrete salutar do tipo de pessoa que nos tornaremos se não descobrirmos a maneira de viver que agrada a Deus.

Deus incluiu esse estranho livro na Bíblia porque ele nos permite examinar as ideias enganosas paralelamente às boas e verdadeiras. O livro nos confronta com uma perspectiva de vida pessimista e fatalista, mostrando-nos o melhor que o pensamento humano pode produzir.

Ele nos diz que se não compreendemos o sentido da vida através da perspectiva do céu e do mundo futuro, só nos resta desilusão, decepção e depressão.

Obviamente, o restante da Bíblia não nos permite estagnar diante do pessimismo desse livro. O Novo Testamento, por exemplo, afirma que Cristo é nossa sabedoria. Por meio dele descobrimos tanto a razão quanto a forma pela qual devemos viver.

João 17 nos diz que a verdadeira vida é conhecê-lo. Ele é o Alfa e Ômega, aquele que, de fato, confere significado e propósito à vida.

16.
JÓ

Introdução

Muitas expressões que conhecemos e usamos no dia a dia têm origem no livro de Jó. Uma pessoa que demonstra força de espírito diante de grande sofrimento, por exemplo, é alguém com "paciência de Jó". Costumamos dizer "quem precisa de amigos quando se tem amigos assim", referindo-nos àquelas pessoas cujas palavras fazem com que o sofredor se sinta pior, como os "amigos de Jó".

O serviço fúnebre anglicano usa uma frase do trecho inicial do livro: "O Senhor o deu, e o Senhor o levou: bendito seja o nome do Senhor". Os amantes da música reconhecerão o refrão "Eu sei que o meu Redentor vive", usada por Handel em sua obra *O Messias*. No entanto, apesar da familiaridade com alguns versículos de Jó, o livro como um todo não é muito conhecido. A maioria das pessoas não consegue entender o propósito do livro e tampouco é capaz de encaixar as passagens conhecidas num contexto apropriado.

É possível que o livro de Jó seja, hoje, um dos livros mais antigos de que se tem registro, embora não seja fácil datá-lo. Sabemos que ele remonta à época de Abraão, porque muitos detalhes do livro caberiam somente naquele período. O autor usa o nome *Yahweh* para referir-se a Deus, assim como o faz Moisés, mas não há sinais do êxodo, da aliança no Sinai ou da lei de Moisés – eventos cuja relevância marcaram o Antigo Testamento.

Os leitores de Jó são imediatamente confrontados com uma pergunta que determina a maneira pela qual eles leem o livro. É fato, é ficção ou uma combinação de ambos – uma "facção"?

Fato?

Os que acreditam que a narrativa seja um fato enfatizam que outros escritores bíblicos tratam Jó como uma pessoa real. Ezequiel o coloca juntamente com Noé e Daniel, como um dos homens mais íntegros que já viveram. No Novo Testamento, Tiago refere-se à perseverança de Jó como um exemplo para seus leitores.

O capítulo de abertura também revela que Jó vivia "na terra de Uz". Embora a localização de Uz seja incerta, podemos assegurar que Jó vivia na Bacia Mesopotâmica, nas proximidades dos rios Tigre e Eufrates, na direção de Damasco.

A sequência da história também sugere uma pessoa real. As reações de Jó aos desastres que enfrenta são realistas e as descrições de seus sentimentos pessoais parecem autênticas. Suas discussões com a esposa são o que normalmente poderíamos esperar, e os comentários de seus amigos e os argumentos que se seguem parecem verdadeiros. O fato de ser proprietário de uma quantidade expressiva de gado condiz com o status de um fazendeiro rico.

Ficção?

Muitos não são persuadidos por esses argumentos. Apesar da plausibilidade de tantos elementos do livro, o leitor tem a sensação de que há algo que não parece verdadeiro.

Vejamos, por exemplo, os acontecimentos do primeiro capítulo. Há quatro desastres consecutivos, cada um deles deixando apenas um sobrevivente que retorna a Jó para descrever o incidente. É um abuso de credulidade pensar que todos os quatro desastres deixaram apenas um sobrevivente e que cada um deles escolheria as mesmas palavras: "E eu fui o único que escapou para lhe contar!".

O final feliz também parece forjado. Jó perde todos os filhos na primeira cena. No entanto, na última cena, ele é retratado com exatamente o mesmo número de filhos (nascidos depois da desgraça) – sete meninos e três meninas. Espera-se, obviamente, que nos alegremos com o final feliz, quase como se a perda de seus primeiros filhos fosse insignificante para Jó. Isso nos leva a indagar: "Certinho demais para ser verdade? Devemos aceitar isso como fato?".

Questionamentos quanto à base factual do livro também surgem quando consideramos as falas, pois todas elas estão registradas em poesia hebraica. Já observamos na Parte I que a poesia é uma forma artificial de discurso. Não era usada na conversa e, certamente, não foi usada na discussão dos importantes temas analisados por Jó e seus amigos. No entanto, todos os "consoladores" de Jó falam através de poemas soberbamente elaborados, o que levanta a questão: "Quem colocou a poesia no papel?". Ou aceitamos que todos os seus amigos eram brilhantes poetas dotados de memórias fantásticas ou teremos que pensar numa explicação alternativa.

"Facção"?

A única solução que faz sentido é afirmar que o livro de Jó é facção – ou seja, é baseado em fatos, mas esses fatos foram ampliados e floreados. Sendo assim, Jó é uma pessoa real que precisa aceitar a desgraça e o sofrimento contínuo, sem, contudo, deixar de crer no Deus da Bíblia.

O livro de Jó, portanto, se assemelha a algumas peças de William Shakespeare, que usava fatos históricos básicos sobre pessoas, como Henrique V, e produzia peças que destacavam as motivações íntimas dos personagens. Um exemplo mais moderno seria a peça *A Man for All Seasons* [O homem que não vendeu sua alma], de Robert Bolt, baseada na vida de Sir Thomas More. Bolt capta a essência das questões enfrentadas pelo homem, mas a plateia sabe que o resultado final não corresponde aos acontecimentos reais.

Literatura

O livro de Jó está escrito em poesia hebraica, cuja beleza está no sentido e na repetição – e não no som. É uma grande obra da literatura e desafia qualquer tentativa de lhe impor rótulos. Reúne poesia épica, drama e debate, e apresenta um enredo intrigante e diálogos profundos. Não surpreende, portanto, que o livro tenha sido tão admirado por algumas das mentes mais notáveis. Thomas Carlyle afirmou: "É um livro nobre", Alfred Lord Tennyson o descreveu como "o mais notável poema de eras antigas ou modernas, e Martin Luther King declarou: "É mais magnífico, sublime que qualquer outro livro das Escrituras". O livro foi colocado em pé de igualdade com as obras de Homero, Virgílio, Dante, Milton e Shakespeare, como uma das maiores peças da literatura de todos os tempos.

Filosofia

O livro de Jó, no entanto, é mais do que uma grande obra da literatura – é também uma obra de filosofia. Traz as perguntas sobre as quais os filósofos têm ponderado em toda a história da humanidade: Por que estamos aqui? Qual é o sentido da vida? De onde veio o mal? Por que as pessoas boas sofrem? Deus se envolve com os assuntos deste mundo? Ele está interessado e se importa?

Jó abrange todos esses temas, mas, de forma especial, a pergunta "Por que as pessoas boas sofrem?". É evidente que Jó era um bom homem, mas vivenciou a mais desalentadora tragédia. O livro fala da razão pela qual isso aconteceu.

Teologia

Jó também é um livro de teologia. A filosofia pode lidar com as grandes indagações de forma abstrata, mas a teologia relaciona essas questões a Deus. É importante observar desde o início que somente aqueles que veem Deus a partir de uma perspectiva específica demonstram dificuldades de lidar com o tema do sofrimento. Se você acredita que Deus é perverso, então, não vê problema algum no sofrimento, pois já espera que um Deus perverso o faça sofrer. A problemática surge quando você acredita que Deus é bom. Ou talvez você creia que Deus é bom, mas fraco, e, portanto, incapaz de qualquer gesto para ajudá-lo. Dessa forma, com base na lógica, você não deve ter problemas para encarar o sofrimento, visto que um Deus fraco pode demonstrar empatia, mas não pode ajudar. Somente quando cremos que Deus é capaz de ajudar e, também, bom por natureza é que o tema "sofrimento" se torna um problema.

Muitos "teólogos modernos", na tentativa de se esquivar da questão do sofrimento, acabam usando uma dessas duas abordagens: Deus pode ser mau e talvez esteja pregando peças em nós ou ele é fraco demais para influenciar qualquer situação. Fica claro, no entanto, que o autor do livro de Jó crê:

1. Que existe um Deus
2. Que ele se relaciona com as suas criaturas
3. Que ele é o Criador onipotente e Todo-poderoso
4. Que ele é bom, amoroso e compassivo

Ao mesmo tempo, no entanto, o livro descreve a situação de Jó, que parece desafiar tais convicções. Ao leitor, resta a oportunidade de ver como Jó lida com esse conflito e como Deus se dá a conhecer em meio a tudo aquilo.

Literatura de sabedoria

É importante que também compreendamos que o livro de Jó é parte da "literatura de sabedoria" da Bíblia cristã, juntamente com Provérbios, Salmos, Eclesiastes e Cântico dos cânticos. Na Bíblia hebraica, esses livros são chamados de Escritos – uma coleção variada de textos que surgiram no período profético, mas que não são vistos como profecia. Observar o livro de Jó a partir dessa perspectiva nos ajuda a interpretá-lo corretamente, pois algumas afirmações na literatura de sabedoria podem ser incorretas. Vou explicar em mais detalhes.

Em primeiro lugar, nem tudo na literatura de sabedoria está correto. Ela inclui passagens que retratam os homens lutando com questionamentos. Essas afirmações nem sempre refletem a mente de Deus, mas foram registradas para demonstrar os argumentos apresentados pelos homens. Dessa forma, se conseguimos identificar seu propósito, podemos interpretá-las sem qualquer dificuldade. Elas existem para nos mostrar como as pessoas lidam com o sofrimento. Contudo, usá-las fora do contexto, como se expressassem a mente de Deus sobre o tema, seria o cúmulo da loucura. Cada afirmação da Bíblia deve ser vista no contexto do livro onde ela aparece. A mensagem do livro como um todo determina o sentido de qualquer afirmação ali presente.

Em segundo lugar, é importante observar que a literatura de sabedoria é geral, não específica. Isso quer dizer que as palavras de sabedoria nem sempre são consideradas verdades a serem aplicadas a todas as situações. O livro de Provérbios, por exemplo, não é uma lista de promessas, mas inclui ditados que são verdades gerais.

Se você tentar alegar que as afirmações são verdadeiras e aplicáveis a todas as situações, ficará decepcionado. Encontramos aqui a chave para entender o problema que Jó e seus amigos enfrentaram. Eles conheciam os provérbios que indicavam que o sofrimento é consequência de uma conduta ímpia e perversa. Isso costuma ser verdade, mas nem sempre, e Jó faz parte do "mas nem sempre". O livro de Jó está tentando lidar com as exceções à regra.

Uma perspectiva judaica

Precisamos ter em mente a grande diferença existente entre a compreensão que judeus e cristãos têm desse livro. O judeu do Antigo Testamento era incapaz de ver os problemas da vida temporal à luz da eternidade. Ele acreditava que a justiça de Deus deveria ser vista nesta vida, uma vez que pessoas tanto más quanto boas teriam o mesmo destino: o Sheol – o local da existência sombria onde dormiam os espíritos que partiram.

Os cristãos, é claro, têm uma perspectiva totalmente diferente do sofrimento presente. À luz da obra de Cristo, eles enxergam o panorama celestial. O sofrimento neste mundo é pequeno comparado à vida que será desfrutada no céu.

Assim, em todo o livro de Jó, temos apenas pistas sobre a vida após a morte. Apesar de declarar que verá a Deus quando estiver morto, Jó, certamente, não entende como isso se dará, tampouco retoma o assunto posteriormente.

A estrutura do livro

A incrível tensão criada logo na introdução se sustenta em todo o livro. Deus faz uma aposta com Satanás, e essa aposta é efetivada no corpo de Jó. Em nenhum momento, contudo, Jó tem conhecimento disso. Esse segredo, revelado ao leitor, portanto, ajuda a formar as conjecturas, enquanto Jó enfrenta os dilemas de sua situação.

Tal enredo apresenta elementos extremamente perigosos, que fazem sugestões a respeito do caráter e dos atos de Deus, particularmente seu relacionamento com Satanás, algo que deveria ser o cúmulo da blasfêmia se não fosse verdade: o próprio Deus foi o responsável pelo ataque de Satanás a esse bom homem.

Vamos analisar agora como o livro é estruturado:

O PRÓLOGO (**capítulos 1–2**) (prosa)
Dois *rounds*: Deus *versus* Satanás.

O DIÁLOGO (**3.1–42.6**) (poesia)
1. Humano (**3–37**)
    (a) Elifaz, Bildade, Zofar (**3–31**)
        (i) Primeiro *round* (**3–14**)
        (ii) Segundo *round* (**15–21**)
        (iii) Terceiro *round* (**22–31**)

    (b) Eliú (32–37) – Um monólogo

2. Divino (38.1–42.6)
        (i) Primeiro *round* (38–39)
        (ii) Segundo *round* (40.1–42.6)

O EPÍLOGO (42.7-17) (prosa)
Rounds finais: Deus *versus* Jó

O livro de Jó divide-se como um sanduíche. A prosa são as fatias de "pão", com a história e o pano de fundo no início e no fim, enquanto a poesia é o "recheio", com o diálogo de Jó e seus três amigos e com um jovem que surge quando os amigos partem.

O epílogo traz a resolução do conflito. É um final feliz, com um elemento incomum.

Dois enredos

Dois enredos estão habilmente entrelaçados – um celestial e um terreno. Os eventos que ocorrem na terra resultam de algo já ocorrido no céu – assim como no livro de Apocalipse há guerra na terra imediatamente após uma guerra no céu.

O enredo divino
O livro começa com o enredo celestial – Deus se encontra com Satanás no céu. Satanás era um anjo cuja função era relatar os pecados dos homens. Ele era o advogado de acusação, que percorria a terra a fim de relatar a Deus como eram os seres humanos. Na época de Jó, Satanás havia atingido tal nível de cinismo, que não conseguia acreditar que qualquer pessoa amasse a Deus pelo que ele era. Ele pensava que as pessoas somente amavam a Deus por aquilo que poderiam obter dele.

Ocorre, portanto, uma discussão entre Deus e Satanás, na qual Satanás defende exatamente esse ponto. Deus pergunta a Satanás se ele havia notado Jó em sua visita à terra. Deus afirma que o amor de Jó não estava condicionado às bênçãos que recebia do Senhor.

A resposta de Satanás, carregada de cinismo, alega que se Deus retirasse sua bênção, Jó eventualmente o amaldiçoaria, assim como fazem todos os outros homens. Nesse momento, a aposta celestial é feita.

A chave para todo bom drama é a tensão. Embora o leitor tenha conhecimento da aposta celestial, Jó a desconhece. Se ele soubesse, o teste não seria válido.

Essa interação nos ensina lições importantes a respeito de Satanás. Em primeiro lugar, está implícito que ele não pode estar em mais de um local ao mesmo tempo. Ele não é onipresente. Portanto, enganam-se as pessoas que afirmam estar sendo incomodadas por Satanás simplesmente porque algo trivial deu errado. Ele costuma ter coisas mais importantes a fazer com outras pessoas! O que alguns consideram "ataque satânico" deveria ser mais apropriadamente chamado de "ataque demoníaco". As forças de Satanás estão em ação por todo o mundo, mas isso não significa que o próprio Satanás esteja pessoalmente envolvido.

Esse engano a respeito de Satanás pode ter sua origem no fato de que, a exemplo do pensamento grego, nós também dividimos o mundo em "natural" e "sobrenatural". Presumimos que Satanás deve ser sobrenatural e, assim, o colocamos em equivalência com Deus, como se ele fosse igual em poder e autoridade. Deveríamos, sim, dividir o mundo como a Bíblia o faz: de um lado o Criador e do outro, suas criaturas (Satanás, entre elas). Satanás não é onipotente, onisciente ou onipresente; ele é uma simples criatura.

Em segundo lugar, Satanás precisa da permissão de Deus para atacar Jó. Satanás não pode tocar uma pessoa que pertença a Deus a menos que Deus lhe dê tal permissão. No Novo Testamento, Deus promete a todos os que creem que eles jamais serão tentados acima do que são capazes de suportar, pois ele controla o tentador.

O enredo humano

A parte mais longa do livro descreve o debate entre Jó e seus amigos. A pergunta-chave apresentada é: "Por que Jó está sofrendo mais do que as outras pessoas?".

Há dois pontos de vista:
a. Os amigos têm certeza de que o sofrimento veio sobre Jó porque ele estava vivendo em pecado.
b. Jó tem certeza absoluta de que não estava pecando, e declarou sua inocência.

Como o leitor sabe que Jó está certo, o diálogo está carregado de tensão.

A estrutura de duplo-enredo do livro nos recorda que, quando se trata de entender a razão para o sofrimento, nenhum de nós consegue ver todas as perspectivas. Muito além de apenas procurar conhecer os motivos, todos são confrontados com uma pergunta mais abrangente: Posso continuar a crer em um Deus bom quando tudo está dando errado? O livro de Jó oferece uma resposta a essa pergunta.

Esse assunto pode ser esclarecido quando respondemos à pergunta "Qual foi a maior dor que Jó sofreu?":

- Física? Ele foi afligido com feridas da cabeça aos pés, estava cansado e abatido, e sofria intensa dor física.
- Social? Sua aparência física, somada ao fato de que toda a comunidade sabia de sua recente tragédia, o tornou um pária social. Ele se sentou sobre um monte de cinzas na extremidade da cidade, e as pessoas atravessavam a rua para não falar com ele. Até os adolescentes zombavam dele.
- Mental? Ele enfrentou o desconforto mental de não saber a razão pela qual essas desgraças lhe sobrevieram, especialmente porque aparentemente não havia nada em seu passado que indicasse uma razão.
- Espiritual? Sua dor espiritual era muito maior que qualquer outra, pois ele sentia ter perdido contato com Deus. Ele clamava, na expectativa de encontrá-lo, falar com ele e até contestá-lo! Essa era a verdadeira dor, a mais profunda. A agonia do sofrimento é agravada se sentimos que Deus está distante e não se importa mais. (Entretanto, quando Jó finalmente conseguiu falar com Deus, as coisas não sucederam como ele havia imaginado.)

O prólogo

O prólogo nos apresenta os personagens da história:

Deus
Deus (chamado *Yahweh*) desencadeia toda a série de eventos ao desafiar Satanás.

Satanás
Satanás é o advogado de acusação. No texto hebraico ele é chamado "o satanás", que significa "o acusador"; "satanás" ainda não é um nome próprio.

Jó
Jó é descrito como "íntegro e justo; ele temia a Deus e evitava o mal". Esses dois elementos caminham juntos: o temor a Deus conduz ao afastamento do pecado. Se lhe falta temor a Deus, você não se incomoda tanto com o pecado. Deus claramente se agrada da devoção de Jó e o abençoa com filhos, bens e saúde.

A mulher de Jó
É difícil escrever sobre a mulher de Jó sem parecer negativo! O texto a descreve como "uma insensata", indicando que ela é insensível à condição de Jó. Ela insiste que ele "amaldiçoe a Deus e morra!". Exatamente quando Jó precisava de apoio e auxílio, ela é a primeira a lhe trazer dor, afirmando que Deus o abandonara e, logo em seguida, fazendo o mesmo.

Os amigos de Jó
Os três amigos de Jó são mais velhos do que ele. O texto diz que eles se assentaram com Jó e não proferiram uma só palavra durante sete dias.

O diálogo humano

Jó finalmente quebra o silêncio e amaldiçoa o dia em que nasceu. Desejava ter nascido morto e ter sido levado ao Sheol – o lugar do pós-vida sombrio e inconsciente para onde vão os espíritos que partiram, conforme acreditavam as pessoas dos tempos do Antigo Testamento. Ali, pelo menos, ele estaria em paz, e não em constante dor. São palavras tristes, carregadas de autocomiseração, embora em nenhum momento ele cogitasse tirar a própria vida.

Cada um de seus três amigos fala três vezes, mas, para efeito de análise, agruparemos seus discursos.

Elifaz

As palavras de Elifaz sugerem que ele era um político de mais idade – um homem piedoso e místico. Diferente dos outros amigos de Jó, sua abordagem foi gentil. Acreditava que Jó estava sendo punido porque tinha pecado. Elifaz fundamentou seu ponto de vista na doutrina ortodoxa de recompensa e punição, na história em si e na sabedoria que se adquire com o tempo. Em poucas palavras: se Jó não tinha pecado, então por que estava sendo punido?

Ele também fez referência a uma visão que teve, que lhe trouxe a confirmação de que, tendo em vista o comportamento de Jó, seu castigo era bem merecido. Ele explicou que, porque a natureza humana é inerentemente má, ninguém poderia alegar inocência perante Deus. Visto que somos todos pecadores, Jó deveria apenas admitir que o pecado era a razão para sua dor. Quando Jó indagou por que ele sofria mais do que os outros, Elifaz lhe disse que o sofrimento era a maneira de Deus torná-lo uma pessoa melhor.

Embora o conselho fosse muito gentil, Jó não o aceitou, e, por isso, Elifaz usou argumentos mais enfáticos, alegando que Jó era teimoso por insistir em sua inocência e que demonstrava irreverência e desejo de enfraquecer a crença religiosa. Elifaz claramente se ressentiu da aversão de Jó a seus pontos de vista e sua compaixão inicial acaba dando lugar para o sarcasmo. Ele argumentou que uma vez que todos nós somos depravados, não poderíamos reclamar do sofrimento. Os ímpios não prosperariam e, mesmo que isso acontecesse, eles não seriam felizes – somente teriam aparência de felizes.

Finalmente, como Jó não esboçou uma reação, Elifaz passou a falar da transcendência de Deus. Ele alegou que Deus era grande demais para que se envolvesse, portanto Jó não deveria esperar que ele demonstrasse qualquer interesse. Um Deus transcendente não poderia ser incomodado com os detalhes da vida de cada indivíduo.

Bildade

O nome Bildade, na verdade, significa "querido de Deus", mas suas palavras não correspondem ao seu nome. Tradicionalmente, em tal situação, a pessoa com mais idade falaria primeiro, e Bildade era claramente um pouco mais jovem que Elifaz – teria, provavelmente, em torno de 50 anos de idade.

Bildade era o "teólogo" dos três e um tradicionalista por excelência. Ele abusou de clichês, jargões e fórmulas, e demonstrou muito pouca paciência ou compaixão por Jó. Disse a Jó que ele perdera os filhos porque eram todos pecadores que mereciam a ira de Deus. Bildade acreditava em um universo moral, sendo a lei de causa e efeito aplicada à nossa vida moral assim como à nossa vida material.

De acordo com Bildade, se você peca, você sofre, portanto Jó devia ser um pecador e tanto. Não surpreende que, no decorrer do diálogo, seu relacionamento com Jó tornou-se cada vez mais tenso.

Finalmente, Bildade acusou Jó de estar falando asneiras.

Ele se apoiou na onipotência de Deus, perguntando se Jó havia se esquecido de que Deus era Todo-poderoso. Sendo Deus maior do que nós, não podemos discutir com ele, então, por que não aceitar simplesmente?

Seu ponto-chave é semelhante ao argumento apresentado por Elifaz: A onipotência de Deus é a resposta.

Zofar

O homem que fala com Jó a seguir é o mais dogmático dos três. Era mais jovem que os dois primeiros, porém, ainda um homem de meia-idade. Podemos chamar Zofar de "Zé Brusco", um tanto quanto dogmático, que falava o que pensava, pois ele acusou Jó de usar as palavras para encobrir sua culpa ou justificar-se. Alegou que mesmo se Jó não estivesse pecando conscientemente, deveria estar pecando inconscientemente. Ele insultou Jó e insistiu que ele escolhesse entre o caminho largo e o estreito, ou seja, o caminho da iniquidade ou o caminho da justiça. Admitiu estar perplexo com a prosperidade do ímpio, mas alegou que ela teria vida curta. Visto que a prosperidade teria abandonado Jó, é possível presumir que ele fosse um homem ímpio. Zofar ajudou Jó a lembrar-se de que Deus era onisciente e, portanto, conhecia os pecados dos quais Jó não tinha consciência.

***

Os argumentos dos três "amigos" de Jó têm muito em comum. Eles presumem que vivemos em um universo moral de causa e efeito e tentam forçar os fatos para que se encaixem em suas convicções. Eles se apoiam na doutrina e, de forma insensível, tentam impô-la a Jó. Na realidade, seus argumentos são exemplos de como não tratar a doutrina bíblica! Precisamos nos ater firmemente a doutrinas claras, mas também precisamos ser cuidadosos na maneira de aplicá-las aos casos individuais. Algumas vezes, por exemplo, é correto afirmar que uma pessoa não é curada por sua falta de fé, mas é necessário que se tenha uma sabedoria razoável para saber quando essa máxima deve ser aplicada a uma pessoa em especial. Um grande dano pode ser causado se não formos sábios.

Tendo observado tudo isso, os discursos dos três amigos não são completamente ruins e contêm pistas da resposta definitiva que Deus dará.

Jó

Jó fez nove discursos: três para Elifaz, três para Bildade e três para Zofar. Nesses discursos, Jó disse, basicamente, que Deus era responsável pelo seu sofrimento. Ele explicou que não poderia se arrepender porque não tinha consciência de nenhum pecado. Ele procurava viver em retidão aos olhos de Deus.

Podemos observar que os discursos apresentam uma evidente evolução ou desenvolvimento. É possível detectar uma ousadia crescente, tanto no que ele disse aos seus amigos, quanto no que gostaria de dizer a Deus.

Há uma alternância clara entre o desespero e a melancolia de um lado, e entre a confiança e a esperança do outro. Tais alterações de humor costumam ser características de pessoas que estão enfermas. Às vezes, Jó tinha esperança de que as coisas iriam acabar bem e, em outros momentos, temia que tudo piorasse. Ele pediu a Deus que o deixasse em paz e, no entanto, falou franca e honestamente com ele. Queria colocar Deus no banco dos réus e afirmou ser capaz de vencer um caso contra ele. Deu indícios de que cria na vida após a morte, mas é difícil dizer se isso fazia parte de um humor flutuante ou de uma firme convicção.

Dois capítulos se destacam nos discursos de Jó. O

primeiro deles é o capítulo 28 – um cântico sobre a sabedoria. A sabedoria é descrita como uma mulher a ser desejada, assim como Salomão a descreve no livro de Provérbios. Jó falou nostalgicamente do tempo em que era respeitado e suas palavras tinham valor.

A outra passagem que se destaca é o capítulo 31 – um protesto pela inocência de Jó. Ele relembra sua integridade evidenciada em diferentes áreas da vida. Concorda que se tivesse violado esses padrões, o castigo seria justo; mas protesta, alegando que não o fez. Ele garante não haver razão para seu castigo.

Esse discurso final chega a um beco sem saída. Elifaz, Bildade e Zofar o deixam e são substituídos por um jovem chamado Eliú, que ouvia os argumentos de Jó.

Eliú

Eliú tinha a arrogância dos jovens. Ele afirmou ser hesitante no falar, mas parecia incapaz de parar de falar. Ofereceu a Jó suas ideias mais recentes sobre o assunto, mas, no fim das contas, nada tinha a dizer. Eliú refutou os argumentos de Jó, mas sua abordagem era a mesma dos três oradores anteriores – ele tentou convencer Jó de seu pecado.

Ele afirmou que Deus salvava as pessoas de si mesmas de três maneiras: visões, sonhos durante a noite e, às vezes, enfermidades. O sofrimento que Jó estava enfrentando era o método escolhido por Deus para ele. Deus estava ajudando Jó a acertar seu caminho antes de morrer. Jó não se dignou a responder o discurso e, assim, Eliú, finalmente, também foi embora.

Observamos anteriormente que a literatura de sabedoria deve ser interpretada com cuidado. Algumas das afirmações feitas pelos quatro "consoladores" eram evidentemente falsas, pois eles falavam de coisas que não compreendiam totalmente. Sob outros aspectos, no entanto, o que afirmavam era verdade; o erro estava na maneira como aplicaram sua visão. Eles usaram o provérbio "O que o homem semear, isso também colherá" e presumiram que ele deveria ser aplicado à situação de Jó.

Seu apelo ao caráter de Deus também era inapropriado. Eles interpretaram mal a maneira como isso se aplicava a Jó. Elifaz apelou à transcendência de Deus, afirmando que ele era maior do que nós e distante demais para se importar conosco. Bildade apelou ao poder de Deus e Zofar ao conhecimento que Deus tem de todas as coisas.

Assim, os amigos estavam parcialmente certos, como Jó viria a descobrir mais tarde, mas, se consideradas no todo, as respostas que lhe ofereceram foram inadequadas.

O diálogo divino

Primeiro round: o Criador

Em seus discursos, Jó, por 36 vezes, pediu a Deus que falasse com ele. Agora, seu desejo foi atendido. Nas duas ocasiões em que Deus falou com Jó, ele o fez por meio de uma tempestade. Há bastante humor na forma como Deus se dirigiu a Jó. Deus o relembrou de que era o Criador de todas as coisas. Ele discorreu sobre seu assombroso ato de criação e sustentação do mundo, indagando se Jó poderia fazer obra equivalente. Concluiu perguntando se Jó estava na condição de juiz, dizendo-lhe que era impertinente da parte de Jó acreditar que Deus deveria lhe dar explicações. Jó sentiu-se muito pequeno.

No final, Jó respondeu: "Sou indigno; como posso responder-te? Ponho a mão sobre a minha boca. Falei uma vez, mas não tenho resposta; sim, duas vezes, mas não direi mais nada".

Segundo round: as criaturas

No segundo round, Deus não falou de si mesmo como Criador, mas de duas de suas criaturas. Mais uma vez, o diálogo estava cheio de humor. Ele perguntou o que Jó pensava sobre o hipopótamo ("beemote") e o crocodilo ("leviatã"), como se as respostas às grandes perguntas sobre a vida pudessem ser encontradas nessas extraordinárias criaturas!

Jó estava sendo relembrado de que não poderia entender Deus. Ele não conseguiu entender o mundo animal, que diria o mundo moral? Desse modo, o ponto central do discurso de Deus era: "Por que você está tentando discutir comigo?".

Jó respondeu que Deus conhecia todas as coisas, que nenhum de seus planos podia ser frustrado. Ele percebeu naquele momento que seu questionamento a respeito de Deus era totalmente inapropriado, assim, humilhou-se e arrependeu-se no pó e nas cinzas.

Embora o encontro com Deus fosse humilhante para Jó, o cerne de seu problema foi tratado, pois ele voltou a estar em contato com Deus. Esse diálogo traz um clímax magnífico, até inesperado, para o livro.

O epílogo

Quando Jó aceita o fato de que não deve rejeitar o tratamento de Deus, o texto muda da poesia para a prosa. Deus lhe devolve os filhos (sete filhos e três filhas), a propriedade e os rebanhos de camelos e ovelhas, para que Jó seja muito mais rico e feliz do que jamais foi. Deus vindica seu servo.

O Senhor, entretanto, tem críticas profundas aos três amigos de Jó. Ele afirma que os amigos não se dirigiram a Jó da forma correta, o que indica que não devemos citar seus discursos como se fossem verdade.

O aspecto fascinante a respeito dos dois rounds entre Deus e Jó é que Deus não lhe oferece qualquer resposta às suas perguntas, nem mesmo lhe conta sobre sua aposta com Satanás. Deus tinha suas razões para permitir que Jó sofresse, e não era bom que Jó soubesse o que havia acontecido no céu.

Conclusões

É válido observar que é possível chegar a conclusões múltiplas sobre o livro de Jó.

Conclusões judaicas

Um leitor judeu chegaria às seguintes conclusões a respeito do livro:

1. Não há uma correlação clara entre o pecado e o sofrimento nesta vida.
2. Deus permite todo sofrimento.
3. É possível que jamais saibamos a razão. O sofrimento pode ser enviado a nós como castigo. No entanto, ainda que não seja castigo, o sofrimento pode ter algum propósito, mesmo que desconheçamos a razão.
4. Se o pecado e o sofrimento estivessem diretamente relacionados, seríamos forçados a viver uma vida de retidão por razões puramente egoístas. O amor a Deus e ao próximo não seria voluntário.

Conclusões cristãs

Para os cristãos, o livro de Jó pode ser observado no contexto do Novo Testamento:

1. Jó conhecia o Deus da natureza, não o Deus da graça. A cruz de Jesus agrega um valor diferente ao sofrimento humano. Jó é a "tipificação" de Cristo, que prenuncia aquele que sofreu inocentemente séculos depois. Jesus foi um homem justo, no entanto, sofreu como se fosse um homem culpado. Pela cruz, começamos

a ver que Deus pode usar qualquer situação para o bem. Todo sofrimento humano deve ser avaliado sob a perspectiva do sofrimento de Cristo na cruz.

2. Deus permitiu que Satanás causasse a morte de Jesus na cruz, quando seu próprio Filho clamou: "Meu Deus! Por quê?". Assim como aconteceu com Jó, Deus não explicou o motivo. Isso sugere que, sob a pressão da dor da crucificação, até mesmo o Filho de Deus perdeu contato com a razão de seu sofrimento.

3. O cristão sabe que há vida após a morte. A questão do sofrimento não precisa ser resolvida nesta vida. É interessante observar que, na versão grega do livro de Jó, um versículo foi acrescentado: "e está escrito que ele [Jó] ressuscitará com aqueles a quem o Senhor ressuscitar".

4. A esperança da ressurreição nos relembra que haverá uma justificação final de Jó. Os cristãos creem que Jesus voltará para julgar os vivos e os mortos. Um dia, haverá uma cena de tribunal em que Jesus será o juiz e todos os ímpios e justos que já viveram estarão diante de seu trono para receber a recompensa ou o castigo, segundo o que fizeram no corpo. Assim, o que Jó ansiou, de fato, se realizará. Haverá uma vindicação pública da justiça, em que a justiça de Deus será aplicada a toda a raça humana.

DECLÍNIO E QUEDA DE UM IMPÉRIO

17. Introdução à profecia

18. Jonas

19. Joel

20. Amós e Oseias

21. Isaías

22. Miqueias

23. Naum

24. Sofonias

25. Habacuque

26. Jeremias e Lamentações

27. Obadias

17.
INTRODUÇÃO À PROFECIA

O enfoque desta seção são os profetas pré-exílicos, ou seja, aqueles cujo ministério foi exercido anteriormente aos dois exílios do povo de Deus. As tribos do Norte (Israel) foram deportadas para a Assíria em 722 a.C. e as tribos do Sul (Judá) foram levadas para a Babilônia em 587 a.C. A preocupação da maioria dos profetas mencionados nesta seção era alertá-los de que, caso não retornassem à aliança, Deus os enviaria ao exílio. Tal infortúnio parecia inconcebível, pois eles não imaginavam que Deus permitiria que seu próprio templo fosse destruído e seu povo fosse removido da terra que ele lhes havia prometido.

Esse não era o único enfoque da mensagem dos profetas. Alguns também tinham algo a dizer às nações no entorno de Israel e Judá, e outros receberam mensagens dirigidas exclusivamente a uma nação específica.

Há muita confusão quanto à natureza da profecia, tanto na Bíblia como nos dias de hoje, e, portanto, algumas explicações se fazem necessárias antes de examinarmos os livros em si.

A profecia era parte da vida do povo de Deus desde seu início como nação. Moisés foi descrito como profeta, e os livros do Antigo Testamento, que consideramos Históricos na Bíblia cristã, são chamados de Proféticos na Bíblia hebraica. Os profetas pré-exílicos deram início a uma linha conhecida hoje como "profetas escritores" (livros bíblicos que consistem, em sua totalidade, de mensagens de um único profeta, ao passo que as mensagens dos "profetas não escritores" eram incluídas em narrativas históricas, às vezes mais de um profeta em cada uma), embora a ordem dos livros na Bíblia não reflita a ordem em que foram escritos.

Eram homens muito simples, mas tinham a extraordinária

missão de falar em nome de Deus. Recebiam as mensagens de Deus tanto em palavras como em visões e sonhos. As palavras eram um "fardo" que carregavam dentro de si e que somente poderia ser aliviado quando fosse transmitido às pessoas.

As "imagens" recebiam o nome de "visões" quando se manifestavam enquanto o profeta estava acordado e eram chamadas de "sonhos" quando vinham durante o sono. Na leitura das profecias, é importante entender que, quando os profetas descrevem as suas visões, geralmente o fazem no tempo passado, como se o que viam já tivesse acontecido. Nós usaríamos o futuro e diríamos: "Vi o que vai acontecer". Porém, o profeta costuma se expressar no presente ("Vejo o que está acontecendo") ou no passado ("Vi acontecer"). Em ambos os casos, a profecia prevê o futuro. As descrições são cheias de detalhes. Naum, por exemplo, viu, de fato, os uniformes vermelhos dos soldados que destruiriam a Babilônia. Nenhum inimigo conhecido do tempo de Naum vestia vermelho, mas os persas, recém-chegados à cena, destruíram a Babilônia vestidos em uniformes vermelhos.

O dom profético se revelava de duas formas. A habilidade de falar em nome de Deus dependia da habilidade de ouvir a voz de Deus. A mensagem tinha de ser recebida antes que pudesse ser entregue. Ela chegava ao profeta por meio de vários canais: físico, mental ou espiritual.

Deus pode falar em voz audível. Não há muitos registros na Bíblia de que o tenha feito – quando o fez, muitos pensaram que fossem trovões – como, por exemplo, quando Deus disse a Jesus em seu batismo: "Tu és o meu Filho amado".

DECLÍNIO E QUEDA DE UM IMPÉRIO

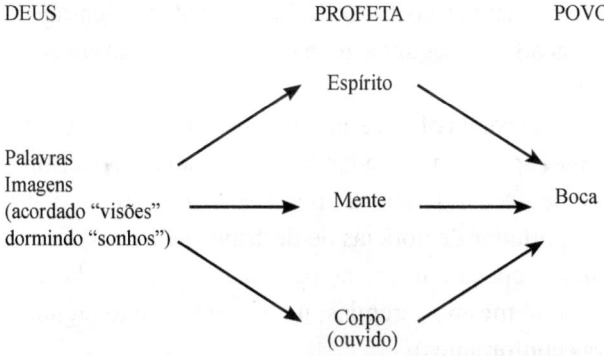

Deus também pode colocar palavras na mente do profeta a fim de que ele saiba que está ouvindo a voz de Deus. Com o tempo, o profeta aprenderá a distinguir os pensamentos inspirados por Deus daqueles produzidos por sua própria mente.

Deus ainda pode falar ao espírito do profeta e inspirar palavras ou impressões que sua mente não compreende. Quando alguém ora em línguas, por exemplo, Deus fala ao espírito da pessoa e coloca palavras em sua boca, embora sua mente não compreenda.

É claro que Deus também pode falar ao corpo e colocar palavras diretamente na boca, ignorando tanto a mente quanto o espírito – como fez com a mula de Balaão no livro de Números. Isso, no entanto, é muito raro.

Independentemente do meio de recepção, as palavras de Deus devem, em síntese, sair da boca do profeta e ser transmitidas ao povo.

Duas categorias de mensagens eram comuns: mensagens de exortação, quando o povo estava em pecado, e mensagens de conforto, quando agia corretamente. Se, de forma geral, as mensagens parecem mais negativas, é porque Deus precisava falar quando havia problemas. Assim, muitas mensagens proféticas são de exortação e não de conforto.

A primeira metade do livro de Isaías contém mensagens de exortação e a segunda metade oferece mensagens de conforto.

Um falso profeta ofereceria somente consolo, pois estava mais preocupado em agradar o povo do que transmitir a palavra de Deus. Jeremias, por sua vez, tornou-se um clássico portador de notícias de destruição e trevas porque falou numa época em que as pessoas haviam se afastado de Deus (até mesmo Jeremias, no entanto, trouxe algumas palavras confortantes).

Portanto, por que devemos estudar os profetas?

Não somos judeus, por que devemos estudar sua história?

A resposta é muito simples. Devemos estudar os profetas para que possamos conhecer melhor a Deus. Deus não mudou. Os profetas revelam a Deus – o Deus que se revelou como o grande "Eu sou" ou "Sempre".

O esboço abaixo mostra os três principais elementos que se destacam nas mensagens dos profetas:

1. *A ação de Deus – Poderosa*
   Natureza: milagres
   História: mudanças

2. *A integridade de Deus – Previsível*
   Justiça: castigo
   Misericórdia: perdão

3. *A flexibilidade de Deus – Pessoal*
   Homem: se arrepende
   Deus: se compadece

1. O enfoque dos profetas são as ações de Deus – o que ele fez, o que está fazendo e o que fará. Quando recitamos o Credo Apostólico, começamos com

as palavras: "Creio em Deus Pai, Todo-poderoso, criador do céu e da terra". É assim que os profetas o apresentam: um Deus tão poderoso que tem total controle tanto da natureza quanto da história. Ele pode, portanto, produzir milagres na natureza e provocar mudanças na história. Somos desafiados a preservar essa compreensão de Deus em nossa era moderna e científica, em que a maioria das pessoas considera a natureza um sistema fechado e concebe a história como o resultado de forças econômicas. Não é fácil lembrar que Deus tem total controle tanto da natureza quanto da história. Ler os profetas regularmente nos leva a fixar na mente essa imagem de um Deus poderoso, capaz de fazer qualquer coisa acontecer na natureza e na história.

2. O foco dos profetas é a integridade de Deus – eles nos mostram que Deus é coerente. Ele é sempre o mesmo; seu caráter não muda. Nele, encontramos a perfeita combinação de justiça e misericórdia. Se você acentuar mais uma virtude do que a outra, terá uma visão desequilibrada de Deus. Se pensar apenas na justiça, terá uma visão excessivamente dura de Deus. Se pensar apenas em sua misericórdia, terá uma visão muito branda. Por um lado, haverá temor, mas não amor, e por outro, haverá amor, porém não haverá temor. Os profetas oferecem um equilíbrio maravilhoso. A justiça de Deus implica a punição do pecado, e sua misericórdia, o anseio de perdoar e absolver. Para Deus, essa tensão só é resolvida na cruz, pois somente na cruz a justiça e a misericórdia se encontram. Os pecados são punidos, mas também são perdoados ali, no mesmo lugar, ao mesmo tempo – Jesus recebe o castigo, e nós recebemos o perdão. A integridade do caráter de Deus nos permite prever

como ele agirá. Ele exercerá a misericórdia o quanto puder, mas quando ela é persistentemente recusada, ele exercerá a justiça. Essa é, por exemplo, a mensagem de Jonas e Naum.
3. A ênfase dos profetas é a flexibilidade de Deus. Creio que essa seja a percepção mais importante do caráter de Deus. Deus pode mudar seus planos – eles não estão determinados para toda a eternidade, mas podem ser alterados dependendo de como as pessoas respondem. Essa percepção pode ser confirmada em uma passagem da profecia de Jeremias, quando o profeta vai à casa do oleiro e o vê tentando transformar o barro em um belo vaso. O barro, no entanto, não estava suficientemente maleável nas mãos do oleiro para que ele pudesse moldar o vaso. O oleiro, então, o amassou novamente e moldou um vaso rude e imperfeito. Disse Deus a Jeremias: "Você aprendeu a lição do oleiro e do barro?". Ouvi muitas mensagens sobre essa passagem e quase todas elas foram mal interpretadas. Normalmente, os pregadores afirmam que é o oleiro quem decide o formato do barro, deixando implícita a doutrina da predestinação – se é Deus quem decide o destino do homem, não há muito que fazer. Na realidade, é o barro que decide se será moldado em um belo vaso ou um pote imperfeito, pois isso depende de como ele corresponde ao trabalho das mãos do oleiro. Deus disse que queria fazer de Israel um vaso repleto de sua misericórdia, mas Israel não aceitou, então Deus fez de Israel uma vasilha rudimentar cheia de sua justiça.

Os profetas, portanto, falam de um Deus que é pessoal, que está vivo e nos convida para um relacionamento vivo com ele. As coisas não estão determinadas – isso é fatalismo. Deus é flexível e se adapta ao seu povo. Quando o seu povo responde da forma correta, ele nos transforma num lindo vaso. Mas se respondemos da forma errada, ele ainda faz de nós vasos, mas vasos cheios de sua justiça, e nós seremos um exemplo da justiça de Deus para o resto do mundo. A escolha é nossa. Que tipo de barro queremos ser? Desejamos demonstrar ao mundo a sua misericórdia ou a sua justiça?

A flexibilidade de Deus é uma verdade preciosa para mim, mas, infelizmente, é uma imagem de Deus que a maioria dos cristãos não assimilou. O futuro não está escrito; não é predeterminado; está em aberto porque Deus é pessoal. A única coisa que Deus não pode mudar é o passado, mas o futuro ele pode mudar e o fará. A Bíblia ousa afirmar que Deus se arrepende quando nos arrependemos. Isso não deve nos alarmar. O verbo "arrepender-se" significa simplesmente "mudar de ideia". Assim, quando mudamos de ideia, Deus também muda! Mas ele não muda o seu caráter e, por isso, podemos sempre confiar nele. É uma boa ideia, portanto, ler os profetas e conhecer a Deus mais a fundo. Ele é um Deus poderoso e pode fazer qualquer coisa na natureza e na história. Ele é um Deus previsível – agirá segundo a sua integridade de caráter – e, desse modo, podemos saber como responderá. Mas ele também é um Deus pessoal, que deseja manter um relacionamento vivo e de interação conosco. Esse é o Deus que adoramos.

O grupo dos profetas pré-exílicos inclui alguns dos melhores, e também pouco conhecidos, profetas. Juntos, eles nos oferecem um vasto leque de características do estilo e do enfoque do ministério profético.

18.
JONAS

Introdução

Esta seção, uma introdução a Jonas, aborda também as mensagens de Naum, pois há semelhanças significativas entre esses dois profetas. Jonas e Naum se deslocaram para o mesmo local e transmitiram o mesmo tipo de mensagem.

Jonas nasceu nas proximidades de Nazaré. Foi um herói local para o povo de Nazaré, e Jesus, quando menino, deve ter ouvido falar dele. Jesus não se comparou com nenhum outro profeta, a não ser com Jonas.

Naum veio de Cafarnaum. *Cafar* significa "vila", logo *Cafar-Naum* recebe esse nome em homenagem ao profeta. Essa cidade foi a principal base de Jesus na região do mar da Galileia. Ele tinha, portanto, uma conexão muito próxima com esses dois profetas.

É particularmente significativo que ambos tenham vindo do Norte, uma vez que essa era a região de confluência internacional em Israel. Era chamada de "Galileia das nações", pois todos os caminhos se cruzavam na Galileia. Uma rota vinda da Europa descia pela costa e cruzava a região antes de seguir para o leste da Arábia. A rota da África vinha do Egito, atravessava a Galileia e seguia ao norte para Damasco. Assim, todos que viajavam da Ásia para a África ou da Europa para a Arábia tinham de passar por essa encruzilhada. Havia ali uma pequena colina chamada Megido. Em hebraico, a expressão *Har Megido*, que significa "monte de Megido", deu origem à palavra *Armagedom*, local onde a última batalha da história será travada. Nazaré, portanto, ficava em uma colina com vista para essa encruzilhada. Quando menino, Jesus deve ter visto muitas pessoas que iam e vinham, como viajantes que transitam pelo saguão de um aeroporto.

A Galileia era um centro bastante cosmopolita, mas, subindo as colinas da Judeia, no Sul, o povo era nacionalista, isolado e totalmente afastado das rotas principais.

Esses foram, portanto, os dois locais dentro das fronteiras da nação que influenciaram o ministério de Jesus. Ele era muito popular na região de confluência internacional do Norte, mas muito impopular na parte nacionalista no Sul, onde acabou sendo crucificado.

Jonas e Naum, vindos do Norte, estavam, portanto, muito cientes das questões internacionais e ambos foram enviados por Deus para a Assíria.

As ameaças à Terra Santa vinham das grandes potências ocidentais e orientais. A nação de Israel era continuamente pressionada entre esses dois blocos de poder que tentavam dominar um ao outro. Dizem que quando alguém fica no meio de um cruzamento, está sujeito a ser atropelado, e foi exatamente o que aconteceu com Israel. Na época de Jonas e de Naum, a Assíria, cuja capital era Nínive, era o problema.

Jonas e Naum foram exortar a Assíria. Jonas foi em 770 a.C. e Naum, em 620 a.C., portanto 150 anos os distanciam. Ambos foram enviados simplesmente por causa da iniquidade do povo assírio. O império assírio perdurou por aproximadamente 750 anos e, a certa altura, chegou a dominar o Egito. Começou como uma pequena força em 1354 a.C. e gradualmente se expandiu. Sua expansão, no entanto, deu-se por meio de grande crueldade. Na realidade, os assírios foram um dos povos mais cruéis que a história já viu. Eles inventaram a prática terrível de empalar seus inimigos em mastros de madeira até que morressem. Costumavam executar dessa forma milhares de pessoas de uma só vez. Seu império foi regido pelo terror.

Naum chamou a capital Nínive de "cidade sanguinária", e esse título foi bem merecido. Se um povo suspeitasse que os assírios estivessem de olho em seu país, seus habitantes ficariam mortalmente temerosos do que poderia acontecer.

Sofonias também falou sobre os assírios, mas Naum, finalmente, foi até eles e lhes disse: "Chegou o seu fim! Deus os exterminará". Como era de se esperar, Nínive caiu em 612 a.C., e todo o império assírio desapareceu cinco anos depois, imediatamente após a advertência de Naum.

Fato ou ficção?

Voltando à história de Jonas em si, devemos primeiramente responder à importante pergunta: é fato ou ficção? A maioria das pessoas conhece o livro por causa da história de "Jonas e a baleia", e suas percepções variam, dependendo se acreditam ou não que a história seja verdadeira.

Alguns afirmam que o incidente no qual a baleia (ou grande peixe) engole Jonas é como a história de Pinóquio, que também viveu dentro de uma baleia. Argumentam que não se espera que alguém encare com seriedade uma história tão fantástica. Sendo assim, eles a concebem como uma parábola com uma moral e oferecem várias interpretações possíveis de seu significado.

Outros dizem que a história foi contada para desafiar os ouvintes a dedicar maiores esforços missionários – um lembrete para Israel de sua responsabilidade missionária para com o resto do mundo. A fuga de Jonas, quando tinha uma missão a cumprir, é uma lição que Israel precisa aprender.

Entretanto, uma indicação de que a história de Jonas não é uma parábola é o fato de o livro ser considerado Histórico. Além disso, as parábolas na Bíblia são claramente indicadas como tal. Jesus contou várias parábolas, mas nenhuma delas continha milagres. A história de Jonas, por sua vez, apresenta oito milagres.

Outros estudiosos acreditam que o livro de Jonas é uma alegoria, que corresponde a eventos da vida real. Jonas, nesse caso, é uma personificação de Israel, como John Bull é o arquétipo da Grã-Bretanha e Tio Sam é a expressão dos Estados Unidos. Eles sustentam que Jonas sendo engolido pela baleia é uma figura metafórica de Israel sendo tragado para dentro do exílio.

Há, no entanto, objeções sérias à interpretação fictícia da história de Jonas.

1. O estilo do livro é exatamente igual ao de todos os livros Históricos. Seus termos, estilo e gramática são idênticos aos de 1 e 2 Reis.
2. O livro fala de pessoas e lugares reais, citados em outras passagens da Bíblia. Jonas é mencionado em 2Reis, portanto sabemos que foi um profeta durante o reinado de Jeroboão II. Seu pai foi Amitai, que é tratado como uma pessoa real nos livros Históricos da Bíblia.
3. Além disso, e mais importante ainda, é que Jesus se referiu a Jonas como uma pessoa real. Ele acreditava na história de Jonas e do grande peixe. Falando sobre si mesmo, Jesus afirmou "está aqui o que é maior que Jonas" e comparou o período de sua própria morte ao tempo que Jonas passou no ventre da baleia.
4. Porém, acima de tudo, as teorias que sustentam que Jonas é uma parábola ou uma alegoria não fazem justiça ao capítulo 4. A pergunta central da mensagem de abertura do livro é: "Por que Jonas fugiu?". Muitas pessoas sequer se dão ao trabalho de fazer essa pergunta! Por que, então, estariam tão ansiosas para classificar Jonas como aquele que tentou fugir? Por que relutam tanto em aceitar a história desse livro como fato?

A primeira objeção se constrói com o argumento de que a experiência de Jonas seria fisicamente impossível. A segunda, de que seria psicologicamente improvável que a mensagem de um pregador judeu pudesse converter uma imensa cidade pagã. Dá para imaginar um pregador judeu chegando ao centro de São Paulo, pregando na Praça da República, e trazendo a cidade de volta para Deus? Parece muito improvável que toda a cidade de São Paulo viesse a se arrepender.

Quanto à impossibilidade física, devemos primeiramente perguntar: "Seria possível?". Em segundo lugar, devemos indagar: "Seria possível para Deus?".

É possível que um homem seja engolido por um grande peixe ou por uma baleia?
Quando eu era pastor na cidade de Chalfont St. Peter, Buckinghamshire, o serralheiro local tinha um filho que trabalhava com mamíferos marinhos na Califórnia. Ele treinou uma baleia e um golfinho que eram amigos e brincavam juntos em um grande tanque. Quando o golfinho morreu, a baleia não permitiu que os cuidadores tocassem o corpo de seu querido amigo e o manteve em sua boca durante três dias. Periodicamente, ela trazia o golfinho à superfície, na tentativa de fazê-lo respirar novamente. O filho do serralheiro nos mostrou um filme que havia feito nesses três dias. O golfinho tinha aproximadamente o tamanho de um homem.

MORTO OU VIVO?
Para mim, a pergunta central é se Jonas estava morto ou vivo.

Eu nunca havia feito essa pergunta a mim mesmo até assistir ao filme da baleia com o golfinho em sua boca, tentando fazê-lo voltar a respirar. Quando reli o livro de

Jonas, para meu espanto, descobri que todas as evidências indicavam que a baleia tinha engolido um corpo sem vida.

Na leitura do capítulo 2, descobrimos que Jonas, na realidade, se afogou. Lemos que quando os marinheiros o lançaram ao mar, ele desceu às profundezas e ali ficou, junto aos fundamentos dos montes, com a cabeça envolta pelas algas. É necessário apenas um minuto e meio para alguém se afogar, e muito mais que isso para chegar ao fundo do mar! As lições da Escola Dominical, equivocadamente, ilustram a baleia flutuando na superfície, com a boca aberta, quando os marinheiros lançam Jonas para fora do barco. Nenhuma obra o retrata como a Bíblia, jacente sobre as algas, no fundo do mar Mediterrâneo.

A oração de Jonas também indica que ele está no Sheol – a pousada dos mortos. Ele descreve seu último momento de consciência, quando sua vida se esvaía e as águas o engoliam. E revela que, naquele momento, ele se lembrou do Senhor.

Todas as evidências, portanto, indicam que Jonas morreu. Parece que a experiência com a baleia não ocasionou a sobrevivência de Jonas, mas sua ressurreição. Quando a baleia o expeliu, Deus reuniu o corpo e o espírito de Jonas. Isso equivale à afirmação de Jesus de que, assim como Jonas esteve no ventre da baleia, ele também estaria no coração da terra.

Céticos seculares pensam ser mais fácil acreditar que Jonas foi engolido pela baleia e permaneceu vivo dentro dela do que na ideia de que ele morreu e ressuscitou! Eu creio que Jonas é o mais assombroso exemplo de ressurreição no Antigo Testamento.

MILAGRES

A interpretação do livro de Jonas nos coloca diante de questões mais importantes a respeito de nossa crença em

Deus. Nesse livro, o fato de Jonas ser engolido por uma baleia não é o único milagre que devemos aceitar. Há um total de oito milagres físicos, entre eles um milagre muito maior do que aquele comumente referenciado como principal.

No último capítulo, Deus ordena a uma lagarta que faça algo. O filho do serralheiro, na Califórnia, podia treinar baleias com certa facilidade – são mamíferos extremamente inteligentes – mas nunca vi alguém treinar uma lagarta! Deus, no entanto, diz a uma lagarta o que fazer. Se alguém me perguntar: "Você não acredita na história de Jonas e a baleia, acredita?", eu digo: "Isso não é nada! Eu acredito na história da lagarta também!". Eles geralmente me olham com estranheza porque não fazem ideia do que estou falando.

Vamos analisar brevemente os milagres presentes nesse livro:

1. Deus envia um vento que provoca uma tempestade e coloca o navio em perigo.
2. Quando os marinheiros lançam sortes para descobrir o motivo da ira divina, identificam Jonas. Deus controlou o resultado de uma seleção aparentemente aleatória.
3. Quando os marinheiros lançam Jonas para fora do barco, Deus acalma o mar.
4. Deus envia um grande peixe para engolir o corpo de Jonas.
5. Deus faz com que o grande peixe vomite o corpo em terra seca.
6. Deus faz com que uma planta (uma mamoneira, da qual obtemos o óleo de rícino) cresça do dia para a noite.
7. Deus envia uma lagarta para comer as raízes da planta para que a planta morra.

8. Finalmente, Deus envia um vento desértico, quente e abrasador.

Portanto, em oito situações, Deus controla a natureza.

A forma como reagimos a esses eventos nos diz muito. Há três filosofias amplamente defendidas no Reino Unido:

1. O ateísmo afirma que Deus não criou o mundo e, portanto, não o controla.
2. O deísmo, uma filosofia mais comum, sustenta que Deus criou o mundo, mas que não o controla agora. Eu diria que muitas pessoas nas igrejas britânicas são deístas, o que significa que não conseguem crer em milagres. Assim, vão à igreja e agradecem a Deus, o criador do céu e da terra, mas não oram pelas condições climáticas!
3. O teísmo é a filosofia bíblica que afirma que Deus não apenas criou o mundo no passado, como também o controla hoje.

Obviamente, alguns cristãos combinam duas dessas filosofias. Eles creem nos milagres da Bíblia, mas não acreditam que eles ocorram nos dias de hoje. São deístas na prática e teístas na teoria.

A conversão de Nínive
Voltemos a seguir à improbabilidade psicológica de que uma cidade enorme como Nínive viesse a se converter. Eis alguns argumentos a favor do reconhecimento desse evento como um fato histórico:

1. Em primeiro lugar, eles eram muitos religiosos e até supersticiosos.

2. Segundo, eram culpados. A culpa torna covardes a maioria de nós, assim, quando foram acusados do que haviam feito, eles aceitaram e estavam preparados para confessar.
3. Terceiro, o reavivamento começou na base, entre as pessoas comuns, e chegou até o palácio.
4. Quarto, eles tiveram o sinal de Jonas. Se a pele de Jonas estava branca devido ao tempo em que passou no ventre da baleia, ele provavelmente deve ter sido uma visão e tanto. Sem dúvida, sua explicação para o que havia lhe acontecido causou neles uma forte impressão.
5. Quinto, acima de tudo, quando o Espírito Santo age, as coisas acontecem.

Não tenho dificuldade alguma em acreditar que toda a cidade se arrependeu. Jesus certamente creu nisso quando afirmou que o povo de Nínive ressuscitaria no Dia do Juízo, pois se arrependeu quando ouviu falar de Deus, diferentemente daqueles que ouviam a Jesus.

Por que Jonas fugiu?
A grande pergunta, no entanto, ainda não foi avaliada em detalhe: Por que Jonas fugiu de sua tarefa? Esse é o tema do capítulo 4, que raramente é ensinado, pregado ou até mesmo lido. É, contudo, o ponto central dessa curta história. Por que Jonas estava tão relutante? O que se passava em sua mente?

Dizem alguns que ele pensou primeiramente em si mesmo, que simplesmente estaria com medo de ir a Nínive – temia ser empalado como um inimigo da Assíria. Contudo, isso não explica por que ele sugeriu que os marinheiros o atirassem ao mar. Ele não tinha medo da morte em si.

Em segundo lugar, alega-se que ele pensava que os

gentios não tinham direito de ouvir sobre o Deus de Israel. Era um tipo de antissemitismo às avessas – podemos chamar de "antigentilismo". Porém, isso não explica por que ele se refugiou com os gentios de Tarso.

Outros afirmam que ele estava pensando nos assírios – o povo mais perverso da terra. No entanto, ele estava, na realidade, pensando em Israel, pois a Assíria era a maior ameaça à pequena nação de Israel, e ele não queria nenhum contato com esse invasor em potencial.

Nenhuma dessas reflexões considera as palavras de Jonas registradas no último capítulo. Ele anunciou ao povo de Nínive que Deus destruiria a cidade em 40 dias. O resultado da pregação foi o arrependimento do povo, o que evitou um grande desastre. Imagine a reação positiva de um evangelista se toda uma cidade se arrependesse com sua pregação! Jonas, no entanto, ficou profundamente descontente. Ele sentou-se num lugar a leste da cidade e disse a Deus: "Eu disse que isso iria acontecer! Eu conheço seu caráter. Sabia que os deixaria sair ilesos. Sabia que os ameaçaria com destruição, mas não chegaria a fazê-lo". Jonas não desejava que o povo fosse salvo da destruição? Ele era tão mesquinho e intolerante a ponto de desejar que o povo não se arrependesse? A chave é sua referência ao que havia dito a Deus em seu próprio país: "Senhor, não foi isso que eu disse quando ainda estava em casa? Foi por isso que me apressei em fugir para Társis. Eu sabia que tu és Deus misericordioso e compassivo, muito paciente, cheio de amor e que promete castigar, mas depois se arrepende" (4:2).

Devemos consultar 2Reis 14.23-25 para descobrir o que aconteceu a Jonas em sua própria terra.

Quando Jonas foi chamado para ser profeta, foi enviado ao rei Jeroboão II de Israel – um rei notoriamente perverso, que fazia o que o Senhor reprova. Quando Deus disse a Jonas que procurasse o rei, Jonas respondeu afirmativamente a princípio, esperando ser capaz de lidar com a maldade do rei. Porém, a mensagem que Jonas recebeu não foi a que esperava. O Senhor disse: "Vá e diga ao rei que eu quero abençoá-lo, que vou ampliar suas fronteiras e o tornarei poderoso". Jonas protestou, dizendo que Jeroboão era um rei perverso e que tal abordagem estava errada.

Ele dizia ao Senhor em seu coração: "Não vai dar certo, Senhor. Se o Senhor abençoar pessoas más elas ficarão piores".

O rei, de fato, piorou. Quanto mais o Senhor o abençoava, pior ele ficava. Assim, Jonas chegou à conclusão de que a misericórdia não transforma uma pessoa perversa. Ele estava dizendo a Deus que conhecia a ação de Deus melhor que o próprio Deus.

A compaixão de Deus

O episódio anterior, portanto, influenciou a atitude de Jonas em relação à sua viagem a Nínive. Disse Jonas: "Vamos ver o que acontece, Senhor. Vou observar esta cidade e ver se o seu perdão irá curá-los ou não, se eles irão melhorar ou piorar".

O zelo de Jonas com relação ao caráter e à reputação do Senhor está implícito. Ele não podia aceitar que qualquer um se aproveitasse da misericórdia divina. Jonas acreditava que o arrependimento do povo era superficial e não duraria muito. Pensava que se Deus fosse brando demais, o povo chegaria à conclusão de que Deus nunca levava à cabo suas ameaças de punição. O alerta de Jonas seria questionado, até ridicularizado e, por fim, esquecido.

Quando a planta cresceu a seu lado, ele ficou muito grato, pois ela lhe oferecia proteção contra o sol. Entretanto, quando a lagarta comeu suas raízes, a planta morreu, Jonas ficou novamente muito irado. Perguntou a Deus por que ele havia causado a morte da planta. Deus disse a Jonas que era legítimo que ele se irasse contra o perecimento da planta, mas teria ele o direito de irar-se com o que acontecia em Nínive? Havia mais de 120 mil crianças na cidade e uma grande quantidade de animais. Deus não tinha o direito de compadecer-se deles?

Assim, embora Jonas desejasse que os assírios não escapassem do castigo, demonstrando zelo pelo Senhor, ele não compreendia a compaixão de Deus e o seu desejo de retardar a punição o máximo possível. Foi por isso que fugiu para o mar, e essa foi, em sua opinião, a razão do fracasso de sua pregação. Às vezes, nós também nos esquecemos de quão paciente e quão misericordioso Deus é e quantas chances ele quer conceder às pessoas.

A certa altura, é claro, a paciência de Deus se esgota. Essa é, essencialmente, a mensagem dos profetas – Jonas só escolheu o momento errado para se expressar. Na época de Jonas, ainda vigoravam a misericórdia e a paciência de Deus com Nínive. Porém, essa paciência não duraria para sempre, como veremos em nosso estudo da profecia de Naum.

19.
JOEL

Introdução

Nada sabemos sobre Joel, exceto seu nome e o de seu pai, Petuel. Como os dois nomes contêm a palavra hebraica El (Deus), podemos presumir que pertenciam a uma família consagrada a Deus, mas pouco podemos afirmar, com segurança, a respeito deles.

A profecia de Joel foi entregue dez anos após a de Obadias (veja página 661). A profecia de Obadias foi quase exclusivamente destinada a outras nações e revelou uma perspectiva positiva para Israel. Joel, no entanto, adotou o conceito do Dia do Senhor usado por Obadias, mas afirmou que o juízo recairia não apenas sobre "as nações", mas também sobre Israel. Isso veio a ser um grande choque para o povo de Israel, que acreditava estar "bem" aos olhos de Deus.

De modo semelhante, muitos cristãos de hoje acreditam que seguramente chegarão ao céu, a despeito da forma como vivem. Na realidade, o pecado no contexto do povo de Deus é mais sério do que o pecado fora desse contexto. Em Romanos 2, Paulo nos recorda que se os crentes têm as mesmas atitudes que criticam nos descrentes, não escaparão da ira de Deus. Deus não tem favoritos. A ideia de que uma vez que se pertence a Deus pode-se pecar livremente é totalmente antibíblica. Ele não nos deu um talão de cheques em branco para que o usemos sempre que pecarmos. Seria absolutamente injusto da parte de Deus condenar um descrente ao inferno por cometer adultério, mas absolver um crente do mesmo delito, declarando: "Você pode entrar no céu".

Assim, os profetas precisavam abolir primeiro esse conceito disseminado na própria nação, pois o povo de Israel pensava que tudo estava bem com eles. Elias os havia desafiado com veemência, mas Joel foi o primeiro a dizer que o Dia do Senhor poderia trazer trevas e não luz. Considero proveitoso analisar todo o livro de Joel antes de interpretá-lo. Os três capítulos coincidem com as três seções da profecia, embora não saibamos se elas foram entregues separadamente ou todas de uma vez.

Um esboço do livro de Joel

A praga dos gafanhotos (capítulo 1)

A devastação da terra (1.1-12)

O arrependimento do povo (1.13-20)

O Dia do Senhor (capítulo 2)

Uma terrível reincidência (2.1-11)

Um arrependimento verdadeiro (2.12-17)

Uma recuperação eterna (2.18-27)

Uma restauração total (2.28-32)

   (a) Espírito – Homens e mulheres (2.28-29)
   (b) Sinais – Sol e lua (2.30-31)
   (c) Salvação – O chamado e os chamados (2.32)

O vale da Decisão (capítulo 3)

Vingança contra as nações (3.1-16a)

Absolvição de Israel (3.16b-21)

A praga dos gafanhotos (capítulo 1)

A devastação da terra (1.1-12)

A profecia de Joel foi ocasionada por um desastre natural. Uma praga de gafanhotos havia atingido o país. A visão deve ter sido inacreditável. Eram gafanhotos-migradores, locustas. Em um enxame de locustas, pode haver até 600 milhões de insetos cobrindo plantações de mais de mil quilômetros quadrados. Eles podem ingerir até 80 mil toneladas de alimento por dia, portanto, quando pousam sobre uma área, toda a vegetação desaparece. Podem viajar mais de três mil quilômetros por mês, cobrir de 4 a 160 quilômetros por dia, durante seis semanas, e depositar cinco mil ovos por quilômetro quadrado. Seu apetite é voraz e sua cabeça é semelhante à de um cavalo.

Minha única experiência com eles foi em Kano, no Norte da Nigéria. Embora estivéssemos no meio do dia, de repente, tudo escureceu. Pensei que fosse um eclipse do sol até que vi uma imensa nuvem negra que se aproximava e encobria o sol, e pouco depois estávamos em trevas, como se fosse meia-noite. Estimei que os gafanhotos se deslocavam a aproximadamente 20 quilômetros por hora e levavam uma hora e meia para passar sobre a área. Depois que se foram, vimos que as árvores haviam sido despidas de suas cascas, assim como de suas folhas. Cada pedaço de vegetação tinha sido destruído. Nunca vou me esquecer. Foi uma experiência tenebrosa.

Embora sejam comuns na África, enxames assim são comparativamente raros em Israel. Por isso, quando os gafanhotos chegaram, Joel disse ao povo que era a mão de Deus. Disse-lhes que era a primeira advertência de Deus; um aviso de que se o povo continuasse a viver daquela maneira, algo ainda pior aconteceria.

Como consequência do enxame de gafanhotos, o povo não tinha grãos suficientes para fazer uma oferta no templo. A adoração em público cessou. Todas as videiras, os pomares e os olivais haviam sido destruídos. A nação enfrentou a seca, as queimadas e a fome, e a economia ficou completamente estagnada. Alguns especulam que a mensagem de Joel foi transmitida no festival judaico da colheita, conhecido como a Festa dos Tabernáculos – justamente quando deveriam estar celebrando a colheita de suas culturas.

Havia um precedente bíblico para que se interpretassem as pragas como um juízo de Deus. Em Êxodo 10, a oitava praga (de gafanhotos) no Egito foi enviada por Deus e em Deuteronômio 28, Deus advertiu que enviaria pragas se o povo fosse desobediente.

Isso remete a uma pergunta relevante para os dias de hoje: Como saber se um desastre vem de Deus?

Devemos observar três aspectos:

É direcionado contra o seu povo.
Foi profetizado anteriormente.
É atípico, seja em sua dimensão, seja em seus detalhes.

Assim, usando um exemplo bastante recente do ponto de vista histórico, creio que o incêndio na Catedral de York, em 1984, tenha sido um exemplo da ação de Deus. Sobretudo, é o caráter incomum do incêndio que me convence disso. O raio que atingiu a Catedral de York veio de uma pequena nuvem que rodeou a catedral por 20 minutos, num dia de céu azul. A nuvem não era grande o bastante para provocar chuva, mas produziu uma descarga elétrica (sem qualquer trovoada) que incendiou a catedral do teto ao chão, pouco tempo depois ter sido reformada e de ter recebido um moderno equipamento de detecção de fumaça e combate a incêndios. Os meninos do coral que caminhavam em direção à catedral viram o ocorrido, mas nada ouviram, pois não houve nenhum trovão. Solicitei um mapa ao Instituto de Meteorologia, e 16 meteorologistas não cristãos afirmaram que a nuvem só poderia ter vindo de Deus. Era o evento mais inusitado que haviam visto em muito tempo.

Perguntaram-me se foi castigo de Deus. Respondi que acreditava ser sua misericórdia. Deus esperou até que todos tivessem deixado a catedral após a degradante consagração de um bispo que negava a fé. Ele poderia ter agido enquanto todos ainda estivessem lá dentro. Portanto, creio que o incidente expressou sua misericórdia e não o seu juízo, mas creio também que foi um aviso.

Um dos sinais, portanto, de que um acontecimento vem de Deus é a sua natureza atípica. O antinatural geralmente revela o sobrenatural. Outro sinal é o discernimento do povo de Deus, e muitas pessoas com dons proféticos viram a mão de Deus no desastre da Catedral de York. Embora nenhuma delas tivesse profetizado antes, muitas indagaram o que Deus poderia fazer se um bispo fosse consagrado com tais convicções.

Desastres, entretanto, quer venham diretamente de Deus ou não, são sempre um lembrete do juízo divino. É importante percebermos isso para que não façamos suposições impróprias a respeito de todos os desastres. Em Lucas 13, Jesus é convidado a comentar as mortes trágicas de alguns trabalhadores em consequência do desabamento da Torre de Siloé. Perguntaram a Jesus se esses homens eram mais pecadores do que outros. Jesus respondeu que não, mas se os que assistiram ao desastre não se arrependessem de seus pecados, eles também pereceriam. Cada terremoto, tufão ou enchente nos faz lembrar da fragilidade da vida e da necessidade de nos acertarmos com Deus.

O arrependimento do povo (1.13-20)

Na segunda metade do capítulo 1, Joel ordena aos anciãos que convoquem um ato nacional de arrependimento, advertindo-os de que, se não se arrependessem, haveria uma terrível reincidência do juízo de Deus. Ele não especifica do que deveriam se arrepender. Resta-nos pesquisar o panorama histórico de 1 e 2 Reis para descobrir o que acontecia na época que exigia que a nação recebesse tal exortação.

Não podemos precisar o período em que Joel profetizou, mas é provável que tenha sido durante o século 9º a.C., o que talvez esteja relacionado a acontecimentos específicos em 1 e 2 Reis. Uma pista pode ser a referência a sacerdotes em Joel, e não a reis. Nos livros de Reis, há um período em que uma rainha ocupa o trono (841-835 a.C.) – a única vez na história do povo de Deus em que isso ocorreu. Deus havia prometido ao rei Davi que enquanto os reis guardassem os estatutos e mandamentos de Deus, jamais faltaria um descendente para sentar-se no trono de Israel. Ele permitiria que tivessem um rei, mas não uma rainha.

Além disso, a monarca em questão era a rainha Atalia, que havia agido de forma traiçoeira. Antes, ela fora a rainha-mãe, e, para que pudesse ser a rainha, tomou o trono logo após a morte do rei e assassinou todos os seus herdeiros. Sua mãe era a infame Jezabel, que causara destruição no reino do Norte. Entretanto, um dos filhos do rei foi salvo pelo sumo sacerdote e escondido no templo. Se ela tivesse conseguido matar todos os filhos homens, a linhagem real de Davi teria se extinguido. Apesar do comportamento desprezível de Atalia, o povo a aceitou como governante. Não houve objeção nem mesmo do sumo sacerdote – ainda que ele tenha tido coragem de ocultar o menino. O nome do menino era Joás. Pouco após a pregação de Joel, o povo reuniu coragem para depor Atalia e levar Joás ao trono, embora ele tivesse apenas sete anos de idade.

É possível que a profecia de Joel tenha sido entregue nesse cenário. O pecado havia sido cometido por toda a nação e, consequentemente, exigia-se o arrependimento de toda a nação.

O Dia do Senhor (capítulo 2)

Uma terrível reincidência (2.1-11)

Contudo, o povo não se arrependeu. Continuou a pecar

e, por essa razão, no início do capítulo 2, Joel descreve o que, à primeira vista, parece ser uma reincidência da praga dos gafanhotos. Quando lemos o texto com mais atenção, entretanto, torna-se claro que, dessa vez, a praga de gafanhotos é na verdade uma imagem de milhares de soldados que invadem a terra e destroem tudo, exatamente como fazem os gafanhotos. Uma visão muito mais alarmante que a primeira. De fato, diante da total destruição, é muito provável que Joel estivesse descrevendo os babilônios, que se destacavam entre todos os povos antigos por sua terrível tática de terra arrasada. Os babilônios não apenas matavam todos os adultos e seus filhos, mas também destruíam tudo que tivesse vida, incluindo árvores, rebanho e gado. O exército babilônico não deixava nada vivo, e essa é uma imagem bastante semelhante à imagem dos efeitos de uma praga de gafanhotos. Encontramos aqui paralelos com Apocalipse 9, em que, mais uma vez, uma praga de gafanhotos é descrita e, em seguida, um exército de 200 milhões de soldados vindos do leste. Quer Joel estivesse descrevendo soldados ou outra praga de gafanhotos, está claro que foi Deus quem enviou ambos e que seu julgamento ainda era necessário.

Um arrependimento verdadeiro (2.12-17)
Mais uma vez Joel traz a mensagem: o que Deus procura é o verdadeiro arrependimento. Após a primeira convocação de Deus ao arrependimento, grande parte do povo simplesmente saiu e se embebedou. As pessoas têm dois tipos de reação diante do iminente desastre. Algumas se preparam e se arrependem, outras se embebedam.

Joel, então, faz um segundo convite ao arrependimento verdadeiro. Uma das frases marcantes nesse segundo chamado é: "Rasguem o coração e não as vestes". Ver alguém rasgar as vestes pode ser impressionante, mas não é bom o bastante para Deus. É o nosso coração que importa e não o que fazemos com nossas roupas. É interessante observar que Joel não lista os pecados. Podemos apenas supor que o povo estivesse perfeitamente ciente do que entristecia a Deus.

É bom lembrar que Deus se mostra disposto a mudar de ideia a respeito do castigo. Eles estão num relacionamento dinâmico com Deus – Deus lhes responderá. Assim, Deus os ensina a orar: eles deveriam pedir misericórdia e suplicar que Deus demonstrasse seu amor e sua fidelidade a seu povo, na terra que ele lhes dera.

Uma recuperação eterna (2.18-27)
Há quem especule que essa parte da profecia não tenha sido transmitida na mesma época das anteriores. Joel exorta o povo a se alegrar e não temer. Ele promete a Israel que, se de fato se arrependerem em seus corações, Deus restaurará os anos que os gafanhotos devoraram. Esse é um princípio que se aplica a nós hoje. Muitos se arrependem dos anos de vida que desperdiçaram, mas Deus afirma que lhes restaurará esses anos. No entanto, ele somente restaurará os anos devorados pelos gafanhotos se houver arrependimento verdadeiro.

A base do arrependimento é "mudar de ideia". Portanto, é apropriado afirmar que, se eles se arrependerem, Deus mudará de ideia. Ele lhes assegura três vezes que jamais agirá dessa forma novamente e que eles então o conhecerão.

Uma restauração total (2.28-32)
Joel passa a falar de algumas promessas maravilhosas. Deus declara que, se eles se arrependerem verdadeiramente, ele nunca os punirá novamente com tal ato. Em lugar disso, haverá restauração total das plantações destruídas pelos gafanhotos – não apenas física, mas também espiritual.

(A) ESPÍRITO – HOMENS E MULHERES (2.28-29)

Uma das mais incríveis promessas encontradas no livro de Joel é a de que Deus derramará seu Espírito sobre todos os tipos de pessoas, independentemente de gênero, nível social ou idade. Os jovens terão visões e os velhos terão sonhos. Servos e servas também profetizarão. Deus promete derramar seu Espírito profético em todos os tipos de pessoas. Essa promessa foi repetida pelo apóstolo Pedro no dia de Pentecoste, oito séculos depois. Quando o Espírito desceu sobre os 120 discípulos, Pedro explicou que a profecia de Joel estava se cumprindo.

(B) SINAIS – SOL E LUA (2.30-31)

A segunda parte da promessa diz que o sol escurecerá e a lua se transformará em sangue. Alguns afirmam que essa profecia foi cumprida quando Jesus morreu e o sol se apagou durante três horas, mas esse sinal, na realidade, ainda deve se cumprir no final dos tempos, pois o próprio Jesus o menciona como um sinal de sua segunda vinda, em Mateus 24.29.

O interessante é que haverá sinais no céu, pois o céu responde a acontecimentos significativos na terra. Alguns me dizem, tolamente, que o fato de os sábios terem seguido a estrela prova que a astrologia está correta. Eu lhes digo, porém, que não entenderam nada. A astrologia acredita que a posição das estrelas influencia um bebê no momento do nascimento, mas em Belém, foi a localização do bebê que influenciou as estrelas! Desse modo, quando Jesus morreu, o sol desapareceu. O universo responde a acontecimentos significativos aqui embaixo. Incrível, não é? Não somos governados pelos céus; os céus são regidos por Deus.

(C) SALVAÇÃO – O CHAMADO E OS CHAMADOS (2.32)

Joel também prometeu salvação a todos que o Senhor

chamou e que responderam a ele. A salvação não era automática, como se toda a nação fosse "salva" através de algum processo místico. Há um chamado duplo na salvação. Através da pregação de homens, Deus chama o povo para que seja salvo, e o povo, por sua vez, invoca a Deus.

Não gosto de pedir às pessoas que repitam a oração de arrependimento– apenas lhes digo que clamem elas mesmas ao Senhor. Sabemos que "todo aquele que invocar o nome do Senhor será salvo". É muito importante que as próprias pessoas invoquem o nome do Senhor. Todo aquele que o fizer será salvo. Pedro entendeu isso no dia de Pentecoste, quando três mil pessoas clamaram ao Senhor e foram salvas.

A promessa de total restauração feita por Joel, portanto, não se refere apenas a colheitas, vinho e milho, mas a corações humanos.

Joel disse que tudo isso aconteceria no Dia do Senhor. Não precisamos acreditar que se trata literalmente de um dia de 24 horas; a palavra "dia" é flexível nas Escrituras. A palavra hebraica *yom* pode significar toda uma época. Se eu disser "os dias das carroças puxadas por cavalos já passaram", não me refiro ao período de 24 horas. Estou dizendo que uma era histórica terminou e deu início a outra – estamos nos tempos do automóvel. Esse é o significado da palavra "dia" em "o Dia do Senhor". A questão é esta: o homem teve os seus dias de domínio, e o diabo teve os seus dias de controle, mas haverá um dia em que viveremos sob o domínio total de Deus. Logo virá o Dia do Senhor, quando sua palavra se cumprir, quando o mundo todo estiver sob o seu domínio.

Joel menciona o Dia do Senhor cinco vezes em sua profecia, sempre se referindo a um tempo de julgamento. A frase também é usada por profetas que vieram depois, como Isaías, Jeremias, Ezequiel, Amós, Sofonias e Malaquias. O Dia do Senhor também aparece com destaque no Novo Testamento (veja 1Coríntios, 1Tessalonicenses, 2Tessalonicenses e 2Pedro). Chegará o dia em que o Senhor terá o seu dia, e ele será definitivo.

Portanto, a ordem do julgamento é: primeiro, o povo de Deus, em seguida, seus inimigos. Temos uma escolha a fazer: queremos ser julgados agora ou mais tarde?

Vivemos hoje os "últimos dias", que tiveram início quando a profecia de Joel se cumpriu e o Espírito foi derramado no dia de Pentecoste. A partir daquele momento, temos vivido os "últimos dias". O próximo grande evento é o retorno de Jesus Cristo ao planeta Terra.

O vale da Decisão (capítulo 3)

Vingança contra as nações (3.1-16a)

Onde? O último capítulo nos traz uma visão do vale da Decisão. É o vale de Cedrom, no lado oriental de Jerusalém, até hoje chamado de vale do Julgamento. É um lugar onde há muitos túmulos de judeus. Acredita-se que seja o local da ressurreição, onde Deus decidirá sobre nosso destino eterno. Também é chamado de vale da Decisão, mas tenho visto pregadores usando o nome de forma equivocada. Joel afirma que há multidões no vale da Decisão e, por essa razão, os pregadores o usam para encorajar os descrentes a tomar sua decisão a respeito de Deus. Na realidade, é o vale de onde Deus decidirá quem irá para o céu e quem irá para o inferno. É o vale da Decisão de Deus, quando ele terá a última palavra. É a decisão dele que dita nosso destino eterno.

Por quê? A decisão de Deus dependerá da forma como as pessoas trataram seu povo e de como reagiram ao seu propósito e ao que ele tem feito no mundo. As nações de

Tiro, Sidom e as regiões da Filístia são especificamente mencionadas como se estivessem prontas para o julgamento. A última palavra é que Deus vingará seu povo e o restaurará à sua terra.

Como? As nações são chamadas para vir e lutar, embora haja certa dose de sarcasmo no chamado, pois quem poderá "lutar" contra Deus? As nações são instruídas a forjar seus arados, transformando-os em espadas, e a fazer lanças de suas foices (observe exatamente o oposto em Isaías 2.4 e Miqueias 4.3). Em sua profecia, Sofonias fala do encontro das nações.

Absolvição de Israel (3.16b-21)
O enfoque na última seção é a restauração de Judá. A nação será habitada e fértil, mas o Egito, por sua vez, ficará desabitado e Edom será um deserto, como consequência da violência que cometeram contra Judá.

Isso expõe uma importante questão a respeito da qual há opiniões profundamente divididas na igreja hoje. Obadias, Joel e muitos outros profetas concluem suas profecias com promessas para o futuro de Israel. Visto que muitas delas ainda não foram cumpridas, devemos indagar quando o serão.

Atualmente, há quatro opiniões diferentes na igreja, e, embora a minha opinião não seja a da maioria, acredito que seja a mais fiel às Escrituras.

As opiniões divergem quanto à interpretação literal ou espiritual das promessas. Devemos supor que Israel literalmente recuperará a terra prometida por Deus ou entender a Terra Prometida como um símbolo de bênçãos espirituais, agora aplicadas à igreja, o novo Israel? Essa segunda perspectiva é chamada de "teologia da substituição" e talvez seja a visão da maioria dos pregadores no Reino Unido.

DECLÍNIO E QUEDA DE UM IMPÉRIO

Meu problema com esse ponto de vista é que, embora ele reivindique todas as antigas bênçãos para a igreja, a teologia não se aplica também às maldições – elas permanecem com Israel! Deus disse que a nação de Israel seria abençoada se fosse obediente e amaldiçoada se desobedecesse.

As bênçãos incluíam: vida, saúde, prosperidade, fertilidade, respeito e segurança. E as maldições eram: enfermidade, seca, morte, perigo, destruição, derrota, deportação, destituição e desgraça.

Com a teologia da substituição, o antigo Israel perde a terra porque desobedeceu. As bênçãos, no entanto, se aplicam à igreja, o novo Israel, sem qualquer menção às maldições no caso de a igreja não obedecer.

Os que acreditam que as promessas se aplicam a Israel literalmente, também se dividem em dois grupos. Um deles afirma que as promessas eram todas condicionais e foram perdidas por Israel, e, portanto, não há futuro para Israel como povo de Deus. Podemos evangelizar a nação de Israel como faríamos com qualquer outra. Eles são apenas uma nação agora – não são mais o povo de Deus.

Entretanto, esse argumento não se encaixa no Novo Testamento. Das 74 menções a "Israel" encontradas no Novo Testamento, nenhuma se refere à igreja. Além disso, há referências à continuidade do trono de Davi, à casa de Jacó e às 12 tribos de Israel. A premissa é de que Israel continua vivo e atuante no que se refere às promessas de Deus, mesmo que sua rejeição ao Messias implique punição.

A CHAVE PARA ENTENDER A BÍBLIA

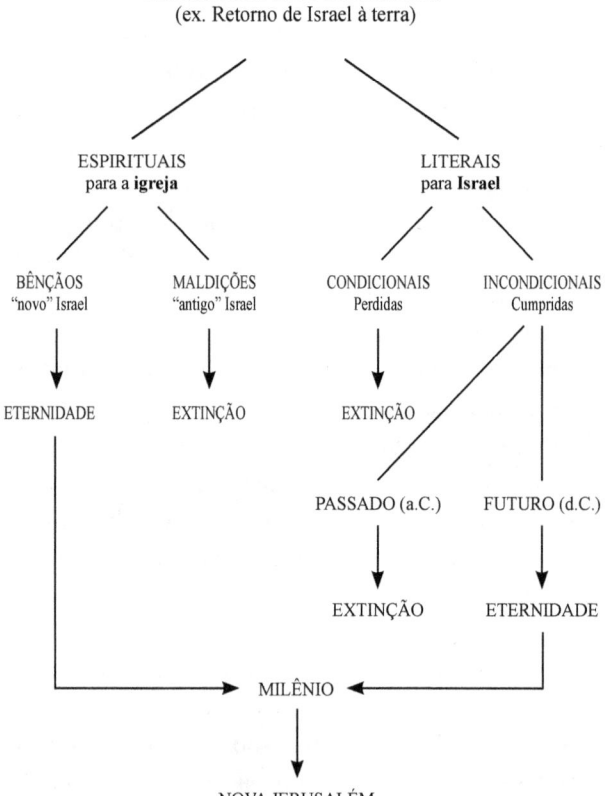

As promessas que Deus fez a Israel foram incondicionais. Ele lhes prometeu a terra para sempre. Assegurou-lhes que mesmo que a perdessem, ele sempre os traria de volta, porque havia jurado que o faria. Há, portanto, um futuro para Israel. Acredito que Paulo tinha isso em mente quando disse em Romanos 9–11 que eles podiam ter rejeitado o seu Deus, mas Deus não os havia rejeitado. Após a salvação de todos os gentios, "todo o Israel" será salvo. Deus não se divorcia do povo, ele se apega a ele. Creio também que Jesus voltará para reinar sobre a terra e, então, os judeus e os cristãos se unirão em um só rebanho sob um Pastor, e o reino será finalmente devolvido a Israel.

A última pergunta que os discípulos fizeram a Jesus está registrada em Atos 1: "Senhor, é neste tempo que vais restaurar o reino a Israel?". Jesus não disse que a pergunta era tola; ele apenas respondeu que não lhes competia saber a data que o Pai havia determinado. Os discípulos só estavam fora de sincronia. O reino será restaurado, no devido tempo. Então ele lhes ordenou que fossem e pregassem o evangelho a todas as nações.

Portanto, é preciso encarar o fato de que há todos esses pontos de vista diferentes e todos eles acabam na extinção do antigo Israel – exceto o meu ponto de vista. Eu creio que as promessas de Deus não podem ser quebradas. Na verdade, se Deus não for fiel a Israel, também não permanecerá fiel a nós.

Conclusão

A profecia de Joel contém ensinamentos importantes a respeito do caráter de Deus e da natureza de suas ações direcionadas ao seu povo e ao mundo à nossa volta. As profecias de Joel foram parcialmente cumpridas, mas aguardamos que sejam cumpridas em sua plenitude, quando Deus encerrará essa fase da história e iniciará outra em que estará para sempre com o seu povo, conforme prometeu.

20.
AMÓS E OSEIAS

Introdução

Amós e *Oseias* profetizaram durante o século 8º a.C., e os dois livros que recebem seus nomes estão entre os primeiros a serem incluídos na Bíblia. Embora seu enfoque estivesse no reino do Norte (Israel, e não Judá), é importante contextualizarmos a pregação desses homens em relação ao que ocorria em outros locais do mundo, principalmente visto que alguns aspectos da sociedade moderna remontam a esse período. Em seguida, avaliaremos o cenário em Israel antes de examinar a obra dos profetas separadamente.

A ação do homem

A história registra que Roma e Cartago foram fundadas no século 8º a.C. A grande rivalidade entre as duas cidades resultou nas Guerras Púnicas, das quais Roma saiu vitoriosa. Dessa vitória surgiram os fundamentos do império romano. A lei romana era aos poucos estabelecida, logo acompanhada dos grandes projetos de reconstrução que vieram a caracterizar o domínio dos romanos e possibilitaram a propagação do evangelho quase 700 anos depois.

Também durante esse século, começaram os Jogos Olímpicos na Grécia – a obsessão do homem pelo esporte tem raízes remotas! Mais significativa, porém, foi a difusão da língua grega por todo o Mediterrâneo, tendo Homero como um dos autores gregos mais conhecidos. Os gregos estabeleceram muitas cidades-estados e desenvolveram uma nova forma de governo conhecida como democracia (embora sua abrangência fosse bastante limitada no que diz respeito à emancipação da forma como a entendemos hoje).

No leste, também surgiram as antigas civilizações da China e da Índia, portanto tem-se a impressão de que Israel e Judá estavam localizadas no centro da expansão da civilização, com culturas em desenvolvimento a leste e a oeste e muitos viajantes cruzando seu território.

A ação de Deus

O relacionamento de Deus com o seu povo estava em crise. Sua intenção era que eles fossem um exemplo para o mundo de como um povo e nação se relacionaria com o Senhor. Por essa razão, ele os havia posicionado na "encruzilhada" do mundo. Sua aliança com o povo, selada no Sinai nos dias de Moisés, estabelecia benção e maldição: se eles fossem obedientes, Deus os abençoaria mais do que a qualquer outro povo, caso contrário, seriam mais amaldiçoados do que qualquer outro povo. Assim, eles estavam diante de privilégio e responsabilidade. Por volta do século 8º, no entanto, Deus enfrentava o dilema de lidar com um povo que se afastara dele.

Dois reinos

Um breve esboço dos acontecimentos que culminaram nesse momento da história do povo ajudará a explicar a questão a partir do ponto de vista de Deus. Por volta do século 8º a.C., o povo de Deus estava dividido em dois reinos. Tornara-se um reino com um rei visível, como haviam desejado 200 anos antes, mas precisavam tolerar tudo o que acompanhava a realeza – os tributos para financiar o estilo de vida esbanjador do rei e o recrutamento para defender a terra.

Esse reino, no entanto, teve apenas três reis antes de se dividir. O primeiro deles, Saul, foi a "escolha do povo" –

de boa aparência, era alto e atraente, porém tinha algumas falhas graves de caráter.

Quando Saul deixou de obedecer a palavra divina, Deus designou como rei um homem de sua própria escolha – Davi – descrito em 1Samuel como "um homem segundo o coração de Deus". Embora tivesse um excelente início, Davi também caiu em pecado. Um olhar lascivo o levou a desobedecer cinco dos Dez Mandamentos, sendo que, depois desse episódio, ele nunca mais foi o mesmo. O declínio do poder de Israel teve início na tarde em que Davi pecou.

O terceiro rei foi Salomão, filho de Davi. Ele trouxe grande glória ao reino (o império de Israel atingiu o auge durante seu reinado), mas através de trabalhos forçados e pesada tributação. Deixou como legado um templo magnífico, mas um povo dividido. As tribos do Norte estavam insatisfeitas com o fato de os recursos do reino se concentrarem com as tribos do Sul, em Jerusalém.

A guerra civil eclodiu logo após a morte de Salomão. O Norte se rebelou contra o Sul, o reino foi por fim dividido, com as dez tribos do Norte adotando o nome de Israel, e as duas do Sul, que permaneceram fiéis a Jerusalém e à linhagem real, adotando o nome de Judá.

Isso significava, naturalmente, que o Norte estava sem um templo e sem uma linhagem real. Israel constituiu seus próprios santuários sagrados em Betel e Samaria, e sua própria linhagem real, independente dos laços sanguíneos de Davi, cuja descendência Deus havia prometido abençoar.

A história de Israel em 1 e 2 Reis mostra a trajetória tumultuada dos reinos desses reis do Norte. A duração aproximada de seus reinados era de três anos. Muitos deles foram assassinados, e vários golpes ocorreram. A instabilidade do governo não chega a surpreender, pois o reinado não estava fundamentado na linhagem real escolhida por Deus.

O Sul saiu-se melhor; seus reis reinaram em média 33 anos cada. (Curiosamente, acredita-se que foi com essa idade que Jesus morreu.)

Condições sociais

Paz
É importante entender as condições sociais do Norte, se quisermos compreender as mensagens de Amós e *Oseias*. Eles viveram um período de paz e prosperidade. A Assíria era a superpotência da época, e a visita de Jonas a Nínive adiara, de forma eficaz e temporária, a ameaça a Israel. Aquela geração de assírios havia se arrependido de seu espírito belicista e, assim, o temor da invasão pelos assírios estava superado, pelo menos por algum tempo.

Prosperidade
Como resultado, Israel desfrutava agora de um período de grande prosperidade, especialmente sob a liderança do rei Jeroboão II, cujo reinado estabilizara a nação durante algum tempo. A economia de Israel se beneficiava de sua localização estratégica nas rotas de comércio entre a Europa e a Arábia, e muitos comerciantes e banqueiros enriqueceram.

"Ter" e "não ter"
Embora o padrão de vida se elevasse, a sociedade se dividia entre os que "tinham" e os que "não tinham". Muitos desfrutavam da sociedade de consumo, com seus bens de luxo. A última moda era ter uma segunda casa, geralmente nas montanhas – chamada de "casa de veraneio" – para onde a família ia durante os dias de calor. Uma nova aristocracia se desenvolvia – a geração do "fique rico logo". A questão da moradia, no entanto,

tornou-se um problema, porque à medida que os ricos ficavam mais ricos, os pobres empobreciam ainda mais. Os ricos adquiriam uma segunda casa, enquanto muitas pessoas não tinham sequer uma para morar.

Efeitos morais
Moralmente, os efeitos de toda essa afluência eram muito claros. Havia escândalos financeiros, suborno e corrupção que atingiam até o sistema judiciário. Não havia justiça nos tribunais sem suborno aos juízes. Logo, os negócios eram conduzidos ininterruptamente, sete dias por semana, pois, dessa forma, poderiam ganhar mais. A avareza conduziu à injustiça, e a afluência levou à permissividade. A imoralidade sexual era a ordem do dia e o consumo de álcool aumentou nitidamente. Embora isso tenha ocorrido há 2.700 anos, os paralelos com nossa cultura moderna ocidental são muito evidentes.

Vida religiosa
A vida religiosa também estava florescendo, mas não era a religião de Israel. O povo demonstrava interesse pelas crenças de outras nações, voltando-se para as religiões dos povos nativos de Canaã, em especial. Nessa categoria, estavam inclusas as crenças do Oriente e do Ocidente trazidas pelos comerciantes em viagem e o culto à "mãe natureza", celebrado pelos povos cananeus. De fato, nos templos em Betel e Samaria, os adoradores mantinham relações sexuais com profissionais da prostituição de ambos os sexos, crendo que isso persuadiria o Senhor a abençoar as colheitas. Chegaram a fazer um bezerro de ouro em Betel, contradizendo diretamente as leis de Deus, que proibiam imagens de escultura. Assim, o povo santo de Deus, que deveria ser sacerdócio real e nação santa, havia se tornado como qualquer outro povo pagão.

Deus teria razões para lavar as mãos e tentar recomeçar com outro povo, mas ele não age dessa maneira. Deus estava casado com o povo de Israel, e ele odeia o divórcio. Tendo feito uma aliança, estava determinado a manter-se fiel a ela. No entanto, não poderia ignorar o comportamento do povo. Ao entregar a lei, nos dias de Moisés, Deus prometeu que seria forçado a amaldiçoá-los caso eles fossem desobedientes, e os livros de Amós e *Oseias* relatam as formas pelas quais ele disciplinou seu povo.

A disciplina de Deus

Escassez de alimento
Uma vez que o povo adotava os cultos à fertilidade, era apropriado que Deus demonstrasse que a promiscuidade sexual do povo não provocava um efeito positivo na colheita. Por isso, muitas colheitas não produziam frutos. Deus estava dizendo: "Acordem! Vocês dependem de mim e não das deusas da fertilidade". Assim, após esse e outros desastres, surge o refrão: "Ainda assim vocês não se voltaram para mim". Apesar da escassez de alimento, eles persistiram em praticar os rituais pagãos.

Escassez de água
Em seguida, Deus enviou escassez de água potável, o que, obviamente, foi uma grande calamidade numa terra que depende de chuva regular.

Culturas infestadas e devastadas
Um ataque de míldio [doença fúngica] e gafanhotos destruiu as plantações, o que resultou em escassez de alimento para os animais. É de esperar que um povo que vivesse em aliança com Deus se voltasse para ele e indagasse o que havia dado errado, mas Israel recusou-se a fazê-lo.

Pragas e ataques-surpresa
As plantações e os animais já haviam sofrido. Deus agora enviava pragas sobre o povo, e ataques inimigos roubavam o gado. É possível perceber que o grau de severidade de cada ação disciplinar aumentava. O povo agora estava sendo diretamente afetado. Mesmo assim, Israel não se voltou para Deus.

Tempestades de fogo
Deus também permitiu que raios atingissem algumas cidades, o que resultou na destruição de extensas áreas habitadas. Entretanto, nada disso surtiu qualquer efeito. Contanto que tivessem dinheiro e desfrutassem de suas casas de veraneio, eles não se importavam. Após os alertas de Deus, mais dois desastres ocorreram. Era como se Deus estivesse desesperado para atrair a atenção do povo.

Um terremoto
Foi muito mais que um pequeno tremor. Aproximadamente 250 anos depois, o evento é citado em Zacarias como "o" terremoto. Demonstrava o poder de Deus sobre a natureza e trazia à lembrança do povo a fragilidade da vida humana. O povo, no entanto, ainda se recusava a voltar-se para Deus.

Exílio
O castigo final de Deus foi a invasão da terra pelos assírios e a consequente deportação do povo, para nunca mais retornar. Isso aconteceu em 721 a.C., 30 anos depois de Amós e dez anos após *Oseias*. Parece ter sido um alto preço a pagar pela desobediência, mas Deus alertara Israel a esse respeito várias vezes, não somente por meio da disciplina e dos desastres, mas também através

do ministério desses dois profetas, que enfatizaram e explicaram o que Deus estava fazendo e o que ele poderia ser forçado a fazer.

De fato, Amós 3.7 diz: "Certamente o Senhor Soberano não faz coisa alguma sem revelar o seu plano aos seus servos, os profetas". Deus é tão maravilhosamente misericordioso, que jamais pune sem primeiro enviar um profeta a fim de explicar ao povo o que acontecerá caso persistam em sua conduta rebelde. No Novo Testamento, o livro de Apocalipse é um alerta do que Deus fará com todo o mundo, mas, mesmo assim, as pessoas não se voltam para ele. O que mais Deus pode fazer?

Os profetas da "última chance"

Amós e Oseias, portanto, foram os profetas que trouxeram mensagens da "última chance" a Israel, alertando sobre o que Deus seria forçado a fazer se o povo não se voltasse para ele. Esses dois profetas eram muito diferentes. Amós era severo; Oseias era terno. Amós chegou com acusações pesadas sobre o que o povo fazia de errado; Oseias chegou com um forte apelo para que voltassem ao Senhor. Se Amós falava às mentes, Oseias falava aos corações. Amós era especializado na justiça de Deus, e a especialidade de Oseias era a misericórdia divina. Amós transmitia à nação os pensamentos de Deus, mas Oseias comunicava os sentimentos de Deus. Há alguns pontos em comum entre os dois profetas, mas essas duas caraterísticas principais transparecem em suas mensagens. É interessante que as últimas palavras de Deus em Oseias expressem um apelo muito sensível e emocional, na esperança de que Israel se arrependesse e evitasse a execução do castigo que ele teria de levar a cabo.

AMÓS	Oseias
Rural, veio do Sul	Urbano, veio do Norte
Advertência	Conquista
Dura acusação	Apelo suave
Justiça de Deus	Misericórdia de Deus
Ira divina	Amor divino
Sua pureza	Sua compaixão
Pecado social	Pecado espiritual
Injustiça	Idolatria
Internacional	Nacional
"Buscar a Deus"	"Conhecer a Deus"

O livro de Amós

No ano de 750 a.C., um homem apareceu em Betel, subiu os degraus do templo e começou a pregar. Seu sotaque sulista o traía e lhe garantia uma reação hostil tanto ao que ele era quanto ao que dizia.

Amós era considerado o tipo mais pobre de agricultor. Além de ser criador de ovelhas, ele também cultivava sicômoros [figueiras], que era considerada a mais inferior das atividades, pois o fruto costumava ser o alimento dos pobres. Amós, portanto, não tinha preparo religioso e não era um pregador natural, mas sob a mão de Deus, e pela sua graça, executou o trabalho com perfeição.

Sua cidade de origem era Tecoa, a 20 quilômetros ao sul de Jerusalém, no coração do reino do Sul e na fronteira com o deserto. Deus se dirigiu a esse homem, que ocupava o degrau mais baixo da escala social, com as palavras: "Vá, profetize a Israel, o meu povo".

O capítulo 7 do livro de Amós nos traz uma percepção notável de sua vida pessoal e de sua reação diante do que encontrou. Esse capítulo nos mostra dois elementos singulares:

1. Sua oração influenciava a Deus.
2. Sua pregação enfurecia os homens.

Sua oração influenciava a Deus

Certa ocasião, Deus lhe mostrou duas cenas: na primeira, gafanhotos devoravam tudo o que havia no campo, e na outra, um fogo destruía tudo que existia nas cidades. Amós ficou profundamente chocado com a visão e disse, então, a Deus: "Soberano Senhor, eu te imploro que não faça isto!". Perguntou-lhe também como Jacó (ou o povo de Deus) poderia sobreviver a tal investida. Clamou que não o fizesse e, por isso, Deus voltou atrás no que havia dito que faria.

Dois aspectos do diálogo são dignos de nota. O primeiro é que a oração pode influenciar a Deus. Deus parece mudar seu modo de atuação conforme a súplica de Amós. Moisés teve a mesma experiência e, é claro, Jesus também orou na cruz: "Pai, perdoa-lhes, pois não sabem o que estão fazendo". É clara a lição que podemos aprender com a conversa entre Amós e Deus: nossa oração jamais mudará o caráter de Deus, mas pode mudar seus planos. Ele não é um Deus impessoal e inflexível, mas um Deus que nos ouve, um Deus que está disposto a ser persuadido.

O segundo aspecto é o fato de Amós falar da nação como "Jacó", em vez de "Israel". Ao fazê-lo, ele se refere ao conspirador corrupto, o homem que enganou o próprio pai com o objetivo de receber uma bênção, aquele que passou a ser chamado Israel. É como se Amós estivesse deliberadamente lembrando a Deus o passado ambíguo do homem cujo nome fora dado à nação. Era a maneira perfeita de dizer, em uma palavra apenas, que Israel retornava ao que Jacó havia sido antes de encontrar-se com Deus e de enfrentar o anjo.

Também, no capítulo 7, Amós tem uma visão do Senhor ao lado de um muro, com um prumo na mão. Deus estava mostrando a Amós que ele media Israel segundo os padrões divinos, e não segundo os padrões do povo, e que o julgamento deveria acontecer.

Sua pregação enfurecia os homens

Como era esperado, a pregação de Amós enfureceu os líderes religiosos. Profetas não são populares com sacerdotes ou pastores. Os profetas costumam expressar-se contra o *status quo* e, portanto, representam uma ameaça. Amazias, o sacerdote, ficou particularmente preocupado com o efeito da mensagem de Amós e acabou opondo-se a ele. Amós, porém, destemido, continuou pregando, prevendo a morte de Jeroboão, de sua esposa e de sua família.

Deus revelou suas mensagens a Amós de duas formas. Amós tinha visões quando estava acordado e sonhos enquanto dormia. Um profeta do Antigo Testamento era considerado um "vidente", pois enxergava coisas que os outros não conseguiam ver. Era capaz de ver o que realmente acontecia; podia enxergar o futuro.

O texto bíblico nos relata com frequência as visões de Amós. Uma das cenas mais reveladoras, que produz um clímax para sua profecia, é um cesto de frutos tão maduros que parecem estar prestes a apodrecer. A mensagem era clara: Israel estava propensa a cair em podridão.

Amós, invariavelmente, também descrevia o próprio Deus como um leão. Naquele tempo, ainda havia leões na terra de Israel. Eles viviam na floresta, ao longo do rio Jordão, e subiam as colinas à procura de cordeiros. Os leões eram, portanto, figuras conhecidas do povo.

Diz Amós: "O leão rugiu, quem não temerá?" e oferece uma imagem clara do que acontecerá a Israel. Revela que

Israel será como um cordeiro capturado por um leão. O pastor talvez resgate uma orelha ou algumas pernas da boca do leão. Uma linguagem pictórica vívida que prende o interesse e desperta a imaginação do povo. Deus era conhecido como o Pastor de Israel, por isso deve ter sido um choque quando o profeta o retrata como um leão.

Temas presentes em Amós

A profecia de Amós é uma coleção de sermões, sem uma estrutura definida. Por essa razão, é difícil analisar o livro como um todo. É como se o livro plantasse bombas-relógio nos corações das pessoas, prontas para explodir em determinado momento do futuro.

Alguns dos temas podem ser identificados:

Oito sentenças (capítulos 1.1–2.16)
1. Damasco
2. Gaza
3. Tiro
4. Edom
5. Amom
6. Moabe
7. Judá
8. Israel

Três sermões (capítulos 3–6)
1. "Ainda assim vocês não se voltaram para mim"
2. "Busquem-me e terão vida"
3. "Ai de..."

Cinco símbolos (capítulos 7–8)
1. Uma praga de gafanhotos
2. O fogo devora as profundezas

3. Um fio de prumo
4. Um cesto de frutos maduros
5. A destruição dos frutos maduros

Três surpresas (capítulo 9)
1. A reconstrução do tabernáculo de Davi
2. O retorno do povo
3. A fertilidade da terra

Um livro poético

Embora haja pouca estrutura, a escolha do gênero é bastante intencional. Em toda a Bíblia, é possível fazer uma distinção entre poesia e prosa. A primeira nos mostra o que Deus sente diante de uma situação, a segunda, o que ele pensa. Muitos não se dão conta de que a Bíblia está repleta das emoções de Deus. Deus é rico em sentimentos. Precisamos entender o que provoca sua ira, o que o entristece, o que lhe dá náuseas, ou lhe aborrece, e o que o deixa feliz. As pessoas ficam obcecadas pelos seus próprios sentimentos a respeito de Deus, mas, na realidade, o nosso futuro depende dos sentimentos dele a nosso respeito.

Alguns poemas são muito leves e encorajadores, mas outros são muito densos, chamados de lamento. A poesia em Amós se encaixa na segunda categoria.

Repetição

Amós também usa a repetição, que é particularmente eficaz na fala. A mensagem que ele deseja incutir em seus ouvintes é: embora Deus tenha enviado dificuldades, o povo não se voltou para ele. Assim, ele repete o refrão: "Vocês não se voltaram para mim".

Vamos examinar o capítulo 1 e ver quão habilmente ele

estrutura as palavras. Seu refrão nesse bloco é: "Por três transgressões, e ainda mais por quatro".

A desumanidade dos vizinhos de Israel
Amós começa condenando os vizinhos de Israel. Seu foco é Damasco e a razão pela qual seus habitantes merecem o castigo de Deus. A cidade de Damasco não estava ligada ao povo de Deus, portanto foi julgada especialmente por sua desumanidade e crueldade. Em seguida, ele critica Gaza, célebre por sua brutalidade, e Tiro, por sua traição. Sem dúvida, a plateia de Amós concordava com a mensagem até esse momento.

A infâmia dos primos de Israel
Amós passa, então, aos primos étnicos de Israel: Edom, Amom e Moabe. Afirma que Deus lidará com Edom por sua perversidade, com Amom por sua barbárie e com Moabe por manusear itens sagrados profanamente. Nesse ponto, seus ouvintes concordavam com a mensagem.

A infidelidade da irmã de Israel
Em seguida, ele se aproxima de casa, condenando Judá, irmã de Israel. Deus lidará com Judá por ter rejeitado suas leis e aceitado as mentiras de homens.

A insensibilidade dos filhos de Israel
Vem então o choque. Tão logo tem a atenção dos ouvintes, Amós os informa de que Deus lidará com eles também. Diz que se acostumaram de tal forma com o pecado, que não mais se sentem envergonhados ou, pior ainda, parece que não o percebem. A principal mensagem a Israel é: redenção no passado significa castigo no futuro. Visto que foram escolhidos por Deus entre todas as famílias da terra, ele deve puni-los de forma mais severa. Os termos da aliança

feita no Sinai – aceitos voluntariamente e até ansiosamente pelo povo – eram bênçãos divinas advindas da obediência e maldições divinas pela desobediência. Israel poderia ser mais abençoado (ou mais amaldiçoado) do que outras nações. O princípio divino é: aqueles a quem muito é dado, muito é esperado. Mais privilégios trazem maiores responsabilidades.

Esse princípio é encontrado até mesmo no Novo Testamento. Os cristãos estão entre aqueles que ouviram o evangelho e conheceram os mandamentos, portanto Deus os tratará de forma mais severa.

Há um sermão que faz uso da repetição da palavra "ai". É uma série de maldições direcionadas aos que têm sido desobedientes. Amós lhes diz que muitos daqueles que anseiam pelo Dia do Senhor não conhecem o verdadeiro significado daquele dia. Presumem que tudo vai acabar bem. São complacentes e tolerantes consigo mesmos em relação a seu estilo de vida decadente. No entanto, precisam perceber que o ritual não substitui a justiça e o sacrifício não substitui a santificação pessoal.

O tema "Busquem-me e terão vida" é a base para outro sermão. Eles são admoestados a não mais buscar uma vida confortável na terra, mas, em vez disso, buscar ao Senhor. Devem buscar a retidão. Se o fizerem, o Senhor os ouvirá e os perdoará.

A mensagem final de Amós
A última mensagem parece particularmente dura. A visão dos frutos sugere que Israel está "madura para o julgamento". Deus afirma que jamais os esquecerá – ele registra todas as coisas. Esquece-se apenas do que perdoou, mas, do restante, ele jamais se esquece. Amós lhes diz que as dez tribos de Israel serão espalhadas entre as nações e jamais se erguerão novamente. No entanto, em

meio a essa terrível sentença permanente, como se o sol rompesse as nuvens, Deus afirma: "Mas não todos vocês. Somente os pecadores de Israel desaparecerão. Haverá um remanescente. Construirei novamente o tabernáculo de Davi e trarei gentios para que tomem o seu lugar no povo de Deus". Assim, um remanescente que se manterá fiel a Deus sobreviverá e será parte de um povo expandido de Deus, que incluirá os gentios.

De fato, essas palavras de profecia foram citadas 800 anos depois, em Atos 15, quando o Concílio de Jerusalém se reuniu com o objetivo de analisar as bases para a entrada dos gentios como parte da igreja. O líder da igreja em Jerusalém lembrou ao concílio a profecia de Amós, na qual Deus havia prometido que restauraria o tabernáculo de Davi e incluiria os gentios.

O livro de Oseias

Dez anos depois da pregação de Amós em Betel, outro profeta entrou em cena. Seria o último profeta enviado por Deus às dez tribos do Norte de Israel. Já observamos que o ministério de Oseias constitui um verdadeiro contraste com o de Amós. Dessa vez, é o afeto em lugar da acusação, a persuasão em lugar da exortação, a suavidade em lugar da dureza, a misericórdia em lugar da justiça. É o apelo final de Deus antes que as dez tribos desapareçam.

Uma palavra-chave desvenda toda a profecia. É a palavra hebraica *chesed* (o *ch* é pronunciado como "rr" em "carro"). Não há um equivalente exato em nossa língua. É sobretudo um termo da aliança, usado para descrever aquele com quem se estabelece um relacionamento de aliança. Tem o sentido de "amor", mas traz também uma boa carga da palavra "lealdade". O amor verdadeiro não é verdadeiro a menos que seja leal.

A palavra *chesed* costuma ser traduzida por "misericórdia" ou "fidelidade". A palavra "fidelidade" é usada 60 vezes como tradução para esse termo nas Bíblias de língua inglesa, enquanto "bondade" é usada 9 ou 10 vezes. Significa amor inabalável ou devoção eterna – significa estar tão comprometido com uma pessoa, que continuaremos amando-a, não importa o que aconteça.

A palavra *troth* – [verdade] do inglês arcaico – aproxima-se em sentido (*betrothed* [desposado] é um termo ainda usado por alguns). Pode ser muito significativo o desaparecimento da palavra *troth*, pois esse tipo de lealdade também se extinguiu. O amor, algumas vezes, é desassociado da lealdade. Casais permanecem juntos somente enquanto existe amor; no momento em que o amor "acaba", trocam de cônjuge.

Uma aliança de amor

Todo o relacionamento entre Deus e Israel se baseia em uma aliança de amor e, consequentemente, em um *chesed*, um amor-para-guardar. Na realidade, o livro de Oseias retrata o amor de aliança de Deus por sua noiva, Israel.

Os deveres de Deus na aliança
Deus fez uma aliança com o povo que implicava cuidado, proteção e provisão de suas necessidades. Ele os resgatou do Egito e, no Sinai, lhes ofereceu a oportunidade de se tornarem sua propriedade particular, e eles aceitaram. Deus estava à procura de obediência verdadeira e resoluta – uma noiva que desejasse viver da forma como ele gostaria que ela vivesse.

Os deveres de Israel na aliança
Israel deveria responder alegremente às exigências de Deus, sabendo que, por terem sido feitas para o seu bem, seria um prazer obedecer. Os salmos de Davi expressam o

prazer que ele tinha na lei de Deus. O salmo mais longo da Bíblia (119) fala unicamente dos benefícios da lei. O povo de Deus como um todo, porém, não obedeceu e, na época de Oseias, seu fracasso era bastante evidente.

Através das mensagens de Oseias, Deus precisava lhes dizer: "O que aconteceu com o nosso casamento?". Ele lhes ofereceu seu amor leal, mas sabia que estava recebendo muito pouco em troca.

A fim de que Oseias compreendesse os sentimentos divinos, Deus o conduziu por uma extraordinária experiência. Ele costumava capacitar um profeta por meio de seus relacionamentos ou da ausência deles. Por exemplo, Deus disse a Jeremias que ele não deveria se casar, pois precisava mostrar a Judá que Deus também estava solteiro. A solidão de não ter uma esposa ensinou a Jeremias como Deus se sentia sem Israel. Deus falou a Ezequiel que sua esposa morreria, mas ele não deveria chorar por ela, para demonstrar a Judá que Deus também estivera de luto por sua esposa. Oseias, da mesma forma, obedecendo instruções inusitadas quanto a sua situação matrimonial, aprendeu como Deus se sentia em relação a Israel.

O cenário (capítulos 1–3)

Os capítulos 1–3 nos oferecem o pano de fundo para a história. São autobiográficos e, na realidade, tão fantásticos, que os estudiosos debatem se o relato é fato ou ficção, ou se a ordem dos capítulos corresponde à ordem dos acontecimentos. Eu creio, entretanto, que podemos seguramente aceitá-la em seu sentido mais evidente, mais simples.

Os primeiros três capítulos nos oferecem o enredo da profecia.

Capítulo 1: os filhos
Oseias recebeu ordem para se casar com uma prostituta – algo tão chocante para a época como para os dias de hoje,

especialmente por se tratar de alguém que Deus havia escolhido como seu porta-voz. Eles tiveram três filhos, e pelo menos um deles não era filho de Oseias. Sua esposa, então, retornou à antiga ocupação. Oseias a encontrou, trouxe para casa e colocou-a em um período de disciplina em que não a reconheceu como sua esposa. Em seguida, ele a cortejou e iniciou tudo novamente, aceitando-a como sua esposa. O significado dos nomes dos filhos transmite uma mensagem. O primeiro filho chamava-se Jezreel, cujo significado é "Deus semeia". Era uma criança rebelde e insubmissa, que precisava ser disciplinada.

A segunda era uma garota chamada Lo-Ruama, nome que significa "aquela de quem não se tem compaixão". Era uma criança desfavorecida, que não tinha o amor de sua mãe.

O terceiro filho, um menino, chamava-se Lo-Ami, que significa "Não-meu-povo". Era o filho que não havia sido concebido por Oseias e, por isso, foi renegado. Temos então: indisciplinado, desfavorecida e desprezado. Os filhos resumem a forma como Deus estava lidando com seu povo, Israel. Os nomes dos filhos tornavam a mensagem ainda mais relevante. Ainda assim, eu não conheço nenhum pai cristão que tenha usado qualquer um desses nomes em seus filhos!

Capítulo 2: a esposa

O capítulo 2 nos mostra três aspectos sobre a esposa de Oseias. O primeiro é que seus próprios filhos a repreenderam pelo que estava fazendo. Eles sabiam que ela estava agindo errado. Em segundo lugar, Oseias a puniu por seu comportamento e, finalmente, ela foi restaurada como sua esposa. Outra vez, a aliteração é clara: repreendida, recuperada, restaurada.

Capítulo 3: o marido

O padrão de três se mantém inclusive com o próprio Oseias. Três informações nos são dadas a seu respeito no capítulo 3.

Em primeiro lugar, ele foi fiel à sua esposa quando ela lhe foi infiel.

Segundo, ele foi firme com ela e, por certo período, não a tratou como sua esposa. Trouxe-a para casa, mas não partilhou com ela a cama – representando o período de disciplina no exílio através do qual Deus conduziria os judeus.

Terceiro, ele era temido. Sua esposa sentia um temor saudável dele e tremia quando estava ao seu lado. Isso indica que o respeito e a lealdade foram aos poucos restaurados à vida da esposa.

A mensagem (capítulos 4–14)

Os capítulos de 4 a 14 apresentam a mensagem que surgiu desse relacionamento. Como acontece no livro de Amós, Oseias é uma coleção de sermões proféticos, apresentados sem uma ordem específica. Podemos, contudo, agrupá-los sob vários títulos, que nos mostram os principais temas e facilitam o entendimento.

Devemos observar que tudo o que Oseias diz gira em torno desses dois títulos: A infidelidade de Israel e A fidelidade de Deus. O tema da profecia como um todo é o contraste entre o *chesed* que vem de Deus e a ausência de resposta do povo.

É um resumo da discussão de Deus com Israel, sendo que sua compaixão por eles resulta no seguinte dilema: O que fazer com um povo a quem se ama, mas que lhe é infiel?

A infidelidade de Israel

Oseias identifica sete pecados que chamaremos de os "sete pecados mortais de Israel". Esse registro demonstra o conhecimento detalhado de Deus sobre o que ocorria naqueles dias.

DECLÍNIO E QUEDA DE UM IMPÉRIO

1. **Infidelidade** – O povo havia se tornado infiel em seus casamentos, bem como infiéis a Deus.
2. **Independência** – O lugar de governo escolhido por Deus ficava em Jerusalém, mas Israel havia criado sua própria linhagem real, com seu próprio reino independente. E a independência, certamente, é a essência do pecado. Eles estavam dizendo, na realidade, que não aceitariam o governo de Deus sobre suas vidas. Preferiam seu próprio reino e governo e assumiam uma posição de declarada rebeldia contra o rei que governava o Sul, que fora escolhido por Deus.
3. **Intriga** – A falta de lealdade para com Deus refletia-se na deslealdade entre as pessoas. Essa situação era observada nos comentários maldosos, nos acordos secretos e no transtorno causado a muitos.
4. **Idolatria** – O bezerro de ouro de Samaria tem lugar de destaque na profecia de Oseias. O povo aceitava abertamente os deuses cananeus e o envolvimento nos cultos pagãos. Os altares idólatras erguidos aos deuses cananeus estavam sendo reverenciados.
5. **Imoralidade** – O touro era um símbolo da fertilidade, e a imoralidade sexual havia se tornado comum. As leis dos livros de Moisés referentes às práticas sexuais haviam sido abandonadas e substituídas pela frouxa moral de nações vizinhas. Já observamos que tal imoralidade era até considerada "religião", a despeito de sua oposição à santa lei de Deus.
6. **Ignorância** – A resposta à profecia de Oseias evidenciou que Israel ignorava, em grande parte, as formas pelas quais a lei de Deus estava sendo desprezada. Isso não significava apenas que eles não conheciam a Deus, mas que não queriam conhecê-lo.
7. **Ingratidão** – Deus destaca a ingratidão manifestada no comportamento do povo, concedendo uma série de visões a Oseias, que as fixaria em suas mentes.

No capítulo 7, Oseias faz uso de diversas imagens para descrever o caráter de Israel, e nenhuma delas é lisonjeira. Ele disse que as paixões vis do povo eram como um forno quente pronto para assar a massa. Também comparou o povo a um bolo que não foi virado, que está queimado de um dos lados, porém cru do outro. Tal bolo é absolutamente intragável – uma imagem da transigência da nação. O povo, com sua mente dividida, torna-se efetivamente infrutífero e improdutivo, sem nenhuma utilidade.

Oseias traz então a imagem da pomba que se agita, presa a uma rede. Israel não se mantém fiel a ninguém, muito menos a Deus. Em certo momento, volta-se para o Egito e no momento seguinte, para a Assíria, mas nunca para Deus. Assim sendo, ele precisa conquistá-la e discipliná-la.

A parte culpada

Oseias prossegue com sua lista de pecados mortais, identificando quatro grupos de pessoas que, em sua opinião, são responsáveis pelas condições precárias do relacionamento.

1. **Os sacerdotes** – Eles deveriam conhecer a Deus e lembrar o povo sobre a lei do Senhor, para que, caso pecassem, sacrifícios pudessem ser oferecidos. No entanto, eles repudiaram essa responsabilidade. Aqueles que deveriam ter sido exemplo eram tão pecaminosos quanto o restante.
2. **Os profetas** – Israel contava com um grande número de profetas. Contudo, eram todos falsos profetas. Diziam ao povo de Deus para não se preocuparem com suas atitudes, alegando que Deus não faria as coisas terríveis que havia prometido – e isso, é claro, era exatamente o que eles queriam ouvir. Deus, entretanto, precisa de homens que estejam dispostos a dizer às pessoas o que elas não desejam ouvir, mesmo que para isso paguem um alto preço.

3. **Os príncipes (ou reis)** – Embora Deus não tivesse escolhido a linhagem real do Norte, essa linhagem ainda era responsável pelo povo. Em certos aspectos, os reis eram como pastores para o povo, responsáveis por garantir que fossem obedientes à lei de Deus. Entretanto, poucos reis realmente se preocupavam com a conduta do povo. Muitas pessoas se espelhavam no exemplo dos reis. Quando viam imoralidade no comando da nação, supunham que não haveria problemas se agissem da mesma forma.
4. **Os aproveitadores** – Muitos estavam lucrando com o mercado imobiliário, e os pobres sempre saiam perdendo. A lei de Deus era clara quanto aos males da cobrança de juros e da exploração do pobre. Oseias destaca a ação de oportunistas e agiotas como agentes de corrupção da sociedade.

As punições
Oseias lhes diz que o sofrimento atingirá três áreas.
1. **Esterilidade** – Ele diz que haverá abortos e algumas mulheres nem mesmo serão capazes de conceber. Outras perderão seus bebês ao nascer.
2. **Carnificina** – Deus, então, prevê que um inimigo atacará e matará muitos deles. Ele não os defenderá.
3. **Expatriação** – Por fim, esse inimigo será vitorioso e os expulsará da terra.

A fidelidade de Deus
Esses castigos representam o lado severo da profecia de Oseias. Embora ele fosse mais terno do que Amós, seu desafio não é menos contundente. Não é isso, porém, que o impulsiona. O tema principal é este: apesar da desobediência generalizada do povo, Deus é fiel.

Há uma declaração em 2Timóteo a respeito de nosso

relacionamento com Jesus. Diz que se nós o rejeitarmos ou se o renegarmos, ele nos renegará, mas se formos infiéis a ele, ele permanece fiel. Essa afirmação pode ter sido extraída diretamente de Oseias.

A boa nova é que Deus tem compaixão do povo de Israel. Esse é o verdadeiro ponto central da palavra de Oseias.

O amor de Deus por esse povo não permite que ele os absolva, abandone ou desaponte.

DEUS NÃO PODE ABSOLVÊ-LOS (5.10–6.6)

Essa passagem retrata a ira de Deus diante da suposta declaração de arrependimento do povo. Diz ele: "Pois serei como um leão para Efraim, e como um leão grande para Judá. Eu os despedaçarei e irei embora; eu os levarei, sem que ninguém possa livrá-los. Então voltarei ao meu lugar até que eles admitam sua culpa. E eles buscarão a minha face; em sua necessidade eles me buscarão ansiosamente". Ele diz que, quando chegam as dificuldades, o povo geralmente fala em voltar-se para o Senhor – de quem podem obter ajuda – sem a mínima intenção verdadeira de ter os corações transformados. Deus, portanto, precisa dizer: "Que posso fazer com você, Efraim? Que posso fazer com você, Judá? Seu amor é como a neblina da manhã, como o primeiro orvalho que logo evapora. Por isso eu os despedacei por meio dos meus profetas, eu os matei com as palavras da minha boca; os meus juízos reluziram como relâmpagos sobre vocês. Pois desejo misericórdia, não sacrifícios, e conhecimento de Deus em vez de holocaustos".

DEUS NÃO PODE ABANDONÁ-LOS (11.1–11)

Ele lança ao povo seu apelo, lembrando-os da época em que Israel era uma criança. Deus amou Israel como a um filho, trazendo-o do Egito. No entanto, quanto mais Deus chamava esse filho, mais ele se rebelava, oferecendo sacrifícios a Baal e queimando incenso a ídolos. Embora Deus o tivesse treinado desde a infância, ensinando-o a caminhar e segurando-o em seus braços, Israel tratava Deus com grande escárnio.

Deus, porém, exclama: "Como posso desistir de você, Efraim? Como posso entregar você nas mãos de outros, Israel? Como posso tratá-lo como tratei Admá? Como posso fazer com você o que fiz com Zeboim? O meu coração está enternecido, despertou-se toda a minha compaixão. Não executarei a minha ira impetuosa, não tornarei a destruir Efraim. Pois sou Deus, e não homem, o Santo no meio de vocês. Não virei com ira".

Vemos aqui uma expressão poderosa dos sentimentos de Deus. Não importa o que aconteça, ele sabe que não pode abandoná-los.

DEUS NÃO PODE DESAPONTÁ-LOS (14.1-9)

Essa passagem é um apelo apaixonado de Deus para que o povo volte a buscá-lo e permita que ele os cure de sua conduta idólatra. Não significa que Israel tenha acidentalmente pecado – a nação tem sido audaciosa em sua busca do mal. Deus, no entanto, diz que se eles se arrependerem, ele os perdoará. Ele nunca os desapontará.

A passagem termina com uma frase: "Quem é sábio? Aquele que considerar essas coisas. Quem tem discernimento? Aquele que as compreender. Os caminhos do Senhor são justos; os justos andam neles, mas os rebeldes neles tropeçam". É com esse apelo, um dos apelos mais contundentes em toda a Bíblia, feito a pessoas que não desejam conhecer o amor de Deus, que Oseias conclui a profecia. Uma última escolha é oferecida a Israel: seguir os caminhos do Senhor ou continuar em desobediência.

Como aplicamos Amós e Oseias hoje?

Em primeiro lugar, precisamos admitir que nem Amós nem Oseias tiveram êxito em trazer Israel de volta para Deus. Suas mensagens passaram despercebidas, e Deus foi forçado a punir o povo da forma como havia prometido. Em 721 a.C., a Assíria os derrotou e os levou ao exílio, para jamais retornarem.

A seguir, devemos observar a grande diferença que existe entre o nosso contexto e aquele no qual Amós e Oseias entregaram suas profecias. Em Israel, o sistema de governo era teocrático – Religião e Estado formavam uma única entidade. Isso, no entanto, não se aplica ao Novo Testamento, no qual igreja e Estado estão claramente separados. A situação do Novo Testamento é resumida nas palavras de Jesus: "Deem a César o que é de César e a Deus o que é de Deus". Sendo assim, os cristãos vivem hoje em dois reinos. Eu sou um cidadão do Reino Unido, segundo o meu passaporte. Também sou um cidadão do Reino de Deus. Temos, portanto, de ser cuidadosos na aplicação das profecias do Antigo Testamento ao nosso contexto moderno.

Sofremos ainda com uma complicação provocada pelo imperador Constantino, no século 4º d.C., originada pela tentativa de fundir igreja e Estado na Europa. Constantino criou a Cristandade – uma tentativa de integrar o Reino de Deus e os reinos dos homens, que deixou um legado permanente em algumas nações europeias. Assim, quem nasce na Inglaterra nasce na igreja, uma vez que nosso passado é formado por séculos de um cristianismo institucionalizado. No que se refere a Deus, contudo, a igreja e o Estado estão separados. Podemos aplicar as profecias do Antigo Testamento, mas devemos ter em mente que as duas situações não são diretamente equivalentes.

Desse modo, não podemos ler uma mensagem de Amós ou Oseias e afirmar que a nossa nação, por exemplo, deve a mesma obediência que Deus esperava de Israel. Entretanto, os trechos da profecia dirigidos aos demais povos podem, sim, ser legitimamente aplicados. As acusações de Deus a outras nações foram embasadas na consciência moral, e não na lei de Deus. Da mesma forma, uma nação secular [gentia] será julgada tendo como base o fato de viverem ou não de acordo com o que intrinsicamente sabem ser correto.

Alguns dos pecados que Amós e Oseias condenam em nações não israelitas se aplicam de fato. Isso inclui a barbaridade, a violação dos direitos humanos e as leis que enriquecem ainda mais o rico e empobrecem ainda mais o pobre. Esses temas podem ser aplicados ao nosso contexto.

Entretanto, isso não significa que as demais profecias dirigidas a Israel sejam irrelevantes. Elas trazem uma mensagem poderosa à igreja hoje, pois, muitas vezes, a igreja age de forma semelhante ao povo de Israel. São muitas as passagens do Novo Testamento que reforçam as mensagens de Oseias e Amós. Nós também devemos nos voltar para Deus, para que não enfrentemos sua punição. Assim, ao lermos essas profecias, devemos aplicá-las primeiramente ao povo de Deus, e só então estaremos em posição de dizer à sociedade o que Deus pensa sobre a forma como estão vivendo.

21.
ISAÍAS

Introdução

Estudar o livro de Isaías é fascinante. Para começar, os registros da profecia de Isaías estão entre os mais autênticos e fidedignos de todos os livros do Antigo Testamento. Os manuscritos do mar Morto, encontrados em 1948, incluem uma cópia do livro de Isaías datada de 100 a.C. – quase mil anos mais antiga que a cópia encontrada anteriormente, de 900 a.C. Na época da descoberta, a tradução da Revised Standard Version[18] estava sendo concluída, mas o trabalho foi interrompido para que esses documentos pudessem ser verificados. Pouca coisa foi alterada.

O livro de Isaías também é fascinante pela forma como é apresentado em nossas Bíblias. A divisão por capítulos e a inclusão de títulos para os capítulos da Bíblia não foram inspirados. (Gostaria que tivéssemos uma Bíblia sem a numeração de capítulos e versículos, pois então poderíamos ler as nossas Bíblias conforme o fluir do pensamento, e não de uma forma artificial, segundo "textos", como a conhecemos hoje. Durante aproximadamente 1.100 anos, a igreja cristã usou Bíblias sem qualquer numeração de capítulos e versículos.)

Entretanto, quem quer que tenha dividido Isaías em capítulos fez algo bastante interessante, embora eu duvide que tenha sido intencional. O livro foi dividido em 66 capítulos, o mesmo número de livros da Bíblia. Além disso, Isaías tem duas partes distintas: uma parte com 39 e outra com 27 capítulos. Só por acaso, o Antigo Testamento tem 39 livros e o Novo Testamento, 27.

---

18 NdT: A Revised Standard Version (RSV) é uma revisão da American Standard Version, feita por um grupo de igrejas protestantes, entre 1930 e 1950.

A mensagem dos primeiros 39 capítulos resume a mensagem do Antigo Testamento, e a dos últimos 27 capítulos resume exatamente a mensagem do Novo Testamento! A segunda parte de Isaías (capítulo 40) começa com a voz do que clama no deserto: "Preparem o caminho do Senhor", palavras usadas posteriormente por João Batista. Fala, então, de um servo do Senhor que é ungido pelo Espírito Santo, morre pelos pecados do seu povo e é ressuscitado e exaltado após a sua morte. Em seguida, vem a declaração "Vocês são minhas testemunhas (até os confins da terra)", e conclui com as palavras de Deus: "Eis que faço novas todas as coisas (eu crio um novo céu e uma nova terra)". Podemos, portanto, relacionar perfeitamente a mensagem de Isaías com a mensagem do Novo Testamento.

Em outras palavras, se alguém pegasse toda a Bíblia e a comprimisse em um único livro, teria a profecia de Isaías. É a Bíblia em miniatura. Mais extraordinário ainda é o fato de que os capítulos 40–66 são claramente divididos em três seções, cada uma com nove capítulos. Nos capítulos 40–48, o tema é o consolo ao povo de Deus; nos capítulos 49–57, o tema é o servo do Senhor, que morre e volta a viver; e os capítulos 58–66 falam da glória futura.

Além disso, cada uma dessas seções de nove capítulos divide-se em três seções de três capítulos. Se você observar os três capítulos do meio, verá três blocos muito evidentes: 49–51, 52–54 e 55–57. Se considerar o bloco central (capítulos 52–54) e o versículo central, do capítulo do meio da seção do meio, chegará ao versículo-chave do livro: "Ele foi transpassado por causa das nossas transgressões, foi esmagado por causa de nossas iniquidades; o castigo que nos trouxe paz estava sobre ele, e pelas suas feridas fomos curados" (53.5). A inspiração não está na divisão, mas é espantoso que até mesmo o versículo central da segunda seção resuma o principal tema do Novo Testamento.

Algumas partes do livro de Isaías são muito conhecidas. Lembro-me de um comentário feito por alguém que acabara de ler uma das peças de Shakespeare. Ele revelou não ter apreciado a obra, pois ela estava repleta de citações, e ele tinha certeza de que Shakespeare havia extraído de outra fonte a maior parte de seu material. Não se dava conta de que o próprio Shakespeare havia produzido aquelas citações! O mesmo acontece com o livro de Isaías. Vários textos registrados são muito conhecidos de quem cresceu nas igrejas.

Veja alguns exemplos:

Embora os seus pecados sejam vermelhos como escarlate, eles se tornarão brancos como a neve.

(1.18)

Depois que a lã foi tingida é impossível torná-la branca novamente, mas é isso que Deus afirma que fará em relação aos nossos pecados.

Eles farão de suas espadas arados, e de suas lanças foices.

(2.4)

Esse versículo está registrado em um bloco de granito na área externa da sede das Nações Unidas, em Nova York. É uma pena que não tenham citado todo o versículo, pois o início é: "Ele julgará entre as nações...". Sem Deus para julgar entre as nações, ninguém jamais conseguirá completar a segunda metade do versículo.

Outras citações bem conhecidas incluem:

A virgem ficará grávida e dará à luz um filho, e o chamará Emanuel.

(7.14)

Porque um menino nos nasceu, um filho nos foi dado, e

o governo está sobre os seus ombros. E ele será chamado Maravilhoso Conselheiro, Deus Poderoso, Pai Eterno, Príncipe da Paz.

(9.6)

O Espírito do Senhor repousará sobre ele, o Espírito que dá sabedoria e entendimento, o Espírito que traz conselho e poder, o Espírito que dá conhecimento e temor do Senhor.

(11.2)

Tu guardarás em perfeita paz aquele cujo propósito está firme, porque em ti confia.

(26.3)

Mas aqueles que esperam no Senhor renovam as suas forças. Voam bem alto como águias; correm e não ficam exaustos, andam e não se cansam.

(40.31)

Como são belos nos montes os pés daqueles que anunciam boas novas.

(52.7)

O braço do Senhor não está tão curto que não possa salvar, e o seu ouvido tão surdo que não possa ouvir.

(59.1)

Ah, se rompesses os céus e descesses! Os montes tremeriam diante de ti!

(64.1)

Outra seção muito conhecida é o chamado de Isaías no capítulo 6 – a visão de Deus no templo – embora sua árdua missão, descrita nos versículos seguintes do mesmo capítulo, seja menos conhecida. O capítulo 35 descreve o deserto florescendo como uma rosa. O capítulo 40 começa com as palavras conhecidas: "Consolem, consolem o meu povo, diz o Deus de vocês". Já mencionamos 53.5: "Mas ele foi transpassado por causa das nossas transgressões, foi esmagado por causa de nossas iniquidades". A maioria dos cristãos reconhece 55.1: "Venham, todos vocês que estão com sede, venham às águas; e, vocês que não possuem dinheiro algum, venham, comprem e comam! Venham, comprem vinho e leite sem dinheiro e sem custo". O capítulo 61 inclui o texto do primeiro sermão de Cristo em Nazaré: "O Espírito do Soberano Senhor está sobre mim porque o Senhor ungiu-me para levar boas notícias aos pobres".

Sabemos que a maioria das pessoas conhece trechos específicos do livro de Isaías, mas também fica claro que o livro como um todo não é assim tão bem conhecido. É uma pena, pois tanto Jesus quanto o apóstolo Paulo citaram mais esse livro do que qualquer outro do Antigo Testamento. O Novo Testamento está repleto de citações de Isaías, especialmente de sua segunda parte.

Poucos cristãos parecem estar cientes de que frases como "entristecer o Espírito Santo", "Deus enxugará toda a lágrima", "uma voz que clama no deserto", "e sereis minhas testemunhas até os confins da terra" e "todo joelho se dobrará e toda língua confessará" vêm diretamente da segunda parte de Isaías.

Fica evidente, portanto, que se você deseja, de fato, conhecer a Bíblia, precisa ler Isaías. O livro o ajudará a compreender tanto o Novo quanto o Antigo Testamento.

O homem

Assim como a maioria dos escritores bíblicos, Isaías era um homem modesto, voltado para Deus e que, portanto, não apreciava falar de si mesmo. O que sabemos a seu respeito vem de seus escritos e de outros livros históricos judaicos, em particular, do historiador Josefo, que tem muito a dizer sobre Isaías. Com esses dados, portanto, é possível esboçar um cenário. Seus pais devem ter sido pessoas retas, porque seu nome hebraico, *Yesa-Yahu* ("Isaías" é sua forma latinizada), significa "Deus salva". A raiz do seu nome é semelhante à dos nomes Jesus e Josué. Um nome absolutamente apropriado, pois Isaías é chamado de "o evangelista do Antigo Testamento". É ele quem apresenta o evangelho, as boas novas, principalmente na segunda parte do livro. A palavra "novo" ocorre raramente no Antigo Testamento, mas aparece com frequência na segunda metade do livro de Isaías. Quando adulto, tornou-se o maior profeta de todos os tempos, colocado pelos judeus no mesmo nível de Moisés e Elias.

Do ponto de vista humano, Isaías começou bem, pois nasceu em um palácio e cresceu na corte real. Era neto do rei Joás e, portanto, primo do rei Uzias, uma das razões que o levaram a ficar devastado com a morte do rei. Isaías dispunha de bens, posição social e cultura. Isso lhe trazia algumas vantagens, mas dificultava seu trabalho de profeta. Entretanto, seu encontro com o Senhor no templo foi tão impactante, que não lhe restaram dúvidas sobre o caminho a seguir.

Ele circulava livremente na corte e aconselhava reis, por isso muitas de suas profecias tratam questões políticas, especialmente a falsa sensação de segurança que as alianças feitas com potências como a Assíria ou o Egito proporcionavam.

No que se refere à vida familiar, sua esposa era profetiza, mas não temos registro de nenhuma profecia feita por ela. É bem provável que antes de transmitir as profecias, Isaías as validasse com a esposa.

Eles tiveram pelo menos dois filhos. Um deles recebeu o nome de *Maher-Shalal-Hash-Baz*, que significa "apresse o espólio, acelere o saque" – não é o tipo de nome que a maioria dos pais escolheria para o filho! Era, no entanto, um nome profético, que apontava para o dia em que a própria Jerusalém seria saqueada por um inimigo e todos os tesouros seriam levados. Seu outro filho chamava-se *Sear-Jasub*, que significa "um remanescente retornará". Assim, os nomes dos dois filhos resumiam as duas mensagens centrais de Isaías. A má notícia (principalmente na primeira metade de seu livro) é que Jerusalém seria saqueada, despojada e destruída. A boa notícia é que um remanescente retornaria – Israel ainda teria um futuro, mesmo após ter perdido tudo.

Especula-se que Isaías teria tido um terceiro filho, chamado *Emanuel*. Certamente, houve um menino nascido naquela época, aproximadamente, que foi o tema da profecia. Eu creio, contudo, que tenha sido filho de outro homem, não de Isaías. O menino *Emanuel* – cujo nome significa "Deus conosco" – era um sinal para o rei. Na realidade, ele era um sinal duplo, cumprido também em Jesus, séculos depois.

Seu chamado

O chamado de Isaías ocorreu durante uma visita ao templo. Ele teve uma visão e foi tomado pela santidade do Senhor. O texto não informa sua idade, mas é provável que estivesse no final da adolescência ou por volta dos 20 anos. A partir desse momento, Isaías passou a referir-se a Deus com um nome que não foi usado por mais ninguém – "o Santo de Israel". Esse nome é usado aproximadamente 50 vezes em todo o livro, em ambas as partes. Assim que vislumbrou a santidade de Deus, ele se sentiu impuro e quis sair do templo. É interessante notar que ele sentiu que havia impureza em seus lábios. Isaías passou pela assombrosa experiência em que um anjo voa em sua direção com uma brasa viva para cauterizar seus lábios. Alguns acham que foi apenas uma visão, mas isso realmente aconteceu. Ao longo de sua vida, Isaías dizia a todos que a marca em sua boca era decorrente de uma queimadura feita por Deus em seus lábios.

O chamado de Isaías inclui uma referência inesperada à trindade. Deus indaga de Isaías: "Quem enviarei? Quem irá por nós?". O pronome no plural "nós" indica que a Divindade triúna o enviaria. Chega, então, a notícia devastadora de que, embora Isaías fosse enviado para pregar às pessoas, elas não dariam ouvidos à sua pregação. Deus os faria insensíveis para ouvir e eles não acatariam a palavra ou teriam qualquer reação. Deus, portanto, diz a Isaías no início de seu ministério: "Não pense que será um pregador bem-sucedido. Quanto mais você pregar, mas insensíveis eles ficarão! Na realidade, vou usar a sua pregação para ensurdecê-los e cegá-los, a fim de que não se convertam e sejam curados".

É uma declaração extraordinária, que destaca uma verdade encontrada em outras passagens da Bíblia: a palavra de Deus não somente abre os corações, ela também pode fechá-los. Pode afastar as pessoas ainda mais. Quando ouvimos a palavra de Deus, podemos nos endurecer ainda mais ou ser quebrantados por ela. De qualquer modo, não permanecemos neutros.

Os versículos que resumem a experiência da pregação de Isaías são citados no Novo Testamento com maior frequência do que qualquer outro trecho do livro de Isaías. Jesus usou a passagem para referir-se ao próprio ministério. Ele falou sobre o impacto de sua pregação: "ainda que vejam, não percebam, ainda que ouçam, não entendam; de outro modo, poderiam converter-se e ser perdoados!" (Marcos 4.12). Em outras palavras, ele falava em parábolas para ocultar a verdade e endurecer os corações dos que não estavam realmente interessados. Paulo citou o mesmo versículo quando pregou aos judeus e eles não deram ouvidos.

Assim, o impacto da palavra de Deus como elemento de endurecimento é um tema central, e não nos surpreende o fato de Isaías ter indagado: "Quanto tempo terei que continuar pregando e insensibilizando-os sem resposta?". Veio a palavra do Senhor: "Até que a terra esteja totalmente devastada". Isaías foi designado com uma das missões mais difíceis entre todos os profetas. É evidente, no entanto, que se não tivesse passado por ela, nós não teríamos esse livro extraordinário. Ele não sabia que, séculos depois, esse livro seria uma inspiração. Durante a sua vida, no entanto, seu ministério foi um fracasso. Ninguém o ouviu – foram 40 anos em que as pessoas simplesmente se tornaram cada vez mais insensíveis.

A localização de Judá

Compreendemos melhor o livro quando percebemos que Judá estava cercada por várias nações – as menores ficavam mais próximas de suas fronteiras e as nações maiores, as superpotências, um pouco mais distantes. Em Isaías, descobrimos que Deus usou primeiramente as nações pequenas para disciplinar o seu povo e, como eles não ouviram, ele usou as maiores. Entre as nações pequenas estavam os sírios, ao norte, e os amonitas, moabitas e edomitas, a leste e ao sul. A oeste, por sua vez, estavam os filisteus, os quais Deus trouxera de Creta, e, da direção do deserto, os árabes. As forças maiores eram, a leste, a Assíria – mais tarde, a Babilônia – embora a segunda tenha alcançado todo o seu poder somente após a morte de Isaías. As referências de Isaías à Babilônia falam profeticamente do poder e da proeminência de que um dia ela desfrutaria. A oeste estava o Egito.

Muitas alianças feitas nos dias de Isaías prejudicaram a

"pequena" Judá. A mais surpreendente, talvez, seja a aliança feita entre as dez tribos de Israel (o reino do Norte) e os sírios. Esse momento marcou a história do povo de Deus. Na ocasião, Isaías assegurou ao rei de Judá que eles seriam vitoriosos, embora fossem apenas duas tribos. Disse Isaías: "a virgem ficará grávida e dará à luz um filho, e o chamará Emanuel". Esse seria o sinal de que Deus traria a vitória.

Emanuel significa "Deus conosco" ou "Deus está entre nós", mas há quatro maneiras diferentes de ler essa frase, dependendo de qual das palavras é enfatizada. A ênfase, na realidade, deveria estar sobre a palavra "nós". Deus está entre "nós" e não entre "eles"! Ou seja, Deus está do nosso lado. Assim, quando o menino foi concebido e o nome foi dado, o rei soube que a aliança das dez tribos do Norte com os sírios não seria vitoriosa.

Em outra ocasião, os filisteus se uniram aos árabes. Novamente, uma grave ameaça contra a pequena Judá. Mais uma vez, porém, Deus estava ao lado deles.

Na época de Isaías, a Assíria, com sua capital Nínive, às margens do Tigre, era a grande força do leste. O Egito era a grande potência do sudoeste. Surgia também, no entanto, uma nova força chamada Babilônia (na região conhecida hoje como Iraque), que viria a se tornar uma potência ainda maior no futuro.

Isaías profetizou durante quatro reinados. Começou no ano em que o rei Uzias morreu e Jotão subiu ao trono. Acaz, Ezequias e, finalmente, Manassés também se assentaram no trono durante o ministério de Isaías.

Os reis de Judá

Quando avaliamos a pregação de Isaías, é útil notar também uma evolução no padrão de sucesso/insucesso dos reis de Judá. Os relatos de 1 e 2 Reis indicam se o rei em questão era bom ou mau aos olhos de Deus. Os bons reis saíam vencedores das batalhas enquanto os maus eram derrotados. Se o rei fosse bom, Deus estaria ao seu lado e ninguém poderia derrotá-lo.

Uzias (792-749 a.C.) é um exemplo. Começou como um bom rei e teve um longo reinado de 52 anos. Nos últimos anos, porém, tornou-se um rei mau – fez o que era mau aos olhos do Senhor e morreu de lepra, que lhe sobreveio como castigo por ter se tornado um rei mau.

Durante os primeiros anos do ministério de Isaías, o primeiro ataque inimigo veio da temível aliança entre árabes e filisteus. Entretanto, Judá venceu porque o rei seguia os caminhos de Deus. Quando o rei de Judá desobedeceu, os assírios os derrotaram.

Jotão (750-740) foi um bom rei e reinou durante 19 anos (dez deles como regente). Todos os que atacaram Judá durante seu reinado foram derrotados. Os amonitas, bem como Israel e Síria, aliados contra Judá, foram derrotados.

Acaz (735-715) foi um rei mau, que acabou sendo derrotado pelos edomitas, pelos filisteus e pelos assírios.

Ezequias (715-686) foi um bom rei, que reinou por 29 anos e derrotou os filisteus. Foi durante seu reinado que os assírios cercaram Jerusalém com 185 mil soldados, mas Deus enviou um anjo que os aniquilou por completo. Até um tempo atrás, muitos acreditavam se tratar de uma lenda, mas um arqueólogo britânico encontrou ossadas humanas aos pés dos muros da cidade, possivelmente os restos mortais desse exército.

O cerco de Jerusalém foi o que motivou uma obra de engenharia que permanece até os dias de hoje. Preocupado com o suprimento de água durante o cerco, Ezequias cavou um túnel para trazer água de uma nascente localizada no lado de fora da cidade. Ainda hoje é possível caminhar por esse mesmo túnel [conhecido como túnel de Ezequias].

Nem tudo, porém, foi bom. Ezequias cometeu um grande erro quando adoeceu, já próximo ao final de sua vida. Ele clamou ao Senhor e recebeu mais 15 anos de vida, mas não fez bom uso desse tempo. Certa ocasião, chegaram mensageiros com um cartão no qual o filho do rei da Babilônia desejava "melhoras" ao rei Ezequias. Na época, a Babilônia era um estado pequeno, porém em desenvolvimento. Ezequias alegrou-se por alguém de tão longe ter pensado nele e mostrou seu palácio aos visitantes, na tentativa de exibir seu poder. Isaías, no entanto, ao saber do acontecido, ficou estarrecido. Disse a Ezequias que, um dia, o rei da Babilônia tomaria tudo o que os visitantes babilônios haviam visto. É uma curta e dramática narrativa bem no meio do livro de Isaías, e cumpriu-se exatamente como Isaías havia predito.

Manassés (697-642) foi um dos piores reis de Judá. Envolveu-se no culto satânico e chegou a sacrificar o próprio filho ao deus demoníaco Moloque, figura central do culto satânico em Judá. O reinado da maioria dos maus líderes teve curta duração, mas o reinado de 55 anos de Manassés foi uma exceção e um dos mais longos que Judá conheceu.

Manassés tanto odiava Isaías que o proibiu de falar. Esse é um dos motivos pelos quais temos o registro escrito da profecia de Isaías. Finalmente, Manassés não pôde mais tolerar e decidiu assassinar o profeta. Foi uma morte particularmente sórdida. Segundo a história judaica, Manassés ordenou que trouxessem um tronco oco. Isaías foi amarrado, inserido dentro do tronco oco e serrado ao meio. Há uma menção a ele em Hebreus 11 como um dos "heróis da fé". As palavras "alguns foram serrados ao meio" referem-se a Isaías.

A tabela a seguir esboça os diferentes reinados da época de Isaías:

DECLÍNIO E QUEDA DE UM IMPÉRIO

REI	REINADO	CARÁTER	VITÓRIAS	DERROTAS
UZIAS	53 anos	bom e depois mau	árabes/filisteus	assírios
JOTÃO	19 anos	bom	amonitas sírios/israelitas	
ACAZ	20 anos	mau		edomitas filisteus assírios
EZEQUIAS	29 anos	bom	filisteus assírios	
MANASSÉS	53 anos	mau		assírios

O livro

A primeira surpresa em Isaías é o contraste entre as duas partes. Como acontece com os outros livros proféticos, Isaías é uma coleção de várias mensagens proferidas em diferentes momentos. Não está em ordem cronológica; às vezes segue uma ordem temática e, outras vezes, não segue ordem alguma. Assim, o livro é uma combinação, mas, no todo, encontramos um tipo de profecia predominante na primeira parte e outro tipo na segunda.

Os primeiros 39 capítulos são bem diferentes dos últimos 27 – a ponto de muitos estudiosos acreditarem que a segunda parte tenha sido escrita por outra pessoa e se referirem a ela como "deutero Isaías" (*deutero* significa "segundo"). As diferenças entre as duas partes estão resumidas na lista apresentada a seguir. Visto que a segunda metade concentra-se principalmente no período pós-exílico, os céticos pensam que os acontecimentos apresentados têm tal profusão de detalhes, que outra pessoa deve tê-los registrado. Dizem que Isaías não poderia ter previsto que a Babilônia seria derrotada por um homem chamado Ciro, pois isso aconteceu cem anos após a sua morte.

Primeira parte	Segunda parte
Predomínio más notícias	Predomínio boas notícias
Atividade humana	Atividade divina
Pecado e retribuição	Salvação e redenção
Justiça	Misericórdia
Confronto	Consolo
Deus de Israel	Criador do universo
Nacional	Internacional
Deus = fogo	Deus = Pai
A mão de Deus erguida para ferir	O braço de Deus estendido para salvar
Maldições (ais)	Bênçãos
"Estranha obra"	Boas novas
Judeus	Gentios
Assíria	Babilônia
Antes do exílio	Após o exílio
Presente	Futuro

Os acadêmicos sugerem, portanto, que os capítulos 1–39 sejam de autoria de "proto Isaías"; os capítulos 40–56, de "deutero Isaías"; e, finalmente, os dez últimos capítulos aparentemente tenham sido escritos por "trito Isaías" (*trito* significa "terceiro"). Agora temos três Isaías! Isso é ensinado como verdade evangélica em alguns seminários. A razão para essa divisão é o fato de haver tal diferença em estilo, conteúdo e vocabulário, que é atribuída a diferentes autores de cada seção.

A unidade do livro

Argumenta-se que, na realidade, não importa se houve um ou três Isaías. Esses estudiosos se esquecem, no entanto, que Isaías trouxe muitas mensagens durante um período longo de anos, com diferentes objetivos – para confrontar ou consolar. Assim, é natural que usasse estilo e vocabulário diferentes. Não há necessidade de segmentar o livro em dois ou três.

Existem, aliás, várias razões para acreditar que o mesmo

autor tenha escrito todo o livro de Isaías.

Em primeiro lugar, as duas partes têm muito em comum. A descrição de Deus como "o Santo de Israel", feita por Isaías, ocorre 50 vezes – 25 vezes na primeira parte e 25 vezes na segunda parte. Embora alguns temas sejam abordados exclusivamente em uma parte, todos os temas principais estão presentes em ambas.

Segundo, seria espantoso se o autor da segunda parte do livro – que inclui o que muitos consideram ser a maior seção profética de toda a Bíblia – fosse esquecido. Se os nomes de outros profetas bíblicos – inclusive os Profetas menores – são conhecidos, parece pouco provável que o nome do autor da segunda parte de Isaías fosse omitido.

Terceiro, tanto Jesus quanto Paulo citam trechos da segunda parte e atribuem a Isaías a sua autoria. Isso basta para mim. Não posso acreditar que Jesus ou Paulo mentiriam, se houvesse qualquer dúvida a respeito da autoria de Isaías.

Em último lugar, os argumentos principais dizem respeito ao pré-conhecimento. Se Deus conhece o futuro, então ele não teria dificuldade alguma de comunicar esse futuro a Isaías. Uma vez esclarecida essa questão central, muitos de nossos problemas são solucionados.

Primeira parte (capítulos 1–39)

O livro de Isaías é uma coleção de diferentes profecias feitas ao longo de 40 anos, portanto não é muito ordenado. Ele tem, no entanto, uma configuração mais abrangente que facilitará a leitura. Apresentaremos um breve panorama da primeira parte antes de dedicarmos maior atenção a alguns temas.

Os capítulos 1–10 constituem uma repreensão a Judá e, particularmente, a Jerusalém. A nação estava rica, mas, assim como Amós no reino do Norte, Isaías prega contra o uso inapropriado da riqueza em Judá. Ele critica as mulheres de Jerusalém pelo dinheiro que gastam em joias e roupas, enquanto negligenciam o pobre e o necessitado.

Em seguida, nos capítulos 13–23, há uma seção sobre a punição a outras nações. Deus usou-as para disciplinar seu povo, mas seus próprios atos excederam o limite permitido por Deus. Foram mal-intencionadas e cruéis e causaram mais dano a Israel do que Deus havia planejado que causassem.

Nos capítulos 24–34, temos uma combinação de boas e más notícias. Há punição para as tribos do Norte e para Judá, mas a glória futura é descrita duas vezes. Assim, há repreensão, mas o povo também recebe um breve vislumbre de um futuro melhor.

Os capítulos 36–39 contam a história da enfermidade do rei Ezequias, sobre a qual falamos anteriormente. É, na realidade, uma história transicional, para demonstrar como a Assíria, através da insensatez de Ezequias em receber os representantes do rei da Babilônia, abriu caminho para a Babilônia como a principal ameaça a Judá.

Judá (capítulos 1–12 e 24–35)

MÁS NOTÍCIAS

Desobediência
As profecias de Isaías foram transmitidas num contexto de paz e prosperidade. Certamente, a nação não havia conhecido tal prosperidade desde os dias de Salomão, quando o país alcançou o auge. Juntamente com a prosperidade, no entanto, vieram o orgulho e a indulgência. Havia uma atitude individualista do tipo "cada um por si". Os pobres eram oprimidos e a injustiça, frequente.

A vida religiosa da nação se tornara ritualista. O povo

estava envolvido com a rotina do culto, mas seus corações permaneciam frios em relação a Deus. Como resultado, eles abandonaram sua fidelidade a Deus e toleraram os ídolos pagãos, chegando a adorar os deuses cananeus Baal e Aserá, alicerçados na crença supersticiosa de que, ao fazê-lo, suas colheitas seriam fartas e suas vidas prosperariam.

Disciplina
Desenvolve-se, portanto, um padrão semelhante ao observado no livro de Juízes. Deus permite que Judá seja atacada por outras nações a fim de o povo aprendesse a confiar nele. Como já vimos, entre esses agressores estavam Síria e Israel, árabes e filisteus, Edom, Amom, Moabe e Assíria – a superpotência que ameaçava Judá no início do ministério de Isaías (posteriormente derrotada pela Babilônia). Em vez de confiar em Deus, no entanto, Judá fazia alianças com qualquer potência que parecesse capaz de lhe oferecer a melhor proteção na época. A proteção divina sequer era considerada.

Desastre
Deus havia prometido no tempo de Moisés que se o povo não guardasse os seus mandamentos e não se atentasse às suas admoestações, perderia a terra que ele lhe havia dado. Assim, os alertas de Isaías chegavam a ouvidos surdos e o povo do Sul, Judá, em 587 a.C., acabou seguindo o mesmo caminho de seu vizinho do Norte, Israel, em direção ao exílio, embora, dessa vez, nas mãos dos babilônios.

Desânimo
Isaías previu que a jornada do povo para a Babilônia e sua permanência temporária ali não seriam agradáveis. Ele disse também que ali, no exílio, muitos se voltariam para Deus. Como nação, eles jamais voltariam a seguir deuses

estranhos. O sincretismo e a idolatria seriam banidos da vida da nação.

BOAS NOTÍCIAS

Remanescente
A boa notícia da primeira parte é: do exílio, o remanescente retornará, e haverá um rei que trará paz às nações. Do remanescente do povo virá um rei como Davi, que será um Pai Eterno, um Conselheiro, um Príncipe da Paz com o governo sobre os ombros.

Retorno
Também fica claro que, a despeito da desobediência de Judá, Deus jamais quebrará a sua aliança. Assim, do começo ao fim, a promessa é que, um dia, eles retornarão à terra que haviam perdido. Eles retornaram 70 anos depois, exatamente como Jeremias havia predito.

Reino
Isaías profetizou que um rei viria e reinaria como nenhum outro. Detalhes do seu reino são apresentados: seu nascimento, seu ministério na "Galileia dos gentios", sua linhagem, sua descendência de Jessé, sua unção para fazer a obra de Deus. Basta observar a exatidão das previsões de Isaías para que qualquer dúvida a respeito da validade da reivindicação de Cristo à realeza seja suprimida.

Regozijo
Em todos os capítulos há momentos de regozijo pela bondade de Deus em meio a más notícias: Veja: 2.1-5; 12; 14.1-3, 26; 27; 30 19-33; 32.15-20; 34.16-35. Isaías destaca-se, entre todos os livros Proféticos, como um livro repleto de alegria.

AS NAÇÕES (CAPÍTULOS 13–23)
Isaías menciona algumas nações que se envolveram com Judá: Assíria, Babilônia, Filístia, Moabe, Síria (Damasco), Cuxe (Etiópia), Egito, Edom, Arábia e Tiro. Devemos observar três pontos:

1. Deus usou essas nações para disciplinar seu povo.
2. Elas próprias excederam os limites impostos por Deus. Foram desumanas e injustas e zombaram do Deus de Israel.
3. Deus as puniu com fogo e finalmente com a extinção.

Apesar de o castigo ser direcionado a essas nações, no entanto, Isaías profetiza que toda a terra será abençoada juntamente com Judá (veja capítulos 23–25).

Segunda parte (capítulos 40–66)

Um retrato de Deus
A segunda parte de Isaías nos traz um incrível retrato de Deus.

ELE É O ÚNICO DEUS QUE EXISTE
Disse Deus: "Não há deuses além de mim". Os supostos deuses, na realidade, não existem. Deus é o único Deus. Os outros deuses foram inventados pelos povos. Deus também afirma: "Não há deuses como eu". Isaías zomba dos outros deuses, destacando que eles têm ouvidos, mas não podem ouvir, têm olhos, mas não podem ver, têm pés, mas não podem andar.

Essa perspectiva é, obviamente, uma afirmação profundamente ofensiva em nosso mundo moderno, quando somos instados a aceitar todas as religiões. Não há, entretanto, outro deus além do Deus de Israel.

CRIADOR TODO-PODEROSO
As nações são como uma gota de um balde ou o pó miúdo

das balanças. É Deus quem dá nome às estrelas. Deus ordenou ao homem que desse nomes apenas aos animais, nunca às estrelas. Pessoas sensatas preferem permanecer ignorantes quanto ao signo sob o qual nasceram. Pesquisas de opinião sugerem que seis entre dez homens e sete entre dez mulheres consultam seu horóscopo todos os dias. O ser humano, em vez disso, deveria buscar no Criador Todo-poderoso o conhecimento sobre o futuro.

DEUS É O SANTO DE ISRAEL
Essa designação ocorre 25 vezes na segunda parte do livro de Isaías. Amós enfoca a justiça de Deus, Oseias, a fidelidade de Deus, e Isaías, a santidade de Deus. Fica evidente que Isaías nunca se esqueceu de sua primeira visão de Deus em seu esplendor e, portanto, essa descrição torna-se recorrente no livro.

O REDENTOR DE SEU POVO
Deus é descrito como o "parente redentor". Assim como o parente redentor se oferecia para ajudar uma família, Deus, pelo compromisso da aliança que fizera com seu povo, também tem esse poder e está disposto a ajudar.

O SALVADOR DAS NAÇÕES
Esse título foi usado em referência a Deus no livro de Isaías, antes de ser aplicado a Jesus, no Novo Testamento. É Isaías quem enfatiza o interesse de Deus nos povos da terra e seu desejo de promover um ajuntamento internacional no novo céu e na nova terra.

O SENHOR DA HISTÓRIA
Isaías diz que as nações nada são além de uma gota de um balde. Deus dá início, dirige e conclui a história. Ele prediz e controla o futuro. (Veja 41.1-6, 21-29; 42.8-9, 10-17, 44.6-8, 24-27; 46.9-11; 48.3)

TUDO PARA SUA GLÓRIA

Do começo ao fim do livro, o enfoque é que a glória de Deus seja conhecida. "Glória" é uma palavra-chave no livro. Deus quer que o seu esplendor seja revelado para o mundo.

O servo de Deus

Uma série de cânticos particularmente significativos encontra-se na segunda parte do livro e são capítulos bem conhecidos. São chamados de cânticos por serem muito poéticos. Mencionam um "servo de Deus" (20 vezes), uma figura até hoje desconhecida dos judeus.

O significado de "servo" muda dependendo da ocasião. Em nove delas, o servo pode ser entendido como todo o povo de Israel (ex. 49.3), mas, nas demais, fica claro que se trata de um indivíduo específico. Além disso, esse título também é concedido a pessoas específicas em outras passagens do Antigo Testamento: Uzias, Josias, Jeremias, Ezequiel, Jó, Moisés e Zorobabel. Todos esses foram chamados de servos em diferentes ocasiões.

Quatro afirmações, no entanto, podem ser feitas sobre esse servo do Senhor:

1. Seu caráter é irrepreensível. É um servo perfeito; não tem falhas. Essa afirmação não pode ser aplicada a qualquer outra pessoa.
2. Ele é profundamente infeliz, um homem de dores, familiarizado com o sofrimento.
3. Ele é executado – assassinado como um criminoso – e, no entanto, não tem pecado algum. Morre pelos pecados de outros, não pelos seus. É acusado falsamente e sepultado entre os ricos.
4. Após ter sido morto pelo pecado de outros, ele ressurge dentre os mortos e é exaltado a uma posição muito elevada.

Não há nenhuma indicação de que Isaías ou qualquer outro profeta tenha feito a associação entre o servo de Deus e o futuro rei, apresentado na primeira parte. Obviamente, isso não é um mistério para o cristão, mas para o judeu, ainda é. Eles não conseguem associar esse servo da segunda metade de Isaías ao rei prometido na primeira parte. Para eles, simplesmente não faz sentido algum.

O primeiro judeu a relacionar os dois foi Jesus, e a associação ocorreu em seu batismo, quando Deus declarou: "Tu és o meu Filho amado; em ti me agrado". Deus associava o que havia sido dito a respeito do rei ("Tu és o meu filho") ao que havia sido dito a respeito do servo – "em ti me agrado". Jesus sabia que ele mesmo reunia em si mesmo essas duas atribuições.

Além de Jesus, Pedro também mencionou com frequência a dupla atribuição de Jesus em suas pregações. No livro de Atos, em seu discurso, Pedro faz a associação entre o rei e o servo, ambos preditos pelos profetas. Muitos sacerdotes se converteram nos primeiros dias porque conheciam o livro de Isaías e perceberam a conexão entre o rei e o servo.

Filipe também fez a associação quando conheceu o eunuco etíope, episódio narrado no livro de Atos, e descobriu que ele estava lendo Isaías 53.

Paulo fez a associação de forma significativa. Em Filipenses, ele fala daquele que, mesmo sendo igual a Deus, tomou a forma de servo. Os judeus não acreditam que um rei poderia sofrer daquela forma e morrer como um criminoso qualquer. Para o povo judeu, a cruz é uma ofensa – um rei pregado a uma cruz não é o tipo de rei que almejam ter. Jesus não parece o tipo de rei que tem o governo sobre os ombros. Eles estão à procura de um rei vitorioso que venha para reinar, e não para morrer.

O Espírito de Deus
Talvez seja uma surpresa, mas o Espírito Santo também tem grande destaque em Isaías. A frase "entristeceram o Espírito

Santo" vem de Isaías 63.10-11. Lemos que o Espírito unge o servo para cumprir sua tarefa (61.1-3). "Derramarei meu Espírito sobre sua prole" (44.3) – uma referência, é claro, ao Pentecoste. Já observamos a referência a "nós" em Isaías 6, que diz: "Quem enviarei? Quem irá por nós?".

A trindade, portanto, está no Antigo Testamento para os quem têm olhos para ver. O Deus poderoso que criou o mundo, o servo sofredor e o Espírito Santo – todas as três pessoas estão presentes na segunda metade de Isaías.

Profecia

Apresentamos a seguir um importante princípio para compreendermos as profecias, especialmente quando elas correspondem a um terço da Bíblia, incluindo 17 livros – de Isaías a Malaquias. Essa percepção é particularmente importante quando lidamos com uma profecia relativamente complicada como a de Isaías.

A mensagem de todos os profetas tinha aplicações para a sua própria época e também para o futuro.

1. **Para sua própria época** – Era como se tivessem um microscópio para o seu tempo. Através dos olhos de Deus, enxergavam a sua própria época com clareza e falavam de acordo com essa percepção. Mas a aplicação da palavra não estava limitada a seu próprio tempo. Os princípios morais perenes podem falar a qualquer cultura,em qualquer época, pois o caráter de Deus não muda, e seus padrões morais permanecem os mesmos para todo o sempre.

2. **Para o futuro** – Eles também tinham um telescópio voltado para o futuro. Falavam do que aconteceria algum dia. É nesse ponto que as coisas ficam complicadas, pois era impossível para o profeta calcular a distância

de tempo entre os acontecimentos que via, da mesma forma como alguém que de longe contempla os picos das montanhas seria incapaz de perceber a distância existente entre eles. Por isso, para muitos profetas do Antigo Testamento (e também nós, enquanto leitores), o que era percebido como uma montanha com dois picos, na realidade, eram duas montanhas muito distantes entre si. Dois eventos futuros, portanto, são descritos como se estivessem próximos um do outro, quando, na realidade, há milhares de anos entre eles.

Os cristãos de hoje vivem entre os dois picos. Um deles é o passado, e o outro é o futuro, pois sabemos de algo que os profetas desconheciam. Eles aguardavam a vinda do Rei, mas nós sabemos que o Rei vem duas vezes. Além disso, às vezes, o cumprimento das profecias não se dá na ordem em que elas são apresentadas. Sabemos, por exemplo, que a vinda do servo sofredor da segunda parte de Isaías antecede a vinda do rei que virá para governar, apresentada na primeira parte. Cristo veio como o servo que foi levado à cruz, mas ainda não veio como o rei que governará soberanamente.

Não surpreende, portanto, que os judeus que conhecem Isaías muito bem ainda estejam aguardando a primeira vinda. A expectativa dos judeus de que o Messias viesse somente como rei os levou a se decepcionar com Jesus e a desqualificá-lo como o seu Messias. Quando Jesus entrou em Jerusalém naquele Domingo de Ramos, parecia estar chegando como um rei, como a multidão desejava que viesse. Todos foram à loucura de tanta emoção, imaginando que ele fosse expulsar os romanos da terra de Israel. Mas ele estava montado num jumentinho, simbolizando que não viera para lutar.

Apocalipse nos diz que, quando Jesus vier pela segunda vez, será para guerrear, pois virá como um homem de guerra montado num cavalo branco. No Domingo de

Ramos, entretanto, sua missão era de paz, não como cumprimento da profecia de Isaías, de um rei que viria governar. Para espanto de todos, quando Jesus entrou pelos portões, tomou a direção esquerda, e não a direita. À direita, ficava a fortaleza romana onde a força de ocupação estava localizada. Jesus, no entanto, dirigiu-se ao templo e usou um chicote para expulsar os judeus. Suas prioridades eram diferentes das prioridades dos judeus.

Podemos imaginar, portanto, a razão pela qual a mesma multidão, alguns dias depois, gritou: "Crucifica-o!" e escolheu salvar Barrabás, o amotinador, em lugar de Jesus. Pensaram que Jesus viera para ocupar o trono, mas tudo o que ele fez foi colocar ordem no templo – que decepção! Quando Pilatos colocou uma placa sobre a cruz de Jesus que dizia "Este é o Rei dos judeus", eles ficaram atônitos. O único homem, de toda aquela nação, que creu nele disse: "Senhor, lembra-te de mim quando entrares no teu Reino". O ladrão moribundo enxergou no homem que sofria, e estava prestes a morrer, aquele que seria o futuro rei.

O futuro definitivo

INTERNACIONAL

Já observamos que a mensagem de Isaías, especialmente na segunda parte, é que todos os povos da terra, não somente os judeus, conheceriam as bênçãos de Deus. Ele menciona que as "ilhas distantes" conhecerão a Deus. É provável que se trate de uma menção à Grã-Bretanha, visto que os fenícios, que comercializavam metais na Cornualha, se referiam àquela terra como uma "ilha distante".

NACIONAL

Esse enfoque internacional, no entanto, não significa que Judá tenha sido esquecida. Jerusalém, Sião e os montes do

Senhor também são alvo da ação futura de Deus. Sabemos que, um dia, ele virá sobre um cavalo e dominará os governos do mundo. Os reinos deste mundo se tornarão o Reino de nosso Deus e de seu Cristo. Por isso, a igreja hoje deve estar preparando o povo para o rei que virá e reinará. Estamos formando novos súditos de todas as nações hoje, para que ele possa voltar. Quando as boas novas forem anunciadas a todas as nações, então virá o fim, porque Deus quer que todos os grupos étnicos estejam representados.

Na segunda parte de Isaías, é como se ele estivesse constantemente alternando entre o futuro de Jerusalém e o futuro das nações. Em Isaías 2, também descobrimos que a casa do Senhor será estabelecida entre os montes, e todas as nações a ela virão. É um futuro local para sede das Nações Unidas em Jerusalém. Assim como o servo sofredor veio conforme a palavra, a profecia sobre o rei que virá para governar certamente se cumprirá.

Então, por que lemos Isaías?

1. Faz parte da palavra de Deus. O estudo das sagradas letras (Escrituras) pode nos tornar "sábios para a salvação". Em Isaías, as palavras-chave são "salvar" e "salvação" (o nome Isaías significa "Deus salva").

2. O livro é uma boa introdução a toda a Bíblia. É um resumo de todos os temas do Antigo e do Novo Testamento reunidos em um único livro pela inspiração do Espírito. Assim, se você considera a Bíblia um livro longo demais para ser lido por completo, comece lendo Isaías, e você será apresentado a todos os temas das Escrituras.

3. É uma introdução muito boa à profecia. Isaías é um dos três Grandes Profetas, e seu relato é o primeiro livro profético

de nossa Bíblia. Uma característica presente na maioria das profecias é a combinação existente entre exortações sobre o presente e previsões sobre o futuro. O leitor pode identificar facilmente e em detalhes como a vinda de Jesus, no Novo Testamento, cumpre as palavras de Isaías.

4. Isaías nos ajuda a conectar o Antigo e o Novo Testamento mostrando-nos como eles trazem luz um ao outro. Podemos compreender muito melhor o Novo Testamento se conhecermos o livro de Isaías.

5. Lemos Isaías para conhecer melhor a Jesus. Disse Jesus: "Examinais as Escrituras, porque são elas que de mim testificam". Ele se refere ao Antigo Testamento. Isaías ajuda o leitor a entender o Senhor melhor do que qualquer outro livro do Antigo Testamento. O capítulo de Isaías 53 oferece ao leitor a descrição da cruz de Cristo: "Por suas feridas fomos curados".

6. Adquirimos uma visão mais ampla de Deus. "Engrandecei ao Senhor comigo" significa "Amplie a sua compreensão do próprio Deus". A segunda metade de Isaías nos dá uma visão mais ampla de Deus, o Santo de Israel, o Criador dos confins da terra.

Assim sendo, embora Isaías seja o maior livro profético da Bíblia e exija tempo e esforço para ser compreendido, são muitas as razões pelas quais os cristãos devem privilegiar sua leitura.

É um resumo da Bíblia. A leitura desse livro contribuirá com seu entendimento do Antigo Testamento, iluminará sua compreensão do Novo Testamento e, acima de tudo, ampliará sua visão de Deus.

22.
Miqueias

Introdução

Os livros proféticos de Oseias a Malaquias são chamados de Profetas menores em nossas Bíblias. O nome, no entanto, não é apropriado, pois sugere que um grupo é menos importante que o outro. Na realidade, eles foram chamados dessa forma para distinguir os livros mais curtos dos mais extensos – Isaías, Jeremias e Ezequiel. Essa designação errônea é especialmente percebida quando se lê a profecia de Miqueias, cuja mensagem é memorável e ressoa por todo o mundo ainda nos dias de hoje.

Miqueias foi contemporâneo de Isaías, e há um trecho de seu livro que é idêntico ao encontrado no livro de Isaías. O texto fala sobre transformar espadas em arados e lanças em foices, e sobre o reino de paz que virá quando Cristo voltar. Não fica claro quem copiou de quem, ou se o Espírito Santo lhes concedeu uma mensagem idêntica, mas ambos falavam ao mesmo público e contexto, portanto é evidente que Deus queria reforçar a mensagem.

Há uma passagem em Miqueias que você já deve ter ouvido em celebrações de Natal: "Mas tu, Belém-Efrata, embora sejas pequena entre os clãs de Judá, de ti virá para mim aquele que será o governante sobre Israel" (5.2). A previsão foi feita 700 anos antes do nascimento de Jesus.

Há também um versículo clássico: "Ele mostrou a você, ó homem, o que é bom e o que o Senhor exige: Pratique a justiça, ame a fidelidade e ande humildemente com o seu Deus?" (6.8), e uma afirmação no final do livro que aparece em vários hinos: "Quem é comparável a ti, ó Deus, que perdoas o pecado?" (7.18).

São todos textos memoráveis, mas costumam ser usados

fora de seu contexto, tornando-se pretexto. O contexto é o livro todo, incluindo aspectos relacionados a tempo e lugar. Deus sempre expressou sua palavra em um momento específico e em um lugar específico. É por isso que a Bíblia, diferentemente de todos os livros sagrados do mundo, é repleta de dados históricos e geográficos. Se você ler o Corão ou Os Vedas, descobrirá que são basicamente livros de pensamentos e palavras. A Bíblia, no entanto, é um livro de história e geografia, pois Deus manifestou sua total revelação em momentos e lugares específicos, e isso é muito importante para a leitura de Miqueias.

Onde?

A Terra Prometida era uma estreita faixa entre o Mediterrâneo e o deserto da Arábia. Uma rota por onde todos os comerciantes vindos da Europa, da Ásia e da África eram obrigados a passar. Eles costumavam seguir ao longo da costa percorrendo uma estrada chamada Caminho do Mar. Na região do monte Megido (Armagedom, em hebraico) ficava a maior encruzilhada do Mundo Antigo. Por essa rota passava todo o comércio do mundo, e Nazaré, um vilarejo localizado em uma das colinas, tinha vista para essa encruzilhada. Como o tráfego internacional passava por ali, a Galileia, na região Norte de Israel, era chamada de "Galileia das nações". O Sul (Judeia) era muito mais judeu em seu aspecto cultural. Ficava no alto das colinas, e recebia um número muito menor de visitantes internacionais.

Se traçarmos uma linha transversal do leste-oeste ao sul, temos o mar Mediterrâneo de um lado e o mar Morto do outro. O mar Morto é muito mais baixo do que o Mediterrâneo. Miqueias vinha de Sefelá (que significa "planície" ou "terras baixas") – uma região da Judeia de aproximadamente 20 quilômetros entre as montanhas centrais e a planície costeira de Israel. Vivia entre os filisteus e os judeus. Dessa posição, conseguia ver a corrupta cidade de Jerusalém acima e a Faixa de Gaza abaixo.

Um detalhe importante a ser considerado é o fato de Isaías e Miqueias serem contemporâneos. Pregaram na mesma época, mas Isaías nasceu no palácio real. Era primo do rei e, por essa razão, sentia-se à vontade dialogando com as autoridades. Miqueias, por sua vez, morava em Sefelá, uma região pobre. Assim, Isaías era da classe alta, de família rica, mas Miqueias era um homem simples do campo, sensível às pessoas comuns que estavam sendo exploradas. Isaías, em razão de sua origem, não tinha consciência disso, por isso, Miqueias e Isaías se complementam perfeitamente.

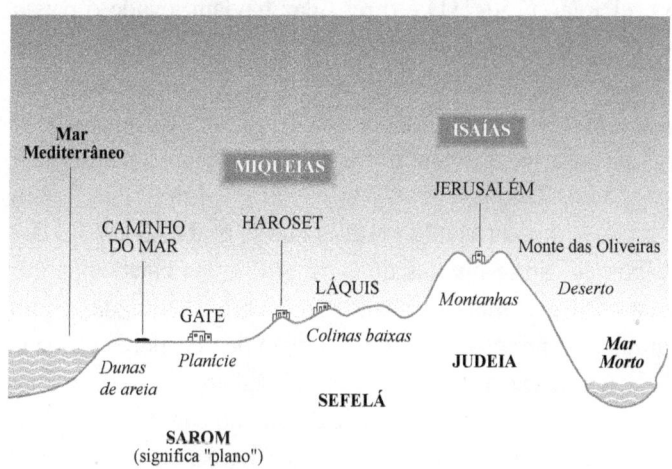

Quando?

É provável que Miqueias tenha profetizado por volta de 735 a.C., quando o mau rei Acaz ocupava o trono (735-715), embora também seja possível que sua obra coincida com o período de Jotão, o rei que antecedeu Acaz.

A essa altura, Israel já estava dividido, como resultado da guerra civil que eclodira após a morte de Salomão. As dez tribos do Norte se uniram, e se autodenominaram Israel, e as duas tribos do Sul ficaram conhecidas como Judá. Isaías e Miqueias, portanto, falavam às duas tribos do Sul, enquanto um homem chamado Oseias falava às tribos do Norte, pouco antes de serem exiladas pelos assírios.

Oseias e Isaías eram essencialmente homens urbanos, de boa origem; Miqueias, portanto, era um contraste tanto com Oseias, no Norte, quanto com Isaías, no Sul.

Por quê?

O rei Jotão (750-731) e o rei Acaz haviam levado o país a desviar-se. Jotão foi considerado um "bom" rei, mas não removeu os "altares idólatras" da terra. Esses altares, ou altos, serviam de estímulo ao culto aos deuses cananeus. O rei deveria ter observado a lei de Deus e levado o povo a observá-la também. Acaz, no entanto, foi um "mau" rei e não interrompeu as más práticas que se propagavam das dez tribos do Norte para as duas do Sul, e das cidades para o campo. Na Bíblia, as cidades são sempre retratadas como ambientes perigosos. A concentração de pecadores propicia a disseminação do pecado. A imoralidade e o crime, portanto, costumam ser piores na cidade do que no campo.

No caso de Judá, a corrupção em Jerusalém começava a atingir as cidades do interior, na região de Sefelá. Miqueias percebia os estragos causados pela influência negativa, e isso o entristecia. Observava o suborno entre juízes, profetas e sacerdotes. Justamente aqueles que deveriam observar a lei de Deus eram pagos para dizer o que o povo desejava ouvir. Exploravam-se os mais fracos. Cobiça, ganância, traição, violência e crueldade tornavam-se extremamente comuns. A criminalidade crescia; os proprietários de terras roubavam dos pobres, despejando viúvas e órfãos e deixando-os nas ruas; comerciantes e mercadores usavam balanças e pesos imprecisos, corrompendo as atividades comerciais. O pecado se infiltrava em todos os níveis da sociedade. Acima de tudo, os ricos e poderosos exploravam os pobres. O poder social e político era usado para enriquecimento próprio. Uma triste imagem – a perda total do respeito e da confiança. Os relacionamentos familiares, esteio de qualquer nação, se desintegravam. Miqueias, porém, tinha paixão pela justiça social e horrorizava-se que tais coisas acontecessem entre o povo de Deus – povo que fora concebido para ser uma luz para as nações.

Em meio à sua inquietação pela situação, Miqueias recebeu de Deus uma visão sobre Judá, que incluía o Norte e as nações vizinhas. Suas visões pareciam vir em ondas. A primeira visão de Miqueias estava, na realidade, relacionada à tribo de Judá, mas estendeu-se posteriormente a toda a nação – incluindo as dez tribos do Norte, embora não tivessem mais qualquer relação com o Sul. Apesar de sentir pesar pelo próprio povo, seu coração alargou-se a ponto de abranger as cargas de um mundo caído.

Na visão de Miqueias, Deus descia para lidar com Judá. Vinha para castigá-los e retomar até a pequena porção de terra ao sul. Foi algo doloroso de assistir, e o afetou profundamente.

Dois fatores o levaram a esse turbilhão de sentimentos: um deles foi o Espírito Santo, o outro foi o seu próprio espírito. Todo profeta tem um encontro dinâmico com o Espírito Santo que o impele a pregar. Muitas vezes, porém, o espírito humano também sente a dor. O próprio Miqueias disse que lamentaria e uivaria como um chacal, seu pranto seria como de avestruzes, e ele rasgaria suas roupas, tal era a sua angústia. Ele percebeu que aquela situação era desesperadora.

Miqueias inquietava-se particularmente com três problemas: idolatria, imoralidade e injustiça. A injustiça era o que realmente perturbava seu coração. Ele não suportava ver o que aquelas pessoas do povo de Deus faziam umas às outras. A idolatria é um ato de insulto a Deus, em que o homem direciona sua adoração a outra pessoa ou objeto. A imoralidade ocorre quando as pessoas são permissivas consigo mesmas. A injustiça, entretanto, se dá quando as pessoas prejudicam umas às outras. Sendo ele mesmo "alguém do povo", seu coração estava com as viúvas e com os órfãos que ocupavam as ruas por não conseguirem pagar o aluguel. Há um forte clamor por justiça social em toda a profecia de Miqueias.

Creio que sempre seja útil entender a estrutura e o formato de um livro, especialmente quando ele é tão bem organizado como o livro de Miqueias. A análise do livro está dividida em três partes distintas. Dei títulos diferentes a cada parte para indicar o foco central de cada uma delas.

Os capítulos 1–3 falam simplesmente de crime e castigo – as calamidades que estão ocorrendo e o castigo de Deus. O enfoque dos capítulos 4–5 está na paz e na segurança. Justiça e misericórdia são os temas dos capítulos 6–7.

Crime e castigo (capítulos 1–3)

Nesses capítulos, Miqueias dirige uma exortação ao povo para que compreendam que o pecado havia se alastrado da cidade para os vilarejos e para as aldeias rurais de Sefelá, seu lugar de origem. O conteúdo de sua mensagem prende a atenção dos ouvintes de forma inteligente. Miqueias anuncia o castigo sobre o povo usando o nome de cada cidade, desse modo jamais se esqueceriam de sua mensagem.

Os lugares

Se Miqueias estivesse pregando em São Paulo, suas palavras seriam mais ou menos assim: "A Liberdade será local de cadeias e o Campo Limpo imundo ficará. Os habitantes da região da Saúde adoecerão, e perdidos ficarão os que moram em Perdizes. Água Rasa e Cachoeirinha secarão, e haverá trevas na Bela Vista. Os Jardins serão como um deserto e jamais se encontrará consolo na Consolação".

Talvez soe um tanto estranho escrever dessa forma, mas foi exatamente assim que Miqueias se referiu aos locais próximos. Ele usou os nomes das vilas de Sefelá associando-os a uma mensagem de punição. É um trecho brilhante de uma pregação que tem como intuito demonstrar que Deus não permitirá que saiam impunes as pessoas que se comportam de forma indevida. Cedo ou tarde, ele fará algo a respeito.

O povo

Fica claro que, para Deus, os líderes influentes eram responsáveis pela situação. Ele denunciou abertamente o rei, os sacerdotes e os falsos profetas, que não moveram um dedo para impedir a decadência espiritual. Miqueias, no entanto, ficava particularmente incomodado com os aproveitadores, cuja cruel exploração do fraco levava o rico a ficar mais rico e o pobre a empobrecer ainda mais.

Paz e segurança (capítulos 4–5)

Os capítulos 4–5 são uma surpresa, pois, em sua maior parte, contêm boas notícias. Ao final do capítulo 3, Jerusalém está em ruínas. Miqueias declara que aquela que instiga o pecado – a cidade grande – será devastada. Nos capítulos 4 e 5, entretanto, temos uma imagem diferente. Ele salienta que o presente estado de corrupção não é o fim da história.

O Reino

Virá um Reino que promoverá o apaziguamento multilateral – todas as contendas serão resolvidas por um Rei, em Sião. A sede das Nações Unidas não deveria ficar em Nova York, mas em Jerusalém, onde, um dia, as contendas serão esclarecidas. Quando "o Senhor reinar em Sião" ele resolverá todos os conflitos existentes no mundo. O Reino será estabelecido na terra. Quando fazemos a oração do Pai nosso, pedimos exatamente isso: "Venha o teu Reino...na terra como no céu". Obviamente, o Reino não pode vir antes que venha o Rei, pois não pode haver um Reino sem que haja um Rei. Miqueias prossegue profetizando que o Rei virá da pequena vila de Belém, ou *Beit Lehem*. *Beit* significa "casa" e *Lehem* quer dizer "pão", portanto Belém significa, literalmente, "casa do pão". Era essa pequena vila que fornecia milho a Jerusalém, além de cordeiros para o sacrifício.

O Rei

Miqueias olha adiante, não apenas para a primeira vinda de Jesus, mas também para a segunda. A descrição que encontramos aqui é da segunda vinda, quando Jesus virá para governar todas as nações da terra. As palavras são idênticas às encontradas em Isaías 2.1-4, permitindo que se questione qual das duas surgiu primeiro. Uma foi copiada da outra, as duas foram copiadas de uma terceira pessoa, ou os profetas receberam de Deus mensagens idênticas? É impossível saber ao certo.

Assim, toda a segunda parte de Miqueias é constituída por boas notícias. Da cidade de Davi virá o Rei que governará o mundo e trará paz e prosperidade.

Justiça e misericórdia (capítulos 6–7)

A última seção de Miqueias é apresentada como uma cena de tribunal. Deus é o promotor de justiça e Miqueias é o advogado de defesa. O povo de Judá, agora corrompido pelo pecado, ocupa o banco dos réus e Deus está exigindo seus direitos.

Assim como Miqueias, Deus também usa o pronome pessoal "eu". Eles têm uma discussão a respeito de quem está no banco dos réus. Deus explica que, na verdade, não esperava deles sacrifícios (o sangue de milhares de cordeiros), mas a justiça. Ele afirma que ordenou ao povo: "Pratique a justiça, ame a fidelidade e ande humildemente com o seu Deus".

Justiça é dar a uma pessoa o que ela merece, porém misericórdia é dar-lhe o que não merece. Certa vez, um homem, posando para um artista que pintava o seu retrato disse: "Espero que essa obra me faça justiça". O artista respondeu: "Não é de justiça que você precisa, e, sim, de misericórdia!".

A justiça e a misericórdia não são contraditórias; elas trilham juntas a mesma estrada. A diferença é que a justiça pode ir até determinada distância apenas, de onde a misericórdia assume e prossegue, e Deus é o mestre supremo de ambas. Deus sempre agirá de forma justa. Ninguém, jamais, poderá alegar que Deus é injusto.

Todavia, tudo o que Deus recebeu foi o sangue de milhares de cordeiros. Judá manteve seu perfil religioso e a prática de rituais, mas Deus esperava mais do que isso. O que realmente importa é a forma como os homens se apresentam diante de Deus, que é evidenciada pela forma como eles se apresentam diante de outros homens. Nosso relacionamento com Deus se refletirá em nossa maneira de agir com outras pessoas, pelo exemplo de justiça e de misericórdia, pois é exatamente assim que ele age em relação a nós.

Miqueias está profundamente entristecido na cena do tribunal, até que sua tristeza é substituída por alegria, quando ele percebe que o juiz do tribunal também demonstrará misericórdia. Temos, portanto, esse belo equilíbrio no final do livro, com a aliança de misericórdia feita por Deus.

Quando uma criança é desobediente, os pais têm um dilema. Demonstrarão justiça dando-lhe o que ela merece ou a perdoarão? É muito difícil ser justo e misericordioso, exceto em uma situação: quando uma pessoa inocente se dispõe a receber a justiça no lugar do culpado. Somente então o pecado pode ser punido e perdoado simultaneamente. Essa é a razão pela qual a cruz foi necessária. O hino *Beneath the Cross of Jesus*[19], de Elizabeth Cecilia Clephane (1830-1869), expressa a cruz desta forma:

Ó abrigo seguro e feliz,
Ó refúgio doce e fiel,
   Lugar de encontro
Onde se unem o amor
  E a justiça dos céus
[tradução livre do original em inglês]

Na cruz, encontramos a perfeita justiça de Deus (o cumprimento da pena de morte para o pecado) e também a perfeita misericórdia de Deus (o culpado pode sair impune), pois o inocente pagou o preço. Se Deus nos perdoasse sem a cruz, ele seria misericordioso, porém não seria justo. Se Deus se recusasse a perdoar o pecado e o punisse por completo, ele seria apenas justo, e não misericordioso. Aí está a importância do Antigo Testamento. Aprendemos que os israelitas conheceram o perdão do pecado através do sacrifício de uma vida inocente. Sem derramamento de sangue não pode haver perdão do pecado, porque, se não há derramamento de sangue, Deus não pode ser, ao mesmo tempo, justo e misericordioso.

Miqueias também escreve sobre a necessidade de "andar

---

[19] NdT: As versões em português do hino são encontradas sob os títulos: Ao pé da cruz de Cristo e Bem junto à cruz de Cristo.

humildemente". Essa terceira exigência é tão importante quanto as outras duas. É possível cumprir as duas primeiras exigências e orgulhar-se disso, porém devemos entender que somos capazes de cumprir as exigências apenas porque Deus as cumpriu primeiramente por nós. Resta-nos, portanto, andar humildemente diante dele.

No Novo Testamento, Mateus fala sobre a profecia de um Soberano que viria de Belém. Uma ordem dada pelo imperador romano em seu palácio em Roma, a muitos quilômetros de distância, trouxe José e Maria a Belém, para que pagassem o imposto devido. Maravilhosa sincronia.

O Novo Testamento, no entanto, também nos ensina que quando o Rei vier, assumirá o governo das nações do mundo e trará paz a toda a terra. Isso se cumprirá na segunda vinda de Cristo.

É importante observar que muitas das profecias a respeito da vinda do Messias não foram cumpridas quando Jesus veio pela primeira vez. Para o povo judeu, é uma grande incoerência. Eles creem que o Messias promoverá a paz mundial, e como Jesus não foi capaz de fazê-lo, ele não pode ser o Messias. Entretanto, o segredo oculto de todos os profetas do Antigo Testamento, revelado apenas no Novo Testamento, é que o Messias virá duas vezes – na primeira, para morrer pelos nossos pecados, e na segunda, para governar o mundo.

Temas teológicos

Antes de concluir Miqueias, seria bom destacar alguns dos temas teológicos presentes no livro.

Dois aspectos do caráter de Deus

Miqueias retrata dois aspectos do caráter de Deus: ele é justo e, por isso, deve punir, mas é misericordioso e, por isso, pode perdoar. Ele odeia o pecado, mas ama os pecadores. Esse tema permeia todo o livro. Todas as seções começam com condenação e encerram com consolação. A justiça, portanto, precede a misericórdia. Antes de ser perdoado, o pecado deve ser castigado.

Miqueias nos lembra de que devemos deixar que Deus faça sua obra. Devemos refletir Deus, mas não substituí-lo. Nossa função ainda é "praticar a justiça, amar a benignidade e andar humildemente com Deus". Essa exigência jamais mudará.

De onde virá o Cristo?
A profecia nos diz claramente que o Rei virá de Belém, um lugar bastante atípico. Era uma vila pequena e insignificante, exceto pelo fato de suprir pão para o mercado de Jerusalém e cordeiros para os sacrifícios do templo. A profecia, no entanto, foi cumprida e o Messias nasceu em Belém, graças ao decreto de César Augusto.

Por que o Cristo virá?
A profecia também aponta adiante, para a segunda vinda de Jesus, quando ele governará sobre todo o mundo. Sendo assim, as profecias que não foram cumpridas em sua primeira vinda serão cumpridas quando ele vier pela segunda vez.

Ação social
A profecia também apresenta aos cristãos um modelo para a nossa vida em sociedade. A igreja deve ter uma voz profética, alertando o povo quanto aos males da exploração em quaisquer níveis, e dando voz aos pobres e desfavorecidos. Ao fazê-lo, estamos nos preparando para a volta de Cristo, quando reinaremos com ele.
Rejeição social

Em vista disso, os cristãos não deveriam se surpreender quando aqueles à sua volta, mesmo os mais próximos, reprovarem suas convicções. O próprio Miqueias nos alertou que "os inimigos do homem são os seus próprios familiares". Jesus revelou aos seus discípulos que, da mesma forma como algumas pessoas o odiavam, elas também odiariam os seus discípulos. Os cristãos de hoje devem estar preparados para andar como Jesus andou e enfrentar as consequências.

23.
NAUM

Introdução

Há um vínculo bastante estreito entre o profeta Naum e o renomado profeta Jonas. Quando lemos suas mensagens encontramos várias semelhanças entre elas. Ambos vieram das dez tribos do Norte e foram enviados a Nínive, capital da Assíria – a grande potência mundial. A mensagem de destruição transmitida por Naum, no entanto, veio 150 anos depois da época de Jonas, quando as circunstâncias eram muito diferentes.

Este era o contexto da época: depois da ida de Jonas a Nínive, o império da Assíria se expandiu. Os assírios tentaram invadir as dez tribos do Norte durante o reinado do rei Acabe, mas não foram bem-sucedidos. Retornaram durante o reinado do rei assírio Assurbanípal III e levaram cativa toda a tribo de Benjamim, retornando mais tarde – sob o comando de Salmaneser – para deportar as outras tribos ao exílio. A partir desse momento, tudo o que restava da terra era a pequena Judá, no Sul. Um período catastrófico para o povo de Deus.

Durante o reinado de Ezequias, veio Senaqueribe e cercou Jerusalém, mas foi derrotado quando um anjo matou 185 mil assírios. Mesmo assim, eles não se intimidaram e deram continuidade à expansão. Conquistaram Tebas no Alto Egito e tornaram-se um poderoso império.

Depois de Jonas, dois profetas receberam mensagens para a Assíria. O primeiro deles, Sofonias, como parte de sua mensagem a Judá, profetizou que Deus destruiria a Assíria e transformaria a sua grandiosa capital, Nínive, em uma terra desolada. A cidade que fora um grande orgulho se tornaria terra de pastagem para ovelhas, *habitat* de uma variedade de animais selvagens. Palácios outrora imponentes ficariam em ruínas, expostos aos elementos da natureza.

Sofonias, no entanto, fala sobre essa destruição sem especificar quando ela aconteceria. Foi Naum quem finalmente comunicou aos assírios que o seu fim havia chegado. Em sua profecia, encontramos o registro do alerta final que receberam. A grande diferença entre Jonas e Naum é que, dessa vez, não houve livramento divino. É curioso observar que ambos descrevem Deus como aquele que é tardio para irar-se, mas a diferença é que, com Naum, o tempo havia se esgotado. Quando a ira de Deus é despertada, não é possível aplacá-la. Enquanto a sua ira vem sendo aquecida em fogo brando, ela pode ser desviada, mas quando transborda, nada pode impedi-la. Certamente virá o dia em que o mundo todo enfrentará a ira de Deus. Em Apocalipse, lemos sobre um dia em que o povo preferirá ser engolido por um terremoto em vez de enfrentar a ira no rosto de Deus.

O rei de Nínive orou e jejuou novamente, como no tempo de Jonas, mas Deus não aceitou seu jejum. Era tarde demais para mudar. O último versículo de Naum introduz as duras palavras: "Não há cura para a sua chaga; a sua ferida é mortal".

Surpreendentemente, as palavras são consideradas boas notícias – não para os assírios, obviamente. São boas notícias para Israel e para Naum, que havia nascido sob o domínio assírio na Terra Santa. Naum está informando aos assírios que todo aquele que ouvir a notícia de sua queda baterá palmas "pois, quem não sofreu a sua crueldade sem limites?". O tom da profecia é dramático.

Similarmente à profecia de Jonas, há uma questão implícita no livro de Naum que tem perturbado os cristãos ao longo das gerações. A profecia de Jonas introduz a questão: "Deus controla a natureza?". A questão em Naum é: "Deus controla a história?". A Bíblia afirma que é Deus quem desenha o atlas do mundo ao longo da história.

Quando o apóstolo Paulo pregou aos gregos na colina de Marte, em Atenas, ele afirmou que Deus atribui a cada nação o seu lugar no tempo e no espaço. Deus permite que uma nação se erga, e se torne um império, e ele próprio a faz ruir. Eu creio que Deus tenha ocasionado a queda do império britânico, pois a Grã-Bretanha isentou-se da responsabilidade de proteger o povo judeu e, em 1947, declarou que não teria mais relação alguma com Israel. Em cinco anos, o império se extinguiu.

Deus controla não somente toda a natureza como também toda a história. É ele quem levanta os príncipes e quem os faz cair. Deus está no comando da história, portanto ela é previsível. Parte da tarefa dos profetas era prever a história – escrevê-la antes que acontecesse. Naum está afirmando que Nínive está acabada, algo inacreditável diante de seu poder e de sua força.

Um esboço do livro

A seguir, apresentamos um esboço da profecia de Naum. Ela tem apenas três capítulos bem estruturados. Seu foco é a queda de Nínive.

Proclamação – Quem? – Intervenção (capítulo 1)
Desgraça para seus inimigos
Libertação para seus amigos

Descrição – Como? – Invasão (capítulo 2)
Um dia de saques
Um dia de leões

Explicação – Por quê? – Crueldade (capítulo 3)
Conquista pela força
Corrupção financeira

Proclamação (capítulo 1)

Em primeiro lugar, encontramos a proclamação de que Deus castigará seus inimigos. Intervenção divina significa desgraça aos inimigos de Deus e libertação aos seus amigos. Sempre há dualidade na intervenção de Deus. Quando ele age na história, o que está implícito é desgraça a todos os que o desafiam e confiam em si mesmos. Deus tem ciúme. Não sente inveja. Deus não deseja coisa alguma de ninguém, porque, de qualquer maneira, tudo pertence a ele – mas ele tem ciúme. Inveja é desejar o que o outro tem; ciúme é desejar o que é seu por direito. Você pode sentir inveja de um homem pela esposa que ele tem, mas sentiria ciúme de sua própria esposa. Deus, portanto, tem ciúme do seu nome, da sua reputação, do seu povo e do seu mundo. Ele diz: "É meu nome, é minha reputação, é meu mundo, e não permitirei que as pessoas ajam dessa forma em meu mundo" [parafraseado].

Paralelamente ao ciúme de Deus está a sua vingança. Esses atributos de Deus não são populares, e precisamos compreendê-los se de fato desejamos conhecê-lo como ele realmente é. Naum concentra-se quase que exclusivamente no ciúme e na vingança de Deus contra aqueles que o desafiam e que confiam em si mesmos.

O primeiro capítulo é um poema acróstico, em que cada verso é iniciado com a letra seguinte do alfabeto hebraico, portanto é facilmente lembrado pelo povo de Israel. A mensagem era uma boa notícia para eles – algo para se guardar no coração.

O capítulo 1 alterna entre uma declaração a Nínive e uma declaração a Israel – más notícias para a cidade e boas notícias para a nação. Uma maravilhosa obra literária. Pela inspiração do Espírito Santo, Naum foi capaz de organizar as palavras de forma memorável.

Descrição (capítulo 2)

Se o capítulo 1 é uma proclamação de que Nínive cairá, o capítulo 2 é uma descrição de como os fatos ocorrerão. É absolutamente assombroso em seus detalhes – quase como se Naum estivesse assistindo na TV ao desenrolar dos acontecimentos.

Um detalhe fascinante é que aqueles que vieram destruir Nínive vestiam fardas de cor escarlate, assim como Naum havia profetizado, embora não se tenha registro de tais fardas no tempo de Naum. Ele viu também que entravam pelas comportas do rio e descreveu a cidade de sangue. Tudo isso porque Nínive se vendera aos inimigos de Deus.

O texto é um registro vívido, e podemos imaginar a pregação do profeta. Naum chama Nínive de leão desdentado – uma figura apropriadamente escolhida, pois o leão era o símbolo da Assíria. Agora, no entanto, os assírios não representam uma ameaça a ninguém e se encontram, eles próprios, aterrorizados. Há aqui, portanto, um tipo de justiça poética.

Explicação (capítulo 3)

No capítulo 3, Naum passa da descrição à explicação. A razão para o castigo é a imensa crueldade da Assíria. Observamos aqui a justiça de Deus. Ele não julga os assírios por desobedecerem aos Dez Mandamentos, pois os desconhecem. Quando Deus envia um profeta para falar contra um povo que não seja o povo de Deus, ele os acusa de crimes contra a humanidade que, instintivamente, sabem ser errados. Mesmo aqueles que jamais ouviram sobre os Dez Mandamentos reconhecem que é errado ser bárbaro e cruel.

Deus, portanto, julga as pessoas com base no que elas sabem. Esse princípio é encontrado em toda a Bíblia. Se uma pessoa desconhece os Dez Mandamentos, não será julgada por desobedecer-lhes. Se uma pessoa jamais ouviu sobre Cristo, não será julgada por não ter ouvido sobre Cristo. Contudo, todos têm algum conhecimento de Deus que é manifestado na criação à sua volta e está presente em sua própria consciência. Deus julgará todos pelo que, instintivamente, sabem ser errado. O documento U144 das Nações Unidas – a Declaração dos Direitos Humanos – não foi redigido por cristãos, mas inclui o tipo de princípios que todos os seres humanos reconheceriam como certos e justos.

Deus, portanto, estava julgando as más práticas dos assírios. Em seus carros, eles percorriam um país, massacrando todos os habitantes e tomando o país pela força. Também eram corrompidos pelo dinheiro, e o suborno era uma prática comum entre eles. Naum afirma que eles sabiam que essas duas práticas eram erradas e que, por causa delas, Deus destruiria a sua cidade.

Acho isso notável, pois esses dois pecados não são desconhecidos do nosso mundo, e as pessoas sabem que ambos são errados.

O que aconteceu a Nínive?

Hoje, Nínive é um deserto. O grande palácio que lá existia foi totalmente destruído. Tornou-se um lugar de habitação de corujas e de todas as feras selvagens, exatamente como profetizado por Sofonias. Ficou esquecida durante séculos, mas suas ruínas foram encontradas em 1820, na margem oeste do Tigre, por um arqueólogo inglês chamado Layard.

O que aconteceu a Naum?

Sabemos que o profeta jamais retornou de Nínive. Seu túmulo pode ser encontrado hoje na margem oeste do Tigre. É reverenciado pelos árabes, que reconhecem em

Naum um dos santos homens de Deus.

Cafarnaum, uma cidade da Galileia, foi assim chamada em homenagem a ele (*Cafar* = "vila", *Naum* = "Naum"). Figurou entre as cidades que receberam a condenação de Jesus. Assim como os habitantes de Nínive, seus habitantes também se recusaram a ouvir a palavra do Senhor. Como aconteceu àquela que foi um dia uma grande cidade, hoje só restam ruínas de Cafarnaum.

24.
SOFONIAS

Introdução

O mensageiro (1.1)

O enfoque dos livros Proféticos está mais na mensagem do que no mensageiro, e Sofonias retrata isso melhor do que ninguém. Sabemos muito pouco sobre ele. Os únicos detalhes biográficos estão no primeiro versículo do capítulo 1, onde encontramos seu nome e sua genealogia. O nome Sofonias, em hebraico, é *Sephenjah*, que significa "Deus" + "esconder". Não se sabe ao certo se isso significa que Deus tenha se escondido ou se Sofonias havia sido escondido por Deus. Sua genealogia nos oferece algumas pistas, pois ele é o único profeta que registra até quatro gerações de seus antepassados. Ezequias, o último "bom" rei de Judá (veja Isaías 36–39), era seu bisavô. Sofonias, portanto, tinha "sangue azul". Durante o reinado de Manassés, os filhos da realeza, com o aval do rei, estavam sendo sacrificados ao deus Moloque e, por essa razão, minha teoria é que Sofonias tenha sido escondido por sua mãe para ser poupado da morte. Seu nome, consequentemente, é um reflexo da ação de Deus, que o preservou para ser um profeta para o povo.

A genealogia indica a época em que Sofonias viveu e pregou. Desde o tempo de Ezequias, a nação se afastara de Deus. Além do sacrifício de crianças e da adoração a Moloque, Manassés reinstaurou os símbolos fálicos e os postes-ídolos nos altares sagrados e encorajou o povo a retomar os cultos à fertilidade, com todas as suas implicações sexuais. O local para o sacrifício infantil era Geena (em hebraico, *Ben-Hinom*), um vale logo ao sul de Jerusalém, amaldiçoado por Jeremias e usado por Jesus como uma ilustração do inferno. Durante os primeiros anos do reinado de Manassés, Isaías tentou impedir o declínio da moralidade na nação e alertou Manassés sobre as terríveis consequências de seus maus caminhos. O rei, no entanto, recusou-se a ouvir e proibiu Isaías de pregar. Por isso, o profeta foi forçado a escrever suas profecias e a circulá-las na forma escrita. Finalmente, Manassés ordenou a execução de Isaías.

E isso não foi tudo, pois Manassés também se envolveu com astrologia e com médiuns espíritas, desafiando ainda mais a lei de Deus. Essa confusão espiritual conduziu a nação ao caos moral, pois a idolatria sempre resulta em imoralidade. Segundo o veredito de Deus, relatado em 2Crônicas, Manassés era mais decadente do que os cananeus originais – uma afirmação chocante, considerando que Deus havia instruído seu povo a expulsar os cananeus por causa de sua conduta corrupta. Podemos imaginar, portanto, como Deus se sentia a essa altura. Ele havia removido os perversos cananeus para abrir espaço para o seu santo povo, e agora esse povo estava pior do que aqueles a quem haviam substituído.

Manassés morreu depois de ter reinado por 55 anos e foi sucedido por Amom, um homem de caráter muito fraco, que nada fez para corrigir a situação, e Judá continuou a decair. Amom foi assassinado após permanecer somente dois anos no trono. Toda a nação encontrava-se num caos moral.

Então, um menino chamado Josias, de oito anos de idade, tornou-se rei, embora o verdadeiro regente nos primeiros anos fosse Hilquias, o sumo sacerdote. Com reis bons e maus em sua árvore genealógica, não era possível saber quem esse menino-rei seguiria – a Ezequias, seu bisavô, ou a Manassés, seu avô? Assim, Deus enviou Sofonias, o profeta, para evitar que a nação fosse exilada em consequência de seu pecado, como havia acontecido aos seus irmãos do Norte.

A mensagem (1.2-3)

A voz da profecia estivera em silêncio por 70 anos. Desde a morte de Ezequias e o assassinato de Isaías, não houve palavra vinda da parte de Deus. Sofonias, portanto, proclamou, em um vácuo, uma mensagem muito poderosa.

A profecia de Sofonias é considerada o compêndio de toda a mensagem profética, porque inclui muitos elementos também encontrados na obra de outros profetas. Toda a mensagem de Sofonias girava em torno do Dia do Senhor, mencionado 23 vezes na profecia. Esse "dia" não é um período de 24 horas, mas sim uma era (período) no tempo, como "nos dias das carroças movidas a cavalo". Trata-se do dia do julgamento de Deus, o dia em que Ele endireitará as coisas; o dia em que a justiça será feita, os erros serão corrigidos e a maldade, castigada.

No calendário inglês, de acordo com a tradição britânica, existe um paralelo com essa data. Historicamente, quatro dias são destinados ao acerto de contas, um a cada trimestre: Dia da Anunciação (25 de março), São João (24 de junho), São Miguel Arcanjo (20 de setembro) e Natal (25 de dezembro). Nesses dias, todas as contas eram examinadas, auditadas e acertadas e as fraudes eram punidas. Essas datas nos dão uma ideia de como será o Dia do Senhor.

Sofonias usa um termo interessante para descrever as emoções de Deus. Ele afirma que Deus está "irritado", embora ele não tenha traço algum da petulância egoísta exibida pelo homem. O Dia do Senhor revela que Deus já aguentou o suficiente, a ponto de sua ira transbordar.

Há dois tipos de ira na Bíblia. A primeira delas é a ira interior, que uma pessoa guarda para si e não expressa. Essa ira se esfria e não transparece a outras pessoas. A outra ira é a que explode repentinamente, e todos podem ver. O profeta está afirmando que a ira de Deus está começando a ferver e que virá o dia de fúria, quando Deus não mais poderá contê-la.

Embora essa ira, que vem sendo aquecida em fogo brando, muitas vezes passe despercebida, os sinais que indicam que Deus está irado podem ser vistos. Os sintomas da fervura estão aí, à vista de todos, em uma sociedade que prossegue em seu declínio (leia Romanos 1). Um dia, porém, a ira de Deus transbordará. Por meio do arrependimento e da correção e disciplina, devemos adiar esse dia. Esse é um dos temas da profecia.

Um esboço do livro de Sofonias

Religiões estrangeiras (1.4–2.3)
Punição devida (1.4-6)
Punição declarada (1.7-9)
Punição prevista (1.10-16)
Punição desviada (2.1-3)

Regiões já condenadas (2.4-15)
O oeste – Filístia (2.4-7)
O leste – Moabe e Amom (2.8-11)
O sul – Egito e Etiópia (2.12)
O norte – Assíria (2.13-15)

Redenção futura (3.1-20)
Maldições – Justiça divina (3.1-8)
(a) Teimosia nacional (3.1-7)
　(i) Rebelião (3.1-4)
　(ii) Resistência (3. 5-7)
(b) Eliminação internacional (3.8)

Bênçãos – Misericórdia divina (3.9-20)
(a) Retidão internacional (3.9)
(b) Alegria nacional (3.10-20)
　(i) Regozijo (3.10-17)
　(ii) Retorno (3.18-20)

Essas três seções são muito claras, mas, como acontece com frequência, os títulos dos capítulos não dividem o livro de forma apropriada.

Religiões estrangeiras (1.4–2.3)

Na primeira seção, o profeta está preocupado com as religiões estrangeiras que se tornaram parte da vida nacional de Judá. Ele anuncia o julgamento e faz três declarações básicas sobre o Dia do Senhor que se aproxima.

Punição devida (1.4-6)
Houve um considerável afastamento de um relacionamento adequado com Deus. Muitos haviam abandonado o Deus de Israel para seguir outros deuses. Os próprios sacerdotes, que deveriam estar garantindo que a aliança fosse cumprida, levavam o povo a se extraviar. A superstição era comum e muitos prestavam culto a Moloque – uma prática ímpia instituída por Manassés.

Punição declarada (1.6-9)
Sofonias descreve o que lhes acontecerá quando Deus julgá-los. Quando lemos os livros Proféticos, é possível que tenhamos a impressão de estar lendo exatamente a mesma mensagem. Deus, porém, precisa repeti-la, especialmente porque 70 anos se passaram entre essas palavras e as últimas que ele havia expressado. Sofonias está alertando o povo sobre o iminente Dia em que o Senhor os julgará.

Punição prevista (1.10-17)
O julgamento será catastrófico para o povo. Eles mantêm uma atitude extremamente complacente com relação ao seu próprio comportamento e com a forma como Deus se sente a esse respeito. Sofonias os admoesta que quando o julgamento vier, todos saberão.

Punição desviada (2.1-3)
Ele lhes oferece então a possibilidade, mesmo a essa altura, de o julgamento ser desviado de Israel e afastado deles por meio do arrependimento. É a mesma mensagem que trazem todos os profetas. Se eles se humilharem, Deus lhes ouvirá, perdoará e retribuirá com misericórdia. Na realidade, a necessidade de uma atitude humilde é uma exigência básica nas mensagens dos profetas (veja Isaías 2.9 e Miqueias 6.8).

Regiões já condenadas (2.4-15)

Sofonias se dirige às nações que se localizam em todas as direções da bússola e que representam uma ameaça a Judá. A oeste de Judá estava a terra da Filístia, da qual a moderna "Palestina" alega ser descendente. A leste, estavam Moabe e Amom; Egito e Etiópia, ao sul. Ao norte, entre os rios Tigre e Eufrates, estava a Assíria – a potência mundial da época. Poucas nações não foram afetadas pelo domínio dos assírios. Eles haviam levado cativas as dez tribos do Norte. A essa altura, a Babilônia ainda era um governo pequeno e insignificante.

A mensagem recebida por Sofonias diz que essas nações serão julgadas por Deus. Ele é o juiz de todo o mundo, e as nações serão julgadas por seus atos em relação a Judá. Entretanto, essa interação com Judá é uma via de mão dupla. Deus não somente julga as nações estrangeiras por sua atitude para com Judá; ele também as usa para disciplinar Judá. Lemos no livro de Amós que Deus trouxe os filisteus de Creta para habitar a terra a leste de Canaã no mesmo momento em que os filhos de Israel invadiram Canaã. É Deus quem move nações e desenha o mapa que define onde os povos estarão.

Assim sendo, os filisteus tornaram-se um verdadeiro espinho para Israel, até a época do rei Davi (aproximadamente 700 anos depois). Na língua inglesa, o nome "filisteu" tornou-se conhecido por descrever alguém que é hostil a outras culturas. Em Deuteronômio, Deus explica a situação: "Eu os trouxe [filisteus] para testá-los [israelitas]. Se vocês guardarem a minha palavra, eu os manterei sob controle e eles não lhes trarão problemas. Mas se vocês me desobedecerem, eles estão aqui para ser instrumento de disciplina, e quando vocês agirem mal, eles os subjugarão".

Esse gesto demonstra a preocupação de Deus. Ele é um Pai para o seu povo, e um bom pai disciplina seus filhos quando eles se comportam mal. Na realidade, Hebreus 12 diz: "Se vocês não são disciplinados, então vocês não são filhos legítimos". Esse princípio nem sempre é compreendido pelos leitores da Bíblia. Quando você se torna um filho de Deus, ele o disciplinará se você pecar. Contudo, Deus age assim para que você não precise ser punido após a morte. Os cristãos, portanto, podem esperar que a vida neste mundo seja difícil. Não consigo acreditar nos testemunhos daqueles que alegam que, depois de encontrar Jesus, todos os seus problemas desapareceram. Eu ouvia esses relatos e ficava deprimido, pois o meu testemunho era muito diferente. Depois que encontrei Jesus, os problemas começaram a aparecer! Quando fui batizado no Espírito, minhas dificuldades ficaram ainda piores. Tive mais problemas nos últimos cinco anos do que nos 40 anteriores! Fico feliz, no entanto, porque meu testemunho está condizente com a promessa de Jesus: "Neste mundo vocês terão aflições; contudo, tenham ânimo! Eu venci o mundo".

Redenção futura (3.1-20)

Na última seção, há uma estranha tensão entre maldição e bênção. É quase como se Sofonias estivesse dizendo: "Escolham o que realmente desejam ter. Vocês querem, de fato, a justiça de Deus?". Ele é cheio de misericórdia e deseja ser misericordioso conosco, mas não pode fazê-lo sem a nossa cooperação, pois ele só a concede aos que a pedem.

Ouço orações de todos os tipos, mas vibro quando as pessoas pedem por misericórdia, porque significa que compreenderam uma lei importante do Reino. Normalmente, clamamos por misericórdia somente quando sentimos que não estamos bem [quando há o senso de pecado e indignidade]. Quando achamos que estamos bem [nos consideramos "crentes bons"], pedimos saúde, força, direção, todo tipo de coisa – mas nunca misericórdia.

Maldições – Justiça divina (3.1-8)

(A) TEIMOSIA NACIONAL (3.1-7)

(i) Rebelião (3.1-4)
Na primeira metade do capítulo 3, Sofonias coloca diante do povo a possibilidade de enfrentar um dia de justiça divina, ao lhes dizer quão teimosos eles são. Rebelaram-se contra Deus de forma deliberada e resistem ao apelo feito por ele.

(ii) Resistência (3.5-7)
Ele também os acusa de resistir. Todos os governantes, oficiais, sacerdotes e profetas estão envolvidos. É um povo obstinado. Há algum tempo, depois de ter lido o versículo de Sofonias que diz "a cada manhã ele ministra a sua justiça", compus a letra de um cântico, ao som do hino "Tu és fiel".

> Tu és o justo Deus
> Deus sempre santo
> Não há em ti injustiça qualquer
> Nunca mudaste, os preceitos firmaste
> Tal como eras, tu sempre serás

Tu és o justo Deus
Tu és o justo Deus
Dia após dia, nos vem ministrar
Tua justiça por nós merecida
Tu és o justo Deus
A quem clamar

Temos prazer em cantar canções agradáveis sobre os atributos positivos de Deus como a sua fidelidade, mas devemos aceitar que há outra faceta de Deus, e precisamos ser gratos por essa característica também. Em sua carta aos Romanos, Paulo diz que devemos considerar "a bondade e a severidade de Deus: severidade para com aqueles que caíram, mas bondade para com você, desde que permaneça na bondade dele".

Sofonias está dizendo ao povo que, se continuarem a se rebelar e a resistir, haverá um desastre nacional. A ira de Deus transbordará e o Dia do Senhor chegará.

(B) ELIMINAÇÃO INTERNACIONAL (3.8)

O que é verdadeiro a respeito da ira de Deus para com Judá também se aplica a todo o mundo. Ele diz que essa mesma ira transbordará sobre as nações e as aniquilará. Todas elas estarão diante dele e os ímpios serão consumidos pela ira de um Deus zeloso.

Bênçãos – Misericórdia divina (3.9-20)

O livro encerra com uma nota de esperança, como fazem outros profetas. Amós, por exemplo, como o penúltimo profeta enviado às dez tribos do Norte antes que desaparecessem, pregou a mensagem da justiça de Deus, mas a última palavra dirigida às tribos do Norte foi a profecia de Oseias, uma mensagem sobre o amor e a misericórdia de Deus. É quase como se a última palavra de Deus a nós fosse: "Vocês não querem a minha misericórdia?". Sofonias conclui da mesma forma. Deus não quer punir – ele não tem prazer na morte do ímpio. Ele quer demonstrar misericórdia e, por isso, termina com uma nota de esperança para o futuro.

(A) RETIDÃO INTERNACIONAL (3.9)

Sua mensagem de misericórdia às nações é que, de todos os lugares, ele trará de volta os que o amam. Virão indivíduos de todos os povos, tribos, línguas e nações. Deus não quer que nenhum grupo étnico fique de fora. Por isso, ele ordenou que pregássemos o evangelho a todas as etnias e fizéssemos discípulos.

(B) ALEGRIA NACIONAL (3.10-20)

Ele conclui, então, com as possibilidades de bênção para o remanescente de Israel. Nove vezes, nessa última seção, Deus afirma que fará algo. Judá pode quebrar a aliança, mas ele nunca o fará.

(i) Regozijo (3.10-17)
Naquele dia, ninguém será orgulhoso ou arrogante; eles não cometerão atos de injustiça e não contarão mentiras. Ninguém conseguirá amedrontá-los. Ele fala de um futuro maravilhoso quando Deus os renovar com o seu amor. Diz até que Deus cantará sobre o seu povo: "Ele se regozijará em você com brados de alegria".

(ii) Retorno (3.18-20)
Deus reunirá os que foram espalhados e trará um remanescente que reverenciará o seu nome. Embora

tenham sido menosprezados, eles serão exaltados aos olhos do mundo. Deus lhes concederá "louvor e honra em todas as terras onde foram envergonhados". No final do livro, portanto, há uma mensagem de extraordinária esperança. O povo de Deus agora tem a oportunidade de ser julgado e de acertar-se com Deus.

Conclusão

Resta-nos uma pergunta a respeito de Sofonias. A sua profecia surtiu efeito? Josias tomou conhecimento dela?

Josias chegou ao trono em 640 a.C., aos oito anos de idade, e reinou durante 31 anos. A princípio, sofreu forte influência do sumo sacerdote Hilquias – cuja tendência era preservar o *status quo* – mas depois começou a ser influenciado por Sofonias. Aos 16 anos, Josias destruiu os altares idólatras em Jerusalém. Com a idade de 20 anos, ordenou a destruição de todos os altares idólatras espalhados por toda a nação. Aos 28 anos, observou que o templo de Deus estava em más condições e deu ordens para que fosse reformado. Durante esse trabalho, alguém encontrou uma cópia do Livro da Lei de Moisés em um armário velho e empoeirado. Perceberam que não a haviam estudado ou lido durante anos. Quando Josias a leu, ficou horrorizado. Entendeu por que Deus os estava exortando. Assim, aos 28 anos, ordenou que a lei fosse lida novamente e cumprida em toda a nação.

Até aquele ponto, os sinais eram positivos. Josias, contudo, não havia percebido que a aplicação de uma lei não torna um povo bom. Muitas pessoas hoje pensam que bastava que o nosso governo criasse boas leis para que o povo passasse a agir de forma cristã. Uma conduta justa e reta, no entanto, não pode ser imposta – deve ser expressa a partir do interior, à medida que Deus age no coração do homem.

A vida de Josias terminou após dar ouvidos a um imprudente conselho para atacar o exército do Egito, que cruzava a Terra Santa com o objetivo de enfrentar a Assíria. Ele foi morto na batalha subsequente, apesar de estar disfarçado.

Assim, embora tivesse alguma influência, Sofonias não conseguiu levar a nação a uma mudança de direção. O povo não ouviu. Sua obra, no entanto, não foi desperdiçada. Um jovem, da mesma idade de Josias, havia sido escolhido por Deus para conduzir adiante a responsabilidade profética. Jeremias foi incumbido de dizer ao povo que a reforma não estava surtindo efeito e que eles precisavam voltar-se para Deus.

Sofonias – Aplicação

A principal aplicação para o cristão de hoje refere-se ao juízo de Deus.

(a) O Dia do Juízo para o mundo todo virá após a morte. A condenação de Judá é uma antecipação e prefiguração do que acontecerá ao mundo. Por duas vezes, Jesus faz alusão a Sofonias referindo-se à segunda vinda (veja Mateus 13.41 e Sofonias 1.3; Mateus 24.29 e Sofonias 1.15). Muitos povos, portanto, enfrentarão a ira de Deus quando Jesus retornar.

(b) O Dia do Juízo virá antes para o povo de Deus e então para os outros povos. Diz 1Pedro 4.17: "Pois chegou a hora de começar o julgamento pela casa de Deus; e, se começa primeiro conosco, qual será o fim daqueles que não obedecem ao evangelho de Deus?".

Sofonias é um lembrete poderoso para os cristãos de que devem esperar a disciplina de Deus sem perder a esperança. A disciplina nesta vida é um sinal do cuidado de Deus e nos garante que não seremos julgados juntamente com o mundo.

Sofonias e Apocalipse

Para concluir, também devemos observar a notável correlação entre o profeta Sofonias e o esboço do livro de Apocalipse.

Tanto Sofonias quanto Apocalipse começam com o julgamento do povo de Deus – Israel e a igreja, respectivamente. Ambos passam então a descrever o julgamento das nações (veja Sofonias 2; Apocalipse capítulos 4–15). Finalmente, chegam ao Dia do Juízo (Sofonias 3.1-8; Apocalipse 20).

A última palavra, no entanto, é o êxtase final, quando Deus dá ao seu povo um lugar onde poderão viver para sempre (Sofonias 3.9-20; Apocalipse 21–22). Em Sofonias, esse local é a antiga Jerusalém, mas, em Apocalipse, é a nova Jerusalém. Em Sofonias, Deus vem como Rei, mas, em Apocalipse, Jesus retorna como Rei.

No livro de Apocalipse, há mais de 400 alusões ao Antigo Testamento, porém sua conexão mais próxima é com a mensagem do profeta Sofonias. Assim sendo, um livro aparentemente obscuro do Antigo Testamento é, na realidade, peça central para nossa compreensão do futuro.

25.
Habacuque

Introdução

A profecia de Habacuque se difere dos demais livros Proféticos. Em primeiro lugar, na maioria das profecias, Deus se dirige ao povo por meio dos profetas, mas, em Habacuque, o profeta fala diretamente a Deus, sem qualquer envolvimento do povo no diálogo que se desenrola. Esses elementos aparecem em outras profecias, particularmente em Jonas e Jeremias, mas nenhum outro livro profético começa de forma tão surpreendente.

Segundo, no capítulo 2, o profeta é instruído a escrever sua mensagem sobre a muralha, em letras grandes.

Em terceiro lugar, o capítulo 3 é uma profecia feita para ser cantada, algo bastante raro. Foram os líderes do passado, como Moisés, Débora, Samuel, Saul, Eliseu e Davi, que descobriram na música uma fonte de inspiração para a palavra profética, embora, mais tarde, Ezequiel também tenha adotado esse estilo.

Conhecemos muito pouco sobre Habacuque. Sabemos que ele profetizou 20 anos depois de Sofonias, por volta de 600 a.C., e que seu nome significa literalmente "o que abraça". Era um termo da luta greco-romana usado em linguagem coloquial. Podemos chamá-lo de "pegajoso" – um nome não muito lisonjeiro!

No entanto, embora o nome não seja particularmente agradável, ele descreve com precisão seu relacionamento com Deus, conforme o livro aos poucos o revela. Habacuque era um homem que se apegava a Deus, que ousava debater com ele, e que insistia em obter de Deus respostas, mesmo que não gostasse delas. Assim, embora não saibamos muito sobre o passado do profeta, aprendemos algo de sua mente, coração e disposição através de suas conversas com Deus, registradas no livro. Também discernimos as principais dimensões de seu ministério profético – sua oração (cap. 1), sua pregação (cap. 2) e sua adoração (cap. 3).

O livro tem grande relevância para nós hoje, pois aborda algumas indagações fundamentais feitas por todos os cristãos pensantes. Se Deus é bom e Todo-poderoso, por que o inocente sofre e o culpado não é punido? Por que Deus não faz algo a respeito do caos em que este mundo se encontra? Muitos debatem esses temas com outras pessoas ou consigo mesmos. Contudo, a melhor maneira de lidar com tais questões importantes é lutar corpo a corpo com Deus e apegar-se a ele até que ele lhe dê uma resposta. Habacuque nos oferece um maravilhoso exemplo de um homem que fez exatamente isso. Sua ousadia e total honestidade transparecem na profecia e, como resultado, o livro é, ao mesmo tempo, desafiador e encantador.

Ao contrário de Sofonias, Habacuque está repleto de citações famosas. Por exemplo: "Teus olhos são tão puros, que não suportam ver o mal" (1.13) é um versículo popular, embora, como veremos adiante, devamos ser cautelosos na forma de interpretá-lo. Outros versículos bastante conhecidos são:

E a terra se encherá do conhecimento da glória do Senhor, como as águas enchem o mar.

(2.14)

O Senhor está em seu santo templo; diante dele fique em silêncio toda a terra.

(2.20)

Em tua ira, lembra-te da misericórdia.

(3.2)

Mesmo não florescendo a figueira, não havendo uvas nas videiras...ainda assim eu exultarei no Senhor e me alegrarei no Deus da minha salvação.

(3.17-18)

O versículo mais conhecido de Habacuque, e que se tornou a "Carta Magna" do protestantismo é: "O justo viverá pela sua fé" (2.4, ARA). Por ocasião da Reforma, Martinho Lutero fez com que esse versículo se difundisse pelo Norte da Europa, embora, como veremos adiante, o versículo não fosse adequadamente interpretado.

Um esboço do livro de Habacuque

O profeta (1.1)

Oração queixosa (1.2–2.20)

Queixa: Deus faz muito pouco

Pergunta: Por que os maus não sofrem?

Resposta: Os maus sofrerão (os babilônios virão)

Queixa: Deus faz demais

Perguntas: Por que usar o mau para punir o mau?

Por que o bom sofre?

Respostas: O bom sobreviverá!

O mau sofrerá!

Louvor composto (3.1-19)

Ele treme diante da ação de Deus no passado (3.1-16)

Ele confia na proteção de Deus no futuro (3.17-19)

O livro de Habacuque divide-se claramente em duas partes. Os capítulos 1 e 2 formam a primeira parte e o capítulo 3 é a segunda. O contraste entre a primeira e a segunda parte é enorme, como podemos ver na tabela a seguir:

Capítulos 1–2	Capítulo 3
Lutando com Deus	Descansando em Deus
Infeliz	Feliz
Gritos	Cânticos
Oração	Louvor
Impaciente	Paciente
Pede justiça	Pede misericórdia
Para baixo	Nas alturas
Deus está inativo (no presente)	Deus está ativo (no passado e no futuro)

A tabela demonstra a enorme mudança entre a primeira e a segunda parte, levando à inevitável pergunta: O que aconteceu com Habacuque que gerou um contraste tão evidente? Teremos de estudar a profecia em detalhes para descobrir o que o transformou.

Oração queixosa (1.2–2.20)

Deus faz muito pouco (1.2-11)

Habacuque contava a Deus exatamente o que estava pensando. A princípio, queixou-se dizendo que Deus estava fazendo muito pouco, e depois queixou-se dizendo que ele estava fazendo demais – Deus não conseguia acertar!

Ele acreditava na oração interrogatória. A oração de intercessão é quando pedimos algo a Deus, mas a oração interrogatória é quando lhe fazemos perguntas. É um tipo muito importante de oração, que penso ser muito útil. Eu simplesmente faço uma pergunta a Deus, e se algo me vem à mente – principalmente se for algo muito inesperado – eu aceito como se fosse resposta de Deus. Nove entre dez vezes isso dá certo.

Um exemplo: quando nossa filha morreu, ficamos assombrados ao descobrir o quanto ela estivera fazendo pelo Senhor. Ela nunca falou a respeito, mas esteve em contato regular com missionários na China, África e Haiti, só para mencionar alguns deles. Além disso, era líder de louvor na igreja, e tão amada, que toda a igreja chorou a sua morte. Quando eu estava falando com o Senhor a respeito dela, perguntei: "Senhor, tenho muito orgulho de nossa filha, mas como o Senhor se sente a respeito dela? Qual é a sua opinião?". Estas palavras me vieram imediatamente à mente: "Ela é um dos meus sucessos". Por isso, em seu funeral, o tema da minha pregação foi: "Você é um dos sucessos ou um dos fracassos do Senhor?". Caso você nunca tenha ouvido o Senhor falar à sua vida, tente lhe fazer esta pergunta: "Senhor, há alguma coisa na minha vida que não te agrada?". Se realmente quiser ouvir de Deus, basta lhe fazer essa pergunta.

O contexto social de Habacuque nos ajuda a compreender a motivação de suas indagações. Durante 20 anos, desde o tempo de Sofonias, Deus não pronunciara palavra alguma. A nação persistia em seu declínio, em rebeldia à mensagem de Sofonias. O rei Josias não alcançou o que havia desejado com suas reformas e encontrou a morte prematura no ano de 608 a.C., nas planícies do Megido. Habacuque profetizou durante o reinado de seu sucessor, Jeoaquim, um rei que se tornou extremamente mundano e egoísta. Seu palácio foi ampliado, enquanto os pobres empobreciam ainda mais em seu reinado. Suborno, corrupção, iniquidade e opressão tomaram as ruas de Jerusalém. A situação tornou-se tão tenebrosa que não era seguro caminhar pelas ruas da cidade, sozinho, à noite. Os assírios, que haviam levado as dez tribos, agora estavam em declínio, portanto não havia uma grande potência mundial por assim dizer.

Por que o mau não sofre?
A sensação de que nada acontecia enquanto Jerusalém se deteriorava era a principal inquietação de Habacuque. Quando ele se dirigiu a Deus, apresentou seu questionamento com muita cautela. Habacuque sabia que a natureza de Deus deveria se refletir em sua atitude e em suas ações e que ele não aniquilaria o seu povo, mas também sabia que Deus deveria executar o castigo e o julgamento do pecado. Por isso, ele se queixou a Deus, afirmando que ele nada fazia a respeito da violência e da corrupção na cidade santa. Seu desejo era que Deus revertesse as tendências, transformasse a sociedade e restaurasse a lei e a ordem.

Deus faz demais (1.12–2.20)
Deus foi gracioso ao responder à indignação de Habacuque, mas Habacuque ficou surpreso e consternado com as cinco respostas dadas por Deus:

1. Abra os olhos um pouco mais – veja.
2. Você terá uma tremenda surpresa.
3. Planejei algo que acontecerá durante a sua vida.
4. Não lhe contei o que estou fazendo porque você não acreditaria.
5. Já comecei a fazer algo e você não percebeu.

Resumindo, Deus diz a Habacuque que percebeu o mal em Jerusalém e já agiu, levantando os babilônios para punir o povo de Judá. Naquela época, a Babilônia era apenas uma cidade em desenvolvimento, próxima ao rio Tigre. Poucos tinham ouvido falar dela, que praticamente não é citada na Bíblia até então. No entanto, quando dois mensageiros da Babilônia visitaram o rei Ezequias e fizeram um *tour* pelo palácio, Isaías percebeu o perigo e previu que um dia a Babilônia tomaria tudo que havia no palácio e no templo, tudo o que o rei havia mostrado aos dois homens.

A Babilônia era pequena demais para que a profecia parecesse viável, mas nos dias de Habacuque, essa profecia estava próxima de seu cumprimento, e Habacuque ficou compreensivelmente chocado. Foi como se Deus tivesse dito que traria a Alemanha Nazista para punir a Inglaterra. No entanto, podemos ver no decorrer de toda a história que Deus costuma lidar com as nações dessa forma. Ele ergue uma nação para lidar com outra. Por isso, tal ato não deve nos surpreender.

ELES SÃO PIORES DO QUE NÓS

Habacuque, no entanto, está surpreso e abalado. Sua queixa agora está relacionada ao fato de que Deus pretende fazer "demais", pois sabe que a reputação dos babilônios é pior que a dos assírios, que haviam dominado Israel (as dez tribos do Norte) e levado a nação a um exílio do qual jamais retornaria. Os babilônios, no entanto, seriam ainda piores. Foi a primeira nação a introduzir a tática de terra arrasada, por meio da qual removiam qualquer traço de vida da terra dos povos que conquistavam. Habacuque percebeu que, se os babilônios viessem a Jerusalém, nada restaria. Isso explica o sentido das conhecidas palavras ao final do livro: "Mesmo não florescendo a figueira, não havendo uvas nas videiras; nem ovelhas no curral nem bois nos estábulos...". Esse trecho reflete o estado da terra após a passagem do exército babilônico.

ELES NÃO FAZEM DISTINÇÃO ENTRE BONS E MAUS

Habacuque também traz à lembrança de Deus que há algumas pessoas justas na cidade de Jerusalém e elas morreriam juntamente com os ímpios. Embora Habacuque não afirme diretamente, está implícito que ele se inclui entre essas pessoas. Habacuque se enfurece pelo fato de Deus usar pessoas mais iníquas que os habitantes de Judá para executar a punição. Segundo seu raciocínio, isso é imoral e, por isso, ele expressa suas palavras mais citadas: "Teus olhos são tão puros, que não suportam ver o mal" (1.13). Habacuque estava sugerindo que a ação futura de Deus estaria contradizendo seu próprio caráter. Ao fazê-lo, contudo, ele afirma algo a respeito de Deus que não é verdadeiro. Deus é puro e santo, mas isso não significa que não possa ver o pecado, pois ele é "obrigado" a assistir ao mal sendo praticado todos os dias. Deus vê cada estupro, cada assalto, cada ato de crueldade. Habacuque, equivocadamente, sugere que Deus é seletivo e escolhe o que quer e o que não quer ver.

Quando Habacuque termina de debater com Deus, dirige-se à torre de vigia em Jerusalém e senta-se sobre a muralha. Revela que vai observar se Deus realmente fará o que disse. Ele praticamente está afirmando: "Vou comprovar o seu blefe. Duvido que o Senhor os traga".

LUGAR ERRADO
Em resposta, Deus diz a Habacuque que de nada valeria ficar na torre de vigia. Deveria descer às ruas e escrever na muralha o que Deus lhe dissera, para que os que transitam por ali pudessem ler – é o primeiro *outdoor* publicitário da Bíblia! Habacuque deveria estar alertando o povo e não sentado à distância para ver se Deus faria de fato o que prometera. Quando Deus nos revela o que fará, ele o faz para que possamos dizer aos outros que se preparem, e não para que fiquemos esperando para ver se ele realmente o fará.

MOMENTO ERRADO
Deus também diz a Habacuque que se ele ficar em uma torre, nada veria por um bom tempo. É possível que chegasse a uma conclusão equivocada sobre o que Deus estava fazendo. Deus afirma: "A visão aguarda um tempo

designado". Habacuque, portanto, precisava enxergar em longo prazo e alertar o povo do que estava para vir.

Os bons sobreviverão
É durante esse diálogo que Deus diz a Habacuque "O justo viverá pela sua fé" (2.4b, ARA), uma afirmação que acabou se tornando o trecho mais conhecido do livro, depois que Lutero o usou como lema durante o período da Reforma. Contudo, como sugerimos anteriormente, embora muitas coisas positivas tenham sido alcançadas através da Reforma, o versículo em si, foi mal interpretado.

Se avaliarmos o contexto, Habacuque está afirmando que os babilônios matarão tanto ímpios quanto justos. Nesse versículo, Deus está afirmando que protegerá os justos (ou "as pessoas corretas") – eles sobreviverão, contanto que permaneçam fiéis a ele. Quando os babilônios chegarem, muitos abandonarão a fé em Deus, crendo que ele os tenha desapontado. Deus afirma, no entanto, que os que continuarem crendo nele sobreviverão ao julgamento futuro.

Esse, portanto, é o real sentido do versículo. A palavra "fé", nas línguas hebraica e grega, inclui a ideia de fidelidade. É a fidelidade que salva; para isso, eles devem continuar a crer e a manter a fé.

Essa interpretação se aplica à maneira como o substantivo "fé" é algumas vezes usado no Antigo Testamento. A palavra "fé" é usada em referência à fidelidade no casamento. Fé no casamento é ficar unido até que a morte os separe. Ela também é usada a respeito de Moisés, quando ele manteve seus braços estendidos enquanto os filhos de Israel venciam a batalha contra os amalequitas. Moisés foi fiel na oração pelo povo.

O princípio é o mesmo no Novo Testamento. Crer em Jesus em uma única ocasião não é fé. Fé verdadeira é continuar a crer nele aconteça o que acontecer. É por isso que lemos nos Evangelhos: "mas aquele que perseverar até o fim será salvo".

O restante no Novo Testamento também usa o versículo dessa forma. Três passagens diferentes citam Habacuque 2.4 e interpretam "O justo viverá pela sua fé" como uma referência à persistência – para o povo continuar a crer.

Em Romanos 1.16-17, Paulo escreve: "Não me envergonho do evangelho, porque é o poder de Deus para a salvação de todo aquele que crê: primeiro do judeu, depois do grego. Porque no evangelho é revelada a justiça de Deus, uma justiça que do princípio ao fim é pela fé, como está escrito: 'O justo viverá pela fé'". Em outras palavras, a jornada cristã começa com fé e termina com fé. A salvação será concedida aos que continuarem crendo.

Em Gálatas 3.11 Paulo contrasta a justificação pela fé com a justificação baseada na observância da lei. Ele afirma que ninguém é justificado pela lei e cita Habacuque 2.4 como a razão, porque "o justo viverá pela fé". Viver pela fé não se expressa em um único ato, mas numa atitude contínua durante toda a vida. Só a confiança contínua em Cristo é que salva.

O autor de Hebreus também usa o versículo para sustentar um argumento a respeito da necessidade de confiança contínua. Em Hebreus 10.39, depois de citar Habacuque 2.4, ele acrescenta: "Nós, porém, não somos dos que retrocedem e são destruídos, mas dos que creem (i.e. continuam crendo) e são salvos".

Fica claro, portanto, que essas passagens destacam a correção mais importante da forma como o texto foi usado durante a Reforma e tem sido aplicado desde então. O versículo não deve ser interpretado como se afirmasse que se uma pessoa creu por apenas um minuto – ou seja, se fez um "compromisso com Cristo" – sua vida está salva. Esse é um erro grosseiro de interpretação. O justo viverá ao "manter a fé" no Senhor. Há complacência entre alguns cristãos, que fazem uso de uma frase não bíblica – "Uma vez salvo, salvo para sempre" – como se um momento ou um curto período de fé garantirá o livramento da ira de Deus. Os que mantêm a sua fé no Senhor são os que sobreviverão ao que de pior vier a acontecer.

Os maus sofrerão
Entretanto, mesmo tendo usado os babilônios para julgar os israelitas, Deus não permite que eles fiquem impunes pelo mal praticado. Na segunda metade do capítulo 2, há uma série de "ais" dirigidos à Babilônia. Na Bíblia, a palavra "ai" é uma maldição e não deve jamais ser usada por um cristão, a menos que esteja certo do que está fazendo. Quando Jesus dizia "ai", coisas terríveis aconteciam, e ele disse "ai" com a mesma frequência com que disse "bem-aventurado". Um exemplo: No tempo de Jesus, havia 250 mil pessoas residindo em quatro grandes cidades da costa da Galileia. Jesus amaldiçoou três dessas cidades. Ele disse: "Ai de ti, Cafarnaum", "Ai de ti, Corazim", "Ai de ti, Betsaida", mas não disse "Ai" para Tiberíades, que é a única cidade que ainda existe. Todas as cidades às quais Jesus direcionou um "ai" desapareceram.

Habacuque apresenta cinco razões pelas quais os babilônios incorrerão na ira de Deus:

1. **Injustiça** – Eles saquearam as nações que dominaram, com pouca consideração pelo povo.
2. **Imperialismo** – Eles determinaram como as nações que conquistaram deveriam viver, com pouca consideração pela justiça ou compaixão pela condição do povo.
3. **Impetuosidade** – Deus condenou o derramamento de sangue, o uso do trabalho escravo para construir o império babilônico e o tratamento insensível para com seus inimigos. Eles chegavam a ponto de pegar bebês pelas pernas e esmagar suas cabeças contra as rochas.

4. **Intemperança** – Eram um povo descomedido quando se tratava do álcool – cometiam atos terríveis quando estavam embriagados. Esses atos incluíam a extinção de animais e até a destruição de árvores. Quando Israel saía à guerra, não podiam cortar sequer uma árvore, a menos que precisassem dela para a guerra.
5. **Idolatria** – Eles adoravam ídolos inanimados de madeira, pedra e metal, ignorando o verdadeiro Deus de Judá. Nesse momento, é claro, os babilônios não haviam atingido o auge de seu poder, mas, mesmo assim, Habacuque foi instruído a anunciar a condenação.

A repreensão, portanto, é por atos contra a consciência. Em nenhum momento os babilônios são julgados por não guardar a lei de Deus. Eles não tinham uma aliança com Deus. São punidos por fazer o que sabem ser errado. O julgamento de Deus sobre os babilônios é um lembrete ao seu povo de que ele se importa com as atitudes contra a consciência também.

Assim, Deus responde ao argumento de Habacuque, afirmando que os bons sobreviverão e os maus sofrerão. Deus não está indiferente ao que está acontecendo, nem é impotente ou mesmo injusto. Ele é o Deus vivo, em contraste com os ídolos mortos, inanimados e moldados por homens.

Depois de ter dado a Habacuque a resposta que ele procurava, Deus então acrescenta: "Cale-se diante dele toda a terra" [ARA]. Deus está efetivamente dizendo: "Você já tem a sua resposta. Agora cale-se!".

Louvor composto (3.1-19)

Foi enquanto estava calado que Habacuque viu a luz. Parou de debater com Deus, pensou no que ele lhe dissera, e toda a sua disposição mudou. Compreendeu que Deus tinha uma visão muito mais ampla do que a dele, além de uma perspectiva de longo prazo. Embora Habacuque não conseguisse ver Deus em ação naquele momento, sabia que Deus agiria quando chegasse a hora certa.

O último capítulo está adaptado para ser cantado, composto em sua própria mente e registrado por sua própria mão, refletindo tal mudança de atitude. As instruções quanto à forma como o canto deve ser acompanhado – "para meus instrumentos de cordas" – estão incluídas no final do capítulo. Assim, quando chegamos ao capítulo 3, nos deparamos com a expressão de uma perspectiva completamente diferente. Na realidade, o texto aqui é tão diferente que os estudiosos alegam ter sido anexado.

Ele treme diante da ação de Deus no passado (3.1-16)
No capítulo 3, Habacuque muda o foco em três ocasiões. Começa com "ele", passa para "tu", e, então, conclui com "eu", como se ficasse mais pessoalmente envolvido à medida que o capítulo avança.

ELE (3.2-7)
Habacuque concentra-se agora no poder de Deus manifestado no período que abrange o êxodo, o deserto e a conquista de Canaã. Ele pede a Deus que manifeste seu poder novamente. As coisas sobre as quais ouviu falar, ele quer ver. Dessa vez, não há pedido para uma mudança de plano, nem questionamento dos atos de Deus. Ele pede apenas que, em sua ira, Deus se lembre de ser misericordioso.

Assim, se o enfoque do capítulo 1 é a violência de Israel, e do capítulo 2, a violência dos babilônios, o capítulo 3 anuncia a violência de Deus.

TU... (3.8-16)
Nesses versículos, Habacuque está envolvido na visão. Ele ainda faz perguntas, mas, dessa vez, são as perguntas certas.

Reflete sobre a majestade e o poder de Deus na criação. Sabe que Deus tem poder para fazer o que desejar. Agora ele se contenta em "esperar tranquilo o dia da desgraça".

Ele confia na proteção de Deus no futuro (3.17-19)

EU (3.16-19)
Há uma importante revelação na mudança de "tu" para "eu", quando Habacuque reflete sobre sua própria reação à notícia da invasão babilônica. Ele está "caminhando pela fé", mesmo que não haja provas visíveis do cumprimento da palavra de Deus. Ele fala das pressões interiores – de como suas emoções são elevadas artificialmente por sua visão do futuro. Ao mesmo tempo, entretanto, ele enfrenta pressões externas que o deprimem. Ele não espera ansiosamente o desastre que está prestes a vir sobre o povo, mas, mesmo assim, consegue "regozijar-se no Senhor". No capítulo 1, seu argumento vem de uma mente focada no presente. Agora, porém, Habacuque olha para o passado e vê que Deus sempre interveio. Olha para o futuro e vê que Deus intervirá novamente e, portanto, sente-se preparado para esperar. Em nosso tempo, colocamos tanta atenção no presente que pouco ou nenhum tempo temos para pensar no passado ou no futuro. Essa perspectiva, no entanto, nos ajudará quando a injustiça nos sobrevier.

Escrevi o capítulo 3 em versos, ao som de *Ode to Joy* [Hino à alegria], de Beethoven. Parece ser uma maneira adequada de encerrar nosso estudo.

Ó, Senhor, o mundo inteiro tua fama percorreu,
Cheio de temor, eu clamo, reaviva os atos teus.
Tal como fizeste há anos, mostra hoje o teu poder,
Em tua ira, não te esqueças, és o compassivo Deus!

DECLÍNIO E QUEDA DE UM IMPÉRIO

Tua glória enche o céu e a terra toda faz tremer,
Fogo e resplendor revelam a grandeza do teu ser.
Tens domínio sobre a peste, e o fogo é instrumento teu,
As montanhas tremem diante do eterno e santo Deus!

Contra rios e oceanos, tua ira enfureceu?
Cavalgaste contra os mares, grande e soberano Deus?
Tremem, hoje, sol e lua, grande abismo se rompeu,
Sob a força de tua lança e perante os raios teus!

As nações pisoteaste com tenaz indignação,
Redimindo o teu ungido, o povo de tua afeição.
Afligiste, desnudaste o soberbo, rei pagão
Seus guerreiros, impiedosos, o revés encontrarão!

Posso agora vislumbrar, no horizonte, essa visão,
O meu íntimo estremece, e desfalece o coração.
Confiante, esperarei, em silêncio, a aflição,
Quando o inimigo afronta, o Senhor estende a mão!

Mesmo que eu enfrente tempos de escassez e oposição,
Sem o fruto da figueira, em total desolação.
Mesmo que os rebanhos morram e não haja produção,
Eu me alegrarei naquele que é minha salvação!

Com firmeza, exultante, sem temer o que há por vir,
O Senhor, o Soberano, tudo pode discernir.
Faz meus pés como os da corça, para o alto os faz subir,
Faz meu canto, voz e pranto, de alegria, emergir!

26.
JEREMIAS E LAMENTAÇÕES

Introdução

Jeremias é uma figura-chave no Antigo Testamento e, entre os profetas, um dos mais conhecidos. Seu livro, no entanto, não é um dos mais populares. Há três razões pelas quais as pessoas não o apreciam. É desencorajador, difícil e depressivo.

Desencorajador
O livro tem 52 capítulos, perdendo apenas para os 66 de Isaías. Reza a lenda que Jeremias visitou o Sul da Irlanda e beijou a Pedra de Blarney[20] e ali recebeu o dom da eloquência! O tamanho do livro reflete tanto o número de profecias nos 40 anos de sua carreira quanto a dedicação de seu assistente em registrá-las. Muitos leitores, no entanto, se desanimam diante do tamanho do livro.

Difícil
O livro não segue uma ordem cronológica ou mesmo tópica e, portanto, é difícil de acompanhar. Os textos foram reunidos quase que de forma aleatória. Podemos afirmar que se trata de uma coleção de coletâneas. Essa dificuldade ainda é intensificada pelo fato de Jeremias, aparentemente, apresentar diferentes pontos de vista. Os críticos, em especial, se deleitam em encontrar contradições em sua pregação. Jeremias se opõe radicalmente à Babilônia nos primeiros anos, porém, mais tarde, aconselha o povo a submeter-se àquela nação. Essa é uma das razões pelas quais ele foi acusado de

---
[20] NdT: O monumento no Castelo de Blarney, na Irlanda, é famoso por uma pedra que, de acordo com a tradição local, confere o dom da eloquência a todo aquele que a beija.

traição política. A verdade é que, ao longo de 40 anos, sua mensagem se modificou conforme as circunstâncias e a direção de Deus para determinada situação.

Depressivo

O motivo mais conhecido para a antipatia pelo livro de Jeremias está no fato de ser um dos textos mais depressivos da Bíblia. Para Judá, parece não haver nada além das más notícias e do sofrimento de Jeremias diante da situação da nação e de seu próprio ministério. Até o seu nome – Jeremias – tornou-se sinônimo de estraga-prazeres. Na literatura, uma "jeremiada" é um hino fúnebre ou um lamento em poema. Jeremias, portanto, não tem uma fama muito boa. Mais uma vez, esse não é o quadro completo. Há boas novas em sua profecia, mas elas estão encobertas por tantas notícias ruins que facilmente passam despercebidas.

Apesar das dificuldades, é um livro maravilhoso. Entre todos os personagens da Bíblia, é com Jeremias que mais me identifico. Comecei certa vez uma série de sermões sobre o livro e, em duas ocasiões, precisei interromper a sequência porque fiquei emocionalmente envolvido. Era demasiadamente intenso para ser compartilhado. Foi durante essa exposição do livro que recebi a profecia de que deixaria a aquela comunidade e iniciaria um ministério itinerante, por isso, pessoalmente, o livro significa muito para mim.

O livro é fascinante porque há muita participação humana, o que ajuda o leitor a compreender Jeremias e a se identificar com sua situação. Mais do que qualquer outro profeta, Jeremias expõe seu coração e suas lutas interiores. Contudo, há também a participação divina, pois o livro está recheado de informações a respeito de Deus. Se você estudar Jeremias a fundo, compreenderá Deus muito melhor.

Seu contexto

Jeremias começou a pregar no século 7º a.C., pouco antes de as duas tribos do Sul serem levadas ao exílio em 586 a.C. (embora alguns grupos tenham sido deportados antes disso). Ele viveu durante os reinados de sete reis de Judá: Manassés, Amom, Josias, Jeoacaz, Jeoiaquim, Joaquim e Zedequias. Durante os 40 anos de seu ministério profético, os últimos cinco reis reinaram em Judá.

Ele profetizou num período traumático para o povo de Deus. As dez tribos no Norte haviam sido levadas ao cativeiro pela Assíria, deixando as duas tribos do Sul em Jerusalém e seus arredores. Os profetas Isaías e Miqueias já estavam mortos e suas mensagens esquecidas. Jeremias é o último profeta a falar ao povo e alertá-los de que era quase tarde demais para impedir o desastre que se aproximava.

Jeremias nasceu durante o reinado de Manassés – o rei mau que executou Isaías serrando-o ao meio dentro de um tronco oco, porque o profeta havia falado contra ele. Como se essa perversidade não fosse suficientemente cruel, ele ainda sacrificou ao diabo os próprios filhos, ainda bebês, e cobriu as ruas de Jerusalém com o sangue de pessoas inocentes. Dois jovens nascidos em seu reinado se destacaram: Josias, que se tornou rei, e Jeremias. Manassés foi substituído por Amom, outro rei perverso que permaneceu no trono por alguns anos, antes que Josias se tornasse rei aos oito anos de idade. Durante o reinado de Josias, o livro de Deuteronômio foi encontrado num armário empoeirado do templo. Josias ficou horrorizado ao ler as maldições de Deus sobre a terra e o povo. Tentou, então, corrigir o povo, mas fracassou na tarefa.

Curiosamente, embora Jeremias fosse um dos contemporâneos de Josias, ele nada disse a respeito das reformas. Jeremias não menciona Josias e os livros de

Reis não mencionam Jeremias. É quase como se Jeremias soubesse que uma reforma ordenada pelo rei não seria capaz de transformar o coração do povo. Apesar de parecer uma boa medida, aparentemente, a situação continuava a mesma. A insensata batalha de Josias contra os egípcios em Megido, onde o rei perdeu a vida, provou em parte que os problemas ainda persistiam.

A morte de Josias desencadeou uma sucessão de reis maus e fracos. Foi durante os reinados dos últimos quatro desses maus reis que Jeremias exerceu a maior parte de seu ministério – uma das razões pelas quais ele é visto como um profeta muito negativo. Às vezes, ele expressa o sentimento desesperado de "É tarde demais!", mas também desperta um fio de esperança dizendo que se eles se arrependerem, Deus ainda mudará a situação.

Essa tensão é resultado de uma ilustração usada por Deus para falar a Jeremias. No capítulo 18, Deus lhe ordena que visite a casa do oleiro e que o observe enquanto ele faz vasos de barro. Muitos presumem que a mensagem seja uma referência à capacidade de Deus em agir como quiser em relação a nós. Cânticos foram compostos com base nesse trecho, com versos do tipo "Tu és o oleiro, eu sou o barro". No entanto, não foi esse entendimento que Jeremias depreendeu da ilustração. Ele viu a intenção do oleiro de fazer um belo vaso, mas, como o barro não se moldava em suas mãos, ele o transformou em uma massa informe, colocou-o novamente na roda e fez uma vasilha rudimentar e comum. Deus perguntou a Jeremias se ele havia aprendido a lição do oleiro. Quem decidiu o que o barro se tornaria? A resposta é: o barro, pois não se moldou à intenção original do oleiro. A mensagem, portanto, falava do desejo de Deus em transformar o barro em uma bela peça, mas se o barro não reagisse da maneira esperada, ele criaria uma peça tosca em seu lugar. Assim, no contexto de Jeremias, Deus estava dizendo que, mesmo àquela altura dos acontecimentos, o seu povo poderia arrepender-se, mudar de atitude e tornar-se o belo vaso que ele havia planejado. Assim, observamos na Bíblia um relacionamento dinâmico entre Deus e o povo. Deus não está lidando com as pessoas como se fossem marionetes, determinando, de forma arbitrária, como as coisas devem acontecer. Pelo contrário, ele espera uma reação da nossa parte e, se estivermos dispostos a cooperar, agirá em nós de forma a nos moldar ao formato que ele mesmo planejou.

A parábola do oleiro, contudo, traz mais uma lição. A vasilha rudimentar de barro foi levada ao forno e endureceu tanto que não pôde mais ser moldada, assim, Jeremias deveria pegar a vasilha já endurecida, quebrá-la e lançar os cacos no vale de Hinom, onde o lixo era descartado. Deus está dizendo que se endurecermos os nossos corações chegaremos ao ponto em que não já não será possível ser restaurados a um estado de beleza. Nessa condição, portanto, Deus nos quebrará. É sua vontade que nossas vidas sejam como belos vasos e ele assim o fará se o obedecermos.

Nesse momento, Jeremias demonstra que nem tudo é tristeza e melancolia. Ele diz ao povo que há um fio de esperança. O livro, entretanto, termina com Zedequias, o último rei de Judá, que foi levado cativo, juntamente com o povo, para a Babilônia. O rei foi forçado a assistir a morte de seus filhos e, então, teve os olhos vazados e foi levado cego para o cativeiro babilônico. Foi um episódio trágico na vida do povo de Deus. Parecia ser o fim, mas ainda havia muito mais pela frente.

Sua humanidade

Jeremias é um nome bastante incomum. Em hebraico, pode significar tanto "exaltar" quanto "derrubar", "elevar" ou "destruir completamente". O nome descreve seu ministério com perfeição. Sua mensagem principal durante 40 anos de ministério foi: Deus derruba aqueles que lhe desobedecem e exalta os obedientes.

Ele nasceu em Anatote, a aproximadamente cinco quilômetros a nordeste de Jerusalém, com vista para o mar Morto. Foi designado profeta por Deus antes mesmo de ter nascido. Como João Batista, ele foi consagrado quando ainda estava no ventre de sua mãe. Tornou-se um jovem muito inseguro, tímido e sensível. Nasceu em uma família sacerdotal, mas sua linhagem estava sob o castigo de Deus. Uma maldição havia sido lançada sobre a casa de Eli: em consequência dos pecados cometidos, nenhum de seus descendentes chegaria à idade avançada. Por isso, Deus precisou colocar esse homem em ação logo cedo, pois 40 anos de sua vida lhe seriam tirados! Um amante da natureza, Jeremias costumava usar elementos naturais – especialmente os pássaros – para ilustrar as mensagens de Deus.

É provável que tivesse aproximadamente 17 anos quando começou a pregar, o que lhe deixava muito, muito nervoso. Deus lhe assegurou que faria sua testa como o bronze, a fim de que nenhum olhar ou comentário hostil do povo o intimidasse. Qualquer pessoa que já tenha falado em público sabe o que isso significa.

Sua vida como profeta foi extremamente difícil. Ele teve de se mudar para Jerusalém, a quase cinco quilômetros de distância, porque sua própria família planejava assassiná-lo. Nesse período de 40 anos de ministério, ele foi contemporâneo de Habacuque, Sofonias, Ezequiel e Daniel, e ele se envolveu profundamente com o mundo político. Aconselhou seu povo a render-se aos babilônios e foi odiado por isso. Ninguém aprecia uma política de conciliação. Os babilônios concederam a Jeremias a opção de seguir cativo à Babilônia ou de permanecer em Judá – o que, na realidade, não foi uma escolha, pois ele não gostava dos babilônios e o povo de Judá não gostava dele.

Ele optou, no entanto, por seguir para o Egito. Alguns judeus o raptaram e o levaram numa longa viagem que cruzava o rio Nilo e seguia até a ilha de Elefantina, para onde a arca da aliança já havia sido levada. (Hoje, provavelmente, território da Etiópia.) Foi ali que ele morreu, sozinho. É uma história triste.

Seu método

Discurso
Embora Jeremias fosse um orador, a maior parte de suas profecias tinha a forma de poesia – diferenciada em muitas Bíblias por linhas mais curtas, ao contrário da prosa, que se assemelha mais a uma coluna de jornal impresso. Em termos gerais, quando Deus fala em prosa, está comunicando os pensamentos de sua mente para a mente do leitor, mas quando ele fala em poesia, revela seu coração ao coração do leitor. A poesia é, certamente, a linguagem do coração, e grande parte da profecia de Jeremias está em forma de poesia. Infelizmente, a maioria das pessoas pensa que a Bíblia retrata exclusivamente os pensamentos [e a mente] de Deus, e deixa de percebê-la como um livro bastante sentimental, que revela o coração de Deus. Creio que a melhor tradução do hebraico para o português seja a Bíblia Viva, pois expressa as emoções da língua hebraica. É a tradução mais precisa dos sentimentos de Deus, embora não seja a mais precisa tradução de seus pensamentos.

Representações
Às vezes, a mensagem de Jeremias era transmitida por meio de uma encenação, com o objetivo de provocar comentários. Certa ocasião, ele enterrou um cinto de linho

[tipo de tanga] sujo e velho. Quando lhe perguntaram a razão, ele respondeu que o cinto representava a vida íntima do povo. Já comentamos a valiosa lição aprendida com o oleiro. Em outra ocasião, ele usou um jugo de boi como um fardo, para demonstrar que era necessário submeter-se aos babilônios. Enquanto todos em Jerusalém tentavam vender suas propriedades porque sabiam que assim que os babilônios chegassem nada teria valor, Deus ordenou a Jeremias que adquirisse uma propriedade. Ele comprou um campo de um parente que estava desesperadamente ansioso para vendê-lo. Jeremias sabia que um dia o povo retornaria da Babilônia, e esse investimento lhe permitia demonstrar na prática aquilo em que acreditava.

Outras ilustrações dramáticas incluíram esconder pedras, lançar livros no rio Eufrates e caminhar pela cidade levando um jarro sobre a cabeça, como uma mulher. Cenas aparentemente bizarras, mas que conseguiam transmitir a mensagem.

Escrita

As profecias de Jeremias foram preservadas por Baruque, um dos homens de Deus que trabalharam nos bastidores, praticamente um assistente de Jeremias. A certa altura, as profecias enfureceram o rei Jeoiaquim a tal ponto que ele as destruiu com uma faca e as queimou. Após 23 anos de ministério, Jeremias não teve mais permissão de falar em público. Foi Baruque, portanto, quem garantiu que a sua voz ainda fosse ouvida. Eis aqui um homem que, de certa forma, jamais faria grandes coisas por si mesmo, mas que possibilitou que outros ouvissem a palavra de Deus. Na realidade, Deus recompensa mais aqueles que trabalham em segredo do que os que atuam publicamente. Sem esse trabalho, as palavras de Jeremias teriam se perdido.

Sua mensagem

Já observamos que o livro de Jeremias não segue uma ordem cronológica ou tópica e, portanto, pode tornar a leitura difícil. Existe, contudo, um padrão geral que nos ajudará a compreendê-lo:

Prólogo – O chamado pessoal de Jeremias (1.1-19)

A nação pecaminosa (2–45)
627-605 a.C. – Castigo imediato (2–20)
(poesia na sua maior parte)
A Babilônia destrói a Assíria (612 a.C.)
A Babilônia derrota o Egito (605 a.C.)
604-585 a.C. – Restauração definitiva (21–45)
(prosa na sua maior parte)
A Babilônia deporta Judá

As nações vizinhas (46–51)
Epílogo – Catástrofe nacional (52)

O prólogo, no capítulo 1, conta como Jeremias foi chamado por Deus, ainda jovem, e como era extremamente tímido e temeroso de falar em público.

Os capítulos 2-45, "A nação pecaminosa", incluem a previsão de Jeremias de que o castigo de Judá logo chegaria. Abrange os anos 627-605 a.C. É basicamente poesia, o que significa que Jeremias está lhes comunicando os sentimentos de Deus – em particular, seu arrependimento e sua ira. Deus se depara com sentimentos aparentemente contraditórios. Apesar de amar o povo, ele não pode permitir que continuem como estão. A profecia de que a Babilônia destruiria a Assíria e derrotaria o

Egito surge nesse momento. Os reis de Judá presumiram equivocadamente que, se fizessem um tratado com o Egito, Judá estaria protegida.

Os capítulos 21–45 contêm boas notícias, pois Jeremias vê além do desespero do exílio e fixa os olhos na restauração definitiva. Quando entendeu que a situação era desesperadora, Jeremias lhes apresenta uma visão – para um futuro mais distante – da restauração definitiva do povo. Essa seção é apresentada principalmente em prosa, pois transmite mais os pensamentos do que os sentimentos de Deus. No longo prazo, depois de Judá ser deportada pela Babilônia e de Jerusalém ter sido devastada, parte do povo retornaria e reconstruiria Jerusalém. A situação, portanto, não está totalmente perdida.

Os capítulos 46–51 retratam o castigo de Deus às nações que cercam Judá. A restauração de Judá será acompanhada pela punição daqueles que causaram os seus problemas. É assim que o Deus da justiça age na história.

O capítulo 52 é um tipo de epílogo da terrível catástrofe nacional que atingiria o povo de Jeremias. Descreve a "viagem" de Jeremias para o Egito e a desocupação e destruição de Jerusalém. Não é um final feliz.

Consistência com outros profetas
Grande parte da mensagem de Jeremias é idêntica à de outros profetas. Na verdade, se você ler todos os profetas, pode facilmente ficar entediado. É a mesma velha história de idolatria, imoralidade e injustiça. Os profetas observavam o mesmo declínio. Jerusalém estava a tal ponto dominada pela violência, que as crianças não podiam brincar nas ruas e os idosos não ousavam deixar suas casas.

Quatro enfoques de sua mensagem são encontrados nos textos de todos os outros profetas. De fato, quando Jeremias estava prestes a ser morto, alguém se lembrou de que

Miqueias havia trazido exatamente a mesma mensagem alguns anos antes, e esse fato salvou a vida de Jeremias.

1. POVO APÓSTATA

O povo era totalmente corrupto. A idolatria e a imoralidade eram os dois principais problemas. Algumas das terríveis práticas das nações vizinhas estavam sendo adotadas pelo povo de Deus: faziam o sacrifício de crianças no vale de Hinom e colocavam ídolos no templo de Deus – duas práticas que violavam diretamente o segundo mandamento. Havia também corrupção moral e casamentos desfeitos.

Deus chama Jeremias para anunciar que certas pessoas eram responsáveis pela situação.

Os profetas

O ministério de Jeremias sofreu oposição de pessoas que alegavam ser profetas também, mas transmitiam uma mensagem contraditória. No capítulo 23, ele ataca esses falsos profetas, acusando-os de jamais terem permanecido no conselho de Deus e ouvido o que Deus tinha a lhes dizer. Em vez disso, copiavam suas mensagens uns dos outros ou as buscavam em suas próprias mentes e anunciavam o que o povo desejava ouvir. Diziam, principalmente "Paz, Paz" quando não havia paz. Afirmavam não haver necessidade de apreensão. Afinal, Jerusalém era a cidade de Deus e ele cuidaria do templo. Jeremias, no entanto, era mordaz com aqueles que depositavam sua segurança no templo. Acusa-os de transformar o templo num covil de ladrões e os exorta a não presumir que, simplesmente por ser o povo escolhido, eles escapariam do julgamento de Deus.

O Novo Testamento traz um ensinamento semelhante. A maioria das exortações de Jesus sobre o inferno foram direcionadas aos cristãos nascidos de novo! Ainda assim, encontro muitos crentes que demonstram não temer o inferno, pois presumem que isso jamais aconteceria aos que se denominam cristãos.

Jesus, no entanto, ensina que devemos perseverar em nossa conduta de fé se desejamos escapar da ira que se aproxima. O apóstolo Paulo lembra aos nascidos de novo que todos se apresentarão perante o tribunal de Cristo. Somos justificados pela fé, mas julgados pelas obras.

Os sacerdotes

Jeremias culpou os sacerdotes pelo pecado da nação, pois eles apoiavam o que chamamos hoje de "festivais ecumênicos". Realizavam cultos pagãos em nome da tolerância – assim como no Reino Unido hoje há cultos cristãos que incluem grupos religiosos não cristãos, na convicção enganosa de que seguimos todos nós estradas diferentes que conduzem ao mesmo Deus.

Os príncipes

Os príncipes (ou reis) foram condenados por seu fracasso em assegurar o cumprimento das leis de Deus. Jeremias profetizou que Jeoiaquim morreria e seria sepultado como um jumento, sem que ninguém lamentasse sua morte – o que aconteceu exatamente como o profeta havia dito. Zedequias, o último rei, era fraco e vacilante, um mero fantoche dos políticos.

As representações usadas por Jeremias para descrever o povo apóstata são cheias de metáforas sexuais, algumas delas bastante obscenas. Ele comparou o povo que buscava deuses estrangeiros a uma esposa infiel e adúltera à procura de outros homens. Oseias havia sido o primeiro profeta a usar essa metáfora. Jeremias pediu ao povo que imaginasse como Deus se sentia com uma esposa infiel. A integridade do povo em outras esferas de relacionamento também era medíocre. Jeremias afirmou que "não havia um justo sequer em Jerusalém".

Uma das coisas mais terríveis que Jeremias lhes disse foi que eram incapazes de enrubescer. Não sentiam vergonha alguma. Sua apostasia sequer chegava a incomodá-los. Deus já havia se divorciado das dez tribos do Norte – eles queriam que ele se divorciasse dessas duas tribos do Sul também?

2. DESASTRE IMINENTE

O segundo enfoque de sua mensagem que também é partilhado com outros profetas é o tema do desastre iminente. As promessas de Deus a Israel proferidas nos dias de Moisés são de dois tipos: "Eu os abençoarei quando forem obedientes" e "Eu os amaldiçoarei quando forem desobedientes". Essas promessas foram reiteradas na aliança do Sinai. Assim, quando Deus pune, está apenas cumprindo a sua promessa. A maioria das pessoas pensa que a fidelidade divina é a dádiva de receber coisas boas da parte de Deus, mas a sua fidelidade deve ser percebida tanto no castigo como no perdão.

Jeremias foi específico a respeito do que aconteceria. Recebeu a visão de uma panela que fervia, inclinada para o norte, e disse ao povo que o perigo viria daquela direção. Isso queria dizer que a ameaça não viria da Assíria, que havia levado consigo as dez tribos, mas da Babilônia, cujo exército também atacava do norte. Jeremias os avisou de que o perigo logo viria. Teve uma visão de um ramo de amendoeira que florescia – um sinal da primavera (a amendoeira é a primeira árvore a florescer). Da mesma forma, assim, de repente, Judá veria os babilônios se aproximando.

3. RESTAURAÇÃO DEFINITIVA

No entanto, no horizonte de tristeza e melancolia, surge um raio de esperança. Algumas das profecias mais positivas sobre o futuro do povo de Deus são encontradas em Jeremias. Ele profetizou uma nação restaurada em uma nova aliança com Deus. A velha aliança de Moisés não estava funcionando, porque os mandamentos foram gravados no exterior das pessoas e não no seu interior. Foram registrados em pedra, mas precisavam ser escritos no coração. Assim, no capítulo 31, temos uma das previsões mais belas do Antigo Testamento. Lemos que Deus fará uma nova aliança com a casa de Israel e com a casa de Judá, com base no fato de que ele mesmo gravará suas leis no coração do povo. Eles não precisarão ser ensinados a respeito de Deus porque o conhecerão, e Deus os perdoará e não mais se lembrará de seus pecados.

Muitos leitores, nas igrejas, param aqui, mas quero continuar. Deus também afirma:

Assim diz o Senhor, aquele que designou o sol para brilhar de dia, que decretou que a lua e as estrelas brilhem de noite, que agita o mar para que as suas ondas rujam; o seu nome é o Senhor dos Exércitos: 'Somente se esses decretos desaparecerem de diante de mim', declara o Senhor, 'deixarão os descendentes de Israel de ser uma nação diante de mim para sempre'.

(31.35,36)

O Senhor, portanto, afirma que, somente se os céus puderem ser medidos e os fundamentos da terra esquadrinhados, ele rejeitará todos os descendentes de Israel por tudo que fizeram. Deus garante que cumprirá a sua parte da aliança. Sempre haverá um remanescente de Israel e, de fato, ainda há. O fato de termos o nome "Israel" novamente nos mapas hoje é prova de que Deus cumpre as suas promessas.

Jeremias, portanto, profetizou a restauração definitiva de seu povo. Ele registrou a visão de Deus trazendo-os mais uma vez para casa, com alegria, cânticos e danças, e afirmou que isso aconteceria em 70 anos. (Daniel, mais tarde, leu essa profecia e percebeu que o período de 70 anos estava próximo do fim. O número parece arbitrário, mas foi cuidadosamente calculado como o espaço de tempo exigido para que a terra descansasse, visto que, nos 500 anos anteriores, eles não haviam observado o descanso de um a cada sete anos, conforme 2Crônicas 36.21.)

Jeremias também prometeu a Judá um novo líder. A esse líder foram atribuídos os títulos de "o Bom Pastor", "o Renovo Justo", "o Príncipe Messiânico", "Rebento do tronco de Jessé", "a Fonte da Vida". Profetizou que esse homem viria e lhes restauraria o trono, e que os gentios partilhariam da bênção de Judá.

4. INIMIGOS PUNIDOS

Embora permitisse que os babilônios levassem Judá ao exílio, Deus se certificaria de que fossem punidos por sua crueldade. A profecia de Habacuque apresenta detalhes desse castigo. A Babilônia, mais tarde, seria conquistada pelos persas, em cumprimento dessa profecia (que, por sua vez, conduziu ao retorno dos judeus por meio do decreto de Ciro, o rei persa). Outros inimigos também receberão o que lhes cabe: Egito, Filístia, Moabe, Amom, Edom, Damasco (Síria), Quedar, Hazor e Elão. Há uma seção, ao final do livro de Jeremias, que prevê o que acontecerá a todas as nações que atacaram ou foram cruéis com o povo de Israel, e é Deus, e não Israel, quem executará a vingança. Somente o Egito e a Babilônia receberam uma mensagem positiva [após a promessa de castigo].

Diferencial com outros profetas

Tendo avaliado os elementos que as palavras de Jeremias têm em comum com os outros profetas, vamos agora observar três aspectos de sua profecia que a tornam bastante singular.

1. ESPIRITUAL

Jeremias é chamado de "o profeta espiritual", por ser o único profeta a afirmar que o ritual religioso é simplesmente inútil se não for feito de coração ou com a motivação correta. Na realidade, sua censura à hipocrisia no culto levou alguns a supor equivocadamente que Jeremias acreditava que todo o sistema de ofertas sacrificiais a Deus não era assim tão importante, pois Deus, na realidade, estava interessado na motivação do coração. O adorador estava de fato envolvido na atividade espiritual? O corpo pode ser circuncidado, mas o coração também o é? Os sacerdotes, falsamente, encorajavam a ideia de que a observância religiosa era, de certa forma, um substituto para a retidão. Jeremias, portanto, precisou colocar enorme ênfase no aspecto espiritual da vida religiosa.

Ao mesmo tempo, ele estava preparando o povo para o dia em que perdessem o templo e não pudessem mais oferecer sacrifícios. Na Babilônia, eles se reuniam no que se tornou conhecido como "sinagoga". A palavra "sinagoga" vem do grego e significa "reunir-se, ajuntar-se". O povo de Deus se reunia por três motivos: para louvar a Deus, orar e ler as Escrituras. Essa prática, na realidade, se assemelha à prática da igreja no Novo Testamento, quando o sacerdócio se tornou obsoleto pelo sacrifício único de Cristo. A igreja não se limita a templos, altares, incenso, sacerdotes ou sacrifícios. A igreja do Novo Testamento reunia-se apenas para celebrar a comunhão, orar, louvar e ler e estudar as Escrituras. As primeiras igrejas, portanto, eram, na prática, sinagogas cristãs. A tentação da igreja cristã desde o início tem sido retornar ao ritual do templo e ter sacerdotes, altares, incenso e vestes especiais. Essa configuração, no entanto, é nada mais que um retorno ao padrão do Antigo Testamento que Deus, de forma alguma, planejou.

Jeremias foi um dos homens que desobrigou os judeus

de uma dependência da cerimônia, para que pudessem sobreviver sem ela e ainda assim se reunir, mesmo estando na Babilônia. Ele foi o único profeta capaz de prever que o povo precisaria encontrar uma forma de religião sem o templo e toda a sua parafernália.

2. INDIVIDUAL

O segundo aspecto singular da profecia de Jeremias é o fato de prever que, na nova aliança, Deus se relacionaria com indivíduos. A aliança do Sinai era coletiva, não individual; era direcionada para todo o povo, e não para cada pessoa em particular. Uma das características surpreendentes da nova aliança, conforme o Novo Testamento, é a ênfase no relacionamento pessoal com Deus. Jesus falava constantemente sobre os seguidores individuais. Jeremias descreve o contraste: "Naqueles dias não se dirá mais: 'Os pais comeram uvas verdes, e os dentes dos filhos se mancharam'. Ao contrário, cada um morrerá por causa do seu próprio pecado. Os dentes de todo aquele que comer uvas verdes se mancharão" (Jeremias 31.29-30).

No Novo Testamento, a nova aliança é uma aliança individual, feita com cada um, separadamente. É impossível, portanto, herdar um lugar no Reino. Deus lida com todas as pessoas como indivíduos que precisam tomar suas próprias decisões. Por isso, no Novo Testamento, os indivíduos eram batizados mediante sua confissão pessoal da fé em Cristo.

Lemos no Novo Testamento que, no Dia do Juízo, cada um se apresentará individualmente e se responsabilizará por seus próprios pecados e os de mais ninguém. Essa grande mudança de um relacionamento "Deus e povo", para um relacionamento "Deus e indivíduo" foi, primeiramente, apresentada em Jeremias, e depois repetida por Ezequiel. Em seguida, todo o Novo Testamento fundamenta-se nesse entendimento.

Sob muitos aspectos, a vida de Jeremias personifica esse princípio. Ele foi expulso do templo, rejeitado por sua congregação local e, por isso, teve que decidir por si só permanecer com Deus.

3. POLÍTICO

Jeremias ofereceu mais conselhos políticos aos governantes de Israel do que qualquer outro profeta. Enquanto Judá encolhia em tamanho, seus líderes políticos tentavam colocar uma superpotência contra a outra. Jeremias, no entanto, exortou-os a não ir ao Egito, porque a Babilônia os derrotaria também. Seu conselho político foi render-se à Babilônia, cooperar e tentar obter as melhores condições possíveis para a rendição. Ele chegou a descrever Nabucodonosor, o rei da Babilônia, como servo de Deus – o que seria como se alguém da igreja em 1939 aconselhasse o governo britânico a negociar com Adolf Hitler, porque Deus o havia enviado. Parecia traição sugerir a rendição a um tirano sem sequer tentar defender Jerusalém.

Os reis de Judá, no entanto, recusaram seu conselho. Ele foi chamado de traidor. Quando defendia a rendição aos babilônios, colocou um jugo de boi sobre os ombros e andou por Jerusalém para representar o que o povo deveria fazer. Quando o rei da Babilônia chegou a Jerusalém, ele realmente sugeriu que Jeremias fosse incluído em seu rol de honra (veja o capítulo 39). Podemos imaginar como os outros judeus se sentiram a esse respeito. Esse fato, no entanto, foi meramente o último episódio de uma longa história de maus tratos e equívocos.

Os maus tratos

Jeremias foi perseguido desde o início de seu ministério. Na verdade, os primeiros atentados à vida de Jeremias vieram de seus próprios familiares na região onde morava, a vila de Anatote. Eles planejaram assassiná-lo porque era ofensivo à honra da família o fato de Jeremias, ainda adolescente, andar pelas ruas de Jerusalém importunando as pessoas. Deus lhe trouxe uma breve palavra na ocasião: "Só estou lhe preparando para coisas piores". Que consolo!

A partir daquele momento, ele passou a ser visto como traidor. Foi rejeitado pelos outros profetas porque eram falsos profetas. Foi rechaçado pelos sacerdotes por ter falado contra a função dos sacerdotes, o templo e os sacrifícios. Os reis o viam como um traidor político e o povo o odiava, arquitetando vários planos para dar um fim à sua vida.

Jeremias não sofreu ameaças apenas; ele também chegou bem perto da morte em muitas ocasiões. Foi surrado e aprisionado pelo sacerdote Pasur e jogado num calabouço escuro. Em outras ocasiões, foi preso a um tronco pelas mãos e pelos pés e exposto ao público com uma coleira de ferro. Finalmente, foi colocado em uma cisterna (um tipo de poço fundo no formato de um frasco de laboratório, com uma abertura estreita para evitar a evaporação da água). Quando a cisterna estava sem água, o fundo ficava coberto com aproximadamente 1,5 metro de lama. Jeremias, portanto, ficou imerso na lama até o pescoço, com apenas um pouco de luz que entrava pela pequena abertura acima de sua cabeça. Obviamente, precisou ficar em pé para não se afogar na lama. Acabou sendo liberto por um estrangeiro que, compadecendo-se dele, desceu uma corda no interior da cisterna e o puxou para fora.

Muitas vezes, ele precisou se esconder por causa das ameaças à sua vida. Alguns que haviam permanecido em Jerusalém buscavam seu conselho, até que, finalmente, ele foi forçosamente deslocado de Jerusalém para o Egito, pelos judeus que fugiam dos babilônios. Jeremias morreu no Egito. Sua morte não está registrada nas Escrituras.

Uma tradição sugere que ele foi apedrejado (veja Mateus 21.35, 23.37). O que quer que tenha acontecido, é evidente que ele morreu no anonimato, sem sequer imaginar que se tornaria famoso em todo o mundo e que estaríamos falando sobre ele 2.500 anos depois.

A angústia

Jeremias é conhecido como "o profeta chorão". O livro de Lamentações mostra a dor que ele sentia por seu povo, pela terra perdida e por Jerusalém destruída. Sua tristeza transparece no próprio livro de Jeremias, pois ele não tinha receio de revelar como orava nessas situações.

Sofrimentos físicos

Já mencionamos alguns exemplos do sofrimento físico enfrentado por Jeremias nas mãos daqueles que desprezavam sua mensagem. De fato, ele não tinha medo de expor sua alma e revelar seus sentimentos. Era um homem profundamente ferido pelo que seu povo lhe dissera e lhe fizera, particularmente quando foi considerado traidor por sua própria família. Ele odiava a notoriedade que acompanhava a fiel proclamação da mensagem de Deus e, ao mesmo tempo, descobria que a solidão era inerente ao tipo de ministério que exercia.

Tortura mental

Seu sofrimento físico era suficientemente cruel, mas ele também se ressentia, particularmente, por Deus não ter lhe oferecido escolha. Ele o chamou para o ministério profético e, de certa forma, o prendeu a esse ofício, privando-o de qualquer outra atividade. Sua mensagem reflete o ressentimento e o sofrimento mental e emocional que resultam da solidão e da rejeição.

Um dos agravantes era o fato de não poder aliviar o fardo da solidão com o casamento. Deus o proibiu de se casar, pois, desse modo, Jeremias não precisaria ver os próprios filhos passando fome após a vinda dos babilônios. Sua própria vida, portanto, tornou-se uma mensagem poderosa ao povo, assim como foi a mensagem transmitida por Oseias, ao casar-se com a prostituta, e por Ezequiel, que foi proibido de prantear a morte de sua esposa.

Já afirmamos que o livro traz a percepção verdadeira da dor de Jeremias e, ao mesmo tempo, oferece auxílio aos que enfrentam uma situação traumática.

Certa ocasião, ele afirmou: "Eu sei, Senhor, que a vida do homem não lhe pertence; não compete ao homem dirigir os seus passos". Outra citação muito conhecida é: "Mas, se eu digo: 'Não o mencionarei nem mais falarei em seu nome', é como se um fogo ardesse em meu coração, um fogo dentro de mim. Estou exausto tentando contê-lo; já não posso mais!". O pobre homem, na realidade, estava dizendo: "Nunca vou pregar outro sermão". Em seguida, ele diz: "Mas não consigo ficar quieto. Está queimando dentro de mim. Preciso colocar para fora".

No que se refere à pregação, ele não teve escolha, pois seu coração ardia por Deus. Mesmo quando tomou a decisão de nunca mais pregar, ele simplesmente se viu nas ruas, pregando. Na realidade, Deus não o havia forçado a fazê-lo – Deus nunca força as pessoas. Podemos, no entanto, compreender o que ele sentia quando afirmava estar preso ao ofício.

Jeremias sabia que o povo jamais ouviria e, em vários momentos, ele mesmo conclui que estava engajado em uma tarefa inútil. Deus chega a ponto de proibi-lo de orar pelo povo (7.16).

Apesar disso, entretanto, as orações de Jeremias são parte significativa da profecia e incluem algumas das passagens mais tocantes (1.6; 4.10; 10.23-25; 11.20; 12.1-4; 15.15-18; 17.14-18; 18.19-23; 20.7-18). Essas nove orações de Jeremias estão entre as mais sinceras de todas as encontradas nas Escrituras. Ele expressa a Deus exatamente como se sente, tornando-se bons exemplos para nossas orações.

Lamentações

O livro de Lamentações foi escrito pelo profeta Jeremias, por isso é apropriado que o examinemos juntamente com o livro de Jeremias. É um dos livros mais tristes de toda a Bíblia, e muitos o comparam ao livro de Jó. No entanto, a tristeza no livro de Jó é resultado de uma tragédia pessoal, ao passo que, em Lamentações, o choro de Jeremias é resultado de uma catástrofe nacional. Na leitura de Lamentações, é quase possível ver as lágrimas rolando na página e fazendo a tinta escorrer. Eis aqui um homem que derrama em lágrimas o seu coração.

Na tradução grega do Antigo Testamento, esse livro é chamado simplesmente de "Lágrimas". Na tradução hebraica, seu nome é "Como", pois essa era a primeira palavra lida quando o rolo era aberto. O título "Lamentações" vem da palavra "lágrimas", em latim.

Foi escrito quando Jeremias estava diante da desolada cidade de Jerusalém. Ele também conhecia o sofrimento do seu povo – antes da destruição do templo e da desolação da cidade, o povo vivera sob um cerco terrível. Mães comiam seus próprios bebês e até mesmo a placenta de mulheres que haviam dado à luz. As pessoas estavam desesperadas. Toda a situação é muito, muito triste e, por isso, o profeta chora. O cenário deve ter sido como o da cidade de Hiroshima, depois de ser atingida por uma bomba atômica, ou de Kosovo, destruída pela guerra, em anos mais recentes.

O fato de o livro estar escrito como uma série de lamentos não deve nos surpreender. Sabemos que Jeremias era um poeta, porque a maioria de suas profecias estão em forma de poesia. Novamente com base no que encontramos em seu livro, também sabemos que ele era instrumentista e que compôs cânticos. Isso ressalta a espantosa relação entre profecia e música. O espírito profético inspira tanto a poesia quanto a música, e vice-versa. Muitos santos do Antigo Testamento que eram abençoados com o dom da profecia pediam que se tocasse música antes de profetizarem. Zacarias, Ezequiel e, é claro, Davi, foram os melhores exemplos.

Esses não são os únicos lamentos de autoria de Jeremias. Ele também compôs um lamento (mencionado em Crônicas) para o menino-rei Josias, que, equivocadamente, pensou ser capaz de derrotar os egípcios e foi morto em Megido. Assim como Davi lamentou Saul e Jônatas quando eles foram mortos na batalha contra os filisteus, também Jeremias compôs um lamento para ser entoado por toda a nação quando o rei Josias morreu e a promessa de seu reinado foi prematuramente dissipada.

Estrutura
Apesar da paixão que Jeremias sentia pela cidade arruinada e pelo povo exilado, ele compôs o lamento segundo diretrizes rígidas. Pela primeira vez, as divisões do capítulo estão no lugar correto, cada capítulo compreendendo um dos cinco cânticos que estão caprichosa e cuidadosamente reunidos.

O artifício que ele usa é um acróstico, no qual as letras do alfabeto atuam como a estrutura para o cântico ou poema. Como o alfabeto hebraico tem 22 letras, cada seção tem 22 versos.

Quatro lamentos seguem esse padrão. O terceiro lamento é ligeiramente diferente, compreendendo 66 versos, mas, novamente, o acróstico é usado.

O primeiro poema tem 22 versos – um para cada letra e três linhas em cada verso. O segundo poema começa novamente com a primeira letra do alfabeto hebraico. Vem então o terceiro poema, novamente com três versos para cada letra. O quarto volta aos 22 versos, com duas linhas em cada verso. O único poema que não segue as letras do alfabeto é o último, embora também tenha 22 versos.

POR QUE FAZER USO DESSE ARTIFÍCIO?

1. É mais fácil de memorizar. Jeremias queria garantir que tanto o povo que permanecera na terra quanto o povo enviado ao exílio ouvisse seus lamentos e os guardasse no coração. Um acróstico contribui para esse objetivo.

2. Esse método ajuda a expressar todo o pesar de Jeremias – sua tristeza vai de A a Z. Tem uma importância simbólica. Ele está contando uma história de tristeza que vai desde o alfa até o ômega, do início ao fim.

3. Creio, no entanto, que a terceira razão é a mais notável. Fiz um pequeno experimento. Peguei uma folha de papel, escrevi as 23 letras do alfabeto e tentei usá-las para evidenciar os ensinamentos de Lamentações. Descobri que o método funciona. Levei menos de dois minutos para registrar os ensinamentos das Lamentações de Jeremias. Eu não diria que é uma grande obra poética, mas creio, sim, que resume todo o livro:

Angustiante é a visão da cidade arruinada,
Borbulha sangue de todos os lados.
Catástrofe sobreveio ao meu povo,
Desalentador é o seu destino.
Em cada lar há destruição,

Famílias são separadas para sempre,
Glorioso Deus, Tu assim prometeste.
Hoje, porém, me derramo em lágrimas
Irrefutavelmente, Teu nome é santo.
Já quebrantado o meu espírito,
Lamento não poder morrer como os outros –
Minha vida não tem sentido.
Nunca mais me alegrarei
Ou dançarei em regozijo.
Por favor, me conforta, ó Senhor,
Quem mais aquietará o meu espírito?
Relembra-me de teus planos para o futuro.
Salva o teu povo do desespero,
Teu amor vem lhes revelar.
Uma vez mais, envolva-se com a sua dor
Volta tua ira aos que os destruíram,
eXaltaremos novamente o Teu nome,
Zelosos por tua reputação.

O alfabeto, portanto, pode ser uma ferramenta muito útil para expressar sentimentos.

Mas por que ele escreveu um lamento?
Mesmo levando em conta o fato de haver sabedoria na utilização de um lamento, não fica imediatamente óbvia a razão pela qual ele escolheu escrever dessa forma, especialmente considerando o tamanho de sua outra obra.

Acredito que fosse seu desejo que outros chorassem com ele e entoassem os cânticos. Talvez ele quisesse enviá-los ao povo que estava no exílio, para que também pudessem expressar seus sentimentos. Essa consideração é pertinente, pois quando o povo enfrenta a tragédia, é vital que expresse seus sentimentos. Se a situação provoca o pesar, deve-se permitir que esse pesar seja expresso. É cruel pedir ao enlutado que seja forte e não chore. Os judeus e os católicos mantêm práticas que valorizam esse aspecto: a tradição de velórios, nos quais, de fato, encorajam o lamento e o derramar de lágrimas. O choro ou as lágrimas estão presentes, de alguma forma, em toda a narrativa bíblica. Nossa tendência – como ocidentais – de admirar pessoas que não choram, vem do pensamento grego, não do hebraico. Em Israel, nos dias atuais, um homem jamais pode chegar a ocupar o cargo de primeiro-ministro se não souber chorar sobre o túmulo de um soldado israelita. No pensamento hebraico, é preciso ser homem para chorar – o choro não é um sinal de fraqueza.

Ela, ele, eu, eles, nós
Outro elemento que devemos observar a respeito dos poemas é que o pronome pessoal muda a cada capítulo.

No primeiro poema, o pronome pessoal é "ela", em referência à cidade e ao povo da cidade, que recebe o nome de "filhas de Jerusalém". No Antigo Testamento, as cidades e seu povo estão no feminino – uma tradição seguida também em textos em inglês.

Já no segundo poema, o pronome pessoal é "ele". Trata-se de um poema sobre a pessoa que causou o desastre. É sobre Deus.

O terceiro poema é o mais longo e torna-se muito pessoal, pois fala do próprio Jeremias. O enfoque do capítulo está em "eu, mim, meu, minha".

O quarto poema, por sua vez, é quase impessoal, com uma descrição imparcial de "aqueles, eles, deles".

O quinto retorna a "nós, nos" quando Jeremias identifica-se novamente com o seu povo. Deus não é mais "ele", mas agora é tratado diretamente como "tu, ti".

Quando estudamos a Bíblia com atenção, devemos observar essas pequenas palavras como indicações para o significado. Assim, os cinco temas distintos requerem títulos muito diferentes, refletindo a perspectiva sob a qual Jeremias escolheu observar a situação.

Os cinco poemas

A CATÁSTROFE – "ELA"
O primeiro poema contempla a cidade arruinada e suas filhas. Não se tratava apenas de toda a cidade ter sido sitiada e então destruída, tampouco de não haver mais um templo. O que realmente incomodava Jeremias era o fato de que Jerusalém era a cidade de Deus. Ele sabia que a razão para a destruição era o pecado de seus habitantes, o que o entristecia ainda mais. Fica evidente que Jeremias foi testemunha ocular dos eventos que descreveu. Ele viu as construções em ruínas, as ruas desertas após o exílio para a Babilônia. É fácil imaginá-lo protestando com os poucos que ainda permaneceram ali: "Vocês não se comovem, todos vocês que passam por aqui? Olhem ao redor e vejam se há sofrimento maior...". Por essa razão, a descrição da cidade vazia e desolada é vívida, demonstrando a angústia que Jeremias sentia diante da cena.

2. A CAUSA – "ELE"
O segundo poema concentra-se no fato de que o desastre não teria acontecido se Judá tivesse se rendido aos babilônios, conforme Jeremias havia sugerido. Era doloroso saber que ele poderia tê-los ajudado a evitar tudo aquilo. Jeremias sabia que o exílio era a forma de Deus cumprir sua promessa de tratar a desobediência do povo, mas sua grande frustração era saber que o povo não aproveitou as oportunidades de evitar que o exílio acontecesse. Isso transparece principalmente no segundo poema, quando a ira de Deus é mencionada cinco vezes. Jeremias sabia que viria o tempo em que a ira de Deus

transbordaria. Há dois tipos de ira na Bíblia: a ira que aumenta lentamente, e chega a ferver, e o temperamento irritadiço que se inflama e logo desaparece. Ambas trazem problemas no contexto das relações humanas. No que diz respeito às emoções de Deus, ele é tanto lento quanto rápido em sua ira – embora, é claro, sem o elemento egoísta que caracteriza a ira humana.

Toda a ênfase bíblica sobre a ira de Deus é que se não nos atentarmos para o mover de Deus, deixaremos de notar que sua ira está fervendo e, provavelmente, só a notaremos quando ela transbordar. Em Romanos 1, lemos que a ira de Deus já começa a ferver. Entre os sinais que podemos observar está a troca dos relacionamentos naturais pelos que são contrários à natureza. Outro sinal é o comportamento antissocial e a ruptura da vida familiar. Infelizmente, esses sinais são muito comuns no mundo ocidental.

3. A CURA – "EU"

O terceiro poema é o poema pessoal. Jeremias percebeu que Deus poderia ter aniquilado o povo em sua ira, mas, em vez disso, ele os havia enviado à Babilônia. Portanto, eles ainda estavam vivos, o povo não fora extinto e a nação ainda era uma nação. Jeremias acreditava que, pela misericórdia de Deus, eles não haviam sido completamente consumidos. Desse modo, declara: "Suas misericórdias renovam-se a cada manhã".

É bom adotar tal postura, sejam quais forem os nossos problemas. Sempre podemos confiar na misericórdia de Deus. Há uma diferença crucial entre a forma como o mundo vive e a forma como o povo de Deus deve viver. O mundo vive pelo mérito – vivemos em uma "meritocracia". Você é recompensado de acordo com seu esforço. No Reino dos céus, no entanto, o princípio básico da vida é a misericórdia. O mundo exige direitos, mas os cristãos sabem que não têm direito algum.

4. AS CONSEQUÊNCIAS – "ELES"

Jeremias passa então a relembrar as consequências da falta de arrependimento. Ele volta até o Éden e ao justo castigo de Deus para Adão e Eva. Ele deseja que todos saibam que a desolação que sobreveio ao povo tem, sim, um propósito. O povo precisa saber que Deus castiga o pecado, mas também dá livramento.

5. O CLAMOR – "NÓS"

O último poema é simplesmente uma oração, um clamor pela misericórdia de Deus. Jeremias sabe que Deus é a única esperança do povo e, por isso, transforma o seu desespero em uma oração para que Deus restaure o seu povo à terra mais uma vez.

Um tema recorrente em todos os cinco poemas é a palavra "pecado". A presença do pecado está registrada em praticamente todas as páginas do Antigo Testamento – às vezes, apenas a palavra, outras vezes, os atos pecaminosos. No Novo Testamento, por sua vez, há "salvação" em praticamente todas as páginas.

Jeremias reconhece sinceramente que o pecado do povo merece a punição, mas, ao mesmo tempo, ele clama a Deus pela misericórdia que os restaurará. É por isso que o livro é chamado de "Lamentações" – no plural. São, na realidade, cinco cânticos distintos de lamento e tristeza.

Até hoje, todo o livro de Lamentações é cantado uma vez por ano em todas as sinagogas, no nono dia do mês de Av (julho), por ser a data exata em que os babilônios destruíram o templo.

Todos os anos, até hoje, os judeus recordam o êxodo na Páscoa, e a perda do templo no nono dia de Av. Se você visitar uma sinagoga no mês de julho, ouvirá o lamento. O elemento surpreendente é que o nono dia de Av não é somente o dia em que perderam o primeiro templo. Naquela mesma data, em 70 d.C., Tito veio e destruiu o segundo templo.

Exatamente naquela data, enquanto lamentavam a perda do primeiro templo, eles perderam o segundo templo – e Jesus, é claro, previu que isso aconteceria. Da mesma forma como Jeremias veio para alertá-los a respeito da perda do primeiro templo, Jesus também veio alertá-los sobre a perda do segundo. É por isso que Jesus e Jeremias têm sido associados com tanta frequência.

Quando Jesus perguntou aos discípulos: "Quem dizem os homens que eu sou?", eles responderam que o haviam comparado a Jeremias ou a um dos profetas. Talvez Jeremias não pareça uma escolha óbvia, mas sua vida apresenta um paralelo perfeito à vida de Jesus. Assim, da mesma forma como Jesus pôde dizer "os inimigos do homem serão os da sua própria família", Jeremias também teve problemas em sua própria terra. Tentaram lançar Jesus de um penhasco em Nazaré, sua cidade natal. Na realidade, Jesus escapou de cinco tentativas de assassinato ao todo. Além disso, alguns dos atos de Jesus foram realizados no mesmo espírito daqueles realizados por Jeremias. Quando Jesus purificou o templo e usou um chicote contra os judeus que transformavam o templo em um centro para cambistas gananciosos, ele citou Jeremias: "Como ousam fazer da casa de meu Pai um covil de ladrões?".

Na mente do povo, Jesus foi um tipo de Jeremias. O próprio Jeremias, a certa altura, afirmou: "Eu era como um cordeiro manso levado ao matadouro". Jesus, por sua vez, lembrou ao povo que os antepassados deles haviam apedrejado e rejeitado os profetas a eles enviados.

Elos com Jesus
No lado norte de Jerusalém há uma caverna que, segundo a tradição judaica, é conhecida como a "Gruta de Jeremias". Acreditam ser esse o local que Jeremias procurava para orar quando se sentia só, em angústia e sofrimento. A gruta

está localizada num monte chamado Gólgota – o lugar onde Jesus morreu crucificado.

Algumas das palavras ditas por Jesus a caminho do Calvário foram: "Se fazem isto com a árvore verde, o que acontecerá quando ela estiver seca?". Ele estava dizendo ao povo de Jerusalém que não chorasse por ele, mas por si mesmos, pois viriam dias em que as coisas seriam muito piores. Era uma referência ao que aconteceria no ano 70 d.C., apenas 40 anos à frente. Quarenta anos era o período de teste. Deus concedeu aos judeus 40 anos para que respondessem ao seu Filho, crucificado e ressurreto. No entanto, como o coração do povo permaneceu endurecido, o templo foi novamente destruído 40 anos depois.

Destinos
Dois destinos são apresentados de forma ilustrativa aos cristãos no Novo Testamento – um deles é um lugar de choro, lamento e ranger de dentes. Jesus sempre usou essas palavras para advertir seus próprios discípulos, embora muitos presumam que ele deveria estar se dirigindo aos incrédulos. Outro destino possível para o povo de Deus é estar onde ele próprio enxugará dos nossos olhos toda a lágrima. De certa forma, portanto, os dois destinos que nos aguardam envolvem lágrimas: ou estaremos em eterno pranto ou tendo nossas lágrimas enxugadas por Deus.

E não é só isso. O mundo tem diante de si o mesmo panorama. O livro com mais citações de Jeremias e Lamentações que qualquer outro é Apocalipse, cujo enfoque é o fim dos tempos. Metade das citações de Jeremias encontradas no Novo Testamento estão em Apocalipse e aplicam-se à cidade da Babilônia. A Babilônia de Apocalipse é o último centro financeiro mundial – a cidade que será destruída. Quando Babilônia for destruída, o mundo lamentará, mas segundo o livro de Apocalipse, os cristãos cantarão o "coro de aleluias". Um número muito pequeno de pessoas que ouve *O Messias*, de Handel, com seus magníficos "aleluias", se dá conta de que é uma celebração pela quebra da bolsa de valores internacional! Os bancos do mundo irão à falência e todo o sistema financeiro que o homem construiu entrará em colapso.

Apocalipse 18 conclui com várias citações de Jeremias, uma após a outra. Lamentações fala sobre a ruína de Jerusalém. Deus, no entanto, fará descer dos céus uma nova cidade – a nova Jerusalém, como uma noiva adornada para seu marido. É nela que os crentes viverão, numa nova terra, numa nova Jerusalém, para sempre.

27.
OBADIAS

Introdução

Obadias é o primeiro profeta do período pré-exílico e seu livro é o mais curto do Antigo Testamento, com apenas 21 versículos. Ele profetizou em 845 a.C., inaugurando um período de 300 anos em que vários profetas alertaram sucessivamente o povo de Deus a mudar de comportamento. Sabemos que Joel sucedeu a Obadias porque ele cita suas palavras, repetindo a mensagem de Deus ao povo. Joel retoma uma expressão em especial, introduzida por Obadias (o Dia do Senhor) e usada em outras profecias tanto do Antigo quanto do Novo Testamento. Trata-se do dia em que Deus vem para endireitar as coisas, e nós a discutimos em detalhe no final de Joel.

O livro de Obadias foi incluído no final desta seção porque seu enfoque está nos acontecimentos dos últimos momentos do período pré-exílico, antes de o povo de Judá ser exilado na Babilônia.

Alguns profetas trouxeram duas mensagens – uma para Israel, o povo de Deus, e outra para as nações ao redor de Israel. Obadias falou a Edom, uma das nações vizinhas de Israel, na região a sudoeste do mar Morto. É a única profecia de Obadias de que temos conhecimento, e é possível que tenha sido a única feita por ele.

Sabemos muito pouco sobre Obadias, exceto que o seu nome significa "servo ou adorador de *Yahweh*". A maior parte de sua mensagem é uma previsão a respeito do futuro, recebida por meio de uma visão. Uma mensagem mais visual do que verbal. Edom ficava na região conhecida por Transjordânia [durante o Mandato Britânico], território a leste do vale do Jordão. Era parte da terra que havia sido prometida ao povo de Israel, mas que nunca fora ocupada por eles. Sob o governo do rei Davi, Edom havia se tornado um estado-satélite, assim como a Polônia e a Letônia [durante a Cortina de Ferro], tornaram-se estados-satélites da Rússia. Assim que o império de Davi começou a se dividir, Edom buscou sua independência e rebelou-se contra Israel. As principais cidades de Edom eram Bozra e Sela (hoje conhecida como Petra), localizadas em uma das rotas mais importantes do Oriente Médio, que unia a Europa à Arábia.

Petra é um lugar extremamente incomum. Abriga uma construção que parece ser uma catedral esculpida em arenito vermelho e centenas de templos escavados na rocha, ao redor de um enorme círculo vazio entre as montanhas. Elevando-se acima de Petra está o monte Seir, com mais de 600 metros de altura. A profecia de Obadias menciona essa montanha.

A arquitetura dos templos é esplêndida e a vista do topo da montanha alcança o mar Vermelho e o mar Morto. O local serviu como uma fortaleza intransponível para os edomitas que viviam nas cavernas. No entanto, eram um povo ímpio e idólatra. Arqueólogos descobriram altares onde eles sacrificavam seres humanos vivos.

Obadias revela que eram pessoas orgulhosas. Acreditavam que nada poderia detê-los – nem mesmo Deus. Sendo assim, foi o próprio Deus quem os deteve, e essa é a essência da mensagem de Obadias.

É significativo que o Deus de Israel seja retratado aqui como o Deus de outras nações. Esse tema repete-se em toda a Bíblia, mas deve ter soado progressista numa época em que cada nação tinha o seu próprio deus, e ainda soa assim nos dias de hoje, quando muitos creem que cada um deve ser livre para adorar o deus de sua preferência, sem que ninguém se incomode com isso.

Os cristãos, no entanto, creem que existe apenas um Deus, que julgará também os povos que seguem outras religiões. O Deus de Israel é o Deus com quem todas as nações terão de lidar e a quem deverão prestar contas.

Essa também é a mensagem do Novo Testamento. Quando Paulo falou no Areópago, em Atenas, disse que Deus determina a cada nação seu tempo e sua posição no espaço. É ele quem desenha o mapa. Eu creio, por exemplo, que foi Deus quem determinou o fim do império britânico. Quando eu era garoto, a maior parte do atlas da escola era pintada de vermelho [indicando o domínio britânico]. Era possível dar a volta ao mundo sem nunca sair do território britânico. O que aconteceu com esse grande império? A resposta é: a Grã-Bretanha se isentou de questões relacionadas a Israel, o povo de Deus. E, por isso, Deus decidiu: "Se a Grã-Bretanha não pode cuidar de Israel, então não pode cuidar de ninguém", e, no espaço de cinco anos, o império se extinguiu. Creio que se trata de um dos exemplos mais claros da ação de Deus.

A leitura das profecias deixa claro, portanto, que Deus julga outras nações com base no tratamento que direcionam ao seu povo. Creio que o mesmo princípio se aplica hoje à igreja. Deus julga os povos pela maneira como tratam a igreja. O que fazemos ao povo de Deus, fazemos a Deus. Jesus frisou o mesmo princípio, afirmando que, no juízo final, Deus dirá às nações: "O que vocês fizeram a algum dos meus menores irmãos, a mim o fizeram" (Mateus 25.40). Por "irmãos", ele quer dizer "meu povo". Da mesma forma, quando Saulo de Tarso teve um encontro com Jesus na estrada para Damasco, ele entendeu o modo como o Senhor via o seu povo. Jesus lhe disse: "Saulo, por que me persegues?" – quando, na realidade, eram os cristãos a quem Saulo perseguia. Ele ficou aterrorizado quando entendeu que, ao persegui-los, estava perseguindo o próprio Cristo. No que se refere a Cristo, portanto, perseguir os cristãos significa persegui-lo. O povo de Deus é a menina dos seus olhos. Assim como a íris de seu olho é a parte mais sensível de seu corpo, Deus também fica particularmente sensível quando seu povo é perseguido.

Desde que o povo de Deus está espalhado em todas as nações do mundo, cada uma dessas nações precisa decidir sua atitude em relação a essas pessoas. No Dia do Juízo, esse aspecto será um fator essencial. Esse princípio transparece sucessivamente na mensagem dos profetas, quando eles se dirigem a outras nações, e essa é a razão pela qual a maior parte de suas profecias é dirigida a nações localizadas nas vizinhanças de Israel e que, portanto, haviam assumido uma postura hostil em relação ao povo de Deus.

Assim, embora Obadias pareça um livro curto e obscuro, ele está, na verdade, lidando com questões fundamentais de julgamento que afetarão todas as nações do mundo.

Um esboço de Obadias

O livro pode ser dividido em duas partes. Na primeira delas (versículos 1-14), Obadias afirma que uma nação será castigada – a saber, Edom. Na segunda parte (versículos 15-21), o profeta vê todas as nações sendo castigadas.

Uma nação será castigada (1-14)
As nações destroem Edom (1-9)
Edom despreza Israel (10-14)

Todas as nações serão castigadas (15-21)
Yahweh pune as nações (15-16)
Israel conquista Edom (17-21)
Uma nação será castigada (1-14)

As nações destroem Edom (1-9)

Edom significa, literalmente, "vermelho". A cidade é feita de arenito vermelho, mas não é por essa razão que recebe esse nome (os edomitas descendiam do ruivo Esaú). Localiza-se do lado leste do grande vale de Aravá. Suas duas cidades mais importantes são Petra e Bozra, ambas foram declaradas patrimônio da humanidade, e suas construções ressaltam toda a habilidade humana.

Obadias, entretanto, revela aos edomitas que as nações irão destruí-los, e, diferentemente do ladrão, que leva apenas o que lhe interessa, eles tomarão tudo, inclusive seu território. Obadias também revela que Deus odeia o orgulho nos homens. O orgulho é, praticamente, um convite para que Deus humilhe esse homem, pois, ser orgulhoso é ter uma visão elevada de si mesmo e uma visão depreciativa de todos os demais. Para que você se exalte, precisa depreciar os outros, até mesmo o próprio Deus.

Edom despreza Israel (10-14)

A localização do território de Edom, portanto, no topo do monte Seir, representava sua atitude para com as nações que o cercavam, especialmente para com Israel. Os edomitas eram descendentes diretos de Esaú, que, como se sabe, vendeu a Jacó seu direito de primogenitura e esteve em conflito com o irmão gêmeo durante a maior parte de sua vida. Os descendentes de Esaú haviam se estabelecido no lado leste do vale e os descendentes de Jacó se instalaram no lado oeste. Em Deuteronômio, Deus proíbe Israel de ter uma postura incorreta em relação a Edom, pois Esaú era irmão de Jacó. Essa é a razão pela qual Obadias exorta a nação de Edom a não tratar seu irmão com desprezo. A atitude de Edom para com Israel, no entanto, era hostil. Lemos em Números e Deuteronômio que eles se recusaram a permitir que Moisés e os israelitas passassem em segurança por sua terra.

Essa antipatia também foi observada quando o império de Israel começou a ruir, no tempo do rei Davi. Os edomitas se levantavam e se uniam a qualquer povo que atacasse Jerusalém ou Israel – filisteus, árabes e, mais tarde, os babilônios. Os babilônios eram um povo bárbaro. Os edomitas, entretanto, se aliaram a eles e os incitaram. Quando os árabes atacaram Jerusalém, os edomitas se uniram a eles. O ódio, o ciúme e o ressentimento de séculos vieram à tona. Quando os filisteus vieram contra Jerusalém, os edomitas se aliaram a eles. Eles aproveitaram todas as oportunidades para oferecer apoio a outros, talvez por não serem fortes o suficiente.

Em três ocasiões Deus afirma "Você não devia", referindo-se ao seu comportamento (12, 13, 14) e lhes diz que a desobediência será punida.

Surge uma pergunta óbvia: Os edomitas ouviram o que Obadias disse? E se ouviram, prestaram atenção?

A primeira parte da profecia fala de Edom, mas, na metade do texto, Obadias muda da terceira para a segunda pessoa. Assim, parece que ele teve coragem de ir a Petra para entregar pessoalmente a mensagem. Não há registro de que tivessem dado atenção às suas palavras – na verdade, foi exatamente o contrário. Os babilônios atacaram Jerusalém em 587 a.C., com o apoio e o incentivo dos edomitas (Salmo 137.7).

Outros profetas também falaram contra Edom. Tanto Isaías 21 quanto Jeremias 49 e Ezequiel 25 condenam Edom, sendo que a linguagem usada por Isaías é semelhante à de Obadias, que destaca a determinação de Deus em castigar a nação. Assim, visto que a mensagem de Obadias e dos outros profetas foi ignorada, sobreveio o juízo de Deus.

A história registra que, no século 6º a.C., os árabes os atacaram e eles foram obrigados a fugir de suas cidades e atravessar o vale em direção ao deserto do Neguebe, para ali viverem como beduínos. Por volta de 450 a.C., não restavam edomitas em sua antiga terra, e, em 312 a.C., Petra estava nas mãos dos nabateanos. O Neguebe passou a ser chamado de Idumea, após a chegada dos edomitas. Foram forçosamente judaizados por Hircano, portanto o judaísmo se tornou sua religião oficial, embora eles preservassem características raciais distintas.

Os edomitas reaparecem no Novo Testamento. Herodes, o Grande (presente na narrativa da infância de Jesus no Evangelho de Mateus), era de Idumea. Em 37 a.C., ele perguntou a Júlio César se ele lhe venderia o trono de Israel, portanto um edomita foi rei de Israel! A herança de grandes edificações de seu povo tornou-se a inspiração para os projetos de construção pelos quais ele ficou conhecido. Foi por essa razão que ele construiu tantos palácios – entre eles, uma fortaleza em Massada – tão magnífica quanto os grandes templos de Petra.

Assim, quando os homens sábios indagaram onde poderiam encontrar o recém-nascido rei dos judeus, Herodes se enfureceu. Ele não queria um judeu ocupando o trono, pois Edom havia triunfado! Essa foi a razão por trás do massacre de todos os meninos menores de dois anos de idade em Belém.

Foi seu filho quem matou João Batista e a quem Jesus se recusou a dirigir a palavra durante seu julgamento. Seu neto foi o Herodes responsável pela morte de Tiago e seu fim foi ser comido por vermes (veja Atos 12). Seu bisneto foi um homem chamado Agripa, que morreu em 100 d.C. sem ter filhos.

Os edomitas, portanto, desapareceram. Não há um único edomita no mundo hoje, cumprindo-se assim a profecia de Obadias. Deus cumpre suas promessas de castigar as nações no tempo devido. Foram mais de 600 anos desde o tempo de Obadias até o desaparecimento final dos edomitas. A partir disso, podemos aprender duas lições claras sobre o juízo de Deus.

> DEMANDA TEMPO (não é imediato)
> Embora os moinhos de Deus moam lentamente,
> Moem, no entanto, em mínimos pedaços
> Embora ele esteja aguardando pacientemente,
> Mói ele a todos, em pedaços exatos
> *[tradução livre do poema de Friedrich von Logau – 1604-1655]*

Deus tem o seu tempo. Ele é tardio para irar-se, mas quando diz que fará, é porque ele fará – talvez mil anos depois, mas ele fará. Onde está Edom hoje? Não existe. Onde está Israel hoje? De volta à sua terra.

DEUS PUNE OS QUE FEREM O SEU POVO
Deus havia dito a Abraão: "Abençoarei os que o abençoarem, e amaldiçoarei os que o amaldiçoarem" (Gênesis 12.3). Deus tem dois povos no mundo hoje: Israel e a igreja. Atacar qualquer um deles é ferir a Deus.

Todas as nações serão castigadas (15-21)

Edom é um exemplo do tipo de nação ímpia que sempre foi hostil ao povo de Deus.

Yahweh pune as nações (15-16)
O raciocínio por trás da punição é claro: "Como você fez, assim lhe será feito". O castigo é proporcional ao crime. Os filisteus também são mencionados como merecedores da ira de Deus.

Obadias viu que um dia todas as nações seriam julgadas. O Deus de Israel não isentará as nações de sua responsabilidade, principalmente por sua atitude hostil para com o seu povo.

Israel conquista Edom (17-21)

Um dia, Israel conquistará Edom. Edom especificamente faz parte da terra que Deus prometeu ao seu povo – portanto, um dia eles devem conquistá-la, e Obadias viu esse dia. Na sua visão, não haveria sobreviventes da casa de Edom e a terra deles seria tomada por seus verdadeiros donos. Viu Israel expandindo-se para o norte, em Efraim e Samaria; para o sul, no Neguebe; para o leste, nos montes de Edom, chegando à costa do Mediterrâneo, no oeste.

O que tudo isso tem a ver conosco?

Em primeiro lugar, devemos observar que há um lado Jacó e um lado Esaú em cada um de nós. Na epístola aos Hebreus, os cristãos são instruídos a não ser como Esaú, que trocou sua primogenitura por um prato de sopa e, mais tarde, chorou por isso. Encheu-se de pesar e remorso, mas nunca foi capaz de se arrepender.

Devemos, em vez disso, ser mais parecidos com Jacó. Ele lutou com Deus até que Deus o deixasse manco, mas recebeu a bênção. É de Jacó que descende Israel, o povo de Deus. Esaú viveu para o presente, para a satisfação imediata de seus desejos físicos, e perdeu seu futuro. Os "Esaús" deste mundo vivem para este mundo somente. Não se importam com o futuro; preocupam-se apenas com a satisfação de seus desejos no presente. O livro de Obadias nos encoraja a ser parecidos com Jacó – o homem que foi quebrantado por Deus e tornou-se um príncipe, cujo nome – Israel – está novamente no mapa, depois de dois mil anos.

Em segundo lugar, aprendemos com esse livro que quando Deus promete fazer alguma coisa, ele cumpre a sua palavra. Quando ele diz que fará algo, pode ser que não o faça até a próxima terça-feira, e talvez tenhamos que esperar mil anos, mas se Deus diz que fará, ele fará, e essa é a razão pela qual podemos confiar em sua palavra. Assim, o pequeno Obadias pode ser chamado de profeta menor e certamente escreveu um pequeno livro, mas tudo o que ele disse um dia se tornará realidade.

A LUTA PELA SOBREVIVÊNCIA

28. Ezequiel

29. Daniel

30. Ester

31. Esdras e Neemias

32. 1 e 2 Crônicas

33. Ageu

34. Zacarias

35. Malaquias

28. EZEQUIEL

Introdução

O livro de Ezequiel é o mais negligenciado e preterido do Antigo Testamento. A primeira metade (capítulos 1–24) é praticamente um relato de tristeza e melancolia, sem escapatória. Seu estilo depressivo leva muitos leitores a desistir dele e a passar para outro livro da Bíblia! O livro é longo e repetitivo, uma vez que sumariza 20 anos de pregação. Boa parte dele não é relevante para o nosso contexto – fala de outro mundo, em outro tempo, com os quais simplesmente não estamos familiarizados. A linguagem, que chega a ser rude e até ofensiva, ajuda a aumentar o desinteresse. Poucas pessoas o considerariam seu livro preferido.

Além disso, Ezequiel mostra uma faceta do caráter de Deus que poucos consideram atraente. O profeta fala da severidade do juízo de Deus. A mensagem religiosa que ouvimos no rádio ou na TV mantém o foco na bondade de Deus, raramente em sua punição, e é assim que as pessoas preferem recebê-la.

À primeira vista, portanto, parece haver pouco incentivo para ler o livro! Contudo, livros como Ezequiel nos desafiam a fazer duas perguntas: "Por que você lê a Bíblia?" e "Como você a lê?". As duas perguntas estão relacionadas, porque a razão pela qual você lê a Bíblia, na realidade, determinará a forma como você a lê. O método flui a partir da motivação.

Como ler Ezequiel

De forma geral, há três abordagens à leitura de um livro como Ezequiel.

A abordagem centrada no versículo (eu)

Nessa abordagem, as pessoas buscam uma mensagem para si mesmas. Fico tentado a chamá-la de "método horóscopo de leitura da Bíblia": é quando a lemos até que um versículo se adapte à nossa situação. Entretanto, não é assim que Deus planejou que a Bíblia fosse lida. Na realidade, você teria que ler muitas passagens de Ezequiel para encontrar um versículo pessoalmente relevante que chamasse sua atenção! A leitura devocional da Bíblia pode ser útil e é melhor do que nada, mas não é a forma correta de ler a Bíblia. Esse estilo de leitura é essencialmente egocêntrico.

A abordagem centrada na passagem (os outros)

Outra abordagem é aquela que é centrada na passagem. Alguns cristãos leem a Bíblia principalmente por causa de outras pessoas. É o caso específico de pregadores e mestres que se perguntam sobre o que deveriam pregar. Há quatro passagens em Ezequiel que são as grandes favoritas dos pregadores.

Talvez a mais conhecida delas seja o capítulo 37, que ficou popular graças ao *negro spiritual Dem bones, dem bones, dem dry bones... hear the word of the Lord* [Ossos, ossos, ossos secos... ouçam a palavra do Senhor"]. Temas relacionados à morte e vida sempre funcionam, e a imagem inusitada de ossos que se juntam e cobrem-se de carne tem um efeito dramático nas pessoas.

Outra passagem favorita é o capítulo 34, usado principalmente na ordenação de um novo pastor. O tema é: bons pastores e maus pastores. Os bons pastores buscam a ovelha perdida e os maus pastores alimentam-se a si mesmos. É fácil usar essa passagem como base para a pregação sobre a responsabilidade do pastor.

O capítulo 47 constitui outra passagem favorita dos pregadores, embora a tendência seja usá-lo fora de contexto, de uma forma alegórica. Nesse capítulo, um homem encontra um rio que flui de um templo. Ele entra no rio e a água está à altura de seus tornozelos, depois de seus joelhos, então de sua cintura e logo fica profunda o suficiente para nadar. Os pregadores entendem a água como uma ilustração do Espírito Santo. Indagam: "Quão imerso você está no Espírito? Já está nadando no Espírito ou apenas remando?". No entanto, detalhes geográficos do contexto (pescadores da região de Ein Gedi, no vale de Aravá) certamente indicam que a profecia deveria ser interpretada literalmente. O mar Morto enchendo-se de vida com o influxo de água fresca é um milagre da natureza, mas os pregadores acham mais fácil "espiritualizar" tais ocorrências e aplicá-las à natureza humana, principalmente se encontram dificuldades de lidar com a intervenção sobrenatural de Deus no mundo natural. Isso porque existe uma longa tradição de pregadores que alegorizam o Antigo Testamento – uma tendência que tem origem nos ensinamentos de Clemente e Orígenes de Alexandria, no século 3º d.C., que se baseiam no pensamento grego, ou seja, desprezam as manifestações físicas e literais na Bíblia [em oposição ao pensamento judaico].

Finalmente, o capítulo 18 trata da responsabilidade pessoal de cada indivíduo por seu próprio pecado. Dizia um antigo ditado em Israel: "Os pais comeram uvas verdes, e os dentes dos filhos se mancharam", pois Deus havia dito que puniria o pecado até a terceira e quarta gerações. Ezequiel, no entanto, apresenta o importante princípio: no Dia do Juízo, cada um responderá por seus próprios pecados. Esse conceito da prestação individual de contas a Deus é um dos temas preferidos dos pregadores. Contudo, a popularidade desses capítulos indica, evidentemente, que a maioria dos pregadores deixa de lado o restante do livro.

A abordagem centrada no livro (Deus)

Essa é a melhor abordagem da mensagem de Ezequiel

e envolve a compreensão do livro como um todo e não apenas de trechos dele. Somente assim seremos capazes de compreender, de fato, o que Deus está nos dizendo por meio desse livro. Em última análise, a principal razão de lermos a Bíblia é a possibilidade que temos de conhecer a Deus. A leitura da Bíblia nos ensina que tipo de Deus ele é – como ele reage a nós, como se sente a nosso respeito e o que ele fará conosco. Assim, ao nos esquivarmos de Ezequiel, deixamos de ler uma parte crucial da revelação de Deus a respeito de si mesmo e desperdiçamos o que o livro tem a nos ensinar.

Quando os cristãos decidem ler a Bíblia de forma ordenada (um livro por vez), pela primeira vez, eu sempre recomendo que usem a Bíblia Viva. Como mencionei anteriormente, há alguns anos, quando eu ministrava na igreja em Guildford (condado de Surrey, Inglaterra), usamos essa versão para a dinâmica de ler a Bíblia toda, em voz alta e sem interrupção. A Bíblia Viva é a tradução mais precisa dos sentimentos expressos nas Escrituras, mas, por ser uma paráfrase, não é a tradução mais exata dos pensamentos e do vocabulário bíblico.

A Bíblia é, obviamente, palavra de Deus e palavra do homem. Podemos encontrar nela tanto inspiração divina como participação humana. Há uma boa dose de participação humana. Deus escolheu comunicar sua palavra por meio de pessoas – por mais complexas que elas sejam – em momentos e situações específicas. Não se trata de especulações imaginárias, mas sim palavras que influenciaram o mundo e a percepção que as pessoas têm deste mundo.

Quando identificamos as situações da vida real retratadas na Bíblia, podemos apreciar a maneira pela qual a palavra de Deus veio a pessoas reais na história real. Quando os pregadores usam a palavra divina fora de seu contexto humano, o resultado é ensino e pregação maçantes.

A LUTA PELA SOBREVIVÊNCIA

O contexto do livro de Ezequiel

É vital, portanto, que entendamos o contexto histórico antes de examinarmos os temas principais da profecia de Ezequiel. Um século antes, as dez tribos de Israel haviam sido levadas cativas à Assíria. Elas ignoraram os alertas dos profetas Amós e Oseias e, por isso, foram deportadas de seu próprio país.

Ezequiel preocupava-se com as duas tribos do Sul, que se tornaram ainda piores. Apesar do alerta de seus irmãos do Norte, as tribos entregaram-se a um comportamento perverso e ignoraram a mensagem de profetas como Isaías e Miqueias, que as haviam alertado do iminente juízo. Quando, mais tarde, veio Jeremias, elas o ignoraram também. A pequena profecia de Habacuque as advertiu da desgraça que viria pelas mãos dos babilônios, mas sua mensagem também chegou a ouvidos surdos. Então, finalmente, o pior aconteceu e eles foram deportados para a Babilônia.

Os acontecimentos marcantes em sua história recente não foram suficientes para mudar o rumo da nação, e o contexto espiritual, de forma geral, era sombrio. Lendo o Livro da Lei encontrado durante uma faxina geral no templo, o rei Josias ficou horrorizado ao perceber o quanto o povo havia se afastado da lei de Deus. Até bebês eram oferecidos em sacrifício ao deus Moloque, no vale de Hinon. (Em seus ensinamentos, Jesus se referiu a esse lugar como um retrato do inferno.) Josias, portanto, tentou reformar a nação, removendo da terra os "santuários idólatras" e lidando com a corrupção moral na sociedade, mas isso foi em vão. Os corações haviam se distanciado de Deus.

Tem início uma sucessão de "maus" reis. Após ser eleito pelo povo, Jeoacaz reinou por apenas três meses.

Ele foi incapaz de impedir o avanço do Egito, e o faraó o levou a Ribla e o manteve preso. Em seguida, veio Jeoaquim. Embora fosse filho do justo rei Josias, ele era indiferente à condição espiritual da nação. Jeoaquim, na realidade, foi apenas um fantoche nas mãos dos egípcios, que o escolheram para substituir Jeoacaz.

A essa altura de sua história, portanto, Judá estava à mercê das superpotências – o Egito, a sudoeste, e a Babilônia, a nordeste. Deus poderia ter neutralizado essas duas grandes forças, como já fizera no passado, mas ele havia prometido que se o povo se afastasse dele, ele afastaria sua proteção do povo.

Assim, Nabucodonosor, da Babilônia, invadiu e controlou o país durante três anos, até a sua retirada. Judá sofreu uma série de ataques de várias nações: os arameus, os moabitas e os amonitas. O resultado: na época de Ezequiel, tudo o que restava de Judá era a cidade de Jerusalém, agora sob total domínio estrangeiro.

O golpe fatal foi desferido quando os babilônios retornaram e impuseram um cerco a Jerusalém durante dois anos e meio. A cidade foi finalmente tomada e todos os seus tesouros foram levados, exatamente como Isaías havia profetizado.

Todas as pessoas de destaque foram levadas. Esse era o artifício preferido de que o conquistador lançava mão para reduzir à condição de desamparo o povo conquistado. A primeira deportação, portanto, levou sete mil oficiais e soldados, mil artífices e aproximadamente dez mil artesãos, deixando para trás somente a população mais pobre. (A propósito, o profeta Daniel estava entre os que foram deportados.) Era como se todo o propósito de Deus estivesse sendo reduzido a nada.

O rei Zedequias foi o último fantoche de Judá. Foi-lhe permitido governar em Jerusalém com apenas um pequeno exército. Novamente, a cidade foi cercada e Zedequias, capturado pelo exército de Nabucodonosor. Mataram todos os seus filhos diante dele a fim de que ele constatasse que a linhagem real havia chegado ao fim. Em seguida, vazaram seus olhos, portanto a última cena que Zedequias viu foi a morte de seus filhos. Nabucodonosor ordenou que Jerusalém fosse completamente destruída. Essa triste história pode ser encontrada em 1Reis 22–25.

A pregação de Ezequiel

Foi por volta dessa época que Ezequiel recebeu o chamado para pregar, embora estivesse a centenas de quilômetros de distância, em terras babilônicas.

Desde o início, Deus dissera a Ezequiel que faria a sua fronte como a mais dura das pedras – nada poderia desencorajá-lo. Quanto mais o povo endurecesse o coração e se negasse a ouvir, mais ele precisaria ser obstinado em levar adiante o comissionamento divino.

Sua mensagem foi transmitida, em parte, por meio do que se conhece como "linguagem apocalíptica" (a palavra, literalmente, significa "reveladora" – revelação daquilo que foi previamente ocultado, especificamente o futuro, que deve ser descrito em termos figurativos e altamente simbólicos). É uma forma de profecia mais visual do que verbal, muito simbólica e bastante dramática. Ezequiel e Daniel são os melhores exemplos desse tipo de profecia no Antigo Testamento, e Apocalipse é o único exemplo encontrado no Novo.

Como todos os profetas, Ezequiel tinha uma visão sobrenatural. Isso envolve percepção, previsão e supervisão. Ele era capaz de enxergar o mundo a partir da perspectiva divina e de ver a revelação dos propósitos de Deus.

Espaço

Ezequiel teve visões de fatos ocorridos em Jerusalém enquanto ele próprio estava na Babilônia, a centenas de quilômetros de distância. Estudiosos modernos supõem que ele provavelmente retornava a Jerusalém para saber o que estava acontecendo. Contudo, através do Espírito Santo, ele era capaz de ver os acontecimentos em sua terra natal. Certa ocasião, quando pregava na Babilônia, Ezequiel teve a visão de um homem que caia morto em Jerusalém e, semanas depois, soube que o homem, de fato, havia morrido em Jerusalém, no exato momento em que ele tivera a visão.

Tempo

Ezequiel também era capaz de prever o futuro. A Bíblia é um livro cheio de previsões sobre o futuro. Aproximadamente 27% dos versículos da Bíblia contêm previsões, sendo que o livro de Ezequiel tem um percentual mais alto do que a maioria dos outros livros bíblicos. Ezequiel e Daniel, juntos, apresentam o maior percentual de previsões a respeito do futuro em todo o Antigo Testamento. Aproximadamente três quartos das previsões em Ezequiel já se cumpriram literalmente. A probabilidade de isso acontecer é de 1 em 75 milhões. Há 735 eventos distintos previstos na Bíblia. Alguns são previstos uma ou duas vezes apenas, e um deles, mais de 300 vezes. Desses 735 eventos, 583 (81%) já aconteceram. Até agora, a Bíblia tem 100% de exatidão. Os 19% restantes de suas previsões ainda estão para ser cumpridas, mas podemos ter certeza de que serão.

Três períodos

As profecias de Ezequiel foram anunciadas em três fases distintas e, em cada período de tempo, ele tratou de um tema diferente. No primeiro período (capítulos 4–24), o mais depressivo dos três, Ezequiel tinha entre 30 e 33 anos de idade. Fez a terrível proclamação de que Jerusalém seria totalmente destruída. Compreensivelmente, essa é a seção de seu livro que ninguém cita (na realidade, muito poucas pessoas são capazes citar qualquer parte do livro). O primeiro período de profecia ocorreu antes do primeiro cerco a Jerusalém, após o qual a cidade ficou sob o controle da Babilônia, sem ser destruída.

A segunda vez em que Ezequiel profetizou foi no 11º ou 12º ano de seu exílio, quando tinha 36 ou 37 anos de idade. Esse período de profecia pode ser encontrado nos capítulos 25–32. Dessa vez, o tema da profecia de Ezequiel não foi Jerusalém, mas as nações à sua volta, que haviam se aproveitado do controle da Babilônia sobre a cidade e que se alegravam em assistir ao fim de Israel. Mesmo hoje, Israel está completamente cercado por povos que adorariam vê-lo destruído.

O próximo grande evento ocorreu em 587 a.C., quando Jerusalém foi totalmente destruída, e Ezequiel, na Babilónia, perdeu sua esposa. O profeta, no entanto, recebeu ordens para não chorar a morte de sua mulher, pois no mesmo instante de sua morte, Jerusalém também cairia. Sua recusa em prantear simbolizaria a forma como Israel deveria se sentir a respeito do que havia acontecido a Jerusalém: completamente entorpecida. Ele foi instruído a registrar em seu diário a data da morte de sua esposa para que pudesse associá-la às notícias de sua terra natal. Obviamente, as datas eram exatamente as mesmas.

Três anos após a morte de sua esposa e 13 desde sua última profecia, Ezequiel, aos 50 anos de idade, começou a profetizar novamente. Deus havia lhe dito que durante o período de silêncio que lhe sobreviria, sua língua se apegaria ao céu da boca, impedindo-o de falar até que Deus a desprendesse.

Dessa vez, ele profetizou durante um ano, mas agora o enfoque de toda a sua mensagem seria o retorno para casa. Ele disse, por exemplo, que os ossos do vale dos ossos secos se juntariam e formariam um grande exército. Uma visão otimista, carregada de expectativa por um futuro positivo (capítulos 33–39).

Os capítulos 40–48 falam da restauração do templo em Jerusalém. Ezequiel, no entanto, morreu sem jamais ver novamente o templo ou sequer Jerusalém. Foi sepultado em uma tumba na Babilônia, num local chamado Al Kifl, no Iraque de hoje.

Um refrão
Uma frase aparece 74 vezes na profecia de Ezequiel: "e sabereis que eu sou o Senhor". É um refrão repetido com pequenas variações nas seções B, C, e D do livro (veja o esboço abaixo).

Na seção B (capítulos 4–24) as palavras são: "e sabereis que eu sou o Senhor". Contudo, na seção C, que trata da vingança de Deus sobre as nações vizinhas a Judá, diz o refrão: "e saberão que eu sou o Senhor". Quando, na seção D, Ezequiel passa a contar a boa nova do retorno do exílio na Babilônia, as palavras são: "os gentios saberão que eu sou o Senhor". Em outras palavras, quando Deus trouxer os judeus de volta à sua terra, o mundo todo saberá que ele é o Senhor, pois, do ponto de vista humano, seria absolutamente impossível restabelecer o estado de Israel.

Desse modo, as três variações desse refrão nos revelam, em primeiro lugar, que o povo de Israel não estava muito seguro a respeito de Deus – por isso a frase "então sabereis..."; segundo, que os vizinhos de Judá não tinham muita certeza de que o Deus de Israel existia – por isso "e saberão..."; e por fim, que o mundo todo não sabia ao certo se havia um Deus – por isso, "então os gentios saberão...".

Um esboço do livro

A. Recolocação sacerdotal (1–3)
B. Repreensão a Jerusalém (4–24) – Primeira fase
O cerco de Jerusalém
**C. Revanche contra os vizinhos de Judá (25–32) –
Segunda fase**
A queda de Jerusalém
D. Retorno do exílio na Babilônia (33–39) – Terceira fase
E. Restauração do templo em Jerusalém (40–48)

Recolocação sacerdotal (capítulos 1–3)

Ezequiel nasceu na família sacerdotal de Zadoque, em 622 a.C., e, portanto, estaria próximo de alcançar a maioridade e de ter seu *bar-mitzvá* [aos 12 anos] quando o rei Josias foi morto. Foi levado de seu país de origem aos 25 anos, como parte da primeira deportação, juntamente com Daniel e a nata da sociedade judaica. Depois de deportados, tiveram permissão para viver em seus próprios assentamentos com relativa liberdade. Ezequiel estabeleceu-se com sua família em um lugar chamado Tel Aviv (hoje o nome da maior cidade de Israel), às margens de um dos canais que uniam os rios Tigre e Eufrates.

O nome Ezequiel significa "Deus fortalece", mas, na profecia, a referência mais comum a ele (83 vezes, na realidade) é "filho do homem" – um título que Jesus usou para si mesmo. Nenhum outro profeta é conhecido por esse título.

Fico fascinado ao observar que, aos 30 anos de idade, quando deveria ter iniciado o seu sacerdócio, Ezequiel foi chamado para ser profeta. Ele estava distante de seu país e sabia que jamais seria um sacerdote na Babilônia, pois ali não havia templo. O chamado profético veio através de uma extraordinária visão do Senhor. Assim, dos 30 aos 33 anos, esse profeta, chamado "filho do homem", pregou e realizou milagres. Está claro que Ezequiel era um precursor de Cristo, o profeta, sacerdote e rei. Jesus iniciou seu ministério aos 30 anos de idade, pois essa era a idade em que um homem judeu podia começar a servir como sacerdote.

Mas, embora Ezequiel não pudesse servir no templo, ele podia participar da adoração. Na falta de um templo, a sinagoga judaica (*knesset* em hebraico significa "local de encontro", literalmente "reunir") tornou-se o local para o louvor, a oração e a leitura das Escrituras. Na verdade, esse foi o modelo adotado pelos primeiros cristãos à medida que a igreja se afastava do enfoque no templo, no período de sobreposição da Antiga à Nova Aliança.

O chamado de Ezequiel foi bastante inusitado (veja o capítulo 1). Veio como parte de uma estranha visão – tão estranha que a maioria dos estudiosos modernos especula se ele teve um colapso, entrou em transe ou fez uso de substâncias ilícitas! O trabalho de um artista surrealista seria indispensável para fazer justiça à cena. Na realidade, a interpretação preferida hoje é que ele viu um OVNI (Objeto Voador Não Identificado).

Primeiro, ele viu quatro criaturas, uma combinação de animais, seres humanos e seres angelicais. Tinham asas de anjos, partes humanas e partes de animais. Essas quatro criaturas simbolizam, claramente, todos os seres viventes que Deus criou em seu universo, sejam animais, humanos ou anjos. São as três principais ordens ou disposições, lembrando-nos que os seres humanos não são o auge da criação.

Acima das quatro criaturas, ele viu o Criador em seu trono – majestoso, misterioso, revestido em glória. Onde quer que Deus esteja, há glória. De fato, a frase "a glória do Senhor" é recorrente em todo o livro. "Glória" significa o esplendor e o brilho de Deus.

Claramente, o trono pode mover-se em qualquer direção. A imagem simboliza a onipresença de Deus, que pode estar em qualquer lugar e em todos os lugares. Ele é um Deus móvel. Um aspecto significativo, porque, até esse ponto, todas as visões do trono de Deus na Bíblia o retratavam como estático, fixo em Jerusalém. Foi um consolo para Ezequiel, portanto, saber que o trono de Deus era móvel, pois indicava que ele poderia locomover-se até a Babilônia. Uma verdade importante a ser transmitida aos exilados, que talvez acreditassem que Deus permanecia em um único lugar – Jerusalém – a centenas de quilômetros de onde estavam.

Além disso, os "olhos" nos aros das rodas nos dizem que Deus pode ver todas as coisas em todos os lugares. É uma imagem com muito significado. Não é de surpreender que Ezequiel tenha sido arrebatado pela visão e caído ao chão.

É curioso que ele tenha caído com o rosto em terra. Na Bíblia, a reação à presença divina é cair para frente. O apóstolo Paulo, em sua conversão, e João, na Ilha de Patmos, caíram com o rosto em terra.

Deus, então, entregou a Ezequiel um rolo que deveria ser comido depois que ele registrasse as profecias a serem anunciadas. As palavras no rolo eram de lamento, pranto e ais – palavras de maldição. No entanto, para Ezequiel, o rolo era doce como o mel.

Repreensão a Jerusalém (capítulos 4–24)

Todos os profetas que vieram antes de Ezequiel haviam previsto dois desastres: (1) Jerusalém seria destruída pelos babilônios, e (2) o povo seria deportado para a Babilônia. Essa era a mensagem de Isaías, Jeremias e Habacuque.

Quando Jerusalém foi tomada pelos babilônios e os cidadãos influentes da sociedade foram deportados, a cidade, mesmo assim, subsistiu. Parte do povo de Judá concluiu que o castigo não era tão impiedoso quanto Jeremias havia previsto. Aparentemente, Deus prometera que destruiria Jerusalém, mas, na realidade, a cidade ainda existia e havia judeus que ali residiam. Eles admitiam que agora estavam sob domínio estrangeiro, mas ainda tinham a cidade! Assim, deduziram que, possivelmente, Ezequiel havia exagerado quando se referiu à questão do pecado. E se ele estava errado a respeito da dimensão do desastre, talvez também estivesse equivocado em relação a outros aspectos. A palavra de Deus, portanto, estava sendo atenuada, da mesma forma como aconteceu no jardim do Éden, quando Satanás semeou dúvida na mente de Eva em relação à proibição de Deus.

Contudo, era importante que o povo de Judá entendesse o que Deus estava fazendo. O exílio não era apenas punição, significava também disciplina para o povo. Alguém, portanto, precisava convencê-los de que Deus estava falando sério! Ezequiel precisava indicar que a destruição de Jerusalém seria o evento por meio do qual saberiam que Deus era o Senhor. A pecaminosidade de seus atos era tão grave quanto os profetas haviam demonstrado e, consequentemente, o juízo também seria tão pesado quanto os profetas haviam previsto.

Jerusalém cairá
Ezequiel teve que transmitir essa mensagem não apenas verbalmente, mas também visualmente. Foi forçado a ensiná-los de seis maneiras diferentes que o momento da queda de Jerusalém havia chegado:
1. Foi instruído a pegar uma tabuinha de barro e desenhar nela uma imagem de Jerusalém e colocar obras de cerco contra ela, com aríetes e coisas do tipo ao redor. Fez isso em total silêncio, na presença de muitas pessoas que, sem dúvida, questionavam:

A LUTA PELA SOBREVIVÊNCIA

"O que o velho profeta está fazendo agora?".

2. Como se isso não fosse suficientemente estranho, Deus disse a Ezequiel que se deitasse sobre o lado esquerdo durante 390 dias e, em seguida, sobre o lado direito por outros 40 dias. Isso simbolizaria o tempo em que a casa de Israel e a casa de Judá permaneceriam em desobediência a Deus (390 e 40 anos, respectivamente). Deus também disse que Ezequiel seria amarrado com uma corda, para que cumprisse os dias da aflição!

3. Ezequiel também precisou seguir uma dieta rígida, como um símbolo da escassez de alimento durante o cerco de Jerusalém. Ele podia ingerir 200 gramas de pão e 600 ml de água por dia, e foi obrigado a viver com essa dieta por um longo período. O pão deveria ser preparado em fogo cujo combustível fosse o excremento seco do próprio Ezequiel. (Na realidade, ele protestou e teve permissão de Deus para usar esterco animal – um maravilhoso exemplo da flexibilidade divina!) Tudo isso para demonstrar que, durante o cerco, as coisas seriam desesperadoras em Jerusalém.

4. Deus ordenou a Ezequiel que raspasse a cabeça e a barba com uma espada afiada e então repartisse o cabelo em três partes. Ele deveria queimar um terço do cabelo quando o cerco de Jerusalém chegasse ao fim. Um terço seria cortado com a espada ao redor de toda a cidade, retratando a matança. Então, um terço deveria ser lançado ao vento para que fosse espalhado – significando o destino do povo de Jerusalém.

5. Para a quinta encenação, Ezequiel precisou colocar todos os seus pertences em um saco, abrir um buraco no muro e sair por ele em segredo, à noite. Com isso,

ele estava prevendo o que aconteceria após a queda de Jerusalém – e, de fato, o rei Zedequias precisou deixar a cidade exatamente dessa forma.
6. É possível que a encenação mais difícil de todas esteja relacionada à morte da esposa de Ezequiel. Ele não teria permissão nem mesmo para lamentá-la, porque quando Jerusalém finalmente caísse, o povo estaria tão chocado que não conseguiria acreditar, nem mesmo chorar.

Uma das visões mais reveladoras do livro é a que descreve a glória do Senhor no templo. A glória subiu ao cume do monte das Oliveiras e, então, desapareceu. Exatamente o que aconteceu a Jesus quando eles o rejeitaram.

Como Jerusalém cairá?
Ezequiel afirma que a cidade cairia diante de Nabucodonosor, que é identificado como "a espada do Senhor". Temos a descrição arrepiante de Nabucodonosor, diante de uma encruzilhada, lançando sortes. Quem será esmagada primeiro? Jerusalém ou Rabá? A destruição seria absolutamente cruel e envolveria cortar as orelhas e o nariz dos habitantes. Ezequiel fala de espada, fome, feras selvagens e peste como os quatro castigos que viriam sobre o povo. Lemos que, nesse momento, a glória do Senhor deixaria o templo.

Por que Jerusalém cairá?
São três as principais razões para o castigo contra o povo: idolatria, imoralidade e ingratidão.

IDOLATRIA
O povo de Deus estava cultuando a deusa Aserá no templo. Imagens de animais haviam sido pintadas nas paredes

do templo em ruínas. As mulheres começaram a adorar a deusa Tamuz à entrada do templo. Ezequiel chegou a ver 25 homens, no templo, adorando o sol. Um período assombroso e terrível. Resumindo, o comportamento do povo de Deus era ainda pior do que o das nações vizinhas.

IMORALIDADE

Ezequiel chama Jerusalém de "cidade sanguinária" por causa da exploração cruel de viúvas, órfãos e estrangeiros e em referência aos assassinatos que aconteciam. O mesmo título havia sido dado por Naum à cidade ímpia de Nínive, capital do império assírio. Em Jerusalém, havia mentira, imoralidade sexual e menosprezo pelos pais – tudo em desobediência aos Dez Mandamentos. Que degradação havia atingido Jerusalém.

INGRATIDÃO

Deus critica o povo por sua ingratidão e usa cinco parábolas para enfatizar sua posição:
1. Uma videira selvagem. Judá é retratada como uma videira inútil e sem valor. A madeira serviria para o fogo apenas. Em João 15, Jesus usa uma parábola semelhante.
2. Uma menina. No capítulo 16, Ezequiel conta a história de uma criança abandonada que se torna rainha e, mais tarde, prostituta.
3. Duas irmãs. Seus nomes são Oolá e Oolibá, representando Samaria (as dez tribos do Norte) e Jerusalém (as duas tribos do Sul). Ambas são prostitutas e retratam como os dois reinos haviam se afastado de Deus. A linguagem usada é extremamente forte, com o objetivo de chocar o povo e levá-los a perceber a situação deplorável em que se encontravam.

4. Uma leoa e seus dois filhotes. Os filhotes são levados cativos, retratando o rei Jeoacaz ao ser conduzido ao Egito e o rei Jeoiaquim sendo levado para a Babilônia.
5. Duas águias – uma representa o faraó e a outra, Nabucodonosor.

As parábolas eram uma forma de comunicar a verdade aos que desejavam conhecê-la – exatamente como outro "Filho do homem" usou parábolas como um meio de falar aos que, de fato, desejavam ouvir. Por meio dessas parábolas, Ezequiel estava dizendo ao povo que a verdadeira situação era muito pior do que eles imaginavam.

Ele diz primeiramente que cada indivíduo é responsável por sua condição pessoal. Não é bom culpar os antepassados. Todo indivíduo deverá prestar contas de seus atos no Dia do Juízo. Em segundo lugar, ele afirma que cada pessoa é responsável por sua condição presente. O que importa não é o que alguém foi, mas o que é. O justo pode tornar-se perverso e o perverso pode tornar-se justo. É importante morrer em uma condição de graça.

Contudo, ele culpa, sim, três grupos de pessoas por terem permitido que a situação da nação se deteriorasse tanto: os profetas, os sacerdotes e os reis. Ele afirma que todos têm a sua parcela de culpa pela condição de Jerusalém. As coisas estavam tão ruins, que Deus não poderia salvar Jerusalém mesmo se Noé, Jó e Daniel (três dos melhores homens da história) vivessem ali – o que veio a ser um grande choque para o povo.

Essa seção do livro, portanto, é sombria em sua maior parte. Os únicos indícios de esperança estão em 16.60-62; 20.40-44 e 21.24-27, onde o profeta faz alusão a uma aliança eterna que Deus fará com o seu povo. A bondade de Deus os envergonhará a ponto de abominarem a si mesmos.

Revanche contra os vizinhos de Judá (capítulos 25–32)

A seção central do livro contém a mensagem profética transmitida por Ezequiel aos 36 ou 37 anos de idade. O cenário é importante. Quando Jerusalém caiu, todas as nações vizinhas festejaram. (A frase "Hip! Hip! Hurra!" deriva do grito de proclamação "Hep! Hep!" formado pelas três letras iniciais da frase em latim *[Hierosolyma Est Perdita]*, "Jerusalém está perdida!", sendo originalmente uma celebração antissemita.) Muitas pessoas, portanto, ficaram satisfeitas com a invasão babilônica e tentaram tirar proveito da situação. Os edomitas e os amonitas fizeram coisas terríveis ao povo que permaneceu em Jerusalém, o que explica a amargura expressa em alguns dos salmos desse período.

O salmo 137, por exemplo, começa de forma melancólica, refletindo sobre a dificuldade de cantar a respeito de Deus em uma terra estranha, mas conclui com um grito amargurado: "Feliz aquele que pegar os seus filhos e os despedaçar contra a rocha". Os edomitas pegavam os bebês dos habitantes de Jerusalém pelos tornozelos e esmagavam a cabeça deles contra os muros de Jerusalém. O salmo é um clamor do coração: "Queremos que sofram da mesma forma como temos sofrido".

A seção central de Ezequiel, portanto, não é um discurso retórico arbitrário dirigido a povos não judeus, mas, sim, uma descrição da retaliação de Deus a essas nações vizinhas que exploraram a queda de Jerusalém.

Algumas das profecias são incrivelmente detalhadas. Vamos avaliar apenas uma, na qual Ezequiel prevê a queda do porto marítimo de Tiro, localizado na costa leste do mar Mediterrâneo. Ezequiel profetiza que, um dia, Tiro será arrasada, toda a cidade será lançada ao mar, e o local onde Tiro se encontra será onde os pescadores secarão as suas redes. É uma profecia extraordinária, pois nenhuma cidade jamais foi lançada ao mar, antes daquela época ou desde então.

No entanto, isso tornou-se realidade. Quando Alexandre, o Grande, desceu marchando com seu grande exército rumo ao Egito, o povo de Tiro lotou os barcos de pesca e partiu para a ilha que ficava a menos de um quilômetro da costa, sabendo que Alexandre tinha um exército e não uma marinha de guerra. Mas não era por mero acaso que Alexandre seria chamado de "o Grande". Quando todo o povo estava supostamente em segurança na ilha, Alexandre ordenou que todo tijolo, toda pedra e todo pedaço de madeira da cidade fossem usados para construir uma ponte até a ilha. Assim que isso foi feito, seu exército cruzou a ponte e derrotou o povo de Tiro. A cidade foi, literalmente, lançada ao mar.

Se você observar um mapa da área hoje, verá que a moderna cidade de Tiro se localiza na ilha e a areia sedimentou a passagem construída por Alexandre. Seguindo até a antiga Tiro, no continente, encontrará apenas rochas, com redes de pescadores espalhadas sobre elas, exatamente como Ezequiel profetizou.

O capítulo 25 inclui previsões a respeito de Amom, Moabe e Edom, a leste de Judá, e outras sobre a Filístia, a oeste. Os capítulos 26–28 concentram-se em Tiro e Sidom, ao norte, e os capítulos 29–32 tratam do Egito, ao sul.

A seção central do livro é bastante fácil de compreender, exceto pelo fato de um homem – o rei de Tiro – ser apontado como um modelo do orgulho supremo. Muitas pessoas interpretam a descrição do rei de Tiro como a imagem do orgulho de Satanás, pois o rei, de fato, afirmou: "Sou um deus". Ele pode ter escavado alguns canais de irrigação, mas não chegou a criar o Nilo. Deus não tolerará o orgulho humano. É um pecado irrevogável apresentar-se como Deus. Foi o que fizeram Adão e Eva no jardim do Éden quando quiseram ser iguais a Deus. Embora tivessem sido feitos à imagem do Criador e, portanto, já se assemelhassem a ele em caráter, quiseram igualar-se a ele também em poder e autoridade.

É significativo que não haja uma única menção à Babilônia. Uma possível razão para essa omissão é que redigir textos antibabilônicos poderia ser considerado um ato de traição; ou, quem sabe, uma vez que o povo de Deus agora estava na Babilônia, fazer comentários sobre aquela nação não fosse apropriado. O que fica evidente é que, após o exílio, o povo de Deus nunca mais se envolveu com o culto a deuses estranhos. O castigo de Deus alcançara o seu propósito.

Retorno do exílio na Babilônia (capítulos 33–39)

Após a destruição de Jerusalém, em 587 a.C., a pregação de Ezequiel muda radicalmente de pessimista a otimista. Nos capítulos 33 a 39 – a seção mais agradável do livro – ele prevê e profetiza o retorno do povo do exílio.

O capítulo 33 fala de vigias a postos, dia e noite, sobre os muros de uma cidade, para alertar os habitantes do perigo. Uma sentinela que não notasse a aproximação de um inimigo pagava com a vida – era um crime capital. Deus atribui a Ezequiel a função de vigia. O que Deus estava lhe dizendo era: "Se você não alertar meu povo, pagará por isso com seu próprio sangue. Mas se você adverti-los, ficará isento da responsabilidade – eles pagarão por isso com o próprio sangue".

Uma das passagens mais conhecidas em Ezequiel é aquela em que Deus lamenta o fato de ter tentado em vão encontrar um homem que "estivesse na brecha" entre o próprio Deus e o povo – não encontrou nenhum sequer.

Ezequiel, no entanto, foi esse homem. Obviamente, ele não estava em Jerusalém – estava distante, na Babilônia – mas ainda era uma sentinela, e quando percebia que o problema se aproximava, sua responsabilidade era alertar o povo. Caso não o fizesse, teria que pagar por isso pessoalmente. Sendo assim, de certa forma, sua única escolha era seguir adiante com esse ministério penoso – ele seria responsabilizado caso se recusasse a fazê-lo.

O capítulo 34 fala dos "bons pastores" e dos "maus pastores" em Israel. Os maus pastores eram os profetas, sacerdotes e reis que deveriam estar cuidando de Israel, mas falhavam em cumprir sua missão. No final desse capítulo, Deus promete que ele mesmo será o Bom Pastor. Jesus se referia a esse capítulo quando afirmou ser o Bom Pastor, em contraste com os maus pastores que não cuidavam das ovelhas.

Curiosamente, a Bíblia nunca culpa as ovelhas pela condição do rebanho. Esse princípio também se aplica à igreja. Os pastores são responsáveis pela condição do rebanho, não as ovelhas.

No capítulo 35, Edom recebe uma menção especial, em parte por causa da antiga rivalidade entre as duas nações – resultante da desavença entre os irmãos gêmeos Esaú e Jacó.

O capítulo 37 é bem conhecido graças ao *negro spiritual* que fala dos ossos secos. Poucas pessoas, no entanto, continuam lendo até a parábola das duas varas, que tem a mesma importância. Ezequiel foi orientado a pegar duas varas de madeira e segurá-las pela mão, lado a lado. Deus lhe ordenou que escrevesse "Efraim" em uma delas (o nome popular das tribos do Norte) e "Judá" na outra (o nome das duas tribos no Sul). Em seguida, ele deveria segurá-las na mesma mão, a fim de que se tornassem apenas uma vara. Alguns acreditam que tenha sido uma visão, mas, na minha opinião, foi simplesmente um milagre, nos moldes do milagre realizado no Egito, com a vara que Moisés segurava. Deus estava dizendo: "Vou transformar os dois reinos em um único povo novamente e serei o seu pastor". Essas palavras ecoam as palavras de Jesus: "Tenho outras ovelhas que não são deste aprisco. É necessário que eu as conduza também. Elas ouvirão a minha voz, e haverá um só rebanho e um só pastor".

No capítulo 38, uma estranha profecia é lançada. É sobre "Gogue" e "Magogue", embora não saibamos ao certo o que esses nomes significam. Eles são mencionados novamente no final do livro de Apocalipse, deixando claro que a profecia ainda não foi cumprida. Um grande conflito virá do Norte, embora não possamos precisar de onde virá ou quem o causará. É como se Ezequiel olhasse por um telescópio e vislumbrasse um futuro distante. Assim como nós, ele nunca viu o cumprimento dessa profecia. Um dia, porém, no conflito final que haverá antes que a história se encerre, ela se cumprirá.

Esses capítulos incluem um aspecto bastante interessante: promessas futuras. Elas ocorrem 77 vezes. Essas promessas pactuais aparecem em frases como "Eu os trarei de volta à sua própria terra", "Eu serei o seu Deus", e "Eu lhes darei bons pastores". Eis aqui Deus, o marido, dirigindo-se à esposa indócil e dizendo-lhe: "Ainda estamos casados e cumprirei minha parte da aliança – eu prometo".

Quando Deus fez uma aliança com Israel, afirmou que mesmo se eles quebrassem o pacto, ele jamais o faria. Lemos em Deuteronômio que virão tempos em que Deus terá de expulsá-los da terra, mas ele sempre os trará de volta. Assim, quando Deus, depois de tê-los expulsado, os trouxer de volta, as nações saberão que ele é o Senhor, pois será um acontecimento público e todos saberão que o povo de Deus está de volta. É possível que as nações vizinhas não apreciem, mas terão de reconhecer que Deus trouxe o seu povo de volta. Israel ainda é o seu povo. Romanos 9–11 diz que, embora tenham rejeitado a Deus, ele não os rejeitou.

Restauração do templo em Israel (capítulos 40–48)

A privação mais traumática para o povo e também para Ezequiel foi a perda do templo. Eles sempre presumiram que, não importava o que fosse perdido, Deus jamais permitiria que o seu lugar de habitação na terra fosse destruído. A seção que trata do templo é a de mais difícil compreensão em todo o livro.

Segundo o texto, a profecia foi anunciada no vigésimo quinto ano do exílio de Ezequiel, quando ele tinha 50 anos. Geralmente, se a Bíblia informa a data de uma profecia, significa que temos de encaixar o texto em seu contexto histórico para compreendê-la.

Ezequiel não tinha permissão para concluir sua pregação aos exilados sem antes enchê-los com a esperança de algo que estava por vir. Eles estavam sendo disciplinados, mas não haviam sido destruídos. Deus jamais permitirá que Israel, o seu povo, desapareça. Jesus declarou que o céu e a terra podem passar, mas o povo judeu jamais deixará de existir (Mateus 24.34-35). A continuidade de sua existência é uma das provas de que o Deus de Israel é real. Deus expressa a sua eternidade em tudo o que toca, portanto você não pode destruir o que lhe pertence.

O projeto para a edificação do templo é apresentado nos capítulos 40–42. A construção é descrita em grande nível de detalhes, como um projeto arquitetônico. Suas dimensões seriam grandes o bastante para acomodar 13 catedrais inglesas! Mas o projeto é bem diferente do templo de

Salomão. É maior, não tem o Lugar Santíssimo, nem arca da aliança, nem mesa dos pães da Presença.

Na visão de Ezequiel relatada no capítulo 43, a glória do Senhor retorna ao templo e o ilumina, assim como havia acontecido após a oração de consagração feita por Salomão, 600 anos antes. A glória encheu a casa de tal maneira que precisou ser coberta pelo véu para evitar que cegasse a todos. Ezequiel havia visto a glória retirar-se e agora assistia ao seu retorno.

Há um altar e há sacrifícios, mas o capítulo 44 afirma que não há sacerdote. Esse fato é significativo para a nossa interpretação, porque desde que os judeus retornaram do exílio, o sacerdócio foi restabelecido até o tempo de Jesus. Nesse capítulo, o lugar do sumo sacerdote é ocupado pelo "príncipe dos sacerdotes". Curiosamente, os únicos sacerdotes nessa visão são os filhos de Zadoque – da família de Ezequiel.

A descrição do templo é particularmente intrigante porque ele nunca foi construído. Quando o povo de Judá retornou do exílio, construiu um templo de aparência tão pobre que Zacarias precisou lhes dizer para não desprezarem o dia das pequenas coisas. Quando retornaram, também não encontraram um rei. Um homem chamado Josué era o sumo sacerdote, e Zorobabel, o governador.

No tempo de Jesus, o rei Herodes, um edomita (descendente de Esaú), estava reconstruindo o templo em proporções grandiosas, com o objetivo de impressionar os judeus. Ele havia, de fato, incorporado ao projeto algumas das ideias de Salomão, mas era bem diferente da visão de Ezequiel. O templo era gigantesco e ainda estava em construção quando Jesus iniciou o seu ministério. Algumas das pedras tinham mais de 4 metros de comprimento, 1 metro de altura e 1 metro de profundidade, e pesavam cem toneladas. Mesmo sendo uma visão esplêndida, Jesus decretou que não restaria pedra sobre pedra. Era uma obra recém-concluída quando os romanos a destruíram em 70 d.C., portanto a previsão de Jesus se realizou por completo.

Sendo assim, o templo de Ezequiel será construído algum dia?

Não literal

Alguns afirmam que a visão não indicava que o templo seria construído literalmente. Era uma visão profética com o objetivo de levar esperança aos judeus. Os detalhes da visão a fazem parecer realista, mas trata-se de uma parábola que deve ser reconhecida por sua importância espiritual. Esse argumento não explica, no entanto, por que Ezequiel foi instruído a relatar tantos detalhes ao povo!

Outros argumentam que se trata da descrição de um templo celestial. Apontam como provas certas passagens bíblicas (Êxodo 25.40; Hebreus 8.2,5; 9.11, 24; Apocalipse 9.11).

Literal

PASSADO
Outra possibilidade é que o desejo de Deus era que o templo fosse construído, mas o povo ignorou os planos de Ezequiel e construiu a sua própria versão de acordo com suas possibilidades. Isso explicaria por que a glória não retornou, o príncipe não veio e o rio não transbordou. Os que sustentam esse ponto de vista ressaltam que, no capítulo 43, não aparece o refrão "então sabereis" que se repete em todo o livro.

FUTURO
Outra possibilidade ainda é que o templo será construído no futuro. Muitos cristãos estão convencidos de que ele

fará parte da nova Jerusalém. As 12 portas receberão os nomes das 12 tribos. A nova Jerusalém será chamada "O Senhor está aqui".

Outros especulam que o templo será reconstruído pelo povo judeu antes da vinda de Jesus ou no Milênio. O problema desse argumento é que outros profetas mencionam sacrifícios, altares e sacerdotes, e todos esses elementos estão ausentes nessa visão (veja Isaías 56.6-8; 66.21; Jeremias 33. 15-18; Zacarias 14.16).

Alguns cristãos destacam que o Novo Testamento deixa claro que Deus não habita em templos (Atos 7.48; 17.24). Jesus referiu-se a si mesmo como "este templo" (João 2.19,21), e os cristãos também são descritos como templos (1Coríntios 3.16; 6.19; 2Coríntios 6.16; Apocalipse 3.12). Assim (segundo o argumento), não importa, de fato, se o templo será reconstruído ou não.

É difícil afirmar categoricamente que o templo será ou não será reconstruído. Esse é um daqueles temas que teremos de esperar para ver! A boa notícia é que, segundo o plano de Deus, ele mesmo viria e habitaria na terra, na pessoa de Jesus Cristo. Cada cristão é o templo de Deus hoje – ele habita em nós. Assim, por mais incertos que estejamos a respeito do templo visto por Ezequiel, podemos nos alegrar com a visão.

Os capítulos finais

No capítulo 45, toda a terra de Israel é dividida entre as tribos, porém de maneira muito diferente da divisão determinada no livro de Josué. Ela é distribuída em faixas horizontais de leste a oeste. Temos também a restauração de sacrifícios, festas e dias santos, com exceção do Pentecoste.

O capítulo inclui então a visão de um novo rio no Oriente Médio. A maioria dos rios que cruzam a Terra Prometida corre para o Mediterrâneo, descendo das Colinas da Judeia.

Há, no entanto, um rio fascinante, chamado Jordão, que corre ao longo da maior fenda da superfície terrestre, da Síria até a África. O ponto mais profundo da fenda e o ponto mais baixo da superfície da terra é Jericó.

Na visão de Ezequiel, a nascente do novo rio fica exatamente na área do templo em Jerusalém. Qualquer rio que se forme ali deve necessariamente correr para o mar Morto. Jerusalém está cercada de colinas, mas há nelas uma abertura para o sudoeste da cidade, que segue diretamente para o mar Morto. Ezequiel vê um rio descendo por aquele vale e outros afluentes que se unem a esse rio, tornando-o cada vez mais profundo; alguém que esteja caminhando pelo rio logo se encontrará em águas profundas e precisará começar a nadar.

Ezequiel vê o novo rio entrando pelo mar Morto na região de Ein Gedi, que fica a meio caminho da Cisjordânia. É justamente o local onde Davi escondeu-se de Saul na caverna. Ezequiel vê o rio revigorando o mar e os pescadores da Galileia descendo ao mar para pescar. Não se pode mais chama-lo de mar Morto, pois é um mar revigorado e vivo. Toda a visão é um sonho com o objetivo de encher os corações do povo com a esperança de que o futuro será melhor.

Finalmente, no último capítulo do livro, Ezequiel vê as portas da cidade sendo reerguidas e a terra desfrutando de paz e prosperidade. A visão é maravilhosa. Assim, apesar do início sombrio, o livro termina com grande esperança.

Por que os cristãos devem ler Ezequiel?

Em primeiro lugar, o livro nos diz que Deus julga seu próprio povo – o julgamento começa pela casa do Senhor. Deus é santo e, portanto, deve julgar. Um juiz tem duas funções – condenar o ímpio e justificar o justo. Deus é o

A LUTA PELA SOBREVIVÊNCIA

perfeito juiz, pois ele tudo conhece, pode fazer qualquer coisa e estar em todos os lugares. Seu nome está ligado à nação judaica, por isso ele precisou puni-los do pecado, mas, pela sua misericórdia, também os resgatou das mãos de seus inimigos. Muitos cristãos pensam que, porque creram em Jesus, estão isentos de toda punição. Isso, no entanto, está longe de ser a verdade. Devemos todos nos apresentar perante o tribunal de Cristo. Deus julga o seu próprio povo e usa um padrão mais elevado para julgá-los em relação ao padrão aplicado a outras nações.

Em segundo lugar, precisamos nos lembrar de que Deus executa a vingança. Se sofremos afronta, não precisamos buscar vingança; podemos, seguramente, deixá-la com Deus. Assim, se alguém o maltratar, você pode até se entristecer, mas não pode irar-se, pois é Deus quem o vingará.

Em terceiro lugar, Deus sempre restaurará o seu povo. Assim como Israel jamais desaparecerá da história, a igreja também sempre existirá. Pertencemos ao povo da eternidade, e sempre haverá um Israel e uma igreja, e haverá um só rebanho e um só pastor. Deus é o Deus que restaura o seu povo.

Em quarto lugar, devemos observar que grande parte do que analisamos em Ezequiel repete-se no livro de Apocalipse. Uma das razões pelas quais os cristãos não compreendem Apocalipse é porque não conhecem o suficiente a respeito do Antigo Testamento e de Ezequiel, em especial. O livro de Apocalipse tem 300 referências ao Antigo Testamento. Em Apocalipse, encontramos tantos símbolos usados por Ezequiel e tantas referências a esse livro do Antigo Testamento que, se você não conhece a mensagem de Ezequiel, ficará desnorteado com Apocalipse.

Acima de tudo, Ezequiel nos traz uma visão de Deus – sua onipotência, seu poder, sua onipresença. Há no livro uma tremenda percepção de sua santidade – a consciência de que ele ligou seu nome a uma nação, de que seu nome está nas mãos desse povo. E, como povo, podemos apelar ao nome e à reputação de Deus [por amor do seu nome], pois sabemos que seu nome está associado a nós. Podemos dar ao nome de Deus uma boa ou uma má reputação. Deus sempre justificará a si mesmo no longo prazo.

O livro nos lembra de que existe uma ameaça à reputação de Deus no que diz respeito a seu povo. Por isso ele os restaurará, pois precisa justificar o seu nome. Ele jamais permitirá que as nações da terra pensem que Deus chegou ao fim pois o seu povo não existe mais. Muitos podem perecer, mas o seu povo permanecerá, pois se trata do povo de Deus.

29.
DANIEL

Introdução

O livro de Daniel é uma combinação dos trechos mais conhecidos e menos conhecidos das Escrituras. Todos conhecem o relato de Daniel na cova dos leões; muitos conhecem o episódio que envolve Sadraque, Mesaque e Abede-Nego na fornalha de fogo ardente; e a história do banquete de Belsazar é conhecida por alguns, em parte porque a expressão da língua inglesa *the writing on the wall* [a escrita na parede], que significa um "alerta" do juízo que se aproxima, tem origem nesse episódio.

Os capítulos mais conhecidos desse livro são de fácil compreensão, mas há capítulos que estão entre os mais complexos de toda a narrativa bíblica. A linguagem é pouco comum e os símbolos e as representações são obscuros.

Além disso, no que se refere à interpretação, o livro também oferece um panorama confuso. Boa parte do livro pode ser explicada sob a ótica humana. O fato de Daniel estar saudável ao evitar carne vermelha e optar por legumes, verduras e frutas não surpreende ninguém que entenda de nutrição. Há, no entanto, acontecimentos cuja explicação é evidentemente sobrenatural, e os céticos em relação ao sobrenatural têm dificuldades em aceitá-los. Veja um exemplo: três homens são lançados na fornalha de fogo ardente que fora aquecida sete vezes mais do que de costume. Eles não apenas sobrevivem, como seus cabelos nem chegam a ser chamuscados! Explicações naturais não surtirão efeito aqui.

Uma parte do livro é coerente com a nossa cultura ocidental moderna. Podemos entender os relatos das experiências daqueles que foram retirados de sua terra.

Mas há muito nesse livro que nos parece, notadamente, pouco familiar. O enfoque nos sonhos e seres angelicais parece estranho e, apesar de tal enfoque estar se tornando mais popular hoje, no geral, ele não é verossímil.

Humano ou divino?

Assim, a leitura do livro de Daniel desperta indagações a respeito da natureza da Bíblia. O que é a Bíblia? É um livro humano ou divino? De certa maneira, a Bíblia é uma obra escrita por seres humanos a respeito de seres humanos, por isso muitos simplesmente a tratam como tratariam qualquer outro livro – eles a leem como uma obra de história, literatura ou religião. Essa abordagem, no entanto, deixa escapar o óbvio. Isso porque encontramos na Bíblia – e no livro de Daniel em especial – eventos que só se justificam mediante a intervenção sobrenatural, com padrões de profecia e cumprimento que apontam para a ação divina por trás de tudo.

A Bíblia, portanto, só pode ter sido inspirada por Deus. Sem dúvida, ela fala sobre Deus. Somente Deus pode fazer milagres, mudar as leis da natureza, interferir nos processos naturais e intervir nas leis de causa e efeito que governam a maioria dos eventos em nosso planeta. No livro de Daniel, Deus realiza sinais e maravilhas em muitas ocasiões. E somente ele conhece o futuro.

A dimensão sobrenatural é evidenciada quando examinamos o conteúdo do livro. Seu conteúdo cobre 75 anos da vida de Daniel, mas 490 anos de história. O elemento assombroso é a notável precisão nas previsões de Daniel. Há trechos do livro que ainda aguardam seu cumprimento. A Bíblia, no todo, prevê 735 acontecimentos (27% dos versículos têm o seu enfoque no futuro), sendo que 593 (ou seja, 81%) previsões já se cumpriram. O livro de Daniel contém 166 profecias, muitas delas simbólicas.

Se, outrora, profecias e milagres eram entendidos como provas da inspiração divina da Bíblia, hoje eles são considerados uma desvantagem. Há pessoas que desejam remover da Bíblia os milagres e as profecias para torná-la mais "crível". Esses eventos são vistos como ficção, e não fatos, como sagas da literatura antiga, não como verdades históricas. Sob essa perspectiva, o milagre de Daniel na cova dos leões, por exemplo, é esclarecido da seguinte maneira: os leões talvez já tivessem sido alimentados ou não devoraram Daniel porque ele era feito, basicamente, de caráter e coragem!

Os que encaram a Bíblia dessa forma afirmam que a ausência de conteúdo histórico não indica que valores morais e espirituais genuínos também estejam ausentes. Assim como as Fábulas de Esopo transmitem significado aos leitores sem a necessidade de um fundamento factual, muitos comentários bíblicos de estudiosos liberais modernos também consideram os milagres como fábulas e presumem que as previsões futuras tenham sido acrescentadas posteriormente, quando os eventos previstos já haviam ocorrido.

Como veremos, o capítulo 11 do livro de Daniel é um registro assombroso de uma série de eventos ocorridos séculos após a morte de Daniel. Há 27 previsões específicas nesse capítulo, cada uma delas cumprida séculos depois. Dessa forma, ou essas previsões foram registradas posteriormente aos eventos ou o livro foi inspirado por Deus e contém relatos baseados em sua presciência.

Acho espantoso que muitas pessoas inclinadas a encarar os milagres e as profecias sob essa perspectiva humanista ainda tenham o desejo de seguir a Bíblia. Elas acreditam que podem segui-la pelos valores morais e espirituais que ela introduz. Em outras palavras, procuram viver segundo os Dez Mandamentos ou o Sermão do Monte, mas ignoram os milagres e as profecias. Essa abordagem, no entanto, restringe bastante a abrangência da Bíblia. Ela deixa de ser o livro da salvação; passa a ser um mero conjunto de orientações do que o homem deve fazer por si mesmo, e não do que Deus pode fazer por nós.

Essa postura com relação à Bíblia manifesta, na realidade, os sentimentos das pessoas em relação a Deus. Elas não aceitam o aspecto sobrenatural das Escrituras, pois, se cressem nisso, teriam de agir de forma diferente. A realidade de Deus se manifesta no sobrenatural e, por essa razão, aceitar essa verdade implicaria reconciliar-se com ele.

As evidências da ressurreição, por exemplo, são tão contundentes, que qualquer júri, em qualquer tribunal, ficaria absolutamente convencido de que, de fato, aconteceu. O testemunho ocular somado à prova circunstancial é muito mais forte do que as evidências de que Júlio César invadiu a Inglaterra em 55 a.C. O problema, no entanto, é que, se Jesus ressuscitou dos mortos, então todos devem reconhecer que precisam mudar sua forma de viver. Se a ressurreição de Jesus realmente aconteceu, então, consequentemente, as alegações de Jesus a respeito de si mesmo devem ser verdadeiras e, consequentemente, suas afirmações a nosso respeito também devem ser válidas.

Você não pode ignorar Jesus, mas pode ignorar Júlio César. Pode crer em César e não mudar nada, mas não pode crer em Jesus Cristo sem ser compelido a transformar por completo a sua maneira de viver. Assim, uma postura cética em relação à Bíblia costuma ser associada à relutância em aceitar a dimensão sobrenatural da Bíblia, pois, no momento em que aceitamos essa dimensão, entendemos que há implicações práticas.

A LUTA PELA SOBREVIVÊNCIA

Um livro de contrastes

O livro de Daniel pode ser dividido em duas partes. A primeira metade (capítulos 1–6) constitui-se principalmente de milagres e a segunda (capítulos 7–12), basicamente, de profecia. Assim, os que têm dificuldades com as passagens sobrenaturais da Bíblia não saberão o que fazer com esse livro! Os capítulos 1–6 são de fácil compreensão e os textos preferidos nas aulas da Escola Dominical. Mas os capítulos 7–12 são tão difíceis que até mesmo adultos raramente os estudam.

CAPÍTULOS 1–6	CAPÍTULOS 7–12
principalmente milagres	principalmente profecias
terceira pessoa: "ele"	primeira pessoa: "eu"
escrito a respeito de Daniel	escrito por Daniel
durante a vida de Daniel	após a morte de Daniel
o presente	o futuro

Há também um contraste na linguagem entre as duas partes do livro, embora a divisão não seja tão simples como a apresentada acima. Na primeira parte, o primeiro capítulo está escrito em hebraico e os cinco capítulos seguintes, em aramaico – a *lingua franca* da época. Na segunda parte, o primeiro capítulo está em aramaico e os outros cinco, em hebraico. Aparentemente, portanto, os capítulos eram dirigidos a leitores específicos. Os capítulos em aramaico foram escritos para um público mais genérico e aqueles em hebraico foram destinados especialmente aos judeus.

Contexto histórico

A narrativa se passa na Babilônia, nação governada por Nabucodonosor – um tirano cruel e orgulhoso, que se deleitava em torturar suas vítimas. O Hitler do Mundo Antigo. Nabucodonosor, depois de ter conquistado a Assíria, desejava derrotar seu principal rival, o Egito. Judá obstruía o caminho, portanto precisaria ser removida para que se concretizasse sua ambição real de controlar um grande império.

É importante entender que os filhos de Israel foram levados ao exílio na Babilônia em três etapas e retornaram também em três etapas, embora o número dos que retornaram fosse muito menor do que o dos que partiram. Na realidade, toda uma comunidade judaica permaneceu na Babilônia (hoje Iraque) até a década de 1940. É provável que os "homens sábios", que seguiram a estrela até Belém, fossem um remanescente dessa comunidade judaica e não gentios, conforme muitos pregadores afirmam. Eles teriam conhecimento da profecia de Balaão sobre uma "estrela" que surgiria de Jacó para se tornar o Rei do povo de Deus.

Três deportações

A primeira deportação ocorreu em 606 a.C. Os babilônios deslocaram a camada superior da sociedade israelita – a saber, a família real e os oficiais da corte – juntamente com as vasilhas do templo [taças de ouro e de prata]. Em parte, o intuito era garantir que os judeus conquistados fossem incapazes de se rebelar contra o governo babilônico. Jeoiaquim foi deixado ali como um rei fantoche. Entre os que foram exilados nesse agrupamento estavam quatro jovens chamados Daniel, Hananias, Misael e Azarias (os babilônios mudaram os seus nomes para Beltessazar, Sadraque, Mesaque e Abede-Nego). Jovens atraentes e inteligentes da nobreza israelita, eles foram escolhidos para ser treinados no serviço ao rei babilônico. São os heróis da primeira parte do livro. Sabemos que Daniel jamais retornou à sua terra natal.

A segunda deportação ocorreu em 597 a.C. Dessa vez, as classes mais altas foram removidas, entre elas os políticos e também os artesãos. Ezequiel estava nesse grupo. O rei Jeoiaquim foi deixado no governo. O restante do povo foi deportado em 586 a.C., quando a cidade e o templo foram destruídos. Os babilônios levaram o rei Zedequias cativo, mas deixaram o profeta Jeremias em Jerusalém.

Três retornos
O primeiro retorno aconteceu em 538 a.C., quando os persas derrotaram os babilônios e Ciro permitiu que os povos exilados, os judeus entre eles, retornassem à sua terra natal. Liderados por Zorobabel, aproximadamente 50 mil judeus voltaram no primeiro agrupamento. Um segundo grupo, então, retornou em 458 a.C., sob a liderança de Esdras, quando teve início a reconstrução do templo. O último grupo veio em 444 a.C., quando os muros da cidade foram reconstruídos, protegendo a cidade de Deus contra os inimigos que a cercavam.

A história de Daniel segue em paralelo à de Ester. Ela viveu em Susã, a capital do império medo-persa, enquanto Daniel desempenhou papel importante nos impérios babilônico e medo-persa. Ele ganhou destaque vivendo sob o domínio de uma sucessão de conquistadores. Sua carreira foi notável, sem mencionar que foi usado de maneira especial por Deus em seu ministério profético.

Parte 1 (capítulos 1–6)

Capítulo 1
O capítulo 1 concentra-se na deportação de Daniel, em 605/604 a.C., e em sua seleção para a corte real da Babilônia. Ele recebeu o nome de um deus babilônico – Beltessazar

– assim como aconteceu com seus três companheiros. Eles não se opuseram aos nomes, mas permaneceram fiéis ao seu Deus no que se referia à alimentação. Estavam sendo alimentados para parecer gordos, pois a obesidade era um sinal de prosperidade. Estavam sendo nutridos para posições de autoridade. Daniel e seus três amigos, no entanto, não desejavam violar a leis de Deus relacionadas à dieta e, assim, perguntaram ao responsável por seu treinamento na universidade da Babilônia se poderiam manter a dieta judaica e, após 10 dias, ser avaliados em relação aos que seguiam a dieta babilônica.

Daniel, portanto, iniciou a defesa de seus princípios a partir de uma questão relativamente pouco importante como a alimentação, mas isso lhe trouxe a determinação para, mais tarde, enfrentar os leões. Há um ensinamento profundo aqui. Se você consegue defender sua posição em uma questão de menor significância, maior será a probabilidade de defendê-la em um tema de maior importância. Seu caráter é formado por pequenas decisões a respeito de temas menos relevantes – o que o capacita a manter-se firme diante de uma grande crise.

Na data prevista, foi constatado que Daniel e seus amigos não apenas estavam em melhores condições de saúde, como também muito à frente em seus estudos, em comparação aos outros alunos. Tiveram permissão, portanto, de manter a sua dieta *kasher*.

Esse incidente inicial nos mostra jovens de caráter sólido estabelecendo um fundamento para toda uma vida de serviço a Deus. Apesar de desempenhar uma atividade que muitos chamariam de "secular", Daniel e seus amigos estavam servindo a Deus "em tempo integral". De fato, qualquer trabalho pode ser uma vocação sagrada se for santificado a Deus. Todos os cristãos deveriam estar servindo em tempo integral.

Capítulo 2

O capítulo 2 introduz a parte mais misteriosa do livro – o relato de um sonho com um monstro. É o único trecho dos primeiros seis capítulos que confunde os leitores. Esse tipo de registro simbólico é conhecido como "apocalíptico" – um gênero usado em outros livros bíblicos como, obviamente, Apocalipse.

Em 606 a.C., Nabucodonosor teve um sonho e mandou chamar todos os seus sábios a fim de que lhe revelassem o significado, caso contrário, perderiam a vida. Ele mesmo, no entanto, havia se esquecido do sonho, então exigia também que os sábios o descrevessem! Era uma tarefa difícil e estava além das capacidades dos sábios de Nabucodonosor. Daniel foi capaz não apenas de descrever o sonho, mas de interpretá-lo também.

O sonho mostrava uma estátua gigante feita com materiais diferentes desde a cabeça – de ouro – passando pela prata e pelo ferro, até os pés, feitos de uma mistura de ferro e argila. Segundo a interpretação do sonho, a cabeça era Nabucodonosor, mas o restante do corpo, a revelação de futuros impérios que sucederiam a Babilônia. Os medos e persas sob o governo de Ciro substituiriam a Babilônia, porém sem o mesmo esplendor e glória babilônicos. Seriam seguidos pelo império grego sob a liderança de Alexandre, o Grande, que eliminaria os medos e os persas. Os gregos seriam substituídos pelos romanos, simbolizados pelas pernas de ferro – uma imagem conveniente para o que Roma veio a ser. Foram os seus exércitos que estabeleceram a lei romana. O domínio romano seria substituído pelos pés feitos de argila e ferro, uma mistura quebradiça de fraqueza e força. Uma "pedra" terminaria com tudo.

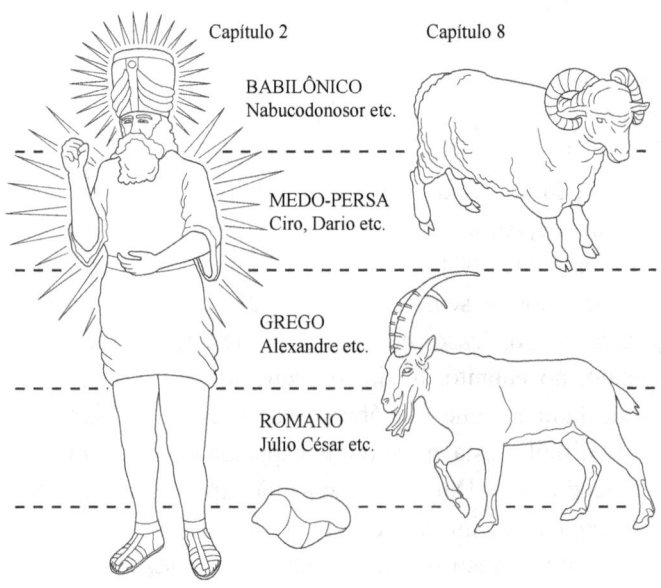

Esse sonho, portanto, foi o primeiro alerta de Deus a Nabucodonosor. Deus estava dizendo de forma clara: "Eu controlo os reinos. Promovo a sua ascensão e o seu declínio, e levantarei esses outros impérios depois de você".

Capítulo 3
O capítulo 3 é a conhecida história da fornalha de fogo ardente. Nabucodonosor, provavelmente em razão de seu sonho, ordenou que uma estátua gigantesca fosse erguida e coberta de ouro. A estátua tinha 27 metros de altura por 2,70 metros de largura e dominava a paisagem plana da Mesopotâmia. Nabucodonosor decretou que, sempre que a banda da cidade tocasse, todos deveriam prostrar-se diante desse ídolo. Era um tipo de religião oficial do Estado e uma maneira fácil de unir o império em torno de uma crença. Sadraque, Mesaque e Adebe-Nego, no entanto, recusaram-se a obedecer (curiosamente, o texto não menciona o que Daniel fazia no momento).

Relatos dessa rebelião chegaram a Nabucodonosor e, consequentemente, os três jovens foram lançados na fornalha ardente, aquecida sete vezes mais do que de costume. Até os homens que os lançaram foram queimados. Lemos que Nabucodonosor viu na fornalha quatro pessoas, uma delas com a aparência de um filho dos deuses. Alguns afirmam que se trata de uma aparição antecipada do Filho de Deus.

Capítulo 4

A história da loucura de Nabucodonosor relatada no capítulo 4 é a minha história favorita do Antigo Testamento, o que, provavelmente, revela algo sobre a minha própria pessoa! Foi uma manifestação de sinais e maravilhas, que ocasionou a conversão de Nabucodonosor ao Deus de Israel. Um pouco do contexto justificará minha fascinação com esse episódio.

Nabucodonosor havia se casado com uma bela princesa das montanhas da Pérsia, onde hoje se localiza Teerã, a capital do Irã. Ela mudou-se para o palácio de Nabucodonosor e logo começou a sentir saudades de sua terra. Quando Nabucodonosor ouviu a razão de sua queixa, prometeu buscar uma solução. Construiu uma enorme montanha de tijolos e a cobriu com árvores, arbustos e plantas. O resultado foi tão esplêndido que a construção se tornou uma das sete maravilhas do mundo. Muitos vieram conferir os "Jardins Suspensos da Babilônia". Então, na parte superior dos jardins, ele fez um zoológico particular com animais selvagens, tudo para agradar sua esposa, pouco acostumada com a paisagem deprimente da Babilônia.

Certo dia, ele estava no terraço de seu magnífico palácio quando se deu conta do que havia realizado. Indagou: "Acaso não é esta a grande Babilônia que construí como capital do meu reino, com o meu enorme poder e para a glória da minha majestade?". Em seguida, Nabucodonosor adormeceu e sonhou com uma enorme árvore que alcançava o céu. Havia aves em seus galhos e sob ela os animais encontravam abrigo. A árvore foi cortada, seu toco e raízes atados com ferro e, então, começou a crescer novamente.

Outra vez, o rei pediu uma interpretação a Daniel e foi informado de que ele, Nabucodonosor, era árvore a ser expulsa de entre os homens por sete anos, até reconhecer que o Altíssimo domina os reinos dos homens e os entrega a quem ele quer. Um ano depois, Deus disse a Nabucodonosor que a profecia haveria de se cumprir. Como era de se esperar, ele ficou louco durante sete anos, a ponto de precisar ser preso em seu zoológico. Comeu capim durante sete anos. Seu cabelo cresceu como as penas de uma águia e suas unhas tornaram-se como as garras de uma ave – exatamente como aconteceu ao milionário recluso Howard Hughes, em seus últimos dias.

Passados sete anos, ele ergueu os olhos aos céus e declarou: "Deus, tu és Deus", e Deus lhe restaurou o trono e o fez maior do que antes. É uma história fascinante, embora o final seja confuso. Nabucodonosor cometeu o erro de obrigar todos a se curvarem ao Deus de Israel – a adoração deve ser um ato de livre vontade. Mas, mesmo assim, ele se converteu.

Capítulo 5

O capítulo 5 é a história do fim do império babilônico. A essa altura, Belsazar havia sucedido Nabucodonosor. Em um grande banquete, ele cometeu um erro que lhe custaria a vida. Tomou as vasilhas santas que haviam sido roubadas do templo em Jerusalém e usou-as para uma orgia. Deus, no entanto, a tudo assistia, e, durante o banquete, Belsazar viu uma mão escrevendo na parede as seguintes palavras: "MENE, MENE, TEKEL, PARSIN". Diante da mão desincorporada que escrevia essa mensagem, ele ficou, obviamente, paralisado pelo medo. Mais uma vez, Daniel trouxe a interpretação e explicou o significado das palavras: "O teu reinado chegou ao fim, foste pesado na balança e achado em falta. Teu reino foi dividido". Naquela mesma noite, os persas atacaram a Babilônia, o império foi derrotado e Belsazar foi morto.

Capítulo 6
O capítulo 6 conta outra história bastante conhecida – a de Daniel na cova dos leões. Não tão conhecido é o fato de haver na época outro rei e outro império e Daniel ter, aproximadamente, 90 anos de idade. Dario, o medo, ocupava o trono e, mais uma vez, o antissemitismo era uma prática corrente. Os povos dominados pelo império eram obrigados a adorar a pessoa do rei e proibidos de orar a qualquer outra divindade durante um mês. O plano foi arquitetado pelos amigos invejosos de Daniel e surtiu efeito. Ele manteve o hábito de abrir as janelas do andar superior e orar na direção de Jerusalém. Os que procuravam uma falha em Daniel, agora providos da munição necessária, forçaram Dario a aplicar a punição pela desobediência. Para castigar Daniel, o rei o lançou na cova dos leões, mas o anjo fechou a boca dos leões e Daniel foi poupado da desgraça. Outra vez, portanto, Daniel provou ser um homem íntegro e Deus provou-se capaz de preservar seu servo.

Parte 2 (capítulos 7–12) – O legado de Daniel

Quando chegamos à segunda metade do livro de Daniel, nos deparamos com uma atmosfera totalmente diferente. Passamos da terceira para a primeira pessoa, portanto, de agora em diante, é o próprio Daniel quem escreve. Também mudamos do aramaico para, predominantemente, o hebraico, iniciando uma seção dirigida especialmente ao povo de Deus. Certamente, não aconselharíamos um não cristão a ler os capítulos 7–12 de Daniel.

Nessa seção, Daniel faz previsões específicas que se constituem, basicamente, um registro da história antes de sua consumação. Isso se deve ao nível de detalhes, à sequência de datas apresentada e à precisão em relação aos acontecimentos históricos. Então, se Deus pode prever os acontecimentos, ele conhece o futuro?

A Bíblia deixa claro que Deus não somente conhece o futuro, como também o ajusta. Isso não quer dizer que tudo esteja planejado e predeterminado. Há nas Escrituras um equilíbrio muito delicado entre a soberania divina e a responsabilidade humana. Não devemos afirmar que tudo está predeterminado, como se fôssemos robôs. Entretanto, Deus pode, sim, arquitetar acontecimentos. Se eu jogasse xadrez contra um mestre, ele venceria, mas eu teria liberdade para decidir as jogadas que desejasse fazer. Ele pode pôr à prova cada jogada minha e ainda sair vencedor. Deus tem mais livre arbítrio do que nós, pois a nossa liberdade é limitada pela dele. Há uma flexibilidade na soberania de Deus que realmente devemos considerar muito preciosa, a fim de que não caiamos no pensamento de que ele predeterminou todas as coisas, sem se importar com o que pensamos.

Algumas observações precisam ser feitas sobre as visões apresentadas nos capítulos 7–12.

Um aspecto negativo é que elas não são contínuas; não são uma série de eventos que se sucedem. Tampouco são consecutivas, no sentido de estarem na ordem correta. Nem mesmo são coincidentes, ou seja, iniciando ou terminando ao mesmo tempo.

A LUTA PELA SOBREVIVÊNCIA

AS VISÕES DE DANIEL SOBRE O FUTURO

1. NÃO CONTÍNUAS

   7 _____ 12

2. NÃO CONSECUTIVAS

   7   8   9   10   11   12

3. NÃO COINCIDENTES

   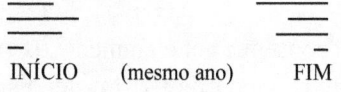

   INÍCIO   (mesmo ano)   FIM

4. VARIAM EM DURAÇÃO

5. SOBREPÕEM-SE

   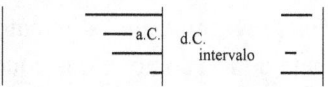

6. COBREM DOIS PERÍODOS

   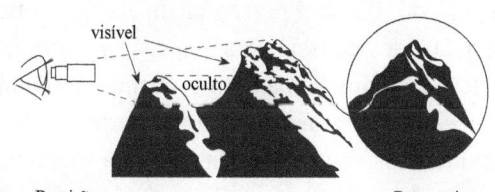

   "Telescópio profético"

Um aspecto positivo é que as visões variam, sim, em duração, algumas breves, outras cobrindo períodos mais longos. Estão, às vezes, sobrepostas, e algumas são simultâneas. Acima de tudo, elas cobrem dois períodos de tempo: o primeiro conduzindo à primeira vinda do Messias e o outro, antecedendo a segunda vinda. É como se Daniel olhasse através de um telescópio profético e enxergasse os dois "picos" da história, dispostos um em frente ao outro, um mais perto e um mais longe, sem perceber a extensão do vale entre eles.

Sendo assim, Daniel consegue ver claramente os eventos que antecedem a primeira vinda de Cristo; depois disso, nada mais pode ver até os eventos que antecedem a segunda vinda. Como a maioria dos profetas do Antigo Testamento, ele não percebeu quanto tempo se passaria entre esses dois "picos". Enxergava tudo isso como um único evento futuro e o chamou de "o Reino". Não sabia que o Reino viria em duas etapas, porque o Rei viria duas vezes.

Esses capítulos, então, preveem tanto os eventos que antecedem a primeira vinda do Rei como os que conduzem à sua segunda vinda, e é espantoso observar que as duas séries de eventos são praticamente idênticas. No primeiro período, há um homem cujo nome é Antíoco Epifânio. No segundo período, há uma pessoa chamada de "anticristo", e as descrições desses dois personagens são notavelmente semelhantes. Em outras palavras, quando estudamos os eventos que conduzem à primeira vinda de Cristo, temos um vislumbre dos eventos que antecedem a segunda vinda.

Profecias já cumpridas
Quando analisamos o primeiro sonho de Nabucodonosor, no capítulo 2, observamos um padrão decrescente da qualidade dos reinos humanos, começando com o rei de ouro – a cabeça – passando pela prata e pelo ferro até

chegar aos pés de argila. Essa sequência de reinos humanos levará à inauguração do Reino divino. Temos, portanto, os reinos babilônico, medo-persa e grego, seguidos pelo império romano, durante o qual Jesus, o Rei divino, veio ao mundo. Daniel esperava que o Reino divino assumisse o total controle dos reinos humanos, mas não percebeu que haveria um período no qual o Reino divino estaria na terra, simultaneamente aos reinos humanos. Ele enxergava o segundo pico quase como parte do primeiro e não percebeu que haveria um intervalo de, pelo menos, dois mil anos, o período em que vivemos. Vivemos no Reino divino, e, no entanto, ainda existem no mundo reinos humanos tais como a Rússia, a China e os Estados Unidos.

Assim, na visão, a pedra vinda de uma montanha que não fora tocada pelo homem atingiu os pés da estátua e tudo veio abaixo. Essa pedra era o Reino de Deus interferindo nos reinos humanos – substituindo todos eles, derrubando-os e estabelecendo o Reino divino de Deus. A partir dessa visão, Daniel presumiu que tudo aconteceria de uma única vez, mas sabemos que será em duas etapas, pois os reinos deste mundo subsistem paralelamente ao Reino divino.

Outra profecia que foi cumprida está registrada no capítulo 8, cujo enfoque está em um carneiro e um bode com um chifre entre os olhos. Esses dois animais correspondem a duas partes da gigantesca estátua retratada no capítulo 2 – o império medo-persa e o império grego. O carneiro representa o império persa, que se estendeu da Índia ao Egito abrangendo toda a Turquia. Tudo o que o capítulo 8 afirma sobre o império persa se tornou realidade.

O bode representa o império grego, que sucedeu ao império medo-persa. Alexandre, o Grande, recebeu o apelido de "Bode", pois estava sempre investindo contra outros. Tinha somente 32 anos quando morreu, mas havia conquistado todo o mundo "civilizado" da época e é reverenciado como um dos grandes conquistadores da história. Era, no entanto, um homem que cedia às paixões, e seu modo de viver pecaminoso contribuiu para a sua queda. Após a morte de Alexandre, seu império foi dividido entre seus quatro generais. Lisímaco recebeu a Turquia, Cassandro, a Grécia, Ptolemeu ficou com o Egito, e Seleuco, com a Síria. Israel, portanto, ficou sob domínio de Seleuco e Ptolemeu, e, por causa disso, enfrentou consideráveis dificuldades.

O capítulo 9 contém uma profecia sobre o período de tempo que se passaria até a chegada do Rei divino. Estudiosos da Bíblia chamam essa passagem de "as setenta semanas de Daniel" e muita tinta já foi gasta em conjecturas sobre o seu significado. Não faltam teorias favoritas. Daniel é informado que "setenta vezes sete" são decretados para Israel. No entanto, é importante perceber que a palavra "sete" não significa uma semana, mas sete anos. Assim, não são setenta "semanas", mas sim "setenta vezes sete anos" – ou seja, 490 anos. Do momento do decreto a respeito do retorno do exílio babilônico à Jerusalém até a vinda do Rei seriam contados 483 anos (ou seja, sessenta e nove vezes sete anos).

Não fica claro a qual decreto Daniel se refere, nem se ele está usando o calendário babilônico (com base no ano solar, de 365 1/4 dias) ou o judaico (que se baseia no ano lunar, de 360 dias). Foram, na realidade, quatro decretos. Em 536 a.C., o decreto de Ciro deu início ao retorno dos exilados. Dario, mais tarde, assinou outro decreto, permitindo que mais judeus retornassem. Artaxerxes publicou dois decretos, que possibilitaram a Neemias retornar e reconstruir. No entanto, não importa a partir de qual decreto contemos, o período designado se encerra no nascimento ou no batismo de Jesus! De qualquer maneira, Jesus veio à terra quase 500 anos depois da profecia – e, para mim, a data é suficientemente próxima, pois é assombroso que Daniel tenha profetizado a vinda de Cristo 500 anos antes.

Há detalhes a respeito do capítulo 9 que precisamos explorar. Embora tenha previsto o tempo exato da vinda de Cristo, Daniel foi informado de que muito tempo se passaria até o final do sexagésimo nono período de sete anos, que coincidiria com a vinda do Rei. É importante notar, porém, que Daniel manteve o septuagésimo período de sete anos fora desses eventos. Creio que, na septuagésima semana, ele estivesse olhando para além da primeira vinda, visualizando a segunda vinda. Houve, portanto, um grande intervalo entre o sexagésimo nono e o septuagésimo período. Assim sendo, essa "semana" equivale a um período de sete anos que ainda não se realizou, quando surgirá o anticristo. Segundo o texto, uma aliança será feita e um tratado com Israel estará ameaçado. Durante esse tempo, a perseguição será particularmente intensa. Os sacrifícios cessarão e o templo será profanado, assim como aconteceu na época de Antíoco Epifânio, o que implica a reconstrução do tempo.

O capítulo 10 cobre ainda uma revelação que provocou grande consternação em Daniel. O texto mostra que todos os conflitos terrenos são acompanhados de um conflito celestial entre forças angelicais e demoníacas. É um dado digno de nota, embora muitos cristãos exagerem em sua importância. O capítulo nos conta que, por trás de todo poder terreno e de todo reino em expansão, há um principado demoníaco. A influência demoníaca está por trás dos que desejam dominar ou devastar outros países. Esse capítulo menciona "o príncipe do reino da Pérsia" e o "príncipe da Grécia". Deus envia seu anjo Miguel para derrotá-los.

É curioso observar que Daniel não está envolvido nessa batalha; ela é confiada completamente aos anjos. Alguns cristãos construíram toda uma estratégia de oração e evangelismo a partir de Daniel 10. Eles creem que, numa campanha evangelística, antes de começarem a pregar o evangelho, eles devem primeiro identificar as forças demoníacas que agem sobre a cidade e anulá-las. Jesus, no entanto, não ordenou: "Vão a todas as nações, encontrem os demônios e amarrem-nos", mas, sim, "Vão e façam discípulos de todas as nações". Devemos permitir que a batalha espiritual seja lutada por anjos até o momento em que os demônios se manifestassem. Observe que Jesus e os apóstolos não saíam à procura de demônios, mas quando um demônio surgia e os atacava, eles lidavam com ele. Creio que esse seja o modelo a seguir. Não devemos sair à procura de demônios nem tentar amarrá-los, mas devemos prosseguir com nossa missão de fazer discípulos para o Reino. Certa ocasião, Paulo esperou três dias até então expulsar o demônio de uma jovem que tumultuava suas reuniões.

O capítulo 11 contém a previsão mais impressionante de toda a Bíblia. Em 35 versículos, 135 eventos importantes são previstos, cobrindo um total de 366 anos (veja a tabela no final desse capítulo). Os estudiosos liberais não conseguem assimilar esse capítulo de Daniel. Afirmam que ele jamais poderia ser o autor do texto – e que deve ter sido escrito 400 anos depois. Deus, contudo, conhece o início e o fim, e capacitou Daniel a fazer o registro de tudo.

O capítulo 11 também menciona Antíoco Epifânio IV, que representa o maior flagelo contra o povo judeu no período anterior à vinda do Rei divino. Epifânio tornou-se o regente do império grego, logo ao norte de Israel, e foi o guardião de um menino, que era o rei de fato. No entanto, Epifânio matou o menino e usurpou o trono. Era um tirano cruel e estava determinado a aniquilar a fé judaica. Profanou o templo sacrificando um porco no altar e encheu as salas do templo com prostitutas. Chegou até mesmo a erguer uma imagem de Júpiter no templo. Massacrou 40 mil judeus e vendeu a mesma quantidade como escravos. Foi tão cruel, que os judeus não conseguiram resistir e o resultado foi a revolta dos macabeus. Ele é, de certo modo, uma tipificação do anticristo que surgirá no fim da história. Eles estão interligados; um prefigura o outro. Se você quiser saber a respeito do anticristo, procure saber quem foi esse homem.

A divisão entre os capítulos 11 e 12 é especialmente inútil, visto que o capítulo 12 prossegue em seu enfoque no anticristo e refere-se a eventos associados à segunda vinda de Cristo, entre eles, a ressurreição tanto de bons quanto de maus.

Profecias ainda não cumpridas
Embora seja possível identificar muitas formas pelas quais as profecias de Daniel foram cumpridas, há muitos aspectos que ainda aguardam cumprimento.

Embora o Rei tenha vindo uma vez, ele ainda não assumiu o governo sobre os reinos deste mundo. Com essa expectativa, aguardamos o seu retorno.

O capítulo 7 contém algumas imagens extraordinárias. Algumas pessoas tentam alinhar o capítulo 7 ao capítulo 2 e afirmam que os quatro animais estranhos do capítulo 7 correspondem aos quatro impérios na estátua descrita no capítulo 2, sugerindo, portanto, que a maioria dos eventos retratados pela visão já se realizaram. Cinco razões demonstram por que isso é pouco provável:

1. A história não confirma os detalhes. A Grécia não começou com quatro cabeças, nem Roma tem quatro chifres. É difícil ver o paralelo.

2. No capítulo 8, a Pérsia e a Grécia são representadas por um carneiro e um bode, respectivamente. Parece pouco provável que agora devessem ser retratados de forma diferente.

3. Daniel menciona que os quatro animais "se levantarão" no futuro; assim, o primeiro não pode ser a Babilônia, pois seu império já estava extinto.
4. Os quatro animais não podem ser os babilônios, os persas, os gregos e os romanos, pois o texto relata que os três primeiros animais ainda existirão quando o quarto aparecer. Quando Roma surgiu, os outros três impérios que a sucederam já estavam extintos, embora as nações ainda existissem.
5. No capítulo 7, os animais crescem em força, mas a estátua colossal retrata os impérios em declínio – Roma não é tão forte quanto a Babilônia, por exemplo.

Então, como devemos interpretar os animais – o leão alado, seguido pelo grande urso, seguido pelo leopardo com asas e quatro cabeças, seguido pelo que posso apenas descrever como um grifo ou um dragão, seguido por um reino? O reino é, claramente, o Reino de Deus, estabelecido na terra por uma figura "semelhante a um filho de um homem, vindo com as nuvens dos céus" para reinar com os santos do Altíssimo. Fica evidente que a segunda vinda de Jesus está sendo retratada aqui. Meu palpite é que o leão alado sejam os Estados Unidos e o Reino Unido, o urso seja a Rússia, e o leopardo, o mundo árabe. Sendo assim, eles ainda existirão no final, mas serão substituídos pelo Reino de Deus. No entanto, eu não poderia ser categórico a respeito dessa caracterização.

No capítulo 7, as últimas potências do mundo introduzem o anticristo. A vinda final do Reino acontece quando o Filho do homem desce entre nuvens de glória para vencer o anticristo e assumir o controle sobre os reinos do mundo, a fim de que possam tornar-se o Reino de nosso Deus e do seu Cristo.

Também fica evidente que alguns eventos descritos no capítulo 12 ainda não se realizaram. Daniel fala da ressurreição de justos e ímpios, quando os justos reluzem como estrelas para a eternidade. É a primeira menção à ressurreição dos ímpios encontrada nas Escrituras, um tema explorado no Novo Testamento (veja João 5.29; Atos 24.15). É o clímax final de toda a história.

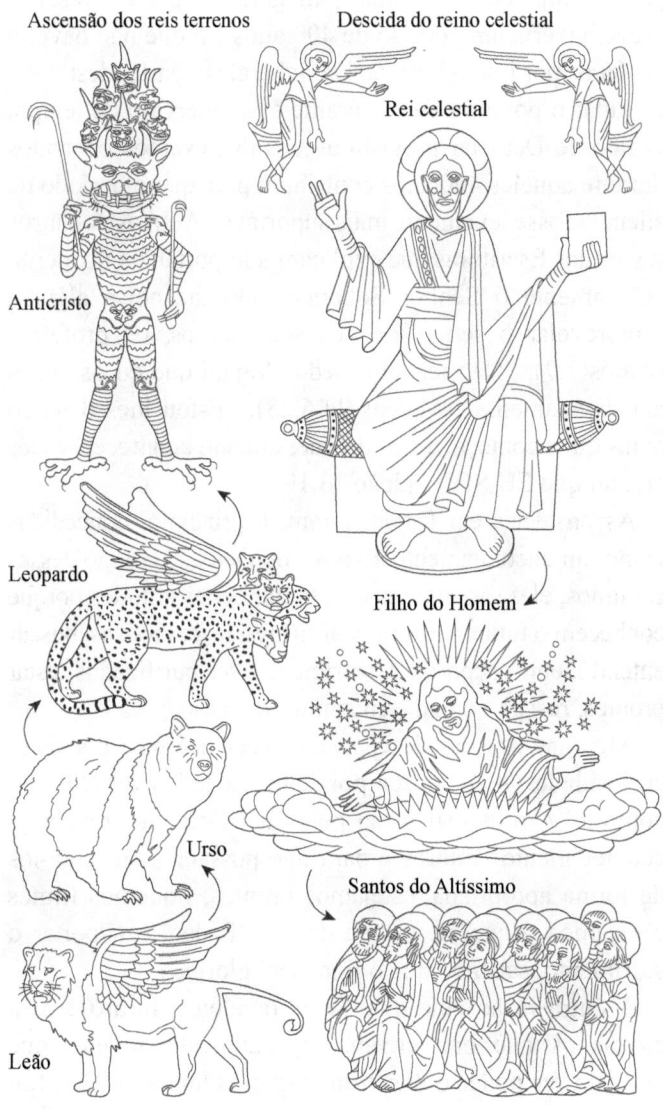

Por que tudo isso é revelado a Daniel?

Visto que Daniel, muitas vezes, desconhecia o significado das visões que tinha, fica evidente que a revelação não era para o tempo de Daniel, mas para gerações posteriores. Em breve haveria um período de 400 anos em que não haveria profetas, por isso o livro de Daniel era, em parte, destinado a ajudar o povo de Deus durante esse intervalo de tempo. O fato de Deus ter previsto alguns dos eventos ocorridos durante aqueles 400 anos contribuiu para que o período de silêncio fosse levemente mais suportável. Aqui estão outros textos das Escrituras que explicam a importância do alerta: "Certamente o Senhor Soberano não faz coisa alguma sem revelar o seu plano aos seus servos, os profetas" (Amós 3.7); "Não tenham medo...Vejam que eu os avisei antecipadamente" (Mateus 24.6,25); "Estou lhes dizendo antes que aconteça, a fim de que, quando acontecer, vocês creiam que EU SOU" (João 13.19).

As profecias em Daniel foram, a princípio, concedidas como um encorajamento ao povo de Deus. Ao longo desses capítulos, eles são motivados a tomar certas atitudes porque conhecem o futuro: devem ficar firmes, fazer proezas, buscar entendimento, suportar o sofrimento, ser purificados, estar prontos, resistir ao mal e encontrar descanso.

Algumas pessoas desejam conhecer o futuro por mera curiosidade. Querem estar por dentro de tudo e ter tudo sob controle. A principal razão pela qual Deus nos revela os acontecimentos futuros é para que possamos enfrentá-los de forma apropriada, estejamos prontos, fiquemos firmes e façamos o que ele espera de nós. Podemos suportar o sofrimento, sabendo que o final será glorioso.

A outra razão pela qual Deus revelou o futuro é para alertar os que não creem, especialmente aqueles que desejam ter poder e construir impérios humanos. No fim de tudo, o Filho do homem estará acima de todos. Nós pertencemos ao futuro Rei de todo este mundo. O Filho do homem virá de forma gloriosa e estabelecerá o Reino do céu aqui na terra, e nós reinaremos com ele. Assim, é bom que nos preparemos para governar este mundo, juntamente com ele, de forma responsável e correta.

Vamos considerar os benefícios da leitura do livro de Daniel para os cristãos quando o analisarmos novamente em paralelo ao livro de Ester, no final do próximo capítulo.

Eventos históricos previstos em Daniel 11.2-35.

v.2 Pérsia

Os três soberanos que vieram após Ciro foram:
- Cambises (529-522 a.C.), que conquistou o Egito.
- Pseudo-Esmérdis (522-521 a.C.), que usurpou o trono fazendo-se passar pelo irmão morto do rei e foi assassinado por
- Dario I (521-486 a.C.), mencionado em Esdras 5–6.

O quarto soberano foi **Xerxes** I (486-465 a.C.), o Assuero de Ester 1. Ele governou durante o período de auge da riqueza e do poder do império persa. Invadiu a Grécia em 480 a.C., mas foi desastrosamente derrotado em Salamina.

v.3-4 Grécia

v.3 Alexandre, o Grande (356-323 a.C.) vingou a Grécia ao derrotar a Pérsia e, no período de 12 anos, estabeleceu um vasto império de cultura grega, proporcionando uma fusão cultural entre Oriente e Ocidente. Ele é o "bode" de Daniel 8. Morreu na Babilônia, aos 32 anos.

v.4 O filho de Alexandre e Barsina foi assassinado, e seu filho com Roxana, nascido postumamente, também foi morto, assim, o império foi dividido entre quatro generais:

- **Lisímaco** (Trácia, Bitínia e Ásia Menor)
- **Cassandro** (Macedônia e Grécia)
- **Ptolemeu** (Egito)
- **Seleuco** (Síria à Babilônia)

Os últimos dois tornaram-se "sul" e "norte" no restante de Daniel 11 (em relação a Israel, o povo de Deus, agora de volta à Palestina).

v. 5-35 Egito e Síria
A passagem cobre um período de 162 anos, quando Israel estava "preso entre a porta e as dobradiças" (Lutero) de duas dinastias inter-relacionadas. O nome "Síria" não havia surgido no tempo de Daniel, portanto o autor refere-se a essa área como "o norte" somente.

v.5 Ptolemeu I Sóter (significa "Salvador") (323-246 a.C.)
governou o Egito, e Seleuco I Nicator (312-281 a.C.), um parente próximo, foi o soberano da Síria. Ambos receberam o título de "rei", em 306 a.C. O segundo tornou-se mais forte, reinando da Ásia Menor até a Índia, passando a ser seu rival e uma ameaça.

v.6 Ptolemeu II Filadelfo ("amor fraternal") (285-246 a.C.)
do Egito persuadiu Antíoco II Teos ("Deus") a divorciar-se de sua esposa Laódice e casar-se com a própria filha de Ptolemeu, Berenice. A união fracassou, tanto no casamento quanto na tentativa de unir as duas famílias reais. Quando Ptolemeu morreu, Antíoco tomou Laódice novamente como sua mulher, mas ela o envenenou e assassinou Berenice e seu filho.

v. 7-9
Um período de batalha oscilante entre as duas nações.

v.7 O irmão de Berenice, **Ptolemeu III Evérgeta** (**"benfeitor"**) (246-221 a.C.), atacou **Seleuco Calínico** (247-226 a.C.) e matou Laódice por vingança. Foi vitorioso em todo o reino do norte até a Pérsia e a Média.

v. 8 Ptolemeu III recuperou imagens de deuses egípcios levados 280 anos antes e passou a ser chamado de "benfeitor".

v. 9 Seleuco retribuiu o ataque, perdeu sua esquadra em uma tempestade, foi indignamente derrotado e morreu após uma queda de cavalo.

v. 10-20

v.10 Dois irmãos no norte – **Seleuco III** (226-223 a.C.), assassinado por grupos rebeldes durante a batalha na Ásia Menor, e **Antíoco III "o Magno"** (223-187 a.C.), que subiu ao trono aos 18 anos e passou a vida lutando para vingar a humilhação de seu pai. Como uma torrente, ele varreu a terra até Gaza – a linha fortificada do Egito.

v.11 Ptolemeu IV Filopator ("amor paterno") (221-203 a.C.) recebeu Antíoco, o Magno, em Ráfia, com um exército de 70 mil soldados, 5 mil cavaleiros e 73 elefantes, em 217 a.C. Antíoco foi totalmente derrotado e por pouco escapou da morte, porém 10 mil morreram e 4 mil foram levados prisioneiros.

v.12 Ptolemeu IV, por negligência e condescendência, não conseguiu tirar proveito de sua vantagem. Antíoco recuperou-se e seguiu a leste para a Índia e para o mar Cáspio, alcançando fortuna e força.

v.13 Após as mortes misteriosas de Ptolemeu e de sua

rainha, Antíoco atacou novamente o Egito e derrotou o exército que estava sob o comando do general Scopas, em Pânias, próximo à nascente do Jordão, posteriormente Cesareia de Filipe. Scopas fugiu para Sidom.

v.14 Outros (como Filipe da Macedônia) agora formavam alianças com Antíoco, inclusive judeus que, diante da derrota do Egito, acreditavam estar promovendo o cumprimento de uma profecia e esperavam que a independência da nação viesse em seguida. Muitos pereceram na batalha.

v.15 Sidom foi cercada e dominada, a despeito de uma tentativa fracassada de romper o cerco, sob o comando de três generais.

v.16 Antíoco cometeu o erro de ocupar Israel como base militar e assolar o país para o sustento de suas tropas.

v. 17 Ameaçado pelo poder crescente de Roma, Antíoco tentou unir-se ao Egito oferecendo sua bela e jovem filha Cleópatra, de sete anos de idade, como esposa de **Ptolemeu V Epifânio ("magnífico")** (204-181 a.C.). Sua esperança de que Cleópatra trouxesse o Egito sob o seu controle foi frustrada quando ela apoiou o marido contra o seu pai.

v.18 Antíoco tornou-se desdenhoso do crescente poder romano – "A Ásia não lhes [aos romanos] diz respeito e eu não estou sujeito às suas ordens". Recusou os embaixadores romanos, decidiu conquistar a Grécia por si mesmo e foi vergonhosamente derrotado pelo cônsul romano Lúcio Cipião Asiático, em Termópilas, em 191 a.C., e na batalha de Magnésia, na área do rio Meandro, em 189 a.C.

v.19 Antíoco voltou para casa derrotado, depois de

aceitar severas condições de paz com Roma, e foi morto quando tentava saquear um templo em Elimais. Ele havia aberto o caminho da Ásia para Roma.

v.20 Seleuco IV Filopater ("amor paterno") (187-175 a.C.) desejava apenas paz e tranquilidade, mas precisou promover um grande aumento de impostos para pagar o tributo a Roma. Heliodoro, seu ministro das finanças, veio buscar tesouros do templo de Jerusalém, mas uma aparição sobrenatural o impediu e ele retornou para envenenar o rei.

v. 21-30
Antíoco IV Epifânio ("magnífico") (175-164 a.C.). O "pequeno chifre" de Daniel 7. O pior tirano do período do Antigo Testamento. O poder da Síria declinava e logo abriria caminho para Roma. Sua frustração acabaria resultando em cruel perseguição a Israel e numa tentativa de eliminar a fé judaica através da profanação do templo e da imposição da cultura grega.

v.21 Sua infâmia incluía a associação com prostitutas e a copulação pública, o prazer cobiçoso, as artimanhas e a intriga. "Epifânio", o título que significava "magnífico", foi transformado na alcunha "Epimanes" ("louco") e usado em conversas pelas suas costas. Demétrio, o herdeiro direto do trono sírio, estava sendo mantido refém em Roma, assim Antíoco Epifânio buscou poder na Síria posando de guardião de Antíoco, o filho mais novo de Seleuco IV e segundo na sucessão do trono, a quem, mais tarde, ele mataria. Conquistou popularidade ao prometer leis mais brandas e redução de impostos, promessas essas que não foram cumpridas.

v.22 A princípio, sua atividade militar foi muito bem-sucedida. Ele conquistou a paz com Roma através de subornos e do pagamento de tributos atrasados, então invadiu o Egito em 170 a.C. e derrotou Ptolemeu V Epifânio entre Gaza e o delta do Nilo. A caminho do sul, passou por Jerusalém e assassinou Onias, o sumo sacerdote, governante virtual de Israel.

v.23 Embora a Síria não fosse uma grande nação, Antíoco foi capaz de controlar o Egito, usando como garantia dois sobrinhos, **Ptolemeu VI Filometor** (181-145 a.C.) e **Ptolemeu Evérgeta**.

v.24 Agora, sistematicamente, Antíoco roubava as regiões mais ricas sob o seu controle (a Galileia, por exemplo) usando a riqueza não para si mesmo (como haviam feito soberanos anteriores), mas como suborno para obtenção de favores e num esbanjamento generoso (espalhando dinheiro pelas ruas, oferecendo espetáculos extravagantes, etc.). Ele também planejava tomar cidades egípcias como a Alexandria.

v.25 Fez outra expedição ao Egito com carros, cavalaria e elefantes. Corrompeu a corte do Egito, que conspirou contra seu próprio rei.

v.26 Isso resultou na derrota do Egito.

v.27 Antíoco e Ptolemeu Filometor sentaram-se para discutir, cada uma das partes visando vencer a outra pela astúcia, enquanto formalizavam um tratado. Ambos fracassaram.

v.28 Quando Antíoco retornou ao norte, voltou-se para Israel, cobiçou a riqueza do templo, massacrou 40 mil judeus e vendeu a mesma quantidade como escravos. Jasão, o sumo sacerdote, fugiu para Amom.

v.29 Durante outra expedição ao Egito, ele capturou seu sobrinho Filometor, mas foi forçado a retirar-se de Alexandria.

v.30 Ele tentou uma última expedição ao Egito, enviando a Roma um representante que despachou embarcações de Chipre. O cônsul Caio Popílio Lenas exigiu a retirada de Antíoco do Egito, e Antíoco partiu enfurecido, percebendo que seria o fim de suas esperanças.

v.31-35
Antíoco, então, voltou sua ira frustrada contra o povo de Deus.

v.31 Os judeus tornaram-se o seu bode expiatório e ele deu início a uma perseguição selvagem (registrada em 1 e 2 Macabeus), acionando simpatizantes que viviam em Israel. Proibiu a adoração e o sacrifício, erigiu uma imagem de Júpiter no templo e sacrificou um porco no altar em 25 de dezembro de 168 a.C. (o "sacrilégio terrível" é mencionado em Mateus 24.15).

v.32 Esse fato causou a revolta da família sacerdotal de Matatias dos macabeus ("martelos"). Sob a liderança de Judas, muitos atos heroicos foram realizados (citados em Hebreus 11). Israel foi liberto e o templo reconsagrado em 25 de dezembro de 165 a.C.

v.33-35 O efeito surpreendente da perseguição foi o reavivamento espiritual, por causa da expiação e da distinção entre os verdadeiros e os falsos adoradores.

30.
ESTER

Introdução

O livro de Ester é incomum por duas razões: juntamente com o de Rute, é um dos dois únicos livros da Bíblia que receberam nomes de mulheres; também está entre os dois únicos livros da Bíblia – o outro é Cântico dos cânticos – que não mencionam o nome de Deus diretamente. Por essas razões, muitos se surpreendem com o livro de Ester. É uma história romântica e interessante, mas por que está registrada na Bíblia? Por que precisamos lê-la? O que podemos aprender com ela?

Ester, assim como Ezequiel e Daniel, foi escrito durante o exílio dos judeus e, por isso, é um dos poucos livros da Bíblia cuja história se desenrola inteiramente longe da Terra Prometida (embora o livro de Ester tenha sido escrito muito tempo depois dos outros dois). Esses livros nos contam como agiam os judeus enquanto viviam na sociedade gentílica e, portanto, podem ser um bom manual de como agir numa sociedade não cristã.

Contexto histórico

A Babilônia havia sido derrotada por uma coalisão entre medos e persas. Dario, o medo, foi o primeiro soberano do novo império, seguido por um persa, Xerxes I (também conhecido como Assuero). Daniel ocupava o posto de primeiro-ministro e era conhecido por seu nome babilônico, Beltessazar. Hadassa foi coroada rainha e era chamada de Ester (nome pagão, abreviação de Ishtar, uma deusa babilônica). Assim, tanto Daniel como Ester foram promovidos a posições que lhes permitiram ajudar seu povo.

Deus não obrigou os judeus a retornarem à Terra Prometida. Com certeza, se todos eles tivessem voltado, o livro de Ester jamais teria sido escrito. Muitos milhares escolheram retornar, mas um número ainda maior preferiu permanecer na Babilônia.

Ester é, seguramente, o livro do Antigo Testamento com mais relatos históricos. Os registros extrabíblicos, tais como as Histórias, de Heródoto (historiador grego contemporâneo, nascido em 480 a.C.), confirmam que o livro de Ester foi escrito um tempo depois que os eventos ocorreram. Muitos outros registros históricos confirmam as informações apresentadas em Ester. Em 1930, arqueólogos que escavavam Persépolis, a capital do império persa, encontraram uma tabuleta de pedra que trazia o nome "Marducha". É muito provável que seja uma referência a Mardoqueu, o primeiro-ministro da história de Ester.

Uma história romântica

É uma história extremamente romântica. Ester era jovem e bela – a rainha de um império. Apenas um homem sabia o seu segredo – segredo esse que poderia levá-la à morte! Um tema apropriado para uma matéria de revista feminina.

Um esboço da história: Xerxes governava sobre um reino que se estendia da Índia, a leste, até o Egito, a oeste. Os problemas, entretanto, começavam a surgir, por isso ele promoveu uma conferência de 180 dias, a fim de decidir como enfrentar a ameaça representada pelos gregos. Ao final da conferência, o rei ofereceu um banquete de sete dias nos jardins do palácio. Quando todos já haviam bebido bastante, ele exigiu a presença de sua esposa, Vasti, para que dançasse diante de todos, pois era jovem e bela; a intenção do rei era entreter seus oficiais. A rainha Vasti, no entanto, recusou-se a vir, e assim começa toda a história. Tal recusa colocou o rei em uma situação constrangedora.

A LUTA PELA SOBREVIVÊNCIA

Se ele não tratasse essa questão com sua esposa, podemos imaginar o que fariam as mulheres dos generais. Se o rei não fosse capaz de controlar a própria casa, eles certamente enfrentariam problemas, portanto algo precisava ser feito. O rei proibiu Vasti de entrar novamente em sua presença!

Sentindo-se cada vez mais solitário, o rei percebeu que sua cama estava vazia. Assim, alguém sugeriu que ele promovesse um concurso de beleza cuja vencedora poderia tornar-se sua esposa.

O assunto foi tratado com muita seriedade. Durante 12 meses, Ester foi submetida a tratamentos de beleza para participar do concurso. Como era de se esperar, ela venceu e tornou-se a nova rainha de Xerxes.

Ester era da tribo de Benjamim, o que é um dado surpreendente, considerando a história complicada dessa tribo. Mardoqueu era seu primo, mas como Ester ficara órfã, ele a havia adotado como filha. A pedido de Mardoqueu, Ester manteve o parentesco em segredo – em decorrência de posturas antissemitas, as comunidades judaicas do império estavam em situação de risco. Apesar de ser nova no harém do rei, Ester tornou-se sua esposa favorita.

Nesse cenário, também observamos outro homem que ocupava uma posição de destaque na corte da época. Seu nome era Hamã e viria a ser o "vilão" da história. Ele era descendente de Agague. Saul, o primeiro rei de Israel, recebera instruções de Samuel, o profeta, para ir à batalha e derrotar o exército de Agague. Saul, no entanto, não o matou e, por isso, Samuel tomou a iniciativa e esquartejou Agague perante o altar do Senhor. Esse ato suscitou ódio entre agagitas e judeus e, por causa desse pequeno episódio da história, Hamã odiava os judeus. Temos aqui uma situação curiosa: uma judia que omite o fato de ser judia e torna-se a rainha no reino persa, e Hamã, um cortesão de alto escalão, que sente ódio por todos os judeus.

O ponto de conflito da história é a recusa de Mardoqueu em curvar-se e prostrar-se conforme a ordem do rei, o que leva Hamã a sugerir ao rei que aniquilasse os judeus vivos no império. Para ele, os judeus eram um povo diferente, com religião, leis e costumes próprios. Recusavam-se a se adaptar e, por isso, deveriam ser eliminados. Hamã ofereceu também uma considerável propina aos cofres do rei caso ele concordasse em aniquilar os judeus. Curiosamente, depois de lançadas as sortes, determinou-se o décimo terceiro dia do mês como a data para o extermínio do povo judeu. Essa é uma das razões pelas quais, desde então, o décimo terceiro dia é considerado de má sorte, fatalidade ou infortúnio.

Quando os judeus souberam o que aconteceria, lamentaram, jejuaram e cobriram-se de cinzas e pano de saco. Mardoqueu enviou uma mensagem a Ester pedindo-lhe que implorasse ao rei por misericórdia. Disse-lhe também que foi exatamente para esse momento que Deus a colocara em tal posição no reino de Xerxes. Uma improvável sequência de eventos corroborou para que ela se tornasse rainha e, por isso, agora poderia ajudar seu povo.

Ester enfrentou, então, um verdadeiro conflito. Deveria revelar sua origem judaica? Se o fizesse, sua vida também correria perigo. Estava, contudo, disposta a morrer, se fosse necessário.

Como apresentar seu pedido? A rainha não tinha permissão para entrar na presença do rei a menos que fosse chamada, mas Ester sabia que precisava vê-lo. Enchendo-se de coragem, então, caminhou até o rei e sugeriu um banquete do qual Hamã seria o convidado de honra. O rei consentiu e o banquete foi devidamente preparado.

Enquanto isso, a ira de Hamã contra Mardoqueu chegara a tal ponto que ele havia construído uma forca com 23 metros de altura para enforcá-lo. Contudo, não revelou para quem a forca havia sido construída.

Na noite anterior ao banquete, o rei, com insônia,

levantou-se para ler. Encontrou seus antigos diários e leu o relato sobre Mardoqueu, que salvara o rei de uma trama em que dois de seus oficiais planejavam assassiná-lo. Lembrou-se de que nunca havia recompensado Mardoqueu. Por isso, na manhã seguinte, assim que despertou, o rei tomou as providências para recompensá-lo. Era uma extraordinária coincidência – a evidente ação da mão de Deus.

Durante o banquete, o rei disse a Hamã: "Procuro uma forma de recompensar alguém que realmente me agrada. Você tem alguma sugestão?". Pensando que o rei referia-se a ele, Hamã respondeu: "Faça um cortejo em sua honra e promova-o ao cargo de primeiro-ministro". O rei aceitou a sugestão, mas pediu que trouxessem Mardoqueu e o recompensou – uma inacreditável reviravolta.

Nesse banquete, Ester muniu-se de coragem para falar ao rei sobre seu povo. Quando o rei soube que Hamã estava por trás de tão terrível conspiração, ordenou que fosse enforcado na forca que ele próprio construíra e, assim, os judeus foram salvos. Um novo decreto foi emitido revogando as cartas de Hamã e oferecendo aos judeus o direito de se reunir, de se defender e de aniquilar quaisquer exércitos que os atacassem. Foi uma assombrosa intervenção, pois, por todo o império, havia assassinos prontos para matar todos os judeus.

Assim, no dia determinado pelo edito de Hamã para o extermínio dos judeus, estes estavam a postos para avançar e derrotar seus adversários e executar a família de Hamã. Tão grande foi a ameaça aos judeus que, se a história fosse diferente, hoje o povo judeu não existiria, pois o império persa se estendia desde a Índia até o Egito. Caso o edito original tivesse prevalecido, Jesus jamais teria nascido. Ester, portanto, salvou a pátria. Não é de surpreender que os judeus, em memória desse acontecimento, celebrem anualmente a Festa de Purim.

Todos apreciam uma história como a de Ester e o livro a relata de forma soberba. Como estrutura literária, é esplêndida. Um bom contador de histórias trabalhará o suspense até o ponto de verdadeira tensão para depois aliviá-la, quando todos vivem felizes para sempre e os malvados enfrentam seu embaraçoso fim. Sob esse aspecto, a história de Ester é uma obra de arte.

Um esboço do livro
Perigo (1–5)
1 – O prólogo
2–3 – O primeiro decreto do rei
4–5 – A ira de Hamã com Mardoqueu
A insônia do rei (6)
Libertação (6–9)
6–7 – A exaltação de Mardoqueu em lugar de Hamã
8–9 – O segundo decreto do rei
O epílogo (10)

Há uma bela simetria no livro. Lá encontramos o primeiro decreto do rei, para que todos os súditos o adorassem, e o segundo decreto, para que os judeus nunca mais fossem perturbados. Lá estão também a ira de Hamã com Mardoqueu e a exaltação de Mardoqueu no lugar de Hamã. E toda a história gira em torno de um homem que não conseguia dormir – a verdade é, de fato, mais estranha do que a ficção!

Por que esse livro está na Bíblia?
Certamente, o livro contém mais do que apenas uma boa história. Por que esse livro está na Bíblia? Seria tão somente um exemplo de coragem que pode servir de inspiração para alguém que ocupe um cargo público?

A festa anual de Purim, sem dúvida, é uma celebração mais secular do que espiritual. Não há cerimônia religiosa.

A respeito de Ester e 2Macabeus, Martinho Lutero afirmou: "Gostaria que nem sequer existissem, pois judaízam em excesso e têm muita perversidade pagã".

Sendo assim, qual é o valor do livro de Ester para o cristão? Devemos observar em Ester um exemplo de obediência, humildade, modéstia e lealdade? Como lidamos com os aspectos menos agradáveis do livro, como a vingativa aniquilação dos persas?

É importante observar o espírito de antissemitismo presente nessas páginas. Primeiramente, os judeus eram diferentes. Observavam suas próprias leis e seguiam costumes próprios: sua dieta, a prática da circuncisão e a observância do shabat eram características muito peculiares. Em segundo lugar, os judeus eram independentes. Recusavam-se a ficar sob qualquer domínio e, por essa razão, eram vistos como uma ameaça à autoridade totalitária.

Satanás está determinado a destruir o povo judeu porque a salvação vem dos judeus. Satanás estava por trás do massacre dos meninos no Egito, do qual Moisés foi salvo em um cesto de junco.

Satanás estava tentando destruir os judeus antes do nascimento do Messias. O próprio diabo estava por trás da matança de 200 bebês em Belém, mas Jesus escapou para o Egito.

Há, portanto, algo demoníaco no antissemitismo. Entre os que tentaram destruir os judeus estão o faraó, Hamã, Herodes e Hitler. O antissemitismo é um tema recorrente na história porque, novamente, a salvação vem dos judeus. Devemos ser muito gratos ao povo judeu. Tudo o que sabemos sobre Deus nos veio por intermédio deles; o Salvador era e ainda é judeu.

No espaço de 1.400 anos, 40 autores diferentes escreveram a Bíblia, em três línguas diferentes. Somente um desses escritores – o dr. Lucas – era gentio, que, por sua vez, foi grandemente influenciado pela cultura judaica. Sem os judeus, jamais teríamos a Bíblia. Não é de se admirar que esse povo seja mais odiado do que qualquer outro.

Há, no entanto, um ator oculto nessa história. Deus está por trás de cada detalhe. Quando algo tão expressivo se desenrola a partir de circunstâncias inusitadas e de detalhes minuciosos, fica evidente a mão de Deus em ação.

Nessa história, vejo a ação de Deus preservando o povo de quem seu Filho nasceria. Vejo a ação de Deus na oração e no jejum do povo ao descobrir o plano arquitetado por Hamã contra eles. Vejo-a na convicção de Mardoqueu de que Deus preservaria o povo. Mardoqueu chega a confrontar Ester dizendo que se ela não estivesse preparada para ser usada por Deus, outra pessoa estaria. Ele não proferiu o nome de Deus, mas estava implícito em suas palavras – uma admirável fé na supremacia de Deus. Vejo a ação de Deus nos eventos fortuitos que se ajustam perfeitamente: Mardoqueu salvara a vida do rei anos antes; Xerxes havia registrado o fato em seu diário. Vejo a ação de Deus no fato de Xerxes, com insônia, ler exatamente o trecho de seu diário onde se encontra a menção a Mardoqueu. Embora não se leia o nome de Deus no livro de Ester, sua mão certamente está presente em toda a história. Um estudioso chamou Ester de "romance da providência" e ele estava absolutamente correto.

Por que, então, Deus nunca é mencionado? Bem, essa é a grande surpresa. Seu nome é mencionado cinco vezes, mas poucos são capazes de percebê-lo! Na realidade, ele é mencionado em formato de acróstico, através das letras iniciais de seu nome ou título. Certas vezes aparece na ordem normal, outras, na ordem inversa das letras. Tentei colocá-lo em inglês [doravante traduzido para o português] para que você possa identificá-lo, mas tenha em mente de que na Bíblia o acróstico é formado pelas letras em hebraico.

Os judeus, apaixonados por jogos de palavras [trocadilhos], sempre apreciaram os acrósticos (o uso das letras iniciais de palavras ou frases para transmitir uma mensagem "oculta". Você encontrará acrósticos no livro de Salmos, especialmente no salmo 119, o mais longo deles. A descrição da esposa ideal em Provérbios 31 é outro acróstico. No livro de Lamentações, quatro dos cinco capítulos são acrósticos alfabéticos, em que cada linha inicia com a letra seguinte do alfabeto. É um artifício literário muito engenhoso e pode ser usado para transmitir uma mensagem secreta ou codificada.

No livro de Ester há cinco acrósticos, e os primeiros quatro seguem um padrão extraordinário (veja 1.20; 5.4; 5.13; 7.7).

Acrósticos em Ester

1:20	5:4	5:13	7:7	7:5
R ico	**S** e	(vejo o) **R** osto do	**S** eguro	**U** rjo
O u	**E** m	**O** ponente e	**E** stava	**O** ra
H umilde	**N** obre,	**H** oje	**N** essa	**S** aber:
N enhum	**H** umilde	**N** ão	**H** ora	**U** ma
E sposo	**O** casião, o	**E** ncontro	**O**	**E** mpreitada
S erá	**R** ei	**S** atisfação	**R** ei,	Como
Desonrado	**E**	Pois	Pois	Essa,
Por	Hamã	Aquele	Já	Quem
Sua	Nos	Judeu	Havia	**S** e
Esposa	Honrarem	Mardoqueu	Determinado o	Atreveu
	Com	Permanece	Mal	**A**
	Sua	Sentado		Arquitetar?
	Presença	Junto à		
		Porta do		
		Palácio		
HVHJ	JHVH	HVHJ	JHVH	EHYEH
Ordem inversa	Ordem normal	Ordem inversa	Ordem normal	= "EU SOU"
Falado por gentio	Falado por judeu	Falado por gentio	Falado por judeu	(Êxodo 3:15)
Falado sobre rainha	Falado pela rainha	Falado por Hamã	Falado sobre Hamã	
Supremacia Decisão de Deus	Decisão de Deus	Supremacia Decisão de Deus	Decisão de Deus	

Os quatro acrósticos usam as primeiras letras de cinco palavras consecutivas. O primeiro e o terceiro acróstico estão na ordem inversa, o segundo e o quarto estão na ordem normal.

Devemos ter em mente que esses acrósticos, na realidade, estão presentes no texto hebraico e, portanto, na língua hebraica. Em inglês, as quatro letras são "J-H-V-H", em referência às quatro letras do nome de Deus, pronunciado *Jehovah*, em inglês [Jeová em português] e *Yahweh*, em hebraico. Para entendermos como funciona, usaremos uma versão em português equivalente em que usamos a palavra "Senhor" como um substituto para Jeová ou *Yahweh*. A tradução foi ligeiramente alterada para demonstrar como o artifício funciona.

Vejamos o primeiro, 1.20 (adaptado): "Rico ou humilde, nenhum esposo será desonrado por sua esposa". As letras iniciais de "Rico ou humilde, nenhum esposo será" são R-O-H-N-E-S, que formam a palavra "Senhor", na ordem inversa. Em seguida, temos a mesma palavra, na ordem normal: "Se em nobre e humilde ocasião" também se lê S-E-N-H-O-R.

Por que a palavra algumas vezes está invertida e outras, na ordem correta? As que estão invertidas estão sendo ditas por um gentio, mas quando estão em seu sentido normal, trata-se da fala de um judeu. É possível que os judeus insinuassem que os gentios jamais seriam capazes de pronunciar corretamente a palavra ou que, talvez, não quisessem o nome santo de Deus pronunciado por lábios gentios.

Há um acróstico em Ester [7.5] que se destaca por si só. As letras são ligeiramente diferentes e expressam "EU SOU", embora a grafia esteja novamente invertida. O autor planejou-o com muito cuidado e depois adaptou-o ao texto para que nenhum gentio percebesse.

São muitas as explicações das razões pelas quais esse método foi usado, mas a melhor delas é muito simples. Presume-se que o texto tenha sido escrito algum tempo depois que os eventos ocorreram, quando era arriscado mencionar o Deus dos judeus (Xerxes morreu em 465 a.C.), e um documento com tais referências seria considerado subversivo.

A princípio, as pessoas teriam transmitido a história de Ester oralmente, para que fosse lembrada como um conto popular. A certa altura, no entanto, tornou-se imperativo registrá-la, pois, a cada ano, o povo celebrava a libertação e precisava ouvir a verdadeira história por trás da festa. Além disso, o antissemitismo era corrente, e ser pego com um documento sobre o Deus dos judeus seria muito arriscado. O livro de Ester, portanto, foi escrito sem a menção do nome de Deus, mas o uso de acrósticos foi uma solução tipicamente judaica para o problema.

O que os cristãos podem aprender com Daniel e Ester?
Daniel e Ester viveram na mesma época e enfrentaram o mesmo exílio. Duas pessoas que, embora estivessem distantes de seu lar, foram usadas por Deus em posições de influência na sociedade pagã, sem comprometer seus princípios. Por isso, foram capazes de promover grandes avanços para o Reino de Deus. Suas histórias nos encorajam a fazer tudo o que for possível para obter uma boa colocação no mundo, contanto que permaneçamos leais à nossa fé. Deus pode nos usar para o avanço do Reino quando ocupamos posições de destaque, por isso podemos deixar que ele nos posicione estrategicamente.

Deus usa indivíduos
Uma pessoa pode fazer toda a diferença. Deus usa homens e mulheres, e, na realidade, estamos todos no exílio. Os

cristãos não pertencem a este mundo. Não nos ajustamos aqui, pois nossa cidadania está no céu. Aos poucos, estamos nos desprendendo de nossos elos com o mundo rumo ao nosso lar no céu.

Deus, no entanto, pode usar, nos reinos deste mundo, aqueles indivíduos que guardam seus princípios e não se esquecem de quem são. Deus pode usar pessoas dispostas a ocupar posições de destaque, desde que não se amoldem ao padrão deste mundo. Com o intuito de evitar a perseguição, os judeus sempre foram tentados a amoldar-se aos padrões da sociedade, e os cristãos enfrentam a mesma tentação.

Na Alemanha do final do século 19, os judeus estavam tão amoldados à cultura e à língua alemã, que, quando Theodor Hertzl convocou o primeiro Congresso Sionista, em 1897, para promover o debate sobre o estabelecimento do Estado judaico independente e soberano no território de Israel, os judeus alemães não se mostraram interessados. Hertzl pretendia realizar o congresso em Munique, mas os judeus alemães lhe disseram: "Não faça o congresso em Munique. Somos alemães, agora – não somos mais judeus. Portanto, não nos cause constrangimento". Sendo assim, Hertzl realizou o congresso na cidade suíça de Basileia.

Os cristãos são tentados a agir como todas as outras pessoas para evitar que sejam discriminados ou vistos como estranhos. Deus, no entanto, usa indivíduos dispostos a ser diferentes. Um cântico da Escola Dominical dizia: "Ouse ser como Daniel, ouse ser diferente". Daniel e Ester estavam dispostos a morrer, recusando-se negar sua fé em Deus.

Deus guarda o seu povo
Deus preservou Daniel na cova dos leões e Sadraque, Mesaque e Abede-Nego na fornalha ardente. Por meio de Ester, ele também protegeu os judeus em Susã. Se alguém quiser aniquilar o povo de Deus, primeiro terá de aniquilar o

próprio Deus! Ele guarda o seu povo. Ainda que morramos por causa de nossa fé nele, seremos preservados. Por isso, podemos estar seguros de que sempre haverá uma nação chamada Israel e sempre haverá uma igreja.

Deus governa o mundo
A única palavra comum aos dois livros é "Reino". O evangelho de Cristo é o evangelho do Reino. Tanto para Daniel como para Ester, o Reino de Deus vinha em primeiro lugar.

Nesses dois livros aprendemos que os reinos humanos do presente estão nas mãos de Deus. Deus institui governantes e os destitui. Nabucodonosor foi obrigado a aprender que o Altíssimo governa os reinos dos homens e os entrega a quem ele desejar. É Deus, portanto, quem redesenha as fronteiras do atlas e decide quem tem poder e quem não tem. É Deus quem decide todas as eleições – é dele o voto decisivo – certas vezes em justiça e outras, em misericórdia. Se ele julga em justiça, nos concede o governo que merecemos; se ele julga em misericórdia, nos dá o governo de que precisamos. Durante a minha vida, Deus destituiu seis primeiros-ministros britânicos – de Neville Chamberlain a James Callaghan – pouco tempo depois de terem quebrado uma promessa feita a Israel. Quando George Bush, o ex-presidente dos Estados Unidos, voltou-se contra Israel e retirou o apoio econômico, perdeu o poder logo depois. Nosso Deus é o Deus de Israel. Ele governa os reinos humanos deste mundo; esses reinos só governam mediante sua permissão. Ele está no controle.

A palavra "reino" também tem outra aplicação. Há reinos humanos do presente, mas há também o Reino divino do futuro, quando Deus governará sobre toda a terra. Os reinos deste mundo serão substituídos pelo Reino de Deus. Devemos entender, portanto, que a obra de Daniel e Ester ainda não foi concluída. Eles foram fiéis em um regime de um império pagão e ressuscitarão dentre os mortos no Reino que Deus estabelecerá. Quando Jesus retornar à terra, portanto, Daniel e Ester estarão com ele.

Desse modo, não devemos ler a Bíblia como se fosse um mero livro de histórias, mas como se ela nos apresentasse personagens reais que um dia conheceremos pessoalmente. Teremos toda a eternidade para conhecer melhor esses grandes santos de Deus. Reinaremos com os santos do Altíssimo, e o Filho do homem assentado sobre o trono. Todas essas pessoas que provaram ser fiéis serão usadas novamente nesta terra para governar com Cristo, em seu Reino.

31.
Esdras e Neemias

Introdução

Quando estudamos a história de Israel, o povo de Deus, observamos como Deus, gradualmente, intensificava as punições pelos pecados do povo. Cada novo castigo parece ser um pouco mais duro que o anterior. Ele começou enviando invasores, nações vizinhas, como os filisteus, para que os atacassem, portanto sua primeira punição era a perda de propriedade. O povo, no entanto, não se dava conta disso e, por isso, o castigo tornava-se um pouco mais grave: seca, fome e escassez de alimentos. Como o povo ainda não reconhecia seu pecado, Deus enviou enfermidades e doenças. A principal punição, entretanto, foi perderem a Terra Prometida e serem levados para o exílio. Eles haviam sido trazidos do Egito para a Terra Prometida, mas Deus prometeu expulsá-los da terra se persistissem no pecado.

Dois exílios
Houve dois exílios. O primeiro deles, com a derrota para a Assíria e a consequente deportação das dez tribos do Norte, conhecidas na época como Israel, em 721 a.C. O segundo exílio envolveu as duas tribos do Sul, conhecidas como Judá, nome da maior delas. Dessa vez, foi a Babilônia que as conquistou, em 585 a.C. É esse segundo exílio que nos interessa quando estudamos os livros de Esdras e Neemias.

Três deportações
Quando os babilônios invadiram Judá, não destruíram todas as coisas, como o profeta Habacuque pensara que fariam. Na realidade, foram muito mais gentis. Deportaram o povo em três grupos, em três momentos distintos, todos eles

enquanto Nabucodonosor ocupava o trono da Babilônia.

O primeiro grupo partiu em 606 a.C. A corte real partiu com esse grupo, pois os babilônios acreditavam que, com a partida dos governantes, seria mais fácil subjugar a nação de Judá e mantê-la sob controle. Entre os nobres levados para a Babilônia estava Daniel, ainda adolescente, que viria a ser uma figura importante no exílio.

Os que foram deixados, no entanto, ainda tentaram se libertar da Babilônia e, assim, em 597 a.C., os invasores atacaram uma segunda vez e levaram todos os artesãos e comerciantes, em uma tentativa de anular a produção de riqueza, empobrecer o povo e, finalmente, controlá-lo. Entre os artesãos havia um sacerdote chamado Ezequiel, que, assim como Daniel, também tornou-se uma figura de destaque no exílio.

O povo que ali permanecera se rebelou mais uma vez e, por isso, em 587 a.C., os exércitos da Babilônia finalmente chegaram, demoliram completamente o templo e destruíram tudo que lá havia. Jerusalém foi deixada deserta e em ruínas, Judá ficou praticamente vazia e as tribos de Judá e de Benjamim foram levadas para a Babilônia.

O exílio de Judá teve a duração de 70 anos, período profetizado por Jeremias com exatidão. Suas palavras serviram de encorajamento a Daniel, que orava para que Deus cumprisse sua promessa.

Três retornos
O exílio terminou exatamente conforme Deus prometera, embora, na realidade, o povo tenha retornado em três ocasiões diferentes, uma para cada deportação. No primeiro grupo, em 537 a.C., quando Ciro era o governante persa, 50 mil pessoas retornaram, sob a liderança de Zorobabel. Ele vinha da linhagem do rei Davi, e, consequentemente, era parte do cumprimento da promessa de Deus de que sempre

haveria um descendente de Davi no trono. Ele é, de fato, um dos ancestrais de Jesus e aparece na genealogia em Mateus 1, o que contribuiu para legitimar a afirmação de que Jesus era [e é] o Messias.

Somente em 458 a.C., pouco mais de 90 anos depois, quando Artaxerxes I ocupava o trono persa, houve um segundo retorno. Dessa vez, apenas 1.800 judeus retornaram, sob a liderança de Esdras. Esdras foi um sacerdote que trouxera de volta os levitas para restaurar a estrutura do culto para o povo de Israel. Não foi fácil persuadi-los a vir. Somente após repetidos apelos, Esdras conseguiu encontrar 1.800 pessoas para se unirem a ele na longa jornada de volta para a restauração da vida religiosa.

Assim, aproximadamente 14 anos depois, em 444 a.C., Neemias retornou com alguns artesãos e artífices. Sua maior preocupação era reconstruir os muros de Jerusalém que haviam sido destruídos pela Babilônia, sem os quais a cidade ficaria vulnerável a um ataque.

Nos três retornos, portanto, observamos a reconstrução da vida social, a reconstrução da vida religiosa e a reconstrução da vida física. É importante observar também que o segundo êxodo foi bastante diferente do primeiro êxodo, que é mais conhecido e que ocorreu sob a liderança de Moisés. Esse segundo êxodo parece ter ocorrido gradualmente. É evidente que relativamente poucas pessoas enfrentaram os quase 1.500 quilômetros e os quatro meses da jornada de volta. A vida que tinham na Babilônia era muito melhor que a de seus antepassados no Egito, nos dias de Moisés. Dessa vez, eles não eram escravos, mas comerciantes; quando se envolvem em negócios, os judeus têm dificuldade de deixá-los para trás. Ouvi uma divertida história sobre um judeu em Nova York que havia comprado uma pequena loja espremida entre duas imensas lojas de departamentos. Após muito refletir e ponderar sobre que nome dar ao seu estabelecimento, ele decidiu batizar sua loja de "Entrada"!

Dois livros, um autor?
Os livros de Esdras e Neemias recebem esses nomes pois o segundo e o terceiro retornos foram liderados, respectivamente, por esses homens, embora os dois livros, na realidade, cubram os três períodos, sendo que os dois primeiros estão relatados em Esdras e o terceiro, em Neemias. Eles não se referem mais ao povo como hebreus ou israelitas, mas judeus, em referência à palavra "Judá", que significa "louvor". De certa forma, essa mudança simbolizava o tipo de povo que almejavam se tornar quando retornassem.

O primeiro elemento surpreendente nos livros de Esdras e de Neemias é a semelhança entre eles. Ambos seguem rigorosamente o mesmo padrão. Além disso, o estilo usado é muito similar ao de 1 e 2 Crônicas. Na Bíblia hebraica, os livros de Esdras e Neemias foram unidos em um único livro, mais tarde, chamados 1 e 2 Esdras e acrescentados a 1 e 2 Crônicas. Alguns sugerem que Esdras seja o autor de todos esses livros. Pessoalmente creio que haja fundamento para essa afirmação, pois ele era um homem meticuloso, capaz de conservar registros. Ele pode ter escrito Esdras, Neemias e 1 e 2 Crônicas.

Tanto Esdras como Neemias foram escritos em duas línguas – parte em hebraico e parte em aramaico. O aramaico era a língua comum, usada por todos, assim como o grego era a língua comum quando o Novo Testamento foi escrito. Era uma língua semítica, usada em todo o Crescente Fértil, no Oriente Médio. Os judeus foram expostos a ela e usaram-na em seu exílio na Babilônia e no comércio com povos de outras nações. Assim, muitos dos registros que trouxeram do exílio estavam em aramaico. Outro livro do

Antigo Testamento escrito nos dois idiomas é Daniel.

A estrutura dos livros

Esdras e Neemias são divididos em quatro seções, sendo que o tema é idêntico na segunda e quarta seções. Seu enfoque é a reconstrução do estado e a reforma do povo:

ESDRAS	NEEMIAS
Retorno I (1–2)	Retorno III (1–2)
a, b	a, b
Reconstrução (3–6)	Reconstrução (3–7)
a, b, c	a, b, c
Retorno II (7–8)	Renovação (8–10)
a, b, c	a, b, c
Reforma (9–10)	Reforma (11–13)
a, b	a, b

O primeiro retorno, sob a liderança de Zorobabel, concentra-se na reconstrução do templo, embora ela tenha sido interrompida algumas vezes. A ajuda dos profetas Ageu e Zacarias foi necessária para que a reconstrução pudesse ser retomada. O enfoque do retorno II é a reforma do povo. O terceiro retorno levou à reconstrução dos muros, à renovação da aliança e, mais uma vez, à reforma do povo. Todas as vezes, é como se o povo se esquecesse dos pecados que os levaram a perder a posse da terra.

Mais extraordinário ainda é observar a estrutura dos dois livros. A primeira seção de cada livro tem duas subseções, a segunda tem três, a terceira tem três, e a quarta, duas (identificadas como "a", "b" e "c" na tabela acima). É uma estrutura singular. Foi planejada com muito cuidado e está lindamente dividida e equilibrada, sugerindo fortemente que um único homem, provavelmente Esdras, tenha sido o autor dos dois livros.

Há outro paralelo notável. Nos dois livros, o capítulo 9 é uma esplêndida oração em que tanto Esdras como Neemias confessam os pecados da nação. Os dois capítulos são particularmente importantes nos dois livros.

Esdras – O livro

Um esboço do livro
Retorno I (capítulos 1–2)
Ciro – O decreto para construir o templo (1)
Zorobabel e cia. "sobem" a Jerusalém (2)
Reconstrução (3–6)
Josué – O altar e os alicerces do templo (2)
Artaxerxes – Uma carta é recebida (4)
Dario – Cartas são recebidas e enviadas (5–6)
Retorno II (7–8)
Esdras e cia. "sobem" a Jerusalém (7)
Artaxerxes – Uma carta é enviada (7)
Os levitas "sobem" a Jerusalém (8)
Reforma (9–10)
Intercessão individual (9)
Confissão pública (10)

Contexto histórico
Este é o contexto histórico de Esdras: Ciro, o soberano persa, havia conquistado a Babilônia. Era o governante da maior potência mundial na extremidade oriental do Crescente Fértil. Entretanto, era também um homem benevolente, com uma política de amabilidade em relação aos povos conquistados. Curiosamente, já na época de Isaías, Deus havia dito que Ciro, seu servo ungido, traria o povo judeu de volta do exílio. Muitos estudiosos pensam ser impossível

que Isaías fosse capaz de citar especificamente o nome e insistem que o texto com esse detalhe tenha sido inserido muito depois do acontecido. Deus, no entanto, sabia o nome desse homem. A partir de registros arqueológicos, sabemos que Ciro disse aos povos cativos na Babilônia que todos poderiam retornar às suas terras e reestruturar suas religiões, contanto que orassem por ele aos seus deuses. Vemos assim a mão de Deus na cronologia dos fatos, pois o período de 70 anos chegava ao fim.

Retorno I (capítulos 1–2)
O livro de Esdras registra o primeiro retorno do exílio, sob a liderança de Zorobabel, e a reconstrução do templo. Em seguida, lemos que Esdras lidera o segundo retorno e a reforma do povo. Um dos aspectos mais lamentáveis em ambos os livros é que, tão logo retornava à terra, o povo voltava às práticas pecaminosas. Que trágico! Essa postura lhes havia custado a posse da terra e os mantivera distantes durante 70 anos, mas, assim que retornavam, passavam a ignorar os mandamentos de Deus. Com que rapidez as pessoas se esquecem.

Conforme já observamos, Zorobabel era neto de Jeconias e, portanto, pertencia à linhagem real de Davi. Embora fosse conhecido como governador e não como rei, foi escolhido para liderar o povo em seu retorno. Levou consigo um sumo sacerdote chamado Josué.

Reconstrução (capítulos 3–6)

JOSUÉ
Sob a liderança de Josué, o povo construiu um altar e ofereceu sacrifícios assim que retornou à sua terra. Durante todo o exílio, eles não puderam oferecer sacrifícios, pois não dispunham de um templo ou de um altar, portanto a prática do sacrifício seria retomada assim que retornassem

à terra. Aliás, esse costumava ser o primeiro gesto de seu antepassado Abraão. Após armar a tenda, ele sempre edificava um altar para adoração.

ARTAXERXES
Imediatamente após a chegada e a oferta de sacrifícios, o povo enfrentou dificuldades. Artaxerxes sucedeu a Ciro e recebeu uma carta dos samaritanos, que habitavam a região de Judá antes do retorno dos judeus. Os samaritanos eram mestiços (meio judeu e meio gentio), filhos de casamentos mistos entre os poucos judeus que haviam conseguido escapar da deportação e povos de outras nações. Como mestiços, seu relacionamento com os judeus era pouco cordial – até porque os samaritanos haviam escapado da deportação. A partir desse momento, judeus e samaritanos não mais poderiam conviver lado a lado. A carta sugeria que a reconstrução do templo mascarava intenções malignas, pois Artaxerxes era enteado de Ester e, portanto, complacente com o povo judeu.

DARIO
Mais tarde, outra carta foi enviada da Babilônia por outro imperador, Dario I, encorajando-os, mais uma vez, a retomar os trabalhos de reconstrução. Foi durante o reinado de Dario que Daniel foi lançado na cova dos leões e o rei, posteriormente, viu-se obrigado a admitir a grandeza de Deus. A reconstrução, portanto, sofreu várias interrupções. Em alguns momentos, a oposição dos samaritanos interrompeu a reconstrução, em outros, os judeus simplesmente se cansaram de trabalhar no templo e decidiram concentrar seus esforços na construção das próprias casas. Ageu, o profeta, interrogou: "Acaso é tempo de vocês morarem em casas de fino acabamento, enquanto a minha casa continua destruída?", e as palavras

os impeliram novamente à ação. Manter o moral elevado era, de fato, uma dificuldade, pois tratava-se apenas de um pequeno grupo de pessoas em uma terra árida, trabalhando um pouco, quando possível, na reconstrução.

Retorno II (capítulos 7–8)
Cinquenta anos depois, outro grupo retornou sob a liderança de Esdras. A essa altura, a lei e a ordem eram questões problemáticas, então Esdras trouxe consigo uma comissão de magistrados para garantir o cumprimento da lei. Artaxerxes enviou mais uma carta, encorajando os levitas a retornarem, o que ajudou Esdras a encontrar outras 38 pessoas dispostas a acompanhá-lo. Nesse ponto, o texto de Esdras é escrito na primeira pessoa do singular, à medida que ele relata sua experiência.

Reforma (capítulos 9–10)

ORAÇÃO INDIVIDUAL
A reforma é um dos trechos tristes da história pois relata a rapidez com que o povo retornou às antigas práticas pecaminosas. Esdras orava em secreto, pedindo a Deus que demonstrasse misericórdia para com o povo. Ele exortava o povo a confessar publicamente seus atos. Elaborou uma lista negra de todos aqueles que haviam desobedecido aos mandamentos. Um dos pecados mais comuns era o casamento com pessoas que não pertenciam ao povo de Deus – uma prática proibida a Israel e também aos cristãos no Novo Testamento. Alguém já afirmou com razão: quando você se casa com o filho do diabo, terá problemas com o sogro!

CONFISSÃO PÚBLICA
Esdras insistia em dissolver esses matrimônios por serem ilegítimos aos olhos de Deus. O Novo Testamento não

ordena que façamos o mesmo, mas Esdras encarava essa questão com muita seriedade e, assim, esposas e crianças foram abandonadas a fim de que aquele povo pudesse ser o autêntico povo de Deus. Esdras chegou a verificar a linhagem de algumas pessoas e constatar que, apesar de terem retornado da Babilônia, não eram verdadeiros judeus.

Esdras – O homem
Esdras foi um personagem fascinante. O significado literal de seu nome é "auxílio" (Neemias significa "consolo"). Esse pequeno grupo que retornava do exílio certamente precisaria de auxílio e consolo. Esdras era descendente direto de Arão, por meio de Eleazar e, mais tarde, de Finéias e Zadoque, o sacerdote, portanto sua linhagem é sacerdotal.

O livro de Esdras nos conta que ele levou consigo as Escrituras – provavelmente os livros da Lei (de Gênesis a Deuteronômio). Era um escriba e um "homem das Escrituras" porque usava a Bíblia de três maneiras: ele a estudava e ensinava, e colocava em prática seus ensinamentos. Comparativamente, é fácil estudar e ensinar a Bíblia, mas Esdras entendia ser muito importante alinhar o discurso à prática – tanto seus lábios quanto suas ações deveriam anunciar as Escrituras. A devoção de Esdras às Escrituras propiciou-lhe um coração manso, que derramava lágrimas pelos pecados dos outros. É bem fácil chorar pelos próprios pecados quando revelados, mas chorar pelos pecados de outros indica uma profundez de espiritualidade que poucos partilham.

Conta a tradição que Esdras foi o presidente do concílio formado por 120 judeus que reuniu os livros e compôs o Antigo Testamento. Não sabemos se isso é verdade, mas, certamente, a atenção que Esdras dedicou às Escrituras lançou as bases para os 400 anos seguintes, pois durante esse período não haveria profetas, e a única palavra vinda de Deus seria a que fora entregue no passado – incluindo, obviamente, os livros de Esdras e Neemias.

Poucos se dão conta de que foi Esdras quem lançou os alicerces da sinagoga baseada na Bíblia. A partir daquela época, até hoje, a ordem do serviço religioso na sinagoga seguiria as instruções de Esdras. Na realidade, a liturgia presente no serviço religioso em todas as sinagogas é exatamente oposta àquela encontrada, praticamente, em todos os cultos cristãos. A diferença principal está na ordem em que ocorrem: primeiro, a ministração da palavra, depois, a adoração do povo. Para os judeus, é preciso primeiramente ouvir o que Deus tem a nos dizer antes de lhe dirigir a palavra. Assim, a adoração é uma resposta ao que ele nos diz e, portanto, torna-se muito mais significativa e diversificada. Às vezes, você sente o desejo de dançar e cantar, e outras vezes, a atitude é mais solene e a adoração é expressa num espírito contrito. Em lugar da preparação das pessoas para a adoração, permite-se que a palavra ministrada defina o rumo que a adoração deve tomar. Os que se saciam da palavra de Deus estão prontos para a adoração. Em uma sinagoga, dedica-se uma hora à leitura e exposição da palavra de Deus e, então, a congregação manifesta sua resposta à palavra por meio da adoração.

Esdras, portanto, definiu essa ordem. Sobre um púlpito de madeira que colocou no mercado público, ele lia ao povo as Escrituras e as explicava, e a adoração vinha como resposta. Essa era a ordem do culto na igreja do passado, segundo um documento chamado "Didaquê". Quando eu era pastor da igreja em Guildford, tínhamos o hábito de dedicar uma hora para a explanação da palavra e meia hora para a adoração; e os resultados eram muito bons.

Neemias – O livro

Um esboço do livro
Nosso esboço do livro de Neemias confirma sua similaridade com o esboço e a estrutura de Esdras, demonstrando um mesmo estilo literário. O livro apresenta a mesma divisão quádrupla, seguida de duas, três, três e duas subdivisões.

Retorno III (1–2)
Notícias tristes (1)
Inspeção secreta (2)
Reconstrução (3–7)
Defesas erguidas (3)
Dificuldades encontradas (4–6)
    Oposição externa
    Exploração interna
A lista dos descendentes (7)
Renovação (8–10)
A mensagem das Escrituras (8)
A confissão dos pecados (9)
O pacto de submissão (10)
Reforma (11–13)
Quantidade suficiente (11–12)
Qualidade espiritual (13)
    Casamentos mistos
    Recursos desviados
    O shabat profanado
    Deveres negligenciados

MÁS NOTÍCIAS DE JERUSALÉM

O terceiro retorno do exílio teve início quando Neemias, ainda na Babilônia, recebeu más notícias de Jerusalém. Ele era o copeiro do rei Artaxerxes. Tenho a impressão de que a rainha Ester tenha ajudado Neemias a conseguir o emprego, pois Artaxerxes era seu enteado. Não deve ser uma tarefa particularmente prazerosa provar o vinho imaginando se esse seria, literalmente, seu último gole, mas, certamente, é um cargo de muita responsabilidade. Neemias tornou-se confidente do rei, o que lhe permitiu partilhar algumas coisas no ambiente descontraído que a proximidade do relacionamento proporcionava. Quando Neemias soube que os muros reconstruídos de Jerusalém haviam sido novamente derrubados e os habitantes dos arredores de Jerusalém estavam irados com a reconstrução da cidade, sua consternação ficou tão evidente que o rei lhe perguntou o que o afligia. Neemias explicou ao rei o motivo de sua preocupação, temeroso de que seu semblante triste pudesse lhe trazer algum tipo de punição. A resposta, entretanto, o surpreendeu. Artaxerxes não apenas o autorizou a retornar e reconstruir os muros, como também redigiu cartas de apresentação para as pessoas que poderiam fornecer a Neemias os materiais necessários para executar seu projeto.

UMA INSPEÇÃO NOTURNA DOS PORTÕES

Assim, na segunda parte da primeira seção, Neemias está de volta a Jerusalém, conduzindo uma inspeção secreta e noturna dos muros, com o intuito de avaliar os danos. Eis aqui um líder sábio, que calcula o custo da empreitada antes de dar o primeiro passo – alguém que não se arrisca de forma imprudente. É um homem de fé, mas avalia exatamente a tarefa antes de começar.

Reconstrução (capítulos 3–7)

OS MUROS SÃO ERGUIDOS

Neemias descobriu que os muros e os portões precisavam de reparos – a maior parte dos muros havia sido completamente destruída e outros trechos exigiam restauração considerável. Hoje, os que visitam Jerusalém costumam observar os antigos muros da velha cidade e questionar se essa é a cidade do Antigo Testamento. Na realidade, os muros de hoje têm apenas algumas centenas de anos e foram construídos após as Cruzadas por Suleiman, o Magnífico. A cidade velha [como a chamamos hoje] localizava-se do lado externo do atual alcance da muralha, num trecho estreito de terra, ao sul da área do templo. A área do templo atual, com as mesquitas de Omar e de Al-Aqsa, tem aproximadamente 5 hectares – é uma extensa plataforma rochosa no alto de uma colina. No entanto, escavações da cidade do Antigo Testamento revelaram a muralha da época de Neemias.

Neemias demonstrou excelentes habilidades de liderança durante a reconstrução. Astutamente, ele pediu às pessoas que edificassem o trecho do muro em frente a suas próprias casas. O fato assombroso é ter conseguido que a muralha ao redor de toda a cidade fosse edificada em 52 dias. Com a instalação dos portões, a cidade ficou segura pela primeira vez.

ENFRENTANDO PROBLEMAS

Esse período foi marcado pelas adversidades. Eles enfrentaram:

Oposição externa: a primeira foi o escárnio. Os samaritanos zombavam da obra, alegando que até uma raposa poderia derrubar a muralha. Quando essas provocações foram ignoradas, no entanto, suas ameaças tornaram-se mais sérias. Chegaram a conspirar para tentar afastar Neemias da sua missão. Apresentaram-se como amigos, buscando aliciar Neemias com negociações. Sabiamente, ele as recusou – nada o desviaria da tarefa.

Exploração interna. O povo também enfrentou dificuldades internas. Dentro dos limites dos muros, os ricos ficavam cada vez mais ricos e os pobres empobreciam ainda mais, principalmente pela maneira como as transações financeiras infringiam a lei mosaica. Os juros sobre empréstimos eram tão altos que o povo estava em situação de extrema pobreza e endividamento. Neemias enfrentou corajosamente essas questões e procurou equilibrar os diferentes níveis econômicos.

A CIDADE ESTÁ VAZIA

Além disso, poucas pessoas desejavam morar na cidade. Elas temiam os ataques e, por isso, preferiam o campo, onde seria mais fácil se esconder. Neemias, portanto, teve de persuadir o povo a vir morar na cidade. Com os nomes dos descendentes dos habitantes da Jerusalém pré-exílica, ele os persuadiu a residir onde suas famílias haviam vivido. Também realizou um censo com o objetivo de saber onde estavam distribuídos. Havia 42.360 judeus, 7.337 servos e, curiosamente, 254 cantores. O fato de Neemias apontar os cantores demonstra o seu interesse na restauração do culto a Deus no templo.

Renovação (capítulos 8–10)

ESDRAS LÊ A LEI

A seguir, encontramos Esdras sobre um púlpito de madeira, desde o amanhecer até o meio-dia, lendo publicamente o Livro da Lei. Diz o texto que ele não somente lia, mas também interpretava, para que todos pudessem compreender. A leitura aconteceu durante a Festa dos Tabernáculos, o festival judaico da colheita. O intuito era a celebração – na realidade, dizem os rabinos que, se alguém não estiver cheio de alegria nas comemorações dos Tabernáculos, estará em pecado!

UM ATO DE CONFISSÃO

Ficaram todos tão tocados que se prostraram e choraram, confessando a Deus seus próprios pecados e aqueles cometidos por seus antepassados. Essa é uma diferença crucial entre Esdras e Neemias. Esdras entendia o contexto como um momento para prantear, mas Neemias aconselhava o povo a celebrar. Esdras chorava pelos pecados revelados pela palavra de Deus, enquanto Neemias concentrava-se na reconstrução dos muros e lembrava quão extraordinária era a ocasião. Neemias orientava o povo a se regozijar, preparar fartas refeições e celebrar. Há tempo de chorar e tempo de se alegrar e a sabedoria está em discernir o momento certo.

UM PACTO É CELEBRADO
Ao final da oração de confissão, Esdras levou o povo a renovar sua aliança com Deus. Os líderes, os levitas e os sacerdotes assinaram um acordo por escrito. O capítulo 10 relaciona as pessoas que o assinaram.

Reforma (CAPÍTULOS 11–13)

A OCUPAÇÃO DA CIDADE
Parte do trabalho de Neemias era encorajar o povo a mudar-se para a cidade, agora que os muros haviam sido reconstruídos. Os capítulos 11 e 12 informam os nomes daqueles que receberam ordens para morar na cidade.

CORREÇÃO

Casamentos mistos
No último capítulo, Neemias realmente começa a trabalhar. Primeiramente, contudo, precisava dissolver os casamentos mistos que manchavam a nação. Amaldiçoou os que haviam se casado com mulheres de povos estrangeiros. Costumo dizer que a diferença entre Esdras e Neemias é que enquanto Esdras arrancava os próprios cabelos, Neemias arrancava os cabelos dos outros! Neemias literalmente arrancou os cabelos dos israelitas pecadores.

Recursos desviados

Ele também precisou lidar com os recursos desviados. Algumas pessoas haviam utilizado de forma inapropriada o dinheiro que lhes fora entregue. Neemias desejava trazer justiça e equidade às transações financeiras.

O shabat profanado

O dia do descanso não estava sendo guardado como deveria. Os comerciantes que haviam retornado da Babilônia perceberam que não teriam os mesmos lucros e, assim, a fim de revigorar os negócios, abriam as portas no sábado. Neemias empenhou-se para que os portões fossem fechados todos os sábados, de modo que o comércio não abrisse.

Deveres negligenciados

O ambiente religioso não estava diferente. Os sacerdotes negligenciavam suas obrigações no templo, e era tarefa de Neemias, portanto, corrigir essa área também. Os levitas e cantores não eram pagos por suas funções no templo e, por essa razão, haviam retornado à agricultura para sobreviver.

Sendo assim, Esdras e Neemias precisavam ser não apenas reconstrutores da cidade, mas também reformadores de pessoas. Eles exercitavam sua autoridade de forma corajosa e até implacável, com o objetivo de mudar o rumo da nação.

Neemias – O homem

A maioria das pessoas tende a apreciar mais Neemias do que Esdras, e é fácil perceber a razão. Há algo ligeiramente mais agradável em Neemias, especialmente por se tratar de um homem feliz, que encorajava outros a serem felizes. Foi Neemias quem afirmou: "A alegria do Senhor é a vossa força". Não creio que Esdras jamais tenha feito essa afirmação – estava ocupado demais chorando pelo povo. Sob muitos aspectos, Esdras e Neemias formavam a dupla perfeita. O "auxílio" e o "consolo" caminhando lado a lado.

Em Neemias, no entanto, há características singulares que me impressionam profundamente. Sentimos como se já o conhecêssemos. Ele é muito mais espontâneo que Esdras no que se refere aos seus sentimentos. Fala mais sobre si mesmo, é mais autobiográfico. Em especial, há mais passagens na primeira pessoa no livro de Neemias, o que nos revela quatro aspectos de sua personalidade.

Homem de oração
Se Esdras é o homem da palavra, Neemias é o homem da oração. Antes de qualquer passo, ele orava. Há exemplos de orações curtas e longas, públicas e em secreto. Não é a duração de sua oração que importa, mas sua profundidade. Eis aqui um homem que falava ao Senhor com naturalidade a respeito de qualquer tema – um homem de oração. Ele rogou a Deus que punisse os que estavam envolvidos com a iniquidade e, com ousadia, pediu também que Deus se lembrasse dele e o recompensasse por suas boas obras.

Prático
Ele era muito organizado. Algumas pessoas têm uma mente tão focada no céu que não servem para o serviço terreno, mas esse homem não era assim. Ele não se importava em colocar a mão na massa. Ele sabia coordenar o trabalho: inspecionou os portões e as muralhas e avaliou as necessidades do povo. Não tinha a mente nas nuvens, era um homem prático. Não é maravilhoso quando um homem vive a combinação entre praticidade e oração?

Emotivo
Era um homem sensível, com sentimentos intensos,

capaz de demonstrar profunda tristeza e imensa alegria. Encorajava outros a desfrutarem do Senhor, se regozijarem e usufruírem da força que provém da alegria, mas também podia irar-se e arrancar os cabelos dos outros. Neemias não era uma pessoa monótona!

Sociável
Acima de tudo, no entanto, ele era um homem sociável. Não creio que Esdras teria conseguido realizar o que Neemias realizou, pois Neemias se relacionava bem com as pessoas. Era brilhante na gestão dos recursos humanos. Capaz de estimular pessoas e exortá-las a concluir a tarefa. Quando elas esmoreciam, ele conseguia elevar o seu moral e ajudá-las a recuperar a energia. Um homem assim sempre tem atrativos, mas é curioso notar que quando se refere ao trabalho, ele sempre usa o pronome "nós". Certa ocasião, Neemias recusou-se a receber a refeição destinada ao governador pois queria identificar-se com o povo. Atuava individualmente, como na inspeção dos muros, mas quando fala da construção, diz: "fomos reconstruindo o muro". Atribuía o crédito a todos: "Edificamos o muro, o coração do povo se inclinava a trabalhar e o concluímos em 52 dias". Ele não disse: "Foi uma realização minha". Em Neemias 6.16 lemos: "Reconheceram que o nosso Deus fizera esta obra".

Grande é o equilíbrio de seu caráter – oração e praticidade, alegria e pesar, força e brandura, sensibilidade para com Deus e para com o povo. Um bom exemplo de caráter que podemos imitar.

Deus e seu povo

Deus
Uma pergunta recorrente quando se estuda a história bíblica é: Por que estudar fatos históricos ocorridos há tanto

tempo? O que tudo isso tem a ver conosco – a milhares de quilômetros de distância, mais de dois mil anos depois?

Um dos objetivos é examinar acontecimentos interessantes e personalidades inspiradoras. A Bíblia descreve pessoas e não encobre suas mazelas, por isso nunca é enfadonha. O que lemos, entretanto, é a história de Deus e seu povo – um Deus que se comprometeu em uma aliança com um povo e com uma nação, e agora faz o mesmo conosco, com base em uma nova aliança. Observe a forma como Neemias fala de "meu Deus". Neemias nos apresenta a imagem de um Deus que cumpre suas promessas.

Ele faz duas promessas ao seu povo: abençoar a obediência e amaldiçoar a desobediência. O mesmo Deus que cumpre uma das promessas cumprirá a outra. Quando Deus enviou o povo ao exílio, ele estava cumprindo o que lhes havia prometido.

ELE OS ENVIOU AO EXÍLIO

Em Levítico 26.44, Deus afirma que removeria o povo da Terra Prometida caso agissem mal, e ele cumpriu sua promessa. Poucas pessoas costumam refletir sobre o período de 70 anos do exílio. A razão dos 70 anos está explicada no final de 2Crônicas.

As leis de Deus decretavam que, assim como acontecia com o povo, a terra precisava de seu descanso sabático. Deus havia ordenado que a cada sete anos não deveria haver colheita para que a terra pudesse descansar. Durante 500 anos, no entanto, a terra não havia desfrutado de seu descanso – isso, obviamente, equivale a 70 anos (um intervalo a cada sete anos durante 500 anos). No final de 2Crônicas, Deus declara: "A terra desfrutou os seus descansos sabáticos; descansou durante todo o tempo de sua desolação, até que os setenta anos se completaram, em cumprimento da palavra do Senhor anunciada por Jeremias".

Deus cumpre sua palavra. Ele prometeu recompensar o justo e punir o ímpio. Ele fará as duas coisas, porque comprometeu-se a fazê-lo, e isso se aplicará tanto ao seu povo como a qualquer pessoa. Paulo, escrevendo aos cristãos, diz: "Todos nós devemos comparecer perante o tribunal de Cristo, para que cada um receba de acordo com as obras praticadas por meio do corpo, quer sejam boas quer sejam más".

ELE OS TROUXE DE VOLTA DO EXÍLIO
Da mesma forma como prometeu punir, Deus também estava pronto a abençoar (veja Jeremias 29.10). Sendo assim, ao final do período determinado, ele os levou de volta – um segundo êxodo, embora agora não houvesse mar a ser cruzado nem exército inimigo a persegui-los.

A OBRA SECRETA DE DEUS
Tanto em Esdras como em Neemias, observo que Deus age secretamente. Nesses livros, não há palavras proféticas nem milagres, no entanto, vemos Deus agindo de forma fantástica e silenciosa.

Líderes entre o seu povo. Vemos como Deus levantou indivíduos dentre seu povo para realizar sua obra. Zorobabel tornou-se um líder. Esdras e Neemias, separadamente, tinham uma tarefa específica a cumprir e foram chamados no momento certo.

Líderes de outros povos. Deus não se limita ao seu povo. Ele também age em líderes que não o conhecem – homens como Ciro, Artaxerxes e Dario. Alguns deles foram complacentes com o povo de Deus; outros, como Nabucodonosor, foram insensíveis, pelo menos no início.

O povo de Deus

Deus está nos bastidores, protegendo o seu povo, mas ele também espera que o povo cumpra seu papel na mudança. Ele havia se revelado como um Deus que é fiel à sua aliança, e o povo, por sua vez, era convocado a cumprir sua parte do pacto e ser o povo santo que Deus exigia que fosse. A maioria das pessoas, entretanto, falhou na tarefa. A principal lição aprendida nesses livros é que as pessoas rapidamente retornam à prática pecaminosa de antes. O único pecado que não tornaram a cometer foi o da idolatria. Os judeus sentem tal horror à idolatria que nunca mais voltaram a adorar ídolos, e jamais o farão.

Winston Churchill é o autor dos seis volumes de uma magnífica história da Segunda Guerra Mundial. Eu já os li e considero uma leitura fascinante, mas o sexto volume tem um título interessante. O livro cobre os últimos dias da guerra, e Churchill o intitulou Triunfo e Tragédia. Este era o subtítulo: "Como triunfaram as grandes democracias e assim puderam retornar à insensatez que por muito pouco não lhes custou a vida". Eis o veredito do grande líder dos dias de guerra: as pessoas retornam à sua insensatez.

SOMENTE ALGUNS RETORNARAM PARA CASA

Mesmo diante da oportunidade de retornar à sua terra, somente 50 mil entre 2 milhões (equivalente a 2,5%) realmente decidiram fazê-lo. O principal motivo da recusa era a vida próspera e confortável na Babilônia, em contraste com a aridez e a incerteza em Judá. Os que retornaram enfrentaram a árdua jornada de quase 1.500 quilômetros e a perspectiva de pobreza quando chegassem à terra.

OS QUE RETORNARAM LOGO CAÍRAM EM PECADO

Já observamos que, apesar do exílio, o povo ainda caiu em pecado. Não temiam a Deus como deveriam e logo passaram a violar a lei de forma tão perniciosa quanto haviam feito antes de seu período na Babilônia. As evidências eram o insucesso em manter os matrimônios entre os que tinham a mesma fé e o desejo de explorar seus compatriotas sempre que possível.

Não surpreende, portanto, que no capítulo 9 de ambos os livros, Esdras e Neemias estivessem aflitos com o que acontecia. Eles teriam de reconstruir o povo, ser salvos de si mesmos e de seus pecados.

O resultado

Durante 400 anos, Deus não se comunicou com eles – não há milagres ou mensagens por quatro séculos inteiros. Esdras, Neemias e os dois profetas Ageu e Zacarias, portanto, voltam-se para a reconstrução.

Daniel fez uma espantosa profecia, particularmente relevante para o estudo de Esdras e Neemias. Disse ele: "Saiba e entenda que a partir da promulgação do decreto que manda restaurar e reconstruir Jerusalém até que o Ungido, o líder, venha, haverá sete semanas, e sessenta e duas semanas...Depois das sessenta e duas semanas, o Ungido será morto, e já não haverá lugar para ele". Em nosso estudo de Daniel, vimos que esses 69 "períodos de sete", ou quase 490 anos, nos levam exatamente ao ministério público de Jesus, quer consideremos o "decreto" como sendo de Ciro ou de Artaxerxes.

Assim, há uma linha direta de profecia desde o exílio até Jesus. Eu creio que Deus a tenha revelado a Daniel para que soubéssemos que embora os filhos de Israel vindos do exílio caíssem novamente em pecado, nem tudo estava perdido. Deus sabia o que fazer a respeito. Ele não estava surpreso; já havia planejado o que faria para corrigir a situação. Ele enviaria o Salvador para resgatá-los de seu pecado, e essa é a razão da vinda de Jesus.

32.
1 e 2 CRÔNICAS

Introdução

Muitas pessoas que decidem ler a Bíblia do começo ao fim empacam em Levítico ou em Crônicas. A leitura do livro de Levítico é difícil pela ausência de enredo e porque os rituais religiosos descritos parecem não ter qualquer conexão com a vida moderna. Os livros de Crônicas são difíceis de ler porque os primeiros nove capítulos trazem praticamente genealogias, com muitos nomes impronunciáveis. Além disso, depois de ler o livro dos Reis, os leitores descobrem que muitas histórias se repetem em Crônicas e, por isso, decidem que não vale a pena lê-lo por completo. Devemos, portanto, iniciar nosso estudo de Crônicas indagando por que esses dois livros parecem tratar dos mesmos temas abordados em 1 e 2 Reis.

A primeira indicação para a resposta encontra-se na observação da ordem dos livros na Bíblia hebraica, que é bem diferente da ordem seguida na Bíblia cristã. A posição de Crônicas no cânon judaico sugere, como veremos, que sua conexão com Reis não é tão próxima quanto talvez imaginemos, muito embora os livros cubram praticamente o mesmo período. A tabela na página 37 esclarecerá essa informação.

Primeiramente, observamos que os livros estão agrupados de forma diferente. Na Bíblia hebraica, eles dividem-se em três grupos: os livros da Lei, os Proféticos e os Escritos [ou Salmos]. Lucas conta que Jesus, após sua ressurreição, quando conversava com os dois homens na estrada para Emaús, falava-lhes sobre a lei de Moisés, os Profetas e os Salmos, mostrando-lhes o que constava a respeito dele em todas as Escrituras. Afinal, essa era sua Bíblia (Lucas 24.27,44).

Os cinco primeiros livros da Bíblia hebraica são os livros da Lei (também conhecidos como Torá ou Pentateuco) – a saber: Gênesis, Êxodo, Levítico, Números e Deuteronômio. Na Bíblia hebraica, contudo, esses livros são conhecidos pelas primeiras palavras escritas no início no rolo. O livro de Gênesis chama-se "No princípio Deus"; Êxodo é chamado de "Estes são os nomes"; Levítico intitula-se "E ele chamou"; Números chama-se "No deserto"; e Deuteronômio, "Estas são as palavras".

Em seguida, a Bíblia hebraica relaciona os livros considerados Proféticos, que se subdividem em dois subgrupos. O primeiro deles inclui Josué, Juízes, Samuel e Reis. Os livros de Samuel e Reis têm apenas um volume cada, sendo que a principal razão para isso é o fato de a língua hebraica usar apenas consoantes, tornando as palavras mais curtas. Quando esses livros foram traduzidos primeiramente para o grego e, mais tarde, para a língua inglesa, o texto aumentou consideravelmente por causa da presença das vogais, que dobravam o tamanho das palavras e, por esse motivo, cada livro foi dividido em dois volumes.

Esses quatro livros, no entanto, não são classificados como Históricos, mas como Proféticos, por serem percepções proféticas na história. Samuel foi o profeta predominante naquele período inicial e, quando foram estabelecidos os reis, já havia dezenas de profetas. Eram os profetas que escreviam a história, interpretavam-na e mostravam ao povo o que Deus estava fazendo. Os profetas que surgiram posteriormente foram colocados em outro subgrupo (Profetas posteriores), incluindo praticamente os mesmos livros encontrados na Bíblia cristã (Profetas menores).

Os Escritos formam um tipo de miscelânea em que se enquadram todos os demais livros: o livro de Salmos (a palavra significa literalmente "louvores"), Jó e Provérbios. O livro de Rute não é considerado profético, por isso está incluído nos Escritos, diferentemente da Bíblia cristã. Cântico dos cânticos, Eclesiastes, Lamentações, Esdras, Neemias, Ester e Daniel também estão nesse grupo. É muito surpreendente que Daniel esteja entre os Escritos e não entre os Profetas (ele inclui registros históricos de outras nações). Como podemos ver na tabela, Crônicas é o último livro da Bíblia judaica, porém seu nome é "Últimas palavras". Fica evidente, portanto, que Crônicas e Reis são vistos sob ângulos bastante distintos. Reis é profético, Crônicas não é.

Essa ordem é muito melhor do que a encontrada na Bíblia cristã, principalmente porque a última palavra do Antigo Testamento (no fim do livro de Malaquias) é "maldição". Na Bíblia hebraica, a última palavra é "subir/ascender", como em "subamos a Jerusalém" (*aliya*, em hebraico).

Na ordem proposta pela Bíblia cristã, temos três agrupamentos bastante diferentes. Tratamos Gênesis, Êxodo, Levítico, Números e Deuteronômio como históricos e os agregamos a Josué e Juízes, como se esses livros fossem uma continuação. Incluímos Rute porque acreditamos que também faz parte da história. Então Samuel, Reis e Crônicas seguem essa ordem. Por essa razão, é natural que tenhamos a impressão de que Crônicas seja apenas uma repetição de todo o relato.

Como consequência, os livros de 1 e 2 Crônicas são pouco conhecidos nas igrejas. Apenas dois versículos são citados com muita frequência. O primeiro deles está em 2Crônicas 7.14: "Se o meu povo, que se chama pelo meu nome, se humilhar e orar, buscar a minha face e se afastar dos seus maus caminhos, dos céus o ouvirei, perdoarei o seu pecado e curarei a sua terra". Certo musical intitulado *If my people* [Se meu povo] baseou-se nesse único trecho, porém o versículo foi simplesmente usado fora de contexto. Era como se as palavras "eu curarei a sua terra" se aplicassem à Inglaterra, aos Estados Unidos, ou a outro país, mas a terra em questão, certamente, é Israel. E não há nada que nos permita aplicar a promessa a qualquer outra terra.

Outro versículo bastante conhecido relata a ocasião em que o reino do rei Josafá foi atacado por três nações que se aliaram contra Judá. Os inimigos marcharam contra Josafá, que, em resposta, orou e buscou o Senhor. Os profetas disseram ao rei: "Você vencerá a batalha", e ele foi instruído a enviar os cantores à frente do exército. Assim, cantando louvores a Deus, o coral conduziu o exército à batalha e o inimigo fugiu. Essa estratégia funcionou e foi usada exclusivamente para aquela situação específica e dificilmente serviria como precedente para sairmos às ruas de uma cidade cantando e expulsando demônios, como pensam alguns cristãos. Ambos os textos foram tirados de seu contexto. Infelizmente, essas duas passagens são tudo o que as pessoas em geral conhecem sobre o livro de Crônicas.

Duplicação?

Obviamente, os livros de Crônicas e Reis não são os únicos textos bíblicos em que um mesmo período é registrado duas vezes. Em Gênesis, há dois relatos da criação: nos capítulos 1 e 2 – um do ponto de vista de Deus e outro a partir da perspectiva do homem. Há quatro relatos da vida de Jesus no Novo Testamento. Embora pareçam iguais, cada livro apresenta o fato sob um ângulo diferente, porque cada evangelho foi escrito para um tipo de público diferente.

Os textos de Crônicas e Reis nos fazem lembrar de que toda história precisa ser vista a partir de um ângulo. É fato que, ao registrar a história, nós somos inevitavelmente influenciados por interesses pessoais, porque, entre todos os fatos ocorridos, selecionamos aqueles que consideramos importantes e nos quais temos interesse. Feita essa seleção, os fatos são interligados para demonstrar a sucessão de eventos, permitindo, em seguida, avaliar o que foi escrito.

Um historiador, portanto, ao decidir o material a ser incluído, percorre os processos de seleção, conexão, avaliação e juízo de valor. Até mesmo na sátira inglesa *1066 and All That*, o juízo de valor é usado o tempo todo para determinar se algo era bom ou ruim. Da mesma forma, percebemos que o juízo de valor em Reis é bem diferente daquele que identificamos em Crônicas.

Comparação entre Samuel, Reis e Crônicas

Na Bíblia hebraica, Samuel e Reis abrangem um período de apenas 500 anos e não estão divididos em dois volumes cada (eles formam quatro livros em nosso Antigo Testamento). Crônicas, contudo, começa muito antes e termina muito depois. O livro menciona Adão, numa retrospectiva até o princípio da raça humana. Samuel e Reis terminam no exílio, mas o livro de Crônicas relata o retorno, 70 anos depois. "Subamos a Jerusalém" é a mensagem final de Crônicas. Os dois escritores, portanto, foram incumbidos de tarefas bastante distintas, que foram cumpridas de formas bastante distintas também.

SAMUEL/REIS	CRÔNICAS
500 anos	Começa antes, termina depois
Escritos logo após os acontecimentos	Escritos muito depois dos acontecimentos
História política	História religiosa
Perspectiva profética	Perspectiva sacerdotal
Reis do Norte e do Sul	Reis do Sul
Falhas humanas	Fidelidade divina
Vícios da realeza	Virtudes da realeza
Negativo	Positivo
Moral – justiça	Espiritual – ritual
PROFETA	SACERDOTE

No livro de Reis, o povo precisava conhecer a razão pela qual havia sido levado ao exílio, mas em Crônicas, eles já a conheciam – precisavam apenas ser encorajados e enviados de volta à sua terra a fim de restaurar os muros da cidade e reconstruir o templo. O livro de Reis foi escrito logo após os acontecimentos, o registro de Crônicas veio muito tempo depois. A história política domina Reis, enquanto Crônicas tem seu principal foco na história religiosa. O livro de Reis, portanto, foi escrito sob a perspectiva profética, e Crônicas, sob a perspectiva sacerdotal. O livro de Reis compreende as regiões Norte e Sul; Crônicas, apesar de abranger o mesmo período, não menciona um único rei do Norte. O autor não demonstra qualquer interesse pelo Norte. Essa é uma grande diferença. O livro de Reis concentra-se nos erros dos soberanos que contribuíram para o desastre. O enfoque do cronista, no entanto, é a fidelidade divina. Em Crônicas, os vícios da realeza são amenizados em favor das virtudes, por isso os reis são apresentados de forma mais positiva.

Não significa que o cronista estivesse tentando modificar a história; mas sim que prefere registrar as ações positivas dos reis. O destaque é a moral, e a palavra-chave é justiça. O livro de Reis indica se os reis eram justos ou não. Em Crônicas, no entanto, o interesse está mais no ritual, no templo e nos sacrifícios, com ênfase nas questões espirituais, não morais. Em Reis, portanto, temos um texto escrito por um profeta, enquanto que, em Crônicas, quem escreve é um sacerdote. A diferença de perspectiva é colossal.

Já ficou evidente que uma das melhores formas de avaliar o enfoque de Crônicas é procurar saber que trecho foi incluído em Reis e Samuel, mas foi omitido em Crônicas. Basta uma olhada rápida no conteúdo para encontrarmos uma pista. A história do rei Saul toma aproximadamente um sexto do livro de Samuel, sendo que o registro sobre a vida de Davi ocupa dois terços. A vida de Salomão representa praticamente a metade de 1Reis e o reino dividido também ocupa metade. Qual é o panorama, então? O que o cronista escolheu deixar de fora?

Omissões

1. Não há menção à participação de Samuel na escolha dos reis.
2. Saul é pouco citado. Sabemos de sua morte, mas ela é mencionada apenas para apresentar Davi. Não há nada mais a respeito do restante da vida de Saul. O autor quer que os leitores vejam os reis sob uma luz que os favoreça e, por isso, a maior parte do reinado de Saul é ignorada.
3. Davi é mencionado em boa parte do livro, mas, mesmo assim, é curioso observar o que é omitido. Seus atritos com Saul são ignorados e não há menção aos sete anos de seu reinado em Hebrom ou às suas muitas esposas. A rebelião de Absalão é deixada de fora, e todo o episódio com Bate-Seba – momento crítico no reinado de Davi – não é registrado em uma única linha.

Essa seleção de material é muito significativa. O cronista está incluindo histórias positivas e omitindo qualquer elemento que seja desagradável. Assim, excluído o episódio com Bate-Seba, Davi é retratado de forma admirável, e o mesmo acontece com Salomão. Não há uma única palavra a respeito de suas muitas esposas, dos ídolos que foram trazidos ao palácio, de seu relacionamento faltoso com Deus ou de seu fracasso em lidar com os altares idólatras e a presença dos templos pagãos.

Esse enfoque positivo aparece em todo o livro. Após a divisão do reino, o cronista omite os reis do Norte em favor dos reis do Sul. Concede muito espaço aos bons reis como Ezequias e o jovem rei Josias, mas os reis maus não recebem qualquer atenção.

A menos que seja preconceituoso, o cronista é bastante deliberado no que decide editar. Ele tem certos interesses – há temas comuns que não têm destaque no reinado de Saul, mas que estavam presentes nos reinados de Davi, de Salomão e de alguns dos reis de Judá.

Um esboço dos livros

Livro 1: O rei reto
1–9: De Adão a Saul
O primeiro rei de Israel
10–29: Davi e a arca
O melhor rei de Israel

Livro 2: Os reis retos
1–9: Salomão e o templo
O último rei de Israel
10–36: De Jeroboão a Zedequias
Os melhores reis de Judá
O último rei de Judá
O trono e o templo

Inclusões

Em primeiro lugar, o cronista se preocupa somente com a linhagem real de Davi. Nenhum dos reis do Norte descendia dessa linhagem e, por isso, eles não são citados. O livro de Crônicas é especificamente uma história da casa real de Davi, nada mais. Saul, portanto, não está incluído pois não fazia parte da linhagem real de Davi – era da tribo de Benjamim. A certa altura do relato, aparece um homem a quem o autor do livro de Reis faz pouca referência, a saber,

Zorobabel. Ele estava na linhagem real de Davi e havia retornado do exílio na Babilônia. Em Zorobabel estavam depositadas as esperanças para o Messias, pois fora ele o único da linhagem de Davi a retornar a Jerusalém. Assim, quando o cronista chega à genealogia, metade de um capítulo é dedicada à árvore genealógica de Zorobabel. Ele desenha a linhagem real sob uma luz bastante favorável.

Enfoque religioso

Crônicas trata especificamente da atitude do rei em relação à arca e ao templo. O cronista se concentra em registrar como o povo tratava a arca da aliança e o templo que a abrigava, representando o local onde Deus habitava entre seu povo. Somos informados, portanto, dos detalhes de como Davi trouxera a arca a Jerusalém, de seu desejo de construir o templo, dos preparativos para tal, incluindo as ofertas para a construção, a elaboração dos projetos e a organização da adoração, dos corais e dos mestres de coro. A maioria dos detalhes apresentados em Crônicas é praticamente ignorada em Reis e Samuel.

Além disso, seis dos nove capítulos que se concentram em Salomão são quase exclusivamente voltados ao seu papel na construção do templo que Davi, seu pai, não fora autorizado a construir. O cronista registra a oração de Salomão na consagração do templo e como a glória do Senhor ali desceu. É em Crônicas que encontramos o relato da pedreira subterrânea de onde foram trazidos os materiais para o templo.

Esse enfoque, consequentemente, sugere uma perspectiva sacerdotal da história. Um profeta se concentra nos atos maus dos reis que trouxeram juízo sobre a terra. O sacerdote, por sua vez, contenta-se em registrar a construção do templo, a organização dos corais e o estabelecimento da adoração. Ele via Davi como o líder da adoração, o autor de salmos e o homem que havia projetado a construção do templo. Davi e Salomão, são, desse modo, retratados aqui sob um ângulo diferente daquele encontrado em Reis.

Depois do reinado de Salomão, o reino foi dividido, e o interesse do cronista passa a ser o Sul apenas, pois era o local onde foram estabelecidos o templo e os sacerdotes de Deus e onde a linhagem real foi preservada. Ele escolhe oito reis – entre esses, cinco reis bons – e, em concordância com seu princípio, ignora os 12 reis muito maus do Sul. Já observamos o destaque dado pelo autor a Davi e a Salomão. Vamos avaliar brevemente os outros seis reis.

Seis reis

Asa
Ele escolhe Asa, que retirou os ídolos de Judá e Benjamim e afastou a própria mãe do palácio pois, secretamente, ela adorava um ídolo em seu quarto. Foi Asa quem fez uma aliança com o Senhor e ornamentou o templo com prata e ouro, de modo que, aos olhos do sacerdote, ele era um bom homem.

Josafá
Lemos, então, o relato sobre Josafá, filho de Asa, que enviou os levitas para ensinar a lei de Deus em cada cidade. Ele derrotou Amom e Moabe. Vimos anteriormente que Josafá enviou os cantores à frente do exército na batalha e contribuiu grandemente para que o foco em Deus e na adoração fosse restaurado.

Jeorão
Um dos reis maus mencionados é Jeorão, mas sua participação no enredo é crucial. Seu grande erro foi casar-se

com Atalia, filha de Acabe, cujos pais haviam se envolvido na adoração a deuses estranhos. Ela vinha do sul e tinha chegado ao trono assassinando a maioria dos príncipes. Um sacerdote chamado Joiada, no entanto, raptou Joás, o mais jovem dos príncipes, escondeu-o durante seis anos e, mais tarde, apresentou-o como herdeiro do trono. Mais uma vez, um sacerdote desempenha um papel fundamental na preservação da linhagem real de Davi.

Joás
Joás também tinha um caráter dúbio. Restaurou o templo encorajando o povo a fazer doações para sua manutenção. Porém, matou Zacarias, homem reto, filho de Joiada, apesar da bondade que Joiada lhe havia demonstrado.

Ezequias
Ezequias reabriu e restaurou o templo. O povo celebrou a Páscoa com grande alegria. Suas reformas são relatadas em apenas alguns versículos do livro de Reis, mas recebem três capítulos em Crônicas. Ezequias reformou a adoração e restabeleceu o templo, fazendo com o que o povo voltasse a pensar novamente nesses fundamentos.

Josias
O cronista também dedica muito tempo a Josias, o rei menino que, durante uma faxina no templo, encontrou o Livro da Lei. Ele restaurou ao templo os cultos e as festas e tentou reformar a nação em uma época de adoração pagã.

Todos esses reis se opuseram à idolatria, e essa é a razão pela qual foram considerados bons aos olhos dos sacerdotes. O elemento curioso é que, embora a idolatria predominasse antes do exílio, os judeus, como nação, nunca se sentiram tentados a retornar à idolatria após o exílio e tem sido assim até os dias de hoje.

Para entendermos Crônicas é fundamental observar que o livro termina com Ciro, o persa, derrotando os babilônios e enviando os judeus de volta à sua terra para que reconstruíssem o templo. O público-alvo do livro, portanto, é constituído pelos judeus que retornam do exílio. Nunca haviam visto um templo judeu e seu soberano não é um rei da linhagem de Davi. O cronista apresenta-lhes três elementos – eu os chamo de "os três Rs". Ele lhes oferece raízes, realeza e religião outra vez. O livro de Crônicas, portanto, tem um propósito claro. Ele contém um apelo que não tem apenas valor histórico.

OS EXILADOS QUE REGRESSARAM
Quem   um povo com raízes
De onde   um povo da realeza
Para que um povo para religião

Identidade

Os exilados que retornaram precisavam saber quem eram. Suas raízes remontavam a Adão, pois o próprio Deus controlava sua história. Eram propriedade de Deus, que os elegera entre toda a raça humana, por meio de Abraão e de seus descendentes, que foram preservados como povo. Sendo assim, não eram apenas habitantes de uma terra, mas um povo cuja identidade estava vinculada aos propósitos de Deus. As extensas genealogias reforçam esse fato.

Liderança

Também precisavam saber que eram um povo da realeza, tinham seu próprio rei. O cronista queria que começassem a pensar novamente no rei e que restaurassem o reino de Israel. Ele lhes dizia: "Vocês não são apenas um grupo de pessoas – são um sacerdócio real, um povo real. Têm um rei cuja linhagem real foi preservada e constituirão um reino novamente". Assim, diante da tentação de sucumbir à mentalidade do cativeiro, o livro servia de grande inspiração para o povo.

Propósito

O terceiro ponto que o autor quis salientar foi o propósito da existência daquele povo. O aspecto mais importante de sua identidade era o fato de serem o povo escolhido de Deus. Sua adoração ao Senhor era o fator central desse chamado como povo. Por essa razão, assim que retornaram, a prioridade foi a reconstrução do templo, a fim de que a adoração fosse restabelecida segundo o padrão de Moisés.

Também observamos que mais de 10% dos que retornaram do exílio eram sacerdotes, uma proporção muito maior do que o número de sacerdotes de toda a nação. Eles estavam comprometidos com o restabelecimento de Israel como nação religiosa, por isso reconstruir o templo era a prioridade. O nome "judeu" significa literalmente "louve ao Senhor". O povo desejava profundamente fazer valer seu nome.

O conteúdo de Crônicas, portanto, era um sermão para o remanescente que regressava, com o objetivo de encorajá-los a perseverar em meio às dificuldades. Não se tratava de uma empreitada muito animadora e eles precisariam lutar para sobreviver. Eram muito pobres e o trabalho de reconstrução do templo seria lento. Foram necessários dois profetas – Ageu e Zacarias – para encorajá-los a persistir. O cronista, no entanto, tinha a missão de incutir neles a verdade de que Deus deve ocupar o primeiro lugar na vida de seu povo.

A existência de Israel hoje deve-se, em grande parte, ao

fato de que seu povo desejava ter o próprio lar, um lugar onde pudessem estar seguros, porém entristece-me afirmar que eles não reassumiram de fato seu papel como povo de Deus.

Nunca vou me esquecer dos 45 minutos que tive com o presidente de Israel em sua residência. Ao final da conversa, ele afirmou:

– "Eu sou agnóstico. Na realidade, não acredito em Deus".

– "Mas esta é a terra onde Deus realizou seus maiores milagres", respondi.

E ele replicou: "Bem, eu não acredito nisso".

Fiquei muito triste. Era muito importante que eles retomassem seu papel como povo de Deus e que o templo viesse a ser o ponto central de seu retorno e de suas esperanças. Eles haviam retornado para sua terra, mas não para o seu Senhor.

Aplicação cristã

Cristo
Os temas de Crônicas podem ser vistos novamente na vida de Cristo.

RAÍZES
Mateus começa com a genealogia de Cristo e Lucas descreve a genealogia até Adão. É imprescindível que o leitor seja convencido da veracidade das raízes de Cristo. Jesus era e é um judeu, não uma pessoa sem raízes que é lançada na história arbitrariamente, mas alguém que foi enviado para atender às expectativas de um povo peculiar.

REALEZA
Além disso, Cristo descendia da linhagem real e, por essa razão, poderia afirmar ser o Filho [descendente] de Davi.

Na realidade, ele tinha direito duplo ao trono. Por meio de seu pai, Jesus tinha direito legal ao trono e, por meio de sua mãe, um direito biológico, pois era possível traçar sua árvore genealógica até Davi. E embora ele ainda não tenha sido declarado rei, é Ele quem ocupa o trono de Davi eternamente.

RELIGIÃO

Jesus também representava a concretização das esperanças religiosas de Israel, porque, de fato, ele tornou-se o templo. Na primeira parte do Evangelho de João, sabemos que "o Verbo se fez carne e habitou (tabernaculou) entre nós" [ARA]. Em referência ao seu corpo, Jesus disse: "Destruam este templo, e eu o levantarei em três dias". Ele entendia que em seu corpo habitava a plenitude de toda a adoração – nele se cumpria a figura do templo. Jesus tornaria obsoletas muitas das práticas judaicas, pois muitas delas apontavam para sua pessoa.

Cristãos

RAÍZES

O apóstolo Paulo explica que os cristãos foram "enxertados" no povo de Deus, por isso, como gentios, podemos dizer que temos raízes judaicas. A genealogia deles é a nossa também. Assim, quando leio 1Crônicas 1–9, leio sobre minha árvore genealógica, pois agora sou um filho de Abraão. Essas raízes têm para nós significado ainda maior do que as de nossa própria família. Nossa árvore genealógica desaparecerá quando morrermos, mas a árvore genealógica judaica passa a ser a nossa árvore. Em Cristo herdamos as bênçãos de Abraão.

REALEZA

Em sua primeira carta, Pedro nos faz lembrar de que agora

somos nação santa e sacerdócio real. Como príncipes e princesas, devemos caminhar pelas ruas como membros da realeza, pois reinaremos sobre este mundo juntamente com Cristo. Apocalipse nos diz que Deus redimiu pessoas de todas as tribos e povos para que reinem sobre a terra. Portanto, assim como os ancestrais judeus, podemos viver com dignidade, cientes de quem somos e de qual é nossa posição.

RELIGIÃO
Além disso, passamos a ser o templo. Paulo indaga: "Acaso não sabem que o corpo de vocês é santuário do Espírito Santo?". Precisamos refletir isso na maneira como vivemos.

Também devemos nos apropriar dos três elementos que precisaram ser ensinados aos que retornavam do exílio. A única grande diferença para nós é o fato de ainda estarmos no exílio. Não voltamos para casa; somos estrangeiros e peregrinos em uma terra estranha. Moro na Inglaterra, mas não pertenço a esse lugar. Nossa cidadania está no céu e esse pode ser um ponto de atrito com as pessoas com as quais interagimos. Afinal, Jesus disse aos seus discípulos: "Todos odiarão vocês por minha causa".

Sendo assim, temos de nos esforçar para preservar nossos relacionamentos com parentes e amigos incrédulos, pois agora pertencemos a uma nova família. Devemos ter em mente que o que fazemos aos nossos corpos, estamos fazendo ao templo de Deus. Essa é a única razão pela qual tantas pessoas deixam de fumar quando se convertem ao cristianismo. Não há nada na Bíblia contra o fumo. Costumo dizer que esse hábito não o levará ao inferno – apenas o deixará fedido como se já tivesse passado por lá! No entanto, muitos cristãos acabam percebendo que quando fumam estão violando o templo de Deus – tornando-o fétido e sujo, e diminuindo seu tempo vida.

A LUTA PELA SOBREVIVÊNCIA

O livro de Crônicas, portanto, não é simplesmente uma repetição antiga e inexpressiva da história. É uma mensagem de esperança para o futuro, que nos mostra a razão de estarmos aqui, e nos ajuda a encontrar nossa identidade perdida, como povo de Deus em uma terra estranha. É um livro imprescindível, com uma mensagem vital, tanto para os que viveram naquela época como para nós, nos dias de hoje.

33.
AGEU

Introdução

Ageu é o primeiro dos três últimos Profetas menores do Antigo Testamento. Depois de se manifestar por meio desses três profetas, Deus cessou as revelações por um período de 400 anos. Durante quatro séculos, portanto, os judeus tiveram de dizer aos filhos: "Algum dia, Deus nos falará outra vez". Porém, somente através de João Batista a voz de Deus foi ouvida novamente.

Esses três livros são muito curtos porque os profetas falaram por períodos muito breves. Ageu falou por três meses apenas e então calou-se. No Antigo Testamento, somente o livro de Obadias é mais curto. Zacarias falou por apenas dois anos e seu ministério justapôs-se brevemente ao de Ageu. Essas breves profecias, portanto, contrastavam com as de Isaías e Jeremias, que pregaram por 40-50 anos e cujos livros, consequentemente, são muito mais extensos.

Ageu e Zacarias são conhecidos como profetas pós-exílicos porque surgiram nesse período. Antes do exílio, as mensagens dos profetas eram repletas de alertas a respeito de desastres futuros, mas após o exílio, o tom era bastante diferente. Os profetas passaram a expressar palavras de encorajamento e consolo, à medida que o povo tentava reparar os danos causados à nação.

Há muitas semelhanças entre Ageu e Zacarias:

1. Eles falaram na mesma época. Ambos dataram cuidadosamente suas profecias, algo que poucos profetas anteriores fizeram. Costumavam informar o dia, o mês e o ano quando a palavra era revelada. Cada uma das

cinco profecias de Ageu foi datada precisamente, assim podemos ver quantos dias ou semanas se passaram entre cada uma delas. O mesmo acontece com Zacarias. Eles se sobrepõem por apenas um mês, em 520 a.C.
2. Eles falaram no mesmo local – a cidade reconstruída de Jerusalém, em Judá.
3. Eles falaram em circunstâncias exatamente iguais. Conhecer o contexto histórico é fundamental para compreender sua mensagem.

Contexto histórico

Ciro, o rei persa, conquistou a Babilônia em 538 a.C. Foi um ditador benevolente e permitiu aos povos que haviam sido deslocados que retornassem às suas terras, com a condição de que construíssem um templo onde pediriam ao seu Deus em favor do rei. Naquela ocasião, somente 50 mil judeus decidiram retornar. O restante, em sua maioria judeus nascidos no exílio e que haviam se estabelecido como comerciantes na Babilônia, decidiu ficar. A Babilônia ficava em uma das principais rotas de comércio, e muitos judeus haviam enriquecido consideravelmente. A possibilidade de retornar a Jerusalém não parecia vantajosa mas apresentava-se, de fato, como uma hipótese desanimadora.

Dois homens lideraram o grupo que retornou: um príncipe chamado Zorobabel (o nome significa "semente da Babilônia") e Josué, o sumo sacerdote. Zorobabel havia nascido no exílio e jamais vira a Terra Prometida, mas era o único sobrevivente da linhagem real de Davi, neto do último rei legítimo, Jeoaquim. Sendo assim, ele deveria retornar para que se cumprisse a promessa de Deus de que sempre haveria um filho de Davi no trono de Israel. O nome Josué significa "Deus salva" ou "Deus é nosso salvador", sendo uma das variações do nome Jesus. Ele era

A LUTA PELA SOBREVIVÊNCIA

descendente de Ido e restabeleceu o sacerdócio – embora não fosse uma tarefa difícil, pois 2 de cada 15 pessoas que retornaram eram sacerdotes, facilitando a escolha. Foi o interesse pelas coisas espirituais que motivou o povo a retornar, pois eles sabiam que não enriqueceriam. Seria uma luta árdua em uma cidade sem muralhas e numa terra que não fora cultivada durante 70 anos.

No retorno à terra, a primeira preocupação de Zorobabel e de Josué era construir um altar, e a segunda, edificar um templo ao redor do altar para que pudessem se restabelecer como povo de Deus. Havia semelhanças evidentes com o que acontecera a seu antepassado Abraão, pois eles haviam seguido exatamente a mesma rota de retorno à terra. A cidade natal de Abraão, Ur, ficava próxima à Babilônia, às margens do rio, assim, eles seguiriam o exemplo de Abraão e deixariam sua casa, sua família e ocupações e se dirigiriam a uma terra que nunca haviam visto. Assim que chegou à Terra Prometida, Abraão levantou sua tenda, ergueu um altar e ofereceu um sacrifício de gratidão a Deus por ter chegado em segurança. Os exilados que retornavam a Jerusalém fizeram exatamente o mesmo. Pegaram algumas pedras, ergueram um altar e agradeceram a Deus por tê-los trazido de volta.

Não devemos menosprezar o grande sacrifício que fizeram. Deixaram amigos, parentes e casas de alvenaria. Trocaram a prosperidade pela pobreza, o comércio lucrativo por uma terra que não fora cultivada durante 70 anos. No entanto, tinham no livro de Crônicas o sonho de restabelecer o reino com seu próprio rei – de ser o povo de Deus na terra que ele havia prometido aos seus antepassados.

Entretanto, a tarefa de reconstrução do templo era assustadora. O povo estava em número muito reduzido e eram parcos seus recursos. Assim, decidiram construir um templo muito menor do que o templo de Salomão, porém até essa tarefa parecia estar muito além de sua capacidade.

Enfrentaram a oposição dos samaritanos e, além disso, quando Dario substituiu Ciro, perderam o subsídio que Ciro lhes havia oferecido. Com o intuito de financiar as campanhas militares, Dario extinguiu o subsídio que havia sido concedido aos povos que saíam do exílio para reconstruir seus templos.

A fantasia, portanto, deu lugar à realidade, a dimensão da empreitada desencorajou o povo e seus corações esmoreceram. Após dois anos apenas, o trabalho de construção foi interrompido e, durante 14 anos, nem uma única pedra foi acrescentada, restando apenas fundações e paredes semiconstruídas. Diante das dificuldades da vida diária, construir templos era um luxo que não teriam condições de manter. Eles estavam preocupados tão somente em sobreviver.

E então veio uma severa recessão econômica. Os alimentos eram escassos e muito caros, a inflação disparou e a seca e as pestes reduziram o suprimento de comida. Eles não tinham economias, pois haviam gastado com roupas e alimentos todo o dinheiro poupado na Babilônia. Eles viviam um momento de grande decepção. Aquelas pessoas haviam retornado com esperanças de reconstruir uma nação, mas, em vez disso, mal conseguiam sobreviver.

Inevitavelmente, o povo indagou: "Por quê?". Concluíram que haviam agido certo ao retornar, porém escolheram o momento errado. Começaram a questionar se deveriam ter permanecido na Babilônia, poupado mais dinheiro e aguardado até que estivessem suficientemente aptos a retornar com mais força e recursos. Talvez Abraão tenha se contentado com uma tenda e um altar, mas o desejo dessas pessoas era a reconstrução. Passaram-se 18 anos desde que haviam retornado e pouco tinham conquistado.

Foi nesse contexto deprimente que Ageu falou ao povo. Ele os havia acompanhado quando retornaram do exílio, provavelmente como sacerdote, embora não se possa afirmar com certeza. Seu pai não é mencionado, portanto é provável que sua família não fosse importante. Sua profecia está escrita em forma de prosa, algo muito significativo, pois, na Bíblia, os pensamentos de Deus costumam ser expressos em prosa, e seus sentimentos, em poesia. Sendo assim, não há muito sobre os sentimentos de Deus nesse livro. É como se ele estivesse farto; e não sentisse mais nada.

É interessante observar também como a palavra do Senhor é descrita em Ageu. Sabemos que a palavra não veio "a" Ageu da mesma forma que veio a outros profetas. Ela foi dada "por" Ageu. Trata-se de uma palavra que se originou de percepções que o profeta teve e não exatamente de uma revelação ou visão. Essas percepções diziam respeito ao pecado do povo e, em 26 ocorrências (de um total de 38 versículos), suas palavras foram introduzidas pela expressão "Assim diz o Senhor".

Um esboço do livro
Um povo deprimido: 1.1-11
Suas casas decoradas
Minha casa devastada
Um povo determinado: 1.12-15
Temiam o Senhor
Obedeciam ao Senhor
Um povo desanimado: 2.1-9
Primeira casa – Gloriosa
Última casa – Maior
Um povo degenerado: 2.10-19
A pureza não purifica o que é impuro
A impureza contamina o que é puro
Um príncipe designado 2.20-23
Outros tronos derrubados
Esse trono ocupado

No total, Ageu trouxe 26 mensagens do Senhor durante cinco dias. Ele externava perguntas do Senhor, com o intuito de levar as pessoas a refletir. Vejamos os principais temas de sua mensagem.

Um povo deprimido (1.1-11)

A verdadeira razão pela qual o povo se sentia deprimido era porque sua mentalidade havia se corrompido. Se corrigissem seus pensamentos, seus sentimentos mudariam. É surpreendente constatar que o povo de Deus não gosta de pensar. Depois de me ouvir pregar, as pessoas costumam comentar: "Você nos forçou a colocar a cabeça pra funcionar". Esses comentários sempre vêm em um tom de leve repreensão, deixando implícito que elas não vêm à igreja para isso! Às vezes, pregadores e profetas precisam estimular as pessoas a pensarem – precisam provocá-las para que reflitam e façam perguntas.

O povo não percebeu que Deus havia provocado o desastre que os fazia sofrer. O próprio povo havia dado os primeiros passos em direção a essa depressão. Ageu explicou que eles não haviam avaliado a situação de forma correta. Pensavam que não seria a hora certa de construir o templo, pois não tinham forças ou condições financeiras. Ageu, entretanto, lhes disse que o fracasso da colheita e a inflação galopante eram consequência da interrupção da construção do templo. Assim que eles deixaram de colocar Deus e o templo em primeiro lugar, tudo começou a dar errado, mas eles não perceberam. Causa e efeito, portanto, ocupavam posições invertidas no pensamento do povo.

A solução de Ageu foi desafiá-los a comparar a qualidade de suas casas com a situação do templo. As casas eram revestidas com madeira numa época em que a madeira era artigo raro (as árvores haviam sido derrubadas pelos babilônios) e era preciso importar cedro de lugares como o Líbano, por exemplo. Uma pessoa cuja casa tivesse paredes revestidas com madeira estaria desperdiçando dinheiro, uma vez que poderia simplesmente usar pedras, um recurso abundante. É uma mensagem muito simples: "Basta comparar sua própria casa com a casa de Deus e você saberá onde estão suas prioridades".

Um povo determinado (1.12-15)

O povo respondeu de forma positiva e retomou o trabalho de reconstrução. O exílio lhes havia ensinado a dar ouvidos aos profetas e, por isso, eles agiram rapidamente. Levaram três semanas e meia para organizar os construtores e encontrar mais material para o templo.

Um povo desanimado (2.1-9)

A segunda mensagem veio apenas 27 dias após o início da reconstrução. O moral estava baixo, em grande parte porque os mais velhos faziam comparações desagradáveis com o templo de Salomão: "Chamam isso de templo!? Deveriam ter visto o templo que tínhamos". Era uma crítica devastadora e atingia duramente os trabalhadores.

Presente
Ageu trouxe uma palavra do Senhor que os encorajava a continuar trabalhando. Disse-lhes que não se sentissem deprimidos pelas dimensões reduzidas do templo reconstruído. Era melhor começar pequeno do que nunca começar. Deus não se importa com o tamanho de sua casa. Ele deseja apenas ter uma casa onde possa habitar entre o seu povo.

Deus lhes deu preceitos e promessas. Os preceitos (mandamentos) foram duplos: "Sejam corajosos" (três vezes) e "Não tenham medo" (uma vez). A promessa foi: "Eu estou com vocês; meu espírito está entre vocês".

Futuro

Ageu, contudo, também olha para o futuro. Ele prevê que Deus fará tremer o céu, a terra e todas as nações. Deus confirma que a natureza e a história estão sob seu controle.

No hebraico, há uma frase enigmática em Ageu 2.7. A Bíblia Viva a traduz para o português da seguinte forma: "O desejado de todas as nações virá a este templo e encherei este lugar com a minha glória diz o Senhor dos exércitos celestiais". O texto hebraico é difícil de ser traduzido, mas acho improvável que o "desejado" aqui mencionado seja uma referência ao Messias. A palavra "desejado" costuma ser traduzida no Antigo Testamento como "tesouros, coisas preciosas, artigos de valor desejados" (veja 2Crônicas 32.27; 36.10; Daniel 11.8,43). Essa é a promessa de que mais ouro e prata viriam e ajudariam a restaurar o templo à sua condição original. O texto afirma que Deus fará tremer as nações e elas enviarão seus tesouros. Foi exatamente o que aconteceu, pois, logo após a profecia, uma imensa quantidade de prata e ouro veio da Pérsia como contribuição para a reconstrução (Esdras 6.4). Sendo assim, extrapolamos a leitura desse versículo se acreditamos ser uma referência ao Messias.

Deus também prometeu que encheria esse templo com sua glória e a glória do templo seria ainda maior do que a da primeira casa. Obviamente, isso não significa que a glória de Deus seria maior, pois sugeriria que a glória *shekinah* que encheu o templo de Salomão tivesse sido ofuscada. Em vez disso, o texto refere-se ao esplendor do próprio edifício. A frase está relacionada à promessa de que as riquezas das nações ali seriam trazidas. Além disso, Deus prometeu que o templo conheceria grande paz e harmonia.

Um povo degenerado (2.10-19)

A próxima crise veio dois meses depois. Já era dezembro e não havia chuva. Ageu afirmou que o povo provocara a seca e a fome ao interromper a reconstrução do templo. No entanto, dois meses após terem recomeçado os trabalhos, as chuvas aguardadas desde outubro ainda não haviam chegado. Aparentemente, seria outra péssima colheita.

Ageu, portanto, tinha um problema teológico. Embora Deus não tivesse prometido responder imediatamente, o povo esperava que ele o fizesse. Assim, ele perguntou a Deus qual era o problema. A resposta de Deus para o problema foi apresentar outra lista de perguntas. Em três ocasiões, ele lhes pediu que refletissem com cuidado.

Primeiramente, ele perguntou: "Se você misturar coisas puras e impuras, são as coisas impuras que contaminam o que é puro ou são as coisas puras que purificam o que é impuro?". Os sacerdotes responderam que a impureza degrada a pureza.

A seguir, ele se dirigiu aos sacerdotes: "Se algo que foi consagrado ao Senhor for colocado próximo a algo que não esteja consagrado, a consagração se estende do elemento consagrado ao não consagrado?". A resposta foi negativa.

Ageu explicou que Deus havia retardado a chuva porque eles estavam construindo um templo consagrado, mas não estavam consagrados enquanto o faziam. Pessoas impuras que edificam um templo puro tornavam impuro o novo templo aos olhos de Deus. Eles acreditavam viver em retidão, pois participavam da construção de um templo, mas, na realidade, aos olhos de Deus, contaminavam o templo pois não estavam corrigindo sua forma de viver.

Ageu não especificou os pecados, mas, pela reação do povo, percebemos que todos entenderam a que ele se referia. Acertaram o rumo, e, no dia seguinte, começou a chover. Esta foi a palavra do Senhor: "De hoje em diante abençoarei vocês", porque eles haviam entendido a mensagem.

Um príncipe designado (2.20-23)

A mensagem seguinte destinava-se a Zorobabel. Era bem simples: "Você é o anel de selar de Deus". O anel de selar [ou de sinete] era usado pela realeza, e com essa figura, Deus estava dizendo que, a partir de Zorobabel, a linhagem real seria restabelecida. Ele era o príncipe da linhagem de Davi, mas, obviamente, jamais poderia ocupar o trono, pois Dario, o Persa, era rei. Em vez disso, Zorobabel foi indicado governador de Judá.

Outra promessa foi feita a Zorobabel: "Virá o dia em que farei tremer o universo e as nações. Quando eu os fizer tremer, derrubarei seus tronos e estabelecerei o trono de Israel, e sua descendência estará sobre ele". Deus estava prometendo a Zorobabel que faria tremer a Pérsia, o Egito, a Síria, a Grécia e Roma e restabeleceria o reino de Israel na linhagem de Zorobabel. Isso aconteceria "naquele dia", que provavelmente está relacionado às profecias referentes a Jerusalém encontradas em Zacarias 12–14.

Aplicação cristã

Cristo

A profecia nunca foi de fato cumprida em relação ao próprio Zorobabel, mas a genealogia de Jesus sugere uma forma pela qual ela tenha se realizado. Zorobabel ocupa um lugar muito importante, talvez até surpreendente, na história da nossa salvação. Deus cumpriu a promessa que fizera a esse homem colocando-o nos dois lados da genealogia de seu Filho. Jesus poderia reivindicar duplamente sua posição como filho de Davi: pela linhagem legal, por meio de José, seu pai, ou padrasto (em Mateus), e pela linhagem biológica, por meio de Maria (em Lucas). Zorobabel está presente nas duas linhagens.

Cristãos

A mensagem central de Ageu é a importância de dar a primazia ao que vem em primeiro lugar. Jesus reforça essa mensagem repetidas vezes em seus ensinamentos. Em Mateus 6, ele instrui seus ouvintes a buscar primeiro o Reino de Deus e a sua justiça, e todas as necessidades, como alimentos e vestimentas, serão supridas. A melhor condição possível é ser cidadão do Reino dos céus, pois Jesus disse que se colocarmos Deus em primeiro lugar, todas essas outras coisas serão acrescentadas. Deus não nos promete luxo, mas promete prover todos os recursos necessários à nossa vida. Temos a tendência de priorizar ações que garantam nosso sustento ou nossa própria sobrevivência; Deus fica em segundo plano com tudo mais que restar. No entanto, Deus não trabalha dessa maneira e a mensagem de Ageu apresenta um apelo muito claro.

Há outro aspecto ainda mais importante. Deus não se importa tanto com o que fazemos para ele, mas sim com a condição na qual estamos fazendo (se em pureza ou em impureza). Por essa razão, Jesus disse no Sermão do Monte que quando trazemos uma oferta ao Senhor e nos damos conta de que há alguém com quem precisamos nos reconciliar, melhor é primeiro acertar as diferenças, antes de trazer a oferta ao Senhor. Mais uma vez, a mensagem de Ageu aplica-se a nós hoje. Pessoas impuras podem contaminar o que é puro. Acerte as diferenças, coloque Deus em primeiro lugar e, então, ele receberá de braços abertos o que você fizer em seu nome, e o abençoará e protegerá.

De fato, é uma mensagem bastante simples, mas que, provavelmente, ainda precisa ser compartilhada. A vida não se resume a sobreviver ou obter o sustento, mas em viver para Deus e fazê-lo com retidão.

34.
ZACARIAS

Introdução

O livro de Zacarias tem muitas semelhanças com o de Ageu. Na verdade, o capítulo 8 de Zacarias poderia facilmente ter saído dos lábios do profeta anterior. O fato não causa surpresa, pois o ministério de Zacarias se sobrepõe ao de Ageu em um mês, sendo que Zacarias começa exatamente onde Ageu parou. Desde o início, devemos observar que, entre os Profetas menores, a mensagem de Ageu é a de mais fácil compreensão, enquanto o texto de Zacarias é um dos mais complexos. Podemos destacar três diferenças principais:

1. O ministério de Zacarias continuou por muito tempo depois de Ageu ter parado de pregar. Foi algo semelhante a uma corrida de revezamento – Ageu passou o bastão a Zacarias, que o pegou e correu, porém cobrindo uma distância muito maior.

2. O livro de Zacarias é muito mais extenso do que o de Ageu. Zacarias tem 14 capítulos, enquanto Ageu tem apenas 2.

3. Zacarias mantinha os olhos no futuro distante, enquanto Ageu lidava com o presente e com suas dificuldades imediatas. Zacarias parecia ser capaz de enxergar o fim dos tempos. Algumas de suas previsões para um futuro mais próximo mesclam-se com previsões para um futuro muito distante, o que nos deixa confusos quanto ao período que está sendo levado em consideração.

Além disso, há muito mais poesia em Zacarias do que em Ageu. Em alguns trechos, seu estilo é notadamente diferente. É o que chamamos de livro "apocalíptico". As profecias apocalípticas são uma forma de comunicação de forte apelo visual, cheia de símbolos e visões estranhas. Animais e anjos, em especial, tendem a se destacar, sendo que os anjos cuidam de explicar as visões às pessoas. O livro nos remete ao Apocalipse, à segunda metade de Daniel e a alguns trechos de Ezequiel. A razão pela qual a profecia é apresentada de forma invulgar é bastante simples: é muito difícil imaginar o futuro distante. Não temos qualquer dificuldade de imaginar o futuro próximo, pois ele é apenas a continuidade do presente. Prever o futuro distante, no entanto, é muito mais difícil. Afinal, como você descreveria a vida que vivemos hoje a alguém que viveu há mil anos? Imaginar a existência de um aparelho receptor e transmissor de imagens (televisão) já seria um fato extraordinário. Seria quase impossível compreender sua abrangência. A única maneira de descrever o futuro distante é apresentá-lo na forma de uma imagem ou um símbolo e, em seguida, explicar a analogia.

O livro de Zacarias, portanto, é um tipo diferente de profecia. Entendemos a mensagem de Ageu com muita facilidade. Ele instruiu o povo a retomar e concluir a reconstrução do templo para que Deus os abençoasse. Nenhuma explicação é necessária. A mensagem de Zacarias, contudo, apresenta uma premissa muito diferente.

O profeta

Seu nome significa "lembrado por Deus". É um nome muito comum no Antigo Testamento, sendo atribuído a aproximadamente 29 pessoas. Zacarias era sacerdote, portanto temos aqui um sacerdote que também é profeta – algo que não é tão surpreendente, pois a proporção era de 2 sacerdotes para cada 15 pessoas que retornavam da Babilônia. A motivação do retorno era religiosa, pois desejavam restabelecer o nome de Deus em Jerusalém. Certamente, eles não voltaram porque a terra produziria mais ou o comércio seria mais lucrativo, pois a vida na Babilônia era muito melhor. O povo retornou por razões espirituais e isso explica o grande número de sacerdotes.

Duas informações surpreendentes são destacadas por Zacarias. A primeira delas é que os profetas seriam substituídos por sacerdotes na liderança espiritual da comunidade. Pelos próximos 400 anos não haveria profetas em Israel, apenas sacerdotes. Sendo assim, o fato de Zacarias ser sacerdote e profeta marca um tipo de transição. Na realidade, ele profetiza sobre o dia em que ninguém desejaria declarar-se profeta.

A segunda é a transição da liderança de reis para sacerdotes. Zacarias não fez uma coroa de prata e ouro para que fosse colocada sobre a cabeça de Zorobabel, mas sim de Josué, o sacerdote. Pela primeira vez na história de Israel, as funções de sacerdote e rei seriam unificadas. Tal fato acontecera apenas uma vez no Antigo Testamento, no livro de Gênesis, quando um homem chamado Melquisedeque, que era rei de Jerusalém, também exercia a função de sacerdote – mas isso foi muito antes do surgimento de Israel como nação. O Novo Testamento afirma que essa é a linhagem de Jesus. Ele é sacerdote segundo a ordem de Melquisedeque, não de Eli. É sacerdote, profeta e rei. Zacarias, portanto, salienta um tipo de fusão dessas três posições de liderança. O sacerdote assume a liderança tanto do profeta quanto do rei. Na ocasião da vinda de Jesus, havia somente sacerdotes em Israel. João Batista foi o primeiro profeta a se manifestar ao povo após esse período de 400 anos. Os governantes eram Anás e Caifás, dois sumos sacerdotes. O livro de Zacarias, portanto, marca essa transição de forma significativa.

Há uma maneira simples de dividir os diferentes períodos de liderança na história de Israel. Se considerarmos os dois mil anos desde Abraão até Jesus, podemos dividi-los nitidamente em quatro períodos de 500 anos. Durante os primeiros 500 anos, de 2000 a 1500 a.C., eles foram liderados pelos patriarcas: Abraão, Isaque, Jacó e José. Nos 500 anos seguintes, de 1500 a 1000 a.C., a liderança esteve nas mãos dos profetas – de Moisés a Samuel. No período de 1000 a 500 a.C., o povo foi liderado por reis ou príncipes. De 500 a.C. até a vinda de Jesus, no entanto, eram os sacerdotes que lideravam o povo. Deus, portanto, lhes dera uma amostra de cada tipo de liderança. Todos os tipos desapontaram Israel. O que eles precisavam, de fato, era de um líder que reunisse todas essas funções – algo que, obviamente, só encontraram em Jesus.

Um esboço do livro

Problemas presentes (capítulos 1–8)
(Cuidadosamente datados. Apresentados totalmente em prosa)
Repreensão e rebelião (capítulo 1)
Encorajamento e entronização (capítulos 1–6)
    Quatro cavaleiros entre as murtas
    Quatro chifres e quatro artesãos
    Um homem e uma corda de medir
    A purificação de Josué
    Um candelabro de ouro e duas oliveiras
    Um pergaminho que voava
    Uma mulher sentada dentro de um cesto
    Quatro carruagens
Jejuns e festas (capítulos 7–8)

Previsões futuras (capítulos 9–14)
(Sem datas. Escritas em forma de poesia)

A LUTA PELA SOBREVIVÊNCIA

Nacional (capítulos 9–11)
  Inimigos derrotados
  Um rei pacífico
  Um Deus poderoso
  Um povo reunido
  Vizinhos "sem floresta"
  Pastores inúteis
Internacional (capítulos 12–14)
  Um exército invasor
  Habitantes entristecidos
  Profetas banidos
  População reduzida
  Agressores amaldiçoados
  Louvor universal

O livro divide-se em duas partes. Zacarias recebeu a palavra de Deus por meio de visões e a transmitiu da mesma forma. Todo o trecho dos capítulos 1–8 refere-se à situação em que se encontrava a nação e, por essa razão, assim como fez Ageu, ele datou suas três profecias.

A primeira profecia não inclui o dia, apenas o mês e o ano. A profecia seguinte foi dada três meses depois, e a terceira, dois anos após a anterior. Não fica clara a razão pela qual Ageu deixou de profetizar ou porque Deus enviou outra pessoa para dar continuidade ao trabalho. É possível que Ageu tenha falecido ou adoecido e não pudesse continuar. Zacarias simplesmente assumiu um mês antes de Ageu parar de pregar.

Problemas presentes (capítulos 1–8)

Repreensão e rebelião
A profecia é transmitida enquanto eles ainda trabalhavam na reconstrução do templo. Embora a obra não estivesse

concluída, eles acataram as palavras de Ageu. O elemento mais surpreendente a respeito dos profetas pós-exílicos é que o povo lhes dava ouvidos e atendia ao que lhes era pedido. Estou certo de que isso se deve em parte aos 70 anos que passaram distantes de sua terra. De fato, Zacarias começou com um sermão bastante contundente. Ele os fez recordar que o exílio acontecera exatamente porque seus antepassados não haviam dado ouvidos aos profetas. Foi um lembrete bastante oportuno.

É um sermão muito simples. Seus antepassados não apenas tinham ciência do que faziam, como também foram alertados sobre sua conduta imprópria. Não tinham qualquer desculpa. "Sendo assim", afirmou Zacarias, "não cometam o mesmo erro. Se não fizerem como Ageu lhes instruiu, vocês também enfrentarão dificuldades".

Encorajamento e entronização

Zacarias, então, depois de interromper a pregação por três meses, voltou a pregar; dessa vez, usando uma abordagem bastante incomum. Apresentou-lhes oito imagens que recebera através de visões, durante a noite. A diferença básica entre uma visão e um sonho é que a visão é dada a uma pessoa acordada, ao passo que o sonho é concedido quando a pessoa está dormindo. Essas visões vieram durante a noite, pois lemos que o anjo do Senhor o despertou do sono para lhe dar a próxima visão [Zac. 4.1]. Nessa ocasião, portanto, Deus escolheu usar visões em vez de sonhos, embora elas também fossem concedidas à noite.

As oito visões parecem bastante desconexas, mas, de forma geral, referem-se à reconstrução do templo – especialmente as duas primeiras. Quando analisamos essas visões enigmáticas, observamos um padrão específico que se repete quatro vezes: "Assim saberão que o Senhor dos Exércitos me enviou a vocês". Zacarias está dizendo que a confirmação de um profeta é o cumprimento de suas profecias. Segundo uma das leis de Moisés, se a profecia não se concretizar, o profeta pode ser apedrejado e considerado um falso profeta. Essas palavras deveriam fazer qualquer pessoa hesitar antes de fazer uma previsão. Felizmente, não estamos sob a lei de Moisés, mas temos falsos profetas à nossa volta e é muito importante que sua palavra seja colocada à prova. Se suas previsões não se realizarem, eles devem ser repreendidos por enganar o povo e usar o nome de Deus de forma indevida.

QUATRO CAVALEIROS ENTRE MURTAS (1.7-17)
A visão era de quatro cavalos: dois vermelhos, um marrom e um branco, cada um deles montado por um cavaleiro. Segundo o anjo, eles são os enviados de Deus – mensageiros que percorrem a terra e retornam para relatar a Deus o que está acontecendo. Se ocorresse nos dias de hoje, a visão, sem dúvida alguma, teria motocicletas. Os mensageiros relatam haver paz em todas as partes do mundo, retratando precisamente a situação após a conquista da Babilônia por Ciro. O rei Ciro era um homem pacífico, e toda a terra conheceu a paz durante seu reinado. Zacarias está orientando o povo a reconstruir Jerusalém e concluir o templo durante esse momento de paz. De fato, não muito tempo depois, eles foram invadidos por egípcios, sírios, gregos e romanos. Deus também acrescenta que está irado com aqueles que levaram cativo seu povo e o trataram de forma cruel. Durante 70 anos, ele esteve irado com seu próprio povo, mas agora sua ira se volta contra os que trataram seu povo de forma tão infame. Naquele momento, contudo, eles desfrutariam de um tempo de paz, pois Deus não enviaria guerra a nenhuma nação.

QUATRO CHIFRES E QUATRO ARTESÃOS (1.18-21)
Zacarias provavelmente passou parte de sua vida no campo, pois nesse trecho há muitas cenas rurais. Ele vê quatro artesãos ou carpinteiros que estão quebrando chifres. Em

toda a profecia apocalíptica, o chifre é o símbolo da força de um exército. É uma arma agressiva, e, na visão de Zacarias, há chifres quebrados nos quatro cantos da terra. Deus está quebrando os chifres dos opressores. A Babilônia não é mais uma ameaça, e, em breve, Deus quebrará os chifres de outras nações que ameaçaram Judá, embora não fique claro quais sejam. O povo pode ocupar-se com a construção do templo e empregar nessa tarefa todos os seus recursos, sem se preocupar com um ataque iminente.

UM HOMEM COM UMA CORDA DE MEDIR (2.1-13)
A atenção volta-se à cidade de Jerusalém, onde Zacarias vê um homem medindo os muros. Ele percebe que a cidade ficará pequena demais e, eventualmente, ultrapassará as fronteiras dos muros. Jeremias fizera essa previsão – uma profecia fascinante. Tenho mapas da cidade de Jerusalém de diversas épocas – desde quando era a pequena cidade de Davi – e eles mostram como ela cresceu e se expandiu. Jeremias havia previsto com precisão o tamanho da cidade – tanto a direção em que ela cresceria quanto o espaço a ser ocupado nos arredores. Obviamente, uma cidade que cresce rapidamente enfrenta um problema: como defendê-la? Assim que os muros são construídos, o espaço interno torna-se cada vez mais populoso. Disse o homem com a corda de medir: "A cidade ficará pequena demais para todas as pessoas que virão e aqui viverão". Deus faz, então, uma linda promessa: "Eu mesmo serei o muro. Vocês não precisarão de uma muralha quando a cidade se expandir, pois eu a defenderei".

Em parte, essa visão deveria servir de encorajamento a outros judeus que estavam na Babilônia, especialmente se sua relutância em voltar estivesse relacionada ao fato de acreditar que Jerusalém não era segura.

Há duas profecias a respeito das nações gentias:

A LUTA PELA SOBREVIVÊNCIA

1. *Os que atacarem Israel terão de enfrentar a Deus.* São lindas as palavras: "Todo o que neles tocar, toca na menina dos meus olhos". A "menina dos olhos" é a pupila, a parte mais sensível do seu corpo. Basta que um grão de poeira a toque para que a pálpebra se feche automaticamente. O próprio Jesus costumava dizer: "O que vocês fizeram a algum dos meus menores irmãos, a mim o fizeram". O princípio é o mesmo. O povo de Deus é a sua parte mais sensível.
2. *Muitos dos gentios se tornarão parte de Israel* (veja capítulos 12–14). A história provou que o Deus de Israel existe – e a história do povo judeu confirma isso. Todos aqueles povos que ousaram atacar Israel acabaram sendo punidos por isso, ao passo que pessoas de outras nações que se uniram a Israel foram enxertadas à oliveira. Tanto o julgamento das nações que feriram Israel quanto a incorporação de outras nações a Israel demonstram que o Deus de Israel é o Deus universal de todos os povos.

A PURIFICAÇÃO DE JOSUÉ (3.1-10)

A profecia seguinte está relacionada às novas vestes de Josué. Zacarias agora vê a liderança de Zorobabel e do sacerdote Josué. O que acontecerá agora? Satanás entra em cena. É curioso notar que o diabo raramente é citado no Antigo Testamento. Ele aparece em Gênesis 3, no jardim do Éden, no final de Crônicas, na tentação a Davi (quando o incita a realizar o censo de Israel), e nos primeiros capítulos de Jó. Obviamente, ele está por trás de muitos outros acontecimentos, mas tem um destaque muito maior com a vinda de Jesus. Ele também é citado nesse trecho de Zacarias.

Sempre que algo muito significativo está prestes a acontecer, o diabo tenta de alguma forma impedir. No Egito, ele tentou matar todos os bebês do sexo masculino para que Moisés não sobrevivesse e o povo jamais pudesse sair do cativeiro. Em Belém, assassinou todos os bebês na ocasião do nascimento de Jesus, pois temia que aquele bebê crescesse e resgatasse o povo de Deus. Agora, ele afirma que Josué não pode liderar Judá por ser ele um homem impuro, pois havia pecado juntamente com o povo. Em sua visão, Zacarias viu Josué vestido com roupas imundas e reconheceu que o diabo tinha razão. Parece que a função do diabo é mesmo de advogado de acusação. Em Jó, ele aparece no céu, na assembleia de Deus, acusando o povo.

Na visão, Zacarias ouve que Josué é como um graveto parcialmente queimado, um tição tirado do fogo. Em seguida, o anjo dá a ordem para remover as roupas sujas de Josué, vesti-lo com roupas limpas e colocar um turbante limpo sobre sua cabeça. É uma linda visão, pois Zacarias percebe que Josué, pela graça divina, apesar de ter compactuado com os pecados de seu povo no passado, agora estava limpo aos olhos de Deus e poderia ser o sacerdote, desde que se mantivesse limpo. Deus promete que tudo o que havia feito por esse judeu, faria um dia por toda a nação. Afirmou que removeria o pecado da terra em um único dia. Deus pode purificar um pecador e torná-lo um sacerdote. Ele também prometeu que naquele dia cada um convidará seu vizinho para sentar-se sob a sua vinha. Essas palavras prenunciam o encontro de Jesus com Nataniel, afirmando que o havia visto sob a figueira.

UM CANDELABRO DE OURO E DUAS OLIVEIRAS (4.1-14)

A seguir, Zacarias é despertado novamente para receber uma visão de um candelabro de ouro com sete lâmpadas que está no templo. Ele também vê um recipiente maior que o candelabro, com tubos que alimentam as luzes, e percebe que o recipiente funciona como um tipo de reservatório, de modo que ninguém jamais precise encher com azeite o candelabro novamente. Nessa visão, Zorobabel representa alguém que tem o reservatório do Espírito Santo fluindo através dele. Na Bíblia, o azeite é sempre um símbolo do Espírito Santo de Deus. Essa é a razão pela qual se usa a palavra "unção" quando o Espírito Santo desce sobre a cabeça de alguém – ungindo-o com óleo. A rainha da Grã-Bretanha foi ungida com óleo em sua coroação, em 1952. Zorobabel, portanto, é o ungido de Deus, e a palavra para "ungido" em hebraico é "Messias" – o Ungido de Deus ("Cristo" na língua grega).

Logo depois, no entanto, há um trecho citado por muitos cristãos: "Não por força nem por violência, mas pelo meu Espírito", diz o Senhor. Nesse contexto, seu significado é: não por força militar, nem por poder político. Em outras palavras, o êxito da linhagem real de Davi não deve ser alcançado por meio de seu exército ou da imposição de autoridade política, mas pelo Espírito. É trágico que a igreja muitas vezes não consiga compreender esse conceito e promova episódios tenebrosos como o das Cruzadas. Não se pode estabelecer o Reino de Deus através de poder político ou da força militar, mas somente pelo Espírito de Deus. No entanto, a prova de que esse poder foi concedido a Zorobabel é bastante incomum. Quando a construção chegou ao ponto mais alto, os construtores realizaram a cerimônia da pedra de arremate – a última pedra a ser colocada no frontão, que une os dois lados construídos. O texto afirma que Zorobabel ergueria aquela pedra com as próprias mãos e a colocaria no lugar, sem qualquer ajuda, cordas ou roldanas. Diz o texto: "Assim saberão que o Senhor dos Exércitos me enviou a vocês". Assim como Sansão, pela força do Espírito Santo, arrancou as portas da cidade dos filisteus, Zorobabel foi revestido de força física para erguer aquela grande pedra e colocá-la em seu lugar. Uma visão emocionante.

Na visão seguinte, Zacarias vê duas oliveiras que representam Zorobabel e Josué. A liderança seria compartilhada, e o candelabro fala do Espírito que repousaria em ambos. Zorobabel exerceria um importante papel no futuro, embora não como rei. Tenho a impressão de que por não ser permitido que os judeus tivessem um rei na Pérsia, eles decidiram coroar um sacerdote, imaginando que os persas não fariam objeções à coroação, pois não era de fato um rei. Desse modo, eles evitaram problemas com o império persa. Quer esse fosse o caso ou não, o templo seria concluído com aquele grupo ainda em vida e, então, eles saberiam que o Senhor Todo-poderoso lhes havia enviado Zacarias. Era importante que o povo soubesse que Deus estava agindo nas pequenas coisas. Eles não deveriam se sentir desanimados quando olhassem para o templo e o comparassem ao de Salomão.

UM PERGAMINHO QUE VOAVA (5.1-4)
Um pergaminho com 9 metros de comprimento por 4,5 de largura cruza o céu, em direção à terra. Dizem as palavras nele escritas: "Maldição a todos que roubam e mentem". À medida que voa sobre as casas, pausa e paira sobre a casa daquele que estivesse roubando ou mentindo. Do pergaminho é derramada uma maldição sobre a casa e ela é destruída. De uma forma bem simples, Zacarias está dizendo que Deus amaldiçoará qualquer um que esteja roubando ou falando mentiras.

UMA MULHER EM UM CESTO (5.5-11)
Dentro de um cesto com capacidade para 35 litros, Zacarias vê uma mulher que parece ser uma prostituta. Duas mulheres com asas de cegonha descem do alto, com seus bicos erguem o cesto e a mulher que está dentro dele e voam para o oriente. Essa imagem representa Deus levando os

pecados do povo para a Babilônia. Ele está dizendo: "Levei pecadores para lá, agora quero levar o seu pecado, pois é ali onde deve ficar". A Babilônia, repetidas vezes na Bíblia, é o lugar de proliferação do pecado.

QUATRO CARRUAGENS (6.1-8)

Finalmente, temos a visão de quatro carruagens puxadas por cavalos vermelhos, pretos, brancos e malhados que percorrem toda a terra para fazer a vontade de Deus. Eles já concluíram seu trabalho no Norte da Babilônia, por isso uma das carruagens faz uma pausa para o descanso. As outras três, entretanto, dirigem-se a todas as partes do mundo para fazer a sua vontade. O controle de Deus sobre a história é universal. Seus agentes podem ser prontamente enviados a qualquer lugar.

É nesse momento que três homens sábios chegam da Babilônia. Eram comerciantes que traziam prata e ouro como ofertas para o templo. Zacarias, no entanto, foi instruído a usar parte do ouro e da prata para fazer uma coroa e preparar a cerimônia de coroação de Josué no templo. Lê-se novamente o refrão: "Então vocês saberão que o Senhor dos Exércitos me enviou a vocês". Esse, contudo, é um ponto crucial. Como eu disse anteriormente, ninguém havia acumulado as funções de sacerdote e rei em Israel. Isso acontecera em Jerusalém – muito antes de os judeus tomarem a cidade – e nos dias de Melquisedeque. Agora as duas funções estão unificadas. Há, porém, uma condição: "Se obedecerem fielmente". Deus está dizendo que lhes dará novamente um rei, mas, dessa vez, não será da linhagem real de Davi. Josué foi escolhido por ser um sacerdote, o que não representava uma ameaça à Pérsia. Apesar de ter sido uma estratégia hábil encorajá-los a estabelecer o reino de Israel novamente, esse evento ainda não é o verdadeiro cumprimento das promessas de estabelecimento do reinado do Messias.

Jejuns e festas

Dois anos depois, dois homens vieram da cidade de Betel, ao norte, à procura de Zacarias. (Esse fato, a propósito, sugere que no espaço de dois anos eles haviam começado a se espalhar pelo antigo território e estavam restabelecendo outras cidades, além de Jerusalém.) Os homens representavam um grupo de pessoas em Betel que buscavam orientação religiosa. Vieram falar com um sacerdote, mas encontraram um profeta. Tinham indagações a respeito de duas práticas, os jejuns e as festas, pois as observavam como parte de sua religião. Seu interesse primário era os jejuns que faziam regularmente. Eram dois por ano, no quinto e no sétimo mês, para lembrar a forma como Jerusalém havia sido destruída e lamentar a perda da cidade. Eles queriam saber por quanto tempo mais teriam de observar essa prática, especialmente agora que Jerusalém lhes havia sido restituída.

A resposta de Zacarias foi interessante. Ele lhes disse que o jejum, na realidade, era um ritual egocêntrico. Eles jejuavam porque estavam desapontados consigo mesmos, tristes por não terem abandonado seus pecados. Citando o capítulo 58 de Isaías, Zacarias lhes mostrou o tipo de jejum que agrada a Deus. Seu jejum deveria levá-los a se abster da desonestidade e da crueldade e, em seu lugar, buscar a bondade e a generosidade, ajudar os desamparados e socorrer os necessitados. O jejum que Deus realmente deseja não envolve abstinência de alimento, mas de pecado. Esse é um conselho relevante para aqueles que se abstêm de carne durante a quaresma, mas se recusam a lidar com o pecado presente em suas vidas. Zacarias também explicou que fora precisamente por essas razões que o exílio acontecera. Eles haviam se tornado egoístas e gananciosos em vez de serem bondosos e generosos.

Quanto às perguntas sobre as festas, algumas datas

comemorativas haviam sido mantidas durante o exílio, porém eram mais dias festivos do que dias santos. Eles as celebravam no quarto, quinto, sétimo e décimo meses, portanto, em seu tempo no exílio, havia dois jejuns e quatro festas por ano, no total. Zacarias, no entanto, disse mais uma vez ao povo que suas festas eram excessivamente egocêntricas. Eram momentos prazerosos, com comida, amigos e diversão, mas Deus não ocupava o lugar central da celebração. Eles deveriam transformar essas datas em dias santos de fato e demonstrar gratidão a Deus por tê-los trazido de volta à terra para adorá-lo. "Não tenham apenas um feriado ou data festiva – celebrem a fidelidade de Deus com vocês, o retorno do povo ao monte santo, as ruas novamente repletas de jovens e idosos. Alegrem-se porque Deus ainda trará outros mais e repovoará toda essa terra. Assim devem ser suas festas."

Zacarias também lhes disse que era preciso que estivessem prontos para receber muitas pessoas que viriam ao encontro deles, pois, como judeus, eles conheciam a Deus. Ele está dizendo que chegará o tempo em que as pessoas virão e agarrarão a barra das vestes de um judeu e lhe pedirão que explique quem é Deus.

Previsões futuras (capítulos 9–14)

A segunda metade do livro é mais complicada, pois agora Zacarias desvia os olhos da situação presente e concentra-se no futuro distante. Suas palavras têm uma aplicação futura, séculos depois, e não seguem uma ordem em particular – algo muito semelhante a um quebra-cabeças, com peças de diferentes tamanhos e formatos. Não se sabe onde elas se encaixam, e, sem a imagem ilustrativa na caixa, ficamos realmente perdidos. O texto nos faz lembrar o início da carta aos Hebreus, onde se lê: "Há muito tempo Deus falou muitas vezes e de várias maneiras (ou em pequenas peças) aos nossos antepassados por meio dos profetas, mas nestes últimos dias falou-nos por meio do Filho". Jesus é a imagem ilustrativa apresentada na caixa. Através dele, podemos começar a conectar as peças umas às outras e ter uma ideia de como será a ilustração final. É por essa razão que Apocalipse faz tantas alusões ao livro de Zacarias: é possível encaixar essas peças à cena de um futuro distante ou do "fim dos tempos" – a última contagem regressiva da história. Jesus é quem romperá os selos do livro no final da história e, por causa dessa relação entre os livros, temos uma grande vantagem em relação aos judeus que leem Zacarias, mas são incapazes de perscrutar seu sentido.

Há uma clara mudança de estilo e conteúdo na segunda metade do livro. Pela primeira vez, parte das profecias está registrada na forma de poesia. Não há menção à situação atual ou ao templo, a Josué ou a Zorobabel. Não há visões e até mesmo o nome de Deus é outro, passando de "o Senhor dos Exércitos" para apenas *Yahweh*. O tom do texto é totalmente diferente – a ponto de alguns estudiosos acreditarem que outra pessoa o tenha escrito. Alguns estudiosos se posicionam de forma resoluta sobre o assunto. A segunda parte, contudo, é de fato diferente porque Deus a transmitiu a Zacarias de forma diferente. As passagens não são datadas, portanto não sabemos quando foram transmitidas a Zacarias; isso pode ter acontecido anos depois.

No que se refere ao conteúdo, as profecias são chamadas de "oráculos". A palavra em hebraico é literalmente "pesado" ou "encorpado", mas costuma ser traduzida por "oráculo", embora, em minha opinião, a tradução não expresse seu verdadeiro sentido. É um "fardo pesado". Se você já recebeu do Senhor um fardo pesado, sabe a que me refiro. O fardo é pesado até que você o partilhe e, assim que o faz, ele fica leve. Você sabe quando o fardo é aliviado.

A LUTA PELA SOBREVIVÊNCIA

A segunda metade do livro inclui dois fardos. Um deles está descrito nos capítulos 9–11, o outro nos capítulos 12–14, e ambos são bastante diferentes entre si.

Nacional (capítulos 9–11)

Nos capítulos 9–11, o foco está sobre o povo de Israel. Não há indicação de quando esses fatos ocorrerão ou mesmo se estão descritos na ordem correta. É curioso que Efraim seja mencionado. Esse foi o nome dado às dez tribos do Norte e sugere que elas não foram esquecidas por Deus, apesar de jamais terem retornado do exílio na Assíria.

Seis visões compõem esse futuro, embora seja impossível estabelecer qualquer relação entre elas.

INIMIGOS SUBJUGADOS (9.1-8)

A primeira visão revela que os inimigos de Israel serão derrotados. Síria, Tiro, Sidom e os filisteus recebem menção específica. Deus lidará com aqueles que se levantaram contra Jerusalém. Ele jamais permitirá que Jerusalém seja varrida do mapa. É a sua cidade, aquela que leva o seu nome. Desse modo, posso garantir que mesmo que Nova York, Pequim, Washington e Nova Déli desapareçam, Jerusalém ainda existirá. Sempre haverá sobreviventes judeus para habitar a terra de Israel. Ele afirma que até os filisteus se unirão a eles. É uma promessa intrigante, levando-se em conta que os palestinos dos tempos modernos se consideram descendentes dos filisteus, e virá o tempo em que não haverá opressor que domine o povo de Deus. É apenas uma peça de uma visão mais abrangente, cujo cumprimento é certo, pois Deus cumpre suas promessas, ainda que leve tempo, provavelmente séculos, para que se tornem realidade.

UM REI PACÍFICO (9.9-10)

A segunda visão mostra um rei de paz que entra em

Jerusalém montado em um jumento. Sabemos como essa peça se encaixa na visão porque foi exatamente o que Jesus fez, embora seja trágico que eles não tenham notado o jumentinho quando Jesus cumpriu essa profecia. Pensaram que ele montava aquele animal por não ter conseguido um cavalo e, desse modo, simplesmente não perceberam a simbólica mensagem. Enquanto Jesus entrava em Jerusalém sobre um jumentinho, as pessoas agitavam ramos de palmeira e lançavam seus mantos ao chão, exclamando "Hosana! Hosana!". A palavra não é um tipo de "saudação" celestial como acreditam alguns, mas significa "liberta-nos agora!". É o clamor de um povo que fora oprimido durante séculos, mas que vislumbra a possibilidade de obter autonomia política. Chegaram a chamá-lo de "Filho de Davi", na expectativa de que ele os libertasse.

Jesus, contudo, não vinha para lutar por eles. Se seu desejo fosse lutar pelo livramento do povo, ele viria sobre um cavalo, como fará em sua segunda vinda. Aquelas pessoas, portanto, tiveram o maior choque de suas vidas quando Jesus, após ter cruzado os portões de Jerusalém, seguiu para a esquerda e não para a direita. Em vez de dirigir-se à Fortaleza Antônia, onde ficava o quartel-general do exército, ele seguiu para o templo de Deus, onde, munido de um chicote, expulsou os judeus comerciantes que ali estavam. Não é de surpreender que, alguns dias depois, eles tenham dito: "Crucifique esse homem! Preferimos alguém que lute por nossa liberdade!". A grande ironia da história é que o libertador que escolheram tinha um nome bastante incomum – Jesus Barrabás [*Bar-Abbas*], que significa "Jesus, filho do Pai". Sendo assim, se apresentaram diante de Pilatos dois homens chamados Jesus, filho do Pai. Ele perguntou: "Qual Jesus, filho do Pai, desejam que eu liberte? O homem que lutará por vocês ou aquele que se nega a fazê-lo?". O povo escolheu o guerrilheiro.

Zacarias, no entanto, afirma que, um dia, esse Príncipe da Paz virá para julgar. Ele trará justiça e paz e seu domínio se estenderá de mar a mar [ARA].

UM DEUS PODEROSO (9.11–10.7)

O texto apresenta uma visão em que o Senhor aparece visivelmente para defender Israel. Em oposição à visão anterior, que retrata paz, encontramos o Senhor vindo ao encontro de seu rebanho na imagem de um bom pastor para suas ovelhas, diferentemente dos maus pastores que tiveram anteriormente. A visão inclui a descrição gloriosa de um povo redimido, que brilhará como joias em sua coroa.

O oráculo seguinte concentra-se na Grécia. Um longo tempo (séculos) se passaria até que os gregos, liderados pelo perverso Antíoco IV Epifânio, conquistassem a terra de Israel. Quando isso aconteceu, ele ergueu uma estátua de Zeus no templo em Jerusalém, sacrificou um porco no altar e trouxe prostitutas ao santuário. Foi um dos piores períodos na história e teve a duração exata de três anos e meio – o equivalente a 42 meses ou 1.260 dias, exatamente o período referente ao anticristo, conforme profetizado no Novo Testamento. Sob o governo de Antíoco Epifânio, os judeus sofreram o que os cristãos enfrentarão com o anticristo. É intrigante que a ascensão da Grécia fosse profetizada nessa terceira parte da visão. Hoje podemos entender o que está acontecendo, mas é difícil imaginar o que eles compreenderam na época.

UM POVO REUNIDO (10.8-12)

A visão seguinte mostra um povo reunido – uma inversão da diáspora – com judeus trazidos de todas as nações de volta à sua terra. De fato, as pessoas que constituem o povo de Israel hoje originam-se de mais de 80 nações, portanto trouxeram a música e as danças desses povos. Essa é a visão do povo reunido que retorna para casa, e Zacarias afirma que não haverá espaço suficiente para eles. A Bíblia diz até que uma estrada será construída entre o Egito e a Assíria (Isaías 19.23).

VIZINHOS "SEM FLORESTA" (11.1-3)
A próxima visão é enigmática. Acontece um grande desmatamento nas nações vizinhas de Judá – os cedros do Líbano, os carvalhos de Basã, a leste do Jordão, e até mesmo a rica floresta que cerca o rio Jordão. Hoje, grande parte dessa floresta não existe mais e há apenas uma pequena área de cedros no Líbano. Os carvalhos de Basã também foram extintos. Não fica claro por que esse oráculo é transmitido.

PASTORES INÚTEIS (11.4-17)
A visão dos pastores inúteis é ainda mais enigmática. Ela é introduzida com a representação de uma parábola, em que Zacarias assume o papel de um bom pastor. Ele precisa se livrar de três pastores que não cuidaram das ovelhas. Os pastores devolvem-lhe o salário – 30 moedas de prata. Zacarias 13.7 diz: "Fira o pastor, e as ovelhas se dispersarão". Outra vez, temos partes de uma visão que só se encaixam mediante a leitura dos Evangelhos. Judas jogou suas 30 moedas de prata dentro do templo porque ele era um mau pastor, embora já tivesse pregado e realizado curas. Jesus usou a citação do pastor ferido e das ovelhas dispersas em referência a si mesmo no momento em que seus discípulos fugiram quando ele foi preso no jardim do Getsêmani.

As varas dos pastores estão partidas, a primeira ("Favor") anulava a aliança que Deus havia feito com as nações e a segunda ("União") marcava o rompimento da relação fraternal entre Judá e Israel.

Internacional (capítulos 12–14)

A segunda sequência de visões tem abrangência internacional. Ela nos mostra o que acontecerá no âmbito internacional, com Jerusalém no centro da ação. Encontramos 21 referências a Jerusalém nessa passagem. É como se a cidade fosse o ponto central do futuro. É o local onde deverá se instalar a sede das Nações Unidas – uma visão de Sião como o centro do governo mundial.

A expressão "naquele dia" repete-se 18 vezes nessa passagem, e a palavra "dia", outras duas vezes, embora seja a primeira vez que a expressão é usada na profecia. Ela também aparece diversas vezes no Novo Testamento, sendo proferida principalmente por Jesus. Esse "dia" não se refere a um período de 24 horas. A palavra hebraica *yom* pode significar desde as 24 horas de um dia até uma era completa. A palavra "dia" tem a mesma aplicação. Se eu digo "os dias das carroças puxadas por cavalos já passaram e chegaram os dias dos tratores", não estou me referindo de forma alguma a períodos de 24 horas, mas a uma era. O Dia do Senhor chegará e todo o mundo verá que é o tempo de Deus; os dias do orgulho e da ganância do homem terão passado, e terá chegado o dia da santidade de Deus.

É bastante curioso que somente uma parte do capítulo 13 esteja na forma de poesia e a palavra "dia" não apareça nesse trecho. Mais uma vez, as profecias não seguem uma ordem sequencial, mas os versículos 12.3 e 14.2 provavelmente referem-se ao mesmo evento.

UM EXÉRCITO INVASOR (12.1-9)

A primeira visão mostra uma investida das Nações Unidas contra Jerusalém. Um exército formado por soldados de todas as nações do mundo é enviado ao Oriente Médio. Isso ainda não aconteceu, mas é uma peça do quebra-cabeças. Jerusalém ainda será atacada dessa forma, portanto é evidente que as dificuldades que Israel enfrenta hoje no cenário internacional persistirão. Talvez vivamos para assistir ao envio desse exército das Nações Unidas para atacar os judeus. Os judeus contam com poucos aliados nas Nações Unidas, e os Estados Unidos, seu principal parceiro, começam agora a voltar-se contra Israel.

HABITANTES EM AFLIÇÃO (12.10-14)
A visão seguinte retrata sofrimento. Virá o dia em que o povo de Jerusalém estará em tão grande desespero que não tentará firmar tratados de paz com palestinos ou com qualquer outra nação, mas clamará a Deus, que lhes responderá enviando "aquele a quem traspassaram" – Jesus Cristo. Você consegue imaginar como os judeus se sentirão quando perceberem que Jesus era o seu Messias e eles o mataram? Prantearão como se o seu filho primogênito tivesse sido assassinado.

Zacarias foi o primeiro a afirmar que os judeus verão de fato "aquele a quem traspassaram". Na verdade, essa mesma frase aparece no primeiro capítulo do livro de Apocalipse, que afirma que quando Jesus voltar será visto por aqueles que o traspassaram. O único passo necessário para a conversão de um judeu é reconhecer que Jesus de Nazaré está vivo. Foi essa revelação que Saulo de Tarso teve, e essa revelação ainda é necessária nos dias de hoje.

Será doloroso para os judeus olhar para trás e ver os dois mil anos desperdiçados, pois em vez de estar conduzindo o mundo a Deus acabaram sendo perseguidos e levados de um país para outro, conforme está escrito no livro de Deuteronômio. Sem dúvida alguma, eles chorarão.

PROFETAS BANIDOS (13.1-6)
Zacarias tem uma visão vívida dos falsos profetas. Eles estão listados entre as maiores ameaças a Jerusalém.

A cidade será purificada de tais pessoas, juntamente com a idolatria e os falsos deuses. O texto afirma que uma fonte de água os purificará do pecado e os limpará de toda impureza. Zacarias prossegue e fala a respeito de Sião e de sua purificação do pecado, e os falsos profetas se sentirão envergonhados e desonrados a ponto de abandonar sua profissão. Profetas alegarão que suas cicatrizes visíveis, antes consideradas emblemas de honra, são consequência de uma briga de bar! Uma narrativa expressiva de pessoas que se envergonham de seus falsos ensinamentos.

POPULAÇÃO REDUZIDA (13.7-9)
A visão seguinte mostra uma população reduzida. Fica evidente, no entanto, que a passagem não segue a ordem cronológica, pois afirma que Jerusalém está reduzida a um terço de sua população, ao passo que, na passagem seguinte (14.2), resta apenas metade do povo! Trata-se, aparentemente, de um retorno ao texto sobre o pastor ferido e o rebanho disperso. Não sei exatamente onde essa peça se encaixa no tempo, se no futuro ou no passado. Teremos de esperar para ver. O que fica claro é que essa terça parte remanescente será purificada por Deus.

AGRESSORES AMALDIÇOADOS (14.1-15)
No capítulo 14, retornamos a esse ataque internacional contra Jerusalém. Não sabemos se é o mesmo ataque registrado em 12.1-8, mas cremos que se trata de um evento futuro. Deus mesmo reunirá essa gigantesca força militar, mas ele também lutará pelos judeus. Há uma clara e próxima conexão com a segunda vinda e, provavelmente, com a batalha de Armagedom, pois nessa passagem encontramos a afirmação "seus pés estarão sobre o monte das Oliveiras". Deus não tem pés, mas Jesus, sim, e todos os judeus relacionam essa passagem

com a vinda do Messias.

O texto nos fala que haverá uma grande erupção, que provocará assombrosas alterações geofísicas em toda a área. Presumo que devamos interpretar o texto de forma literal, mesmo que a visão transcenda nossa capacidade imaginativa. Jerusalém localiza-se entre os montes; há oito picos nas proximidades, que formam uma impressionante paisagem geométrica – o lado leste do Domo da Rocha tem vista para o monte das Oliveiras, no nordeste está o monte Scopus e o lado sul está diante do monte Sinai. Lemos que quando os pés dele estiverem sobre o monte das Oliveiras, os picos se abalarão e ruirão e Jerusalém será elevada ao topo! Finalmente Jerusalém estará no lugar alto.

Tudo isso faz parte da visão. Na nossa imaginação, é difícil que as peças se encaixem, mas o ponto central dessa cena é que as forças das Nações Unidas que cercam a cidade serão enfrentadas. Os que vierem atacar Jerusalém na batalha final serão contidos, "seus olhos apodrecerão em suas órbitas e sua língua apodrecerá dentro de suas bocas. Grande confusão dominará essas nações e cada um atacará o que estiver ao seu lado". Como esperado, o povo de Deus finalmente dirá: "O Senhor é nosso Deus".

LOUVOR UNIVERSAL (14.16-21)

Finalmente, há uma visão em que todas as nações reconhecem Jerusalém como o lugar do nome de Deus e celebram a Festa dos Tabernáculos. Essa data é ignorada pelos cristãos em geral. No *Pessach*, de certo modo, celebramos a Páscoa. Também lembramos o Pentecoste no domingo de Pentecoste, mas, e a Festa dos Tabernáculos? Para o judeu, essa é a festa principal, celebrada [de acordo com o calendário judaico] no final de setembro ou início de outubro. É o seu festival da colheita. Cada família fica em uma pequena cabana [sucá] cujo teto, coberto com ramos de palmeiras, lhes permite ver as estrelas e lembrar como Deus os conduziu em sua peregrinação pelo deserto. A festa tem a duração de oito dias e, no último dia, uma cerimônia de casamento é celebrada. Nesse dia, eles "casam-se com a lei". Sob um dossel, um rabino segura um rolo da lei de Moisés. Todos dançam e renovam seus votos com a lei de Moisés por mais um ano. Começam a ler o primeiro capítulo de Gênesis na manhã seguinte e, 12 meses depois, concluem a leitura do último versículo de Deuteronômio. Naquela data, então, renovam seu compromisso com a lei. No entanto, eles se comprometem com o noivo errado, porque o oitavo dia da Festa dos Tabernáculos é a preparação para o banquete das bodas do Messias, a saber, as bodas do Cordeiro.

Isso nos faz lembrar que a Bíblia é um grande romance. Ela começa falando de um pai que encontra uma noiva para seu filho e finaliza quando eles se casam e vivem felizes para sempre. Todo bom romance termina com um casamento e a Bíblia não é exceção. Esse casamento está em seu oitavo dia de festa, e Apocalipse refere-se a ele como o banquete das bodas do Cordeiro. Jesus nasceu durante a Festa dos Tabernáculos – o Evangelho de Lucas nos dá todas as pistas. Ele nasceu em setembro ou no início de outubro, no sétimo mês, o mês da Festa dos Tabernáculos. Lemos no primeiro capítulo de João que "o Verbo tornou-se carne e habitou (tabernaculou) entre nós" [ARA]. Em João 7, o irmão de Jesus lhe pergunta sarcasticamente se ele estaria na Festa dos Tabernáculos, pois era quando aguardavam a vinda do Messias. Não acreditavam nele e o provocavam, mas ele disse: "Para mim ainda não chegou o tempo apropriado".

De uma coisa, portanto, estou certo – eu sei o mês em que Jesus voltará. Não posso precisar o ano, mas sei que ele voltará num momento específico. Será durante a Festa dos Tabernáculos. De fato, tendo como base Zacarias 14, muitos judeus creem que o Messias virá durante a Festa dos Tabernáculos. A partir da sua vinda, as nações passarão a celebrar a festa anualmente, enviando representantes a Jerusalém. Se esses representantes não estiverem presentes, Deus não enviará a chuva para suas nações. Sendo assim, a Festa dos Tabernáculos tornou-se, para os judeus e para um número crescente de cristãos, um ponto focal da esperança de um reino universal do Messias sobre todo o mundo.

As promessas para os cristãos

Agora que avaliamos as peças do quebra-cabeças, podemos montar a cena. Devemos ter em mente que as visões dos profetas talvez não tenham conexão com a cronologia dos acontecimentos. É possível que fatos aparentemente próximos uns dos outros estejam separados por centenas ou até milhares de anos. Fica evidente que muitos dos eventos descritos fazem referência às duas vindas de Jesus Cristo.

A primeira vinda

Jesus nasceu durante a Festa dos Tabernáculos. Da última vez que esteve em Jerusalém, ele veio montado em um jumentinho. Foi traído por 30 moedas de prata; quando os discípulos fugiram, no julgamento de Jesus, os autores dos Evangelhos citaram o versículo: "Fira o pastor, e as ovelhas se dispersarão".

A segunda vinda

Há uma conexão próxima com o livro de Apocalipse. Lemos que os pés de Jesus estarão sobre o monte das Oliveiras. Há fortes indícios de que esse retorno aconteça na Festa dos Tabernáculos. Apocalipse nos lembra de que, quando Jesus voltar, a nação judaica verá "aquele a quem traspassaram".

A LUTA PELA SOBREVIVÊNCIA

Profecias ainda não cumpridas

O livro de Zacarias, juntamente com outras profecias do Antigo Testamento, contém previsões que não foram cumpridas. O gráfico abaixo oferece três explicações gerais para isso.

CONDICIONAIS

Alguns afirmam que o cumprimento estava condicionado à obediência de Israel. A palavra-chave era "se". A desobediência de Israel tornou as profecias obsoletas, de modo que jamais serão cumpridas. Por isso, não há sentido em estudá-las, pois elas não têm relevância alguma hoje.

INCONDICIONAIS

Outros entendem que as profecias são cumpridas por meio

da igreja. Eles reconhecem seu cumprimento "espiritual" – sendo assim, a igreja é o novo Israel, hoje vitoriosa e participante das vitórias profetizadas para Israel. O problema com esse ponto de vista é que a igreja herda todas as bênçãos, mas as maldições permanecem com Israel. Há, portanto, uma falha de lógica. Tanto as bênçãos quanto as maldições devem se aplicar à igreja, ou nenhuma delas se aplica.

Há outros, ainda, que aguardam o cumprimento futuro das profecias. Romanos 11 fala de um reavivamento entre os judeus, antes da segunda vinda de Cristo. Sob essa perspectiva, os sobreviventes da tribulação celebrarão a Festa dos Tabernáculos no reino milenar, quando Jesus, em Jerusalém, reinará sobre todas as nações. Dali em diante haverá uma nova Jerusalém, com lugar especial destinado às 12 tribos e aos 12 apóstolos.

Eu acredito que as profecias ainda não cumpridas se realizarão literalmente. Talvez não esteja exatamente claro como todas as peças se encaixam, mas sabemos o suficiente para sermos explícitos a respeito do básico e para afirmamos com segurança que Deus tem um propósito para todo o mundo e esse propósito se cumprirá. Jesus voltará para reinar e nós reinaremos com ele. Nesse sentido, a conclusão do livro de Zacarias não tem um tom triste, como supõem alguns, diante da ausência de resposta dos judeus, mas traz a mensagem de esperança de que, um dia, Deus fará tudo o que prometeu.

35.
MALAQUIAS

Introdução

O contexto do livro de Malaquias é muito semelhante ao de Ageu e Zacarias. Foi escrito cem anos após o retorno de Judá de seu exílio na Babilônia. As coisas não andavam bem; Jerusalém ainda estava relativamente deserta e as zonas rurais estavam, em grande parte, áridas e sem cultivo. As últimas colheitas haviam sido insuficientes e os enxames de gafanhotos e a escassez de alimentos tornavam a vida difícil e precária. O templo fora concluído em 520 a.C., mas quando comparado ao templo de Salomão, era tão pequeno que pouco contribuíra para elevar o moral do povo. Embora Neemias tivesse reconstruído os muros da cidade, o povo ainda preferia a vida no campo, onde seria mais fácil se esconder dos invasores. Não construíram um palácio porque não tinham um rei – embora Zorobabel, seu líder, fosse herdeiro legítimo da linhagem real de Davi. Judá agora abrangia uma pequena cidade montanhosa e alguns vilarejos nas cercanias – um reflexo pálido do reino de Davi em seu auge. O povo estava desapontado, desiludido e desesperado. Começavam a indagar se de fato valera a pena retornar à terra de Judá. Diziam: "Já faz cem anos que retornamos e onde está esse reino que iríamos construir?".

Havia apenas uma boa notícia: no exílio, eles aprenderam a lição a respeito da idolatria. Nunca mais buscariam outros deuses ou tentariam mudar sua religião. Dito isso, no entanto, a experiência religiosa tornara-se apenas uma formalidade. O povo comparecia ao templo, mas por uma questão de tradição apenas – um ritual sem autenticidade que, certamente, deixara de ser uma prioridade. A questão agora era qual o mínimo de tempo que deveriam dedicar à atividade religiosa e qual a quantia mínima de dinheiro que teriam de dar. Além do mais, os sacerdotes eram iguais ao povo. Não se importavam com o número de pessoas presentes nos cultos, contanto que fizessem a sua parte e tocassem a vida. Os cultos eram conduzidos de forma casual e negligente, como se Deus recebesse qualquer coisa.

Com essa postura na vida religiosa, não surpreende que sua vida moral também tenha sido afetada. Quando as pessoas questionam a importância de servir a Deus, estão de fato a poucos passos de não mais se importar em viver em retidão. Em palavras mais simples, quando uma geração pergunta "Por que devemos dar importância a Deus?", a geração seguinte perguntará "Por que ser uma pessoa boa?". Sendo assim, embora eles soubessem, por exemplo, que o comércio no sábado era errado, eles construíam do lado de fora da cidade algo semelhante aos nossos supermercados, para que pudessem abri-los no shabat. O consumismo imperava e causava um efeito devastador na vida familiar. A pergunta "Por que ser fiel a Deus?" logo tornou-se "Por que ser fiel à sua esposa?", especialmente quando ela envelhece e deixa de ser atraente. Por que não trocá-la por uma versão mais nova?!

Além disso, devido ao número reduzido de mulheres na nação após o retorno da Babilônia, eles passaram a se casar com pessoas que não pertenciam ao Senhor. Não apenas divorciavam-se e casavam-se novamente, mas também procuravam mulheres de povos pagãos, violando a lei de Deus. As ruas da cidade de Jerusalém estavam cheias de mulheres abandonadas que, juntamente com viúvas e órfãos, enfrentavam tempos particularmente difíceis, pois não havia qualquer tipo de apoio.

Não havia um governo a responsabilizar, mas havia um Deus a quem acusar, e foi exatamente o que fizeram. Diziam: "Deus não se importou conosco, então não nos importaremos com ele". Eram palavras impactantes. "Deus deixou de nos amar, portanto simplesmente deixamos de amá-lo. Não é possível acreditar em um Deus de amor – veja só a nossa situação. Temos de cuidar do nosso próprio bem-estar. Ele nos abandonou, por isso o melhor que temos a fazer é pensar em nós mesmos."

Sua crítica a Deus tinha dois ângulos. Por um lado, eles diziam: "Deus não recompensa uma conduta reta" e por outro, "ele não pune uma conduta indigna. Então, que diferença faz?".

Foi essa a situação que Malaquias precisou enfrentar. Toda a sua profecia está em prosa, não em poesia – uma indicação de que Deus não tinha mais sentimentos pelo seu povo – a ponto de não lhes dirigir a palavra por outros 400 anos! Essa foi sua última palavra, e bem fria, por sinal.

Características singulares

O livro de Malaquias tem cinco características singulares:

1. Há mais palavras ditas por Deus em Malaquias do que em qualquer outro livro profético. De seus 55 versículos, 47 (85%) são mensagens proferidas diretamente por Deus.

2. Essa profecia é anônima. A maioria das pessoas imagina que "Malaquias" seja o nome do autor, mas esse, na realidade, não é o nome de uma pessoa. A palavra significa apenas "mensageiro". Não há qualquer outra ocorrência de Malaquias como nome no Antigo Testamento. O autor, portanto, é apenas um mensageiro anônimo, um "desconhecido", que traz a última palavra de Deus ao seu povo em Israel. Os judeus suspeitavam que o autor fosse Esdras, mas não há como comprovar isso.

3. O livro de Malaquias é singular pelo fato de esse "desconhecido" ser o único profeta a manter diálogos com o povo. Fica evidente que era interrompido enquanto anunciava sua profecia, pois ele relata a interrupção. Seus ouvintes ficavam ofendidos com sua pregação, pois sua mensagem principal era: "Vocês começaram tudo isso! Não foi Deus quem deixou de se importar com vocês. Vocês o fizeram primeiro. Se deixarem de se importar com Deus, ele não mais se importará com vocês". O apóstolo Paulo explica em Romanos, no Novo Testamento, que os homens desistiram de Deus, por isso Deus desistiu dos homens. Da mesma forma, quando uma nação abandona a Deus, ele também a abandona. A profecia, portanto, toma a forma de um diálogo afiado, que se alterna entre o profeta e o povo. Em 12 ocasiões ele repete: "Mas vocês perguntam...", deixando implícito que houve algum tipo de interrupção.

4. O texto está em prosa e não em poesia porque os sentimentos de Deus haviam se esgotado. Deus se sente exaurido por causa do seu povo e, durante 400 anos, não lhe dirige a palavra. Vemos aqui, portanto, o coração de Deus. Você não ficaria extremamente aborrecido se, depois de ter trazido o povo para sua casa, eles não lhe dessem mais importância?

5. A quinta característica é o fato de essa profecia ser a última palavra de Deus no Antigo Testamento. Enfim, é possível que a ordem dos livros do Antigo Testamento na Bíblia cristã esteja correta (a Bíblia hebraica termina em Crônicas). Malaquias trouxe a última mensagem de Deus para o povo, que foi "maldição". Até hoje, sempre que os judeus leem Malaquias na sinagoga, omitem esse último versículo "e castigarei a terra com maldição".

Em seu lugar, retornam ao versículo 5 para que a palavra "maldição" não seja a conclusão. Recusam-se a terminar a leitura com a última palavra proferida por Deus.

Um esboço do livro

Sobrevivência no passado (1.1-5)
Jacó – Israel – amou – preservou
Esaú – Edom – odiou – destruiu
Pecados no presente (1.6–3.15)
Sacerdotes (1.6–2.9)
    Sacrifícios desprezíveis
    Sermões populares
Povo (2.10–3.15)
Casamentos mistos
    Divórcios cruéis
    Perguntas duvidosas
    Dízimos não pagos
    Falar calunioso
Separação no futuro (3.16–4.6)
Escolha certa
    Justos – Curados sob o sol
    Perversos – Queimados no fogo
Última chance
    Moisés – legislador – lembrar
    Elias – precursor – reconhecer

Sobrevivência no passado (1.1-5)
A fim de compreender os primeiros versículos do livro, precisamos retroceder 1.500 anos. Malaquias anuncia que Deus amou Jacó e odiou Esaú – os irmãos gêmeos que se trataram de maneira reprovável. A afirmação soa estranha aos nossos ouvidos. É importante perceber que, na Bíblia, as palavras "amar" e "odiar" não têm o significado que

conhecemos. Na linguagem bíblica, amar uma pessoa é cuidar dela e buscar o que é melhor para ela, e odiar alguém é não cuidar dessa pessoa e não buscar o que é melhor para ela. Sendo assim, quando Jesus disse: "Você não poderá ser meu discípulo se não aborrecer [odiar] a seu pai e mãe", ele não quis dizer que as pessoas que o ouviam deveriam sentir amargura ou ressentimento contra os pais, mas que deveriam colocá-lo [Jesus] em primeiro lugar.

Além disso, Deus não está falando apenas de Jacó e Esaú no passado, mas das nações de Israel e Edom, no tempo de Malaquias. Deus os faz lembrar que, durante os cem anos anteriores, ele puniu Edom e fez somente o bem para Israel. Quando os babilônios levaram os judeus para o exílio, os edomitas – descendentes de Esaú que viviam além do Jordão – festejaram e uniram-se a eles. Celebravam dizendo: "Viva! É chegado o fim de Israel!". Os edomitas contribuíram com a terrível destruição, pegando os bebês judeus pelos calcanhares e esmagando suas cabeças contra os muros de Jerusalém.

A partir daquele dia, Edom estivera sob o juízo de Deus. Isso continuou por um longo período. Deus os expulsou de Petra, sua cidade, trazendo contra eles os árabes. Eles foram forçados a lutar pela sobrevivência nas terras improdutivas do deserto do Neguebe.

Em Malaquias, portanto, Deus disse a Israel que havia causado todo aquele mal aos edomitas em resposta ao que eles haviam feito aos judeus. "Amei vocês e não me importei com eles". Malaquias pede-lhes que reflitam sobre sua sobrevivência e sobre a destruição de Edom, e que sejam gratos a Deus. A lição é clara. Quando nos queixamos a Deus, devemos refletir sobre o que ele tem feito a outras pessoas em contraste com sua ação em nossas vidas, e nos sentir gratos.

Por trás da pregação de Malaquias, devemos nos atentar

para uma reflexão específica sobre a atuação de Deus. Com base no Antigo Testamento, Malaquias afirma que a atuação de Deus deve ser percebida a partir de três perspectivas – facilmente esquecidas por quem não costuma ler o Antigo Testamento. Quando lemos o Novo Testamento, pensamos em Deus como o Pai amoroso, mas é importante compreender essas três dimensões de Deus apresentadas no Antigo Testamento. Ele é o Criador, que era (passado), o Rei, que é (presente), e o Juiz, que há de vir (futuro). É importante que tenhamos essa definição em mente quando lidamos com questões referentes a Deus.

Pecados presentes (1.6–3.15)

Sacerdotes (1.6–2.9)
Os primeiros a serem criticados por Malaquias são os sacerdotes. Deus deveria ser reverenciado como Pai e Mestre. Em vez disso, o povo tratava o Senhor com desprezo. Em nossos dias, com muita frequência, nos cultos das igrejas, as pessoas se aproximam de Deus com descontração em lugar de reverência e respeito. Malaquias diz aos sacerdotes que eles desagradam e desonram a Deus. Outra vez o povo reage perguntando "Como?". Malaquias apresenta dois exemplos.

SACRIFÍCIOS IMPUROS
Primeiramente, o povo estava oferecendo sacrifícios impuros. Em vez de escolher o melhor cordeiro, conforme detalhado na lei de Moisés, escolhiam o pior – animais cegos e aleijados – para oferecer a Deus. Malaquias afirma que quando o povo não trazia a Deus o que tinha de melhor, fazia menos do que faria ao governador persa. "Vocês oferecem a Deus os restos. E aos outros oferecem o melhor que podem dar!"

Em segundo lugar, ele lhes diz que o nome de Deus é grande entre as nações, mas não entre os judeus, a ponto de haver mais reverência a Deus entre os gentios do que em seu próprio povo. A mensagem é devastadora.

SERMÕES POPULARES

A seguir, ele condena os sacerdotes por dizerem ao povo apenas o que é agradável de ouvir em vez de ensinarem a lei. Os sacerdotes deveriam ser tementes a Deus, não aduladores de homens. Trata-se, mais uma vez, da principal tentação e pressão sobre os que servem a Deus na igreja. É tão fácil falar o que as pessoas desejam ouvir e evitar incomodá-las. Se sua pregação causar qualquer perturbação, você sabe que pode não ser convidado para pregar novamente!

Malaquias os relembra da aliança de Deus com Levi, nos dias de Moisés, quando os sacerdotes souberam que não precisariam trabalhar por salário, mas seriam sustentados por outras pessoas, na condição de ensinarem o povo a temer o Senhor. Agora, no entanto, eles não estavam ensinando o povo a temer o Senhor. Malaquias também disse que os sacerdotes deveriam alinhar seu discurso com uma prática de retidão no dia a dia. Seus lábios e suas ações deveriam expressar a mesma mensagem. Por essa razão, o profeta alerta que eles já estariam sob uma maldição e o pior ainda estaria por vir. Muitos de seus filhos morreriam e o seu sacerdócio chegaria ao fim caso persistissem nesse comportamento.

POVO (2.10–3.15)

Malaquias passa, então, a falar sobre o povo. Cinco aspectos demonstravam o erro tanto na crença quanto no comportamento daquelas pessoas.

CASAMENTOS MISTOS

Os jovens estavam se casando com pessoas que não

pertenciam ao povo de Deus. Por toda a história de Israel como nação, Deus exigira que os casamentos fossem realizados entre pessoas da nação. Essa prática também se aplica à igreja. Se você se casar com um filho ou uma filha do diabo, terá problemas com o sogro! – uma vida inteira de muita infelicidade.

DIVÓRCIOS CRUÉIS
O segundo problema é o que podemos chamar de divórcio "cruel". Alguns praticavam a poligamia consecutiva. Poligamia simultânea é aquela em que os homens têm mais de uma esposa ao mesmo tempo; poligamia consecutiva é quando eles têm quantas esposas desejarem, contanto que seja apenas uma de cada vez. Essa é outra prática que tem se tornado frequente dentro da igreja. No entanto, ela entristece o Senhor, pois todo casamento é realizado diante dele – seja numa cerimônia na igreja [num salão] ou num cartório. Todo casamento, portanto, está sob a lei de Deus. Segundo essa lei, nas palavras de Jesus, a poligamia consecutiva equivale ao adultério – embora hoje, aparentemente, a maioria dos pregadores tenha receio de fazer essa afirmação. Malaquias enfrentou essa oposição e nós também precisamos enfrentá-la, apesar de ser provavelmente a postura menos apreciada na igreja dos dias de hoje. Deus afirma categoricamente: "Eu odeio o divórcio".

PERGUNTAS DUVIDOSAS
Quando Deus acusou o povo de ter quebrado a aliança, eles responderam: "Mas como quebramos a aliança?". Ele respondeu que quebravam a aliança entre si ao deixarem a mulher da sua mocidade e se casarem com pessoas que não pertenciam ao povo de Deus.

Eles se consideravam inocentes e não gostavam das acusações desse pregador. As pessoas não se incomodam com afirmações generalizadas, mas quando você se expressa de forma específica, elas se sentem ofendidas. Malaquias explicou que Deus estava cansado de tudo isso. As palavras de Malaquias: "Vocês perguntam: 'Como crer num Deus de amor quando essas coisas acontecem?'. Que afronta dizer tal coisa! Vocês indagam: 'Onde está a justiça de Deus?' Que atrevimento perguntar isso! O juízo virá, embora não seja imediato, pois Deus é paciente conosco. Jamais, porém, acuse Deus de ser injusto ou indiferente ao mal que acontece".

Como se isso não fosse suficientemente ruim, Malaquias chocou o povo ao lhes dizer que quando Deus viesse punir os maus, começaria pelo templo. O povo clamava que Deus viesse combater os maus, mas quando ele veio, o alvo foi o próprio povo! Os sacerdotes seriam os primeiros a serem julgados e, em seguida, o povo.

Malaquias apresenta uma lista daqueles que não temem a Deus: feiticeiros, adúlteros, os que juram falsamente, os que exploram trabalhadores em seus salários, que oprimem os órfãos e as viúvas e privam os estrangeiros dos seus direitos. Palavras bastante diretas.

Nesse momento, há uma clara mudança de tom. É como se Deus se expressasse exatamente o que estava em seu coração. Ele explica que o fato de as pessoas não serem destruídas é parte de sua misericórdia. Embora Judá tenha um longo histórico de infidelidade, ele permanece fiel. O povo pode romper a aliança, mas Deus manterá sua parte no compromisso. Deus está dizendo: "Voltem para mim e eu voltarei para vocês". É verdade que quando nos afastamos de Deus, ele se afasta de nós, mas quando nos voltamos para ele, Deus também se volta para nós". O relacionamento de Deus com seu povo é dinâmico, tem mão dupla; ele reage ao seu povo todo o tempo. Deus está constantemente vindo ao nosso encontro onde quer que estejamos, reagindo a nós e refletindo nossa atitude com ele. Algumas pessoas imaginam Deus assentado, lá no céu, criando decretos e movimentando-nos como marionetes – mas essa não é a perspectiva bíblica. A Bíblia nos mostra um Deus que reage a nós o tempo todo, que muda de ideia quando mudamos, que se arrepende quando nos arrependemos, e volta para nós quando nos voltamos para ele. É um relacionamento dinâmico.

DÍZIMOS NÃO PAGOS
Em seguida, Malaquias os acusa de estar roubando de Deus. Outra vez, o povo questiona a afirmação: "Como? Nunca roubamos de Deus". E mais uma vez, a resposta é contundente: "Vocês não têm trazido os dízimos e as ofertas".

Malaquias os confronta e eles contestam. Ele explica que o povo não observou a entrega do dízimo a Deus ou as ofertas voluntárias e, em consequência da lei do dízimo, agora estavam sob uma maldição. A lei de Moisés afirma que se você entregar o dízimo, Deus o abençoa, caso contrário, ele o amaldiçoa até a terceira e quarta geração.

Os cristãos, obviamente, não estão sob essa lei. Nunca preguei sobre a obrigatoriedade de entregar o dízimo! Preguei sobre ofertar, porque lemos no Novo Testamento que devemos dar com gratidão – o Senhor não quer sua oferta se você não quiser entregá-la! No Antigo Testamento, no entanto, as pessoas eram obrigadas a trazer o dízimo. Pregar sobre o dízimo nos dias de hoje é garantia de problemas. Minha esposa e eu ouvimos, certa vez, um jovem rapaz pregando sobre o dízimo na igreja. A maioria dos pregadores que o fazem salientam as bênçãos e deixam de lado as maldições, mas aquele pregador foi coerente. A mensagem, contudo, foi chocante. Ele disse que se aquela congregação não trouxesse o dízimo, seus netos e bisnetos sofreriam; Deus puniria os que descumprissem a lei do dízimo até a terceira e quarta geração. Eles estariam sob uma maldição.

Assim, durante anos, grandes volumes de dinheiro foram arrecadados naquela igreja – o que não seria um espanto. Algum tempo depois, eu disse aos líderes daquela igreja que esse ensino era cruel, pois forçava as pessoas a entregar o dízimo por medo. O Senhor ama quem dá com alegria e nós contribuímos segundo a nova aliança da graça. Para alguns, a décima parte seria muito pouco e, para outros, seria demais, por isso precisamos ser mais flexíveis.

No entanto, era legítima a afirmação de Malaquias de que o povo já estava sob uma maldição por não ter trazido os dízimos. Se desejassem conhecer novamente a benção, precisariam trazer todos os dízimos ao depósito do templo e Deus abriria as comportas dos céus e derramaria tantas bênçãos que não seria possível contê-las. O contexto dessa promessa sugere que ele literalmente quis dizer nuvens e chuva para dar um fim à seca.

FALAR CALUNIOSO

Malaquias prosseguiu com a condenação acusando o povo de falar de forma caluniosa contra Deus. Mais uma vez, eles reagiram indagando quando haviam falado caluniosamente contra Deus. Malaquias respondeu que fora a forma como haviam desonrado o culto ao Senhor, alegando não haver sentido em prestá-lo, pois prosperavam aqueles que praticavam o mal. Suas palavras afirmavam que Deus não era o Senhor e que não sabia o que estava fazendo.

Tudo isso surtiu algum efeito? Malaquias foi tão eficaz como pregador quanto Ageu e Zacarias haviam sido? O povo correspondeu? A resposta é: alguns, sim – discutiram a mensagem e se arrependeram. Reconheceram que tinham responsabilidades e corrigiram o que estava errado. Deus escreveu em um livro os nomes daqueles que responderam ao desafio com sinceridade.

Separação futura (3.16–4.6)

No último trecho, Malaquias descreveu a divisão do povo de Deus. Ele afirmou que viria o dia em que a nação de Israel seria dividida em duas. Os profetas chamavam essa ocasião de o Dia do Senhor. Outros profetas que mencionam esse dia são Zacarias, Amós e Joel. É um momento de avaliação, de ajuste de contas e de juízo. Naquele dia haverá apenas dois grupos: os que servem e os que não servem a Deus.

Essa passagem inclui uma linda descrição da vida para os justos. Eu costumava me levantar às quatro da manhã para ordenhar 90 vacas em uma fazenda em Northumberland, no Norte da Inglaterra. Durante o inverno, mantínhamos as vacas em um local fechado e, por meses, as alimentávamos com feno e ração animal. Chegava então a primavera, o dia em que o gado sairia ao ar livre pela primeira vez. Se você tem algum conhecimento sobre a vida no campo, sabe bem o que acontece a seguir nessa situação. Até mesmo a vaca mais velha iria pular feito um bezerro de alegria. Vacas grandes e pesadas saltitavam alegres no campo. Malaquias afirma que será assim para o povo de Deus. Eles também saltarão de alegria no dia em que Deus trouxer a salvação final ao seu povo.

Os que serão rejeitados naquele dia são descritos como "palha queimada depois da colheita". Quando essa prática era permitida no Reino Unido, tudo era reduzido a cinzas. Assim como os bezerros que saltitam sob o sol em pastos verdes são o retrato dos justos, as cinzas da palha retratam aqueles que não obedeceram a Deus. Três aspectos devem ser observados sobre essa questão.

Israel sobreviverá como povo. Malaquias afirmou em nome de Deus: "Eu não mudo. Não volto atrás em minha palavra". Por isso podemos estar certos de que Israel sempre existirá.

Também fica claro, contudo, que uma parte do povo de Israel se perderá. Obviamente, nem todo judeu que já viveu será salvo, e isso de forma alguma significa que os judeus não precisam do evangelho.

Há afirmações de que alguns gentios serão salvos. Malaquias diz que algumas pessoas entre as nações estarão entre os justos, portanto temos indicações do que viria no Novo Testamento.

Pós-escrito (4.4-6)

Os últimos três versículos fazem referência aos dois maiores homens do Antigo Testamento: Moisés e Elias. Esse é o último apelo de Deus ao seu povo de Israel no Antigo Testamento – sua última mensagem antes do intervalo de 400 anos ou do início do Novo Testamento.

Deus convida o povo a se lembrar de Moisés e a retornar para a lei, pois Deus é seu grande rei. Malaquias declara então que Deus lhes dará outra chance. Ele enviará mais um profeta – alguém como Elias virá para desafiá-los. Elias foi o primeiro grande profeta a desafiar a idolatria e a imoralidade de Israel, enquanto Moisés foi o profeta que os tirou do Egito e lhes deu a aliança e a lei.

O Antigo Testamento, portanto, termina com as seguintes palavras: "Se eles não derem ouvidos a Elias, a terra será castigada com maldição". O povo teria uma última chance antes do Dia do Senhor – mais um profeta viria preparar o caminho do Senhor. Por mais de 400 anos, o povo aguardou que isso acontecesse. Estiveram ocupados com os persas, egípcios, sírios, gregos e romanos mas, finalmente, a oportunidade chegou. Surge, de repente, um homem que se vestia como Elias, se alimentava de gafanhotos e mel selvagem, assim como o profeta. Todos vinham ouvir esse homem que pregava a mensagem que Malaquias dissera que ele pregaria. Ele desafiava o povo a retornar à sabedoria, à vida em família. No entanto, era apenas um precursor que preparava o caminho do Senhor Jesus.

Na leitura do Novo Testamento, descobrimos que havia um grande debate sobre a possibilidade de João Batista ser o próprio Elias. Em duas ocasiões, Jesus afirmou que Elias era seu primo João (Mateus 11.7-14; 17.9-13). Malaquias e Mateus, portanto, seguem lado a lado em nossa Bíblia. Mateus nos diz como o testemunho de Elias se cumpriu, de fato, na pessoa de João Batista. João, deliberadamente, vestia-se como Elias e alimentava-se como ele. Era a revelação do passo que Deus daria a seguir. Depois de um ministério de dois anos e meio, quando Jesus chegou a um divisor de águas, ele levou os discípulos ao pé do monte Hermom e lhes perguntou: "Quem o povo diz que eu sou?". Os discípulos responderam: "Bem, alguns dizem que és a reencarnação de Jeremias ou de outra pessoa". Jesus, entretanto, perguntou aos discípulos quem eles pensavam que ele era. Pedro enxergou a verdade e perguntou: "Você já viveu antes, certo? Não aqui na terra – mas lá no céu. Você é o Cristo, o Filho do Deus vivo". Jesus então levou Pedro, Tiago e João ao topo do monte, e Moisés e Elias apareceram e falaram com Jesus. Malaquias havia profetizado e tudo se encaixou.

Aplicação cristã

1. Em 1Coríntios 10, lemos que todos esses relatos do Antigo Testamento foram escritos como exemplo para os cristãos. O que aconteceu à nação de Israel pode facilmente acontecer a nós. Apatia, incredulidade, imoralidade e frieza também podem afligir aquele que crê em Cristo.

2. Devemos permitir que o Novo Testamento interprete o Antigo. Não estamos sob as leis do shabat ou do dízimo, mas estamos sob a lei de Cristo, que é ainda mais rígida do que a lei de Moisés no que se refere ao divórcio e ao novo casamento, bem como em muitas outras questões.

3. Por outro lado, não devemos tratar a graça de Deus com libertinagem. Um grande número de cristãos simplesmente deixa de temer a Deus – se fizermos isso, não teremos compreendido completamente o evangelho de Cristo.

4. Devemos nos lembrar de que o juízo começa na casa de Deus. Quando se trata de julgamento, os autores do Novo Testamento seguem o mesmo padrão de Malaquias. Quando vier o juízo de Deus, ele julgará primeiro o seu povo e, somente então, todos os outros. Haverá uma separação até mesmo entre as pessoas na igreja. Não devemos ser complacentes, presumindo que pelo fato de termos decidido seguir a Cristo no passado, estamos livres do julgamento. Devemos nos empenhar ainda mais para "consolidar nosso chamado e nossa eleição" e perseverar nas coisas de Deus, se não desejamos enfrentar o julgamento que sobreveio ao povo nos dias de Malaquias.

www.ingramcontent.com/pod-product-compliance
Lightning Source LLC
Chambersburg PA
CBHW062327220126
38689CB00036B/796